蘇州全書

甲編

《蘇州全書》編纂出版委員會 編

·范文正公集

古吳軒出版社
蘇州大學出版社

圖書在版編目（CIP）數據

范文正公集 / (宋) 范仲淹撰. -- 蘇州 : 古吳軒出版社 : 蘇州大學出版社, 2022.12
(蘇州全書)
ISBN 978-7-5546-2087-8

Ⅰ. ①范… Ⅱ. ①范… Ⅲ. ①范仲淹（989–1052）—文集 Ⅳ. ① Z424.4

中國版本圖書館 CIP 數據核字（2022）第 258252 號

責任編輯 黄菲菲
裝幀設計 周 晨 李 璇
責任校對 李愛華

書　　名 范文正公集
撰　　者 〔宋〕范仲淹
出版發行 古吳軒出版社
地址：蘇州市八達街118號蘇州新聞大厦30F 電話：0512-65233679
蘇州大學出版社
地址：蘇州市十梓街1號 電話：0512-67480030
印　　刷 常州市金壇古籍印刷廠有限公司
開　　本 889 × 1194 1/16
印　　張 96.25
版　　次 2022 年 12 月第 1 版
印　　次 2022 年 12 月第 1 次印刷
書　　號 ISBN 978-7-5546-2087-8
定　　價 800.00 元（全三册）

《蘇州全書》編纂工程

總主編

曹路寶　吳慶文

學術顧問

（按姓名筆畫爲序）

王　芳　王　宏　王　堯　王　鍔　王紅蕾　王華寶　王爲松　王衛平
王餘光　王鍾陵　朱棟霖　朱誠如　任　平　全　勤　江慶柏　江澄波
汝　信　阮儀三　杜澤遜　李　捷　吳　格　吳永發　何建明　言恭達
沈坤榮　沈燮元　武秀成　范小青　范金民　茅家琦　周　秦　周少川
周國林　周勛初　周新國　胡可先　胡曉明　姜　濤　姜小青　韋　力
姚伯岳　馬亞中　袁行霈　華人德　莫礪鋒　徐　俊　徐　海　徐　雁
徐惠泉　徐興無　唐力行　陸振嶽　陸儉明　陳子善　陳正宏　陳尚君
陳紅彥　陳廣宏　黃愛平　黃顯功　崔之清　張乃格　張志清　張伯偉
張海鵬　葉繼元　葛劍雄　單霽翔　程章燦　程毅中　喬治忠　鄔書林
賀雲翱　詹福瑞　趙生群　廖可斌　熊月之　樊和平　劉　石　劉躍進
閻曉宏　錢小萍　戴　逸　韓天衡　嚴佐之　顧　薌

《蘇州全書》編纂出版委員會

前言

中華文明源遠流長，文獻典籍浩如烟海。這些世代累積傳承的文獻典籍，是中華民族生生不息的文脉和根基。蘇州作爲首批國家歷史文化名城，素有『人間天堂』之美譽。自古以來，這裏的人民憑藉勤勞和才智，創造了極爲豐厚的物質財富和精神文化財富，使蘇州不僅成爲令人嚮往的『魚米之鄉』，更是實至名歸的『文獻之邦』，爲中華文明的傳承和發展作出了重要貢獻。

蘇州被稱爲『文獻之邦』由來已久，早在南宋時期，就有『吳門文獻之邦』的記載。宋代朱熹云：『文，典籍也；獻，賢也。』蘇州文獻之邦的地位，是歷代先賢積學修養、劬勤著述的結果。明人歸有光《送王汝康會試序》云：『吳爲人材淵藪，文字之盛，甲於天下。』朱希周《長洲縣重修儒學記》亦云：『吳中素稱文獻之邦，蓋子游之遺風在焉，士之嚮學，固其所也。』《江蘇藝文志·蘇州卷》收録自先秦至民國蘇州作者一萬餘人，著述達三萬二千餘種，均占江蘇全省三分之一强。古往今來，蘇州曾引來無數文人墨客駐足流連，留下了大量與蘇州相關的文獻。時至今日，蘇州仍有約百萬册的古籍留存，入選『國家珍貴古籍名録』的善本已達三百一十九種，位居全國同類城市前列。其中的蘇州鄉邦文獻，歷宋元明清，涵經史子集，寫本刻本，交相輝映。此外，散見於海内外公私藏家的蘇州文獻更是不可勝數。它們載録了數千年傳統文化的精華，也見證了蘇州曾經作爲中國文化中心城市的輝煌。

蘇州文獻之盛得益於崇文重教的社會風尚。春秋時代，常熟人言偃就北上問學，成爲孔子唯一的南方弟子。歸來之後，言偃講學授道，文開吳會，道啓東南，被後人尊爲『南方夫子』。西漢時期，蘇州人朱買臣負薪讀書，穹窿山中至今留有其『讀書臺』遺迹。兩晉六朝，以『顧陸朱張』爲代表的吴郡四姓涌現出大批文士，在不少學科領域都貢獻卓著。及至隋唐，蘇州大儒輩出，《隋書·儒林傳》十四人入傳，其中籍貫吴郡者二人；《舊唐書·儒學傳》三十四人入正傳，其中籍貫吴郡（蘇州）者五人。文風之盛可見一斑。北宋時期，范仲淹在家鄉蘇州首創州學，並延名師胡瑗等人教授生徒，此後縣學、書院、社學、義學等不斷興建，蘇州文化教育日益發展。故明人徐有貞云：『論者謂吾蘇也，郡甲天下之郡，學甲天下之學，人才甲天下之人才，偉哉！』在科舉考試方面，蘇州以鼎甲萃集爲世人矚目，清初汪琬曾自豪地將狀元稱爲蘇州的土産之一，有清一代蘇州狀元多達二十六位，占全國的近四分之一，由此而被譽爲『狀元之鄉』。近現代以來，蘇州在全國較早開辦新學，發展現代教育，涌現出顧頡剛、葉聖陶、費孝通等一批大師巨匠。中華人民共和國成立後，社會主義文化教育事業蓬勃發展，蘇州英才輩出、人文昌盛，文獻著述之富更勝於前。

蘇州文獻之盛受益於藏書文化的發達。蘇州藏書之風舉世聞名，千百年來盛行不衰，具有傳承歷史長、收藏品質高、學術貢獻大的特點，無論是卷帙浩繁的圖書還是各具特色的藏書樓，以及延綿不絶的藏書傳統，都成爲中華文化重要的組成部分。據統計，蘇州歷代藏書家的總數，高居全國城市之首。南朝時期，蘇州就出現了藏書家陸澄，藏書多達萬餘卷。明清兩代，蘇州藏書鼎盛，絳雲樓、汲古閣、傳是樓、百宋一廛、藝芸書舍、鐵琴銅劍樓、過雲樓等藏書樓譽滿海内外，彙聚了大量的珍貴文獻，對古代典籍的收藏保護厥功至偉，亦於文獻校勘、整理裨益甚巨。《舊唐書》自宋至明四百多年間已難以考覓，直至明嘉靖十七年（一五三八），聞人詮在蘇州爲官，搜討舊籍，方從吴縣王延喆家得《舊唐書》『紀』和『志』部分，從長洲張汴家得《舊唐書》『列傳』部分，『遺籍俱出宋時模板，旬月之間，二美璧合』，于是在蘇州府學中槧刊，《舊唐書》自此得以彙而成帙，復行於世。清代嘉道年間，蘇州黄丕烈和顧廣圻均爲當時藏書名家，且善校書，『黄跋顧校』在中國文獻史上影響深遠。

蘇州文獻之盛也獲益於刻書業的繁榮。蘇州是我國刻書業的發祥地之一，早在宋代，蘇州的刻書業已經發展到了相當高的水平，至今流傳的杜甫、李白、韋應物等文學大家的詩文集均以宋代蘇州官刻本爲祖本。宋元之際，蘇州磧砂延聖院還主持刊刻了中國佛教史上著名的《磧砂藏》。明清時期，蘇州成爲全國的刻書中心，所刻典籍以精善享譽四海，明人胡應麟有言：『凡刻之地有三，吴也、越也、閩也。』他認爲『其精，吴爲最』，『其直重，吴爲最』。又云：『余所見當今刻本，蘇常爲上，金陵次之，杭又次之。』清人金埴論及刻書，仍以胡氏所言三地爲主，則謂『吴門爲上，西泠次之，白門爲下』。明代私家刻書最多的汲古閣、清代坊間刻書最多的掃葉山房均爲蘇州人創辦，晚清時期頗有影響的江蘇官書局也設於蘇州。據清人朱彝尊記述，汲古閣主人毛晉『力搜秘册，經史而外，百家九流，下至傳奇小説，廣爲鏤版，由是毛氏鋟本走天下』。由於書坊衆多，蘇州還産生了書坊業的行會組織崇德公所。明清時期，蘇州刻書數量龐大，品質最優，裝幀最爲精良，爲世所公認，國内其他地區不少刊本也都冠以『姑蘇原本』，其傳播遠及海外。

蘇州傳世文獻既積澱着深厚的歷史文化底藴，又具有穿越時空的永恒魅力。從范仲淹的『先天下之憂而憂，後天下之樂而樂』，到顧炎武的『天下興亡，匹夫有責』，這種胸懷天下的家國情懷，早已成爲中華民族精神的重要組成部分，傳世留芳，激勵後人。南朝顧野王的《玉篇》，隋唐陸德明的《經典釋文》、陸淳的《春秋集傳纂例》等均以實證明辨著稱，對後世影響深遠。明清時期，馮夢龍的《喻世明言》《警世通言》《醒世恒言》，在中國文學史上掀起市民文學的熱潮，具有開創之功。吴有性的《温疫論》、葉桂的《温熱論》，開温病學研究之先河。蘇州文獻中蘊含的求真求實的嚴謹學風、勇開風氣之先的創新精神，已經成爲一種文化基因，融入了蘇州城市的血脉。不少蘇州文獻仍具有鮮明的現實意義。明代費信的《星槎勝覽》，是記載歷史上中國和海上絲綢之路相關國家交往的重要文獻。鄭若曾的《籌海圖編》和徐葆光的《中山傳信録》，爲釣魚島及其附屬島嶼屬於中國固有領土提供了有力證據。魏良輔的《南詞引正》、嚴澂的《松絃館琴譜》、計成的《園冶》，分別是崑曲、古琴及園林營造的標志性成果，這些藝術形式如今得以名列世界文化遺産，與上述名著的嘉惠滋養密不可分。

維桑與梓，必恭敬止；文獻流傳，後生之責。蘇州先賢向有重視鄉邦文獻整理保護的傳統。方志編修方面，范成大《吳郡志》爲方志創體，其後名志迭出，蘇州府縣志、鄉鎮志、山水志、寺觀志、人物志等數量龐大，構成相對完備的志書系統。地方總集方面，南宋鄭虎臣輯《吳都文粹》、明錢穀輯《吳都文粹續集》、清顧沅輯《吳郡文編》先後相繼，收羅宏富，皇皇可觀。常熟、太倉、崑山、吳江諸邑，周莊、支塘、木瀆、甪直、沙溪、平望、盛澤等鎮，均有地方總集之編。及至近現代，丁祖蔭彙輯《虞山叢刻》《虞陽説苑》，柳亞子等組織『吳江文獻保存會』，爲搜集鄉邦文獻不遺餘力。江蘇省立蘇州圖書館於一九三七年二月舉行的『吳中文獻展覽會』規模空前，展品達四千多件，並彙編出版吳中文獻叢書。然而，由於時代滄桑，圖書保藏不易，蘇州鄉邦文獻中『有目無書』者不在少數。同時，囿於多重因素，蘇州尚未開展過整體性、系統性的文獻整理編纂工作，許多文獻典籍仍處於塵封或散落狀態，没有得到應有的保護與利用，不免令人引以爲憾。

進入新時代，黨和國家大力推動中華優秀傳統文化的創造性轉化和創新性發展。習近平總書記强調，要讓收藏在博物館裏的文物、陳列在廣闊大地上的遺産、書寫在古籍裏的文字都活起來。二〇二二年四月，中共中央辦公廳、國務院辦公廳印發《關於推進新時代古籍工作的意見》，確定了新時代古籍工作的目標方向和主要任務，其中明確要求『加强傳世文獻系統性整理出版』。盛世修典，賡續文脉，蘇州文獻典籍整理編纂正逢其時。二〇二二年七月，中共蘇州市委、蘇州市人民政府作出編纂《蘇州全書》的重大決策，擬通過持續不斷努力，全面系統整理蘇州傳世典籍，着力開拓研究江南歷史文化，編纂出版大型文獻叢書，同步建設全文數據庫及共享平臺，將其打造爲彰顯蘇州優秀傳統文化精神的新陣地，傳承蘇州文明的新標識，展示蘇州形象的新窗口。

『睹喬木而思故家，考文獻而愛舊邦。』編纂出版《蘇州全書》，是蘇州前所未有的大規模文獻整理工程，是不負先賢、澤惠後世的文化盛事。希望藉此系統保存蘇州歷史記憶，讓散落在海內外的蘇州文獻得到挖掘利用，讓珍稀典籍化身千百，成爲認識和瞭解蘇州發展變遷的津梁，並使其中藴含的積極精神得到傳承弘揚。

觀照歷史，明鑒未來。我們沿着來自歷史的川流，承荷各方的期待，自應負起使命，砥礪前行，至誠奉獻，讓文化薪火代代相傳，並在守正創新中發揚光大，爲推進文化自信自强、豐富中國式現代化文化内涵貢獻蘇州力量。

《蘇州全書》編纂出版委員會

二〇二二年十二月

凡例

一、《蘇州全書》(以下簡稱『全書』)旨在全面系統收集整理和保護利用蘇州地方文獻典籍，傳播弘揚蘇州歷史文化，推動中華優秀傳統文化傳承發展。

二、全書收録文獻地域範圍依據蘇州市現有行政區劃，包含蘇州市各區及張家港市、常熟市、太倉市、崑山市。

三、全書着重收録歷代蘇州籍作者的代表性著述，同時適當收録流寓蘇州的人物著述，以及其他以蘇州爲研究對象的專門著述。

四、全書按收録文獻内容分甲、乙、丙三編。每編酌分細類，按類編排。

(一)甲編收録一九一一年及以前的著述。一九一二年至一九四九年間具有傳統裝幀形式的文獻，亦收入此編。按經、史、子、集四部分類編排。

(二)乙編收録一九一二年至二〇二一年間的著述。按哲學社會科學、自然科學、綜合三類編排。

(三)丙編收録就蘇州特定選題而研究編著的原創書籍。按專題研究、文獻輯編、書目整理三類編排。

五、全書出版形式分影印、排印兩種。甲編書籍全部采用繁體竪排；乙編影印類書籍，字體版式與原書一致；乙編排印類書籍和丙編書籍，均采用簡體横排。

六、全書影印文獻每種均撰寫提要或出版説明一篇，介紹作者生平、文獻内容、版本源流、文獻價值等情況。影印底本原有批校、題跋、印鑒等，均予保留。底本有漫漶不清或缺頁者，酌情予以配補。

七、全書所收文獻根據篇幅編排分册，篇幅適中者單獨成册，篇幅較大者分爲序號相連的若干册，篇幅較小者按類型相近原則數種合編一册。數種文獻合編一册以及一種文獻分成若干册的，頁碼均連排。各册按所在各編下屬細類及全書編目順序編排序號。

范文正公集

〔宋〕范仲淹　撰

據中國國家圖書館藏元天曆至正間褒賢世家家塾歲寒堂刻本影印。

提要

《范文正公集》四十六卷，宋范仲淹等撰。

范仲淹（九八九—一〇五二），字希文。宋吴縣人。大中祥符八年（一〇一五）進士。歷官清正廉明，興利除弊。任職西北，抵禦西夏，鞏固邊防。慶曆三年（一〇四三），任參知政事，發起『慶曆新政』，鋭意改革。卒謚文正。

范氏之集，歷代版本衆多。蘇軾在《范文正公集叙》中所記載『今其集二十卷，爲詩賦二百六十八，爲文一百六十五』，當爲范仲淹集最早之版本。北宋時期刊有《范文正公集》二十卷，今藏中國國家圖書館。南宋時期，范仲淹集有乾道饒州再刊本、淳熙與嘉定重修本等。至元天曆間，吴門范氏家塾歲寒堂重刊乾道二十卷本，並將范仲淹子范純仁撰《忠宣公集》合刊，此即『天曆本』。元統年間，八世孫范文英又『續刊以補集後』，收入范氏言行拾遺、遺迹、義莊規矩、褒賢祠記、碑傳並題跋。

《范文正公集》四十六卷中，除本集二十卷外，另有别集四卷、政府奏議二卷、尺牘三卷、遺文一卷（宋范純仁、范純粹輯）、年譜一卷（宋樓鑰撰）、年譜補遺一卷、祭文一卷、諸賢贊頌論疏一卷、諸賢論頌一卷、諸賢詩頌一卷、朝廷優崇一卷、言行拾遺事録四卷、鄱陽遺事録一卷、遺迹一卷、褒賢祠記二卷、義莊規矩一卷。其奏議、書信、表文等，多面展現當時社會現實，載録作者從事政治、軍事及社會活動之歷史，富史料價值。其『先天下之憂而憂，後天下之樂而樂』思想，體現范氏家國情懷，對後世影響深遠。

本次影印以中國國家圖書館藏元天曆至正間褒賢世家家塾歲寒堂刻本爲底本，原書框高二十二・二厘米，廣十六・七厘米。底本全書字體不同，多有避宋諱處，一説應爲宋刻元修補印本。

范文正公集叙

慶曆三年軾始總角入鄉校士有自京師來者以魯人石守道所作慶曆

聖德詩示鄉先生軾從旁竊觀則能誦習其詞問先生以所頌十一人者何人也先生曰童子何用知之軾曰此天人也耶則不敢知若亦人耳何爲其不可先生奇軾言盡以告之且曰韓范富歐陽此四人者人傑也時雖未盡了則已私識之矣嘉祐二年始舉進士至京師則范公没旣葬而墓碑出讀之至流涕曰吾得其爲人蓋十有五年而不一見其面豈非命也歟是歲登第始見知于歐陽公因公以識韓富皆以國士待軾曰恨子不識范文正公其後三年過許

始識公之仲子今丞相堯夫又六年始見其叔彝叟
京師又十一年遂與其季德孺同僚于徐皆一見如
舊且以公之遺稾見屬爲叙又十三年乃克爲之嗚
呼公之功德蓋不待文而顯其文亦不待叙而傳然
不敢辭者自以八歲知敬愛公今四十七年矣彼三
傑者皆得從之游而公獨不識以爲平生之恨若獲
挂名其文字中以自託於門下士之末豈非疇昔之
願也哉古之君子如伊尹太公管仲樂毅之流其王
覇之略皆定於畎畝中非仕而後學者也淮陰侯見
高皇帝於漢中論劉項短長畫取三秦如指諸掌及
佐帝定天下漢中之言無一不酬者諸葛孔明卧草
廬中與先主策曹操孫權規取劉璋因蜀之資以爭

天下終身不易其言此豈口傳耳受嘗試爲之而僥倖其或成者哉公在天聖中居太夫人憂已有憂天下致太平之意故爲萬言書以遺宰相天下傳誦至用爲將擢爲執政考其平生所爲無出此書者今其集二十卷爲詩賦二百六十八爲文一百六十五其於仁義禮樂忠信孝悌蓋如飢渴之於飲食欲須臾忘而不可得如火之熱如水之濕蓋其天性有不得不然者雖弄翰戲語率然而作必歸於此故天下信其誠爭師尊之孔子曰有德者必有言非有言也德之發於口者也又曰我戰則克祭則受福非能戰也德之見於怒者也元祐四年四月二十一日龍圖閣學士朝奉郎新知杭州軍州事蘇軾叙

范文正公集目録

第一卷

第二卷

古詩

第三卷

律詩

第四卷

律詩

京口即事

懷慶朔堂

依韻酬葉道卿中秋對月二首

贈葉少卿

依韻答梁堅運判見寄

城大順迴道中作

依韻和延安龐龍圖柳湖

和延安龐龍圖寄岳陽滕同年

與張燾太博行忻代間因話江山作

過長安醉別資政鄭侍郎

依韻酬光化李簡夫屯田

依韻酬太傅張相公見贈

第五卷

義

易

第七卷

記

第十卷

祭文

第十一卷

碑

第十二卷

墓誌

第十三卷

墓誌

第十四卷

墓表

第十五卷

表

第十六卷

表

第十七卷

表

第十八卷

狀

第十九卷

狀

文正集目錄

范文正公别集目録

第一卷

古詩

律詩

第二卷

第三卷

第四卷

范文正公集卷第一

古賦

明堂賦

臣聞明堂者天子布政之宫也在國之陽于巳之方廣大乎天地之象高明乎日月之章崇百王之大觀揭三宫之中央昭壯麗于神州宣英茂於皇猷頒金玉之宏度集人神之丕休故可祀先王以配上帝坐天子而朝諸侯者也粤自蒼牙開極黄靈耀德巢穴以革棟宇以植徽太古之弊明大壯之則風雨攸止宫室斯美將復崇高乎富貴之位統和乎天人之理乃聖大造明堂肇起明以清其居堂以高而視壁廓焉而四達殿巋焉而中峙禮以潔而儉必表之以茅

敎以清而淶故環之以水曁二帝之述焉合五府而祭矣逮夫夏禮秩秩奉以世室商祀穆穆制以重屋神禹甲宮階以一尺之崇成湯受命華以三尺之盛赫赫周堂制度景彰七筵兮南北之廣九筵兮西東之長堂幷包於五室室辨正於五方左青陽而右總章面明堂而背北堂耽然太室儼乎中黃都徽名之在南取盛德之向陽或謂厥堂惟一厥室惟九闢闔其三十六戶跡達兮七十二牖亦規上而天覆復矩下而坤厚近郊之宮廣而能受通天之宇高而弗偶八方象其幅員九陛絫其前後桓桓焉聽政之廟應辰而周彰趲趲焉承天之柱列宿而相望環林兮葱葱圓海兮泱泱既方舟而經梁復素飾其迴牆陳位

序以有嚴議法象而必臧示邦域之景鑠期人神之樂康左有辟雍天子學宮墳籍浩以明備文物森其會同奉三壽以勗天下之孝設三老以勸諸侯之風右有靈臺庶民子來若經始於神明廼占候於昭回天之道也惟默默以有象聖之心也蓋惕惕於無灾此三雍之大者故百世以欽哉若夫約周之禮稟夏之正天子升青陽之位體大德之生彼相協謀有司奉行慶賜必均歷象必明布農事於準直習舞德於和平止伯益之伐木禁蚩尤之稱兵惟倉廩兮賑天之窮惟幣帛兮禮邦之英無隱不彰無潛不亨蒙蕩蕩之至仁浸灝灝之醇精此明堂之春也萬物爲之榮又若炎以繼天義以永日始於仲呂之管復于清

宫之律天子乃登諸明堂暨夫太室命盛樂以象德
致大雩以祈實升高明而有豫定心氣而無逸靜百
官之事驅五穀之疾無索於關無難於門止北伐之
威以助養於生生導南風之和以飾喜於元元此明
堂之夏也萬物爲之繁爾乃象正火位德王金行羽
衛干以南嚮穀萬斯而西成天子乃居總章之奥奏
清商之聲圖有功而專任詰不義而徂征脩法制以
謹收藏之令養衰老以惻揺落之情同我度量平予
權衡人社以崇厚兆民報本之志神倉以秘示萬邦
致孝之誠此明堂之秋也天下爲之清及夫蟲介時
分虎威夕永詩人發其涼之詠日官賓可愛之景天
子乃出堂以居南面而省錫飲蒸之慶從祀寒之請

於是戒門閭備邊境勞三農於休息警百辟於恭靖闕市必易宮室必整無用之器斯徹無事之官必省飭國典以俟來歲之宜講武經以肅萬邦之屏此明堂之冬也天下爲之靜斯乃順其時與物咸宜適其變使民不倦者也稽夫宗祀之文大享之辰上儀乎皇皇盛節兮彬彬比於郊也我則取文之勝方其廟也我則取質之純損益其禮尊嚴其親五天之座曄曄以陳五常之席弈弈而倫惟太室之位迺上帝之神作配者先王從祀者五臣樽斝離離玉幣華華牲牢之舉既遵於夏后蘋果之薦復本於周人禮無不當誠無不臻聖人於是出齋宮而肅肅被法服而循循酌一獻以從質躬百拜以表寅司儀實相樂正攸

賔進俎豆之吉蠲羅簨簴之輪囷六樂咸在統美乎列皇八風相盪同和乎大鈞下舞上歌蹈德詠仁非常之祭駿及者萬國莫大之孝蟻懷者兆民於是神醉其德人樂而極太史書於策大夫頌於國頌曰明堂崇之明王祀之禮以成之樂以歌之光天之下教以化之若夫元朔會同群后對越穆穆乎舜門之闢晣晣乎宣燎之發帝時待旦而以求衣以先紑黃組冠通天建日月服乾坤佩干將升崑崙進山嶽之圭當雲龍之軒正聖人之大寶示天下之有尊巍巍焉負扆而立濟濟焉辨色而入太常正其等袞九賔序其名級中階之前三公屹然應門之外九采察焉阼階之東諸侯以同西階之西諸伯以齊門東北面者

子之位門西東上者男之次東門之外則有樂浪蟠木九夷之國西面而北上西門之外則有蒙汜大秦六戎之屬南上而東向南門之外則有朱垠越裳八蠻之族唯北是望北門之外則有葷粥幽陵五狄之種唯東是尚於是甡甡旅進鏘鏘肆覲嚮明者蓋取諸離觀光者受之以晋君臣之位定禮樂之道振雅韶以奏文鐸以徇皆望雲而就日必歌堯而頌舜上和而下樂金聲而玉潤況乎晨光赫曦天顔弗違冕紱兮霞集玉帛兮川歸盛乎王庭之聲明煥乎天家之光輝若北辰之會衆星咸粲粲而在共如太陽之臨多露普湛湛而將晞莫不君三揖于上臣載拜于下行典禮揚風雅訪雋良議窮寡人曷幽而覆盆賢

曷惻而遺野于以盛名器于以休宗社署聖法於圓
闕馳神教於方夏皇哉耀今昔之榮觀至哉敷億兆
之純嘏故曰揖讓而治天下者明堂之謂也惜乎三
代以還智者闇間諸儒靡協議者嘵嘵而皆膠其增
損忘禮樂之大本泥於廣狹廢皇王之大業使朝廷
茫然有逾遠之嘆惘然有中輟之議殊不知五帝非
沿樂而興三王豈襲禮而至爲明堂之道不必尚其
奥行明堂之義不必盡其制適道者與權忘象者得
意大樂同天地之和豈匏竹而已矣大禮同天地之
節豈豆籩之云爾自漢魏之下暨隋唐之際堂或三
五之上道非三五之世蓋不取其厚而取其薄不得
其大而得其細享配之文或然未分政教之列烈斯焉

弗聞是則帝道不施胡取乎總期皇德不隆胡取乎
合宫故夫明堂之設也天子居之日慎日思思之何
也萬微存乎消息慎之何也兆靈繫之安危繇是惟
克念以作聖思堯舜之齊名懼巍巍之弗逮迺孜孜
於鷄鳴唯至平之休代思阜財於吾民懼四維之有
艱尚瘡痍而百辛故聖人之寶儉弗下剥而上優思
寡費而薄索民庶幾于格耻惟下武之太寧亦省躬
于干戈取諸豫於四方慨風雲以長歌惟知人其古
難思濟濟乎賢者盍舉一於臯陶迺連茹于天下惟
好生之至德思與物而爲春懼幽陋之靡及常咨命
于仁人惟及人之一德始若晦而彌彰故三五之君
子騰茂實而無疆惟皇極之大範思天下而與平懼

萬物之或差持我心於誠衡然後見天下齊於無體
和於無聲厖眉而壽吾何仁之有含哺而嬉吾何力
之爲但淵淵緜緜無反無偏浸淳澤以咸若樂鴻化
於自然此明堂之道也蓋無得而稱焉我國家凝粹
百靈薦馨三極東升煙於岱首西展琮於汾側未正
天神之府以讓皇人之德祖考來格侯配天之儀諸
侯入朝思助祭之職豈上聖之謙而愚臣之戒也臣
請考列辟之明術塞處士之橫議約其制復其位儉
不爲其陋奢不爲其肆斟酌乎三五擬議乎簡易展
宗祀之禮正朝會之義廣明堂之妙道極眞人之能
事以至聖子神孫億千萬期登於斯念於斯受天之
禧與天下宜而已乎

秋香亭賦 并序

提點屯田鉅鹿公就使居之北擇高而亭背孤巘面橫江植菊以爲好命曰秋香亭呼賓酣酒以落之儀賦而侑焉

鄭公之後兮宜其百祿使于南國兮鏗金粹玉倚大旆於江干揭高亭於山麓江無煙而練迴山有嵐而屏矗一朝賞心千里在目時也秋風起兮寥寥寒林脫兮蕭蕭有翠皆歇無紅可凋獨有佳菊弗治弗夭采采亭際可以卒歲畜金行之勁性賦土爰之甘味氣驕松筠香滅蘭蕙露溥溥以見滋霜肅肅而敢避其芳其好胡然不早歲寒後知殊小人之草黄中通理得君子之道飲者忘醉而餌者忘老公曰時哉時

哉我賓我來綏泛遲歌如春登臺歌曰賦高亭兮盤
桓美秋香而酡顏望飛鴻兮冥冥愛白雲之閑閑又
歌曰曾不知吾曹者將與夫謝安不可盡歡而聿去
乎東山又不知將與夫劉伶不可復醒而蔑聞乎雷
霆豈無可而無不可兮一逍遥以皆寧

靈烏賦 并序

梅君聖俞作是賦曾不我鄙而寄以爲好因勉而和
之庶幾感物之意同歸而殊塗矣

靈烏靈烏爾之爲禽兮何不高翔而遠翥何爲號呼
于人兮告吉凶而逢怒方將折爾翅而烹爾軀徒悔
焉而亡路彼啞啞兮如愬請臆對而心諭我有生兮
纍陰陽之含育我有質兮處天地之覆露長慈母之

危巢託主人之佳樹斤不我伐彈不我仆毋之鞠兮
孔艱主之仁兮則安度春風兮既成我以羽翰眷庭
柯兮欲去君而盤桓思報之意厥聲或異警於未形
恐於未熾知我者謂吉之先不知我者謂凶之類故
告之則反災于身不告之則稔禍于人主恩或忘我
懷靡臧雖死而告爲凶之防亦由桑妖于庭懼而脩
德俾王之興雉恠于鼎懼而脩德俾王之盛天聽甚
邇人言曷病彼希聲之鳳皇亦見譏於楚狂彼不世
之麒麟亦見傷於魯人鳳豈以譏而不靈麟豈以傷
而不仁故割而可卷孰爲神兵焚而可變孰爲英瓊
寧鳴而死不默而生胡不學太倉之鼠兮何必仁爲
豐食而肥倉苟竭兮吾將安歸又不學荒城之狐兮

何必義爲深宂而威城苟圮兮吾將疇依寧驥子之困于馳鶩兮駑駘泰於芻養寧鵷鶵之飢於雲霄兮鳴鳶飫乎草莽君不見仲尼之云兮予欲無言纍纍四方曾不得而已焉又不見孟軻之志兮養其浩然皇皇三月曾何敢以休焉此小者優優而大者乾乾我烏也勤於母兮自天愛於主兮自天人有言兮是然人無言兮是然

古詩

謝黄愍太博見示文集 小

松桂有嘉色不與衆芳期金石有正聲詎將羣響隨君子著雅言以道不以時仰止江夏公大醇無小疵孜孜經緯心落落敷化辭上有帝皇道下有人臣規

邈與聖賢會豈以富貴移誰言荆棘滋獨此生蘭芝
誰言鼃黽繁獨此蟠龍龜豈徒一時異將爲千古奇
顧此周召風達我堯舜知致之諷諫路陞之誥命司
二雅正得失五典陳雍熙頌聲格九廟王澤及四夷
自然天下文不復迷宗師

四民詩

士

前王詔多士咸以德爲先道從仁義廣名由忠孝全
美祿報爾功好爵縻爾賢黜陟金鑑下昭昭嫌與妍
此道日以疎善惡何茫然君子不斥怨歸諸命與天
術者乘其隙異端千萬惑天道入指掌神心出胷臆
聽幽不聽明言命不言德學者忽其本仕者浮於職

節義爲空言功名思苟得天下無所勸賞罰幾乎息
陰陽有變化其神固不測禍福有倚伏循環亦無極
前聖不敢言小人爾能臆裨竈方激揚孔子甘寂默
六經無光輝反如日月蝕大道豈復興此弊何時抑
末路競馳騁澆風揚羽翼昔多松栢心今皆桃李色
願言造物者回此天地力

農

聖人作耒耜蒼蒼民乃粒國俗儉且淳人足而家給
九載襄陵禍比户猶安輯何人變清風驕奢日相襲
制度非唐虞賦斂由呼吸傷哉田桑人常悲大絃急
一夫耕幾壠游墮如雲集一蚕吐幾絲羅綺如山入
太平不自存凶荒亦何及神農與后稷有靈應爲泣

工

先王教百工作爲天下器周旦意不朽刋之考工記
嗟嗟遠聖人制度日以紛窈窕阿房宫萬態横青雲
熒煌甲乙帳一朝那肯焚秦漢驕心起陳隋益其侈
鼓舞天下風滔滔弗能止可甚佛老徒不取慈儉書
竭我百家産崇爾一室居四海競如此金碧照萬里
茅茨帝者榮今爲庶人恥宜哉老成言欲攦般輸指

商

嘗聞商者云轉貨賴斯民遠近日中合有無天下均
上以利吾國下以藩吾身周官有常籍豈云逐末人
天意亦何事狼虎生貪秦經界變阡陌吾商苦悲辛
四民無常籍茫茫僞與眞游者竊吾利墮者亂吾倫

淳源一以蕩頹波浩無津可堪貴與富侈態日日新萬里奉綺羅九陌資埃塵窮山無遺寶竭海無遺珍鬼神爲之勞天地爲之貧此弊已千載千載猶因循桑柘不成林荆棘有餘春吾商則何罪君子耻爲隣上有堯舜主下有周召臣琴瑟願更張使我歌良辰何日用此言皇天豈不仁

寄題孫氏碧鮮亭

天地何風流復生王子猷黄金買碧鮮緑玉排清秋非木亦非草東君歲寒實耿耿金石性雪霜不能老清風乃故人徘徊過此君泠泠鈞天音千載猶得聞應是聖賢魄鍾爲此標格高節見直清靈心隱虚白粉筠多體貌錦繹見兒童上交松桂枝下結蘭蕙叢

秀氣藹晴嵐翠光凝緑水明月白露中靜如隱君子
不願湘靈泣不求伶倫吹鳳皇得未晚蛟龍起何時
蕭蕭雲水間良與主人宜紅塵滿浮世何當拂長袂
坐嘯此亭中行歌此亭際逍遥復逍遥不知千萬歲

贈張先生

應是少微星又云嚴君平浩歌七十餘未嘗識戈兵
康寧福已大清靜道自生邈與神仙期不犯寵辱驚
讀易夢周公大得天地情養志學浮丘久鍊日月精
壽存金石性嘯作鸞鳳聲陰德不形言一一在幽明
何當換金骨五雲朝玉京有客淳且狂少小愛功名
非謂鐘鼎重非謂簞瓢輕素聞前哲道欲向聖朝行
風塵三十六未作萬人英迺聞頭角者五神長戰爭

禍福有倚伏富貴多虧盈金門不乏售白雲宜退耕
人間有嵩華棲之比蓬瀛芝田春藹藹玉澗晝錚錚
峯巒多秀色杉桂一何清月壑認瑶池花巖列錦城
朱絃冉冉奏金醴遲遲傾相勸綺季徒頹玉信縱横
此樂不尋常何苦事浮榮願師先覺者遠遠濯吾纓

明月謡

明月在天西初如玉鈎微一夕增一分堂堂有餘煇
下視五星燿不礙浮雲飛徘徊河漢間秀色若可飡
清風起叢桂白露生堦蘭高樓望君時爲君拂金徽
奏以堯舜音此音天與稀明月或可聞顧我亦依依
月有萬古光人有萬古心此心良可歌憑月爲知音

上漢謡

眞人累陰德聞之三十天一朝鸞鶴來高舉爲神仙冉冉去紅塵飄飄凌紫煙下有脩眞者望拜何拳拳願君銀臺上侍帝玉案前當有人間問請爲天下宣自從混沌死淳風日衰靡百王道不同萬物情多詭堯舜累代仁絃歌始能治桀紂一旦非宗廟自然（一作白日）毁是非既循環興亡亦繼軌福至在朱門禍來先赤子嘗聞自天意天意豈如此何爲治亂間多言歷數爾願天賜吾君如天千萬春明與日月久恩將雨露均帝力何可見物情自訢訢人復不言天天亦不傷人天人兩相忘逍遥何有鄉吾當飲且歌不知羲與黄

清風謡

清風何處來先此高高臺蘭叢最國香起桂枝天籟迴飄飄度清漢浮雲安在哉萬古鬱結心一旦為君開有客慰所思臨風乂徘徊神若遊華胥身疑立天台極渴飲沆瀣大暑執瓊瓌曠如攜松丘騰上煙霞遊熙如揖莊老語人逍遙道朱絃鼓其薰可以解吾民滄浪比其清可以濯吾纓願此陽春時勿使飄暴生千靈無結慍萬卉不摧榮庶幾宋玉賦聊廣楚王情

書海陵滕從事文會堂

東南滄海郡幕府清風堂詩書對周孔琴瑟親羲黃君子不獨樂我朋來遠方言蘭一相接豈特十步香德星一相聚直有千載光道味清可挹文思高若翔笙磬得同聲精色皆激揚栽培盡桃李棲止皆鸞皇

琢玉作鎮圭鑄金爲干將猗哉滕子京此意久而芳

上都行送張伯玉

上都有聖人日月一以新曄曄天下才西走堯舜賓百谷望東浸萬星依北辰直者爲之輮曲者爲之輪一材不復遺況此席上珍南山張公子氣象清且淳懷有綺繡文朝無瓜瓞親寸心如鐵石不羞賤與貧買臣起白社賈誼富青春寳此金轆轤去去延平津

鳴琴

思古理鳴琴聲聲動金玉何以報昔人傳此堯舜曲

馴鷗詠

萬物有常性性無不貴生風翔與駿奔一一遠害情駪彼沙上鷗皎皎霜雪明月宿滄洲靜日浴滄浪清

何以狎溪人溪人澹無營循循自飲啄往往相逢迎
徘徊兩無猜何慕復何驚客有懷依依雲水言將歸
逐爾羣鷗樂羣鷗爾勿飛此心未忘者天機非殺機

古鑑

磨此千年鑑朱顏清可覽君看日月光無求照人膽

贈樊秀才 知古之孫

五代雲雷屯九野皆龍戰開國如棊枰皇極何由建
太祖乘天飛大發光華旦樊公江表來經綸速如電
微子入姬周蒼惶殺塗炭四海乃大同萬里聞薰風
禮樂興征伐出自明光宮大勳未大賞積慶宜無窮
李廣不封侯繼世多英雄公有承家子所至神明理
復有起家孫一見知千里和氣十洲春清流九江水

非有神筆夢粲粲文何綺天子青春朝列鼎招英髦明年桃李開禹浪如霞高之子可變化咫尺登金鼇始知祖德長光輝傳佩刀

贈棊者

何處逢神仙傳此棊上旨靜持生殺權密照安危理接勝如雲舒禦敵如山止突圍秦師震諸侯皆披靡入險漢將危奇兵纔背水勢應不可隳關河常表裏南軒春日長國手相得喜泰山不礙目疾雷不經耳一子貴千金一路重千里精思入於神變化胡能擬成敗繫之人吾當著棊史

歲寒堂三題

堯舜受命於天松柏受命於地則物之有松柏猶人

之有堯舜也是故聖人觀有心而制禮體後凋以辨
義丁公神遇鑒寐形焉陶相真棲風韻在矣前言往
行豈徒然哉吾家西齋僅百載二松對植扶疏在軒
靈根不孤本支相茂卓然有立儼乎若思霜霰交零
莫能屈其性絲桐間發莫能擬其聲不出戶庭如在
林壑某少長北地近還平江美先人之故廬有君
子之嘉樹清陰大庇期於千年豈徒風朝月夕爲耳
目之資者哉因命其西齋曰歲寒堂松曰君子樹樹
之側有閣焉曰松風閣美之以名居之斯逸由我祖
德貽厥孫謀昆弟雲來是仰是則可以爲友可以爲
師持松之清遠耻辱矣執松之勁無柔邪矣禀松之
色義不變矣揚松之聲名彰聞矣有松之心德可長

矣念兹在兹我族其光矣子子孫孫勿剪勿伐惟吾家之舊物在歲寒而後知天地憐其材而况於人乎作詩紀之以永長也

歲寒堂

我先本唐相弈世天衢行子孫四方志有家在江城雙松儼可愛高堂因以名雅知堂上居宛得山中情目有千年色耳有千年聲六月無炎光長如玉壺清于以聚詩書教子脩誠明于以列鍾鼓邀賓樂昇平緑煙亦何知終日在簷楹太陽無偏照自然虛白生不向摇落地何憂歲崢嶸勗哉肯構人處之千萬榮

君子樹

二松何年植清風未嘗息夭矯向庭戶雙龍思霹靂

豈無桃李姿賤彼非正色豈無蘭菊芳貴此有清德
萬木怨揺落獨如春山碧廼知天地感亦向歲寒惜
有聲若江河有心若金璧雅爲君子材對之毎前席
或當應自然化爲補天石

松風閣

此閣宜登臨上有松風吟非絃亦非匏自起簫韶音
明月萬里時何必開緑琴鳳皇下雲霓鏘鏘鳴中林
淳如葛天歌太古傳于今潔如庖羲易洗人平生心
安得嘉賓來當之共披襟陶景若在仙千載一相尋

贈都下隱者

梅福隱市門嚴平居卜肆乃知神仙徒非必煙霞地
異哉西山人逍遥京洛塵門多長者車索脉如有神

軒皇萬餘載此術了然在精意洞五行飛名落四海
結舍擬滄洲東池接御溝蘭芳披幽徑琴樽在小舟
清夜泛月華宛是江湖遊他日上雲去兹爲黄鶴樓

范文正公集卷第一

范文正公集卷第二

古詩

和人遊嵩山十二題

公路澗　曹公與袁紹常爭據此地

嵩高發靈源，北望洛陽注。清流引河漢，白氣横雲霧。英雄惜此地，百萬曾相拒。近代無戰爭，常人自來去。

拜馬澗　子晋登仙遺馬於此，鄉人見之皆拜

傳聞王子仙，澗邊遺逸驥。當時青雲路，鷄犬亦可致。未必真龍媒，悠悠在平地。

二室道

太室何森聳，少室欲飛動。相對起雲霞，恍如遊仙夢。何以寵此行，行歌降神頌。

自峻極中院步登太室中峯

白雲隨人來翩翩疾如馬洪崖與浮丘襟袂安足把
不來峻極遊何能小天下

玉女窻

窈窕玉女窻想像玉女粧皎皎月爲鑑飄飄霓作裳
莫學陽臺夢無端惑楚王

玉女擣衣石

但見嵓前砧誰聞月下杵金文與鐵色璨璨知千古
試問擣衣仙何如補天女

天門

天門絶境遊熙然揖灝氣下顧莽蒼間雲雷走平地
天威不遠人孰舊本作莫起欺天意

天門泉

天門有靈泉埃塵未嘗至日月自高照雲霞亦煇麗
惟抱夷齊心飲之可無愧

天池

岳頂見仙池神異安可度勿謂無波濤雲雷有時惡
乘此澄清間吾纓可以濯

三醉石

巍巍八仙壇上有三醉石憐此高陽徒如樂華胥域
憔悴澤邊人獨醒良可惜

峻極上寺

徘徊峻極寺清意滿煙霞好風從天來吹落桂樹花
高高人物外猶屬梵王家

中峯

嵩高最高處，逸客偶登臨。迴看日月影，正得天地心。
念此非常遊，千載一披襟。

聽眞上人琴歌

銀潢耿耿霜稜稜，西軒月色寒如冰。上人一叩朱絲
繩，萬籟不起秋光凝。伏犧歸天忽千古，我聞遺音淚
如雨。嗟嗟不及鄭衛兒，北里南鄰競歌舞。競歌舞，何
時休？師襄堂上心悠悠。擊浮金，戛鳴玉，老龍秋啼滄
海底，幼猿暮嘯寒山曲。隴頭瑟瑟咽流泉，洞庭蕭蕭
落寒木。此聲感物何太靈，十二銜珠下仙鵠。爲予再
奏南風詩，神人和暢舜無爲。爲予試彈廣陵散，鬼物
悲哀晉方亂。乃知聖人情慮深，將治四海先治琴。與

哀樂不我遺坐中可見天下心感公遺我正始音
何以報之千黃金

和僧長吉湖居五題

湖山

湖山藹清氣賞心甲吴越晴嵐起片雲晚水連初月
漁父得意歸歌聲等閑發

水月

千尋月脚寒湖影淨於天忽如常娥宫俯仰見嬋娟
更約中秋夕長津無寸煙

釣亭

爲愛碧鮮亭入夏敞敞至臺樹競生煙獨有清涼意
高岡鳳不來幽人此沉醉

風笛

風引湖邊笛焉知非隱淪一聲裂雲去明月生精神
無爲落梅調留寄隴頭人

渚蓮

武陵誰家子波面雙雙渡空積心中絲未成機上素
似共織女期秋宵苦霜露

酬葉道卿學士見寄

世傳學中祿小子廼逢辰一入諫諍司鴻毛忽其身
可負萬乘主甘爲三黜人豈量堯舜心如日照孤臣
薄責落善地雅尚過朝倫僅同龜在泥敢冀蠖求伸
朱樓逼清江下眺百丈鱗羡此南魚樂不忍持鉤輪
爲郡良優優乏才止循循恬愉弗擾外何以慰遠民

拙可存吾樸靜可逸吾神漸得踈慵味下車將四旬嘉興風雅來觀對如天賓感茲韶夏音佐我臺上春

和章岷從事鬭茶歌

年年春自東南來建溪先暖冰微開溪邊竒茗冠天下武夷仙人從古栽新雷昨夜發何處家家嬉笑穿雲去露牙錯落一番榮綴玉含珠散嘉樹終朝採掇未盈襜唯求精粹不敢貪研膏焙乳有雅製方中圭兮圓中蟾北苑將期獻天子林下雄豪先鬭美鼎磨雲外首山銅瓶攜江上中泠水黃金碾畔緑塵飛紫玉甌心雪濤起鬭余味兮輕醍醐鬭余香兮薄蘭芷其間品第胡能欺十目視而十手指勝若登仙不可攀輸同降將無窮耻于嗟天産石上英論功不愧堦

前萁衆人之濁我可清千日之醉我可醒屈原試與招魂魄劉伶却得聞雷霆盧仝敢不歌陸羽須作經森然萬象中焉知無茶星商山丈人休茹芝首陽先生休采薇長安酒價減千萬成都藥市無光輝不如仙山一啜好泠然便欲乘風飛君莫羨花間女郎只鬬草贏得珠璣滿斗歸

和葛閎寺丞接花歌

江城有卒老且貧憔悴抱關良苦辛衆中忽聞語聲好知是北來京洛人我試問云何至是欲語汍瀾墮雙淚斯須收淚始能言生自東都富貴地家有城南錦繡園少年止以花爲事黃金用盡無他能却作瓊林苑中吏年年中使先春來曉宣口勑修花臺寄芬

異卉百餘品求新换舊爭栽培猶恐君王猒顔色群
芳只似尋常開幸有神仙接花術更向都城求絶匹
梁王苑裏索妍姿石氏園中搜淑質金刀玉尺裁量
妙香膏膩壤彌縫密迴得東皇造化工五色敷華異
平日一朝寵愛歸牡丹千花相笑妖饒難竊藥常娥
新换骨嬋娟不似人間看太平天子春遊好金明柳
色籠黄道道南樓殿五雲高鈞天捧上蓬萊島四邊
桃李不勝春何况花王對玉宸國色晶明動韶景天
香旖旎飄芳塵特奏霓裳羽衣曲千官獻壽羅星辰
兖悦臨軒逾數刻花吏此時方得色白銀紅錦滿牙
床拜賜仗前生羽翼惟觀風景不憂身一心歲歲供
春職中途得罪情多故刻木在前何敢訴竄黜來江外

知幾年骨肉無音鴈空度北人情況異南人蕭洒溪山苦無趣子規啼處血爲花黃梅熟時雨如霧多愁多恨信傷人今年不及去年身目昏耳重精力減復有鄉心難具陳我聞此語聊悒悒近曾侍從班中立朝違日下暮天涯不學爾曹向隅泣人生榮辱如浮雲悠悠天地胡能執賈誼文才動漢家當時不免來長沙幽求功業開元盛亦作流人過梅嶺我無一事逮古人謫官却得神仙境自可優優樂名教曾不恓恓吊形影接花之技爾則奇江鄉卑濕何能施吾皇又詔還淳朴組繡文章皆棄遺上林將議賜民畋似昔繁華徒爾爲西都尚有名園處我欲抽身希白傅一日天恩放爾歸相逐栽花洛陽去

天平山白雲泉

靈泉在天半狂波不能侵神蛟穴其中渴虎不敢臨隱照涵秋碧泓然一勺深游潤騰雲飛散作三日霖天造豈無意神化安可尋挹之如醍醐盡得清涼心聞之異絲竹不含哀樂音月好群籟息涓涓度前林子晉罷雲笙伯牙收玉琴徘徊不擬去復發滄浪吟乃云堯湯歲盈盈長若今萬里江海源千秋松桂陰茲焉如有價北斗量黃金

留題常熟頂山僧居

平湖數百里隱然一山起中有白龍泉可洗人間耳吾師仁智心愛茲山水音結茅三十年不道日月深笑我名未已來問無端理却指嶺邊雲斯焉贈君子

江上漁者

江上往來人但愛鱸魚美君看一葉舟出沒風波裏

送蔡挺代父之蜀

朔風豈不寒蜀道豈不難之子代親行萬里心自安
劒閣雪猶明錦江春未闌到日必詩戰重登李杜壇

鄱陽酬泉州曹使君見寄

吾生豈不幸所稟多剛腸身甘一枝巢心苦千仞翔
志意苟天命富貴非我望立譚萬乘前肝竭喉無漿
意君成大舜千古聞羶香寸懷如春風思與天下芳
片玉棄且在雙足何辭傷王章死於漢韓愈逐諸唐
獄中與嶺外妻子不得將義士撫卷起眦血一霑裳
胡弗學揭厲胡弗隨低昂干時宴安人滅然已不揚

匹夫虎敢鬬女子熊能當況彼二長者烏肯巧如簧
我愛古人節皎皎明於霜今日貶江徼多慙韓與王
罪大禍不稱所損傷纖芒盡室來官下君恩大難忘
酒聖無隱量詩豪有餘章秋來魏公亭金菊何煌煌
登高發秘思聊以攄吾狂卓有梅聖俞作邑郡之旁
矯首賦靈烏擬彼歌滄浪因成答客戲移以贈名郎
泉南曹史君詩源萬里長復我百餘言疑登孔子堂
聞之金石音純純自宮商念此孤鳴鶴聲應來遠方
相期養心氣彌天浩無疆鋪之被萬物照之諧三光
此道果迂闊陶陶吾醉鄉

和謝希深學士見寄

天地久閉泰過言防結括誰憐多出處自省有本末

心焉介如石可裂不可奪盡室得江行君恩與全活迴頭諫諍路尚顧無壅遏豈獨世所非千載成迂闊

廬山瀑布

靈源何太高北斗想可挹凌日五光直逗雲千仞急白虹下澗飲寒劍倚天立閃電不得瞬長雷無敢蟄萬丈巖崖坼一道林巒濕險逼飛鳥墜冷束山鬼泣須當截海去濁流不相入

滕子京魏介之二同年相訪丹陽郡

長江天下險涉者利名驅二公訪貧交過之如坦途風波豈不惡忠信天所扶相見乃大笑命歌倒金壺同年三百人太半空名呼没者草自緑存者顏無朱功名若在天何必心區區莫競貴高路休防讒嫉夫

孔子作旅人孟軻號迂儒吾輩不飲酒笑殺高陽徒

送劉牧推官之兖州

相國鎮東魯時李相公迪在兖開閤多英豪羨子賦從軍壯思如波濤當有非常遇所得連六鼇故人孫復之卧雲生二毛或作梁甫吟秋風共呼號翩翩草檄外可與相遊遨益以夫子心萬物都一毫此行名與節須似泰山高

和楊畋孤琴詠

愛此千年器如見古人面欲彈換朱絲明月當秋漢我願宫商絃相應聲無間自然召南風莫起孤琴嘆

絳州園池

絳臺史君府亭閣參園圃一泉西北來群峯高下覩

池魚或躍金水簾長布雨惟栢鎖蛟虬醜石鬭貙虎
羣花相倚笑垂揚自由舞靜境合通仙清陰不知暑
每與風月期可無詩酒助登臨問民俗依舊陶唐古

晉祠泉

神哉叔虞廟地勝出嘉泉一源甚澄靜數步忽潺湲
此異孰可窮觀者增恭虔錦鱗無敢釣長生同水仙
千家溉禾稻滿目江鄉田我來動所思致主愧前賢
大道果能行時雨宜不愆皆如晉祠下生民無旱年

訪陜郊魏踈處士

賢哉先處士天書召不起雲夫嗣孤風復為隱君子
有石礪其齒有泉洗其耳下瞰紅塵路榮利無窮已
孜孜朝市人同在風波裏大為高士笑誓不捨青紫

我亦寵辱流所幸無愠喜進者道之行退者道之止
矧今領方面豈稱長城倚來訪卧雲人而請益諸己
得無長者言佩之玉非美

中元夜百花洲作

南陽太守清狂發未到中秋先賞月百花洲裏夜忘
歸緑梧無聲露光滑天學碧海吐明珠寒輝射空星
斗踈西樓下看人間世瑩然都在青玉壷從來酷暑
不可避今夕涼生豈天意一笛吹銷萬里雲主人高
歌客大醉客醉起舞逐我歌弗舞弗歌如老何

覽秀亭詩

南陽有絶勝城下百花洲謝公創危亭紫微謝希深領郡日建此
亭屹在高城頭盡覽洲中秀歷歷銷人憂作詩刻金

石意垂千載休我來亭早壞何以待英游試觀荆棘繁欲步瓦礫稠嗟嗟命良工美材肆爾求曰基復曰搆落成會中秋開樽揖明月席上皆應劉敏速迭唱和醺酣爭獻酬老子素不淺預茲年少儔九日重登臨涼空氛氣收風來鴈聲度雲去山色留西郊有潭菊滿以金船浮雅爲君子壽外物眞悠悠過則與春期春時良更優熠熠衆卉明袞袞新泉流簫鼓動地喧羅綺傾城遊五馬不行樂州人爲之羞亭焉詎可廢願此多賢侯

祠風師酬提刑趙學士見貽

先王制禮經祠爲國大事孟春祭風師刺史敢有二齋戒升于壇拜手首至地所祈動以時生物得咸遂

勿鼓江海濤害我舟檝利旱天六七月會有雷雨至
愼無吹散去坐使百穀悴高秋三五夕明月生天際
乃可驅雲煙以喜萬人意願君入薰絃上副吾皇志
阜財復解慍即爲天下賜八使重古禮作詩歌祭義
誠欲通神明非徒奬州吏賢哉推此心良以警有位

依韻和安陸孫司諫見寄甫

穰下故都今善藩沃衍千里多豐年孫公頃以清淨
化我來代之慙二天人物高傳卧龍里神仙近接弄
珠川漢光舊烈山河在徘徊弔古良依然二十八將
固不朽風雲一代皆忠賢我亦明時得君者出處十
載功不前尚得州麾養衰疾優游豈減居林泉因逢
故人作宴喜琴樽風月夕不眠之翰詩來若金石重

於我輩何其偏相其直道了無悔寧爭蠖屈與鵬騫

送郎鄉尉黄通

少年好逸驥老者重安車爭先尚逐逐致遠貴徐徐
勿言一尉卑千戶繫慘舒外矜固不足内樂則有餘
子游與季路作邑寧欷歔五斗對萬鍾所問道何如

依韻和襄陽王源叔龍圖見寄

高車赴南峴潵郊主東道風采喜一見布素情相好
屈指四十秋于今歲寒保我起爲君壽善頌復善禱
願盡杯中物薄言理可到君子貴有終功名非必早
朝端卿大夫所尚賢而老世慮久乃周聖門深已造
與君誓許國無忝於祖考潔如鳳食竹樂若魚在藻
安得長相親時時一絕倒不忘平生期明月滿懷抱

依韻答賈黯監丞賀雪

今之刺史古諸侯孰敢不分天子憂自秋徂冬渴雨雪旬奏空文慙轉鄆得非郡國政未洽刺史閑閤當自尤上賴天子仁且聖神龍奔走不俟求同雲千里結雪意一夕簷下誠如羞（俗有雪羞多夜落之語）曉來賞心江海上東望不見三神丘渾祛癘氣發和氣明年黍稷須盈疇煙郊空闊獵者健酒市暖熱沽人稠光精瓊瑑奪劍戟清寒拂拂生衣裘鈴齋賀客有喜色飲酣歌作擊前籌常願帝力及南畝盡使風俗如東鄒誰言吾子青春者意在生民先發謳

依韻答提刑張太博嘗新醞

南陽本佳處偶得作守臣地與汝墳近古來風化純

當官一無術易易復循循長使下情達窮民奚不伸
此外更何事優游欵嘉賓時得一笑會恨無千日醇
客有多聞者審法爲我陳自言此靈物盡心妙始臻
非徒水泉潔大要麴糵均暄涼體四時日月周數旬
其氣芳以烈厥味和而辛涓涓滴小槽清光能照人
固可奉宗廟宜能格天神我姑酌金罍駐此席上珍
況有百花洲水木長時新煙姿藏碧塢柳杪見朱闉
兩兩鳧鴈侶依依江海瀕晚光倒晚影一川無一塵
悠悠乗晝舸坦坦解朝紳綠陰承作蓋芳草就爲茵
引此杯中物獻酬交錯頻禮俗重三爵今乃不記巡
大言出物表本性還天眞或落孟嘉帽或拋陶令巾
吾非葛天氏誰爲劉伯倫八使達觀者與予日相親

作詩美嘉會調高繼無因但願天下樂一若樽前身長戴堯舜主盡作羲黃民耕田與鑿井熙熙千萬春

寄題峴山羊公祠堂

休哉羊叔子輔晋功勳大化行江漢間恩被疆埸外中國倚而安治爲天下最開府多英僚置酒每高會徘徊臨峴首興言何慷慨此山自古有游者千萬輩堙滅皆無聞空悲歲月邁公乎仁澤深風采獨不昧于今墮淚碑觀之益欽戴卓有王源叔文學偉當代借麾來襄陽高懷極恬退山姿列雲端江響拂天籟行樂何逍遥覽古忽感槩不見叔子祠蕪没民疇内千金贖故基廟貌重營繪襄人復其祀水旱有攸賴太守一興善比戶皆歡快源叔政可歌又留千載愛

送河東提刑張太傅

憶守姑蘇日見君已驚人翩翩幕中畫落落席上珍
強記及敏力一一精如神洎余領西帥密與羗夏隣
君來貳邊郡表裏還相親有如得四支周旋衛其身
予始按萬渠兵行百物陳而君主其事進退皆有倫
羗酋八九百醉歌喜齗齗傳告以號令再拜罔不馴
作城大順川扼胡來路津漢軍始屯集虜騎俄紛綸
諸將稍畏怯偶語辭艱辛君躍疋馬去入險將死濵
持檛畫禍福虎校靡不遵呼兵就畚揷悦使咸忻忻
晝夜戰且役城成未踰旬虜乃急攻我萬衆生煙塵
蒼惶被矢石遁走無逡巡君馳奏闕下感慨動中宸
是秋懷敏敗虜勢侵涇原天地正愁慘關輔將迸奔

腹心苟不守皮膚安得存予召蕃漢兵趨邠當北門
諸將切切議謂宜守塞垣惟君力贊我咸鎬爲本根
王師遂鼓進連城息驚喧果釋天子憂獎詔垂明恩
予貳機衡重君掌食貨繁豈敢懈夙夜未嘗據笑言
今叨領南陽會君乘使軒携手百花洲無時不開樽
語論極今古情契及子孫氣同若蘭芷聲應如篪塤
浩歌忘物我劇飲無涼暄自問平生心此樂曾幾番
一旦改使節忽忽指并汾惜別固不忍贈行當有云
從來宿兵地北與胡漢分長河出紫塞太行入青雲
天然作雄屏覽者懷忠勳行府在平陽山川秀氤氳
堯民擊壤歌千古猶得聞君有經濟心潤以金石文
攬轡問風俗坐堂精典墳此道日益大行行思致君

依韻和提刑太博嘉雪

南陽風俗常苦耕太守憂民敢不誠今秋與冬數月旱二麥無望愁編氓龍遁雲藏不肯起荒祠巫鼓徒轟轟昨宵天意驟回復繁陰一布飄寒英裁成片片盡六出化工造物何其精散亂狂飛若倚勢徘徊緩舞如含情千門競掃明月色萬木都拆寒梅英天上風流忽爾在人間險阻無不平因松偶作琴瑟調過竹徐移環珮聲江天鳴鴈畏相失龍庭奔馬豪如驚丞相沙堤初踏練將軍紫髯渾纓瓔巖前飢熊嘯風虎海上凍死吞舟鯨我有高樓擘雲上雙瞳一開千里明羣闔逐去瘦癘遠長逵獸壁下塵埃清當知有年可坐致東皐父老休營營因招大使賞天瑞醉把盞

黄向上評窮通得喪了無事莊老器宇何難并君起
作歌我起和天地和氣須竟盈當年此樂不可得與
雪對舞攄平生共君學取雪好處平施萬物如權衡

送謝景初廷評宰餘姚

世德踐甲科先賓客先紫微俱登甲科廷評今又繼之青紫信可拾故鄉
特榮輝高門復樹立餘姚二山下東南最名邑煙水
萬人家熙熙自翔集又得賢大夫坐堂恩信敷春風
爲君來綠波蒲平湖乘興訪隱淪今逢賀老無文藻
淩雲處定喜江山助未能同僊舟離樽少留駐行行
道不孤明月相隨去

閱古堂詩

中山天下重韓公茲鎮臨堂上績昔賢閱古以儆今

牧帥六十人冠劒竦若林既瞻古人像必求古人心
彼或所存遠我將所得深仁與智可尚忠與義可欽
吾愛古賢守馨德神祇歆與法曾弗泥勸沮良自斟
躋民在春臺熙熙樂不淫耕夫與樵子飽暖相謳吟
王道自此始然後張薰琴吾愛古名將毅若武庫森
其重如山安其靜如淵沉有令凜如霜有謀密如陰
敵城一朝拔戎首萬里擒虎豹卷韜畧鯨鯢投釜鬵
皇威徹西海天馬來駸駸留侯武侯者將相俱能任
決勝神所啓受託天所諶披開日月光振起雷霆音
九關支一柱萬宇覆重衾前人何赫赫後人豈愔愔
所以作此堂公意同堅金僕思寶元初敷羗弄千鐔
王師生太平苦戰誠未禁赤子餵犬彘塞翁淚涔涔

中原固爲辱天子動宸襟乃命公與僕聯使禦外侵
歷歷華前弊拳拳掃妖祲二十四萬兵撫之若青衿
惟以人占天不問昴與參相彼形勝地指掌而蹄涔
復我横山彊限爾長河潯此得喉可扼彼宜内就椹
上前同定策奸謀俄獻琛梟巢不忍覆異日生鹵禽
僕已白髮翁量力欲投簪公方青春期抱道當作霖
四夷氣須奪百代病可鍼河湟議始行漢唐功必尋
復令千載下景仰如高岑因賦閱古篇爲公廊廟箴

范文正公集卷第二

范文公文集卷第三

律詩

睢陽學舍書懷

白雲無賴帝鄉遥漢苑誰人奏洞簫多難未應歌鳳鳥薄才猶可賦鷦鷯瓢思顔子心還樂琴遇鍾君恨即銷但使斯文天未喪澗松何必怨山苗

詠史五首

陶唐氏

純衣黄冕曆星辰白馬彤車一百春莫道茅茨無復見古今時有致堯人

有虞氏

成都成邑即天開終踐堯基詠起哉但得四門元凱

至九韶何必鳳皇來

夏后氏

景命還將伯益傳九川功大若爲遷謳歌終在吾君
子豈是當時不讓賢

商人

履癸昆吾禍莫移應天重造帝王基子孫何事爲炮
烙不念嘻吁祝網時

周人

斧鉞爲藩忍内侵商人塗炭奈何深不煩魚火明天
意自有諸侯八百心

次韻和劉蘷判官對雪

蔌蔌樓臺外新輝溢四遐雲中凋玉葉星際落榆花

嶽色參差露，松聲髣髴加。風流裁賦苑，清苦讀書家。

霜女慙輕格，蟾娥讓素華。孤鴻迷鳥道，萬馬憶龍沙。

淨拂王恭氅，香滋陸羽茶。載歌勞郢謝，一奏待鍾牙。

幾處和梅賞，何人爲鬢嗟。含毫看不足，詩社好生涯。

河朔吟

太平燕趙許閑遊，三十從知壯士羞。敢話詩書爲上將，猶憐仁義對諸侯。子房帷幄方無事，李牧耕桑合有秋。民得袴襦兵得帥，禦戎何必問嚴尤。

和黄惣太博上知郡杜少卿

萬石君賢再出麾，猶龍川上五歌時。九重執憲清規在，十鎮分憂白髮知。環禁申威星拱極，鈴齋舒嘯月侵帷。金臺下客思何報，願上中和樂職詩。

過太清宮

醜石危松半緑蘿，函關眞相玉嵯峨。誰言仙道求難至，自愧陰功積未多。渺渺雲霞開絳節，雝雝鸞鳳答空歌。幾時身退瓊壇畔，榮利忽忽奈老何。

寄餘杭全安石叚少連二從事

分携俱是佐高牙，兩地光塵自等差。榮事日趨丞相府，道情時過老君家。雙鴻得侶知風便，一鶴思鳴對露華。早晩相將雲漢外，重爲龍友免天涯。

送江南運使張傅度支

刑措東南始詔迴，重分邦計命欽哉。于公已積冤閭慶，蕭相還施富國才。十郡甘棠歌未歇，一方流馬路初開。啓心知有嘉謨在，足亂雲霓憶帝臺。

堯廟

千古如天日巍巍與善功禹終平洚水舜亦致薰風江海生靈外乾坤揖讓中鄉人不知此簫鼓謝年豐

西溪見牡丹

陽和不擇地海角亦逢春憶得上林色相看如故人

寄秦州幕明化基寺丞

同時辟命新中道改絲綸滄海人歸楚清風子在秦共居卿月下獨得將星鄰聳動軍前檄崢嶸席上珍烽煙邊信息金鼓武精神獵度天山雪歌逢隴樹春燕臺無限好西向自沾巾

鵬鶚在秋天

秋漢寥寥逈雄心肯木棲人間正搖落天外絕攀躋

月兎精應喪陽烏影欲齊長河匹練小太華一拳孫
下聘羣毛遁横過百鳥睽乘風倏末巳空闊玉關西

觀獵

鷹犬一何驕霜明遠近郊鸞皇六翮網狐兎自充庖
熠熠流鳴鏑紛紛過緑駬雄飛侵漢下殺氣與雲交
翦棘爭探穴摧林競覆巢惟開三面者盛德播絃匏

鸚鵡

堂上每云云金籠久受恩思山誠有意對主忍無言
性比孤鸞潔聲殊百舌繁雲林如一去應喜謝朱門

歸鴈

稻粱留不得一一起江天帶雪南離楚和春北入燕
依依前伴侶歷歷舊山川木葉程猶遠梅花信可傳

子規啼到曉鷓鴣鎖經年應羡冥冥者東風羽翼全

青郊

青郊鳴錦雉緑水漾金鱗願得郢中客共歌臺上春

射陽湖

渺渺指平湖煙波極望初縱横皆釣者何處得嘉魚

舟中

珠彩耀前川歸來一扣舷微風不起浪明月自隨船

寄歐静秀才

君歸一水遥竟斷木蘭橈賴有南軒竹清風慰寂寥

和韓布殿丞三首

泛湖中

平湖萬頃碧謝客一開顔待得臨清夜徘徊載月還

絃上萬古意樽中千日醇清心向流水醉貌發陽春

琴酒

月色滿滄波吾生樂事多何人獨醒者試聽濯纓歌

漁父

送識上人遊金山寺

空半蔟樓臺紅塵安在哉山分江色破潮帶海聲來煙景諸鄰斷天光四望開疑師得仙去白日上蓬萊

野色

非煙亦非霧冪冪映樓臺白鳥忽點破夕陽還照開肯隨芳草歇疑逐遠帆來誰會山公意登高醉始迴

雜詠四首

梓人一笑白雲鄉杞桂森森遇豫章聞道周公繩墨
在天庭誰此議明堂

二

有客藍田得意歸溪光冉冉白虹蜺玉人豈忍言環
珮留取天王尺二圭

三

鏗鏗千古嶧山桐金石聲來造化中誰將道元和無復
致爲君堂上起薰風

四

嶺上英英向日開帝鄉情態自徘徊如何一施陽春
雨依舊無心歸去來

書事呈韓布殿丞

南宮曾薦牧之文失足徒勞忽十春天上雲龍期際會山中猿鶴愧因循無功豈不孤黃石有道何堪憶紫蕁少壯由來須努力篆銘鍾鼎古何人

西溪書事

卑棲曾未託椅梧敢議雄心萬里途蒙叟自當齊黑白子牟何必怨江湖秋天響亮頻聞鶴夜海曈曨每見珠一醉一吟踈懶甚溪人能信解嘲無

得李四宗易書

秋風海上憶神交江外書來慰寂寥松栢舊心當化石塤箎新韻似聞韶須期管鮑垂千古不學張陳負一朝三復荊州無限意王孫芳草路遥遥

歐伯起相訪

海涯牢落若爲懷惟子相過未忍迴勁草不隨風偃
去孤桐何意鳳飛來鐏藏金醴遲遲進匣鎖雲和特
特開萬古功名有天命浩然攜手上春臺

寄贈林逋處士

唐虞重逸人束帛降何頻風俗因君厚文章至老淳
玉田耕小隱金闕夢高眞罷釣輪生蠹慵冠鑑積塵
餌蓮攀岳頂歌雪扣琴身墨妙青囊秘丹靈綠髮新
嶺霞明四望巖筍入諸隣幾姪簪裾盛諸生禮樂循
朝廷唯薦鶚鄉黨不傷麟吊古夫差國懷賢伍相津
劇談來劒俠騰嘯駭山神有客瞻冥翼無端預薦紳
未能忘帝力猶待補天均早晚功名外孤雲可得親

酬滕子京同年

謝家風雅若爲酬散吏方躭海上遊踈懶幾忘傳筆
夢寂寥仍有負薪憂欲歌蘭雪歸眞隱敢向簪軒競
急流如共茂先瞻氣象莫言神物在南州

贈餘杭唐異處士

名動公卿四十秋相逢仍作旅人遊青山欲買難開
口白髮思歸易滿頭猒入市廛如海燕可堪雲水屬
江鷗故鄉知己方都督千樹春濃種橘休（時胡侍郎守餘杭）

和沈書記同訪林處士

山中宰相下巖扃靜接遊人笑傲行碧嶂淺深驕晚
翠白雲舒卷看春晴煙潭共愛魚方樂樵爨誰欺鶴
不鳴莫道隱君同德少樽前長揖聖賢清

諸暨道中作

林下提壺招客醉，溪邊杜宇勸人歸。可憐白酒青山在，不醉不歸多少非。

題翠峯院范蠡舊宅

翠峯高與白雲閑，吾祖曾居水石間。千載家風應未墜，子孫還解愛青山。

與人約訪林處士阻雨因寄

閑約諸公扣隱扃，江天風雨忽飄零。方憐春滿王孫草，可忍雲遮處士星。蕙帳未容登末席，蘭舟無賴寄前汀。湖山早晚逢晴霽，重待尋仙入翠屏。

寄西湖林處士

蕭索遶家雲，清歌獨隱淪。巢由不願仕，堯舜豈遺人。一水無涯靜，羣峯滿眼春。何當伴閑逸，嘗酒過諸鄰。

越上聞子規

夜入翠煙啼晝尋芳樹飛春山無限好猶道不如歸

送李紘殿院赴闕

寂寥門巷每相過親近賢人所得多今日九重天上

去灘陽孤客奈愁何

霜露丘園不忍違三年月日速如飛金門乍入應垂

淚因挂朝衣憶彩衣

送邢昂處士南遊

落落崆峒一大儒四方心逸憶江湖東南賴有林君

復萬里清風去不孤

送丁司理赴明州

仙家枝葉令威孫南去司刑庇越民金闕道書微旨

在獄多陰德是眞人道書謂升眞者皆須曾爲獄官

送鄭江賓尉

片帆飛去若輕鴻一霎春潮過浙東王謝江山久蕭索子眞今爲起清風

送常熟錢尉

姑蘇臺下水如藍天賜仙鄉奉旨甘梅淡柳黄春不淺王孫歸思滿江南

試筆

偶縁踈拙得天眞豈問前途屈與伸車馬縱能欺倦客江山猶可助騷人懶如叔夜書盈几狂似淵明酒滿巾況有南窻姫易在此心郍更起纖塵

送眞元二上人歸吴中

歸心不可奪千里故園春及見市朝事却思江海人
煙波方得伴松月定爲鄰願結虎溪社休休老此身

寄題許州錢相公信美亭

華搆髙軒敞名湖一面分星辰居上相鼓吹燕中軍
山色來嵩髙室風光徹汝墳杉篁涵晚翠蘭茝薦時薫
坐嘯頻乗月歸懷幾望雲過臨黄覇俗遠味仲宣文
萬戸方開國三階復致君斯亭比棠樹千載頌清芬

送何白節推宰晉原二首

盛府兼名邑榮歸指故林多年望鄉淚萬里倚門心
江館春寒薄山程晚翠深板輿迎侍日桃李正芳陰

又

此行深惜別所喜是寧親祖帳天門曉鄉關錦國春

鳥歌疑勸酒山態似迎人我絶南陔望因兄淚滿巾

送刁紡戸掾太常下第時爲太常發解官

精鑒本非深英僚暫此沉火炎方試玉沙窓偶遺金豈累青雲器猶孤白雪音敢希蘇季子潜有激儀心

憶杭州西湖

長憶西湖勝鑑湖春波千頃緑如鋪吾皇不讓明皇美可賜疎狂賀老無

寄林處士

片心高與月徘徊豈爲千鍾下釣臺猶笑白雲多事在等閑爲雨出山來

依韻酬毋湜推官

聖門非入室文陣敢爭盟不意棲雲閣何才隸月卿

珍羣憐未至霄鶚引修程直舍有仙味祕庭無俗聲
午陰宮樹緑宵刻禁鍾清奉制歌三秀稱觴聽六英
恩輝孤易感交結淡難成新髪鑑中改舊山天際横
纓思漁父濯春伴隼旟行桃浪觀秦塞薫風省舜城
幾多興廢跡重疊古今情進退思先覺蹉跎畏後生
見詒如美衮欲報乏英瓊淨挹澄江練高窺擢露莖
復驚聞正始終仰輔登閎好勵圖南志翱翔覽四瀛

送石曼卿

河光岳色過秦關英氣飄飄酒滿顔賈誼書成動西
漢謝安人笑起東山亭途去覺雲天近舊隱回思水
石閑此道聖朝如不墜疏封宜在立譚間

送何涉秀才

蜀道歸來萬里身上堂嘉慶動諸隣賢良詔下先生
起休向成都問卜人

八月十四夜月

光華豈不盛賞宴尚遲遲天意將圓夜人心待滿時
已知千里共猶訝一分虧來夕如澄霽清風不負期

送吴安道學士知崇州

一麾輕去奉蘭羞共惜清賢豈易求筮易暗驚鳴鶴
遠賦詩深望白駒留古來經緯心皆曉閑處光陰髮
半秋長孺之才同吏隱相寬頻上海邊樓時聶長孺倅通州

謫守睦州作

重父必重母正邦先正家一心回主意十口向天涯
銅虎恩猶厚鱸魚味復佳聖明何以報殁齒願無邪

赴桐廬郡淮上遇風三首

聖宋非強楚清淮異汨羅平生仗忠信盡室任風波
舟楫顛危甚蛟鼉出没多斜陽幸無事沽酒聽漁歌

又

妻子休相咎勞生險自多商人豈有罪同我在風波

又

一棹危於葉傍觀亦損神他時在平地無忽險中人

送韓瀆殿院出守岳陽

仕宦自飄然君恩豈欲偏纔歸劒門道忽上洞庭船
墜絮傷春目春濤廢夜眠岳陽樓上月清賞浩無邊

出守桐廬道中十絶

隴上帶經人金門齒諫臣雷霆日有犯始可報君親

又

君恩泰山重爾命鴻毛輕一意懼千古敢懷妻子榮

又

妻子屢牽衣出門投禍機寧知白日照猶得虎符歸

又

分符江外去人笑似騷人不道鱸魚美還堪養病身

又

有病甘長廢無機苦直言江山藏拙好何敢望天閽

又

天閽變化地所好必真龍輒意正迂闊悠然輕萬鍾

又

萬鍾誰不慕意氣滿堂金必若枉此道傷哉非素心

又

素心愛雲水此日東南行笑解塵纓處滄浪無限清

又

滄浪清可愛白鳥鑑中飛不信有京洛風塵化客衣

又

風塵日已遠郡枕子陵溪始見神龜樂優優尾在泥

蕭灑桐廬郡十絶

蕭灑桐廬郡烏龍山靄中史君無一事心共白雲空

又

蕭灑桐廬郡開軒即解顔勞生一何幸日日面青山

又

蕭灑桐廬郡全家長道情不聞歌舞事遶舍石泉聲

烏龍山泉賓過公署

又

蕭灑桐廬郡公餘午睡濃人生安樂處誰復問千鍾

又

蕭灑桐廬郡家家竹隱泉令人思杜牧無處不潺湲

又

蕭灑桐廬郡春山半是茶新雷還好事驚起雨前芽

又

蕭灑桐廬郡千家起畫樓相呼採蓮去笑上木蘭舟

又

蕭灑桐廬郡清潭百丈餘釣翁應有道所得是嘉魚此郡魚少而嘉

又

蕭灑桐廬郡身閑性亦靈降眞香一炷欲老悟黄庭

又

蕭灑桐廬郡嚴陵舊釣臺江山如不勝光武肯教來

新定感興五首

數仞黄堂上題名僅百賢孤高宋開府千載可拳拳

又

山水眞名郡恩多補諫官中間好田錫風月亦盤桓

又

風物皆堪喜民靈獨可哀稀逢賢太守多是謫官來

又

去國三千里風波豈不賒迴思洞庭險無限勝長沙

又

江上多嘉客清歌進白醪靈均良可笑終日著離騷

遊烏龍山寺

高嵐指天近遠溜出山遲萬事不到處白雲無盡時異花啼鳥樂靈草隱人知信是棲眞地林僧半雪眉

江干閑望

江干日清曠盡日一搘筇落葉信流水歸雲識舊峯蘭蓀誰共采鳧鴈自相從莫愛蘋風起波來千萬重

和章岷推官同登承天寺竹閣

僧閣倚寒竹幽襟聊一開清風曾未足明月可重來晚意煙垂草秋姿露滴苔佳賓何以佇雲瑟與霞杯

齋中偶書

狂愚多苦口，幽遠獨甘心。言路有餘責，權門無去音。
忘憂曾扣易，思古即援琴。此意誰相和，寥寥鶴在陰。

留題江秀才舊居

結舍近滄洲，江山不外求。我來明月夜，更得主人留。

依韻酬周騤太博同年

孰敢先懷富貴圖，良時須惜幾嗟吁。衆心可致巍巍
主上，意恩平兩兩符。不稱内朝裨耳目，多慙外補救
皮膚。子陵灘畔觀漁釣，無限殘陽媚緑蒲。

依韻答胡侍郎見寄

千年風采逢明主，一寸襟靈慕昔賢。待看朝廷興禮
讓，天衢何敢闘先鞭。

桐廬郡齋書事

千峯秀處白雲驕吏隱雲邊豈待招數仞堂高誰當貴一枝巢隱自逍遥杯中好物閑宜進林下幽人靜可邀莫道官清無歳計滿山芝术長靈苗

留題方干處士舊居

風雅先生舊隱存子陵臺下白雲村唐朝三百年冠蓋誰聚詩書到遠孫（時裔孫措方登進士利）

范文正公集卷第三

范文正公集卷第四

律詩

依韻酬章推官見贈

姑蘇從古號繁華却戀巖邊與水涯重入白雲尋釣瀨更隨明月宿詩家山人驚戴烏紗出溪女笑隈紅杏遮來早又拋泉石去茫茫榮利一吁嗟

蘇州十詠

泰伯廟

至德本無名宣尼一此評能將天下讓知有聖人生南國奔方遠西山道始亨英靈豈不在千古碧江横

木蘭堂

堂上列歌鍾多慙不如古却羨木蘭花曾見霓裳舞

白樂天爲蘇州刺史嘗發此舞

洞庭山

吴山無此秀乘暇一遊之萬頃湖光裏千家橘熟時
平看月上早遠覺鳥歸遲近古誰眞賞白雲應得知

虎丘山

昔見虎耽耽今爲佛子巖雲寒不出寺谿靜朱離潭
幽步蘿垂徑高禪雪閉庵吴都十萬戸煙瓦亘西南

閶門

吴門聳閶闔迎送每躋攀一水帝鄉路片雲師子山
落鴻漁釣外斜柳别離間白傅歸休處盤桓幾厚顔

靈巖寺吴王之離宫也下臨太湖

古來興廢一愁人白髮僧歸掩寺門越相煙波空去

鳫吴王宫闕半啼猿春風似舊花猶笑往事多遺石不言唯有延陵逃遁去清名高節老乾坤

太湖

有浪即山高無風還練静秋宵誰與期月華三萬頃

伍相廟

胥也應無憾至哉忠孝門生能酬楚怨死可報吴恩直氣海濤在片心江月存悠悠當日者千載秪慙魂

觀風樓

高壓郡西城觀風不浪名山川千里色語笑萬家聲碧寺煙中静紅橋柳際明登臨豈劉白滿目見詩情

南園

西施臺下見名園百草千花特地繁欲問吴王當日

事後來桃李若爲言

依韻奉酬晏尚書見寄

徽音來景亳盛事聳吴鄉上象三台照高文五色章純如登樂府淵若測天潢寒谷春重煦幽宫草特芳感知心似血思報鬢成霜新定甦無恵姑蘇惜未康堯湯餘水旱劉白舊風光北闕雲霓遠南園橘柚荒願聞歌晝一敢議賦長楊碌碌嘲須解循循教弗忘跡甘榮路外情寄聖門傍幾託爲魚夢江湖尚渺茫

又用前韻謝晏尚書以近著示及

祖述賢人業何因降玄鄉周公舊才美夫子近文章逸氣彌衝斗雄源甚決潢月中靈桂老春外寶芝芳遠似天無翳清如塞有霜日星圖舜禹金石頌成康

謂眞廟神御頌也渦曲風騷盛謂游渦之作也黌丘學校光謂青社州學記也至精含變化大手鑿洪荒崧嶽詞欺甫甘泉價掩楊滿朝當諷誦終古豈遺忘恍若探龍際森疑履虎傍半生游此道觀海特茫茫

陳質殿丞挽歌詞

賢者逝如斯皇天豈易知衆人皆墮淚君子欲安碑幾世傳清白滿鄉稱孝慈賢哉生令嗣遺秀在蘭芝

送僧文光

一品山前識迢迢三十春多慙晝戟裏重見白雲人

依韻酬府判龐醇之見寄

二十年前已定交而今鵬鷃各逍遥但能賈傅親前席何必蕭生意本朝直節羨君如指佞孤根憐我異

凌霄（凌霄花名生且有託）莫將富貴移平昔彼此清心髮半凋

依韻酬吴安道學士見寄

聖君賢相正彌綸諫諍臣微敢徇身但得葵心長向日何妨駑足未離塵豈辭雲水三千里猶濟瘡痍十萬民宴坐黄堂愧無限隴頭元是帶經人

依韻酬吴春卿二首（來章有鶴氅松岑之句因以松鶴命題以荅之）

鶴

華亭孤立病時身終日徘徊尚海濱露掌思高還警夜芝田音斷欲傷春千年靈氣何求藥八變奇姿已過人莫猒在陰猶寡和九臯非晚見精神

松

亭亭百尺棟梁身寂寞雲根與澗濱寒冒雪霜寧是

病靜期風月不須春蕭蕭遠韻和於樂密密清陰意
在人高節直心時勿伐千秋為石迺知神

應制賞花釣魚

萬彙嘉亨日皇心豫宴辰華林新濯雨靈沼正涵春
帝幄紛仙蘤天鈞擲錦鱗洋洋須賡唱屢頌浹簪紳

過餘杭白塔寺

登臨江上寺遷客特依依遠水欲無際孤舟曾未歸
亂峯藏好處幽鷺得閑飛多少天真趣遙心結翠微

西湖筵上贈胡侍郎

官秩文昌貴功名信史褒朝廷三老重鄉黨二疏高
涯業盡圖籍子孫皆俊髦西湖天下絕今日盛遊遨

江城對月

南國風波遠東門冠蓋回多情是明月相逐過江來

送向綜國博通判桂州

通籍三公後監州五嶺深欲知明主意將慰遠人心
歲計多藏藥舟行不廢琴歸書清白甚寧問槖中金

芝山寺

樓殿冠崔嵬靈芝安在哉雲飛過江去花落入城來
得食鵐朝聚聞經虎夜回偶臨西閣望五老夕陽開

昇上人碧雲軒

愛此詩家好幽軒絕世紛澄宵半床月淡曉數峯雲
遠意經年就微今並舍聞只應虛靜處所得自蘭芬

郡齋即事

三出專城鬢似絲齋中蕭洒勝禪師近踈歌酒緣多

病不負雲山賴有詩半兩黄花秋賞徤一江明月夜歸遲世間榮辱何須道塞上衰翁也自知

同年魏介之會上作

寒苦同登甲乙科天涯相對合如何心存闕下還憂畏身在樽前且笑歌閑上碧江游畫鷁醉留紅袖舞鳴鼉龜與君今日真良會自信麤官樂事多

依韻酬黄灝秀才

再聚鄱川信不才子規相愛勸歸來客心但感江山助天意難期日月廻白雪孤琴彌冷淡浮雲雙闕自崔嵬南方歲晏猶能樂醉盡黄花見早梅

贈鍾道士曾舉進士

人間無復動機心掛了儒冠歲已深惟有詩家風味

在一壇松月伴秋吟

道士程用之爲余傳神因題

貌古神踈畫本難因師心妙發毫端無功可上凌煙閣留取雲山靜處看

送魏介之江西提點

旌旗如火浪如鷗一路春城次第遊江上高樓欲千尺便從今日望歸舟

遊廬山作

五老閒遊倚舳艫碧梯嵐逕好程途雲開瀑影千門掛雨過松黄十里鋪客愛往來何所得僧言榮辱此間無從今愈識逍遥旨一聽升沉造化鑪

瀑布

逈與衆流異發源高更孤下山猶直在到海得清無
勢鬭蛟龍惡聲吹雨雹麤晚來雲一色詩句自成圖

贈廣宣大師

憶昔同遊紫閣雲别來三十二迴春白頭相見雙林
下猶是清朝未退人

移丹陽郡先遊茅山作

丹陽太守意何如先謁茆卿始下車展節事君三黜
後收心奉道五旬初偶尋靈草逢芝圃欲叩真關借
玉書不更從人問通塞天教吏隱接山居

贈茅山張道者

有客平生愛白雲無端年老尚紅塵只應金簡名猶
在得見仙巖種玉人

京口即事

突兀立孤城詩中别有情地深江底過日大海心生甘露樓臺古金山氣象清六朝人薄命不見此昇平

懷慶朔堂

慶朔堂前花自栽便移官去未曾開年年憶着成離恨只託春風管句來

依韻酬葉道卿中秋對月二首

天遣今宵無寸雲故開秋碧掛冰輪詩人不悔衣霑露爲惜清光豈易親

孤光千里與君逢最愛無雲四望通處處樓臺競歌宴的能愛月幾人同

贈葉少卿

退也天之道東南事了人風波拋舊路花月伴閑身
湖外扁舟遠門中駟馬新心從今日泰家似昔時貧
見子登西掖携孫過北鄰白雲高閣曙綠水後池春
樽酒呼前輩鑪香叩上眞只應陰德在八十冨精神

依韻荅梁堅運判見寄

蔽野旌旗色滿山笳吹聲功名早晚就裴度亦書生

城大順迴道中作

三月二十七羌山始見花將軍了邊事春老未還家

依韻和延安龐龍圖柳湖

種柳穿湖後延安盛可遊遠懷忘澤國具賞即瀛洲
江景來秦塞風情屬庾樓劉琨增坐嘯王粲斗銷憂
秀發千絲墮光搖匹練柔雙雙翔乳燕兩兩睡馴鷗

折翠贈歸客，濯清招隱流。宴回銀燭夜，吟度玉關秋。
勝處千場醉，勞生萬事浮。王公多雅故（某與龍圖公同年，復爲延安交政），思去共仙舟。

和延安龐龍圖寄岳陽滕同年

優游滕太守，郡枕洞庭邊。幾處雲藏寺，千家月在船。
踈鴻秋浦外，長笛晚樓前。旋撥醅頭酒，新炰縮項鯿。
宦情須淡薄，詩意定連綿。逈是偷安地，仍當飽事年。
只應天下樂，無出日高眠。豈信憂邊處，胡兵隔一川（時宣撫岢嵐軍）。

與張燾太博行忻代間因話江山作

數年風土塞門行，說着江山意暫清。求取罷兵南國去，滿樓蒼翠是平生。

過長安醉别資政鄭侍郎

鄉關交復親把酒且逡巡共上青雲路相看白髮人有爲須報國無事即頤神故素幾云在風音莫猒頻

依韻酬光化李簡夫屯田

老來難得舊交游莫歎樽前兩鬢秋少日苦辛名共立晚年恬退語相投龔黄政事聊牽強元白鄰封且唱酬附郭田園能置否與君乗健早歸休

依韻酬太傅張相公見贈

出處曾無致主功南陽爲守地猶雄醉醒往日慙漁父得失今朝賀塞翁七里河邊歸帶月百花洲上嘯生風卧龍鄉曲多賢達願預逍遥九老中

依韻酬益利鈐轄馬端左藏

濫登清顯遇公朝豈有才謀可致堯拙守自慙成木強官游誰歎僅蓬飄醉來多謝提壺勸歸去寧煩杜宇招好樂當年開口笑此心無事愧重霄

依韻酬邠州通判王稷太博

南豳日日接英標公外追隨豈待招惡勸酒時圖共醉痛贏棊處肯相饒一拋言笑如何遣頻得音書似不遥獨上西樓爲君久滿城明月會雲銷

依韻酬李光化見寄

南陽偃息養衰顏天暖風和近楚關欲少禍時當止足得無權處始安閑心憐好鳥來幽院目送微雲過別山此景此情聊自慰是非何極任循環

寄安素高處士

吏隱南陽味日新幕中文雅盡嘉賓滿軒明月清譚
夜共憶詩書萬卷人

酬李光化見寄二首

交親莫笑出塵頻不任纖機只任眞遠護玉關猶竭
力入陪金鉉敢周身素心直擬圭無玷晚節當如竹
有筠道本逍遥惟所適吾生何用蠖求伸
萬里承平堯舜風使君尺素本空空庭中無事吏歸
早野外有歌民意豐石鼎鬪茶浮乳白海螺行酒灎
（上諱）波紅宴堂未盡嘉賓興移下秋光月色中

依韻酬李光化叙懷

列宿專城且自娱清名喜冣即前塗江山樂國誠難
會風月詩家的不辜未必晚成輸早達好將髙笑代

長吁公餘更勵經邦業思爲清朝賛禹謨

和李光化秋詠四首

曉

牆外轆轤響樓前江漢歛曙光和月色猶記早朝時

晝

日色清如照前林葉未零海東新隼至一點在青冥

晚

晚色動邊思去年猶未歸戍樓人已冷目斷望征衣

夜

春色人皆醉秋光獨不眠君看明月下何似落花前

送黃灝貢

三十餘年交舊心相逢郁復議升沉卑飛塵土昧誠

薄達宦風波憂更深自古榮華渾一夢即時歡笑敵千金追陪未久還離索早晚軒車重見尋

和并州大資政鄭侍郎秋晚書事

太原兵重壓強胡莫對秋風憶鱠鱸萬里天聲揚紫塞十年人望在黃樞定應松栢心無改自信雲龍道不孤應笑病夫何所補獨能安坐養桑榆

和提刑趙學士探梅三絶

蕭條臘後復春前雪壓霜欺未放妍昨日倚欄枝上看似留芳意入新年

靜映寒林晚未芳人人欲看壽陽粧玉顔須傍韶春笑莫鬬嚴風與惡霜

百花爭早孰過梅天與芳時豈待催莫惜黃金置清

賞觴年春色爲君開

和太傅鄧公歸遊武當寄

三提相印代天工鄧國歸來耀本封此日神仙丁令鶴幾年霖雨武侯龍酬恩定得祠黄石談道須期會赤松莫慮故鄉陵谷變武當依舊碧重重

即席呈太傅相公

鳳池三入冠台躔致了昇平一品閑白傅歌詩傳海外晋公桃李滿人間上都雲遠經時别故國春濃幾度還太史占天應有奏壽星光彩近南山

紀送太傅相公歸闕

搢紳誰敢望差肩獨向昌期協半千首會雲龍游少海親扶日月上中天碧油兩就元戎鎮黄閣三提家

宰權坐致唐虞成大化退居師傅養高年閑披冊款開鑪竈醉度清歌被管絃同牓幾人登將相滿朝今日羡神仙松楸薙草思純孝里巷揮金過昔賢歸赴誕辰知兑說輕安拜舞壽觴前

依韻和提刑張太傅寄梅

數枝梅寄寂寥人多謝韶華次第均穠下此花留未發待君同賞後池春

又和賞梅

故人爲使富天才相與抽毫賦早梅氣豔未勞橫玉笛風光先合倒金罍隴頭欲寄交情遠林下初逢病眼開必若和羹有遺味花王應亦命公台

依韻荅王源叔憶百花洲見寄

芳洲名冠古南都，最惜塵埃一點無樓閣春深來海鷰池塘人靜下仙凫花情柳意憑誰問月彩波光豈易圖漢上山公發新詠許昌何必詫申湖申或作西

獻百花洲圖上陳州晏相公

穰下勝遊少此洲聊入詩百花爭窈窕一水自漣漪潔白憐翹鷺優游羨戲龜闌干紅屈曲亭宇碧參差倒影澄波底橫煙落照時月明魚競躍春靜柳閑垂萬竹排霜仗千荷卷翠旗菊分潭上近菊花潭在郡之西郊因有菊門復有菊潭鎮近取菊植于洲中洲有高臺遂命之曰菊臺梅比漢南遲京洛而南至鄧始有梅焉梅比襄陽又晚一月岸鷀依人喜汀鷗不我疑綵絲穿石節襄鄧間舊俗正月二十二日士女游河取小石通中者用綵絲穿之帶以爲祥羅襪踏青期素髮頻來醉滄浪減去思步隨芳草遠歌逐畫船

移繪寫求眞賞緘藏獻已知相君那肯愛家有鳳皇池

依韻答青州富資政見寄

樞府當年日賛襄隱然一柱在明堂親逢英主開前席力與皇家正舊章直道豈求安富貴純誠惟欲助清光龔黃政事追千載齊魯風謡及萬箱偉望能令中國重奇謀曾壓北方強故人待看調元後乞取優游老洛陽

依韻答并州鄭大資見寄

節制重并汾淹留又見春年高成國老道在樂天眞風韻應如舊精明迥絶倫致君心未展寧是式微人

過陳州上晏相公

曩由清舉玉宸知今覺光榮冠一時曾入黃扉陪國論重求絳帳就師資談文講道渾無倦養浩存眞絶不衰獨媿鑄顏恩未報捧觴爲壽獻聲詩

和運使舍人觀潮

何處潮偏盛錢唐無與儔誰能問天意獨此見濤頭海浦吞來盡江城打欲浮勢雄驅島嶼聲怒戰貔貅萬疊雲纔起千尋練不收長風方破浪一氣自橫秋高岸驚先裂群源怯倒流騰凌大鯤化浩蕩六鼇遊北客觀猶懼吳兒弄弗憂子胥忠義者無覆巨川舟

又

把酒問東溟潮從何代生寧非天吐納長逐月虧盈暴怒中秋勢雄豪半夜聲堂堂雲陣合屹屹雪山行

海面雷霆聚江心瀑布橫巨防連地震羣檝望風遁
踊若蛟龍鬬奔如雨雹驚來知千古信迴見百川平
破浪功難敵驅山力可并伍胥神不泯憑此發威名

依韻和蘇州蔣密學

餘杭偶得借麾來山態雲情病眼開此藥無涯誰可
共詩仙今日在蘇臺白樂天謂韋蘇州爲詩仙

依韻和蘇之翰對雪

江干往往臘不雪今喜紛紛纔孟冬適知王澤寖及
遠益明天意先在農有年預可慰四海大瑞且當聞
九重況此湖山滿清思與君交唱昔爲慵

依韻和并州鄭宣徽見寄二首

錢唐作守不爲輕況是全家住翠屏名品久忝卿士

月部封全屬斗牛星仁君未報頭先白故老相看眼倍青寂愛湖山清絶處晚來雲破雨初停

又

西湖載客恣游從湖上參差半佛宮迴顧隙駒曾不息沉思樽酒可教空層臺累榭皆清曠萬户千門盡鬱葱向此行春無限樂却慚何道繼文翁

依韻答蔣密學見寄

東南爲守慰衰顔憂事渾祛樂事還鼓吹夜歸湖上月樓臺晴望海中山奮飛每羨冥鴻遠馳騁那慚老驥閑此日共君方偃息是非榮辱任循環

依韻和同年朱兵部王賓客交贈之什

鶴禁蘭宮達了身高居南闕重爲隣西園冠蓋時時

會北海樽罍日日親共弃榮華拋世態同歸清静復天真一如劉白東都下更得裴公作主人

登表海樓

一帶林巒秀復奇每來凭檻即開眉好山深會詩人意留得夕陽無限時

石子澗二首

鑿開奇勝翠微間車騎笙歌暮未還彦國才如謝安石他時郎此是東山

又

飛泉落處滿潭雷一道蒼然石壁開故老相傳應可信此山雲出雨須來

依韻答韓侍御

雖叨世契與隣藩，東道瞻風御史尊。鄭館昔時延下客予執卷時即遊端公之門，于家今日見高門端公之先君嘗作金陵獄掾。我居方面榮爲懼，君向臺端直且温。彼此中懷藴金石，不須銷黯動離魂。

謝柳太傅惠鶴

新詩遺鶴指眞經，對此仙標詎敢輕。萬里華亭思去伴，千年遼海識歸程。鷄羣與處曾非辱，鵬路將翔孰謂榮。獨愛九臯嘹唳好，聲聲天地爲之清。

知府孫學士見示和終南監宮太保道懷五首因以綴篇

玉皇近侍請修真，賜得南山十里雲。樽有聖賢聊自慰，鼎多龍虎復誰分。謝家山色朝晡見，陶隱松風竊

寐聞萬物已齊無一事獨醒惟笑衆醺醺

其二

要路抛來自寡尤高懷卷去白雲收玉緣祕寶須藏密蘭爲奇香却在幽仙骨豈曾移静節帝心終是竭嘉猷紅霞緑竹忘機地未免天家下詔求

其三

漢陂高興自飄飄何必天台渡石橋潭上藥靈多餌菊林間詩逸半書蕉勤歌蘭珮招逋隱懶事塵纓逐家僚容有赤松盟約在異時猿鶴不相遼

其四

瑶壇日月静中長詩思時時逸謝塘神桄自成仙島夢朝衣猶有御爐香三元祕簡侵星奏五嶺靈芽待

雪嘗金闕九重留不住高風何處是嚴光

其五

門外煙嵐紫閣橫九衢風土更何情籬邊醉傲淵明飲隴上歌隨桀溺耕三樂放懷千古重萬鍾回首一毫輕鵬鷃共逍遥理誰復人間問不平

贈方秀才楷

高尚繼先君嵒居與俗分有泉皆漱石無地不生雲隣里多垂釣兒孫半屬文幽蘭在深處終日自清芬

依韻和龐殿院見寄二首 前集已有一首

吳門歎歲減繁華蕭索專城未足誇柳色向秋迎使舘水聲終夜救田車丘山在負恩朝寄毫髮經心愧道家不似桐廬人事少子陵臺畔樂無涯

范文正公集卷第五

易義

乾上乾下内外中正聖人之德位乎天之時也德内也位外也九二君之德九五君之位成德于其内充位于其外聖人之德居乎誠而不遷有時舍之義故曰見龍在田德昭于中故曰利見大人天下文明君德也聖人之位行乎道而不息有時乘之義故曰飛龍在天位正於上故曰利見大人乃位乎天德於是乎位矣或者泥於六位之序止以五爲君曾不思始畫八卦三陽爲乾君之象也豈俟於五乎三陰爲坤臣之象也豈俟於四乎震爲長子豈俟重其卦而始見於長子乎明夫乾君之象既重其卦則有内外之

分九二居乎内德也九五居乎外位也餘爻則從其進退安危之會而言之非必自下而上次而成之也如卦言六龍而九三不言龍而言君子蓋龍無乘剛之義則以君子言之隨義而發非必執六龍之象也故曰易無體而聖人之言豈凝滯於斯乎

咸陰進而陽降兑陰卦艮陽卦上下交感之時也與泰卦近焉泰卦天地交而萬物通咸卦天地感而萬物化生然則泰卦三陰進于上三陽降于下極於交而泰矣故曰萬物通咸卦陰進而未盡達也陽降而未盡下也下卦猶有二陰上卦猶有二陽感而未至於泰矣故曰萬物生而猶未通也聖人感人心而天下和平是感之無窮而能至乎泰者也感而不至其道乃消故至騰口薄可知也

恒陽動陰順剛上柔下（震陽也剛動于上巽陰也柔順于下）上下各得其常之時也天尊地卑道之常矣君處上臣處下理之常矣（上陽卦天與君之道也下陰卦地與臣之道也）男在外女在內義之常矣（震爲長男巽爲長女）天地君臣男女各得其正常莫大焉諸卦多以有應爲吉此卦六爻皆應而爻無元吉者何也夫吉於應者相求以濟之時也常者上下各得其所之時矣故以剛柔皆應爲常而不以獲應爲吉是以士之常也在於己不在於人諸侯之常也在於政不在於隣天子之常也在於道不在於權故曰聖人久於其道而天下化成堯舜爲仁終身而已矣其知常也哉

遯陰進陽退（二陰進之於內四陽退之於外）柔佞入而剛正出君子

遯去之時也夫柔勝於剛則小人制君子矣辱可逃乎柔未勝剛則君子辱可遠也未見制於小人焉此卦二陰而四陽柔未勝剛小人始浸而長也君子知吉之先辨禍之萌思遠其時也可不遯乎故遯之爲義尚乎遠也是以最在內者有遯尾之危最在外者有肥遯之利子曰知幾其神始可與言遯也已矣

大壯剛以震而陰摧（內剛外震二陰剥焉）君子威而小人黜政令剛嚴之時也陽於陰爲大也陽進陰退大者壯而小者喪矣夫雷在天上萬物以震威行天下萬邦以恐天地之壯見乎雷聖人之壯見乎威壯而不節於天下暴矣壯其喪矣是以君子非禮弗履以保其壯也故九二九四以陽居陰體剛而處巽乃復獲乎貞

吉餘爻皆不克全其壯也已

晉順而上行奉于文明（坤順也離明也）君子嘉遇顯進之時也夫上無文明賢斯遁矣今文明麗于上君子可不進乎其進也柔順內融（內卦坤也有柔順之義）則上不拒其逼矣故曰晝日三接也英華外著（外卦文明有英華之德）則衆不疑其行矣故曰君子以自昭明德蓋明出地上如日之升君子當其象也豈復昧哉其伊尹之時歟

明夷陰上明下其義病矣火入地中其光翳矣蔽賢傷善之時也夫文明在上則賢者遂進文明在下則善人用傷其商之末世耶君子用晦然後免於其難然則文王其不用晦乎何以嘗幽之耶文王蓋有國焉德加於人晦之難也故以文明入于難終以柔順

而出矣箕子雖無政焉而最近於闇故自辱其身以晦其道然後乃免故文明在下難哉聖賢其猶病諸變斯時者惟九三乎得其大首其湯武之事歟

家人陽正於外謂五也陰正於內其二也陰陽正而男女得位君子理家之時也明乎其內禮則著焉內卦明也順乎其外孝悌形焉外卦順也禮則著而家道正孝悌形而家道成成必正也正必成也聖人將成其國必正其家一人之家正然後天下之家正天下之家正然後孝悌大興焉何不定之有故曰刑于寡妻以御于家邦然則正家者貴閑其初也故初九有悔閑得其道乃首得悔亡至于九五王假有家則天下化成故初悔而吉也

睽火炎澤潤其性不同炎從上潤從下其道違而不接物情睽異之時也陰陽不接而天地睽日月不接而晝夜睽禮義不接而男女睽君臣不接而上下睽情類不接而萬物睽夫然則天地萬物之理從何而亨乎故睽之時義不可久也必變而通之合睽以成其化天地睽也而陰陽合焉其體睽其義合晝夜睽也而日月交焉男女睽也而禮義成焉上下睽也而君臣會焉萬物睽也而情類聚焉夫未合之時體乖志疑動貴蹇難求援而濟者也故其交皆以有援免至于上九睽極而通則說弧遇雨羣疑亡也

蹇止於險中險難在前未可進之時也觀其名與屯卦近焉屯亦難也然則屯已動乎險中難可圖也蹇猶止

乎險中難未可犯也惟二爲五臣(得位應五)君在險中而與己應始可匪躬而往焉餘皆往蹇而弗濟君子藏器於身待時而動其庶幾乎

解動乎險外出險散否之時也小人爲險君子乃否小人既退君子乃振故六五象曰君子有解小人退也是故天地否散雷雨並興聖賢否散慶施遂行武王發粟散財其有解之時也矣

損山澤通氣(艮爲山兌爲澤)其潤上行取下資上之時也夫陽實也陰虛也下卦二陽上卦二陰取陽資陰以實益虛者也虛者反實則實者反虛矣然則下者上之本本固則邦寧今務於取下乃傷其本矣危之道也損之有時民猶說也(兌爲說)損之無時澤將竭焉(兌爲澤)

故曰川竭必山崩此之象也無他下涸而上枯也百姓不足君孰與足其斯之謂歟

益剛來而助柔損有餘而補不足（上卦陽多故曰有餘下卦陽少故曰不足）自上惠下之時也天道下濟品物咸亨聖人下濟萬國咸寧益之爲道大矣哉然則益上曰損損上曰益者何也夫益上則損下損下則傷其本也是故謂之損損上則益下益下則固其本也是故謂之益本斯固矣榦斯茂矣源斯深矣流斯長矣下之益上則利有竭焉上之益下則因其利而利之何竭之有焉是故木以動也（上木下動）涉大川而無患雷風與也（上風下雷）興萬物而無疆明益之道何往而不利哉

夬一陰處高而羣陽代之以大制小以正黜邪之時

也時皆剛正柔佞豈得而據乎夫君子道微之時法令常密而或失之者何也内有小人也小人道微之時法令常顯而無忌者何也内皆君子也此卦一柔而乘五剛危可知矣五陽而决一陰易可知矣故揚于王庭而不忌賞罰明行之際歟舜舉八元而去四凶此其時矣

萃澤處於地兑爲澤坤爲地其流集矣上説下順其義親矣物情和聚之時也上以説臨下下以順奉上上下莫不聚乎天地亨而萬物以類聚大人亨而天下以義聚觀其所聚而天地萬物之情可見矣彖言剛中而應者取其上下相應以成萃聚之義而已若夫萃天下者豈私其應哉必也以虚受人然後能萃其天下

故九五以大人之位而匪孚者以其應之於一不能盡天下之誠惜哉無私則至矣

升地中生木其道上行君子位以德升之時也夫高以下爲基木始生於地中其舉遠矣聖人日躋其德而至于大寶賢者日崇其業而至于公圭以順而升物不距矣故爻無凶咎初則大吉二則有喜三則無疑四則用亨五則貞吉惟上六極而猶升則爲冥昧若能知其消息猶可爲利故曰冥升利于不息之貞

困水在澤下澤方竭焉其道不加於物君子困窮之時也夫水者浸於外而後施於物今伏於其內何施之有是則川澤竭而伏其流君子困而隱其道困於險而不改其説坎險也兌説也其惟君子乎能固窮而樂道

哉苟不安其困欲尚口而去之窮斯甚矣知此時者卷而懷之極然後反其困必亨故曰困亨夫子之於陳蔡也豈其憂乎

井木爲泉之底井道治而其施外彰君子居德遷惠之時也夫井居其地而不可改其泉之出也無所不利君子居於德而不可移其惠之遷也無所不仁雖井也施之而不窮存之而不溢惟德也常施於人而不見其虧獨善於身而不見其餘故曰井德之地不其然乎

革水火相薄變在其中聖人行權革易之時也夫澤有水則得其宜今澤有火是反其常矣天下無道聖人革之以反常之權然而反常之權天下何由而從

之以其内文明而外説也（内卦文明外卦兑説）以此之文明易彼之昏亂以天下之説易四海之怨以至仁易不仁以有道易無道此所以反常而天下聽矣其湯武之作耶苟道德不去雖湯武日生當爲天下之助何反常之有焉

鼎以木順火鼎始用焉聖人開基立器之時也夫天下無道聖人革之天下既革而制作興制作興而立成器立成器而鼎莫先焉故取鼎爲義表時之新也湯武正位然後改正朔變服章更器用以新天下之務其此之時歟故曰革去故而鼎取新聖人之新爲天下也夫何盛焉莫盛乎享上帝而養聖賢也享上帝而天下順養聖賢而天下治不亦盛乎

震雷相從而興威動萬物內外皆震君子心身戒懼之時也萬物震其道通焉君子震其德崇焉君子之懼於心也思慮必慎其始則百志弗違于道懼於身也進退不履於違則百行弗罹于禍故初九震來而致福慎於始也六二震來而喪貝履於危也（六二乘剛）夫震者長子之道也長子有威驚遠而懼邇然後能主宗廟之器而祭祀不輟也夫

艮山相當而各止其所內外不相與（六爻皆無應）上下靜止之時也天地動而萬物生日月動而晝夜成聖賢動而天下亨今其止者君子理不可動之時也故此卦無元亨貞之德者以其道不行焉然止之爲道必因時而存之若夫時不可進斯止矣高不可亢斯止

矣位不可侵斯止矣欲不可繼斯止矣止得其時何
咎之有故曰時止則止時行則行動靜不失其時其
道光明非君子其孰能與於此乎
漸山止生木日益其高君子漸進之時也夫內止而
不躁外巽而不爭以斯而進不亦漸乎長女得位乎
其外故曰女歸吉然則女生而知其嫁也必漸而及
時然後有歸焉君子學而知其仕也必漸而成德然
後有位焉故升高必自下陟遐必自邇乾陽漸進而
至于在天坤陰漸進而至于堅冰天地不能踰而況
於人乎苟內不止而躁外不巽而爭則失漸之道犯
時之忌豈正邦之有焉
豐文明以動無往不亨王道開大之時也夫雷電之

至隱者彰而否者亨聖賢之造困者通而幽者顯於是制乎禮以序天下之倫作乎樂以興天下之和物物昌而無不大也是以謂之豐然則日之動也下離日也上震動也豐于正中焉文明之動也豐于皇極焉過乎正中日斯昃矣過乎皇極文明虧矣故曰宜日中進於大而戒於盈也丕哉

旅火麗山而不久其處君子羈旅之時也君子羈旅之時處無其位何能與物大通然則內止而不動于心外明而弗迷其往以斯適旅故得小亨而貞吉夫旅人之志卑則自辱高則見嫉能執其中可謂智矣是故初瑣瑣而四不快者以其處二體之下卑以自辱者也三焚次而上焚巢者以其據二體之上高而

見嫉者也二懷資貞而五譽命者柔而不失其中者也君子旅之時也道其然乎

巽風從至而物莫之違上下皆順命令宣行之時也夫上下弗順雖令不從令上下皆順故可申命而行事也若夫巽之爲德其失也僞非君子體之則入乎柔邪之道矣觀其名雖近於謙焉然則謙之爲體内剛而外柔謙卦坤外艮内坤柔而艮剛也降於禮而不降於德者也是以亨君子有終巽之爲體内外皆柔可以行權未可以終義惟五以中正而志行乃得小亨利有攸往利見大人是故謙之六爻皆無凶咎巽之六爻則美惡半矣

兌澤重潤而上下皆説君子推恩敷惠之時也夫説

萬物者莫説乎澤今復重之民説而無疆者也勸天下者莫大乎推恩而敷惠則順乎天應乎人而王道亨不然者反此若夫威以先民民重其勞威以犯難民重其死故周文爲臺而人謂神靈者忘其勞也楚子下令而人如挾纊者忘其死也然則説之爲德其失也佞上下皆説之時必内存其剛正然後免佞之情故曰説以利貞

帝王好尚論

老子曰我無爲而民自化我好靜而民自正我無欲而民自富我無事而民自樸此則述古之風以警多事之時也三代以還異於太古王天下者身先教化使民從善故禮曰人君謹其所好惡君好之則民從

之孔子曰上好禮則民莫敢不恭上好義則民莫敢不服上好信則民莫敢不用情由此言之聖帝明王豈得無好在其正而已堯設敢諫鼓建進善旌舜好問而成至化禹拜昌言而立大功湯五聘伊尹文王躬迎呂望周公握髮吐哺以待白屋之士鄭武公好賢而詩雅歌之燕昭王築臺募士而智者歸之斯聖賢好尚如是之急也桀紂好利欲不好諫諍而天下亡秦好兵刑不好仁義而天下歸漢隋煬帝好逸豫不好恭儉而天下歸唐使桀紂好諫諍秦好仁義隋煬帝好恭儉豈有喪亂之禍哉

選任賢能論

王者得賢傑而天下治失賢傑而天下亂張良陳平

之徒秦失之亡漢得之興房杜魏褚之徒隋失之亡
唐得之興故曰得士者昌失士者亡書曰先王昧爽
丕顯坐以待旦旁求俊彦啓迪後人其勤求人材如
是之急也然則求之之道不可一端皋陶賛禹曰亦
行有九德言人性行有九德以考眞僞則可知乃言曰載采采載行采事也稱
其人有德必言其所行某事某事以爲驗禹曰何皋陶曰寛而栗性寛洪而能莊栗
柔而立和柔而能立事愿而恭慤愿而恭恪亂而謹亂治也有治而能謹擾
而毅擾順也致果爲毅直而温行正直而氣温和簡而廉性簡大而有廉隅
剛而塞剛斷而實塞彊而義無所屈撓動必合義彰厥有常吉哉彰明
吉善也明九德之常以擇人而官之則政之善孔子之門人目以四科一曰
德行謂顔淵閔子騫也顔淵聞一知十二曰政事冉有季路
也三曰言語宰我子貢也子貢使於諸國而不辱君命也四曰文學

子游子夏也經緯天地曰文禮樂典章之謂也游夏能述之者也此所謂求人之道非一端也又書之說命篇曰旁求俊乂列于庶位是朝廷庶位惟俊乂是求唐太宗曰天下英雄落吾彀中語曰邦有道則智邦無道則愚智則可與治國家安天下愚則可與避怨惡而全一身故聖人以俊乂爲得不以柔訥爲行如以柔訥爲行而寵之則四海英雄無望於時矣使英雄失望於時則秦失張陳隋失房杜豈不悞天下之計哉

近名論

老子曰名與身孰親言人知愛名不如愛其身之親也莊子曰爲善無近名言爲善近名人將嫉之非全身之道也此皆道家之訓使人薄於名而保其眞斯人之徒非爵祿可加賞罰可動豈

爲國家之用哉我先王以名爲教使天下自勸湯解網文王葬枯骨天下諸侯聞而歸之是三代人君已因名而重也太公直鈎以邀文王夷齊餓死于西山仲尼聘七十國以求行道是聖賢之流無不涉乎名也孔子作春秋即名教之書也善者褒之不善者貶之使後世君臣愛令名而勸畏惡名而慎矣夫子曰疾没世而名不稱易曰善不積不足以成名然則爲善近名豈無僞邪臣請辯之孟子曰堯舜性之也(性本仁名)三王身之也(躬行仁義)五霸假之也(假仁義而求名)後之諸侯逆天暴物殺人盜國不復愛其名者也人臣亦然有性本忠孝者上也行忠孝者次也假忠孝而求名者又次也至若簡賢附勢反道敗德弑父叛君惟欲是

從不復愛其名者下也人不愛名則雖有刑法干戈不可止其惡也武王克商式商容之閭釋箕子之囚封比干之墓是聖人敦奬名教以激勸天下如取道家之言不使近名則豈復有忠臣烈士爲國家之用哉

推委臣下論

天生兆人得王乃定萬機百度不可獨當内立公卿大夫士外設公侯伯子男先擇材以處之次推公以委之然則委以人臣之職不委以人君之權臣請辨之夫執持典禮修舉政教均和法令調理風俗内養萬民外撫四夷師表百僚經緯百事此宰輔之職也練兵戎謹城壁脩方略威夷狄此將師之職也肅朝

廷之儀觸搢紳之邪此御史府之職也若繁劇制豪猾此京尹之職也至於金穀刑法各有攸司之職矣撫民人宣風化均徭役平賦斂此刺史縣令之職也是皆人臣之職不可不委之也若乃區别邪正進退左右操榮辱之柄制英雄之命此人主之權也不可盡委於下矣何以明之論語孔子曰天下有道政不在大夫注云制之由君也晉委三卿趙文子韓宣子魏獻子延陵季子曰晉國之政歸此三家矣後果分晉爲三國漢高祖招納羣英有將將之權而取天下至于子孫不知祖宗之謀而獨委霍光又獨委王鳳至于王莽皆有大禍西漢遂傾焉後漢光武親用二十八將而取天下後之子孫不知祖宗之謀而獨委后族至于宦官故

姦雄競起以去惡為名東漢遂傾焉魏委司馬晉委劉裕其禍亦然唐太宗駕馭英雄取天下致太平至高宗朝李義府以立后之功獨見委用陷害忠良天下憤怨明皇初用姚崇宋璟為相而天下大治推心委之遂成故事及李林甫代其任仍復委之林甫姦邪能中傷善人朝廷無敢言得失者於是明皇不聞諫諍自謂宰相得人泰然無為矣言路巳絶故至祿山犯關嚮闕而明皇不知一旦喪亂天下瓦解唐德遂衰初以推委而天下治終以推委而天下亂何弊之然哉當推委之際擢十人上從其九是九分之恩出於下矣如此則數年之間左右前後皆權臣之黨也若黜辱十人上從其九是九分之威出於下矣如

此則數年之間中外遠近無敢忤權臣者故下之情不達而上之勢孤矣此明皇之失爲後代之鑒王者將收其權必先采人采人爲難豈無其要孔子之辨門人標以四科一曰德行二曰政事三曰言語四曰文學以四科辨之思過半矣然則朝廷清要之位覬覦者衆必審賢以與之賢傑之士讒嫉者衆必先時以辨之是故先王孜孜求賢以備選用且千官百辟豈能獨選必委之於輔弼矣惟清要之職雄劇之任不可輕授於人僉諧之外更加親選聖帝明王常精意於求賢不勞慮於臨事精意求賢則日聰明而自廣勞心臨事則日叢脞而自困宜乎屏煩細而廣詢訪其深於正道有憂天下之心可備輔相者記之其精

於經術通聖人之旨可備顧問者記之其敢言正直有端士之操可備諫諍者記之其能言方略有烈士之風可備將帥者記之如斯之人精而求之孰而觀之然後寘清要之職授雄劇之任使人人竭力爭爲腹心於是乎得以操榮辱之柄制英雄之命庶務委于下而柄歸于上始可以言無爲矣猶復置御史大夫中丞使搢紳無敢慢者置諍臣七人使言路無敢蔽者置門下封駮司使制勑無得悞者此又推委無爲之中而不廢其防不失其權者矣若留意逸豫不孜孜於求賢親選之時無賢可用則進退賞罰復歸於下雖有爵禄不足爲上之恩雖有誅罰不足爲上之威矣

上攻守二策狀

臣某言竊觀西事以來每議攻守未見適中或曰必行進討以期平定臣謂諸路進討則兵分將寡氣不完盛絶漠風沙迷失南北饋運輜重動有鈔掠賊之巢穴負阻河外非有奇將不能遠襲至若寇常併兵求擾一路每有朝旨令入界牽制其如將帥方略非有素定茫然輕進不知所圖但求虛弱之處以剽竊爲功既不能大振兵威故不能少分賊勢此進討牽制之無効也或曰宜用守策來則禦之去則勿逐臣觀今之守邊多非土兵不樂久戍又無營田必煩遠饋久戍則軍情以殆遠饋則民力將竭歲月緜遠恐生他患此守禦之未利也臣荷國重寄曾無寸勞夙

夜營營冀有所補而才識迂昧終無發明今采於邊人而成未議固不敢望其必行在朝廷以衆論參之擇其可否如無所取乞賜寢罷今具下項攻守之議依聖旨指揮交付梁適齎廻赴闕者

議攻

臣謂進討未利則又何攻臣切見延安之西慶州之東有賊界百餘里侵入漢地中有金湯白豹後橋三寨阻延慶二州徑過道路使兵勢不接策應迂遠自來雖曾攻取無招降之恩據守之謀漢兵纔廻邊患如舊臣謂西賊更有大舉朝廷必令牽制則可攻之地其在於此可用步兵三萬騎兵五千鄜延路步兵一萬二千騎兵三千涇原路步兵九千騎兵一千環慶自選馬步一萬八千軍外番兵更可得七八千人軍行

入界當先布號令生降者賞殺降者斬得精強者賞
害老幼婦女者斬拒者併兵以戮之服者厚利以安
之遁者勿追疑有質也居者勿遷俾安土也乃大爲
城寨以據其地如舊城已險因而增脩非守地則別擇要害之處以錢召帶甲之兵熟戶
強壯兼其土役昨奉朝旨令脩緣邊城寨臣以民方穡事將係官閑雜錢并勸令近上人戶以雇夫錢散
與叻功兵士充食錢其帶甲兵士翕然情願諸寨並已畢功候城寨堅完當留土
兵以守之方諸舊寨必倍其數使范全趙明以按撫
之范全令爲騏驥副使慶州北都巡檢趙明令爲東頭供奉官柔遠寨蕃部巡檢必嚴其戒
曰賊大至則明斥候召援兵金湯東去德靖寨四十里西去東谷寨八十里
西南去柔遠八十里白豹西去柔遠五十里南至慶州一百五十里堅壁清野以困之
小至則扼險設伏以待之居常高估入中及置營田
以助之如此則可分彼賊勢振此兵威通得延慶兩

路軍馬易於應援所用主兵官負使勇決身先者居其前王信狄青劉拯劉貽孫張建侯范全可用策應者居其次任守信王達王遇張宗武譚嘉震王文恩王文使臣中可當一隊者參於前後張信王選張忠郭逵張懷寶揚嶠有心力幹事者營立城寨周美張楘劉兼濟李緯張繼勳臣觀後漢叚紀明以騎五千步萬人車三千兩錢五十四億三冬二夏大破諸羌又觀唐馬燧造戰車行則載甲兵止則爲營陣或塞險以遏奔衝臣以此路山坡大車難進當用小車二千兩銀絹錢二十萬以賞有功將吏及歸降蕃部并就采糴粟亦稍足用其環州之西鎮戎之東復有胡蘆泉一帶蕃部與明珠滅臧相接阻環州鎮戎徑過道路明珠滅臧之居北接賊疆多懐觀望又延州南安去故綏州四十里

在銀夏川口今延州兵馬東渡黄河北入嵐石却西渡黄河倒來麟州策應蓋以故綏州一帶賊界阻斷徑過道路已上三處内麟府一路臣不曾到彼乞下本處訪問及畫圖即可見山川道路次第如取下一處城寨平定則更圖一處為據守之策比之朝去暮還此稍為便臣謹議

議守

臣觀西戎居絶漠之外長河之北倚遠而險未易可取建官置兵不用禄食每舉衆犯邊一毫之物皆出其下風集雲散未嘗聚養中國則不然遠戍之兵久而不代負星霜之苦懷鄉國之望又日給廩食月給庫緡春冬之衣銀鞋鐼輸滿道千里不絶國用民力日以屈乏軍情愁怨須務姑息此中原積兵之憂異

於夷狄也臣謂戎虜縱降塞垣須守當務經遠古昔無謀臣觀漢趙充國興屯田大獲地利遂破先零魏武於征伐之中分帶甲之士隨宜墾闢故下不甚勞大功克舉數年之中所在積粟倉廩皆滿唐置屯田天寶八年河西收二十六萬石隴西收四十四萬石孫武曰分建諸侯以其利而利之使食其土之毛實役其人垊之力故賦稅無轉徙之勞徭役無怨曠之歎臣昨在延州見知青澗城种世衡言欲於本處漸興田利今聞僅獲萬石臣觀今之邊寨皆可使弓手士兵以守之因置營田據畝定課兵獲餘羨中糶于官人樂其勤公收其利則轉輸之患久可息矣且使其兵徙家塞下重田利習地勢父母妻子而堅其守

比之東兵不樂田利不習地勢復無懷戀者功相遠矣（少田處許番部進納荒田以遷資酬獎或量給價直）儻朝廷許行此道則委臣舉擇官貟約古之義酌今之宜行於邊陲庶幾守愈久而備愈充雖戎狄時爲邊患不能困我中國此臣所以言假土兵弓手之力以置屯田爲守之利也然臣觀前漢高帝之盛臣有蕭張決勝千里下有百戰之師以四十萬之衆困于平城乃約匈奴和親至高后文景代代如之不絶其好匈奴屢變往往犯塞殺戮吏民不勝其酷至於書問傲慢下視中國而人主以生民之故屈巳含容不爲之動孝文即位將軍陳武請議征討以一封疆孝文曰兵凶器也雖克所願動亦耗病謂百姓遠方何今匈奴內侵軍吏無功

邊民父子荷兵日久朕動心痛傷何日忘之未能消距願且堅邊設候結和通使休寧北陲爲功多矣且無議兵故百姓無内外之徭得息肩於田畝天下富實鷄鳴犬吠煙火萬里可謂和樂者乎司馬遷以文帝能和樂天下恊於大樂故著于律書爲後代法臣謂國家用攻則宜取其近而兵勢不危用守則必圖其久而民力不匱然後取文帝和樂之德無孝武哀痛之悔則天下幸甚天下幸甚臣謹議

荅竊議

漢高以黄金四萬付陳平而不問其出入時陳平未有功也唐高祖將斬李靖而恕之時李靖未有功也是前代帝王先布之以恩後責之以効也我太祖嘗

謂近臣曰安邊御衆須是得人心優恤其家厚其爵
禄多與公用錢及屬州課利使之迴圖特免税筭聽
其召募驍勇以爲爪牙苟財用豐盈必能集事朕雖
減後宮之數極於儉約以備邊費亦無辭也命將帥
李漢超等十三人分守西北諸州家族在京者撫之
甚厚凡軍中事悉許便宜每來入朝必召對命坐賜
與優厚撫而遣之由是邊臣率富於財得以養士用
間洞見蕃夷情狀每戎狄入寇必能先知預爲之備
設伏掩擊多致克捷二十年間無西北之憂故兵力
雄盛武功蓋世由此而致也今滕宗諒爲一路經略
安撫使兼兵馬都部署以公用錢迴圖管設使命將
校并蕃部酋豪或贈遺官員游士而梁堅彈奏滕使

過錢十六萬貫有數不明及置獄研窮纔用三千餘貫復有所歸無分毫入已是未見貪吏之狀也宜撫田舍人朝之端人也至慶州目擊軍民蕃部等借留滕侯遮擁于道足下何得謂之犲狼主上仁聖不深罪宗諒張亢二人仍降詔誕告邊臣依祖宗故事使迴圖公用一如平日中憲不知内朝有此詔命聞羣口横議遂伏閤請加責二人以正憲律既下法寺則宗諒合贖銅而不當去官是前斷已坐亢罪將公用錢并酒散與軍人當更追一官又朝廷既已降詔貸之亦難反汗足下責我保庇此人固不敢避自古文法常害邊功今天子仁聖有西北之憂孜孜求人以捍大患帥臣用度小過不害邊事居輔弼者固當竭

力辨明恐悞朝廷機事爲天下之憂豈暇私於二人哉昔匈奴辱漢使者蓋不一也唐賢使于賊庭不辱命者如韓愈李回皆成大名近邵良佐使于元昊迴日改官賜服色報其勞也良佐懼不可再去滿朝搢紳無一士請行朝廷召張子奭驛而至又選王正倫副之皆敢行不懼既不懼矣觀其辨論學術可爲之使乃遣將命暨還得元昊書疏頗順於前願去號稱臣又能減數節事體且沙漠窮絶入不測之地既能忘生又不辱命朝廷擢進兩資不可待以常調也戎狄素貪利未猒心兵擾絶塞此戎狄之常態非子奭之過也今之士大夫高談時政皆謂不能拔人限以資級使才者多滯而朝廷之賢及見殊命越一等則

囂然聚議以爲過優何薄之甚耶

楊文公寫眞讚

楊公以武夷之靈降于我宋在太宗朝以神童被召三命至著作佐郎直集賢院在眞宗朝䔍當清近終翰林學士工部侍郎公以斯文爲己任繇是東封西祀之儀修史修書之局皆歸大手爲皇家之盛典當時臺閣英游蓋多出於師門矣而命世之才其位不充故天下知公之文而未知其道也昔王文正公居宰府僅二十年未嘗見愛惡之心天下謂之大雅寇萊公當國眞宗有澶淵之幸而能左右天子如山不動却戎狄保宗社天下謂之大忠樞密扶風馬公慷慨立朝有犯無隱天下謂之至直此三君子者一代

之偉人也公與三君子深相交許情如金石則公之道其正可知矣然端言方行回邪忌之故嘗避權臣之禍歸陽翟山再起會眞宗不豫中外爲憂萊公將奮大計正前星於北辰引太陽於少海公預宏議就高文閣弗克行既終而今上知之乃下詔追悼贈禮部尚書謚曰文今覩公之眞而爲讃云

嗚呼楊公兩朝清風盛乎斯文亶哉厥躬端者我遊邪者我仇霖雨不作日月其流御止遺眞雍雍哲人吾不知乎爲之仙爲之神

范文正公集卷第五

范文正公集卷第六

皇儲資聖頌 并序

臣聞聖人之作易也以言乎離則大人有繼明之體以言乎震則元子有主器之威何則體以繼明而萬邦乂照威以主器而七廟大寧其况登監撫之期資聖神之政者哉國家興皇統紹僊源寳葉茂昌靈根善固皇祖之功也神武不殺天開入際皇宗之德也文明以健景臨萬有聖上妙體乾元光御人極應上眞之道撫大寳之運華親肅睦美俗昭明尚周文之文而百官懋德下漢武之武而四夷懷恩於是覽神洛以朝先因心之至也啓帝符以升中動天之著也如報厚德於汾壤款大道於亳宫表開聖之都揭降

清之館鴻名盛則皇哉休哉曠代不舉者吾皇冨有焉然猶清淨戒豫恭默思高觀妙自然播芳無外璿樞麗正物有戴天之安金鑑凝明人咸抱日之景若夫道德之奥仁義之醇禮樂之和刑政之清無得名矣又盡善矣功成功矣事無事矣聖子神孫其法象之矣居一日蒙三公登東塗皇帝若曰眷惟元子萬邦重器道心之微必究王業之難必知性習惟其初左右惟其賢爾周爾召往師傅焉講善體政欲有觀焉三公相與而進曰惟皇之嗣惟天之授生而神靈幼而岐嶷而復累藩邸踐儲副奉見清廟載禧圜丘固當輔聖克家佐天理物也矣皇太子乃夕惕欽命未明而興儼觀東朝齊立西面與夫股肱傳老羽翼

令人講帝皇之風參天人之理遐燭安危之轍眇窮得失之源曷嘗不力仁而民懷作德而祥降於是消息乎九範經營乎五典與治與亂警策而弗迷惟時惟幾佩服而深諭此道心之微也蓋究祥於妙慮其於中外之務光大之政則賢必尚爵功必厚禄謀一令恩以數天下之祐議一賞思以起天下之善舉一刑則必悵然有不忍之心暴何端而興矣接一士則必懍然有好直之心佞何階而進矣天下欲以富利而弗奪也欲以壽養而弗傷也欲以固信而弗欺也欲以安靜而弗擾也期于無盜責之於衣食期于無刑求之於禮義禮義既充熟而成風然後天下熙熙而遂樂也無窮然則上世聖賢未嘗不勉而後至慎

而後寧故書曰昜哉庶其至矣詩云戒之慎之保其寧矣此王業之難也豈徒知之固以輔而去之矣若性習左右可得而言聰哲自天誠明見志其始也后稷玩於播殖仲尼戲於俎豆爰發五勝之辨寔宣三正之方今乃琴誦成文典書在御入則有保出則有師太傅居前少傅居後而能幹蠱天家代工王室美四方之事資萬機之聖職者曰正斯嗣也明斯德也由斯道也天意人事章章乎豈符讖而後著也惟聖源深長天道輔相歟非天私我有宋惟天祐于一德昔陶唐氏之與舜也歷試諸難三十載而堯德益明天下益治今斯時也然奚若吾君之嗣之美矣君子有言曰巍巍乎皇之有成功也哉郁郁乎嗣之有成

德也哉樂聖者係之頌云

粤自黄靈爰及炎宋巍巍天造緜緜帝統神武之祖文明之宗元基不拔盛業來重我后御極吾民敏德盛節交舉庶彙咸殖萬邦作孚百神受職允也時雍何哉帝力王假有家迺建承華三善靡忒二對何嘉日光月輪山輝海潤相見乎離蓋取諸震帝均其勤撫國監軍天受英晤日彰温文乃左乃右惟仁惟舊稼穡斯憂艱難思究授人惟才進人惟德刑也以薄恩也以直屈者其伸勞者其逸言思逆耳道務前膝玉振金相英聲茂實緜若壽域熙如春臺守之而已仁遠乎哉天業昌兮天家光兮聖有嗣兮明無疆兮皇心之寧兮黔首之康兮祖宗之靈兮子孫之長兮

金石在廟兮頌聲洋洋兮

泰州張侯祠堂頌

生祠民報德也制置公本洪頴之奇以文武事朝廷爲勳臣於四方而甞戰守秦塞制勝非一招降屬羌全活甚衆撫南夷以乂遠俗使北疆以尋大信光華之命所嚮嶷績天禧中國家以鹽鐵饋運之計重於東南命公領之于蘇八年公夙夜不懈闕政咸舉初淮浙之間鹽民告困海利云剥公請振崇泰楚三郡亭人歲增課數十萬石（三郡塩課虧者十年公訪其利害請加買直蠲積負行數事以蘇之課乃大增）興杭秀海三郡鹽場歲入課四十萬石又甞蘇秀間太湖瀰溢害于甫田公請導入于海復租六十萬石白沙郡大江之北有灣數里風濤爲險舟

檝不利，公於是開長蘆西河以濟之。又高郵之北漕河屢決，阻我糧道，破我農畝，公於是作堤三百里，旁置石限，平其增損，以均灌漕焉。惟兹海陵古有潮堰，舊功弗葺，驚波荐至，鹽其稼穡，偃其桑梓，此邦之人極乎其否。公堅請修復，乃興厥功。横議囂然，僅使中廢。公又與轉運使胡公再列其狀，朝廷可之，仍許兼領是郡，以觀厥成。起基於天聖三載之秋，畢工於六載之春。既而捍其大災，蠲其積負，朞月之内，民有復諸業、射諸田者共一千六百戶，將歸其租者又三千餘戶（海陵民因朝之惠而倚閣其租者三千餘戶，天聖四年勑依制置司奏濵堰成日定奪，今漸復焉）。撫之育之，以簡以愛，優優其政，給于民心。於是請肖公之儀以奉于祠，期子孫之不忘乎。秉筆者故作

頌焉

我公雄傑經制楚越鑒洞毛髮誠揭日月建利除孽代天工發海陵嗷嗷古防弗牢萬頃良膏歲凶於濤民焉呼號不粒而逃公聞惜怛迺按迺察草奏屢達狂議四遏心過金鐵對天不奪宸聽既聰宰謀既同展矣胡公恊力諧忠兵民交充興防之功盤盤偃偃百里而遠雲矗不散山亘不斷如天作限奠萬家産朝以公賢兼于藩宣傷者我全疾者我痊逋亡幾千咸復于田公義不奕欲報彌廣建牙列壤將有攸往衆圖其象以永瞻仰列星之精列嶽之靈儀焉亭亭神焉熒熒居千百齡此邦鎮寧既寧既聚濤莫我苦比比牖戶鱗鱗場圃而翁而豎于歌于舞天子穆清

諸侯經營民兮樂成穀兮登盈作爲頌聲告于神明

南京府學生朱從道名述

天聖紀號之六載樞密留守侍郎齊郡公以東朝舊德右弼上賢將啓秉鈞之猷尚圖分政之任善下成乎江海養浩充乎天地誠明之際無隱不及居一日曰祖宗之都儀形萬邦道德之所興禮樂之所出風化不作四方何仰哉乃首訪膠庠躬省弦誦敦六籍以恢本發四科以彰善於是人樂名教復鄒魯之盛士爲聲詩登周召之美旣而丘園初秀閥閱令嗣拳拳允集濟濟如歸沛國朱生世嚴冠冕幼苦霜露憫先搆之將墜忽中陵之見育公特命就學卑知向方豹以革而有文鴻亦漸而無咎公又嘉其遷善以從

道而名焉仍命字之云在復之六四曰中行獨復以從道也言能體中而行特從於道以斯而復君子之象請字曰復之庶左右於名矣然則道者何率性之謂也從者何由道之請也臣則由乎忠子則由乎孝行已由乎禮制事由乎義保民由乎信待物由乎仁此道之端也子將從之乎然後可以言國可以言家可以言民可以言物豈不大哉若乃誠而明之中而和之揖讓乎聖賢蟠極乎天地此道之致也必大成於心而後可言焉朱生其拜公之命勉之哉抑文與學者道之器也以君子乘之則積而不敗不以君子乘之則滿而致覆朱生其拜公之命愼之哉嘻子未預於斅也弗學而志窮如王之未攻如泉之在蒙昧

焉而弗見其寶汨焉而莫朝于宗子既預於教也克學而神晤如金之在鑄如驥之方御躍焉可成乎美器騰焉可致乎夷路者也某觀士人中有青衿詩書素髮畎畝名不登搢紳之議目弗接軒冕之姿彼何不遇之甚哉朱生進德有漸屬文未幾始登庠序之列迺被巖廊之知此何遇之甚哉繄爾門之濟美歟抑我公之善教歟論者曰公之旨也豈徒正爾之名蓋將成爾之德激清學校騰休都邑俾夫多士聳善庶邦成流格美俗於詩書被頌聲於金石致我宋之文炳焉復三代之英抑公之盛德乎朱生振迹於盛德之下發名於善教之始何必申繻之劇論豈異夫予之榮褒者哉當夙夜懷之不墜我公之令訓也其

庶幾乎

太清宮九詠序

譙有老子廟唐爲太清宮地靈物奇觀者駭異歷代嚴護景槩所存若靈溪渦河九龍井左細冊生昇天檜皆附于圖籍發乎詠歌而風人之才難其破的余友晏卿將命斯來實董宮事嗜道之外樂乎聲詩覽靈仙之區異其入物益以宮題而成九詠觀其立意皆鑿幽索秘破堅發奇高凌虹蜺清出金石有以見詩力之雄哉文以氣爲主此其辨乎矧夫人託文而志深物乘文而名遠如楊子雲之綿竹王文孝之靈光孫興公之天台皆揮藻一時騰照千載者矣嚱彼物也庇聖賢之居而能長久後果動君子之風雅以

發乎名矧人也庇聖賢之道則能髙明果亦動天下之頌聲以揚其烈覽之者得無起歟髙平范仲淹序

朝賢送定惠大師詩序

某典姑蘇郡一日有吴僧定惠大師宗秀者發龍山渡松江駐錫于門出致政侍郎安定公本道計使太原公二書偕曰師往無他有朝中送行詩請爲序引以示方來爾某既不得謝乃叩其端師自言生不血茹七歲持佛事隱于靈巖多歷年所晚歲游名公之門然亦未甞及利天聖中大丞相東平公清河公憐其舊奏賜紫方袍號定惠乃告歸故山又以詩寵之既而薦紳先生咸有贈章將勤堅珉期於不墜某感其說志其事且知上人之隱盛於吾儒之隱遠矣士

有氣吞芝蘭才奔風雲精貫乎天人神馳於古今燭治亂興亡之機帝法度教化之倫道通巖廊跡墜林壑遺沒於麋鹿之羣者衆矣如近代之陸龜蒙陳陶今朝雍丘邢敦錢唐林逋或執節堅介或放詞雅遠皆四方之聞人奈何道未信於三公名不熟於天子及其收遺文旌隱志而始惜其難得斯天下義士爲之長太息矣豈如金僊之流而人懷慕謝絶堂搆長揖軒冕來則談空實相號天人師去則指霞嶺嘯風林天子有賜三公有贈斯以見上人之隱盛於吾人之隱遠矣必也均是光輝以及考槃之際則聖朝無負於隱君子也矧將有取焉子夏曰主文而譎諫蓋風人之職也序詩者敢有二事時景祐二年五月八

日尚書員外郎充天章閣待制范某序

太子賓客謝公夢讀史詩序

公清淨而文出入朝廷三十年語默仁義進止於青雲之衢徐徐如也自尚書郎領侍御史知雜事自轉戰于寵辱之場者或勝而夸或殆而悲乃歎曰吾病矣不敢進寸而退尺求爲會稽郡及還又請知西臺因分務於洛下朝廷高其意累遷至東宫三品悉屏去外慮於筆硯歌詩素所耽嗜亦不復爲曰方逸我以老也數年間惟日看舊史一編以代賓話爾無何先徹樂之前一日因寢覺記夢中所得詩一章召其孫景初録焉他日士大夫求觀之仰其風旨識者謂人之將終神鮮不瞀公於此時乃有正夢特歌周孔

之仁義能夂澤於吾民以公生平之心蹈於斯誠於斯故精義存存著於神明而不亂矣今而後知傅説騎箕尾而爲星者至精之適亦何怪哉其詩曰百年竒特幾張紙千古英雄一窖塵惟有炳然周孔教至今仁義浸生民

刻唐祖先生墓誌於賀監祠堂序

某自丹陽移領會稽首途之日過邵餗逸人溪齋因話照湖事逸人曰客有自江夏寄唐人許鼎所撰祖先生墓誌頗言賀監之異出而示予辭精理遠徐常侍鉉爲之别序既抵郡訪天長觀即賀公之舊居也歎其真堂卑陋以甚乃命工度材而新之又刻徐公所序之文以廣遊人之觀采焉時寶元元年知越州

范某序

述夢詩序

景祐戊寅歲某自鄱陽移領丹徒郡暇日遊甘露寺謁唐相李衛公眞堂其制隘陋乃遷于南樓刻公本傳于其側又得集賢錢綺翁書云我從父漢東公嘗求衛公之文于四方得集外詩賦雜著共成一編目云一品拾遺衛公有一品集姑臧集西南備邊錄獻替錄御臣要略伐叛志窮愁志其間有浙西述夢詩四十韻時元微之在浙東劉夢得在歷陽並屬和焉愛其雄富藏之褚中二十年矣願刻石以期不泯某觀三君子之詩嗟其才大名高俱見咎於當世李遇武宗獨立不懼經制四方有相之功雖姦黨罾陷而義不朽矣元初以才進拜拾遺歷

御史府無所畏避爲執政所困者久之及天子召用
書詔雅遠甚有補益之風至於與晉公相失而姦人
乘之謂元欲刺裴劒則無狀然一戾正人其光墜地
惜哉劉與柳宗元呂温數人坐王叔文黨貶廢不用
覽數君子之述而禮意精密涉道非淺如叔文狂甚
義必不交叔文以藝進東宫人望素輕然傳稱知書
好論理道爲太子所信順宗即位遂見用引禹錫等
決事禁中及議罷中人兵權牾俱文珍輩又絶韋臯
私請欲斬劉闢其意非忠乎臯銜之會順宗病篤臯
揣太子意請監國而誅叔文憲宗納臯之諫而行内
禪故當朝左右謂之黨人者豈復見雪唐書蕪駁因
其成敗而書之無所裁正孟子曰盡信書不如無書

吾聞夫子褒貶不以一疵而廢人之業也因刻三君子之詩而傷焉至於柳吕文章皆非常之士亦不幸之甚也韓退之欲作唐之一經誅姦諛於既死發潛德之幽光豈有意於諸君子乎故書之

尹師魯河南集序

予觀堯典舜歌而下文章之作醇醨迭變代無窮乎惟抑末揚本去鄭復雅左右聖人之道者難之近則唐正元元和之間韓退之主盟于文而古道最盛懿僖以降寖及五代其體薄弱皇朝柳仲塗起而麾之髦俊率從焉仲塗門人能師經探道有文於天下者多矣洎楊大年以應用之才獨步當世學者刻辭鏤意有希髣髴未暇及古也其間甚者專事藻飾破碎

大雅反謂古道不適於用廢而弗學者久之洛陽尹
師魯少有高識不逐時輩從穆伯長游力爲古文而
師魯深於春秋故其文謹嚴辭約而理精章奏疏議
大見風采士林方聳慕焉遽得歐陽永叔從而大振
之由是天下之文一變而其深有功於道歟師魯天
聖二年登進士第後中拔萃科從事于西都時洛守
王文正沂公暨王文康公並加禮遇遂引薦於朝眞
之文館尋以論事切直貶監郢州市征後起爲陜西
經略判官屢更邊任遷起居舍人直龍圖閣知潞州
以前守平涼日貸公食錢于將佐議者不以情復貶
漢東節度副使歲餘監均州市征子方守南陽郡一
旦師魯舁疾而來相見累日無一言及後事家人問

之不荅予即告之曰師魯之行將與韓公稚圭歐陽永叔述之以貽後代君家雖貧其當捐俸以資之君其端心靖神無或後憂師魯舉手曰公言盡矣我不復云翌日往視之不獲見傳言曰已别矣遂隱机而卒故人諸生聚而泣之且歎其精明如是剛決如是死生不能亂其心可不謂正乎死而不失其正君子何少哉師魯之才之行與其履歷則有永叔爲之墓銘稚圭爲之墓表此不備載噫師魯有心於時而多難不壽所爲文章亦未嘗編次惟先傳於人者索而類之成十卷亦足見其志也故序之

唐異詩序

皇宋處士唐異字子正人之秀也之才之藝揭乎清

名西京故留臺李公建中時謂善書爲士大夫之所
尚而子正之筆實左右焉江東林君復神於墨妙一
見而歎曰唐公之筆老而彌壯東宫故諭德崔公遵
度時謂善琴爲士大夫之所重而子正之音嘗唱和
焉髙平范仲淹師其絃歌嘗貽之書曰崔公既没琴
不在兹乎處士二妙之外嗜於風雅探幽索奇不知
其老之將至一日以集相示俾爲序焉嘻詩之爲意
也範圍乎一氣出入乎萬物卷舒变化其體甚大故
夫喜焉如春悲焉如秋徘徊如雲峥嶸如山高乎如
日星遠乎如神仙森如武庫鏘如樂府羽翰乎教化
之聲獻酬乎仁義之醇上以德於君下以風於民不
然何以動天地而感鬼神哉而詩家者流厥情非一

失意之人其辭苦得意之人其辭逸樂天之人其辭達覯閔之人其辭怒如孟東野之清苦薛許昌之英逸白樂天之明達羅江東之憤怒此皆與時消息不失其正者也五代以還斯文大剥悲哀爲主風流不歸皇朝龍興頌聲來復大雅君子當抗心於三代然九州之廣庠序未振四始之奥講議蓋寡其或不知而作影響前輩因人之尚忘己之實吟詠情性而不顧其分風賦比興而不觀其時故有非窮途而悲非亂世而怨華車有寒苦之述白社爲驕奢之語學步不至效嚬則多以至靡靡增華愔愔相濫仰不主乎規諫俯不主乎勸誡抱鄭衛之奏責夔曠之賞游西比之流望江海之宗者有矣覯乎處士之作也予然

弗倫洗然無塵意必以淳語必以眞樂則歌之憂則懷之無虛美無苟怨隱居求志多優游之詠天下有道無憤惋之作騷雅之際此無愧焉覽之者有以知時道之艱國風之正也時天聖四年五月日序

四德說

易有說卦所以明其象而示其教也卦有四德曰元亨利貞雖文言具載其端後之學者或未暢其義故愚遠取諸天近取諸物復廣其說焉夫元者何也道之純者也於乾爲資始於坤爲發生於人爲溫良爲樂善爲好生於國爲行慶爲刑措於家爲父慈爲子孝爲嘉穀爲四靈其迹異其道同統而言之則善之長也夫亨者何也道之通者也於天爲三辰昭會於

地爲萬物繁殖於人爲得時哉動於國爲聖賢相遇爲朝覲會同爲制禮作樂爲上下交泰於家爲父子爲夫婦爲九族相睦於物爲雲龍爲風虎爲魚水其迹異其道同統而言之則嘉之會也夫利者何也道之用者也於天爲膏雨於地爲百川於人爲兼濟於國爲惠民爲日中市於家爲豐財爲富其鄰於物爲騶虞爲得食雞其迹異其道同統而言之義之和也夫貞者何也道之守者也於天爲行健於地爲厚載於人爲正直爲忠毅於國爲典則爲權衡於家爲男女正位爲長子主器於物爲金玉爲獬豸其迹異其道同統而言之則道之幹也行此四者之謂道述此四者之謂教四者之用天所不能違而況於人乎況

於萬物乎故君子不去也天徵四德天道不行地徵四德坤儀不寧人徵四德則無令名國家無四德則風教不倫物無四德則祥瑞不生惟乾坤之德統其四者焉餘卦則鮮克備矣惟聖人體乾而行後之希聖者亦鮮克備矣堯舜率天下以仁乾元之君也湯武應天順人開國除亂履其亨而闡其利者也夏禹治水乾之成功斡其事者也體其元而兼其三者堯舜也歟後之人孰能生知宜乎跂踵而勤行矣勲必親仁元之基也動能俟時亨之始也進思濟物利之方也守誠不回貞之道也四者未能兼行則出乎彼而入乎此出乎此而入乎彼周旋進退不離四者之中如是則其殆庶幾乎

說春秋序

聖人之爲春秋也因東魯之文追西周之制褒貶大舉賞罰盡在譴聖帝明王之法峻亂臣賊子之防其間華袞貽榮蕭斧示辱一字之下百王不刊游夏既無補於前公穀蓋有失於後雖丘明之傳頗多冰釋而素王之言尚或天遠不講不議其無津涯今褒博者流咸志於道以天命之正性脩王佐之異材不深春秋吾未信也三傳房君有元凱之癖兼仲舒之學丈席之際精義入神吾輩方扣聖門宜循師道碎屬詞比事之教洞尊王黜霸之經由此登太山而知高入宗廟而見美升堂覩奧必有人焉君子哉無廢

范文正公集卷第六

范文正公集卷第七

桐廬郡嚴先生祠堂記

先生漢光武之故人也相尚以道及帝握赤符乘六龍得聖人之時臣妾億兆天下孰加焉惟先生以節高之既而動星象歸江湖得聖人之清泥塗軒冕天下孰加焉惟光武以禮下之在蠱之上九衆方有為而獨不事王侯高尚其事先生以之在屯之初九陽德方亨而能以貴下賤大得民也光武以之蓋先生之心出乎日月之上光武之器包乎天地之外微先生不能成光武之大微光武豈能遂先生之高哉而使貪夫廉懦夫立是有大功於名教也某來守是邦始構堂而奠焉迺復其爲後者四家以奉祠事又從

而歌曰雲山蒼蒼江水泱泱先生之風山高水長

南京書院題名記

皇宋闢天下建太平功揭日月澤注河漢金革塵積絃誦風布乃有睢陽先生贈禮部侍郎戚公同文以實于丘園教育爲樂門弟子由文行而進者自故丘部侍郎許公驤而下凡若干人先生之嗣故都官郎中維樞密直學士綸並純文浩學世濟其美清德素行貴而能貧祥符中鄉人曹氏請以金三百萬建學于先生之廬學士之子殿中丞舜賓時在私庭俾幹其裕故太原奉常博士濆時舉賢良始掌其教故清河職方員外郎吉甫時以管記以領其綱學士畫一而上眞宗皇帝爲之嘉嘆面可其奏今端明殿學士

盛公侍郎度文其記前叅預政事陳公侍郎堯佐題其榜由是風乎四方士也如狂望兮梁園歸歟魯堂章甫如星縫掖如雲講議乎經詠思乎文經以明道若太陽之御六合焉文以通理若四時之妙萬物焉誠以日至義以日精聚學爲海則九河我吞百谷我尊淬詞爲鋒則浮雲我決良玉我切然則文學之器天成不一或醇醇而古或郁郁於時或峻于層雲或深于重淵至於通易之神明得詩之風化洞春秋褒貶之法達禮樂制作之情善言二帝三王之書博涉九流百家之說者蓋亙有人焉若夫廊廟其器有憂天下之心進可爲卿大夫者天人其學能樂古人之道退可爲鄉先生者亦不無矣觀夫二十年間相繼

登科而魁甲英雄儀羽臺閣蓋翩翩焉未見其止宜觀名列以勸方來登斯綴者不負國家之樂育不孤師門之禮教不忘朋簪之善導孜孜仁義惟日不足庶幾乎刋金石而無媿也抑又使天下庠序規此而興濟濟羣髦咸底于道則皇家三五之風步武可到戚門之光亦無窮已他日門人中絶德至行高尚不仕如睢陽先生者當又附此焉

清白堂記

會稽府署據卧龍山之南足北上有蓬萊閣閣之西有涼堂堂之西有巖焉巖之下有地方數丈密蔓深叢莽然就荒一日命役徒而闢之中獲廢井即呼工出其泥滓觀其好惡曰嘉泉擇高年吏問廢之由不

知也乃扃而澄之三日而後汲視其泉清而白色味之甚甘淵然丈餘綆不可竭當大暑時飲之若餌白雪咀輕冰凛如也當嚴冬時若遇愛日得陽春溫如也其或雨作雲蒸醇醇而渾蓋山澤通氣應於名源矣又引嘉賓以建溪日注臥龍雲門之茗試之則甘液華滋說人襟靈觀夫大易之象初則井道未通泥而不食弗治也終則井道大成收而勿幕有功也其斯之謂乎又曰井德之地蓋言所守不遷矣井以辨義蓋言所施不私矣聖人畫井之象以明君子之道焉予愛其清白而有德義爲官師之規因署其堂曰清白堂又構亭于其側曰清白亭庶幾居斯堂登斯亭而無忝其名哉寶元二年月日記

岳陽樓記

慶曆四年春滕子京謫守巴陵郡越明年政通人和百廢具興乃重脩岳陽樓增其舊制刻唐賢今人詩賦于其上屬予作文以記之予觀夫巴陵勝狀在洞庭一湖銜遠山呑長江浩浩湯湯横無際涯朝暉夕陰氣象萬千此則岳陽樓之大觀也前人之述備矣然則北通巫峽南極瀟湘遷客騷人多會于此覽物之情得無異乎若夫霪雨霏霏連月不開陰風怒號濁浪排空日星隱耀山岳潛形商旅不行檣傾楫摧薄暮冥冥虎嘯猿啼登斯樓也則有去國懷鄉憂讒畏譏滿目蕭然感極而悲者矣至若春和景明波瀾不驚上下天光一碧萬頃沙鷗翔集錦鱗游泳岸芷

汀蘭郁郁青青而或長煙一空皓月千里浮光躍金靜影沉璧漁歌互荅此樂何極登斯樓也則有心曠神怡寵辱偕忘把酒臨風其喜洋洋者矣嗟夫予嘗求古仁人之心或異二者之爲何哉不以物喜不以己悲居廟堂之高則憂其民處江湖之遠則憂其君是進亦憂退亦憂然則何時而樂耶其必曰先天下之憂而憂後天下之樂而樂乎噫微斯人吾誰與歸

時六年九月十五日

邠州建學記

國家之患莫大於乏人人曷嘗而乏哉天地靈粹賦于萬物非昔醇而今漓吾觀物有秀於類者曾不減於古豈人之秀而賢者獨下於古歟誠教有所未格

器有所未就而然耶庠序可不興乎庠序者俊乂所由出焉三王有天下各數百年並用此道以長養人材材不乏而天下治天下治而王室安斯明著之効矣慶曆甲申歲予叅貳國政親奉聖謀詔天下建郡縣之學俾歲貢羣士一由此出明年春予得請爲邠城守署事之三日謁夫子廟通守太常王博士稷告予曰奉詔建學其材出於諸生備矣今夫子廟隘甚羣士無所安因議改卜于府之東南隅地爲高明遂以建學并其廟遷焉以兵馬監押劉保節度推官楊承用共掌役事博士朝夕視之明年夏厥功告畢增其廟度重師禮也廣其學宫優生員也談經于堂藏書于庫長廊四迴室從而周惣一百四十楹廣厦高

軒處之顯明士人洋洋其來如歸且曰吾黨居后稷公劉之區被二帝三王之風其吾君之大賜吾道之盛節歟敢不拳拳服膺以樹其德業哉予既攺南陽郡博士移書請爲之記予嘗觀易之大象在小畜曰君子以懿文德謂其道未通則畜乎文德俟時而行也在兌曰君子以朋友講習謂相説之道必利乎正莫大於講習也諸生其能知吾君建學聖人大易之旨則庶幾乎故書之

天竺山日觀大師塔記

師錢塘人也姓仲氏名善昇十歲出家十五通誦法華經十七落髮受具戒客京師三十年與儒者游好爲唐律詩且有佛學天禧中詔下僧録簡長等注釋

御製法音集師預選中書畢詔賜師名遂還故里公卿有詩送行師深於琴余嘗聽之愛其神端氣平安坐如石指不纖失微不少差遲速重輕一一而當故其音清而弗哀和而弗淫自不知其所以然精之至也予嘗聞故諭德崔公之琴雅遠清靜當代無比如師則近之矣康定中入天竺山居日觀庵曰吾其止乎不下山者十餘年誦蓮經一萬過皇祐元年余至錢塘就山中見之康彊精明話言如舊一日遣侍者持書謝余曰吾願足矣將去人世必藏于浮圖之下願公記焉又一日侍者來告曰師化矣其門人中靄等葬師于塔復以師之言求爲之銘銘曰

山月亭亭兮師之心山泉泠泠兮師之琴貞性存兮

孰爲古今聊志之兮天竺之岑

奏上時務書

天聖三年四月二十日文林郎守大理寺丞臣范仲淹謹詣閤門再拜死罪上書皇太后陛下皇帝陛下臣聞巧言者無犯而易進直言者有犯而難立然則直言之士千古謂之忠巧言之人千古謂之佞今臣勉思藥石切犯雷霆不遵易進之途而居難立之地者欲傾臣節以報國恩恥佞人之名慕忠臣之節感激而發萬死無恨況臣之所言皆聖朝當行之事而未之行者諒有以也聖人之心豈不至此蓋當乎一日萬機未暇餘論大臣之心豈不至此蓋懼乎上疑下謗未克果行臣請言之以發聖慮臣聞國之文章

應於風化風化厚薄見乎文章是故觀虞夏之書足以明帝王之道覽南朝之文足以知衰靡之化故聖人之理天下也文弊則救之以質質弊則救之以文質弊而不救則晦而不彰文弊而不救則華而將落前代之季不能自救以至于大亂乃有來者起而救之故文章之薄則爲君子之憂風化其壞則爲來者之資惟聖帝明王文質相救在乎已不在乎人易曰窮則變變則通通則久亦此之謂也伏望聖慈與大臣議文章之道師虞夏之風況我聖朝千載而會惜乎不追三代之高而尚六朝之細然文章之列何代無人蓋時之所尚何能獨變大君有命孰不風從可敦諭詞臣興復古道更延博雅之士布於臺閣以救斯文

之薄而厚其風化也天下幸甚臣又聞聖人之有天
下也文經之武緯之此二道者天下之大柄也昔諸
侯暴武之時孔子曰俎豆之事則嘗聞之此聖人教
之文也及郟谷之會孔子則曰有文事者必有武備
請設左右司馬此聖人濟之武也文武之道相濟而
行不可斯須而去焉唐明皇之時太平日久人不知
戰國不慮危大寇犯闕勢如瓦解此失武之備也經
曰禍兮福所倚福兮禍所伏又曰防之於未萌治之
於未亂聖人當福而知禍在治而防亂故善安身者
在康寧之時不謂終無疾病於是有節宣方藥之備
焉善安國者當太平之時不謂終無危亂於是有教
化經略之備焉我國家文經武緯天下大定自真宗

皇帝之初猶有舊將舊兵多經戰敵四夷之患足以禦防今天下休兵餘二十載昔之戰者今已老矣今之少者未知戰事人不知戰國不慮危豈聖人之意哉而況守在四夷不可不慮古來和好鮮克始終唐陸贄議云犬羊同類狐鼠爲心貪而多防狡而無耻威之不悟撫之不懷雖或時有盛衰大抵常爲邊患屬方靖中夏未遑外虞因其乞盟遂許結好加恩降禮有欲無違而乃邀求浸多翻覆不定託因細事嘖有煩言猜嫌多端其斯可驗此唐人之至論也今自京至邊並無關嶮其或恩信不守釁端忽作戎馬一縱信宿千里若邊少名將則懼而不守或守而不戰或戰而無功再扣澶淵豈必尋好未知果有幾將可

代長城伏望聖慈鑒明皇之前轍察陸贄之讜議與
大臣論武於朝以保天下先命大臣密舉忠義有謀
之人授以方略委之邊任次命武臣密舉壯勇出羣
之士試以武事遷其等差壯士蒙知必懷報効列於
邊塞足備非常其或自謂無虞不欲生事輕長世之
策苟一時之安邊患忽來人情大駭自古兵不得帥
魚肉無殊乃於倉卒戰鬬之間拔卒爲將豺狼競進
眞僞交馳此五代之前鑒也至於塵埃之間豈無壯
士宜復唐之武舉則英雄之輩願在彀中此聖人居
安慮危之備備而無用國家之福也惟聖意詳之臣
又聞先王建官共理天下必以賢俊授任不以爵禄
爲恩故百僚師師各揚其職上不輕授下無冒進此

設官之大端也我國家累聖求理而致太平大約紀綱法象唐室以臣觀之宜法唐興之時不宜法唐衰之後唐興之時特開館殿以待賢俊得學士十八人聲滿天下此文皇養將相之材以論道經邦而大化也暨之中興往往得人唐衰之後此選不盛我朝崇尚館殿目爲清華輔相之材多由此選三館清密古謂登瀛近歲遷出內庭逼居坊陌非唐所謂集仙之館也又其間校讎之職或不由科第以恩而除限以歲年漸於清顯輕十八學士之選恐非文皇養將相之材之意也伏望聖慈與大臣議其可否重爲制度以法唐興之時而延廊廟之器此國家之大美也惟聖意詳之又諫官御史耳目之司不諱之朝宜有賞

勸自陛下臨政以來未聞旌一諫員賞一御史若言而無補是選之不精言而有補豈賞之不行徒使犯顏者危緘口者安以進藥石爲虛言以陳絲髮爲供職三載之後進退雷同臣恐天下竊議朝廷言路未廣忠臣未勸將令諫官御史之徒尸素於朝非國家之福也惟聖意詳之臣又聞先王議重君臣賞延于世大勲之後立賢爲嗣餘子則以寺自調不使混淆而後大防一隳頹波千載凢居近位歲進子孫簪紱盈門冠蓋塞路賢與不肖例升京朝謂之賞延無乃太甚此必前代君危臣僭之際務相姑息因爲典故以至癸斯又百司之人本避鄉役不踰數歲例與出官莫非貪忍之徒絶異孝廉之舉使親民政其弊如

何關此二途歲取百數無所不有實累王風恐非任官惟賢之體也人避衆怨不敢上言遂令仕路紛紜禄位塡委文武官吏待闕踰年貪者益勵其爪牙廉者愈困於寒餓徒於禮闈之内增其艱難壯士惜年數歲一舉迺爲奔競至有訟爭而況脩辭者不求大義明經者不問大旨師道旣廢文風益澆詔令雖繁何以戒勸士無廉讓職此之由其源未澄欲波之清臣未之信也儻國家不思改作因循其弊官亂於上風壞於下恐非國家之福也儻爲長久之策則願與大臣特新其議澄清此源不以謗議爲嫌當以治亂爲意此國家之福也惟聖意詳之臣聞以德服人天下欣戴以力服人天下怨望堯舜以德則人愛君如

父母秦以力則人視君如仇讎是故御天下者德可憑而力不可恃也伏惟皇太后陛下皇帝陛下日崇聖德以永服天下之心若夫敦好生之志推不忍之心薄於刑典厚於惻隱在物祝網於民泣辜常戒百官勿爲苛酷示天下之慈也唯聖人能之恥珠玉之玩罷組繡之貢焚晉武之雉裘出文皇之宮人少度僧尼不興土木示天下之儉也唯聖人能之鷄鳴而起孜孜聽政每有餘暇則召大臣講議文武訪問艱難此皇王之勤也唯聖人勉之貴賤親踈賞罰惟一有功者雖憎必賞有罪者雖愛必罰捨一心之私從萬人之望示天下之公也唯聖人行之自古帝王與佞臣治天下天下必亂與忠臣治天下天下必安然

則忠臣骨鯁而易疎佞臣柔順而易親柔順似忠多爲美言骨鯁似彊多所直諫美言者得進則佞人滿朝直諫者見疎則忠臣避世二者進退何以辨之但日聞美言則知佞人未去此國家之可憂也日聞直諫則知忠臣左右此國家之可喜也伏惟聖明不可不察自古王者外防夷狄内防姦邪夷狄侵國姦邪敗德國侵則害加黎庶德敗則禍起蕭牆乃知姦邪之凶甚於夷狄之患伏惟聖明常好正直以杜姦邪此至理之本也臣又聞聖人宅九重之深鎮萬國之望以静制動以重爲威如天之高如地之深使人不得容易而議也昨覩鑾駕順動稍頻恐非深居九重静鎮萬國之意況進奏院報於天下天下聞之恐損

威重先朝以御宇日深功成天下巡幸之費尚或諫止今繼明之始聖政方新宜加憂勤深防逸豫則人心大悦天道降康不比先帝功成之年未可輕爲巡幸伏惟聖慈再三詳覽每有順動必循典禮以服天下之望臣又聞人主納遠大之謀久而成王道納淺末之議久而成亂政方今聖人在上賢人在側取捨之際豈有未至然而刑法之吏言絲髮之重輕錢穀之司舉錙銖之利病則往往謂之急務響應而行或有言政教之源流議風俗之厚薄陳聖賢之事業論文武之得失則往往謂之迂説廢而不行豈朝廷薄遠大之謀好淺末之議哉伏望聖慈納人之謀用人之議不以遠大爲迂説不以淺末爲急務則王道大

成天下幸甚臣又聞聖人之至明也臨萬機之事而
不敢獨斷聖人之至聰也納羣臣之言而不敢偏聽
獨斷則千慮或失偏聽則衆心必離人心離則社稷
危而不扶聖慮失則政教差而彌遠故先王務公共
設百官而不敢獨斷者懼一慮之失也開言路采群
議而不敢偏聽者懼衆心之離也今聖政方新動思
公共委任兩地出入萬幾萬幾之繁能無得失乃許
羣臣上言以補其闕使上無蒙蔽下無壅塞有以見
聖人之不獨斷也天下幸甚然而臣下上言密陳得
失未可盡以為實亦當深究其宜或務窺人短長或
欲希旨上下動搖賞罰之柄離間君臣之情似是而
非言偽而辯雖聖鑒之下能無惑焉偶動宸衷無益

王道似此密奏之類更望聖慈深加詳覽與大臣議論可否然後施行儻密奏之言便以爲實内降處分一面施行則讒譖之人緣隙而進以訐爲直以詐爲忠使内外相疑政教不一非致理之本也古人有言曰爲君難爲臣不易者其在此乎伏惟聖明不可不察又自古親近小臣率多纖佞恃國恩寵爲人階緣公議未行私請先至如此則人皆由徑政有多門伏望聖慈深爲防慮以存至公之道也臣曲陋之人本無精識覽前王之得失究聖朝之取捨因敢罄而陳之伏望聖慈詳擇一二干犯天威臣無任戰汗激切屏營之至臣某昧死謹言

范文正公集卷第七

范文正公集卷第八

上張右丞書

乾興元年十二月日文林郎試祕書省校書郎權集慶軍節度推官監泰州西溪鎮鹽倉范某謹齋戒選日裁書拜于右丞　閤下　某聞先知覺後知先覺覺後覺伊尹之心也哲人傳焉故賢賢相與其道不息若顯若隱者則惟時爾使伊尹之心邈乎無傳則賢賢相廢來代以降豈復有致君堯舜覺天下之後覺者哉今有施阿衡之才之道而將博其傳者可無眷眷以求其人乎有服膺仁義親逢聖賢而未預其傳者可無遑遑以聽於大人之門乎敢齋戒以辨之恭惟右丞維嶽降神儀我華旦文以鼓天下之動學以達

天下之志始乃育大節歷小位艱難備思造次惟道
踐七諫之清列奉萬樞之密府奏議森乎朝聽顧問
沃於天心早以位峻中司禮嚴百辟人神協贊貳于
台宰郕侯之問繫乎慘舒叔相之才著於禮樂而常
居以正色動惟至誠名可巽而道不可屈懷可卷而
節不可降故昨讓廟堂之高回星象之度能輕人之
至重易人之至難故道清朝廷名高泰山蓋盡美矣
然我宋重明累聖與周比隆賢人之業宜衛社稷當
復正熒煌之座為萬邦之休光四海之景福此右丞
之才之道之萬一也天下才士莫不稽顙仰望光明
但仲尼日月之階難為其升爾某何人也可預陶甄
之末其大幸者生四民中識書學文為衣冠禮樂之

士研精覃思粗聞聖人之道知忠孝可以奉上仁義可以施下功名可存于不朽文章可貽於無窮莫不感激而興慨然有益天下之心垂千古之志豈所謂不知量也又昔人云一卷之書必立之師豈天下之道無從而正之而可得其指要乎某所以鷄鳴孜孜望其有獲於此而當世大君子以某雕蟲之技而憐之者有矣未有謂某之誠可言天下之道者今復吏于海隅葭菼之中與國家補錙銖之利緩則羅咎猛且賊民窮荒絶島人不堪其憂尚何道之可進自惜屬文未達見書未博三十爲學未獲事大賢人之師周旋其心未能受大君子之道其愚不已尚遑遑乎聽於大人之門恭惟右丞播洪鈞之仁矜其不肖以

一言置于左右至於稼穡之難獄訟之情政教之繁簡貨殖之利病雖不能辨亦嘗有聞焉似可備僚後之末議且使朝夕執事於前觀之可否如得其誠願預教育然後天下之道可得而明阿衡之心可得而傳使某會遇之日有益於當時有垂於將來乃右丞之道傳傳而不朽矣昔郭隗以小才而逢大遇則燕昭之名于今稱道黃公天人也有以躡履而授帝師之道者豈以孺子而捨諸智愚不同人則然矣先民有言曰希聖者亦聖之徒也此庶幾於萬一然干犯台嚴無任狂越戰兢之至不宜某再拜頓首

上執政書

天聖五年月日丁憂人范某謹擇日望拜上書于史

館相公集賢相公參政侍郎參政給事某居親之喪上書言事踰越典禮取笑天下豈欲動聖賢之知爲身名之計乎某謂居喪越禮有誅無赦豈足動聖賢之知耶矧親安之時官小祿薄今親亡矣縱使異日授一美衣對一盛饌尚當泣感風樹憂思無窮豈今几筵之下可爲身名之計乎不然何急急於言哉蓋聞忠孝者天下之大本也其孝不逮矣忠可忘乎此所以冒哀上書言國家事不以一心之戚而忘天下之憂庶乎四海生靈長見太平況今聖人當天四賢同德此千百年中言事之秋也然聖賢之朝豈資下士之補益乎蓋古之聖賢以芻蕘之談而成大美者多矣豈俟某引而質之況儒者之學非道不談

某敢企仰萬一因擬議以言之旨今易行之事其未易行者某所不言也恭惟相府居百辟之首享萬鍾之厚夙興夜寐未始不欲安社稷躋富壽答先帝之知致今上之美況聖賢存誠以萬靈爲心以萬物爲體思與天下同其安樂然非思之難致之難矣某竊覽前書見周漢之興聖賢共理使天下爲富爲壽數百年則當時致君者功可知矣周漢之衰姦雄競起使天下爲血爲肉數百年則當時致君者罪可知矣李唐之興也如周漢焉其衰也亦周漢焉自我宋之有天下也經之營之長之育之以至于太平累聖之功豈不大哉然否極者泰泰極者否天下之理如循環焉惟聖人設卦觀象窮則變變則通通則久非知

變者其能久乎此聖人作易之大旨以授於理天下者也豈徒然哉今朝廷久無憂矣天下久太平矣兵久弗用矣士曾未教矣中外方奢侈矣百姓反困窮矣朝廷無憂憂則苦言難入天下久平則倚伏可畏兵久弗用則武備不堅士曾未教則賢材不充中外奢侈則國用無度百姓困窮則天下無恩苦言難入則國聽不聰矣倚伏可畏則姦雄或伺其時矣武備不堅則戎狄或乘其隙矣賢材不充則名器或假於人矣國用無度則民力已竭矣天下無恩則邦本不固矣儻相府思變其道與國家磐固基本一旦王道復行使天下爲富爲壽數百年由今相府致君之功也儻不思變其道而但維持歲月一旦亂階復作使天

下爲血爲肉數百年亦令相府負天下之過也昔曹參守蕭何之規以天下久亂與人息肩而不敢有爲者權也今天下久平修理政教制作禮樂以防微杜漸者道也張華事西晉之危而正人無徒故維持紀綱以延歲月而終不免禍以大亂天下今聖人在上老成在右豈取維持之功而忘磐固之道哉某竊謂相府報國致君之功正在乎固邦本厚民力重名器備戎狄杜姦雄明國聽也固邦本者在乎舉縣令擇郡守以救民之弊也厚民力者在乎復游散去冗僭阜時之財也重名器者在乎慎選舉敦教育使代不乏材也備戎狄者在乎育將材實邊郡使夷不亂華也杜姦雄者在乎朝廷無過生靈無怨以絕亂之階

也明國聽者在乎保直臣斥佞人以致君於有道也夫舉縣令擇郡長以救民之弊者何哉某觀今之縣令循例而授多非清識之士衰老者爲子孫之計則志在苞苴動皆徇已少壯者恥州縣之職則政多苟且舉必近名故一邑之間簿書不精吏胥不畏徭役不均刑罰不中民利不作民害不去鰥寡不恤游惰不禁播蓺不增孝悌不勸以一邑觀之則四方縣政如此者十有七八焉而望王道之興不亦難乎某恐來代之書論得失者謂相府有不救其弊之過矣如之何使斯人之徒爲民父母以困窮其天下又朝廷久有擇縣令郡長之議而不遂行者蓋思退人以禮不欲動多士之心故務因循而重改作也豈長世之

策哉儻更張之際不失推恩又何損於仁乎今約天下令録自差京朝官外不過千數百員自來郊天之恩鮮及州縣若天下令録自大禮以前滿十考者可成資日替與職官七考以上可滿日循其資俸除録事參軍則縣令中昬邁常常之流可去數百人矣蓋職官録事參軍不甚親民爲害亦細此謂退人以禮士豈有怨心哉其間課最可尚論薦頗多俟到銓衡別議疇賞前既善退後當精選其判司簿尉不由薦舉初入令録之人並可注録事參軍如無負闕可授大縣簿尉仍賜令録之俸其曾任令録有過該恩合入本資者可依初入之例須此數條入令者鮮然後委清望官於幕職判司簿尉中歷三考以上具理績

舉充其川廣福建縣令可委轉運使等就近於判司簿尉中舉移庶從人便若此後諸處縣令特有課最可旌尚者宜就遷一官更留三載庶其宣政者可以成俗其僥倖者自從朝典如此行之三五年中天下縣政可澄清矣願相府為天下生靈而行之為國家盤固基本而思之不以聽芻蕘為嫌而罷之則天下幸甚幸甚某又觀今之郡長鮮克盡心有尚迎送之勞有貪燕射之逸或急急於富貴之援或孜孜於子孫之計志不在政功焉及民以獄訟稍簡為政成以教令不行為坐鎮以移風易俗為虛語以簡賢附勢為知幾清素之人非緣囑而不薦貪贓之輩非寔素而不糾縱胥徒之姦尅寵風俗之奢僭況國有職制

禁民越禮須行巳久莫能舉按使國家仁不足以及物義不足以禁非官實素飡民則菜色有恤鰥寡則指爲近名有抑權豪則目爲擬禍苟且之弊積習成風俾斯人之徒共理天下王道何從而興乎某恐來代之書論得失者亦謂聖朝有不救其弊之過矣然朝廷以黜陟郡長爲難者官有定制不欲動搖懼其招怨謗而速僥倖爾故知縣兩任例升同判同判兩任例升知州柰何在下之時飾身修名邀其清舉居上之後志滿才乏怠于素持止能偷安未至覆餗故賢愚同等清濁一致此乃朝廷避怨於上移虐於不倖其自敗民何以堪故鄭莊公伺其叔之自弊而春秋罪焉以其長惡也易曰履霜堅冰至由辨之不早

辨也此聖人昭昭之訓豈用於先王而廢於今日者
哉近年諸處郡長以贓致罪者數人皆貫盈之夫久
爲民患如此之類至終不敗者豈止數人而已乎雖
轉運使提點刑獄職在訪察其如位望相亞怨仇可
敵非致敗露鮮敢發明宜乎論道之間激揚天下古
者天子五載一巡皇上凝命于今六載矣以軍國重
大未可行遠古之道今郊禮之餘宜宣大慶可於兩
制以上密選賢明巡行諸道以興利除害黜幽陟明
舒慘四方豈同常務可命御史嚴諭百僚與出使之
官絶書刺往還之禮仍翌日首途以禁請託苟利天
下大體何傷所出使之官宜以宣慶爲名安遠聽也
其諸道知州同判耄者懦者貪者虐者輕而無法者

墮而無政者皆可奏降以激尸素又四方得以上聞
未舉巡守之禮而遣觀風之使非不典也然後委清
望官於朝臣同判中舉諸郡長於朝臣知縣中舉諸
同判今後同判之官非著顯效及有殊薦雖或久次
止可加恩郡國之符不當輕授其知縣之人入同判
者宜比此例如此行之天下郡政其濫鮮矣今一司
一務猶或舉官一郡之間生靈數萬反可輕授於人
乎願相府爲天下生靈而行之爲國家盤固基本而
行之不以聽芻蕘爲嫌而罷之天下幸甚幸甚某前
所謂官有定制不欲動揺懼其招怨謗而速僥倖者
兩宮聖人臨軒命使激揚善惡澄清天下何怨謗之
有乎自茲以降非舉不授舉官之責厥典非輕何僥

倖之有乎如所舉之人果成異政則宜旌尚舉主以勸來者聖朝未行此典蓋亦闕矣縣令長既得其才然後復游散去冗僭以阜時之財者何哉某觀天下穀帛厥價翔起議者謂生靈既庶使之然矣某謂生者既庶則作者復衆豈衆之爲累哉蓋古者四民秦漢之下兵及緇黄共六民矣今又六民之中浮其業者不可勝紀此天下之大蠹也士有不稽古而禄農有不竭力而饑工多奇器以敗度商多奇貨以亂禁兵多冗而不急緇黄蕩而不制此則六民之浮不可勝紀而皆衣食於農者也如之何物不貴乎如之何農不困乎某謂穀帛之貴由其播藝不增而資取者衆也金銀之貴由其制度不嚴而器用者衆也或

謂資四夷之取而使之然則山川之所出與恩信之所給自可較之非某所敢知也今議更張之制繁細非一某敢略而陳之夫釋道之書以真常爲性以清淨爲宗神而明之存乎其人智者尚難於言而況於民乎君子弗論者非今理天下之道也其徒繁穢不可不約今後天下童行可於本貫陳牒必詰其鄉黨苟有罪戾或父母在鮮人供養者勿從其請如已受度而父母在別無子孫勿許方遊則民之父母鮮轉死於溝壑矣斯亦養惸獨助孝悌之風也其京師寺觀多招四方之人宜給本貫憑由乃許收録斯亦辨姦細復游散之要也其天下寺觀每建殿塔蠹民之貲動踰數萬止可完舊勿許創新斯亦與民阜財之

端也又古者兵在於民且耕且戰秦漢之下官庫爲常費武勇之精備征伐之急也今諸軍老弱之兵詎堪征伐旋降等級尚費資儲然國家至仁旨在存活若詔諸軍年五十巳上有資産願還鄉里者一可聽之稍省軍儲復從人欲無所歸者自依舊典此去冗之一也又諸道巡檢所統之卒皆本城役徒殊非武士使之禁暴十不當一而諸州常患兵少日旋招致穀帛之計其耗萬億以某觀之自京四嚮千里之間或多寇盜蓋創置巡檢路分頗多而卒伍至羸捕掩無効非要害者宜悉罷之所存之處資以禁軍訓練既精寇盜如取况千里之内抽發非難又使少歷星霜不至驕惰彼無用之卒可減萬數庶使諸郡節於

招致此去冗之次也又京畿三輔五百里內民田多隙農功未廣旣巳開導溝洫復須舉擇令長使詢訪父老研求利病數年之間力致富庶不破什一之稅繼以百萬之糴則江淮饋運庶幾減半挽舟之卒從而省焉此亦去冗之大也至於工之奇器敗先王之度商之奇貨亂國家之禁中外因之侈僭上下得以驕華宜乎大變澆漓申嚴制度使珠玉寡用穀帛爲寶此又去僭豐財之本也今盛明之代何事而不可行乎曩者國家禁泥金之飾久未能絕一旦使命婦不服工人不作于今天下無敢衣者使其餘奢僭皆如泥金之法亦何患不禁乎又播藝之家古皆督責今國家有勸農之名無勸農之實每於春首則移文

於郡郡移文於縣縣移文於鄉鄉矯報於縣縣矯報於郡郡矯報於使利害不察上下相蒙豈朝廷之意乎若縣令郡長一變其人乃可詔書丁寧復游散之流抑工商之侈去士卒之冗勸稼穡之勤以周禮司徒之法約而行之使播者藝者以時以度勤者惰者有勸有戒然後致天下富之壽之彼不我富不我壽者豈能葺之哉此則厚民力固邦本之道也觀夫國風之七月小雅之甫田皆以農夫之慶為王化之基豈聖人不思而迷者乎故周漢李唐雖有禍亂而能中興者人未厭德作亂者不能革天下之心是邦本之固也六朝五代之亂鮮克中興者人厭其德吊民者有以革天下之心是邦本之不固也然則厚民力

國邦本非舉縣令擇郡長則莫之行焉或謂舉擇令長久則乏人亦何道以嗣之某謂用而不擇賢孰進焉擇而不教賢孰繼焉宜乎慎選舉之方則政無虛授敦教育之道則代不乏人今士材之間患不稽古委先王之典宗叔世之文詞多纖穠士惟偷淺言不及道心無存誠暨于入官鮮於致化有出類者豈易得哉中人之流浮沉必矣至于明經之士全暗指歸講議未嘗聞威儀未嘗學官于民上貽笑不暇責其能政百有一焉詩謂長育人材亦何道也古者庠序列于郡國王風云邁師道不振斯文銷散由聖朝之弗救乎當太平之朝不能教育俟何時而教育哉乃於選用之際患其才難亦由不務耕而求穫矣今春

詔下禮闈凡修詞之人許存策論明經之士特與旌別天下之望翕然稱是其間所存策論不聞其誰激勸未明人將安信儻使呈試之日先策論以觀其大要次詩賦以觀其全才以大要定其去留以全才升其等級有講貫者別加考試人必強學副其精舉復當深思治本漸隆古道先於都督之郡復其學校之制約周官之法興闕里之俗辟文學掾以專其事敦之以詩書禮樂辨之以文行忠信必有良器蔚爲邦材況州縣之用乎夫庠序之興由三代之盛王也豈小道哉孟子謂得天下英材而教育之一樂也豈偶言哉行可數年士風丕變斯擇材之本致理之基也又李唐之盛常設制科所得大才將相非一使天下

奇士學經綸之盛業爲邦家之大器亦策之上也先朝偶屬多務暫停此科今可每因貢舉之時申其墜典必有國士繼於唐人豈非邦家之盛選歟勿謂未必得人遂廢其道此皆慎選舉敦教育之道亦何患乏人哉儻國家行此數事若今刑政之用心則無不成焉前代亂離鯨吞虎噬無卜世卜年之意故斯道久缺反爲不急之務既在承平之朝當爲長久之道豈如西晋之禍而有何公之嘆者乎願朝廷念祖宗之艱難相府建風化之基本一之曰圖之二之曰行之不以聽芻蕘爲嫌而罷之則天下幸甚幸甚至于嵓穴草澤之士或節義敦篤或文學高古宜崇聘召之禮以厚澆競之風國家近年羔鴈弗降或有考槃

之舉不踰助教之命孝廉之士適以為辱何敦勸之有乎又流外之官澄清未至訟之則百姓受弊革之則諸司乏人將使羣謗不興衆心知勸不若敦仍舊之制加奬善之方自簿尉兩任有舉奏者許入録事叅軍録事叅軍有舉奏者許入職事官或換三班使臣既有進身之階豈無畏法之志設使流内之人無遷進之望而能盡公者必亦鮮矣今後百司新入之人或采其藝能或出於仕族行藏必審考試必精避役之人無圖之類嚴革其弊高為之防既激其流復澄其源亦何患流外之冗乎某又謂育將材實邊郡使夷不亂華者何哉蓋聞古之善禦戎者將不乏人則師戰而不衄邊不乏廪則城圍而不下狄疑且畏

罔敢深入此劉漢所以長也不善禦戎者將在貴臣邊須遠饋故戰之則衂圍之則下狄無疑畏乘虛深入此石晉之所以亡也今兵久不用未必爲福在開元之盛有函谷之敗可龜鑑矣何哉昔之戰者耄然巳老今之壯者囂囂而未戰聞名之將往往衰落豈無晚輩未聞邊功此必廟堂之所思也仍聞沿邊諸將不謀方略不練士卒結援弭謗固祿求寵一旦急用萬無成功加以邊民未豐邊廩未實下武之際兵寡食足如屯大軍必煩遠饋則中原益困四夷益驕深入之虞未可量也于時廟堂之上雖有皐陶之謀伯益之贊不亦難乎夫天下禍福如人家道成於覆簣敗於疾雷聖朝豈恃其太平而輕其後計王衍之鑒

豈曰不明清談之間坐受其弊蓋備之弗預知之弗爲許下之兵日血十萬豈不痛心哉今西北和好誠爲今圖安必慮危備則無患昔成周之盛王道如砥及觀周禮則大司馬陣戰之法粲然具存乃知禮樂之朝未嘗廢武今孫吳之書禁而廢學苟有英傑受亦何疑且秦之焚書也將以愚其生人長保天下及其敗也陳勝吳廣豈讀書之人哉況前代名將皆洞達天人嗣續忠孝將門出將史有言焉今將家子弟蔑聞韜鈐無所用心驕奢而已文有武備此能備乎今可於忠孝之門搜智勇之器堪將材者密授兵略歷試邊任使其識山川之向背歷星霜之艱難一朝用之不甚顛沛十得三四不云盛乎至于四海九州

必有壯士宜設武舉以收其遺唐郭子儀武舉所得
者也斯可遺乎又臣僚之中素有才識可賜孫吳之
書使知文武之方異日安邊多可指任此皆育將之
之道也又沿邊知同精加舉擇特授詔命專謀耕桑
三五年間豐其軍廩此則實邊郡之道也將材既育
邊郡既實師藏戰而不衂城圍而不下狄疑且畏敢深
入乎縱有擾動朝廷可高枕矣前代禦戎其策非一
唐陸贄議緣邊備守之術請置本土之兵勸營田之
利與今事宜相近可約而行也本土之兵者若今之
北邊有雲翼招收之軍更可增致作爲奇兵至于營
田之利宜常興作而加焉願相府爲國家安危思之
五代之亂非遠也爲河朔生靈思之景德之前未必

也今相府勞一夕之思絶百代之耻無使中原見新
羈之馬赤子入無知之俗則天下幸甚幸甚聖人曰
微管仲吾其被髪左衽又曰民到于今受其賜管仲
覇臣也而能攘戎狄保華夏功高當時賜及來代况
朝廷之盛德乎某又謂朝廷無過生靈無怨以絶亂
之階者何哉蓋天下姦雄無代無之或窮爲夜舞或
起爲大盜伺朝廷之過執以爲辭幸生靈之怨吊而
稱義不然亦何名而動哉今明盛之朝豈有大過亦
宜辨於毫末杜其堅氷或戚近撓權或土木耗國或
禄賞未均或綱紀未修或任使未平斯亦過之漸也
某敢小舉其失以言之國家戚近之人不可不約除
拜之際宜量其才非曰惜恩懼乎致寇若力小任重

則撓權亂法增朝廷之過啓姦雄之志易曰小人而乘君子之器盜思奪之矣所謂盜者其姦雄之謂乎今道路傳聞或緇黄之流或術藝之輩結託戚近邀求進貢或受恩賜或與官爵此撓權之漸矣可不畏乎夫賞罰者天下之衡鑑也衡鑑一私則天下之輕重妍醜從而亂焉此先王之所慎也又土木之興久爲大蠹或謂土木之費出於內帑無傷財害民之弊故爲之而弗戒也某謂內帑之物出於生靈太祖皇帝以來深思遠慮聚之積之爲軍國急難之備非謟神佞佛之資也國家祈天永命之道豈在茲乎如洞眞壽寧之宫以延燎之災一夕遽盡豈非天意警在帝心示土木之所崇非神靈之所據也安可取民人

膏血之利輟軍國急難之備奉有爲之惑冀無狀之
福豈不誤哉一旦有蒼卒之憂須給賞之資雖欲重
困生靈暴加率斂其可及乎此耗國之大也可不戒
哉儻謂內藏豐盈用不可竭則日者黃河之役使數
十州之人極力負資奔走道路豈惜府庫之餘而不
用之耶故土木之妖宜其悉罷豈相府之不言乎兩
宮之不聽乎又文武百官之祿取兵荒五代之制或
職輕祿重或職重祿輕重輕之間奔競者至大亨之
世猶患不均豈聖朝之意乎所宜損之益之以建其
極又令三司之官差除頗異祿賜弗輕何知弊而不
言多養望以自進天下金穀決于羣胥掊克無厭取
怨四海使先帝寬財之命弗逮于民和氣屢傷豐年

寡過曾不謂之過乎蓋由三司之官不制考限不責課最朝受此職夕求他官直云假塗相與匿禍天下受弊職此之由豈聖朝之意乎宜其别制考課重議賞罰激朝端之俊傑救天下之疲瘵其庶幾乎又古之勳臣賞延于世今則每舉大慶必行此典自兩省以上奏薦子弟並爲京官比於庶僚亦既優矣而特每歲聖節各序子孫謂之賞延黷亂已甚先王名器私假於人曾不謂之過乎非君危臣僭之朝何其姑息之如是耶遂使廕序之人塞于仕路曾未稽古使以司民國家患之屢有釐革然但革其下而不革其上節於彼而不節於此天下豈以爲然哉我相府豈惜一孺之恩不爲百辟之表乎又遠惡之官多在寒

族權貴之子鮮離上國周旋百司之務懵昧四方之事況百司者朝廷之綱紀風教之户牖咸在童孺曾無激揚使寺省之規剝牀至足公卿之嗣懷安取名未嘗試難何以致遠非獨招搢紳之議實亦玷鈞衡之公此則祿賞未均任使未平綱紀未修之類也斯弊已久何可極乎惟我相府能革其弊能變其極而天下化成不爲難矣晉趙王倫石勒之徒心窺天子口責丞相豈非姦雄之人伺朝廷之過乎又今久安之民不經塗炭勞則易怨擾則易驚猛將謀臣威信未著況邊民尚困邊廩尚乏苟有搔動饋運所艱武備未堅狄志可驕既撓之以征戰或加之以饑饉生靈窮匱姦雄奮迅鼓舞羣小血視千里此五代之鑒昭

昭焉非止方冊之有云抑亦耳目之可接也我太祖皇帝亦嘗有事四方勞於餽運而生靈不敢怨姦雄不敢動者何哉一則餘民久在塗炭乍覩明盛如子得母縱有勞役未甚曩昔此生靈所以不敢怨也又當秉天開之運震神武之威征伐四方動如山壓況躬擐甲冑備嘗艱難猛將如雲謀臣如雨此姦雄所不敢動也所謂彼一時此一時爾今朝廷豈謂當時之易而不慮今時之難乎又謂保直臣斥佞人以致君於有道者何哉有若人未之病則苦口之藥鮮進焉國未之危則逆耳之言鮮用焉故使人易進直臣易退其致君於有道也難哉及其既病也藥必錯雜而進故鮮效焉及其既危也言必錯雜而用故鮮功焉

蓋佞人在矣直臣遠矣其悔之也難哉今朝廷久安甚言而不用者勢使之然矣天深戒而不變者禍可畏矣伏聞京師去歲大水今歲大疫四方聞之莫不大憂此天之有以戒也豈徒然乎而京師之災甚於四方何哉蓋京師者政教之所出君相之所居也禍未盈而天未絶故鑒戒形焉不獨恐懼其心必使修省其政國家之德尚可隆天下之道尚可行也儻弗懼于心弗修于政漸盈于禍漸絶于天則國家四海將如何哉或謂國家之災由歷數之定非政教之出若如所論則夏禹九疇之書果妖言耶豈欲棄而焚之乎苟天下有善則歸諸已天下有禍則歸諸天豈聖朝之用心願黜術士之言奉先王之訓必不謬矣

必無過矣於保直臣斥佞人則兩宮二省之心如日星焉孰可蔽其明乎縱有行僞而堅言僞而辯試於行事人焉廋哉往日不極言而今極言者學陋之人思慮未精又親安之時上懼失祿不幸親今亡矣朝廷或怒之自頂至踵惟忠也又何憂乎黨相府思變其道與國家作長久之計固其基本一旦王道復行使天下爲富爲壽數百年則福在國家功在相府得與天下生靈長見太平幸甚幸甚竊以五代以來諸侯暴酷視民如芥生殺由之皇朝龍興典章一寬眞宗皇帝至仁如天盡心于此內則舉執法之吏外則創按刑之司徒流之間無敢差者若今於教化之道復如刑名之用心亦何患不至乎今搢紳之間多

議按刑之司無益於外亦思之未深耳如得其人糺察四方絶斯民之寃協先帝之志豈無益乎得人而已不可謂川之既平可壞其防也今王刑既清王道可行此天下士人爲相府惜其時也或曰天下之事猶指諸掌豈相府弗克行乎亦在兩宫之意爾謂人主在上或喜怒生殺或好惡邪正則諫諍之際爲臣不易也若乃修四方之政教正百司之綱紀澄清風俗相府之職也豈必兩宫之意乎儻相府疑某之言謂欲矯聖賢之知爲身名之計豈不能終喪之後爲歌爲頌潤色盛德以順美於時亦何必居喪上書俞越典禮進逆耳之説求終身之棄而自置於貧賤之地乎蓋所謂不敢以一心之戚而忘天下之憂是不

爲身名之計明矣觀前代國家當其安也士人上言論興亡之道非聖王賢相則百不一采及其往也則後之史臣收于簡策爲來代之鑒今日之言願相府采其一二爲國家天下之益不願後之史臣收于簡策爲來代之鑒狂斐之人誅赦惟命以廟堂深嚴恐不得上乃敢相門之下各致此書庶有一達於聰明干犯台嚴下情無任惶恐激切之至不次某死罪惶恐再拜

上資政晏侍郎書

天聖八年月日具銜范某謹齋沐再拜上書于資政侍郎閤下某近者伏蒙召問曾上封章言朝廷禮儀事果有之乎某嘗辱不次之舉矧公家之事何敢欺

默因避席而對曰有之遽奉嚴敎云爾豈憂國之人哉衆或議爾以非忠非直但好奇邀名而已苟率易不已無乃爲舉者之累乎某方一二奉對公曰勿爲強辭某不敢犯大臣之威再拜而退退而思之則自疑而驚曰當公之知惟懼忠不如金石之堅直不如藥石之良才不爲天下之奇名不及泰山之高未足副大賢人之清舉今乃一變爲尤能不自疑而驚乎且當公之知爲公之悔儻默默不辨則恐搢紳先生誚公之失舉也如此某何面目於門牆哉請露肝膂之萬一皆質於前志非敢左右其説惟公之采擇庶幾某進不爲賢人之疑退不爲賢人之累死生幸甚死生幸甚某天不賦智昧於幾微而但信聖人之書

師古人之行上誠於君下誠於民韓愈自謂有憂天下之心繇是時政得失或嘗言之豈所謂不知量也蓋聞昔者聖人求天下之言以共理天下於是命百官箴闕百工獻藝則大臣小臣無非諫也建善旌立諫鼓諮芻蕘采謠詠斯則何遠何近咸可言也此誠歷代令王懼上有所未聞下有所未達特崇此道以致天下之言俾九重之深無所蔽也亦必憂國大臣懼義有所未從諫有所未上復廣此道以致天下之情冀萬乘之心有以動也某又聞事君有犯無隱有諫無訕殺其身有益於君則爲之衛顗曰非破家爲國殺身成君者誰能犯顏色觸忌諱建一言哉亦忠臣之分也而曰不在其位不謀其政者謂各司其局

不相侵官如當二千石之位則不責尚書之政當尚書之位則不責三公之政非言路之謂矣又曰天下有道庶人不議蓋言有道之朝教化純被則庶人無所議焉某登進士第由幕府歷宰字爲九卿之屬似非庶人敢不議乎如云遠不當諫則伯夷叩馬諫武王豈近臣哉太公謂之義士夫子稱其賢人曾不以遠而爲過乎至於潁考叔曹劌杜蕢絃高魯仲連梅福之徒皆遠而謀國者也前史嘉之况國家以公之清舉置某于近閣同文館之列唐文皇於此延天下之士使多識前言往行以諮政教之得失備廊廟之選用如朝廷延士之意不滅於前則某事君於此非遠也又聞言未及而言謂之躁今國家詔百官轉對

使明言聖躬之過失宰司之闕遺其不預轉對者俾實封章奏以聞則某非言未及而言也若以某好奇爲過則伊尹負鼎太公直鈎仲尼誅侏儒以尊魯夷吾就縲絏而覇齊藺相如奪璧於強鄰諸葛亮邀主於弊廬陳湯矯制而大破單于祖逖誓江而克清中原房喬杖策於軍門姚崇臂鷹於渭上此前代聖賢非不奇也某患好之未至爾若以某邀名爲過則聖人崇名教而天下始勸莊叟云爲善無近名乃道家自全之說豈治天下者之意乎名教不崇則爲人君者謂堯舜不足慕桀紂不足畏爲人臣者謂八元不足尚四凶不足耻天下豈復有善人乎人不愛名則聖人之權去矣經曰立身揚名又曰善不積不足以

成名又曰恥没世而名不稱又曰榮名以爲寶是則教化之道無先於名三古聖賢何嘗不著於名乎某患邀之未至爾某又聞天生蒸民各食其力惟士以有德可以安君可以庇民於是聖人率民以養士易曰不家食吉如其無德何食之有某官小禄微然歲受俸禄僅三十萬竊以中田一畝取粟不過一斛中稔之秋一斛所售不過三百金則千畝之獲可給三十萬以豐歉相半則某歲食二千畝之入矣其二千畝中播之耨之穫之斂之其用天之時地之利民之力多矣儻某無功而食則爲天之螟爲民之螣使鬼神有知則爲身之殃爲子孫之患某今職在校讎務甚清素前編後簡海聚雲積其間荒唐詭妄之書十

有七八朱紫未辨膏肓柰何某棲遲於斯絕無補益上莫救斯文之弊下無庇斯人之德誠無功而食矣所可薦於君者惟忠言耳况我國家以六合之廣四葉之盛撫既濟之會防未然之幾兢兢持盈旰昃不暇謂今天下民庶而未富士薄而未教禮有所未格樂有所未諧多士之源有所未澄百司之綱有所未振兵輕而有所未練邊虛而有所未計賞罰或有所未一恩信或有所未充乃詔百官轉對其未預者並許封章此吾君盡心以虛受天下之言也亦天下君子盡心以助成王道之日也然獻言之初或有所賞於是浮淺僥覬之輩爭爲煩言或采其細而傷其大或誇其利而隱其害下冒上之寵而矯其辭上疑下之

躁而輕其說此政教之大害也某遠觀五帝三王爵以尚德禄以報功未有賞其空言者至於舜命禹拜唯重其言而行之逮夫春秋之時則有舉賢之賞唐文皇賞孫伏伽之諫以天下始定而權以進之未始久行焉今朝廷必欲求有道之言在其擇而必行不在其誘於必賞言而無賞則眞有憂天下之心者不廢其進焉然後下不冒上之寵而直其辭上不疑下之躁而重其說此政教大利也某亦嘗聞長者之餘論鬱于胷中而莫敢鑿發者恥與浮浅僥覬之徒受上之疑於國門矣某昨輒言國家冬至上壽之禮者斯言有罪必不疑其僥覬矣是故輕一死以重萬代之法請皇帝率親王皇族於内中上皇太后聖壽請

詔宰臣率百僚於前殿上兩宫聖壽實無減皇太后
尊崇之威又足存皇帝貴高之體蓋一人與親王皇
族上壽於内則母子之義親君臣之禮異與百僚上
壽於外則是行君臣之儀非敦母子之義在今兩宫
慈聖仁孝之德而行此典則未見其損柰何後代必
有舅族強熾竊此爲法以仰制人主者矣聖朝既不
能正之使後代忠臣何所執議先王制禮之心非萬
世利則不行焉或五帝不相沿樂三王不相襲禮此
何泥於古乎某謂禮樂等數沿革可移帝王名器乾
坤定矣豈沿革之可言哉若謂某不知聖人之權則
孔子何以謂晋文公譎而不正以臣召君不可以訓
書曰天王狩于河陽是諱其權而正其禮也豈昧於

權哉小臣昧死力言大臣未能力救苟誠爲今日之事未量後代之患豈小臣之狂言大臣之未思也某天拙之効不以富貴屈其身不以貧賤移其心儻進用於時必有甚於今者庶幾報公之清舉如求少言少過自全之士則滔滔乎天下皆是何必某之舉也夫天下之士有二黨焉其一曰我發必危言立必危行王道正直何用曲爲其一曰我遜言易入遜行易合人生安樂何用憂爲斯二黨者常交戰於天下天下理亂在二黨勝負之間爾儻危言危行獲罪於時其徒皆結舌而去則人主蔽其聰大臣喪其助而遜言遜行之黨不戰而勝將浸盛於中外豈國家之福大臣之心乎人皆謂危言危行非遠害全身之謀此

未患之甚矣使搢紳之人皆危其言行則致君於無
過致民於無怨政教不墜禍患不起太平之下浩然
無憂此遠害全身之大也使搢紳之人皆遜其言行
則致君於過致民於怨政教日墜禍患日起大亂之
下惱然何逃當此之時縱能遜言遜行豈遠害全身
之得乎凡今之人生于太平非極深研幾豈斯言之
信哉昔魏晉之亂哲人罹憂至有管寧之徒涉海而
逃某今進危言於君親蹈危機於朝廷不猶愈於涉
海之險而遁於異域者乎儻以某遠而盡心不謂之
忠言而無隱不謂之直則而今而後未知所守矣惟
公察某之辭求某之志謂尚可教則願不悔前日之
舉而加平生之知使某罄誠於當時垂光於將來報

德之心宜無窮已儻察其之志如不可教則願昌言於朝以絶其進前奏既已免咎此書尚可議責使黜之辱之不爲賢人之累則某退藏其身省求其過不敢以一朝之責而忘平生之知報德之心亦無窮已恭惟資政侍郎羽翼舊賢股肱近輔赫赫之猷天下所望願論道之餘一賜鑒慮與其進則天下如某之徒皆不召而進矣與其退則天下如某之徒皆不斥而自退矣泱天下進退者其在公一言乎干犯台嚴不任戰懼之至不宜某再拜

范文正公集卷第八

文正集卷六

范文正公集卷第九

上時相議制舉書

天聖八年五月日具位某再拜上書于昭文相公閤下某昨者伏蒙聖恩優賜差任蓋鈞造之際靡不獲所退省疏拙且驚且懼況唐虞舊域風俗淳儉獄無積訟亭鮮過客棲遲偃仰何以報國然嘗試思之似有所裨敢不冒黷而言之夫善國者莫先育材育材之方莫先勸學勸學之要莫尚宗經宗經則道大道大則才大才大則功大蓋聖人法度之言存乎書安危之幾存乎易得失之鑒存乎詩是非之辯存乎春秋天下之制存乎禮萬物之情存乎樂故俊哲之人入乎六經則能服法度之言察安危之幾陳得失之鑒

析是非之辯明天下之制盡萬物之情使斯人之徒輔成王道復何求哉至於扣諸子獵群史所以觀異同質成敗非求道於斯也有能理其書而不深其旨者雖朴愚之心未可與適道然必顧瞻禮義執守規矩不猶愈於學非而博者乎今文庠不振師道久缺爲學者不根乎經籍從政者罕議乎教化故文章柔靡風俗巧僞選用之際常患才難某聞前代盛衰與文消息觀虞夏之純則可見王道之正觀南朝之麗則知國風之衰惟聖人質文相救變而無窮前代之季不能自救則有來者起而救之是故文章以薄則爲君子之憂風俗其壞則爲來者之資今朝廷思救其弊興復制科不獨振舉滯淹詢訪得失有以勸天

下之學育天下之才是將復小爲大抑薄歸厚之時也斯文丕變在此一舉然恐朝廷命試之際謂所舉之士皆能熟經籍之大義知王覇之要略則反屏而弗問或將訪以不急之務雜以非聖之書辨二十八將之功勳陳七十二賢之德行如此之類何所補益蓋欲伺其所未至誤其所常習不以教育爲意而以去留爲功若如所量恐非朝廷勸學育才之道也何哉國家勸學育材必求爲我器用輔我風教設使皆明經籍之旨並練王覇之術問十得十亦朝廷教育之本意也况文有精麤理有優劣明試之下得失尚多何患去留之難乎今或伺其所未至誤其所常習則天下賢俊莫知所守將博習非聖旁攻異端聖人

之門無復啓發逮于後舉差之益遠如此則制科之設足以誤多士之心不足以救斯文之弊恭惟前聖之文之道昭昭乎爲神器於天下得之者昌失之者亡後世聖人開學校設科等率賢俊以趨之各使盡其心就其器將以共理于天下故書曰咸有一德斯之謂矣願相府爲此一舉儻昌言于兩制如能命試之際先之以六經次之以正史該之以方略濟之以時務使天下賢俊翕然修經濟之業以敎化爲心趨聖人之門成王佐之器十數年間異人傑士必穆穆于王庭矣何患俊乂不充風化不興乎救文之弊自相公之造也當有吉甫輩頌君之德吾相之功登于金石永于天地者矣四海幸甚千載幸甚干犯台嚴

無任僭越戰汗之至某再拜

與歐靜書

七月十二日高平范某謹復書于伯起足下近滕從事子京編李唐制誥之文成三十卷各於文首序其所以而善惡昭焉足下命爲唐典以僕觀之似所未安典之名其道甚大夫子刪書斷自唐虞已下今之存者五十九篇惟堯舜二篇爲典謂二帝之道可爲百代常行之則其次夏商之書則有訓誥誓命之文皆隨事名篇無復爲典以其或非帝道則未足爲百代常行之典乃知聖人筆削之際優劣存焉如詩有國風雅頌之别也李唐之世三百年治亂相半如貞觀開元有霸王之略每下詔命多有警策失之者蓋

亦有矣如則天中宗昏亂之朝誅害宗室戮辱忠良
制書之下欺天蔽民人到于今寃之儻亦以典爲名
躋于唐虞之列不亦助欺天之醜乎是聖狂不分治
亂一致百代之下堯舜何足尚桀紂何足愧也僕不
忍天下君子將切齒於京乃請以統制之名易之
而足下大爲不可貽書見尤僕謂制者天子命令之
文無他優劣庶幾不損大義爾足下謂冊制之類有
七何特以制名焉七者之名有則有矣然近代以來
曁于今朝王言之司謂之兩制是制之一名統諸詔
命又有待制承制之官皆承奉王言之義也又令詔
誥宣勑聖旨之類違者皆得違制之坐亦足見制之
一名而統諸命令也故以統制爲名以明備載其文

不復優劣觀其文者使自求之而治亂之源在矣足下又謂呂不韋輩著春秋賈誼之徒著書文中子著六經而無譏其僭者非也蓋春秋以時記事而爲名也優劣不在乎春秋二字而有九例變例之文書者載言之名而優劣不在乎書之一字而有典謨誓命之殊詩者言志之名而優劣不在乎詩之一字而有國風雅頌之譏諸儒擬春秋詩書之名蓋不在乎優劣之地也未有亂典謨訓誥國風雅頌之名者足下若以唐之制書咸可爲典則唐人之詩咸可爲頌乎足下又謂唐有六典杜佑著通典以此二書爲證亦未也六典者唐之官局可爲令式尊之爲典者亦唐人一時自高爾又通典之書叙六代沿革禮樂制度

復折中而論其可者以爲典要尚庶幾乎剏二書之作非經聖人筆削又何足仰爲大範哉足下博識之士當於六經之中專師聖人之意後之諸儒異端伯起不足繫以自取或足下必以統制爲非則請別爲其目典之爲名孰敢聞命某再拜

與周騤推官書

六月十五日同年弟范某再拜奉書于周兄去年秋滕子京集李唐制書得一千首歐伯起請目之曰唐典僕始末闕其本而酌以重輕請避堯舜二典曰有唐統制伯起以書見讓謂典爲是謂制爲非僕亦辨而言焉而伯起不釋今復貽書云中有冊文十五或因其舊名可曰有唐冊制僕前書云必以統制爲非

則請别爲之目以典爲名孰敢聞命伯起謂典謨訓誥其來遠矣夫子因其舊史優劣不存焉僕謂舊史之文亦不苟作聖人筆削經史皆因其舊可者從而明之其不可者從而正之未嘗無登降之意也是故言易則因先王之卦從而讃之有聖人有后有君子之辭焉刊詩則因前人之作從而次之有國風雅頌之倫焉修春秋則因舊史之文從而明之有襃貶之例焉書亦史也從而序之豈獨因其舊篇無優劣之意僕謂典謨訓誥之文或因其舊而次之亦聖人之優劣也伯起謂夏有政典周有六典僕謂政典者果夏書耶虞書耶夏或有之何不列之于書或見刪於聖人此又不足稱矣周之六典者周禮云天官掌建

邦之六典乃周之法度書于典冊非記言之例也夫子删書之際六典不預焉伯起又謂有漢典魏典晉典梁典僕謂此四典者必文人苟作或佞之於前或失之於後非其正史君子不取也自堯舜而後歷代之史無以典爲名者何哉蓋尊避堯舜爲萬世之師使後之明王有所稽仰豈丘明班馬之流咸不到伯起之心邪伯起又謂元結有皇謨柳宗元有平淮夷雅元柳唐人也而深於文不曰典而曰謨不曰頌而曰雅二君誠不佞歟伯起非唐人也反爲佞乎以其冊制特謂之典豈有優劣之心乎如有優劣之心則不當以錯綜治亂之文躋于三代之上炳堯舜之光明如無優劣之心唐三百年冊制之文一旦易其名

則何以哉進退無所據而序引滋蘩枝葉之云不復
詳釋豈莠言亂正學非而博者乎將固有所激而極
其理要乎周兄積學于書得道于心覽聖人之旨如
日星之昭昭願質其疑使來者不敢竊亂於斯文甚
善甚善不宣某再拜

與唐處士書

十二月日高平范某謹再拜致書于處士唐君蓋聞
聖人之作琴也鼓天地之和而和天下琴之道大乎
哉秦作之後禮樂失馭于嗟乎琴散久矣後之傳者
妙指美聲巧以相尚喪其大矜其細人以藝觀焉皇
宋文明之運宜建大雅東宮故諭德崔公其人也得
琴之道志於斯樂於斯垂五十年清靜平和性與琴

會著琴箋而自然之義在矣某嘗遊於門下一日請曰琴何爲是公曰清厲而靜和潤而遠某拜而退思而釋曰清厲而弗靜其失也躁和潤而弗遠其失也倿弗躁弗倿然後君子其中和之道歟一日又請曰今之能琴誰可與先生和者曰唐處士可矣某拜而退美而歌曰有人焉有人焉且將師其一二屬遠仕千里未獲所存今復選于上京崔公既没琴不在於君乎君將憐其意授之一二使得操堯舜之音遊羲黄之域其賜也豈不大哉又先王之琴傳傳而無窮上聖之風存乎盛時其旨也豈不遠矣誠不敢助南薰之詩以爲天下富壽庶幾宣三樂之情以美生平而可昏某狂愚之咎亦冀捨旃不宣某再拜

答趙元昊書

正月日具位某謹脩誠意奉書于夏國大王伏以先
大王歸嚮朝廷心如金石我真宗皇帝命爲同姓待
以骨肉之親封爲夏王履此山河之大旌旗車服降
天子一等恩信隆厚始終如一齊桓晉文之盛無以
過此朝聘之使往來如家牛馬駝羊之產金銀繒帛
之貨交受其利不可勝紀塞垣之下逾三十年有耕
無戰禾黍雲合甲冑塵委養生葬死各終天年使蕃
漢之民爲堯舜之俗此真宗皇帝之至化亦先大王
之大功也自先大王薨背今皇帝震悼累日嗟吁遣使
行弔賻之禮以大王嗣守其國爵命崇重一如先大
王昨者大王以本國衆多之情推立大位誠不獲讓

理有未安而遣行人告于天子又遣行人歸其旌節朝廷中外莫不驚憤請收行人戮於都市皇帝詔曰非不能以四海之力支其一方念先帝歲寒之本意故夏王忠順之大功豈一朝之失而驟絶之乃不殺而還假有本國諸蕃之長抗禮於大王而能含容之若此乎省初念終天子何負於大王哉二年以來疆事紛起耕者廢耒織者廢杼邊界蕭然豈獨漢民之勞弊耶使戰守之人日夜射虎競爲吞噬死傷相枕哭泣相聞仁人爲之流涕智士爲之扼腕天子遣某經度西事而命之曰有征無戰不殺非辜王者之兵也汝往欽哉某拜手稽首敢不夙夜于懷至邊之日見諸將帥多務小功不爲大略甚未副天子之意某

與大王雖未嘗高會嚮者同事朝廷於天子則父母也於大王則兄弟也豈有孝於父母而欲害于兄弟哉可不爲大王一二而陳之傳曰名不正則言不順言不順則事不成大王世居西土衣冠語言皆從本國之俗何獨名稱與中朝天子侔擬名豈正而言豈順乎如衆情莫奪亦有漢唐故事單于可汗皆本國極尊之稱具在方冊某料大王必以契丹爲比故自謂可行且契丹自石晉朝有援立之功時已稱帝今大王世受天子建國封王之恩如諸蕃中有叛朝廷者大王當爲霸主率諸侯以伐之則世世有功王王不絶乃欲擬契丹之稱究其體勢昭然不同徒使瘡痍萬民拒朝廷之禮傷天地之仁易曰天地之大德

曰生聖人之大寶曰位何以守位曰仁是以天地養萬物故其道不窮聖人養萬民故其位不傾又傳曰國家以仁獲之以仁守之者百世昔在唐末天下恟恟群雄咆哮日尋干戈血我生靈腥我天地滅我禮樂絕我稼穡皇天震怒罰其不仁五代王侯覆亡相續老氏曰樂殺人者不可如志於天下誠不誣矣後唐顯宗祈于上天曰願早生聖人以救天下是年我太祖皇帝應祈而生及歷試諸艱中外忻戴不血一刃受禪于周廣南江南荆湖西川有九江萬里之阻一舉而下豈非應天順人之至乎由是罷諸侯之兵革五代之暴垂八十年天下無禍亂之憂太宗皇帝聖文神武表正萬邦吴越納疆并晋就縛眞宗皇帝

奉天體道清淨無爲與契丹通好受先大王貢禮自茲四海熙然同春今皇帝坐朝至晏從諫如流有忤雷霆雖死必赦故四海之心望如父母此所謂以仁獲之以仁守之百世之朝也某料大王建議之初人有離間妄言邊城無備士心不齊長驅而來所嚮必下今以強人猛馬奔衝漢地二年于茲漢之兵民固有血戰而死者無一城一將願歸大王者此可見聖宋仁及天下邦本不搖之驗也與夫間者之説無乃異乎今天下久平人人泰然不習戰鬬不熟紀律劉平之徒忠敢而進不顧衆寡自取其困餘則或勝或負殺傷俱多大王國人必以獲劉平爲賀昔鄭人侵蔡獲司馬公子燮鄭人皆喜惟子産曰小國無文治

而有武功禍莫大焉而後鄭國之禍皆如子産之言
今邊上訓練漸精恩威以立有功必賞敗事必誅將
帥而下大知紀律莫不各思奮力効命爭議進兵如
其不然何時可了今招討司統兵四十萬約五路入
界著其律曰生降者賞殺降者斬獲精強者賞害老
幼婦女者斬遇堅必戰遇險必奪可取則取可城則
城縱未能入賀蘭之居彼之兵民降者死者所失多
矣是大王自禍其民官軍之勢不獲而已也某又念
皇帝有征無戰不殺非辜之訓夙夜于懷雖師帥之
行君命有所不受柰何鋒刃之交相傷必衆且蕃兵
戰死非有罪也忠於大王耳漢兵戰死非有罪也忠於
天子耳使忠孝之人肝腦塗地積累怨魄爲妖爲災

大王其可忽諸朝廷以王者無外有生之民皆爲赤子何蕃漢之限哉何勝負之言哉某與招討太尉夏公經略密學韓公嘗議其事莫若通問於大王計而決之重人命也其美利甚衆大王如能以愛民爲意禮下朝廷復其王爵承先大王之志天下孰不稱其賢哉一也如衆多之情三讓不獲前所謂漢唐故事如單于可汗之稱尚有可稽於本國語言爲便復不失其尊大二也但臣貢上國存中外之體不召天下之怨不速天下之兵使蕃漢邊人復見康樂無死傷相枕哭泣相聞之醜三也又大王之國府用或闕朝廷每歲必有物帛之厚賜爲大王助四也又從來入貢使人止稱蕃吏之職以避中朝之尊按漢諸侯王

相皆出眞拜又吳越王錢氏有承制補官故事功高者受朝廷之命亦足隆大王之體五也昨有邊臣上言乞招致蕃部首領某亦已請罷大王告諭諸蕃首領不須去父母之邦但回意中朝則太平之樂遐邇同之六也國家以四海之廣豈無遺才有在大王之國者朝廷不戮其家安全如故宜善事主以報國士之知惟同心嚮順自不失其富貴而宗族之人必更優恤七也又馬牛駞羊之産金銀繒帛之貨有無交易各得其所八也大王從之則上下同其美利生民之患幾乎息矣不從則上下失其美利生民之患何時而息哉某今日之言非獨利於大王蓋以奉君親之訓救生民之患合天地之仁而已乎惟大王擇焉

不宣某再拜

答安撫王內翰書

某諮目上安撫內翰學士某處事疎略忤朝廷意既去職任而尚懷國家之憂如卞生獻璧不知其止足雖可刖而璧猶自貴柰何有昏眩之疾舉止少力不堪王事豈當預聞賢大夫之末議閤下此行采西北士庶之言欲下情之無壅又詢及猥陋某敢不罄其所見誠無取焉昨者西戎僭中朝之號四海憤怒雖困天下義當討伐今貴稱兀卒以避中朝取漢唐故事如單于可汗之類此理頗順其餘須索尚有議論與奪或失此機會卒無休兵之期如更有沮敗則用何道却行招納國威愈屈爲禍轉深儻朝廷欲雪邊

將之耻必加討伐苟得良帥如漢之段紀明唐之李靖誠可行焉其下如今朝曹瑋之材尚堪委以大事不然則重爲國家羞昔秦漢威加四夷限長城勒燕山困弊中國終成大悔至如西晉之衰群胡亂華五代以來屢有侵侮累朝欲刷大耻終無成功真宗皇帝取漢文之策結和通使休寧北陲爲天下景福四十年矣今按史記律書有漢文之議言高旨遠可謂明主矣致天下和樂通于律呂故馬遷著于八書有旨哉其備邊之議雖復納好固不可懈也陜西沿邊二千里州軍城寨以兵勢分守皆不得已賊每全軍而來此則以寡擊衆必將發奇謀出死力然後可禦也不必大決勝負但觀釁而攻使來不厚獲去不全

勝縱邊患未息而無長驅之害亦足爲禦邊之策奈
何將佐之中少精方略或因門地巧於結託以取虛
名或出軍班昧於韜鈐以致敗事須鑒覆轍速於更
張宜於沿邊及諸處使臣軍員中搜訪智勇之人如
資地至淺勳勞未著即使權領職任令手下各有兵
甲俟其有立即時進擢庶可用之才早補將帥之乏
如弓箭手殿侍姚貴劉延光輩可觀其効又涇原地
平少險奇兵難用傷殘之後人心憂怯將來賊之入
寇恐多由此路須益兵五萬大爲之防不然或有所
不支乘虛而進關中一擾衆必大潰天下有危事矣
惟閤下以衆說參取爲國家圖之不宣某再拜

上吕相公書

某啓仲秋漸涼伏惟相公台候萬福某奉命此行至
重至憂初欲道中上記以未到邊隅無可述者或有
屑屑之見奏牘具焉初至長安見九江太尉首傳台
旨頗言開釋尋來鄜延路巡按北視金明之役止數
日復還延安極邊之情指掌可見金明一邑舊寨三
十六人馬數萬一旦蕩去後來招安到蕃部三百來
戶不足爲用又塞門寨圍逼十旬諸將逗留無敢救
者軍民數千一時覆没及廢承平南安長寧白草四
寨棄爲虜境延安之北東西僅四百里藩籬殆盡近
修金明聊支一路將修寬州以禦東北非多屯軍馬
亦不能守必須建軍其利害具於奏中所奏劄子方永興軍繫署
今有圖子先具呈上今延安兵馬二萬六千患訓練未精將帥

無謀間以數路賊來勢何策以待皆不知所爲但言出兵而已此不可不爲憂也或得其人精練士卒山川險惡據以待寇俟有斬獲乘勝深入賊勢一破鳥散窮沙復舊漢疆宜有日矣如未克勝賊勢不衰縱入討除豈肯逃散或天有風雨之變人在山川之險糧盡路窮進退有患此宜愼重之秋也自延州至金明四十里一河屈曲涉者十三度此言山川之惡也或遇風雨不敵自困某今與延安當職議定約束急於訓練俟其精強可禦可伐亦令録奏乞朝廷特賜處分則邊鄙可定廟堂無憂別路兵馬少處臨時制置不必倣此又張龍圖吏道精強但親年八十寓於他郡復言不練兵律延安重鎮數郡仰賴若不主戎

政所失則大段待制西人所望明鎮亦細知邊事惟
相府裁之某惶恐再拜

又

十一月四日具位某謹東望再拜上書于昭文僕射
相公閤下竊以文武之道一而文武之用異然則經
天下定禍亂同歸于治者也傳曰天下安注意相天
下危注意將斯則將相之設文武之殊久矣後世多
故中外不恬二道相高二權相軋至有大將軍而居
三司之上蓋時不得已也五代衰亂專上武力諸侯
握兵外重内輕血肉生靈王室如綴此武之弊也皇
朝罷節侯署文吏以大救其弊立太平之基既而四
夷咸賓忘戰日久内外武帥無復以方略為言惟文

法錢穀之吏馳騁于郡國以尅民進身爲事業不復有四方之志一旦戎狄叛常爰及征討朝廷渴用將帥大患乏人此文之弊也前則劉平陷没范雍貶去官次則韓琦與某貳于元帥不能成績以罪失職復以夏陳分處二道期于平定近以師老罷去而更張之三委文帥一無武功得不爲和門之笑且議耶今歸之四路復皆用儒彼謂相輔大臣朋奬文吏他日四路之中一不任事則豈止於笑當尤而怒之用儒無功勢必移于武帥彼或專而失謀又敗國事況急而用之必驕且怨重權厚賞不足猒其心外寇未平而萌內患此前代之可鑒故裴度淮西之行不落韓洪都統蓋爲此也某不避近名之嫌有表陳讓願相

公與兩府大臣因而圖之如鄜延環慶二帥一路以文一路以武涇原秦鳳二帥亦如之使諸將帥高者得色下者增氣如寡策略則擇俊乂爲之參佐仍使鄜延環慶二路如舊通其軍政涇原秦鳳亦如舊制則謀可相濟兵可相援矣今王仲寶是環慶部署兼管鄜延兵馬許懷德是鄜延部署兼管環慶兵馬涇原秦鳳副都部署於今亦然惟新命都部署則未有處分固不須更改詔勑惟續降宣旨以兼之乃舊制也既文武參用二路兼資均其事任同其休慼足以息今日之謗議平他時之驕怨使文武之道協和爲一何憂乎邊患矣某復慮朝廷以逐路部署爲經略招討之貳謂之參用則此使權雜伍于下不足爲重僅之虛設或以文換武謂之參用則前日換者人皆以儒視之或以新帥難動則某願避此

路以待武帥請主外計仍領安撫舊名亦足救生民之困弊復可按邊陲之利病咸得聞于朝廷不爲輕矣區區之意附記注梁學士達于台聽愁道涂雨雪之阻故復拜此不任懇切憂惶之至不宣某再拜

又

六月日具位范某謹齋沐上書于昭文僕射相公某近者伏奉制命就除邠州觀察使衹膺睿渥且榮且憂三上讓章未獲俞旨竊念某幼孤且賤始求五斗禄爲養親計恇忪進退懼不可得今朝廷以方面之重受茲寵異爲某之福可謂大矣豈敢忽千鍾之重哉蓋聞福者禍之所伏故循墻而走思以避之何則居諸將諸軍之上責人死效而自以無功受國重賞

於己安乎其他利害具在封奏復有大懼不敢聞于
天聽而敢陳之於相府今西北聳動在北爲大雖遣
使脩好或可暫弭奈何積年之謀一朝而發以數十
萬之賄便能充無猒之心息舉國之衆乎必先困我
而終於用兵萬一某輩移帥朔方居大使節度之下
見利而舉則加以擅興之誅持重而謀則誣以逗留
之咎堅城深池之内自擁其精甲救危赴難之際而
授以羸兵利害不得言進退不得專大敵在前重兵
在後當此之時儒臣文吏何以措手足於其間哉劉
平之勇猶不克濟此相公之所覽也是則繫國家之
安危生民之性命某豈可不自量力而輒當之遠慮
近憂先聖之明訓何敢苟寵禄之福忘喪敗之禍耶

某謂朝廷用儒之要莫若異其品流隆其委注衆皆望風稟畏以濟邊事比夫攺爲武帥與之參用功相萬也某謂相公弼諧於内在天下安危之事不得而讓也某輩奔走於外經畫白事亦不得而讓也某今日避此命者豈偷安之人哉誠有所存爾爲國家先重其身而安其心賴相公坐籌於内某輩竭力於外内外協一奉安宗廟社稷以報君親以庇生靈豈小節之謂乎恭惟相公與二府大臣同憂天下之時必能恕狂者之多言采愚者之一得某胷中甚白無愧於日月無隱於廊廟惟相公神明其照某豈得而昧之干冒台嚴卑情無任危切之至不宣某惶恐再拜

上樞密尚書書

某啓厶厶伏惟樞密尚書台候起居萬福某奔走道塗疲困已甚加應荅文移中夕不寐無暇撰脩謝啓伏增惶懼某乆在江外職業無可惟望廢退以遂麋鹿之趣而朝廷過聽越次寄任拳拳負荷不能無憂今至延安北入金明視城壘之役且欲深見邊事戎馬之後原野蕭條金明北百里之間元有塞門栲栳二寨并李士彬下蕃部寨三十六所悉已蕩去盡沒蕃境人不敢詣又此間隨川取路夾以峻山暑雨之期湍走大石秋冬之流岨峀如繞一舍之程渡涉十數山川之惡諸處鮮並兵馬出入所宜慎重又將帥無謀不務訓練坐困糧道惟請益兵兵聚城中無舍可泊人馬暴露時苦寒凛冽軍須空虛不議營搆守禦

之術寂寥無聞張龍圖言累陳乞只願領郡求免軍馬之務諸將何稟焉某已有奏章乞別選人段待制西人所望無出右者明鎬亦知邊事頗見赤心如僉議未諧即某不敢避儒生之筭豈能決成但一方之憂未有當者此夙夜切切不得已也秋霖弗止禾穗未收斯民之心在憂如割近分擘延安兵馬作六將教習由鄜州之始其於利害奏牘具焉某卵翼門下雖竭心力常懼貽知己之羞此所以罄其短拙而不知朝廷可否之意惟待罪而已尚遠台座　云云

與省主葉內翰書

某頓首竊惟皇上念天下之計至大至重思得良大夫主之故寤寐閤下之賢復有此拜而人莫得間之

憂國者可不相慶然天下之計其難久矣自李唐中微天下多事諸節度各聚州兵據征賦以自支故有尾大不掉之釁起矣此非唐之本謀但四方縱橫撲滅不暇故因其有功而分裂之蓋不得已也皇朝開造天下特革其弊重兵聚于京師至于諸節度之兵亦皆贍于度支誠長世之策也然祖宗之初約天下之入以周其用則倍有餘矣而八九十年間朝廷全盛用度日滋增兵頗廣吏員加冗府庫之災土木之蠹夷狄之貪水旱之患又先王食貨之政霸王之略變通之術不得行於君子而常梗於群吏則天下之計宜其難矣其出於孤平感遇非淺亦嘗面陳君天下之計而應和者寡故不得行及其居外固當不復爲

言今閤下再領大計必欲盡心爲國家遠圖是君子可行之時非群吏之可扼也某欲筆削于左右請公自行之則慮搢紳多言謂閤下力革前數君子之爲以結上意又欲言于朝廷俟當閤下主議之亦懼獲曉節躁言之謗以故遲遲而莫能發伹媿致身有餘報國無狀爾願閤下熟念天下長久之計考前賢至當之論則必變而通之非俟某之云云也殘暑惟自重爲禱不宣某上

又

某啓近辱眞誨荅以報之自信之心弗改于舊此金石其誠對明神而無愧天下識者所以重道卿之高正爲此矣然國之安危存亡繫于其人正人安則王

室隆正人危則天下憂故君子安其身而後動易其心而後語所以身安而國家可保豈特厚于己耶漢李膺之徒黑白太明而禁錮戮辱雖一身潔清千古不昧柰何邪正相激速天下之禍漢室亦從而亡之僕以爲與國同憂之人宜弗爲也如與國存亡則有視死於鴻毛者豈特輕其己耶今上睿聖至仁惟股肱協德則堯舜同功天下爲壽前者數君子感遇激發而高議直指不恤怨謗及群毁交作一一斥去雖自信於心未足爲耻使太上用忠之意謂吾道無可信者此不爲重乎道卿能不鑒此宜其與國同憂無專尚名節而忘邦家之大則天下幸甚幸甚不宣某頓首

上呂相公幷呈中丞諮目 知蘇州時

某諮目再拜上僕射相公伏蒙面賜鈞翰又訪以疏導積水之事何巖廊之上而意及畎畝是伊尹恥一物不獲之心也天下幸甚某連蹇之人常欲省事及覩民患不忍自安去年姑蘇之水踰秋不退計司議之於上窮俗語之於下某爲民之長豈敢曲沮焉然初未甚曉惑於羣說及按而視之究而思之則了然可照今得一二以陳焉願垂鈞造審而勿倦則浮議自破斯民之福也姑蘇四郊略平窊而爲湖者十之二三西南之澤尤大謂之太湖納數郡之水湖東一派濬入于河謂之松江積雨之時湖溢而江壅橫没諸邑雖北壓揚子江而東抵巨浸河渠至多堙塞已

久莫能分其勢矣惟松江退落漫流始下或一歲大水久而未耗來年暑雨復爲沴焉人必荐饑可不經畫今䟽導者不惟使東南入于松江又使西北入于揚子之與海也其利在此夫水之爲物蓄而停之何爲而不害決而流之何爲而不利或曰江水已高不納此流某謂不然江海所以爲百谷王者以其善下之豈獨不下於此邪江流或高則必滔滔旁來豈復姑蘇之有乎矧今開畎之處下流不息亦明驗矣或曰日有潮來水安得下某謂不然大江長淮無不潮也來之時刻少而退之時刻多故大江長淮會天下之水畢能歸于海也或曰沙因潮至數年復塞豈人力之可支某謂不然新導之河必設諸閘常時扃之

禦其來潮沙不能塞也每春理其閘外工減數倍矣
旱歲亦有潮之駐水溉田可救熯涸之災潦歲則啓之
疏積水之患或謂開畎之役重勞民力某謂不然東
南之田所植惟稻大水一至秋無他望災沴之後必
有疾疫乘其羸十不救一謂之天災實由飢耳如能
使民以時導達溝瀆保其稼穡俾百姓不飢而死曷
爲其勞哉民勤而生不亦愈於惰而死者乎或謂力
役之際大費軍食某謂不然姑蘇歲納苗米三十四
萬斛官私之糴又不下數百萬斛去秋蠲放者三十
萬官私之糴無復有焉如豐穰之歲春役萬人人食
三升一月而罷用米九千石耳荒歉之歲日以五升
召民爲役因而賑濟一月而罷用米萬五千石耳量

此之出較彼之入孰爲費寡食哉或謂陂澤之田動成渺瀰導川而無益也某謂不然吴中之田非水不殖減之使淺則可播種非必决而涸之然後爲功也昨開五河洩去積水今歲平和秋望七八積而未去者猶有二三未能播殖復請增理數道以分其流使不停壅縱遇大水其去必速而無來歲之患矣又松江一曲號曰盤龍港父老傳云出水尤利如總數道而開之灾必大減蘇秀間有秋之半利已大矣畎澮之事職在郡縣不時開導刺史縣令之職也然今之世有所興作横議先至非朝廷主之則無功而有毁守土之人恐無建事之意矣蘇常湖秀膏腴千里國之倉庾也浙漕之任及數郡之守宜擇精心盡力之

吏不可以尋常資格而授恐功利不至重爲　朝廷之憂且失東南之利也其已具此聞于相府仰惟中丞有憂天下之心爲亦留意於此焉干冒威重甲情不任惶懼之至

范文正公集卷第九

范文正公集卷第十

祭謝賓客文

維景祐二年八月日具位某謹致祭于故賓客謝公之靈嗚呼南有諸謝兮風流不衰金玉嗣音兮非公而誰大儒之文兮醇醇而弗醨君子之器兮安安而弗欹升百里之堂兮伏千里之麾載循良之吏兮形愷悌之詩踐瀛洲之華兮弗驅弗馳立憲臺之端兮有威有儀士患其薄兮公持重以厚之士病其躁兮公恬退以靜之歸去來兮賢哉遂偃仰以舒遲坐西臺而甚泰參東朝而非卑嗚呼悵日月兮不留訴天地兮胡爲仁者以壽兮我懷安悲老成以徃兮我僚何師賴堂搆之隆兮天弗我欺臧孫之後兮蓋相繼

而丕丕想雲山之秀兮神實有知嚴子之隣兮可相
與而熙熙國人不得而見兮望秋光而淚滋伏惟尚
饗

祭胡侍郎文

維寶元二年六月日具位某謹致祭于故侍郎安定
公之靈惟公出處三朝始終一德或雍容於近侍或
偃息于外邦動惟至誠言有名理卓茂以禮樂率下
黄憲以度量過人靡尚威刑積有陰德安車以謝正
寢而終老成云亡薦紳與慕某辱知深厚聞訃驚哀
官守所縻不皇躬專嗚呼悲哉伏惟尚饗

祭蔡侍郎文

維寶元二年六月日具位某謹致祭于故叅知政事

戶部侍郎蔡公之靈天生鉅公泰山之東初矯首於王庭冠天下之英雄孤標子子美聲隆隆顧幽陋之何階亦卑飛於牓中瞻公青雲日大月崇出處二府心醇道充進惟兢兢退無忡忡端人之徒莫不望公近年京師寮仰清風立朝禮隔報國心通憂愚之直憫愚之忠愚貶未還公出而終嗚呼邦之善人胡福不蒙欲一問於蒼天天杳杳而誰窮尚饗

祭石學士文

維慶曆三年九月日具位某謹致祭于故友曼卿學士之靈嗚呼曼卿之才大而無媒不登公卿善人爲哀曼卿之筆顏精柳骨散落人間寶爲神物曼卿之詩氣雄而奇大愛杜甫獨能嗣之曼卿之心浩然無

機天地一醉萬物同歸不見曼卿憶兮如生希闊之人必爲神明尚饗

祭吴龍圖文

維慶曆三年九月日具位某謹致祭于故龍圖學士兄之靈嗚呼與兄相知積有年矣行可師法言足名理日重一日人望公起憂國憂民早衰而死嗚呼天有五行播于群靈惟純惟粹哲人迺生歟生不易歟道未行一朝往矣天地何情嗚呼我不得知泣而懷之又失此人寧莫我悲嵬兮有生來休盛時尚饗

祭吕相公文

維慶曆四年十一月日具位某謹致祭于故相贈太師令公吕公之靈嗚呼富貴之位進退惟艱君臣之

際始終尤難公覯昌辰宰予庶揆保輔兩宮訏謨壹
紀雲龍協心股肱同體萬國乂寧雍容道行四鄙多
故夔勞瘵生辭去台衡命登公袞以養高年如慶嘉
遁嗚呼日月迭來數不可回兩楹告兆萬乘興哀某
素游大鈞猥居近輔得公遺書適在邊土就哭不逮
追想無窮心存目斷千里悲風尚饗

祭陳相公文

維慶曆四年十一月日具位某謹致祭于故相太子
太師贈司空侍中陳公之靈惟公挺生聖時素懷偉
志高文醇醇得聖賢之粹大節落落鍾公輔之器出
處三朝周旋五紀入調鼎鼐叶太平之治出仗旄鉞
當夾輔之寄忠勞磬宣踐揚備至念始終兮覆簣賞謝

崇高兮脫屣冠東朝之極品訪南華之深旨百辟所瞻五福具美大數奄終高風不墜搢紳仰其遺範子孫光其餘懿某行役邊隅阻趨哀次望音徽而斷絕想老成而感涕尚饗

祭韓少傅文

維慶曆五年正月日具位某謹致祭于故太子少傅贈大保韓公之靈惟公寒苦而立平直以進賢材一伸淑聲大振天子乃知命鎮坤維兩川父老含哺而嬉入領中司進陟二府邦憲以清袞職斯補一德一心弗愧弗負偃息近藩旨酒盈樽可以卧理不廢清言功成名遂揖讓而退爲國元老望高中外子孫詵詵禮樂簪紳積善之報集于仁人嗚呼厥生有涯終

焉惟命桂石之衰邦國不幸尚饗

祭知環州种染院文

維慶曆五年閏五月日具位某謹致祭于故環慶鈐轄知環州東染院使种君之靈惟君少負氣岸兮聲蓋關輔青春多難兮白髮始遇西戎入寇兮邊臣共沮君從邊事兮獨立不懼營故寬州兮一日百堵鑿山出泉兮兵民鼓舞叛我者攻兮服我者撫延安東北兮俗康財阜伊余知君兮屢以才舉畋環之麾兮禦彼外侮萬餘族落兮貪豺狻鼠畏如明神兮愛如慈父朝廷倚之兮一方柱礎忽焉長徃兮葬于鄠杜君子憂邊兮尚有胡虜伊余追念兮心之酸苦焉得邊帥之盡如君兮守此西土尚饗

祭陝府王待制文

維慶曆五年八月日具位某謹致祭于故天章待制子野親家王公之靈嗚呼自古皆有死公死特可悲生相門而不驕幼矻矻而從師纔十五而器成獻雄藻于丹墀天子愛而召試摛亹亹之英辭拜登瀛之妙選與先生而並馳起風采於臺閣久優游於歲時三借麾以出守民所至而熙熙性清方以自處政坦白而莫欺往按察於荆楚方澄清於一陲惟韓富之二公屢交啓於輔帷廼脩撰於史局尚未足以施為遽侍從於天閣聳內朝之表儀俄西鎮於陝郊懷周召之風規惟孜孜於生民將富庶之可期每布政於畎畝不飾名於路歧君子愛之而心醉小人畏之以神

離九有志於時者皆望公於雲逵矧伊余之相知懷金石而弗移曩余謫於江南靡貴賤而見嗤公慷慨而不顧日拳拳以追隨何交道之斯篤曾不易於險夷仰萬石之家聲結絲蘿以相維庶子子與孫孫保歲寒之不衰嗚呼叔寶多病兮一朝已而顏子不壽兮厥靈何之神茫茫兮安問天杳杳兮曷司不見子野兮窮此生而長思尚饗

祭謝舍人文

維慶曆六年二月日具位某謹致祭于故紫微舍人希深謝公之靈惟公雅識懿文發于誠性著國之史掌邦之命臺閣徊翔搢紳輝映德業素充聲猷日盛賢哉云亡顏淵不幸某同年之中切磋游泳今此于

藩復仰前政不見故人慭焉如病尚饗

祭同年滕待制文

維慶曆七年三月日具位某謹致祭于故天章待制滕侯同年子京之靈嗚呼子京吾人之英文詞高妙志意坦明自登朝闥翕然風聲言動兩宮上嘉其誠廼升諫曹心膂益傾謫去江徼暄涼屢更曾不齎咨奉親爲榮西夏猖獗僉曰當行乃藩于涇有城無兵渭帥敗覆戎馬縱横征夫不復哭聲連營弔之綏之與治其生復率編民易服乘城完此生聚而不奔驚援兵四來擾攘攙搶犒以牛酒萬夫豐盈衆稱其才達於朝廷既允公論俄加寵靈經略一路環慶邠寧愛民之力強兵之形機謀若織邊陲如扃御史風言

用度非經投杼之際遷于巴陵巴陵政修百廢具興
雖小必治非賢孰能徃臨姑蘇人喜其升至未踰月
美聲四騰遘疾不起福善何憑我固當悲同年之朋
忠孝相勗悔吝相懲聞其凋落遑痛極塡膺生平意義
忽如弗曾獨有令嗣堂構可承我其撫之必教而稱
子京勿恤魂兮高昇嗚呼哀哉尚饗

祭龍圖楊給事文

維慶曆七年三月日具位某謹致祭于故龍圖給事
楊公之靈嗚呼余歲三十兮從事于譙獨棲難安兮
孤植易摇公方監郡兮風采翹翹一顧而厚兮甚乎
神交議必以直兮中無藏韜法必在平兮下無寃號
政事以和兮不理而調志議以合兮不結而牢公從

宛丘兮彼豈無僚獨不我忘兮且薦且褒羽翼有漸兮階于雲霄二紀之餘兮恩榮屢叨公還自蜀兮勳望益高余貳國政兮得其風謠相目於庭兮中心昭昭曾未密啓兮余出豳郊謂公將享兮用于鈞陶天不輔善兮公歿于朝大器未充兮非夕非朝思欲報兮光塵寂寥子孫有善兮余撫而招公之不見兮惟余心之忉忉嗚呼哀哉尚饗

祭尹師魯舍人文

維慶曆七年四月十一日具位某謹致祭于故龍圖舍人師魯之靈嗚呼天生師魯有益當世爲學之初時文方麗子師何人獨有古意韓柳宗經班馬序事衆莫子知子特弗移是非迺定英俊迺隨聖朝之文與

唐等夷緊子之功多士所推堂堂沂公延於幕中矯矯文康薦于四聰自茲登瀛坐揚清風舉止甚直議論必公人事多故遷謫羈旅子行其志曾不爲苦于弗可掩起于貶所往貳經略屢典藩府自謂功名如芥可取黑白太明吏議横生斥於散地頹然不爭惟曰我咎匪由人傾天意已回吉宜大來于何感疾益重其災隱几澄神而已焉哉嗚呼人皆有死子死特異神不惑亂言皆名理能齊死生信有人矣嗚呼與子徃還抑亦有年今見其終益知子賢故友門人對泣漣漣哀哉

祭故相太傅李侍中文

維慶曆七年十一月日具位某謹致祭于故太傅侍

中之靈惟公生于東魯早游聖門育文若豹就志如鯤巍巍章聖从席臨軒天下英雄雲翔駿奔公冠其首光華帝闕嘉猷日沃威顔日温十數年間秉持大鈞言必讜直道惟忠純或出或處有屈有伸兩朝眞宰一德良臣白髮仗鉞氣猶過人青宫作傅禮能退身優游養壽靜默含眞人仰如仙上待如賓門館憧憧子孫詵詵咸聞詩禮並列簪紳人間之盛公無不臻嗚呼天地之數聖賢一均高明而終精爽必神念昔登門遇厚情親曾莫之報是寧不仁東嚮何爲歎惋悲辛嗚呼哀哉尚饗

祭葉翰林文

維皇祐元年己丑十月庚申朔日具位某謹致祭于

故内翰侍讀學士諫議葉公之靈嗚呼賢哉道鄉鍾乎粹靈秀格義哉英采熒熒濬學偉文發於妙齡決策三篇萬儒竦聽闊視霄路直步雲庭天然清流不雜渭涇西垣北門大筆未停爲藩爲翰于澶于青廼牧京兆關輔以寧再主大計寔資經綸慷慨國論冐于雷霆出守河橋期歸闕庭一夕奄去天地冥冥嗚呼遘時甚盛得主惟聖謂道必行謂事必正高節莫屈直言屢諍朝廷風采搢紳輝映天子知人期以輔政弗諧而夫能不曰命嗚呼僕與公知則相知心蓬瀛共舍切磋規箴蘇秀隣邦唱訓謳吟相許道大交薦言深久要之意不爲浮沉今也云亡絶絃于琴白髮相失清淚難禁音問一斷憂愁百侵古之遺直千

載猶欽生平之交情何以任哀哉尚饗

祭杜待制文

維皇祐三年正月日具位某謹致祭于故環慶經略待制杜君之靈嗚呼大儒之門生此令人學深如海文敏若神群經衆史精微悉臻長疏大議慷慨屢陳藹然風采出乎搢紳冠發嶺南猖狂不臣通彼鬼夷毒我天民妻子以驅室廬以焚降之則變撫之不馴一方瘡痍嗷嗷呼冤朝廷軫憂擇使在人命君以往萬里其勤去惡務本豈曰不仁數百就擒戮於逡巡賊怨我當民枉我伸于今幾年一邊無塵君之剛果温造其倫聖獎休烈屏諸讒言擢為侍從寄以藩垣邠寧一道制于中軍忽焉疾至不起以聞天子震悼

惜其忠純嗚呼既鍾其才弗以壽存一舉之功亦已不泯我實知君嘗以表論今也云亡痛楚悲辛尚饗

祭英烈王文

年月日具位某謹致祭于英烈王之神惟王孝於其親可以訓天下之爲人子者忠於其君可以訓天下之爲人臣者惟忠孝之至誠與天地而不泯宜乎廟食茲土仰之如在某嘗叨近輔來守是邦憂國愛民此其職也今春稼方立霪雨大至川源奔注田畝浸溢生民之命實繫於斯人將不堪神豈無意救茲億兆非王而誰尚饗

范文正公集卷第十

范文正公集卷第十一

唐狄梁公碑

天地閉孰將闢焉日月蝕孰將廓焉大厦仆孰將起焉神器墜孰將舉焉巖巖乎克當其任者惟梁公之偉歟公諱仁傑字懷英太原人也祖宗高烈本傳在矣公為子極于孝為臣極于忠忠孝之外揭如日月者敢歌于廟中公嘗赴并州椽過太行山反瞻河陽見白雲孤飛曰吾親在其下久而不能去左右為之感動詩有陟岵陟屺傷君子于役弗忘其親之深于嗟乎孝之至也忠之所懸生乎公嘗以同府椽當使絕域其母老疾公謂之曰柰何重太夫人萬里之憂詣長史府請代行時長史司馬方眦睚不協感公之

義歡如平生于嗟乎與人交而先其憂况君臣之際乎公為大理寺丞決諸道滯獄萬七千人天下服其平武衛將軍權善才坐伐昭陵柏高宗命戮之公抗奏不却上怒曰彼致我不孝左右築公令出公前曰陛下以一樹而殺一將軍張釋之所謂假有盜長陵一坏土則將何法以加之臣豈敢奉詔陷陛下於不道帝意解善才得恕死于嗟乎執法之官患在少恩公獨愛君以仁何所存之遠乎高宗幸汾陽宫道出妬女祠下彼俗謂盛服過者必有風雷之災并州發數萬人別開御道公為知頓使曰天子之行風伯清塵雨師灑道彼何害哉遽命罷其役又公為江南巡檢使奏毀淫祠千七百所所存惟夏禹太伯季子伍

負四廟曰安使無功血食以亂明哲之祠乎于嗟乎神猶正之而况於人乎公爲寧州刺史能撫戎夏郡人紀之碑及遷豫州會越王亂後緣坐七百人籍没者五千口有使促行刑公緩之密表以聞曰臣言似理逆人不言則辜陛下好生之意表成復毁意不能定彼咸非本心唯陛下矜焉勑貸之流于九原郡道出寧州舊治父老迎而勞之曰我狄史君活汝輩耶相攜哭于碑下齋三日而去于嗟乎古謂民之父母如公則過焉斯人也死而生之豈父母之能乎時宰相張光輔率師平越王之亂將士貪暴公拒之不應光輔怒曰州將忽元帥耶對曰公以三十萬衆除一亂臣彼脅從輩聞王師來乘城而降者萬計公縱暴

兵殺降以爲功使無辜之人肝腦塗地如得尚方斬
馬劍加於君頸雖死無恨光輔不能屈奏公不遜左
遷復州刺史于嗟乎孟軻有言威武不能挫是爲大
丈夫其公之謂乎爲地官侍郎同鳳閣鸞臺平章事
爲來俊臣誣 御名 下獄公曰大周革命萬物惟新唐朝
舊臣甘從誅戮因家人告變得免死貶彭澤令獄吏
嘗抑公誣引楊執柔公曰天乎吾何能爲以首觸柱
流血被面彼懼而謝焉于嗟乎陷穽之中不義不爲
況廟堂之上乎契丹陷冀州起公爲魏州刺史以禦
焉時河朔震動咸驅民保郛郭公不　下令曰百姓復
爾業寇來吾自當之秋聞風而退魏人爲之立碑未
幾入相請罷戍疏勒等四鎭以肥中國又請罷安東

以息江南之饋輸識者韙之北狄再寇趙定間出公爲河北道元帥俄退就命公爲安撫大使前爲突厥所脅從者咸逃散山谷公請曲赦河北諸州以安反側朝廷從之于嗟乎四方之事知無不爲豈虛尚清談而已乎公在相日中宗幽房陵則天欲立武三思爲儲嗣一日問群臣可否衆皆稱賀公退而不荅則天曰無迺有異議乎對曰有之一昨陛下命三思募武士歲時之間數百人及命廬陵王代之數日之間應者十倍臣知人心未厭唐德則天怒令策出又一日則天謂公曰我夢雙陸不勝者何對曰雙陸不勝宮中無子也復命策出又一日則天有疾公入問閤中則天曰我夢鸚鵡雙翅折者何對曰武者陛下之

姪相王盧陵王則陛下之羽翼也是可折乎時三思
在側怒發赤色則天以公屢言不奪一旦感悟遣中
使密召盧陵王矯衣而入人無知者乃召公坐于簾
外而問曰我欲立三思群臣無不可者惟俟公一言
從之則與卿長保富貴不從則無復得與卿相見矣
公從容對曰太子天下之本本一摇而天下動陛下
以一心之欲輕天下之動哉太宗百戰取天下授之
子孫三思何與焉昔高宗寢疾令陛下權親軍國陛
下奄有神器數十年又將以三思爲後如天下何且
姑與毋孰親子與姪孰近立盧陵王則陛下萬歲後
享唐之血食立三思則宗廟無祔姑之禮臣不敢愛
死以奉制陛下其圖焉則天感泣令簾使盧陵王

拜公曰今日國老與汝天子公哭于地則天命左右
起之拊公背曰豈朕之臣社稷之臣耶已而奏曰還
宮無儀孰爲太子復置廬陵王於龍門備禮以迎中
外大悅于嗟乎定天下之業斷天下之疑其至誠如
神雷霆之威不得而變乎則天嘗命公擇人公曰欲
何爲曰可將相者公曰如求文章則今宰相李嶠蘇
味道足矣豈文士齷齪思得奇才以成天下之務乎
荆州長史張柬之眞宰相才誠老矣一朝用之尚能
竭其心乃召拜洛州司馬他曰又問人於公對曰臣
前言張柬之雖遷洛州猶未用焉改秋官侍郎及召
爲相果能誅張易之輩返正中宗復則天爲皇太后
于嗟乎薄文華重才實其知人之深乎公之勳德不

可殫言有論議數十萬言李邕載之別傳論者謂松栢不夭金石不柔受於天焉公爲大理丞抗天子而不屈在豫州日拒元帥而不下及居相位而能復廢主以正天下之本豈非剛正之氣出乎誠性見于事業當時優游薦紳之中顛而不扶危而不持者亦何以哉某貶守鄱陽移丹徒郡道過彭澤謁公之祠而述焉又系之云商有三仁弗救其滅漢有四皓正於未奪嗚呼武暴如火李寒如灰何心不隨何力可回我公哀傷拯天之亡逆長風而孤騫憩大川以獨航金可革公不可革孰爲乎剛地可動公不可動孰爲乎方一朝感通群陰披攘天子既臣而皇天下既周而唐七世發靈萬年垂光噫非天下之至誠其孰能

當

宋故乾州刺史張公神道碑

舜天下知其德也惟禹天下知其功也惟盡力溝洫聖人率天下以勤故能成其務逮夫王道鈌濇坐飾話言六代之風云實而落君子弗觀也我朝用舜禹之道平成萬邦風化天下於諸使莫敢不勞而有清河張公之最焉天貽厥心則明則粹拳拳四方老於王監爲舜禹之臣至矣公諱綸字昌言其先因職命氏源流蓋遠孝友之基自仲而大五世食韓並爲正卿厥生帝師首造大漢唐失公謹文皇以慟暨安史亂華衣冠喪緒降及五代不可以禄幽芳密照需于遠郊今爲汝陰人也皇考諱震王考諱元

皆含仁竦義映于一鄉考諱煦累贈尚書都官郎中太夫人翟氏累封高平縣太君都官端脩有大識謂時否之傾家可起也與夫人諄諄蚤暮篤子以文公刻景鍛志鏗然有就既而慷慨與人語方略郡國異之以造秀再送于春官所尚弗合退居于易時太祖既定大業太宗乃輯群瑞經營天下使旌交路復署士三班以走命于四方公曰抱關蹶張昔賢或爲之部以名聞首充其選自玆周旋至于光大其進秩也四命至東頭供奉官閤門祗候歷崇班承制于内殿改禮賓六宅副使遷文思使邵州刺史薦拜西上東上閤門使除亳州刺史其更任也淳化中主權酤于大名之屬邑及王鈞亂蜀方行天討公使于軍中賊

平監慶州兵馬西戎方豪我攖其鋒遷益簡路都巡
檢使眞宗皇帝思清天下之刑命按荆湖諸州獄還
乃剌舉畿赤制權右振綱目也俄以邊略典辰溪郡
又平凉鎮戎二城西陲之機鍵公歷專之南夷再亂
持節安撫辰鼎澧三州溪洞事定朝廷以東南諸路
鹽鐵饋運之重命使孔艱及公而諧六年有大績還
領天水郡實提重兵以壓庶羗盖西諸侯之長焉及
朝廷有均勞之議徙橫海軍又徙瀛州高陽關兵馬
鈐轄重北門也歲餘請老不獲命復莅清池郡已而
露章至于再三今上念功不廢詔以本郡寵之爵命
如故時景祐紀號之二載也明年孟春庚寅啓手足
于正寢享年七十有五上聞而悼之舉延世之典命

二子進級即以仲月庚申葬于汝陰縣之懷音鄉從
先域也公初娶富春孫氏再娶彭城劉氏生子曰孝
竭與夫人皆亡今夫人江夏黄氏出大夫之宗能循
法度封本邑君生子曰孝標孝孫皆早世曰紹宗今
爲侍禁曰紹先爲殿直並幼公位登二千石權嘗亞
大揔管階至光禄爵爲郡公考終于鄉邦國人榮之
君子謂不充其器初蜀師之役中軍雲侯有終辟公
以行如左右手平定坤維公有力焉時降寇八百人
叛據巖險中軍督公追斬戒無遺類公往視之曰此
窮寇也急之生患乃諭其向背寇莫不誠聽束手歸
公以見中軍而全活焉詩云正直是與神之聽之而
况於人乎公再至益簡屬寇戎之後民求息肩新運

復驕且敢肆暴公曰兵猶火也將不可嚮邇傑數告
麾下其衆乃戢蜀人賴之詩云民亦勞止汔可小休
式遏寇虐無俾民憂公之典辰溪也彼夷人中彭姓
一族稱其疆黠溪洞數州署兄弟以爲守國家因其
請焉後乃驕叛邊鄙既襲城邑朝廷患之公至築蓬
山館理新興柵以要其夷道且省戍兵條舉十事不
及四五而有平凉之行夷又侵我帝復召公曰僉謂
彼可殲焉朕惟弗忍汝往圖之公再拜稽首曰惡草
雖微天地不能絕其類先王敺之無猾夏爾帝曰俞
惟康厥民居公馳傳以臨謂彼夷者不威不懲不見
利不勸迺以諜夫駭其族曰天家使且至方檄兵四
道焚若山林毀若巢穴弗滅弗已夷乃大懼請命公

曰納爾爵秩歸我老孺天子聖且仁吾爲君請夷如其敎乃疾置以聞詔原之後其命數貢賜如平日生齒之還者對以刀布作石柱刻夷人之誓揭于疆首自兹感懷迄今將二十年莫復爲患詩云式固爾猷淮夷卒獲翩彼飛鴞集于泮林食我桑黮懷我好音謂夷如惡禽亦感而化然公之使東南也鹺利方剥議者咸峻文重禁以籠其民公曰天與之我取之又可戕乎奏通泰楚三州亭民除其宿逋佑以熬波之具貸入于縣官而增與之直民力遂振復創杭秀海三郡鹽亭自是鹽筭大充于諸路信乎百姓足君孰與不足時江東大水民胥艱食公請治五县以減于海議者謂澤國下流江海與平彼潮者逆夜不息沙

從而塞欲導焉而何極公曰不然江海善下故能爲
百谷王彼日之潮有損與盈三分其時一居二焉衆
川乘其損而趨之曽莫禦哉彼沙者歲月而積闢以
農隙豈安于災而慽乎力僉從我謀而蘇秀蒙其利
又淮南漕河界湖之東偏歲時泱溢汨我農畝涸我
糧道公請增長堤二百里旁錮巨石爲十閘以疏其
橫流舍役伍于堤上不力一民而日廣月高復樹以
美木今山陽郡東歷高郵抵廣陵塗無畏日南北人
歌焉詩云蔽芾甘棠勿翦勿伐召伯所茇謂思其人
愛其樹也又海陵郡有古堰亘百有五十里厥廢曠
久秋濤爲患公請修復議者難之謂將有蓄潦之憂
公曰濤之患歲十而九潦之災歲十而一護九而亡

一不亦可乎且請自爲郡而圖焉詔以本使兼領之堰成復逋戸二千有六百郡民建生祠以報公于今祠之詩云樂只君子民之父母樂只君子德音不已謂利及生民則樹無窮之名焉公嘗使于夏臺時納欵惟初見公之儀知朝廷禮樂始盡其心焉復三使于北疆聽公之言知天子神聖永懷其好焉詩云四國于蕃四方于宣謂夷狄爲患則徃蕃屛之恩澤弗曁則徃宣暢之其公之謂乎逮于貳膳之年聖倚彌重歷雄武河間橫海三大鎮時天下無事公謹其法制安以清淨如叔子之在襄陽仁信著于疆外公長七尺氣勇過人昔在西北歷戰十二大小長甲操擐自若諸將伏其疆力公性剛不遠仁故無暴明不深

物故無怨孝親之心皓首如孤時言必涕下感動左右復常好施與宗族同其有亡中外孤藐一養于家雖享禄不薄屢膺蕃庶之賞徹樂之日門中索然舊淮汴間運卒凍殍歲常比比及公為使每冬以俸泉市絮襦千數衣其不自存者且飼而休之使得卒歲曰此有司之過那使僵仆道塗以累上仁其愛君勤人如此而深也今文武班有考績之制率當自表公曰國家康讓之風未衰則吾豈敢終身不為言其階于通顯並天子疇其勳異不得而謝焉公祇事三朝幾五十年無一銖之罰又景德而降權寄不絶保任官材僅三百人一無累者其明哲於人如此而博也公發身如班定遠事邊如馬伏波修水利如鄧南陽

議食貨如耿大農有于茲名聳後世公實兼之宜其被金石而不朽矣將終召掾曹沛國朱宲草理命於牀下且謂某嘗從事于使部僅知所存在甲令五品而上立神道碑如不得已宜爲我請孝子致其詞某不敢讓惟公雄謀偉行布于四方非耳目可涯又多陰德於人無能名焉敢言其略以顯我國家君子之休其銘曰

天生張侯維潁之濱星萃于上炳爲哲人儀茲聖辰

維侯之德柔文剛武弗無矜寡弗有彊禦猶仲山甫

維侯之言迺宣聖謨于彼西北西北有孚邦家之樞

維侯之功克顯克大攘彼戎寇禦彼災害吾民是賴

我生既勤我年斯臻迺懷故園迺謀嘉賓鼓缶而嬉

以休厥身帝錫我侯歸牧于鄉錦裘煌煌鸞衡鏘鏘故老飲歌吾閭之光我侯為何四方是力誠加于物心竭于國始終一德侯斯徃焉帝用惻然遺烈在人史其含旃垂千萬年

宋故衛尉少卿分司西京胡公神道銘

公諱令儀字某開封陳留人也曾祖瑜祖紹屬唐季五代之否嘉遁不顯父弼累贈尚書刑部侍郎妣某氏贈滎陽縣太君初侍郎覲皇家之興迺以儒行教子曰可仕矣公夙夜簡編絶而復續雍熙中以明經中第解褐涇州長原尉丁太夫人憂服除補潁川郡法掾又居侍郎之喪皆哀毀過人鄉閭志之既練朝廷以前公在潁川辨析冤獄甞活人於死特令陛見

拜大理評事知泰州海陵縣時江淮内屬未久吏姦民囂凌弱暴寡視宰政如兒戲公至則先令後刑必行無回人皆凛然憚之始服事于官上蓋有西門豹之風焉遷光禄丞充刑部詳覆官閲天下案牘駮議無隱一切以正眞宗嗣位改大理丞會三門發運判官以不職聞朝廷銓其材以公代之秩滿守巴漢郡賜五品服天子升岱宗慶均内外遷太子賛善大夫歸朝進殿中丞領高密郡徙治定襄遷國子博士拜虞部員外郎典歷城郡郡數萬戶多用豪力二十石鮮不受侮公正色直心視之無難會河决白馬爲朝廷憂詔發數十州兵民塞之科賦暴急後期者官吏有不測之咎諸道皆奔走民負敲扑公於部中擇

其挾貴人勢力州縣不敢動者一二家薄責于庭
皆大懼曰是家不可緩况吾屬耶咸輦其薪晝夜以
西北諸州率先以濟由是民不被楚吏不坐責其幹
力如此徙隴城郡歷北雋二部外郎在郡未幾破姦
發伏有神明之號朝廷諒其公命提點河北諸州刑
獄事諸州望風以畏莫有冤者拜主客郎中充淮南
轉運使賜服三品改陝西轉運使且許入覲進金部
郎中西陲宿兵食貨爲大公視民豐儉斂收以時邊
廩始充焉除河北轉運使未踰月朝廷以河東方窘
財用改河東轉運使公請借民飛輓以實邊郡人或
媒孽以爲非便朝廷惑其説徙守回中郡既而代公
者復行前議公得辯改知鳳翔府且有錫勞部中每

歲造舟六百艘供大河饋運必借民操篙泝渭而下以達于河凡有覆溺破産而償吏私諸豪專擾下戶公重爲立法使得均一于今民道之明道初旱蝗西飛關中被其害獨不入岐下人咸異之寮屬請以上聞公曰昔劉琨爲郡而虎渡河及帝問之琨曰偶然爾此劉公所不敢當於吾何有聞者謂公質厚有古人之心焉遷司勳郎中亟召還臺公歎曰吾年七十有五精力猶彊恩奬未衰豈不自知其止耶遂告老于朝有詔嘉之拜衞尉少卿分司西京公旣退即家于長安聚書數千卷敎子孫樂林泉每誦白傅歌詩以怡性情凡十二年而終實某年某月也享年八十有七以某年某月歸葬于開封之某鄉某里附先侍

郎之塋公少尚嚴毅老益精明斥惡與善始終一節古所謂老成人者歟夫人張氏封内鄉縣君先公而亡有三子長曰逵大理寺丞次曰規耀州王原主簿次曰拱辰成州團練推官女七人長適進士蘇贄次早亡次適閤門祗候陳惟一次適臨濮主簿劉淑次適太子中舍邢保雍次適大理評事韓仁哲次適將作監主簿趙士安孫男七人並登仕籍初天聖中余掌泰州西溪之鹽局曰秋潮之患浸淫于海陵興化二邑間五穀不能生百姓餒而逋者三千餘戶舊有太防廢而不治余乃白制置發運使張侯綸張侯表余知興化縣以復厥防會雨雪太至潮洶洶驚人而兵夫散走旋濘而死者百餘人道路飛語謂死者數

千而防不可復朝廷遣中使按視將有中罷之議遽命公爲淮南轉運使以究其可否公急馳而至觀厥民相厥地歎曰昔余爲海陵宰知茲邑之田持爲膏腴春耕秋穫笑歌滿野民多富實往往重門擊柝擬於公府今葭葦蒼茫無復遺民良可哀耶乃抗章請必行前議張侯亦請兼領海陵郡朝廷從之仍與張侯共董其役始成大防亘一百五十里潮不能害而二邑逋民悉復其業余始謀之以毋憂去職二公實成之今二十餘載防果不壞非公之同心豈及於民哉其子以余知公所存懇請爲銘而不讓辭曰

胡公之生皇朝之始艱文斯興執經以起自邇而遐斡于王家法以持姦政以塞邪七守列藩四當外計曰勤

曰恭克威克惠告老于君以休吾身鼓缶而歌十有
二春子子孫孫詵詵濟濟九十其幾手足云啓福歟
壽歟有終有初豐碑巖巖我得而書

宋故太子賓客分司西京謝公神道碑銘

皇家起五代之季破大昏削群雄廓視四表周被萬
國乃建禮立法與天下畫一而億兆之心帖然承之
弗暴弗悖無復闘兵于中原者登九十載蓋祖宗遠
筭善樹於前累聖求賢多得循良廉讓之士布于中
外而致茲善俗歟如陳留謝公可謂循良廉讓之君
子矣公諱濤字濟之幼而奇敏十四歲講左氏春秋
先生咸器之及冠居姑蘇郡時翰林王公禹偁拾遺
羅君處約並宰蘇之屬邑二人相謂曰與濟之揚榷

天人蓋吾曹敵也自兹名重於時淳化三年春擢進士第除梓州權鹽院判官會盗據成都發其徒攻郡縣公白二千石曰梓大而近彼畏我梗必先圖得我則小於梓者可傳呼而下願急爲之防近郊多林木可先伐之以置樓櫓且備樵爨爲久守之具二千石從之寇果圍我我備既堅十旬弗破賊沮而留勢未大克以及王師之來遂用撲滅事平就遷梓州觀察推官賜器幣外臺遣權知益之華陽縣時寇亂之餘民多散亡未復厥居上言者請募人占田可倍其租朝廷從之於是有力者得并其田公曰奪民世産以資富人復將召其怨辭豈朝廷之意耶乃盡取其田以歸于民還拜著作佐郎太宗面詔通判大藩得

壽春郡後移高安郡攺知興國軍就除太常博士真宗即位銳意任人一日中出朝士姓名有治狀者凡二十四人付中書門下令驛召至闕公在召中得對于長春殿上說賜五品服即呼通事舍人送試學士院明日邊有急奏上議北征又京東有疆寇驚郡縣而曹南闕守朝廷慮之遂命公往攺屯田員外郎至郡稱治寇不敢犯有凶人趙諫者冒鄉薦名與諸弟出入都下交權勢結豪俠務乘人之弊用以告訐或任威詐而大致富疆人畏如豺虎公即圖之患僚佐不一其力俄會故御史中丞李公及始來倅曹李公時之端人也與公協心發其家盡得凶狀奏之朝廷命御史府案覆諫之兄弟皆斬于都市乃下詔曰

凡民非干己事無得告言遂著于令自是天下訟息而刑清矣朝廷以西蜀僅寧細民猶或搖之俾公安撫兩川用天子恩意諭其父老皆從而按堵復命之日舉兩川能吏三十餘人執政疑其多公請連坐事遂行後皆至臺省又別詔委公與益牧張公詠議造大鐵錢乃窮其利害使盜鑄息而物估平蜀人于今便之歷三司度支判官出守海陵新安二郡就遷度支司封員外郎公在三司日嘗舉榷茶官至是坐所舉不職免尋以度支員外郎起倅河南府馮魏公薦公文行眞宗簡在旣久即命召試除兵部員外郎直史館判三司理欠憑由司出為兩浙轉運使公大雅之器聰尚文法雖任在按察而誠意坦然且曰吾欲

吏樂其職民安其俗爾士人黑白豈不明乎安用伺於毫髮使惴惴如虺蜴然取詩人之譏耶還臺進禮部郎中判司農寺拜以本官兼侍御史知雜事清靜端介百辟望其風采乾興初進戶部郎中先帝大行有司治靈駕象物其制高大請自京至陵凡郭門民舍有妨其往者毁之公上言曰先帝封泰山祀汾脽儀衛至盛不聞有所毁去今遺詔丁寧正如漢文帝專務儉薄豈以攸司奪先帝意願陛下裁損搢紳韙之俄求東歸除吏部郎中直昭文館知會稽郡還拜太常少卿判登聞檢院又得請權西京留守司御史臺就拜祕書監遂分務洛下朝廷嘉其恬退遷太子賓客嗣子迎侍于京師以景祐元年十月三十日薨

享年七十有五以明年八月二十一日歸葬于富陽寶元元年贈禮部尚書謝氏之先出黃帝後始爲十姓謝居一焉三代以還不顯其大至晉宋迺爲盛族公之七世祖汾居河南之緱氏五世祖希圖卒于衢州刺史時唐季喪亂乃葬于江東嘉興郡子孫三世祿于吳越曾祖諱廷徽處州麗水縣主簿祖諱懿文杭州鹽官縣令葬于富陽遂爲富陽人父諱崇禮從錢氏歸朝爲泰寧軍節度掌書記檢校左散騎常侍累贈尚書戶部侍郎母崔氏贈博陵縣太君公之弟四人曰炎有文於時與盧稹齊名時人謂之盧謝國史有傳終于公安令鎬爲某官果從方外學號安隱師坦爲某官公娶夫人許氏先公而終生男三人長

曰絳至兵部員外郎知制誥後公幾年而亡次曰約將作監主簿以敏才稱次曰綺太廟齋郎俱早世女四人長適前進士周盤次適殿中丞梅堯臣次適太常博士傅瑩次適大理寺丞楊士彥孫四人景初大理評事宰越之餘姚縣景溫太常寺太祝宰越之會稽縣景平將作監主簿景回尚幼公姿格竦異不事脩飾天然有雅遠之範未嘗阿於貴勢見賤士必溫禮接之知人之善稱道弗舍聞人之過懼弗克掩故終身不聞怨言公始以文學中進士上第而長子長孫世踐其科又父子更直館殿出處僅二十年皆衣冠之盛事礪孫以公善狀請文于碑某於公有家世之舊又與舍人為同年交愛公治有循良之狀退得

康讓之體足以佑風化而厚禮俗敢拳拳以銘云
巍巍我宋宅天而君恢遠以威華暴以文濟濟吾儒多
良大夫中外共治俫寧八區猗哉謝公周旋其中在
梓禦寇至曹除兒天子念蜀猖狂始復命公撫之鼓
歌其俗偃仰藩屏雅和其政徊翔臺閣清修其行人
尚刻明我質而平歐民以寧人必奪競我俫而靜其
道迺勝于嗟乎壽以仁至名縣德全有子與孫相繼
而賢誠乎誠乎聖人積善之誨不吾欺焉

宋故同州觀察使李公神道碑銘

聖王之教萬民也資天地之生以爲食籍山海之出
以爲貨食均于上下貨通于遠邇則可以供郊廟禀
卿士聚兵以征伐振民於災害然非得絕代能臣持

變通之數於天下則孰與成當世之務哉故夷吾作輕重之權以覇齊桑羊行均輸之法以助漢近則隋有高熲唐有劉晏皇朝有左丞陳公恕是皆善天下之計者也爾後朝廷雖重此任而常難其才天禧三年七月甲戌制曰樞密直學士刑部侍郎士衡可三司使告謝之日天子面褒其能屬以大計賜内帑錢二百萬緡以助經費復親製寬財利論以賜之公當職五年間天子有事于南郊又御端門既今上即位並大賚天下至于眞宗山陵冊塞大河之决其供億不可勝紀公皆優游以辦霈然有餘力蓋周知天下之利使流而不竭中外服其通焉公字天均隴西成紀人也曾祖涣贈尚書屯田郎中祖徹贈左諫議

大夫父益贈吏部尚書尚書娶惠氏贈扶風郡太君
生子五人公居其仲幼負氣節從鄉先生學即有聲
于西州太平興國八年春天子親策天下士第釋褐
爲京兆鄠縣主簿府知其才俾權領獄掾咸陽縣有
民殺人具辭以送府父子五人皆伏加功之坐公告
于尹曰甞試辨之蓋殺人者一餘四人掩其骸爾安
可盡辟乎尹覆之卒從公議即謂公曰是四人者非
子之明則寃于地下矣子有陰施後當貴乎移知眉
州彭山縣就除大理評事以父憂去職服除由寇萊
公薦領京兆渭橋輦運改司農丞除著作佐郎通判
邠州眞宗即位遷祕書丞知劒州咸平三年春益州
兵亂推王均爲首既破漢州急來趨劒欲絶王師之

路公告于衆曰賊來方鋭孰可與鬬吾城無守具而有芻糧之積使賊能得之非徒肉吾一州必據險以阻大兵則兩川諸城無援以守盡下於賊矣不如焚其儲蓄擁州民輦庫帛退守劒門與劒門之兵合以拒戰賊可圖焉衆從之既而賊至得吾空壘無資與糧險不可據遂大沮其謀公知其窮手署牓以示寇曰爾等得無父母妻子之愛蓋脅從而來何不歸我復爲王人得降卒千有九百乃與劒門鈐轄裴臻併兵擊賊斬首數千級敗走保成都公即馳驛入奏自引棄城守關之咎且言平賊利害帝深加奬歎擢拜度支員外郎賜五品服俄而大兵得出劒門兩川諸城聞王師來無復揺動均賊遂平如公始謀焉會帥

臣言公不當棄城朝廷方任帥不得已謫監虔州關征尋召還判三司鹽鐵句院時度支使梁鼎上言陝西舊制許人入粟塞下[illegible]高其估以池鹽償之人得賈于邊市今請借民力轉粟以備塞復轉鹽于邊官自鬻之歲得緡錢三十萬以給西兵朝廷可[illegible]奏命鼎爲陝西制置使公上言非便復與執政諍於帝前曰邊路阻險舟車不能通每歲轉粟與鹽民力可支乎徒能奪農時沮商利異日農商失業財力俱屈後復變法人將安信又官自鬻鹽則價重價重則邊人市虜中青鹽食之虜爲利矣臣請通鹽商如前使人入粟塞下則農不奪時商不易業外不爲虜利苟能寬民力沮虜計雖緡錢不足陛下以諸路之羨助之

有何不可帝然之公謝以忠憤而言不覺切直帝曰爲臣當如此宜無改焉鼎至陜西果無劾而罷卒如公言領荆湖北路轉運使歲餘徙陜西進司封員外郎賜金紫即保任能吏數十分掌榷酤獲遺利蓋億計乃奏朝廷助邊錢帛歲三十萬天子朝陵幸西洛進兵糧五十萬石京西路乏粟又進三十萬石助之入拜祠部郎中度支副使朝廷以兩河屯兵之計擇使爲難輟公以司封郎中領河北轉運使建言民乏泉貨每春取緡直於豪力其息必倍本道歲給諸軍帛七十萬疋不足則市於民請使民預受其直則公私交濟制從之令行于諸道天子東封詔公駐澶州同幹供億事慶成擢拜右諫議大夫領使如故及祀

汾陰又以公提舉京西陝西轉運使司事東駕既行以長安爲關輔之要命公鎮安之祀事畢召還進給事中朝廷謂坤維之奧宜得巨人拜樞密直學士知益州朞月詔還有圖任意會河朔闕帥曰河朔未可無卿除都轉運使恩數廩禄加常制一等公再至兩河夙夜其職積穀郡邑率如京坻議者謂所積太廣必將腐敗朝廷遣使視之公奏曰豈不爲九年之意耶帝悟遽命罷其使明年大蝗民多阻飢公悉發倉廩以振之仍輦濟京西路君子謂公知政矣大河決于無棣將圮其城時以數州丁力晝夜營護役死者相枕藉而水不降公奏曰是不可以州矣請亟遷以避患朝廷從之後數月大水出舊城丈餘民不爲

魚公之力也就遷工部侍郎相州繫囚十四人盜瓜傷其主吏以極法論公曰餓夫何至此皆貸死以聞朝廷閱其奏即日下密詔民有歲凶爲盜長吏得屈法以全之公兩使河朔凡數年天子封泰山祀汾陰幸亳社進緡錢繒纊糧芻鉅萬數又請罷內帑錢帛歲百萬屢詔褒之魏人飢命公知天雄軍又東齊大歉盜寇充斥進刑部侍郎知青州盜有聚山林出爲郡邑之患者先是係其妻子轄環于通衢公至遽出之戒曰虐爾何贖爾惟從賊所之俟其自新則復爾閭井賊聞之少懈又下教曰賊輩爲魁所制爾能伺而梟之吾將以功論旬浹間盜有梟二魁之首獻者餘皆散亡或來請命公錄之如教齊人遂安天子遣

中使奬勞之及爲三司使陜西舊科吏人采木送京
師度三門之險破散者太半又每歲市羊亦遣吏送
而羊多斃于道二者吏皆破産以償西人苦焉五十
年矣公請募商旅送木于京師如入粟法售以池鹽
又請許其吏私市羊以副之免關征筭得補其亡失
自是西人鮮復破産視天下之弊如此比者日更月
除不可殫書矣遷吏部侍郎以足疾求罷優詔不允
而許五日一至便殿奏事拜則以通事舍人掖之今
上即位拜尚書左丞復求解職朝廷優寵老成遂得
請除同州觀察使知陳州時大水侵城人有言水入
城以誑衆者公命立斬之人心始寧乃築大防以完
其州改潁州復莅陳州會曹襄悼公得罪公以親累

授左龍武軍大將軍分司西京未幾進左衛大將軍還長安故居後二年遘疾以天聖十年五月二十六日薨享年七十四以其年八月二十七日葬于京兆萬年縣白鹿鄉之原景祐元年其子詣闕理公有勞於國非意左遷天子憫然降制追復同州觀察使娶太原王氏封平晉縣君早亡又娶馮翊雷氏封延安郡君後公十六年而終男六人丕顯不仕丕績同學究出身並早世丕諒太常博士集賢校理由方略改崇儀使邠寧環慶路兵馬鈐轄後公十一年而亡丕緒尚書水部郎中丕遠殿中丞丕旦國子博士女三人長適益州郫縣主簿宋肩遠次適曹襄悼公利用次適定國軍節度觀察留後曹琮孫男若干人公性

慷慨善辯論明於知人凡保任才吏數百員嘗力薦
呂文靖公陳文惠公又嘗薦太傅張鄧公公服官五
十二載專尚寬恕政刑之下活人多矣自古能臣言
邦國之利鮮不斂怨於下而傷其手者公則疏通利
源取而不奪允所謂善天下之計者也銘曰
舜歌南風兮阜時之財何以聚人兮易不云哉富國
彊兵兮孰謂霸才弗富弗彊兮王基其摧巍巍先帝
兮法道法天大烹之盛兮包羅俊賢拔公之才兮屬
諸利權公之感遇兮惟力是宜封乎泰山兮祀于汾
脽千乘萬騎兮雲駕波馳公常景從兮朝詢夕咨供
億何筭兮無一不宜入司邦賦兮帝曰汝通屢行大
賚兮如泉不窮太上繼明兮遇之愈隆公則請老兮

命以觀風乆於貨政兮人將無徒公常寬之兮民易以趨曾不加賦兮抑有羨餘全歸故廬兮其樂只且安安而壽兮高枕以終門閥不圮兮表于關中峩峩之碑兮章章厥功映于國史兮千古不空

范文正公集卷第十一

范文正公集卷第十二

贈戶部郎中許公墓誌銘

公諱袞字公儀世爲燕人皇考諱某王考諱某並隱君子也避五代之難不榮以祿考諱某汝陽之盧令累贈光祿少卿妣清河張氏贈河內縣太君皆積德深長慶著來嗣公英秀而文與時會亨開寶八年太宗之尹開封也龍德曰彰髦傑之士其嚮如雲是歲秋賦公卿送名者比比焉及試藝公爲之首覆策于庭復在高等時登甲乙科者必更州縣有唐之遺風釋褐除江寧府獄曹掾本路八使言聽決詳明上既御大器北伐太原促召至行在曰我姑試之除均州防禦判官郡將表其能狀乃拜太子右贊善大夫通

判姑蘇郡事時二浙之地始歸朝廷宿政如繩公善
解之就進殿中丞俄拜奉常博士領曹南郡樹善屏
惡新民耳目以前均權浙右坐監職之累降品一等
領饒陽錢監未幾辨之移倅弋陽郡復官曲臺在郡
七陳諫章上愛其忠就遷本郡守受代至闕下復上
策議并所著文四十卷翌日召試禁庭上覽而嘉之
曰南府才冠吾不失人即以本官直昭文館賜服五
品判登聞鼓院由是四方之訟清而不壅以奉安先
塋請理覃懷郡出奉公家入敦孝事河內人歌焉又
西蜀文州扼其戎險命公往刺遠人便之真宗即位
一日謂執政曰人君之言行也動乎天地不可以誣
命公修注記以先君之諱固請不獲須正人也公在

館三進秩至于職方員外郎因論邊事慷慨動上心而改兵部方將圖任遣疾求解不得去以景德二年四月二十九日終于京師武成坊之私第享年五十七娶朱氏封永城縣君有子四人伯曰珂祁州深澤尉仲曰琰有文與行擢進士第今為太常博士奉朝請叔曰琦恭謹有立今為右侍禁衛州兵馬監押季曰瑱早亡一女適進士張濤朝廷贈公尚書戶部郎中進封夫人河南縣太君子登朝也以某年月日歸葬于懷之河內縣某鄉某里銘曰

燕趙之英邦家之寶親逢聖神首冠俊造翹翹入轂郁郁登瀛榮滯六曹淹恤百城晚歸內朝端立右史直道始行怒飛爰止嗚呼遇豈不奇進豈不時賢者

弗逵天平可疑葬于善地兮保以令嗣兮亦公之意兮

滕公夫人刁氏墓誌銘

序曰葬者藏也欲人不得而見之也君子之思也遠故復卜于山坎于泉又刻名與行從而祕之意百代之下治亂之變覩其銘思其人而不敢發其墓斯孝子之心取諸大過初夫人之長子今祠部外郎宗諒作諫官以抗章黜知玉山郡再貶莅池陽之榷酤俄而起倅江寧府事常謂池之九華山上凌紫霄下盤洪流千巖白雲萬壑清風草木多靈民人一熙書契已降不知干戈居者得其壽藏者得其朽乃歎曰是可隱志焉是可宅先焉即奉先公太博之靈葬于此

山之金鷄原斯又大過之意至矣哉時景祐之三載明年夫人無疾而終春秋七十有二閏四月舉而祔之禮也夫人姓刁氏其先譜史存焉皇考諱晃後唐天平軍節度判官王考諱傑梁泰寧軍節度判官考諱允成皇朝贈太子右贊善大夫夫人歸滕氏服勤婦道自先太傅之遺世也二子尚幼夫人夙夜誨導内惟節儉外豐禮於賓客俾令人是親以就厥文行而祠部君克承善志鴻軒鳳翥有風采于朝廷夫人累封渤海縣太君次子宗元就養于家未登禄仕二女適名族稱其禮範夫人之性柔而明端而慈曉文翰通名理事長如不克撫下如不及居大族餘五十載門中無間言及子以言貶顛沛於江湖間夫人從

之未嘗出憂語知事君之然也難哉故生享德於慶
閭没反眞於福地某於祠部同年之執也嘗入拜于
堂上知夫人之賢而敢述焉其銘曰
九江之上九華之中孝子宅親厥思無窮茫茫萬年
高岸可遷尚有人焉來此拳拳曰賢哉滕公夫人之
墓再拜而去

都官員外郎元公墓誌銘

公諱奉宗字知禮其先臨川大姓危氏也皇考諱仔
倡唐信州刺史避楊渥之亂東依錢氏時朝廷命討
淮南未行而終因家於餘杭王考諱德照爲吳越王
相僅三十年賜姓元氏累贈太保考諱秀文典吳越
書命累贈太僕少卿妣陳氏贈馮翊縣太君少卿子

五人曰興宗象宗宜宗道宗公即幼子也三人事忠懿王有儒術皆補爲郎象宗忠懿之壻也從而還朝以文召試拜光禄寺丞公精於詞律景德中天子臨軒試天下士公中甲科初命歙州績溪縣事再命常州武進令皆以廉愛稱遷漳州從事故鎮牧錢公惟濟泊數朝賢交章保任除忠正軍掌書記俄改淮南幕本道按刑使采公理行以聞擢拜太子中允領淝川榷酤朝廷以西蜀天下之富昔者吏饞民膏怨所由生階之爲亂宜清舉者往焉公例改知蜀州晉原縣令上即位遷太常丞賜服五品還知通州海門縣還博士入拜尚書屯田外郎有監郡之行公以思事松楸願得餘杭一閑局莅之詔從其請再朞求分務

南都尋告老歸姑蘇郡朝廷恤之補一子官又以籍田之慶進都官外郎景祐戊寅歲十月丙戌考終于永定里第之寢享年七十有八始娶吴氏再娶李氏封壽安縣君公三子昞曄暕皆舉進士昞從其補令爲歙縣簿曄暕並兼名曄不赴調暕解官俱就養左右及公之喪勺水不入口者三日公孝悌之性不避禍難初江浙始下闕識甚嚴衣冠之族咸促赴闕下無敢私歸公聞太夫人之憂晝匿夜馳以及於葬兄道宗有才名不就世禄舉天府進士爲搢紳先生所推諸公友事之如在膝下易衣并食不改其樂有兄子異幼依於公愛之如傷教之若不及以至于成宗黨稱焉相國潁川公曩司淛漕公在武進諸郡有難

獄多命公決之在海門日患斥鹵之澤民無甘飲及卜良地鑿大池廣方百步積泉袤丈自是雖甚旱暵人常賴之又邑有大瀆亘數十里堙而不治公抗議籍力導至于海人咸利焉公退十餘年創竹亭花圃逍遥其間多素食清居非有道者不接晚年制歛服葬器而命諸子曰吾死之日必歸我于父兄之側魂如有知得事親於地下諸子如其敎以其年十二月甲申葬于錢塘履孝鄉峴陁嶺之先塋禮也某以公年德嘗修鄉丈之禮而敢銘焉

榮華之衢奔者無極公乎何心抑焉而息孝友之風樹者無幾公乎何心沒焉不已遷惠于民抱道于身于嗟君子吾不知夫古人

贈兵部尚書田公墓誌銘

公諱錫字表聖世爲京兆人唐德之衰徙家于蜀昔武王封舜之後於陳春秋時公子完如齊子孫遂大食菜於田而命氏焉厥後將有穰苴相有千秋斯可謂之著矣大王父易直王父成皆隱君子也文而不耀父懿因公之貴累贈尚書左司郎中善教于家嘗命公曰汝讀聖人之書而學其道慎無速爲期二十年可以從政矣公服其訓拳拳然博通群書東游長安昌黎韓丕復居驪山白鹿觀數年器志大成拔王府薦有聲于京師太宗皇帝親策天下進士擢公第二人時太平興國三年秋也釋褐除將作監丞通判宣城郡召還改著作佐郎俄拜右拾遺直史館賜五

品服出爲河北轉運使改知相州就除左補闕移桐廬郡遷起居舍人還判登聞鼓院尋以本官知制誥進兵部員外郎充職以直言改戶部郎中出守淮陽以留獄之謗左降海州團練副使起爲工部員外郎直集賢院復戶部郎中真宗皇帝即位遷吏部郎中判審官院兼通進銀臺封駁司賜金紫求出典海陵郡還臺兼御史知雜拜右諫議大夫史館修撰以咸平六年十二月十一日終于私第享年六十四公自白衣已有意於風化上書闕下請復鄉飲禮又請修籍田禮及在朝廷知無不言太宗初既取太原范陽未下帝怒不賞平晉之功中外嚚然而莫敢言者獨公上書論諫理意深切帝感寤璽書襃答賜內帑錢

五十萬僚友謂公曰今日之事鮮矣宜少晦以遠譏
忌公曰事君之誠惟恐不竭矧天植其性豈一賞之
奪耶在河朔暨相州累章論邊事至桐廬郡以吳越
之邦歸朝廷未乂人阻禮教邈如也公下車建孔子
廟敎之詩書天子賜九經以佑之自是睦人舉孝秀
登搢紳者比比焉在郡聞禁中火拜章極言上嘉之
及還眷遇愈隆會乾明節館閣多進詩歌帝獨喜公
之辭乃依韻和賜令宰相宣付公又上封禪書請五
代之亂人如豺虎不圖復見太平宜崇檢玉之禮以
荅天意公在西掖會京畿大旱禱祠無應遂抗言切
於時政故有宛丘之行咸平初出使秦隴迴上三章
言陝西數十州苦于靈夏之役朝廷爲之慼然出海

陵之初以星文示變拜疏請降詔責躬上奉 天誡眞
宗皇帝嘉其意屢召對便殿及行降中使撫安仍加
寵賚爰有翰林學士承旨宋公白舉公賢良方正以
副天下之望一日召對久之且曰陛下以皇王之道
爲心臣請采經史中切於治體者上資聖覽帝深然
之乃具草以進手詔荅曰卿能演皇王清淨之風述
理亂興亡之本備觀鑒戒朕心渙然所撰三十篇皆
隱其目公奉事兩朝由遺補歷御史至諫議大夫前
後章疏凡五十有二嘗謂諸子曰吾每言國家事天
子聽納則人臣之幸不然禍且至矣亦吾之分也及
終有遺表陳邦國安不忘危之意其家弗預焉天子
怛然命中使賻之有制痛悼贈工部侍郎二子旼大

理評事持喪中並給月俸哀榮之禮可謂至矣後以
二子登朝累贈兵部尚書寶元幾年某月某日與夫
人合葬于泗州臨淮縣某鄉之某原禮也公娶楊氏
再娶奚氏封江陵縣君能循法度以配君子二子長
曰慶遠今爲駕部員外郎次曰慶餘今爲比部郎中
並克奉堂搆有能政于四方女三人長適王氏次適
龐氏季適張氏皆以婦道稱公動必以禮言必有法
賢不肖咸憚伏之出處二十年未嘗趨權貴之門在
貶廢中樂得其正晏如也著文章成五十卷目之曰
咸平集行於世論者曰在大禹時皐陶矢厥謨在湯
武時伊尹周公爲之訓誥故教化紀綱莫盛於三代
而子孫有天下皆數百年秦滅詩書其風丕紹至西

漢得賈誼董仲舒其言可以追先王之烈而弗克施使後世王者無復起三代之心由漢始也聖宋定天下太宗鋭意太平眞宗之初復親擢俊乂如田公之徒並見奬用惜乎不終其才豈皇天之意特厚於古歟某幼聞高風未嘗游於其門今駕部書先君之履業索文於江外某敢約而修之又采舊老之言而作銘云

嗚呼田公天下之正人也言甚危命甚奇盡心而弗疑終身而無違嗚呼賢哉吾不得而見之

兵部侍郎致仕胡公墓誌銘

寶元二年六月十八日尚書兵部侍郎致仕胡公薨于餘杭郡之私第明年二月十有一日葬于杭之錢

塘縣南山履泰鄉龍井源以夫人潁川郡君陳氏祔
焉禮也孤子楷泣血言于友人范某禮經謂稱揚先
祖之美以明著於後世此孝子孝孫之心也然而言
之不文行而不遠處喪之言烏乎能文今得浙東發
書寺丞俞君狀先人之事而敢請誌焉某曰孔子見
齊衰者必作重其孝於親也敢不唯命公諱則字子
正婺之永康人也昔虞舜之後有胡公武王封於陳
蓋族望之來遠矣皇考諱彭王考諱瀫皆隱於唐季
其道不顯考諱承師在鄉閭間以積善稱因公而貴
官至尚書比部員外郎贈吏部郎中妣應氏封永樂
縣太君贈普寧郡太君公少而倜儻負氣格錢氏為
國百年士用補廕不設貢舉吳越間儒風幾息公能

精經史屬文辭及歸皇朝端拱二年御前登進士釋褐爲許州許田尉以幹自聞補蘄州廣濟宰又補憲州録曹以本道計使諫大夫索公湘之舉改祕書省著作佐郎簽署貝州節度觀察判官公事升本省丞知潯州拜太常博士提舉二浙榷茶事兼知桐廬郡丁太夫人憂服除以本官知永嘉郡遷屯田員外郎提舉江南路銀銅場鑄錢監擢任江淮制置發運使轉戸部員外郎入爲三司度支副使賜金紫除禮部郎中京西轉運使又移廣南西路轉運使以戸部郎中充江淮制置發運使轉吏部郎中改太常少卿丁先君憂終制知玉山郡移福唐郡拜右諫議大夫知杭州入判流内銓以舉官累責授少常知池州未

行復諫議大夫知永興軍領河北都轉運使給事中入權三司使拜工部侍郎集賢院學士知陳州進刑部再牧餘杭郡踐更中外凡四十七年得請加兵部侍郎致仕朝廷命長子通判錢塘以就養又六年而終享齡七十有七天子聞而悼之進一子官初至道中公在憲州時西冦梗邊朝廷命師五路入討詔具三十日糧以從之索公方引公督隨軍糧草事公曰爲百日計猶或不支奈何索公乃遣公入奏召對逾刻公陳邊事如指之掌上顧左右曰州縣中有如此人遂可其奏且示甄拔之意後大帥李繼隆畏與冦遇十旬不解索公曰微子幾敗吾事一日其帥移文曰兵將深入糧可繼乎公曰師老矣矯問我糧爲歸

師之名耳請以有備報之索從其議彼即自還無以咎我其先見如此及索公主河北計又奏辟之遂以貝州之行朝廷遣使省天下冗役就命公行河北道凡去籍者僅十萬數民用休息在潯州人有虎患公齋戒禱城隍神翌朝得死虎于廟中其誠之効歟按池州永豐監得匿銅數萬斤吏懼當死公思之曰昔馬伏波哀重囚而縱之前史義焉今銅尚在吾忍重其貨而輕數人之生耶咸以羨餘籍之不復爲坐在江淮制置日會眞宗皇帝奉祀景亳公實主其供億千乘萬騎至于禮成無一毫之闕帝深愛其才面加獎勞遂進秩登于計相之貳在廣南西路有大舶困風于遠海食匱資竭久不能進夷人告窮于公公命

瓊州出公帑錢三百萬以貸之吏曰夷本亡信又海
船乘風無所不之公曰遠人之來不恤其窮豈國家
之意耶後夷人卒至輸上之貸十倍其貸朝廷省奏
而嘉焉又冝州繫重辟十九人時有大水公不慮患
而特往辨之活者九人焉在福唐有官田數百頃民
輸租食利舊矣至是計臣上言請就鬻之責其估二
十萬貫民不勝弊公奏之未報章三上且曰百姓疾
苦刺史當言之而弗從刺史可廢矣乃有俞詔減其
直之半而民始安公領三司使寬於財利不以刻下
爲功時上方以兩京陝西官鹽歳久民鮮得食而曰
以犯法命通商有司重其改作公首請奉詔其事遂
行公性至孝自曲臺丁太夫人憂廬于墓側以終喪

紀有草木之祥本郡表之及京西之行以家君朱紱爲請上曰胡其爲孝雖非其例與以明勸也搢紳先生榮之又天禧中尚居郎署朝廷擬公諫議大夫知廣州公以家君八十歲懇辭于政府乃復有制置之行尋以哀去職得盡心於喪葬公富宇量篤風義往往臨事得文法外意人或譏之公亦無悔焉其輕財尚施不爲私積士大夫又稱之福唐前郡將被訟去官嘗延蜀儒龍昌期與郡人講易率錢十萬遺之以歸事在訟中及公下車昌期自益部械至公曰斯何罪耶遽命釋之見以賓禮法當償其所遺公代以俸金仍厚遣而還又濟陽丁公爲舉子時與孫漢公客許田公待之甚厚及其執政而雅故之情不絕若休

感士人而未嘗預暨丁有朱崖之行昔之賓客無敢顧其家公實被議出玉山郡尚屢遣介夫不遠萬里而往遺焉此又人之難矣及退居西湖乘畫船擊清波深樽雅絃左子右孫與交親笑歌於時歲之間浩如也人不謂之賢乎夫人潁川郡君有慈和之德先以壽終令子四人長曰楷都官員外郎前知睦州祥符七年秋登服勤詞學科所至政能有先君風度次曰湘好學有志識朋友多之次曰桂俊異居喪而亡次曰淮孝謹有成人之風二女長適泉州德化縣尉蘇瑨次適御史臺主簿華絫而亡其閨門之範見其潁川之誌某非特為重齊衰之情嘗倅宛丘郡會公為二千石以國士見遇且與都官布素之游誠可代

孝子而言焉銘曰
進以功退以壽義可書石不朽百年之爲兮千載後

胡公夫人陳氏墓誌銘

詩稱采蘩夫人不失職也夫人之職莫先乎舅姑甘旨以事居蘋蘩以事往故可以配君子正家道也夫人姓陳氏金華郡之令族曾祖諱晦祖諱資父諱文諭皆樂善干家不從仕宦夫人幼賢父母篤愛擇公而妻之及公中科第累調遠方二親樂閭里與姻族游夫人願侍左右不從公行凡二十年縫衣爨飧必躬親之至舅姑之終與公執喪三年然後就公官所此夫人大節無愧天下之爲人婦者有聲詩之義焉又性好禮自少至老對公如賓客加以純儉而仁筭

服之餘皆均于親之貧者夫人自公登朝封上黨縣君公爲諫議大夫進封本郡君寶元元年秋九月寢疾乃齋沐易衣怡怡而終享年七十有九以三年二月十一日與公合葬于履泰鄉龍并源禮也子四人長曰揩都官員外郎次曰湘曰挂曰淮並太常寺太祝二女習夫人之教柔淑有禮宗黨稱焉長適蘇氏次適華氏銘曰

惟孝惟禮作配君子伊夫人兮至矣

寧海軍節度掌書記沈君墓誌銘

吴興郡太守滕侯下車求故同年沈兄之家得諸孤問其墳墓曰貧未之葬滕侯傷之乃謀于僚屬卜善地揀良日其禮悉備以寶元三年二月某日葬于德

清縣之永和鄉大壯嶺君諱嚴字叔寬世爲本郡人
其先食邑於邠後子孫失國而爲沈氏漢晉而下代
有其人曾祖諱規祖諱廷誨父諱延岫皆隱而不仕
叔寬幼負器識服親之教宗經屬文有聲于江表太
中祥符七年秋郡國敦遣首送于禮部明年春禮部
較天下之才奏叔寬第四人天子命試于庭中甲科
除南康軍判官三載有善績改宣城節度掌書記國
家興山澤之利主計等薦君洪州武寧之茗局外臺
上請兼領本邑事朝廷從之既而吏畏其廉民愛其
慈君子謂之善政餘杭郡榷酤歲金二十萬貫爲諸
郡之劇主計又奏君尸之三年而還會故叅政蔡公
居守南都以同年之游惜其沉俊辟爲留守推官其

年秋七月以疾終于官所享年五十叔寬孝悌于家事其親未嘗違顏色視兄之孤必先於已子與人交篤於義信善人君子無不樂見之及聞其亡皆相弔云天與其才也又賦其行也而不及其顯以壽也悲夫三子曰祁曰部曰郁並從儒學必有立者二女長適前進士陳經次女未笄長女之嫁蔡公不遠千里命賫金以送之及君之葬又滕侯極意以營之有以見叔寬感人之深也如此某同年之列最相知心故書之銘

叔寬叔寬生兮可愛歿兮可傷友朋之望兮子孫其昌

戶部侍郎贈兵部尚書蔡公墓誌銘

寶元二年歲次己卯四月前參知政事戶部侍郎蔡
公薨天子悼之卿大夫憂之國人傷之上命三公舉
行典禮贈兵部尚書謚曰文忠以康定二年歲次辛
巳十一月某日葬于許州陽翟之某山公諱齊字子
思其先周之子孫累封於蔡因以著姓秦漢以降代
生偉人曾祖綰贈太保洛陽人也嘗宰萊之膠水居
官九年民愛以深遂家焉祖諱鄰贈太傅隱居丘園
以墳素爲樂考諱夢臣累贈中書令博通經史善時
筆與宗族居鄉黨稱其孝友娶楚國太夫人張氏而
生公敎之親仁賓來如歸公幼而神秀眉目廣聳見
者異之嘗依外舅劉氏學于彭城令相國隴西公迪
時爲監郡得公詩語嘆曰渠有大志宜善視之大中

祥符八年春真宗皇帝臨軒以文考天下之士公中第一及引對文陛堂堂英偉進退有法上大悦顧謂寇萊公曰得人矣特下詔俾金吾給七人清道自公始也釋褐除將作監丞通守兖海郡移北海郡召還以大著直集賢院主判三司開拆司賜服五品今上即位拜右司諫同修起居注改禮部員外郎兼侍御史知雜事賜金紫歷戶部度支二副使遷起居舍人知制誥同知審官院既而召入翰林爲學士兼侍讀學士轉禮部郎中龍圖閣學士守西京以便親求爲高密郡徙南京入除左諫議大夫權御史中丞尋改給事中復充龍圖閣學士權三司使拜樞密副使進禮部侍郎參知政事以戶部侍郎罷終于汝陰郡享

年若干楚國在堂君子哀之公之弟祕書丞亶甥著作佐郎寇平幹公襄事中山郡夫人劉氏哭泣三年至于疾廢二子尚幼曰延慶太常寺太祝曰延嗣祕書省正字長女適試將作監主簿劉庠次女在室而某自布素從公之遊見公出處語默無一不善門中奉親日視其親色諸公昆弟愛之如傷先朝采拔以輔相器之當遺弓之初公懷哀慕不能食者數日家人視其衾衣涕泗霑濕公病汝陰聞拓拔僭稱嘻吁慼槩教弟亶言西事甚詳蓋忠孝之性發之天也公於親舊間雖死生不易彼有孤遺則必爲之備嫁娶又好學無倦未嘗不以名教爲急孔子之後世襲文宣公嘗宰曲阜乾興中四十九代孫承祐卒遂廢十

餘年公聞承祐有母弟在抗章請復其嗣有詔從之其立朝也能清其心高其行未嘗取於人明肅太后時用事中貴人董修景德寺時公在翰林詔為之記中人求公善辭許以不次公遲之不進故被誣而出至高密會歲飢公請蠲諸州稅又力請放海利以救東人于今賴之公兩居憲臺方嚴不動百辟畏其風權戚有過則彈劾不隱未嘗求其下也明肅之終莊惠復立閤門促百僚賀公毅然正色目臺吏不得追班前白執政遂罷自是莊惠損抑禮數有力焉在樞密院海南奏交趾入百餘人避本國之虐以歸我議者謂不如還之恐生邊患公曰當內之荆湖間活以閑田奈何求生而來委之兇虐亦人也義必不還

苟散爲民盜從而戮之酷又甚焉爭之不能得後果爲亂捕之歲餘宜桂以西皆警朝廷患之公猶有愧色在政府浩然示至公於中外以進賢爲樂以天下爲憂見佞色則嫉聞善言必謝孜孜論道以致君堯舜爲心與大臣居和而不倚正而不訐無親疎之間有方大之量朝廷爲之重刑賞爲之平及其出也未踰歲時而天子思之公遽不起嗚呼公之生也天有意也公之亡也天無意乎使在位而壽則道德功名非竹帛之可勝矣銘曰

泰山之東齊魯同風嚴生我公我公堂堂觀國之光享于眞皇眞皇上僊隕血漣漣欲報昊天今上聖神迺眷正人繇于國鈞純德坦坦平心浩浩進退惟道

恕以待物誠以報國仁人之德天乎天乎豈不有心奪此令人我懷憂深箕山峩峩潁川悠悠山爲陂兮川爲丘公之名兮與日月留

范文正公集卷第十二

范文正公集卷第十三

尚書度支郎中充天章閣待制知陜州軍府事王公墓誌銘

孔子曰善人吾不得而見之矣噫先聖謂善人之難得也如此世有德之清行之方政之平斯不謂之善人乎余見之於子野王公矣公諱質字子野其先太原人曾高占籍大名皇考諱徹以文行顯至左拾遺累贈太師尚書令兼中書令魯國公王考諱祜雄文直道名重海內掌太祖誥命至兵部侍郎累贈太師尚書令兼中書令晉國公考諱旭以公正果敢屢當藩寄爲時之良二千石累贈兵部尚書妣虞氏贈某郡君公禀嚴君之教幼而有文伯父文正公爲眞宗

朝賢相重德大器人莫可動一日覽公之業喜甚作
詩以獎之謂吾門未衰矣用文正廕補太常寺奉禮
郎三遷至大理丞文正既薨公年尚未冠進所著文
眞宗嘉之召試學士院辭入優等賜進士及第名動
京師嘗師事楊文公文公器之每謂朝中名公曰是
子英妙加於人遠矣時翰林劉公筠風岸高峻搢紳
仰不得其門而進乃與禁中諸公共薦公之才敏天
子命公校文于館中歷殿中省丞爲博士於太常加
集賢校理拜祠部外郎丁兵部憂服除以前官充職
同判姑蘇郡以公心公言正二千石之政二千石初
不平之終服其義而加禮焉還朝賜五品服章改度
支外郎同判尚書刑部又判吏部南曹進司封外郎

出領淮西郡部中十邑素多盜與訟號爲難治公至斷獄必以情按吏必有禮横者繩之弱者持之州人大服謂徃之史君莫公若也蔡俗舊祠吴元濟公曰豈有逆醜而當廟食耶吾爲州長不能正民之視聽俾民何從哉狄梁公李太尉皆唐之忠烈又德加蔡人胡爲不祠命工徹元濟廟建二公之祠率吏民拜祭蔡人從之于今號爲雙廟秩滿拜祠部郎中朝廷除公開封府推官除兄雍三司判官公曰皆是要職吾兄弟同日除拜朝廷豈乏之人哉乃堅請外補願留兄京師以奉家廟士大夫聞而賢之徃守壽春郡朞月改合肥郡盜有殺其徒以并其財者吏擒之公令處死法寺議當貸死遂劾之公上疏曰盜以彊力而

又殺人吏追而擒之非自露而慘者胡爲而貸焉如
法寺所論能害其類者皆無罪名民將競爲盜盜已
而殺一夫其黨咸赦之盜可止乎疏上不報凡斷獄
出入以下吏爲首長官爲從公曰吾不勝法吏矣上
言請爲之首朝廷從之左降監舒州靈仙觀後一年
今資政殿學士昌黎韓公琦知審刑院議盜殺其徒
非自首而慘惡者宜勿原之朝廷始頒示天下且知
公前所斷獄不爲失矣又今資政殿學士鄭公戩翰
林學士葉公清臣皆論公奇才未大用而非辜坐黜
豈朝廷之意耶詔起公知海陵郡代還除度支郎中
荆湖北路轉運使時西陲宿兵財用爲重諸道轉運
使競進羨餘幾千萬斵助軍之獎實瘠瘦細民以爲

已績公至而歎曰西兵天子不得已而用之然須于財賦豈如是而迫耶吾不當爲由是荆湖之民頼公少休焉會資政殿學士富公辭拜職尚帯史館修撰與公未甞識面聞其風義舉公以代修撰朝廷從而除之兼掌選事及韓富二公在樞府又交薦公清方爲搢紳之冠天子俞其奏擢以本官充天章閣待制依前掌選事公再讓不允既而客有扣公曰銓衡至重利病多矣公無建明者何公曰綱紀盡在如權衡然但持者輒高下其手爾何必易其器耶公居之歲時選士頼其平其間人物清濁公必辯之上前量有進抑振天官久墜之職也天子以西北數藩鎮皆須巨人乃擇近列而褒遣之公得領陝州州當四達之

會又用兵而來吏民疲苦公至則緩征賦薄迎勞屏兇寇拯孤弱人迺息肩幾一載而感疾以慶曆五年七月二十六日終于黃堂享年四十五靈柩歸東都州人哭送于道朝廷加賻公生相門而弗驕弗華以貧爲寶文正作舍人時家甚虛嘗貸人金以贍昆弟過期不入輟所乘馬以償之公因閱家藏書而得其券召家人示之曰此前人清風吾輩當奉而不墜宜秘藏之又得顔魯公爲尚書時乞米于李大夫墨帖刻石以模之遍遺親友間其雅尚如此故終身不貪所至有冰蘗聲此公之秉德不亦靖乎公充職館殿二十餘年同舍皆顯官公介然不動惟求外補當國者非戚必舊公未嘗折顔色屈語論以合其意嘗有

交游以言事被謫朝之貴人皆切齒公特率昆弟祖
宴都門謫者拒之曰無爲子之累乎公曰吾願爲黨
人從而聚之光矣此公之執行不亦方乎公爲數郡
皆清心以恩治行己以率下必首崇學校而風化之
人有犯法非害于物者必緩其獄未始深文焉求民
之疾雖處幽不遺去民之梗雖負勢不避此仁人之
政不亦平乎故每去一州則百姓號慟如赤子之慕
慈母也公性純孝與家人道先君事必感激泣下故
厚於宗族每拳拳焉憂樂同之弟素文正之子也自
淮南外計改涇原經略使公食不甘寢不安曰弟有
毋老且疾吾無親憂因入對請代行既而弗許命其
愛子規曰彼窮塞也得無危事汝可侍行而左右之

以均吾憂又少弟端嘗不利于春官處徒勞者久之
公爲郎以歲課當遷願移厥恩召端一試朝廷許之
賜端進士出身其友愛之心有如此者公不治生業
惟畜書僅萬卷遠近從之兼通佛老微旨撰寶元總
録一百卷皆聖賢窮理盡性之說公樂稱人之善必
曰吾不及矣在士大夫非風義高遠弗與之游及其
逝矣四方交友書問相弔云前年吴安道死今年王
子野卒賢大夫之清者何其衰歟公娶周氏故禮部
侍郎起之女封寢信縣君生子男三人曰崧將作監
主簿曰復太廟室長女二人長適太常寺太祝范純
仁次女尚幼余走塵土時公一接如舊以道義談交
者有年矣結二姓之好以親仁人余常期公以青雲

之器大有立於國朝今不幸乃爲公之墓銘銘曰
嗚呼人之清者曰賢國得而治焉性之仁者曰壽民
得以庇焉何子野之善人兮逝矣如川惟清方而平
正兮居人之先在聲詩之有言兮胡不萬年忍送之
于野兮葬之于泉徒切切於辭兮勒石之堅期子野
之令名兮與白日而長然

太常少卿直昭文館知廣州軍州事賈公
墓誌銘

公諱昌齡字延年其先鎮陽人以仕宦遷徙今爲開
封人也曾祖諱某唐末起家備嘗險阻屬文之外長
於撰述以唐武宗而下至僖昭皆無實録乃以傳聞
并諸家之說著唐年補録六十五卷識者稱之居石

晉朝知制誥至周爲給事中史有本傳祖諱琰有才
識宇量太宗在藩邸相得有素領開封尹辟爲推官
及即位擢拜正諫大夫樞密直學士期以輔相將討
河東與大臣議將帥上曰非琰不可會寢疾不起上
軫悼之憂形于色贈尚書左丞國史有傳父諱汾以
氣義稱位不充量終于殿中丞公少孤太夫人愛之
以待其成公天然好學甘於清苦時翰林李公宗諤
有望於朝名實之士多出其門公依之有年以文行
自立門下士咸推重之一上登進士第釋褐爲饒州
浮梁尉彼俗陰狡與人有怨往往食毒草而後鬬即
時斃仆以誣其怨者公至必反覆省視自此被誣之
人多昭雪焉秩滿除開封府功曹參軍在職修舉府

中常推委之會太夫人寢疾公執藥餌不斯須去左
右者數月以憂解官哀毀過宗黨稱嗟服除爲許
州郾城主簿本郡牧與外計使皆以文學政事交薦
于朝廷改大理丞宰蜀之江源縣人繁地狹積多田
訟公曰聽訟之明曷若使無訟乎及正其疆條其弊
以示於民自兹無爭焉時天下學校未興公修本邑
孔子廟起學舍俾邑之秀民群居焉公旦暮往勸導
之自此江源始有舉進士者邑人于今稱之皇上即
位升殿中丞知宣州宣城縣未至有江淮制置使舉
公監海州榷貨務疏達利路商賈便之朝廷獎其勞
改太常博士又遷屯田員外郎既而三司使以公可
通天下之利薦之領京師榷貨務三年稱職特除都

官貟外郎賜五品服往倅泉州遠人賴之遷職方貟外郎俄拜屯田郎中知衛州會州長不利繼亡者數人人無敢往士大夫惜公之行或教以易其府署公曰吉凶人乎死生天乎於是弗易厥居而終亦無咎郡之共城有稻田以供尚食水利有餘而民不與焉公使歲溉之外與百姓共之天子以欽恤之懷憂及萬邦復先朝提點刑獄使兩省近臣交上封奏舉公充職朝廷從之命提點京西路刑獄事公性仁恕小大之獄必盡心以聽郡邑之幽遠使車所不至者躬親焉不事風威州縣九品必延見與語得其善則盡一以聞見其過則教之使悛雖職居按察而不忍摘人之惡搢紳稱其長者改度支郎中荆湖北路轉運

使下車訪能吏文徹究官部中諸郡例以公用饋遺者一切不受西南夷人下溪州刺史彭仕羲隸于辰州而驕蹇狙詐嘗因入貢訴州官于登聞辭皆不實朝廷弗欲較之責吏而已仕羲益横求割近邊土民公遣吏直告之曰天子恩信及爾爾狡而無猒我當擇於衆族求其可代汝者請之于朝汝其圖之仕羲始知懼盟不復敢訟改知潭州潭荆湖之劇府人物繁會素爲難治以公神明之照雖千百其訟無毫髮之隱吏服民愛謌于道路朝廷知公之重拜太常少卿直昭文館就鎮南海始登舟感疾召諸子授以治命神思不亂以康定元年八月二十三日不起公長厚之性資以明達顛沛造次弗離中道寛而不懈直而

不許與人交久而能恭當官而行未嘗違其正士大夫無不愛其風度居家有節與親族同其有無常謂諸子曰吾家清白可傳何生業之爲啓手足之日門中索然君子謂公之踐言矣娶三夫人高陽許氏中山劉氏封長安縣君廣平宋氏封某縣君生八男長曰寅有文學履業登進士第爲絳州防禦推官與次子賡俱不幸早世次曰藩開封府封丘縣主簿次曰常將作監主簿次曰當堂京岡並幼女五人長適大理寺丞李競次適廬州舒城縣主簿王宗愨次適河中府萬泉縣令高良佐次適孟州河陰縣主簿州學教授蓋沂一女尚幼以某年月日葬于鄭州新鄭縣抱章山之東南三夫人祔焉某既交而親從其孝子

之請而作銘云

邦之令人道醇德懿芝蘭之室瑚璉之器禀孝含忠播仁殖義位于一方未博其施弗遐厥壽蒼蒼曷意君子惜賢小人奪惠葬于鄭國卜云善地子産在焉魂兮相慰

太子右衛率府率田公墓誌銘

古稱陰有德於人者必享厥祥大厥後易不云乎積善之家必有餘慶所謂不在其身在其子孫者信矣公諱紹方其先鴈門人曾高家于冀自耶律氏熾得石晉山後八郡又歲侵兩河聞王考諱某被遷于盧龍署之以官復治産雲中而貨殖焉考諱某能幹父之蠱其家益顯娶王氏而生公公少稱才武抱氣重

諸有燕趙之風義事耶律得親信左右常從而兩牧
帳下多掠獲漢家士民俾公尸之公黙計之曰漢人
吾曹也驅之如犬羊非有罪辜將拏戮于虜中乃縱
之夜亡者千計此德於人多矣公亦自負謂大丈夫
胡能老於異域哉考妣既葬吾其歸歟乃匿身草莽
會夜則負斗而奔既達朝廷具宗憫然嘉之補職于
三班以其勇果屢委軍甲捕外方冦所謂巡檢者至
則盜息民得按堵公祥符中主邵之峽口寨時龍水
郡蠻冦大擾戍兵屢覆峽口溪洞亦乗聲嘯聚一日
近寨圍而噪之公戒軍士曰我露其勇彼將整而難
破不如示之怯士敢先動者吾以軍法從事衆皆肅
然聽命既夜公自率驍果突而擊之斬十餘級蠻竄

衆曾不能措手足大駭而奔自是終公之任不敢犯
寇州將害其功不以上聞公曰吾自虜還漢獲從王
事足矣烏敢爲功哉又嘗誨督諸子曰吾以漢有聖
人之風故脱身以歸令教汝詩書趨聖人之道使汝
輩有立吾將鼓歌以終天年豈病其不達耶子况舉
進士高第又舉賢良方正天子親問當世治亂祥咎
以對第一乃遠進用四五年間掌西掖書命爲陜西
道宣撫副使還朝數奏稱旨乃詔寵公以太子右衛
率府率監襃秝苑金明池以便子養士大夫榮之天
子以尚憂西陲命况龍圖閣直學士出領秦鳳路經
略使公在疾經略屢求省侍有詔敦勉遣中人尚醫
軫視公以慶曆五年乙酉孟秋月壬子不起享年七

十有四上嗟惻之加賵賻焉經略累章哀訴得告奉
公之喪以某年月日葬于許州陽翟縣某原禮也公
性剛直未嘗曲於人然明恕少怨嘗官于閩中有變
焉使一卒乘胥遇危橋不下馬折足而斃公曰卒豈
欲是耶不復以一言詰之人皆服其度公娶李氏贈
福昌郡君前十五年而亡生八男經略即長子也次
曰淵有詞業舉進士以兄廕補試祕書省校書郎許
州郾城主簿次曰天護幼亡次曰洵潁上主簿次曰
浹登進士第唐州團練推官次曰洸太廟齋郎次曰
泳皆業進士次小字寶哥尚幼三女長適海州東海
令張震次適辰州理掾高燾次適鄂州咸寧令張子
方皆以婦道稱于宗族某嘗與公會于丹陽見公氣

貌話言剛而質毅而恭使人信而愛之又與經略之
浊舊矣俾序而銘云
公復其家去狄而華公教其嗣挺國之器厥後既隆
又壽而終天子賵焉大夫吊焉非積德而胡然
資政殿大學士禮部尚書贈太子太師謚
忠獻范公墓誌銘
慶曆紀號之六載春正月丁亥資政殿大學士禮部
尚書知河南府兼西京留守司范公以疾薨聞上悼
之爲不視朝制贈太子太師賵賻加等子孫遷官者
五人有司議行謚曰忠獻以其年某月日葬于洛陽
之某原某里附先塋也公諱雍字伯純其先太原人
皇考諱某後唐初爲校書郎并帥孟公器之嘗辟居

幕中後又從孟公入蜀霸業既成遂爲國相久之一日告老蜀主寵以太子太保就第以疾終及公之貴累贈太保王考諱某在蜀爲刑部侍郎後歸朝終于左屯衛將軍累贈太傅考諱某以太傅廕爲供奉官終于合肥郡之監軍累贈太師尚書令妣韓氏封安康郡太夫人追進京兆郡實生三子公處其季十歲而孤家甚貧太夫人遣公就學嘗質衣以爲資公警悟過人挺然國器舉進士咸平三年春御前釋褐補洛陽主簿再調錢塘尉知己薦公廉敏改筠州從事秩滿以績用除大理丞宰建之崇安縣遷殿中丞知端州還朝獻所著文二十卷進太常博士初公爲洛陽主簿實典廩納而邑多權要公必先細民而後豪

勢時尚書張公詠道過洛陽聞其事乃記公姓名署
之于屏常指以示人曰識斯人否至是張公鎮淮陽
致書干寇萊公道公之才復奏公爲淮陽倅成命未
行會萊公出守西洛辟公貳留守司朝廷俞之張公
曰奪我賢倅耶公自兹名重朝廷改田曹外郎主判
三司開拆賜五品服天禧中河決滑臺齊魯承其弊
朝廷遣兵數萬人塞其横流千里之民皆奔走負薪
芻邑官荷校以督其事民不堪命天子患之命丞相
暨主計擇人以往僉以公爲允除京東轉運副使至
則度河之勢量工集材邑官皆釋之與民緩期不煩
而濟河防既就進度支外郎河北轉運使列塞積兵
計糧爲大民租不能給須重其穀價募商以詢之縣

官苦其費公視德博間地惟沃饒菽粟易斂又河渠通于塞下大可致之乃肇諸州緡錢就以平糴方舟順流集于邊廩自是河朔財用周于供億朝廷患陝西兵食不足困于轉饋命公充本路轉運使賜三品服公至則先寬其民不使遠輸募人入粟塞下給以池鹽商嗇其息而農得以休上即位就遷兵部外郎召拜戶部副使尋改度支副使未幾拜工部郎中龍圖閣待制充陝西轉運使踰年召還提舉京百司會環原州屬羌叛起大爲邊患遣公安撫乃見其酋長諭以恩威即時嚮順還朝拜右諫議大夫權三司使旋奉使契丹國以專對有體加龍圖閣直學士主書如故公好訪問善開納天下金穀之利病灼然若日

中上知其才拜樞密副使歲餘丁太夫人憂制以給
事中起復視事籍田禮畢遷禮部侍郎時玉清昭應
宮災兩府廉對章獻太后泣曰先帝崇奉此宮一旦
至此賴東北隅猶存一二小殿公揣知有復興之意
因抗言曰先朝極土木而成此宮一夕爲燼豈天意
耶如因其所存復欲興之民將弗堪不如焚之之盡
也諸公協其對章獻意解曰不復勞人矣上説翌日
下詔以諭中外焉又嘗繪尚書四代圖進之以備中
覽居密府六載忝掌機務知無不爲明道二年以户
部侍郎知陜州踰月移京兆府其年諸道旱蝗人復
疾疫於關中爲甚百姓轉于溝壑公先减廪禄復損
民有餘以振之活數萬人每人躬自撫視至湼癘氣

臥疾者久徙鎮河陽暇日念國家禦戎之備率多弛
廢西羌狡很必有窺邊之心恩不克威豈久安之勢
乃感激上言而得入覲陳安邊六策上深加采納進
吏部侍郎資政殿學士出守西京既而西戎果叛上
咨歎之授公振武軍節度使鎮延安時守備未完屯
戍尚寡公累章乞師朝議小其寇不甚爲意一日元
昊驅衆十餘萬於延安城會大將石元孫領兵出境
上城中守之纔數百人公身被甲冑復呼民登陴日
夜嚴守遣使召統帥劉平于慶州平領軍來援合元
孫兵與賊夜戰王師不利二帥陷殁城中大恐無可
守之勢公曰延安西夏之咽喉也如將不守則關輔
皆危今人力窮矣奈何郡南有嘉嶺山其神素靈乃

望而禱之曰我死王事足矣生靈何辜爲虜魚肉神享廟食于兹土其無意乎厥暮陰晦雨雪大下寇兵暴露不知所爲乃晝夜引去延安遂完朝廷聞之封其神曰威顯公斯又至誠之感爲不誣矣然二帥既殁累公左遷戶部侍郎知安州延安吏民百數詣闕號訴謂城當陷而存民將殞而生皆公之力也天子惻然故一歲間起公吏部侍郎知河中府未行改京兆府且許朝覲上優遇之加資政殿學士赴鎮歲餘以撫安關輔之勞改尚書左丞進大學士俄而復守西京有群盜集于襄鄧浸淫汝洛間朝廷委公營之公夙夜乃事遣兵驅遏兼示恩貸故其寇歸者半戮者半民用樂業歲乃大登朝廷有詔褒之又言事者

以西事而來收兵入冗冝遣使擇去以寬其費朝廷從之軍中往往偶語公密疏謂急而用之緩而弃之不可上乃止公保釐三歲拜禮部尚書時已抱疾至終之日洛人悲焉公常志在補益奏藁累篋及其沈痾聞朝廷有事于田狩猶拜疏忠切以盡其心公性恭和有風鑒門下所舉多至貴顯爲時名卿藏書僅萬卷惟小書五經則常提携左右不可一日無此與岷山處士龍昌期論易深達微奧以昌期所著書奏
御遂行於時公著明道集三十卷後集十卷彌綸集十卷雖高年貴位而造次不忘于學初娶魏氏追封鉅鹿郡夫人再娶臧氏始封遂寧郡夫人改仁壽郡男六人長曰宗傑兵部員外郎直史館陝西轉運使

三路制置解鹽使先公一年而亡次宗良宗衍並守將作監主簿次宗古皆早亡宗師宗賢今並太常寺太祝女十人一適眉州防禦使高繼宣三人在室六人早亡孫男六人子開子明並大理評事子儀太常寺奉禮郎子諒子奇子淵將作監主簿孫女七人曾孫女二人公約下身勞于國周旋四方始終一節又政惟慈恕不任威罰今二子六孫秀異簪紳豈陰德之在歟某素爲公之所知又諸孤以公善狀求爲之銘銘曰

邦之偉人念德不怠勤勞王家四十七載入輔樞軸作爲股肱皇猷克贊天眷是膺出臨藩宣允專節制蹈乎憂患濟以忠義政本乎仁行執乎恭夙興夜寐

則善之從歲月靡靡終于壽紀典禮具舉神靈以喜
葬于先塋舊栢青青子孫尚蕃承祭祀兮惟寧

東染院使种君墓誌銘

君諱世衡字仲平國之勞臣也不幸云亡其子泣血請銘於予予嘗經略陝西知君最爲詳懼遺其善不可不從而書之初康定元年春夏戎犯延安我師不利朝廷以堡障衆多有分兵之患其間遠不足守者即命罷之寇驕而貪益侵吾疆百姓被其毒君時爲大理丞任鄜州從事建言延安東北二百里有故寬州請因其廢壘而興之以當寇衝左可致河東之粟右可固延安之勢北可圖銀夏之舊有是三利朝廷從之以君董役事君膽勇過人雖俯逼戎落曾不畏

憚與兵民暴露數月且戰且城然處險無泉議不可守鑿地百有五十尺始至于石工徒拱手曰是不可井矣君曰過石而下將無泉耶爾攻其石屑而出之凡一畚償爾百金工復致其力過石數重泉果沛發飲甘而不耗萬人歡呼曰神乎雖虜兵重圍吾無困渴之患矣用是復作數井兵民馬牛皆大足自兹西陲堡障患無泉者悉倣此大蒙利焉既而朝廷署故寬州爲青澗城授君内殿承制知城事復就遷供備庫副使旌其勞也塞下多屬羌向時漢官不能恩信羌皆持兩端君乃親入部落中勞問如家人意多所周給常自解佩帶與其酋豪可語者有得虜中事來告於我君方與客飲即取坐中金器以獎之屬羌愛

服皆願効死青澗東北一舍而遠距無定河河之北
有虜寨虜常濟河爲患君屢使屬羌擊之往必破走
前後取首級數百牛羊萬計未嘗勞士卒也故功多
而費寡建營田二千頃歲取其利募商賈使通其貨
或先貸之本逮其流轉歲時間其息十倍乃建白凡
城中芻糧錢幣暨軍須城守之具不煩外計一請自
給使一子專視士卒之疾調其湯餌常戒以咎責期
于必瘳士卒無不感泣今翰林承旨王公堯臣安撫
陝西言君治狀上悅降詔褒之曰邊臣若此朕復何
憂二年就兼鄜延路駐泊兵馬都監制置本路糧草
遷洛苑副使慶曆二年春予按巡環州患屬羌之多
而素不爲用與夏戎潛連助爲邊患乃召蕃官慕恩

與諸族酋長僅八百人犒于麾下與之衣物繒綵以
悦其意又柔忠順者增銀帶馬綾以旌之然後諭以
好惡立約束四俾之遵向然悍獷之性久失其馭非
智者處之慮復爲變時青澗既完人可循守乃請于
朝願易君理環朝廷方以青澗倚君又延帥上言人
重其去命予更擇之予謂夏戎日夜誘吾屬羌羌愛
其類益以外向非斯人親之不能華其心朝廷始如
其請君既至環安邊之利害大要在屬羌難制懼合
夏戎爲暴發之患又地瘠穀貴屯師爲難聚糧則力
屈損兵則勢危斯急病也君乃周行境内入屬羌聚
落撫以恩意如青澗焉有牛家族首奴訛者屈疆自
處未甞出見官長聞君之聲始來郊迎君戒曰吾詰

朝行勞爾族奴訛曰諾是夕大雪三尺左右曰此羌兇詐嘗與高使君繼嵩挑戰又所處險惡冰雪非可前君曰吾方與諸羌樹信其可失諸遂與士衆緣險而進奴訛初不之信復會大雪謂君必不來方坦卧帳中君已至甃而起之奴訛大驚曰我世居此山漢官無敢至者公了不疑我耶乃與族衆拜伏讙呼曰今而後惟父所使自是屬羌咸信於君有兀二族受夏戎僞署君遣人招之不聽即使慕恩出兵誅之死者半歸者半盡以其地暨牛羊賞諸有功其僭受僞署如兀二族者百餘帳咸股慄請命納其所得文券袍帶由是屬羌無復敢貳君戒諸族各置烽火夏戎時來抄掠則舉烽相告衆必介馬而待之破賊者數

四涇原帥葛懷敏定川之敗戎馬入縱于渭予領慶州蕃漢兵往扼邠城又召君分援涇原君即時而赴羌兵從者數千人屬羌爲吾用自此始君曰羌兵既可用矣乃復教土人習弧矢以佐官軍吏民有請某事辭某事者君咸使之射從其中否而與奪之坐過失者亦用此得贖吏農工商無不樂射焉繇是緣邊諸城獨環不求增兵不煩益糧而武力自振夏戎聞屬羌不可誘土人皆善射烽火相望無日不備乃不復以環爲意前後經略使交薦君之才能朝廷益知可倚明年遷東染院使充環慶路兵馬鈐轄仍領環州惟環西南占原州之疆有明珠滅臧康奴三種居屬羌之大素號彊梗在原爲孽寖及于環撫之很不

我信伐之險不可入北有二川交通于夏戎朝廷患焉其二川之間有古細胥城復之可斷其交路又明年予爲宣撫使乃諭君與原守蔣偕共幹其事君父悉利病即日起兵會偕于細胥使甲士晝夜築之夏戎固忌此城君遣人入虜中以計欵之兵遂不至又召明珠等三族酋長犒撫之俾以禦寇彼既出其不意又亡外援因而服從君之謀也君處細胥月餘逼以苦寒城成而疾作以慶曆五年正月七日甲子啓手足神志不亂享年六十一葬于京兆萬年縣之神和原君之先河南洛陽人也曾祖存啓河南壽安令祖仁詡京兆長安令贈太常博士父昭衍登進士第累贈職方員外郎季父敎字明逸初隱于終南山君

少孤依之服勤左右以力學稱明逸道高德純太宗
朝再詔以事親不起眞宗復加聘禮起拜左司諫直
昭文館累遷尚書工部侍郎大中祥符五年君用工
部廕得將作監主簿五遷至太子中舍初監秦州太
平監以母老求養又監京兆府渭橋倉卭州惠民監
知涇之保定京兆之武功涇陽三邑在武功毁淫祠
崇夫子廟以來學者在涇陽有里胥王知謙者姦利
事露逃之逼郊禮乃出君曰送府則會恩益以長惡
從所坐杖脊于縣庭而請待罪府君李公諮奏釋之
自是豪黠莫不斂手其嫉惡如此又邑有三白渠比
年浚疏用數邑力主者非其才而勞逸弗等功利日
削君使勤惰齊其力故功倍貧富均其流故利廣至

今民能言之歷通判鎮戎軍環鳳二州鳳之守王蒙正託章憲外姻以私干君復欲以賄汚君君正色不納蒙正太怨之乃使人諭王知謙訟君蒙正內爲之助獄成流竄州上親政量移汝州君之弟世材以一官讓君乃除孟州司馬龍圖閣直學士李公紘雪于朝授衛尉丞主隨州榷酤又禮部尚書宋公綬工部侍郎狄公棐皆言君非辜畋知虔州贛縣君辭得監京兆軍資庫以同鄜交辟改簽署同州判官事又移鄜州因從軍延安乃有故寬州之請君少尚氣節昆弟有欲析其家者君推資產與之惟取季父圖書而已蒞官能摘惡庇民青澗與環人皆盡君之像而享事之及終吏民暨屬羌酋長朝夕臨柩前者數日朝

廷深惜之賜三子恩君娶劉氏封萬年縣君男八人長曰古文雅純篤養志不仕有叔祖明逸之風次曰診試將作監主簿曰詠同州澄城尉曰諮郊社齋郎曰諤三班奉職皆有立訢記誼三子尚幼一女適西頭供奉官田守政君在邊數年聚貨食教弧矢撫養士伍牢籠羌夷無賢不肖皆稱之又出奇以濟幾事嘗遣諜者入虜中凡半歲間而虜誅握兵用事者二三人諜者還言其謀得行會君已沒又天子方懷來故其績不顯銘曰

鳴呼种君出于賢門吾志必立吾力是陳寧以剛折果由直伸還自瘴海試于塞垣權以從事意其出人捍虜之患乂邊之民夙夜乃職星霜厥身生則有涯

死宜不泯邊俗祀之子孫孫

天章閣待制滕君墓誌銘

君諱宗諒字子京大中祥符八年春與予同登進士第始從從之游然未篤知其為人及君歷濰連泰三州從事在泰日予為鹽官於郡下見君職事外孜孜聚書作文章愛賓客又與予同護海堰之役遇大風至即夕潮上兵民驚逸吏皆蒼惶不能止君獨神色不變緩談其利害衆意乃定予始知君必非常之才而心愛焉君去海陵得召試學士院改大理寺丞知太平州當塗縣移知邵武軍邵武縣遷殿中丞還臺會禁中災下御史府窮究君與秘書丞劉越並上疏論災異明非人之所能為朝廷貸其獄時明肅太后晚

年未還政間君又與越甞有鯁議暨明肅猒代朝廷擢當時敢言者越既卒贈右司諫君拜左正言遷左司諫俄以言得罪換祠部員外郎知信州又監鄱陽郡榷酤就九華山以葬先君既而起通判江寧府丁太夫人憂服除知湖州賜五品服西戎犯塞邊難其人朝廷進君刑部員外郎直集賢院知涇州就賜金紫及葛懷敏敗績于定川寇兵大入諸郡震駭君以城中乏兵呼農民數千皆戎服登城州人始安又以金繒募敢捷之士晝夜探伺知寇遠近及其形勢君手操簡檄關白諸郡日二三次諸郡莫不感服予時爲環慶路經略部署聞懷敏之敗引蕃漢兵爲三道以助涇原之虛時定川事後陰翳僅十日士皆沮

怯君咸用牛酒迎勞霈然霑足士衆莫不增氣又涇州土兵多没于定川君悉籍其姓名列于佛寺哭而祭之復撫其妻孥各從其欲無一失所者予目此數事乃知君果非常之才始請君自代朝廷命韓公琦與予充陝西四路馬步軍都部署經略安撫招討使復命君守本官充天章閣待制環慶路經略安撫招討使兼知慶州君奏言今既置四路經略安撫招討使而諸路經略亦帶招討之號稱呼無别非統制所宜請去招討二字朝廷以其知體語從之君去涇之日其戰卒妻孥數百口環其亭館而號送之觀者爲之流涕君至慶處置戎事甚得機要邊人咸稱之會御史梁堅奏劾君用度不節至本路費庫錢十六萬

緡及道中使檢察乃君受署之始諸部屬羌之長千餘人皆來謁見悉遺勞之其費僅三千緡蓋故事也堅以諸軍月給并而言之誣其數爾予時待罪政府嘗力辯之堅既死臺諫官執堅之說猶以爲言朝廷不得已坐君前守回中日饋遺往來踰制降一官仍充天章閣待制知虢州又移知岳州君知命樂職庶務畢葺遷知蘇州未踰月人歌其能政俄感疾以某年月日薨于郡之黄堂享年五十七天子加賵賻禮進一子官嗚呼予實知君之才而嘗薦之於朝及聞其終泣而誄之惜其才有餘而命不足不得盡其術于生民諸子奉君之喪以某年月日葬于池州青陽縣九華山金龜原而乞銘於予忍復讓哉君河南人

也曾祖裔贈將作少監祖嶼不仕父感雅州軍事推官累贈尚書屯田郎中母刁氏渤海縣太君追封仙遊縣太君君娶李氏封同安縣君子四人希仲以方略進前渭州軍事推官希魯登進士第希德舉進士希雅尚幼並守將作監主簿女二人長適池州軍事推官王翊次適進士劉君軻君少孤性至孝居母喪以哀毀屢病廬墓側踰年手植松栢數萬株生平好學爲文長於奏議尤工古律詩積書數千卷以遺子孫中外宗族無不盡其歡心其育人之孤急人之難多矣君政尚寬易孜孜風化在玉山雲上回中岳陽四郡並建學校紫微王舍人琪翰林張諫議方平太常尹博士源弟起居舍人洙次爲之記重與岳陽樓

刻唐賢今人歌詩于其上予又爲之記君樂於爲善士大夫亦樂其善而願書之也可不謂之君子乎銘曰

嗟嗟子京天植其才精爽高出誠意一開抗職諫曹辯論弗擢主略邊方智謀横來嗟嗟子京爲臣不易名以召毀才以速累江海不還鬼神何意君昔有言愛彼九華書契以降干戈弗加樹之松楸蔽于雲霞君今已矣復藏于此魂其依歟神其樂只壽夭窮通一歸乎至理

試秘書省校書郎知耀州華原縣事張君墓誌銘

孔子門人七十子之徒天下皆知其賢焉或爲邑宰

或爲家臣或不願仕蓋顯於諸侯者寡矣然則七十子之徒孔子語而未嘗及怨何哉君子之道充乎己加乎人窮與達外也彼戰國豪士不由孔子之門者則有脫賤貧逐貴高弗奪弗猒滅身覆宗而不悔何哉不循聖人之道挾數以進求行其欲得與失重也吾乃知夫由孔子之道者雖困窮以死不害其爲賢矣君諱問字道卿陳留人也天聖七年秋廣文館開封府所薦士有與主試官親嫌者别試太常寺予始在秘閣命往尸之得君策論有漢儒風采乃薦以高等明年不利于春官退居景陵郡研經講道弦歌終日遠近學者多歸之既而獻文論百首應茂才異等科第一人召會丁家難不赴寳元初西羌犯延安吾

慨然有憂邊之意述平戎策以進慶曆初故禮部尚書范公雍言君著萬機濟理書十篇皆國之大議朝廷召試學士院初命試將作監主簿未調而歸搢紳惜其不稱時予經略陝西因表薦之除試秘書省校書郎知耀州華原縣決滯訟數十吏民服其明蜀西陲積兵民苦於遠輸俗吏急之以奉上官民率多流亡君獨與民緩期使得措其手足復流亡者千餘戶陝西都轉運使吳公遵路孫公沔皆以善狀上聞宣撫副使田公況復稱薦之又本道經略使鄭公戩顧京兆屬邑有不治者必遣君治之以慰其民鄜延路經略使龐公籍思廣議論之助權署君幕中仍主州庠以教育人材累表請改官未報會樞密直學士梁

公適來代龐奏君以本官監延州軍資庫詔從之未幾寢疾以慶曆六年十一月三日終于延安之官舍享年五十二以某年某月某日葬于某鄉里曾祖洪隱德不仕祖令釗開封府太康縣主簿父允河中府觀察推官母夫人宋氏君娶歐陽氏生一子曰徽登進士第鎮安軍節度推官知延州甘泉縣二女長適安州安陸縣主簿朱師德次適進士方琪君力于學志于道直言直躬自信而不惑有孔子門人之業而不挾戰國豪士之數雖命與道違又何愧哉其子遠來乞銘故書之曰君子之道恥於弗立立而無所施命也君子之命患於弗知知而無可奈何天也張君其斯人之徒歟吾思其孔子之門則當旌其人而不

暇哀其人故昭以銘云

太子中舍致仕上官君墓誌銘

君諱融字仲川其先蜀人也曾祖諱琛不仕祖諱遜贈禮部侍郎父諱佖兵部員外郎京東轉運使贈光禄少卿妣秦氏彭城縣太君君幼專詞學秀出流輩天聖二年秋廣文館舉進士公卿大夫之子咸在焉君中第一人明年春禮部較天下之才君别試于太常寺又首薦之由是名動京師士大夫願識其面未第聞丁光禄憂朝廷録光禄之後賜君同學究出身服除授信州貴溪縣主簿君不辭小官而恪其職令樞密直學士蔣希魯故龍圖閣直學士吴安道時並任江南東路轉運使聯章薦君就遷蔡州平興縣令

吴移使淮南奏掌眞州鹽倉又故龍圖閣直學士段希逸與時賢七人舉君于朝旋以疾聞除太子中舍致仕居于曹南郡以慶曆三年三月五日不起年四十有九君始娶任氏再娶辛氏封金城縣君子二人長曰延賞郊社齋郎次曰延德君之弟太子中舍隆與其孤以皇祐三年四月六日葬君于濟陰縣沛郡鄉崇儒里請銘於余余天禧初爲譙之從事光禄公方典是郡君時侍行而余始識君見君文雅有議論不敢以子弟器之後數年與君會于京師與之遊皆當世異才以文學風義相許余益愛焉君既禄仕而大夫之賢者多薦之斯可謂之聞人矣惜乎命之不修弗克樹勳於時可永歎焉或者曰儒生多薄命天

豈不與善也余謂不然君子之爲善也必享其吉有窮且夭者世皆重而傷之雖一二人猶以爲多焉小人之爲不善也必罹其凶其禍且死者世皆忽而忘之雖千百人若無焉如仲川之亡可爲重而傷之者矣故作銘云

惟人之才而無命兮猶物之秀而不實品彙紛其自然兮非化工之能一仲川之亡兮可奈何如川之去兮無還波彭殤至此兮孰少孰多君子之思兮徒爲乎悲歌

太子中舍致仕范府君墓誌銘

府君諱仲温字伯玉四代祖諱某幽州人也唐末爲處州麗水縣丞中原亂離遂家于蘇臺曾祖諱某事

錢氏爲中吳軍節度判官贈太保祖諱某以神童補官終于祕書監贈太傅考諱某歸皇朝歷眞定府武信軍掌書記贈太師兼中書令府君即太師仲子也生于京師幼孤還蘇臺與諸從兄弟居服勤素業孝悌于門中景祐二年以某遇乾元節恩例補試將作監主簿赴調除越州新昌尉以誠接物民用知勸在邑三年盜不及境外計舉監杭州餘杭縣市征能寬其利商旅便之三載以績聞按察使洎牧守咸有表薦除寧海軍節度推官知台州黃巖縣慶曆七年海潮大至壞州城人皆逃散没溺者甚衆府君敎民爲桴晝夜救之全活數千人既而上官知其所存請董衆以治城府君雅喜利人長於慮事衆議築土爲城

用甓以傳之府君獨不然謂人築且勞又捍水之衝甓何能久乃集民累土以牛數百蹂之堅而後增至于城復表以長石互相銜枕勢莫得動其城八門皆設之閘遇水暴至則障之衆伏其善台人遂安時又歲饑州命邑官率富人出穀俾輕其價以助窮民而窮民乏資無以得穀府君諭之曰汝糶之十不若與之二三則富人易辦而貧人易及衆皆悅從饑者獲濟焉永嘉郡禁盜十四人獄具皆當極法外臺請府君慮問府君原盜之情而重其行法固請覆奏朝廷悉恕其死黄巖大邑民數萬户訟爭盈庭府君專尚仁愛多以理遣至有犯徒刑而情非巨蠹者府君必爲解其仇訟而決平之民自愛服制置按察等使交

章薦之府君秩滿還家與鄉舊游曰吾樂矣何用官爲遂請老朝廷嘉之遷太子中舍致仕皇祐初某來守錢塘與府君議置上田十頃於里中以歲給宗族雖至貧者不復有寒餒之憂府君退居四年賓親盈門以東皋所入日爲鷄黍之具故貧而常樂顔鄰里鄉黨有急難則竭力以濟之皇祐二年九月十三日以疾不起享年六十有六中外宗親莫不過哀里人無老少皆涕下其遺愛感人如是之深娶丁氏夫人男五人長曰純義守將作監主簿四子尚幼女四人長適進士李淞次適進士沈充二女在室以其年十一月十三日葬于吳縣天平山三讓原嗟夫某從事四方與府君別動逾千里及餘杭得請一獲其願相

會未幾而有死生之訣泣血灑毫不能成文銘曰
嗚呼先公五子其三早亡惟兄與我爲家棟梁兄又
逝焉我獨徨徨諸稚在前未知否臧我其教之俾從
義方積善不誣厥後其昌

范文正公集卷第十三

范文正公集卷第十四

太府少卿知處州事孫公墓表

論者曰春秋無賢臣罪其不尊王室也噫春秋二百四十年天地五行之秀生生不息何嘗無賢乎當東周之微不能用賢以復張文武之功故四方英才皆見屈於諸侯覇者之爲而王道不興與無賢同故論者傷之甚矣公諱鶚字齊賢富春人也按舊誌公以奇文遠策見吳武肅王署越州大都督府文學歷郡縣幕府改臺憲爲郎官判鹽鐵院持禮入貢授少監終于太府少監領縉雲郡享年八十葬于會稽之南山今山陽守沔即公之曾孫也在御史府無所廻避有聲朝廷近過閭里埽壞墓求故老索遺文得太府

之清芬訪余鄮齋以道之既而歎曰唐季海內支裂
猘材國士不爲時王之用者民鮮得而稱焉皇朝以
來士君子工一詞明一經無遠近直趨天王之庭爲
邦家光吾搢紳生宜樂斯時寶斯時則深於春秋者
無所譏焉因追惜太府公奇文遠策而終於覇臣丁
彼時也豈徒一人而已乎故弔而表之

鄮郊友人王君墓表

五行之秀見乎人有清而賢有蔽而愚五行之數著
乎命或修而壽或速而夭顏子其猶病諸吾友人王
君賢而夭之其不幸矣夫君諱鎬字周翰其先澶淵
人也曾祖鼎邢臺之督郵祖楷尚書兵部員外郎考
袞太子右贊善大夫妣袁氏封太原縣君贊善公

慨有英氣善爲唐律詩歷著作佐郎通判彭州會太守不法憤而辱之失官居長安中與豪士遊縱飲浩歌有嵇阮之風人特駭之公不安其高復起家就禄得請監終南山上清太平宫從吏隱也時祥符紀號之初載某薄遊至止及公之門因與君交執復得二道士汝南周德寳臨海屈元應者蚤暮過從周精於篆屈深於易且皆善琴君常戴小冠衣白紵跨白驢相與嘯傲於鄠杜之間開樽鳴絃或醉或歌未嘗有榮利之語一日會君之别墅當圭峯之下山姿秀整雲意閑暇紫翠萬疊横絶天表及月髙露下群動一息有笛聲自西南依山而起上拂寥漢下滿林壑清風自發長煙不生時也天地人物洒然在冰壺之中

客大異之君曰此一書生既老且貧每風月之夕則操長笛奏數曲而罷凡四十年矣嗟乎隱君子之樂也豈待乎外哉既暨予東歸長白山以親之故就祿養者僅十五秋君猶隱而未出今殿中丞致仕毋君隨居鄠郊善談名理見君之賢而語之曰予美田百頃枕琴藉書釀醇酒養靈藥優游雲泉踰二十年人生此世中安得獨善自樂如此之久耶不若俯就鄉老書少勞于人間又長安秀造皆推引之君不得已天聖四年秋起冠京兆之薦明年春官氏較天下之士第君于甲等忽焉構疾以三月九日不起于京師之建隆觀時周道士在焉親視藥食而至于終乃齎其柩行哭道中歸于鄠郊又數年予倅河中府因王事

至長安傳舍中會周道士友諮平昔及君之始末道士涕泗交下終夕不止君善與人交也如此又十年予經略西事遇君之長子以葬期來告嗚呼君幼而竒敏能歌詩筆札有聲于關中長安人惟呼小秀才長而有文著書樂道不願榮禄有肥遁之節後感毋君之言僶俛一進遽以不壽妻譙氏生子五人長曰規謹厚克家奉父母之喪藏于鄠縣某山某原禮也次曰慨景祐元年登明經第除臨晉主簿而亡次曰覽曰覲曰觀尚幼俱嗣其業二女適孫周道早卒噫予與君別三十七載風波南北區區百狀今茲方面賓客滿坐鍾鼓在廷白髮憂邊對酒鮮樂豈如圭峯月下倚高松聽長笛忘天下萬物之際乎追念故人

乃揭石而表之書曰有君子焉生兮雲山葬兮雲山
始終不垢兮其清而賢

龍圖閣直學士工部郎中段君墓表

皇祐二年春某月日葬故龍圖閣直學士段君于陳州某縣某鄉之原君諱少連字希逸開封人也曾祖諱知遇祖諱驤隱于五代父諱子昂端拱中登進士第終于陳州録事參軍累贈吏部郎中母夫人樂氏追封福昌縣太君君幼孤好學大中祥符七年秋登服勤詞學科釋褐試秘書省校書郎知鄂州崇陽縣有治狀改權杭州觀察判官時樞密直學士李公及領餘杭郡當世清德於人少許可大愛君之才與本道轉運使薦之改著作佐郎知亳州蒙城縣移雅州

名山縣還改秘書丞知婺州金華縣未行除審刑院詳議官執法至平搢紳多之張文懿罷相知江寧府辟君通判府事還授御史臺推直官改太常博士時章獻太后聽朝君與知雜御史曹修古等上言外戚劉從德家恩幸太過臺隸輩皆得禄仕責授秘書丞監漣水軍酒稅務復太常博士通判天雄軍上臨軒親政擢拜殿中侍御史尋除開封府判官改刑部員外郎直集賢院充三司度支判官使契丹國還爲兩浙轉運使君以二浙財賦爲天下之最孜孜利病無弊不革朝廷奬之進兵部員外郎充職改淮南轉運使兼發運司事移陝西轉運使奏劾判陝府駙馬都尉同平章事柴崇慶不法朝議直之俄命以本官兼

御史知雜踰月除三司度支副使定襄地震壞閭舍壓人死萬數天子怵然命君爲河東安撫使君恤殘民無一不至遷工部郎中充天章閣待制知廣州康定初西戎叛兵交塞下近塞藩牧實難其任朝廷以君爲龍圖閣直學士知涇州未行感疾以寶元二年八月初四日終于廣州之黄堂年四十六娶樂氏封京兆郡君生三男俱幼亡五女長適張氏次適孫氏次適譚氏次適明氏次適張氏君風神秀特人皆望而欽之臨事無大小無難易決發如流明而不苛和而不隨在御史府無所廻避謫去踰年及還又與孔中丞道輔等伏閤論事見端人之風焉三爲轉運使特有風采善人君子皆得信用而推擢之小人則畏

而少過君在南海于方經略陝西嘗薦君可仕邊要朝廷纔有巡州之命而君不起搢紳先生咸嗟惜焉予知君之深者故表其墓云

希逸之生神粹而明朝端正色天下公聲顏子非壽清德自久伯道何嗣令名爲後表墓以文希逸不朽

贈大理寺丞蔡君墓表

經曰君子之道闇然而日章嘗試觀之士果有文與行不必據高享大而後顯雖林壑之幽逝而不泯者蓋有稱焉君諱元卿字某其先洛陽人祖諱某爲萊之膠水令有惠愛君官九載不得去旣終邑人留葬之子孫遂家焉父諱某克己好學以疾不仕君幼不爲戲長而好學一日歎曰男子生而有四方之志吾

從事於文豈踽身環堵而能通天下之志乎乃斬然遠游至江西胡氏之義學與羣士居非禮不由非道不談君子願交焉五年業成復歸于齊鄉老請薦之時方尚雕蟲技君以好古不合于有司退居淄川郡之北郊有田數十頃而衣食之以貧爲樂未嘗屈于人有豪士至門願輸錢五十萬請爲陶朱之事以肥其家君謝之曰吾伏臘之餘尚可爲酒醴詠歌之音足以悦情性吾之仁義不得施于生民忍以貨殖而取之乎豪士慙而引去君退於斯終於斯享年四十七君體貌魁梧偉其衣冠人皆望而畏之而性本慈孝故參知政事文忠公視君諸父也君親愛之過于己子每得文忠所著則喜盈顔面示于識者曰趣吾

家者耶君娶故駕部員外郎王允己之女贈某縣君以孝和聞生四子曰弈曰禀曰亶曰交皆由文忠廕補報君之德也弈早終于乾寧主簿禀既仕而學再舉進士出身夙夜刻志富于學問嘗應賢良方正科雖失于有司以是著聞於時至監察御史而終君與夫人因禀叙郊祀恩俱被贈告亶與交今並爲大理寺丞克孝于親奉君與夫人之喪以某年月日合葬于青州某縣某原禮也子孫游官誠南北之人也故表而識之云君屈其身不屈其道愛及文忠文忠以報子孫廼昌相與爲孝墓而表之如立廟貌

權三司鹽鐵判官尚書兵部員外郎王君

墓表

君諱絲字敦素會稽人也晉右將軍逸少之後世居
蕭山曾祖諱慶祖諱安皆不仕父諱袠有鄉曲之行
好施與而里人喜之曰厥後其昌娶沈氏夫人而生
君及君登朝累贈尚書屯田員外郎夫人追封德清
縣太君後夫人謝氏追封會稽縣太君君幼禀親訓
未嘗釋卷復游學京師大中祥符八年春擢進士第
釋褐除興國軍司理參軍精意獄事無不得其情前
後劾重辟而昭雪者凡十一人郡中稱之神明秩滿
除台州軍事判官州城據山病其少井君白州長一
舍之外有泉焉請陶土爲筒導入于城復五里一穴
以濟行路之渴于今人賴之移潮州軍事判官秩滿
權杭州觀察推官丁父母憂服除赴集吏部選充開

封府兵曹參軍歲餘大理寺舉爲詳斷官改本寺丞凡奏獄之疑者必持寬典全活甚衆改殿中丞故龍圖閣學士少連時爲兩浙轉運使舉君撥發本路漕船迺革其弊本大增上供之數以考績聞改太常博士通判衢州州人子弟多習詩書而未有學校士望缺然而君募郡中高貲始建學舍其堂室僅百楹朝廷賜州學額又營資糧之具最於諸郡時金華郡守闕外臺假君領之衢之父老遮道于境上請婺民曰我州一鑑何奪之爲有詔外臺乞還者婺人薛惟簡先有寃狀父徒子黥君雪除之其家德君以紫檀肖其象而祠之故翰林聶學士冠卿應詔舉知深州不就改屯田員外郎通判泰州故翰林葉學士清臣舉

拜殿中侍御史慶曆中湖南蠻人亂攻刼郡縣言事者或請夷滅或議招納歲時未决生民甚苦之朝廷選御史往究其事以君爲湖南安撫至則察訪利病而前之主者立重賞以誅蠻人一級萬錢士卒貪之往往害樵餉之人以爲功君下令曰得賊之首者必指其鬭地以爲質其可擒者當生致之自是無枉戮者君居軍中凡十月戎服葛屨與士卒同惟石硋鈐景二洞聚黨數千君促官軍力破之斬首數百級招安三千人餘皆竄匿英連韶間自是衰息朝廷奬君之勞遷侍御史賜金紫充廣南東路轉運按察使兼本路安撫提舉市舶司凡蕃貨之來十稅其一必擇諸精者夷人苦之公令精麤兼取夷人大悦謂之曰

金珠御史意貴之也時交趾有變朝廷命君經度而廣州當交趾之衝無城守備君議陶塼爲城造大艦十數日習水戰以待其來彼不復動歲餘君以瘴疾求領小郡遷兵部員外郎知通州通人歲苦海潮流亡者衆君作長堤以捍之復民田業量其肥瘠奏免五年至十年之租朝廷召權三司鹽鐵判官以皇祐元年四月疾終于京師享年六十一二年三月十日歸葬于蕭山之先域禮也君娶裴氏生一女再娶杜氏生四男一女其子霽登進士第震試秘書省校書郎露三班借職霈修進士業女文慧適泉州永春主簿陸琪文淑適皇祐元年進士第一人馮京予於君同年之交也見君苦志清節不渝於素稱薦者皆當

世名臣朝廷一用之而克樹風績惜哉位未大道未顯而終焉其命矣夫故表其墓云稽山之陰右軍之後生此淑人終身無咎既及于民復歸於神葬之家山雲氣氤氳宜昌乎子孫

書碑陰

書環州馬嶺鎮夫子廟碑陰

慶曆二年春正月予領環慶之師出按邊部過馬嶺鎮四望族落皆鎮之屬羌而戍城之中有夫子廟貌觀其記石乃故兵馬監押殿直贈某官張公藴之所建也已而思之昔咸平二年冬契丹以舉國之衆入高陽關縱横大掠南至于河乘冰之堅侵于淄齊時河南州郡未嘗治城且無戰卒四郊之民驅戮向盡

城中大懼公方監押與刺史議其事刺史暨官屬州
人咸欲棄城奔于南山公按劒作色曰奈何去城隍
委府庫大衆一潰更相勦奪彼狄未至吾民已殘矣
刺史果出我當殺之以徇繇是衆無敢動公乃呼民
登城夙夜以守數日狄退而州人相賀曰向非張公
英識獨斷則我輩父母妻子魚肉於人矣朝廷賞不
及公人咸嗟咨公生二子長曰揆今爲度支員外郎
直史館荆王府記室參軍次曰掞今爲秘書丞通判
京兆府事並以文學節行自樹風采搢紳先生稱之
議者謂公有陰德於人宜其有後焉予幼居淄川郡
又與記室爲同年生稔聞公之事及觀馬嶺之跡雖
極塞窮壘猶復立聖人之祠以尚風教乃知張公信

道有素固能訓子義方昌厥世而大其門蓋未可量
也豈止陰德之助哉故書之

范文正公集卷第十四

書

《蘇州全書》編纂出版委員會 編

·范文正公集

蘇州全書

甲編

古吳軒出版社
蘇州大學出版社

范文正公年譜

四明樓鑰編次

五世孫之柔校正

公昔遠祖博士范滂爲清詔使裔孫履冰爲唐丞相鸞臺鳳閣平章事世居河内四世祖上柱國隋懿宗朝咸通二年任幽州良鄉主簿誥書猶存至十一年遷處州麗水縣丞一支渡江中原亂離不克歸子孫遂爲中吴人曾祖夢齡仕吴越中吴節度判官宋贈太師徐國公祖贊時仕吴越九歲童子出身終秘書監宋贈太師唐國公父墉從錢俶歸宋任武寧軍節度掌書記（武寧軍即徐州）封太師周國公文正公即書記第三子也諱仲淹字希文端拱

二年己丑八月癸酉二日丁丑以辛丑時生二歲而孤母夫人謝氏貧無依再適淄州長山朱氏亦以朱爲姓名說上長白山僧舍脩學醴泉寺內有祠後居南都郡庠五年大通六經之旨爲文章論說必本於仁義孝弟忠信祥符八年年二十七歲舉進士禮部選第一遂中乙科初任廣德軍司理後迎侍母夫人至姑蘇欲還范姓而族人有難之者公堅請云止欲歸本姓他無所覬始許焉至天禧元年爲亳州節度推官始奏復范姓其後名益大位益顯嘗語諸子弟曰吾吳中宗族甚衆於吾固有親踈然以吾祖宗視之則均是子孫固無親踈也吾安得不䘏其飢寒哉且自祖宗來積德百餘年而

始發於吾得至大官若獨享富貴而不卹宗族異日何以見祖宗於地下亦何以入家廟乎故恩例俸賜常均族人盡以俸餘買田於蘇州號曰義莊贍養宗族無間親踈日有食歲有衣嫁娶凶葬咸有贍給公爲人外和内剛樂善汎愛喪母時尚貧終身非賓客食不重肉臨財樂施意豁如也及退而視其私妻子僅給衣食其於富貴貧賤毀譽歡戚不一動其心而慨然有志於天下常自誦曰士當先天下之憂而憂後天下之樂而樂也其事上遇人一以自信不擇利害爲趨捨凡有所爲必盡其力曰爲之自我者當如是其成與否有不在我者雖聖賢不能必吾豈苟哉公爲政所至民多立

祠晝像其行己臨事自山林處士里閭田野之人外至夷狄莫不知其名字而樂道其事仕至參知政事謚文正（道德博洽曰文經天緯地曰文内外賓服曰正）有文集二十卷别集五卷蘇軾作序政府論事三卷奏議十七卷韓琦作序娶李氏參政昌齡女也公有四子長曰純祐歷守將作監主簿自幼讀書爲文章籍籍可稱嘗侍公城馬鋪寨率兵馳據其地西戎兵衆大至且戰且督不數日而成其城一路恃以爲安次曰純仁字堯夫皇祐元年進士相哲宗謚忠宣御書世濟忠直之碑高宗朝贈太師追封許國公次曰純禮字彜叟仕至尚書右丞次曰純粹字德孺仕至龍圖閣學士戶部侍郎知河南府

太宗皇帝端拱二年己丑秋八月丁丑公生於徐州節度掌書記官舍按公神道碑及國史皆云年六十四薨于皇祐四年也

淳化元年庚寅丁父太師憂年二歲

大中祥符元年戊申年二十歲

按公譔鄠郊友人王鎬墓表云君之父贇善公袞慷慨有英氣善爲唐律詩歷著作通判會太守不法憤而辱之失官居長安中與豪士遊縱飲浩歌有嵇阮之風人特駭之公不安其高復起家就禄得請監終南山上清太平宫從吏隱也時祥符紀號之初戴其薄遊至止及公之門因與君交相與嘯詠於鄠杜之間

二年己酉年二十一歲讀書長白山寺醴泉是歲改科

舉取士按言行録載涑水記聞曰范公少冒朱姓
舉學究嘗同衆客見姜諫議遵遵素以剛嚴著名
與人不欵曲衆客退獨留范公引入中堂謂其夫
人曰朱學究年雖少奇士也他日不惟爲顯官當
立盛名於世參坐置酒待之如骨肉人莫測其何
以知之也

三年庚戌年二十二讀書長白山按東軒筆録公與
劉某同在長白山醴泉寺僧舍讀書日作粥一器
分爲四塊早暮取二塊斷虀數莖入少鹽以啗之
如此者三年

四年辛亥年二十三詢知世家感泣去之南都入學
舍掃一室晝夜講誦其起居飲食人所不堪而公

自刻苦按家録云公以朱氏兄弟浪費不節數
勸止之朱兄弟不樂曰我自用朱氏錢何預汝事
公聞此疑駭有告者曰公乃姑蘇范氏子也太夫
人携公適朱氏公感憤自立決欲自樹立門戶佩
琴劒徑趨南都謝夫人亟使人追之既及公語之
故期十年登第來迎親

七年甲寅年二十六有睢陽學舍書懷詩在南都學
舍家録云真宗謁太清宮幸亳駕次南京皆往觀
之獨公不出或以問公公曰異日見之未晚留守
有子居學見公食粥及不出觀駕歸告其父以公
厨食饋公既而悉已敗矣留守子曰大人聞公清
苦故遺以食物而不下筯得非以相浼爲罪乎公

謝曰非不感厚意蓋食粥安之已久今遽享盛饌後日豈能啗此粥乎又按遺事云公處南都學舍晝夜苦學五年未嘗解衣就枕夜或昏怠輒以水沃面往往饘粥不充日昃始食

八年乙卯

甲第九十七名試置天下如置器賦君子以恐懼脩省詩順時知徵何先論登第後有詩云長白一寒儒名登二紀餘百花春滿路二月雨隨車鼓吹迎前道煙霞指舊廬鄉人莫相羨教子讀詩書調廣德軍司理參軍按張唐英撰公傳云祥符八年登進士第朱說者是也又按汪藻撰祠堂記云公以進士釋褐爲廣德軍司理參軍日抱具獄與太

守爭是非守數以盛怒臨之公不爲屈歸必記其往復辯論之語于屏上比去字無所容貧止一馬鬻馬徒步而歸非明於所養者能如是乎獄官有亭以公名之者舊矣公既登仕版始迎其母以養初廣德人未知學公得名士三人爲之師於是郡人之擢進士第者相繼于時

天禧元年丁巳年二十九遷文林郎權集慶軍（按九域志亳州也）節度推官始復范姓其表略云名非霸越乘舟偶效於陶朱志在投秦入境遂稱於張祿用事最爲親切

二年戊午年三十歲爲譙郡從事（亳州也）祭龍圖楊給事文曰余歲三十兮從事于譙獨棲難安兮孤桓

昜搖公方監郡兮風釆翹翹一顧而厚兮甚乎神
交又太子中舍上官融墓銘云余天禧中爲譙之
從事秋八月進皇儲資二聖頌
三年己未年三十一除祕書省校書郎
四年庚申年三十二是歲校書芸省守官集慶
五年辛酉年三十三監泰州西溪鎮鹽倉有西溪見
牡丹詩西溪書事按皇朝類苑云初呂文靖嘗官
于此手植牡丹有詩刻後公復題一絶後人以二
公詩故題詠極多而花亦爲人重護以朱欄歲久
益茂爲西陵奇觀
仁宗皇帝乾興元年壬戌年三十四歲按文集冬十
一月有上張知白右丞書稱文林郎試祕書省校

書郎權集慶軍推官監泰州西溪鎮鹽倉
仁宗皇帝天聖元年癸亥年三十五公在西溪上言
寇準被誣事除興化令時富鄭公弱冠來謁公識
其遠大力教載而激勸之故其祭文略云昔弱初
冠識公海陵顧我譽我謂必有成我稔公德知己
服膺自是相知莫我公比一氣殊息同心異體始
未聞道公實告之未知學文公實教之肇復制舉
我憚大科公實激之既舉而仕政則未諭公實飭
之徒楚州粮料院
二年甲子年三十六遷大理寺丞子純佑生
三年乙丑年三十七夏四月二十日上書請救文弊
復武舉重三館之選賞直諫之臣及革賞延之弊

四年丙寅年三十八丁毋夫人憂有書與發運使張綸言復海堰之利按李燾通鑑長編泰州海堰久廢不治歲患海濤冒民田疇公言于發運副使張綸請修復之綸遂奏以公知興化縣總其役難者謂濤患不息則積潦必爲災綸曰濤之患十九而潦之患十一獲多亡少豈不可乎役遂興會大雨雪驚濤洶湧役夫散走旋濘而死者百餘人衆讙言曰堰不可成復詔遣中使按視將罷之又詔淮南轉運使胡令儀同公度其可否令儀力主公議而公尋以憂去綸表請身自督役踰年堰成民至今享其利又按記聞通泰海州皆濱海舊日潮水皆至城下田土斥鹵不可稼穡文正公監西溪鹽

倉建白于朝請築捍海堤於三州之境長數百里以衞民田朝廷從之以公爲興化令掌斯役發通泰楚海四州民夫治之既成民享其利興化之民往往以范爲姓

五年丁卯年三十九夏六月丁亥子純仁生時公寓南京應天府按公言行録云時晏丞相殊爲留守遂請公掌府學公常宿學中訓督學者皆有法度勤勞恭謹以身先之由是四方從學者輻湊其後以文學有聲名於場屋朝廷者多其所教也是年有上執政書略云蓋聞忠孝者天下之大本也其孝不逮忠可忘乎所以冒哀上書言國家事不以一心之戚而忘天下之憂請擇郡守舉縣令斥游惰

去冗僭遴選舉敦教育養將材保直臣斥佞臣使朝廷無過生靈無怨以杜姦雄凡万餘言東軒筆録云公在睢陽掌學有孫秀才者索遊上謁公贈錢一千明年孫生復謁公又贈一千因問何爲汲汲於道路孫生戚然動色曰母老無以養若日得百錢則甘旨足矣公曰吾觀子辭氣非乞客二年僕僕所得幾何而廢學多矣吾今補子爲學職月可得三千以供養子能安於學乎孫生大喜於是授以春秋而孫生篤學不舍晝夜行復脩謹公甚愛之明年公去睢陽孫亦辭歸後十年聞泰山下有孫明復先生以春秋教授學者道德高邁朝廷召至乃昔日索遊孫秀才也有送李紘殿院赴闕

詩按九域志東京應天府睢陽郡

六年戊辰年四十歲上書言朝政得失民間利病宰相王曾見而偉之時晏殊在樞府薦一士爲館職曾諭之曰公知范仲淹舍而他薦乎晏公遂以狀舉公其略云臣伏以先聖御朝群才効用惟小大之畢力叶天人之統和凡有位於中朝願薦能於丹扆不虞進越用廣詢求臣伏見大理寺丞范仲淹爲學精勤屬文典雅略分吏局亦著清聲前曾任泰州興化縣興海堰之利昨因服制退處睢陽日於府學之中觀書肆業敦勸徒衆講習藝文不出戶庭獨守貧素儒者之行實有可稱云云欲望試其詞學獎以職名庶參多士之林允洽崇丘之

詠是歲服除冬十二月甲子以公爲祕閣校理晏
丞相殊之薦也又文集有南京府學生朱從道名
述有南京書院題名記又奏乞王洙充南京講書
七年乙巳年四十一歲按長編是年十一月癸亥冬
至上率百官上皇太后壽于會慶殿乃御天安殿
受朝公上疏言天子有事親之道無爲臣之理有
南面之位無北面之儀若奉親于內以行家人禮
可也今與百官同列虧君體損主威不可爲後世
法疏入不報東坡志林云先君奉詔脩太常因革
禮求之故府朝政案牘具在考其始末無諫止之
事而有已行之明驗質之於文忠公曰范公實
諫而卒不從墓碑誤也當以案牘爲正今按涑水

記聞亦但云奏以爲不可而不言見從與否則蘇公所記疑若可信但諸書皆云冬至而蘇公獨云朝正則誤也晏公所薦公爲館職聞之大懼召公詰以狂率邀名且將累朝薦者公正色抗言曰某緣屬公舉每懼不稱爲知己羞不意今日反以忠直獲罪門下殊不能荅公退又作書遺殊申理前奏不少屈殊卒媿謝焉又奏疏請皇太后還政亦不報遂乞補外尋出爲河中府通判

八年庚午年四十二歲按長編上疏論職田不可罷其略曰真宗初賜職田實遵古制蓋大賚於多士俾無蠧於生民無厭之徒或冒典憲由濫官之咎非職田之過若從而廢罷則吏困於廉收而均給

則民受其弊天下幕職州縣官三班使臣俸祿微
薄全藉職田濟贍其無職田處持廉之人例皆貧
窘曩時士員尚少凡得一任必五六年方有交替
到闕即日差除復便請給當時條例未密士寡廉
隅雖無職田自可優足今物貴與昔不同替罷之
後守選待闕動踰二年官吏衣食不足廉者復濁
何以致化天下受弊必如臣言乞深加詳軫不以
一時之論廢經遠之制天下幸甚上疏論士人寄
貫開封府上疏論太后復辟其略云陛下擁扶聖
躬聽斷大政日月持久今皇帝春秋已盛睿哲明
聖握乾綱而歸坤紐非黃裳之吉象也豈若保慶
壽於長樂卷收大權還上真主以享天下之養云云

入不報是歲三月三司言方建太一宮等處乞下
陜西市材詔可公在河中府上言昭應壽寧天戒
不遠今復修土木破民產非所以順人心合天意
也宜罷修宮觀減定常歲市木之數蠲除積負以彰
聖治夏四月轉殿中丞五月有上時相議制舉書
六月十五日有與周騤推官書七月十二日有與
歐靜書上疏言減郡邑以平差役其略云天下郡
縣至密吏役至繁奪其農時遺彼地利是以邊廩
或窘民財未豐臣觀漢光武朝併合四百餘縣吏
職減損十置其一今欲去煩苛之便致富壽之俗
當施此令以寬兆民如河中府倚郭二縣惟河東
縣主戶四千不至逼迫河西縣主戶一千九百内

八百餘戶屬鄉村本縣尚差公吏三百四十人内
一百九十五人於鄉村差到緣鄉村中等戶只有
一百三十戶更於巳下抽差是使堪役之家無所
休息以臣管見其河西縣宜併入河東及大名府
縣分極多甚可省去或請縣邑之中有權酤關征
之利臣謂所廢之縣止可爲鎮而坊市仍舊所貴
吏役稍減農時不奪地利無遺民財可阜也有上
資政晏侍郎書十二月與唐處士書邵氏聞見録
云富鄭公初遊場屋穆脩伯長謂之曰進士不足
以盡子之才當以大科名世公果禮部試下時太
師公官耀州公西歸次陜范文正公遣人追公曰
有旨以大科取士可亟還公復還見文正辭以未

嘗爲此學文正曰已同諸公薦君矣又爲君闢一
室皆大科文字可往就館時晏元獻公判南京公
以大理寺丞丁憂權西監一日晏謂范曰吾一女
及笄仗君爲我擇壻范曰監中有二舉子富皐張
爲善皆有文行他日皆至卿輔並可壻也晏曰然
則孰優范曰富脩謹張疎俊晏曰唯即取富皐爲
壻後改名即富公弼也爲善後亦更名方平云按登
科記天聖八年富弼中制科然按國史范文正公是時當在陳州薦舉求婚之事未詳

九年辛未年四十三歲春三月辛巳子純禮生公遷
太常博士移通判陳州上䟽乞將磨勘轉官恩澤
移贈考妣其略曰臣自蒙恩改授京官到今七年
不敢僥求磨勘今爲遷奉在迩未曾封贈父毋竊

念臣襁褓之中已丁何怙鞠養在母慈愛過人邸臣幼孤憫臣多病夜扣星象食斷葷血踰二十載至于其終又臣遊學之初遠離者久卒嘗頭血幾至喪明而臣仕未及榮親已不逮既育之恩則重罔極之報曾無今欲將磨勘轉官恩澤乞先移贈考妣所貴安厝之日得及追榮臣在壯年序進未晚伏望特降曲成之造用覃廣愛之風奏致仕分司官乞與折支全俸狀

明道元年壬申年四十四歲在宛丘聞京師多不關有司而署官賞者乃附驛奏疏甚懇至願以唐中宗朝上官婕妤賀婁氏賣墨敕斜封官爲戒又屢上疏言内降之弊引帝后爲戒

二年癸酉年四十五歲是年三月甲子太后崩帝始親政裁抑僥倖中外大悦時公爲陳州通判太常博士四月公被召赴闕除右司諫公初聞遺誥以楊太妃爲皇太后參決國事亟上疏言太后母號也未嘗因保育而代立者今一太后崩又立一太后天下且疑陛下不可一日無母后之助也時已刪去參决等語然太后之號訖不改止罷其冊命而已時太后既崩言者多追斥垂簾時事公言於上曰太后受遺先帝保佑聖躬十餘年矣宜掩其小故以全其大德上大感悟五月降詔曰大行皇太后保佑冲人十有二年恩勤至矣而言者罔識大體務詆訐一時之事非所以慰朕孝思也其垂

薰曰詔命中外毋輙以言行公之言也六月同審刑院大理寺詳定天下當配隸罪人刑名秋七月甲子以公同管勾國子監是歲以江淮京東災傷公奏請遣使巡行未報公請間曰宮掖中半日不食當何如今數路艱食安可置而不卹八月甲申遂命公安撫江淮所至開倉廩賑乏絕禁淫祀奏蠲廬舒折役茶江東丁口鹽錢飢民有食烏昧草者擷草進御請示六宮貴戚以戒侈心又陳救弊八事上嘉納之又薦知常州吳遵路為郡得古人風乞以遵路救災事跡頒諸州并付史館十二月奏請天下諸郡縣弓手七週年者聽歸農從之時郭皇后廢率諫官御史伏閤諫先是美人尚氏於

上前有侵皇后語后不勝忿批其頰上自起救之誤批上頰上大怒内侍閻文應因與上謀廢后且勸上以爪痕示執政上乃示宰臣吕夷簡且告之故夷簡以前罷相故怨后而范諷方與夷簡相結乗間言后九年無子當廢夷簡贊其言上意未决外人籍籍頗有聞者公因對極言不可且曰宜息此議不可聞於外也居久之乃定議廢后夷簡先敕有司無得受臺諫章疏詔稱皇后以無子願入道特封淨妃玉京冲妙仙師賜名清悟别居長寧宫臺諫章疏果不得入公即中丞孔道輔率知諫院孫祖德等詣垂拱殿門伏奏皇后不當廢願賜對以盡其言守殿門者闔扉不爲通道輔撫銅環

大呼曰皇后被廢柰何不聽臺諫入言尋有詔宰
相召臺諫諭以當廢狀道輔等悉詣中書語夷簡
曰人臣之於帝后猶子事父母也父母不和固宜
諫止柰何順父出母乎夷簡曰廢后自有故事道
輔及公曰公不過引漢光武勸上耳是乃光武失
德何足法也自餘廢后皆前世昏君所爲上堯舜
之資而公顧勸之效昏君所爲可乎夷簡不能荅
拱立曰諸君更自見上力陳之道輔與公等遂退
將以明日留百官揖宰相廷爭而夷簡即奏臺諫
伏閤請對非太平之美事遂詔出道輔知泰州公
知睦州祖德等罰金詔諫官御史自今毋得相率
請對於是御史楊偕請與道輔等俱貶御史郭勸

復言廢后及不許請對之説爲非是河陽簽判富
弼亦言朝廷一舉而二失縱不能復后宜還范仲
淹以來言路疏入不報
景祐元年甲戌年四十六是歲春正月出守睦州有
睦州謝上表及出守睦州詩赴桐廬淮上遇風三
首出守桐廬道中十絶公在桐廬與晏尚書書略
云罪有餘責尚叨一麾敢不盡心以求疾苦二浙
之俗躁而無剛豪者如虎示之以文弱者如鼠示
之以仁吞奪之害稍稍而息乃延見諸生以博以
約非某所能蓋師門之禮訓也又云郡之山川滿
目奇勝日有章阮二從事俱富文能琴夙宵爲會
交迭唱和爲郡之樂有如此者於君親之恩知己

之賜宜何報焉在郡有瀟洒桐廬郡十絶新定感興五首遊烏龍山寺詩桐廬郡齋書事一首依韻酬周騤太傅同年詩建嚴先生祠堂復其子孫四家而奉祠焉又圖唐處士方干像于堂之東壁

夏六月壬申徙蘇州蘇爲公鄉郡地濵震澤田多水患募遊手疏五河導積水入海有上呂相公并呈中丞諮目言水利事秋八月徙明州轉運使上言公治水有緒願留以畢其役九月詔復知蘇州有與曹都官書與孫明復書略云某至新定江山清絶自謂得計及來姑蘇却修人事斯亦勞矣今在海上部役開決積水俟寒而罷之足下未嘗游浙或能枉駕與吳中講貫經籍教育人材是亦先

生之爲政買山之圖其在中矣以來者衆未易[illegible]
謀也與晏尚書書云某自睦改蘇首捧鈞翰屬[illegible]
海上至還郡中灾困之氓其室十萬疾苦紛沓夙
夜營救智小謀大厥心惶惶久而未濟在郡有蘇
州十詠用韻謝晏尚書近著示及詩又有奉酬晏
尚書見寄詩天平山白雲泉詩題常熟山上方院
僧居詩

二年乙亥年四十七歲是年公在蘇州奏請立郡學
先是公得南園之地既卜築而將居焉陰陽家謂
必踵生公卿公曰吾家有其貴孰若天下之士咸
教育于此貴將無已焉遂即地建學既成或以爲
太廣公曰吾恐異時患其隘耳元祐四年公之子

純禮出自奉常制置江淮六路漕事持節過鄉郡即學拜公像觀學之弊復請于朝新而廣之吳學至今甲于東南五月八日有朝賢送定惠大師詩序八月有祭謝賓客文冬十月除尚書禮部員外郎天章閣待制有謝表見文集召還判國子監時朝廷更定雅樂詔求知音公薦白衣胡瑗對崇政殿授校書郎公進除吏部員外郎權知開封府公自還朝論事益急宰相陰使人諷公待制侍臣非口舌任也公曰論思正侍臣事余敢不勉宰相知不可誘乃命知開封府欲撓以繁劇使不暇他議亦幸其有失即罷去公決事如神京邑肅然稱治都下謠曰朝廷無憂有范君京師無事有希文于

二月郭皇后暴薨中外疑內侍閻文應置毒公劾奏其事即不食悉以家事屬其長子曰吾不勝必死之上卒聽其言竄文應嶺南尋死于道

三年丙子年四十八歲春正月公上太宗尹京日所判案牘遂命崇政殿說書賈昌朝王宗道同編次

三月應制賞花釣魚詩夏五月戊寅朔公論建都事其略謂洛陽險固而汴爲四戰之地西洛帝王之宅絕無儲備宜以將有朝陵爲名漸營廩食陝西有餘可運而下東路有餘可運而上數年之間庶幾有備太平則居東京通濟之地以便天下急難則居西洛險固之宅以守中原陛下內惟修德使天下不聞其過外亦設險使四夷不敢生心此

長世之策也上嘗以遷都事訪諸夷簡夷簡謂公迂闊務名無實公聞之又上四論以獻一曰帝王好尚二曰選賢任能三曰近名四曰推委大抵譏指時政又爲百官圖以獻因指其遷進遲速次序曰某爲超遷某爲左遷如是爲公如是爲私意在丞相又言漢成帝信張禹不疑舅家故有王莽之亂臣恐今日朝廷亦有張禹壞陛下家法以大爲小以易爲難以未成爲已成以急務爲閑務者不可不早辯夷簡大怒以公語辯於上前且訴公越職言事薦引朋黨離間君臣公亦交章辯析辭益切遂罷黜落職知饒州時朝士畏宰相無敢過公者獨龍圖閣直學士李紘集賢校理王質出郊餞

飲之時質以病在告扶病祖宴都門獨留語累多
大臣謂之曰子有疾可辭何爲自陷朋黨質曰范
公天下賢者質何敢忘之若得爲其黨人公之賜
質厚矣聞者爲之縮頸公既貶諫官御史莫敢言
祕書丞集賢校理余靖上言謂公所言事在陛下
毋子夫婦之間猶以合典禮故加優奬今坐刺譏
大臣重加譴謫儻其言未協聖慮在陛下聽不聽
耳安可以爲罪乎陛下自尊政以來三逐言事者
恐非太平之政也請速改前命靖遂落職監筠州
酒稅太子中允館閣校勘尹洙言臣常以范仲淹
直諒不回義兼師友自其被罪朝中多云臣亦被
薦論范某既以朋黨得罪臣固當從坐況余靖素與范某分疎猶以朋黨

洙爲崇信軍節度掌書記監郢州酒稅館閣校勘歐陽脩移書責右司諫高若訥曰范希文平生剛正好學通古今班行中無與比者其立朝有本末天下所共知今以言事觸宰相得罪足下既不能爲辯其非辜又畏有識者之責己遂隨而詆之以爲當黜是可怪也今皇帝即位以來進用諫臣容納言論足下幸生此時遇納諫之聖主如此猶不敢一言何也前日又聞御史臺牓朝堂戒百官不得越職言事是可言者惟諫臣爾若足下又遂不言是天下無得言者也足下在其位而不言便當去之無妨他人之堪其任者也春秋之法責賢者備今脩區區猶望足

下之能一言不忍便絶足下而以不賢者責若猶以希文不賢而當逐則予今所言如此乃是朋邪之人爾願足下直携此書于朝使正予罪而誅之亦諫臣之一効也若訥得書忿乃言范其貶職之後臣諸處察訪端由參驗所聞與勑牓中意頗同固不敢妄有營救今歐陽脩移書詆臣言范其平生剛直好學通古今班行中無與比者責臣不能辯其非辜猶能以面目見士大夫出入朝中稱諫官及謂臣不復知人間有羞耻事仍言今日天子與宰臣以迕意逐賢人責臣不言臣謂賢臣者國家恃以爲治也若陛下以迕意逐之臣合諫宰相以迕意逐之臣合爭臣愚以范某頃以論事切直亟

加遷用今茲狂言自取譴辱豈得謂之非辜恐中外聞之謂天子以迕意逐賢人所損不細請令有司召脩戒諭脩坐罪貶爲夷陵令西京留守推官仙遊蔡襄作四賢一不肖詩傳于時四賢指公靖洙脩不肖指若訥也是時契丹使至密市以歸張中庸使虜過幽州見燕山館中已有書朿叔書于壁者秋八月饒州有謝上表略曰守土非輕報天無所臣自黜畎畝階于縉紳驟陞天閣之遊親委王畿之政至孤難立屢請弗諧眷寵既渥補報宜異必將危墜猶或建明情雖匪他罪實由己然而有犯無隱惟上則知許國忘家亦臣自信此時爲郡陳優優布政之方必也立朝謇謇匪躬之節公

又遷建饒之郡學饒之山水大率秀拔公識其形
勝曰妙果院一塔高峙當城之東南屹起千餘尺
城之下枕鄱數湖水脈連秀於是名之曰文筆峰
硯池學既建而生徒浸盛由公遷指學基而與建
也且曰二十歲後當有魁天下者逮治平乙巳彭
汝礪果第一人及第公沈幾遠識如此有題芝山
院詩云偶臨西閣坐五老夕陽關之句五老峰有
亭饒人踏青而至必曰范公五老亭又饒有九賢
堂自開寶迄紹聖郡守六十八人而在九賢之序
者公一人而已饒人爲立祠頌春堂天慶觀州學
之講堂凡三所由景祐距此六十載牲牢日盛凡
禱晴雨及州官之到罷皆致禮焉講堂每上丁具

禮祝有滕公夫人刁氏墓誌銘有靈烏賦和謝希深學士見寄詩在郡有依韻酬黃灝秀才詩鄱陽酬泉州曹使君見寄詩郡齋即事詩云三出專城鬢似絲蓋公先歷睦蘇二郡也

四年丁丑年四十九歲十二月壬辰公徙知潤州上諭執政令移近地故也先是京師地震直史館葉清臣上疏因言公與余靖以言事被黜天下之人齰舌不敢議朝政者行將二年願陛下深自咎責詳延忠直敢言之士庶幾明威降鑒而善應來集也書奏數日公等皆得近徙公既徙潤州讒者恐其復用遽誣以事語入上怒亟命置之嶺南參政陳琳辯其不然公訖得免自公貶而朋黨之論起

朝士牽連出語及公者皆指爲黨人琳獨爲上開說上意解乃已有潤州謝上表移丹陽郡先遊茅山詩京口即事詩滕子京魏介之二同年相訪丹陽郡詩

寶元元年戊寅年五十歲春正月十三日赴潤州道由彭澤謁狄梁公廟慨慕名節爲之作記立碑至郡謁甘露寺李衛公祠以其湫隘遷于南樓并以本傳刻之祠下與李泰伯書云今潤州初建郡學可能屈節教授又慮遠來難爲將家蘇州掌學胡瑗祕閣校理見明堂圖亦甚奉仰或能挈家必有經畫請先示音爲幸與胡安定屯田書略云近改丹徒倂獲雅問豈君之心不易改棄而然耶某忝

入朝以来思報人主言事太急貶放非一然儻觀大過之象思守常經九二以陽處陰越位救時則王室有棟隆之吉九三以陽處陽固位安時則天下有棟橈之凶非如艮止之時思不出位者也吾儒之職去先王之經則茫乎無從矣又豈暇學人之巧失其故步但惟精惟一死生以之冬十一月徙知越州按公文集有刻唐祖先生墓誌於賀監祠堂序題曰寶元元年知越州范某序係元年知越州長編却稱二年三月丁未當考是冬元昊僭號元昊性凶鷙猜忌通漢文字嘗諫父德明毋臣中國德明曰吾族三十年衣錦綺此聖宗天子恩不可負也元昊曰英雄之生當霸王耳何錦綺爲

明道元年德明死朝廷遂命元昊襲父爵元昊雖常奉貢然居國中益僭侈景祐元年春始寇邊犯府州秋七月又寇環慶因下詔約束之元昊既悉有夏銀綏靜宥靈鹽會勝甘涼瓜肅之地仍居興州阻河依賀蘭山爲固始大補僞官創十六司以統衆務又置十八監軍司委酋豪分統其衆總十五萬又選豪族善弓馬三千人迭直號六班直至是用其黨楊守素之謀築壇受冊僭號始受英武興法建禮仁孝皇帝國稱大夏改天授禮法延祚元年點兵蓬子山遣使奉表來告僭號納旌節敕告鄜州通判富弼請斬其使尋詔削元昊官爵除屬籍絶互市牓沿邊有能擒元昊除定難節度使

康定元年己卯公年五十一歲在越有諸暨道中詩越上聞子規詩春二月有兵部侍郎胡公墓誌銘有贈兵部尚書田公墓誌銘有題翠峰院詩有與李泰伯書其略云此地比丹陽又似閑暇可以卜居請一來講說因而圖之誠衆望也兒子在蘇州今年欲行鄉飲酒侯先生講求也公在越有清白堂記六月有祭胡侍郎文又有祭蔡侍郎文

三年庚辰年五十二歲春二月有胡公夫人陳氏墓誌銘節度掌書記沈君墓誌銘三月公復天章閣待制知永興軍用陝西安撫使韓琦之言也未至永興又改陝西都轉運使五月甲戌西方用兵公上疏言守邊城實關中之計近邊城砦有五七分

之備而關中十之備無二三分者矣賊深入秉關中之虛或東
潼關隔兩川貢賦則朝廷不得安枕矣爲今之計
莫若且嚴戒邊城使持久可守實關內使無虛可
乘若寇至使邊城清野不與大戰關中稍實豈敢
深入既不得大戰又不能深入二三年間彼自困
弱此上策也又聞邊臣多請五路入討臣恐未可
輕舉太宗朝以宿將精兵而西討艱難終未收復
況今承平歲久無宿將精兵一旦興深入之謀臣
謂國之安危未可知也惟陛下緩而圖之七月己卯公
除龍圖閣直學士與韓琦並爲陝西經略安撫副
使同管勾都部署司事初公與呂夷簡有隙及議
加職夷簡請超遷之上悅以夷簡爲長者既而公

入謝上諭公使釋前憾公頓首曰臣向所論蓋國事於夷簡何憾也八月庚戌兼知延州有延州謝上表先是詔分邊兵部署領万人鈐轄領五千人都監領三千人有寇則官卑者先出公曰不量賊衆寡而出戰以官爲先後取敗之道也乃分州兵爲六將將三千人分部教之量賊衆寡使更出禦賊賊不敢犯既而諸路皆取法焉賊相戒曰無以延州爲意今小范老子腹中有數万甲兵不比大范老子可欺也大范盖指雍也是歲横渠先生張載來謁勸讀中庸呂與叔作横渠先生行狀云康定用兵時先生方年十八慨然以功名自許上書謁范文正公公知其遠器欲成就之反責之曰儒者自有名教何

事於兵因勸讀中庸即是年也築青澗城復承平永平廢砦神道碑云公爲將務持重不急近功小利於延州築青澗城墾營田復承平永平廢寨屬羌歸業者數萬戶有舉張問孫明復狀乞修京城二劄子

慶曆元年辛巳年五十三歲朝命以正月出兵討元昊公上疏其略云正月起兵塞外雨雪大寒暴露僵仆我師可憂万一有失噬臍何及春深漸暖方賊馬瘦人飢其勢易制此得天時之便又可以擾其耕作且元昊謂國家太平忘戰邊城無備是以桀驁今邊鄙漸餙賊至則爭願許臣稍以恩信示之或可招納不然臣恐情意阻絕偃兵無期若用

臣等歲月無効徐圖舉兵先取綏宥據其要害屯兵營田爲持久之計則橫山人戶挈族來歸拓疆禦寇莫此之利上用其議於是公固守鄜延有答趙元昊書是年元昊遣塞門寨主高延慶還延州令見公約和公不聞之朝廷乃自爲書遺元昊諭以禍福二月元昊寇渭州始朝廷既從陝西都部署司所上攻守策經略安撫判官尹洙以正月丙子至延州與公謀出兵越三日公徐言已得旨聽兵勿出洙留延州幾兩旬公堅持不可辛丑洙還至慶州乃知任福等敗績賊侵劉璠堡未退因遣權環慶路都監劉政將銳卒數千來援未至賊引去夏竦尋劾奏洙擅發兵降通判濠州始韓周等

持公書入西界伻逆者禮意殊善行兩日聞山外諸將敗亡周等抵夏州留四十餘日元昊俾其親信野利旺榮爲書報公別遣使與周俱還且言不敢以聞元昊書辭益慢公對使者焚其書而潛錄副本以聞書凡二十六紙其不可以聞者二十紙公悉焚之餘又略刪改書既達大臣皆謂公不當輒與元昊通書又不當輒焚其報宋庠因言於上謂公可斬杜衍謂公本志蓋忠朝廷欲招納叛羌尔何可深罪夷簡亦徐助衍言知諫院孫沔又上疏爲公辯上悟乃薄其責夏四月癸未公以陝西經略副使兼知延州龍圖閣直學士戶部郎中降爲戶部員外郎知耀州職如故有謝降官知耀州表及耀州謝上表五月壬申公徙知慶州兼管勾環慶

路都部署司事初元昊反陰誘屬羌爲助環慶酋長六伯人約與賊爲鄉導後雖首露猶懷去就公至部即奏行邊以詔書犒賞諸羌閱其人馬立條約明賞罰諸羌受命悅服始爲漢用九月辛酉公復戶部郎中十月公以龍圖閣直學士戶部郎中管勾環慶路部署司事兼知慶州爲左司郎中是月梁適自陝西還公附奏攻守二議是歲有舉滑州節度判官歐陽脩充經略安撫司掌書記狀又舉天雄軍通判張方平充經略安撫司掌書記狀是歲築大順城神道碑云於慶州城大順以據要害又城細腰胡盧於是明珠滅臧等大族皆去賊爲中國用又曰其城大順也一旦引兵出將不

所嚮軍至柔遠始號令告其地處所往築城至於
版築之用大小畢具而軍中初不知賊以三万騎
來争公戒諸将戰而敗走者追勿過河已而賊果
走追者不渡而河外果有伏賊失計乃引去於是
諸将服公爲不可及有兵部尚書蔡公墓誌銘太
常少卿賈公墓誌銘舉丘良孫應制科狀
二年壬午年五十四歲三月癸丑公請給樞密院空
名宣及宣徽院頭子各百道以備賞功從之巡邊
至環州州屬羌陰連虜爲患邊上公謂种世衡素
得屬羌心而青澗城已堅固乃奏世衡知環州以
鎮撫之詔從其請四月癸亥除鄜州管内觀察使
辭不受其讓表略云觀察使班待制下臣守邊數

年羌胡頗親愛臣呼臣爲龍圖老子今改觀察使
則與諸族首領名號相亂恐爲賊所輕且無功不
應更增厚禄辭甚切表三上乃命復爲龍圖閣直
學士左司郎中有謝守舊官表傳宣候將來邊事
稍寧詔卿用在兩地非出擬亦非臣僚奏舉特出
朕意宣諭卿知兼令密舉臣僚代邊任奏聞先差
入內內侍省高班陳舜封至傳宣又差入內西頭
供奉官麥知微至傳宣旨撫問賜鳳茶一合有上
呂相公三書十月辛亥以公爲樞密直學士右諫
議大夫鄜延路都部署經略安撫招討使有讓表
元昊寇邊葛懷敏戰死賊大掠至潘原關中震恐
公自將兵由邠涇援之知賊已出塞乃還上始聞

定川事按圖謂左右曰若仲淹出援吾無慮矣奏至上太喜曰吾固知仲淹可用亟加職進官公以西師久無功密疏乞賜貶降以謝邊陲辭不受命不聽十一月復置陝西四路都部署經略安撫兼沿邊招討使命公及韓琦龐籍分領之公與琦開府涇州而徙文彥博帥秦滕宗諒帥慶皆從公之請也十二月壬戌詔韓琦范仲淹龐籍已帶四路都招討使其諸路招討使副並罷從知慶州滕宗諒請也有舉滕宗諒狀是歲有書環州馬嶺鎮夫子廟碑陰乃正月書也

三年癸未年五十五歲正月辛卯詔陝西沿邊招討使韓琦范仲淹龐籍凡軍期申覆不及皆便宜從

事用安撫使王堯臣議也上親擢公與富韓諸賢而黜夏竦國子監直講石介作慶曆聖德詩以美之指夏竦爲大姦公聞之不樂蓋恐其召禍於後日也二月乙卯公與韓琦上疏言元昊如大言過望爲不改僭號之請則有不可許者三如卑詞厚禮從兀卒之稱亦有大可防者三神道碑云公待將吏必使畏法而愛己所得賜賚皆以上意分賜諸將使自爲謝諸蕃質子縱其出入無一人逃者蕃酋來見者召之卧內屏人徹衛與語不疑公居三歲士勇邊實恩信大洽乃決策謀取橫山復靈武而元昊數遣使稱臣請和上亦召公歸矣按名臣傳曰公與韓琦叶謀必欲收復靈夏橫山之地

邊上謠曰軍中有一韓西賊聞之心膽寒軍中有
一范西賊聞之驚破膽元昊大懼遂稱臣四月甲
辰公與韓琦並除樞密副使皆以西事未寧凡五
辭不許而後就道有除樞密副使召赴闕陳讓五
表有與朱校理書云十六日被旨赴闕至二十五
日與韓公同上五章爲邊事未寧防秋在近乞且
留任必得俞允入則功遠而未濟後有邊患咎歸
何人軍民億万生死一戰得爲小事耶諫官歐陽
脩言公與韓琦久在陝西備諳邊事才識不類常
人宜時御便殿訪問使其盡陳西邊事宜合如何
措置是歲自春至夏不雨上言六事其略云臣親
聞德音謂屢有災異當脩德以及民并詔臣等謹

省刑法此實見聖人憂畏之心合於天意今條奏
數事一降詔罷己二遣使決獄三詔州縣賑卹四
存養陣亡之家五邊民被戎狄驅虜者量支官物
贖還六已該赦除放欠負官司不得催理諫官歐
陽脩余靖蔡襄咸言公有宰輔才不宜局在兵府
願罷王舉正以公代之舉正亦自求罷上從其請
六月丁丑除參知政事固辭不拜甲申以公爲陝
西宣撫使公既辭參政願與韓琦迭出行邊上因
付以西事而公又言河東亦當爲備任師中常守
并州上即命使河東兩人留京師第先移文兩路
公又請近臣同使每事議而後行詔命田況爲副
使按公尺牘載與中舍家書略云其近蒙恩除貳

樞府　蓋祖宗之慶下及家世累讓不允今月二日已發入署勾當至十二日蒙恩改參大政尋面陳利害　且在西府相次必出巡邊諸骨內各安吉互相戒約分頒州縣如輒興詞訟必奏乞深行請旨揮兒姪知委八月丁未公自樞密副使右諫議大夫復除參知政事知諫院蔡襄言已差公宣撫陜西又除參政未有巡邊之日切以西賊遣使入朝其言驕慢必無可從之理原其校心本無欲和之意朝廷既罷遣之其勢必須用兵邊將雖多莫如朝廷輟柄臣以臨之又謂柄臣之中莫如公自行望於西人未行之前早遣巡邊無使後時以失大計先是公與任師中分路宣撫踰月

皆未行韓琦言賊恐乘忿盜邊當速遣其河東臣
方壯年可備奔走師中宿舊大臣毋勞往乃詔琦
宣撫陝西師中卒不行九月庚辰命同修中書時
政記有述竇諫議陰德錄祭石曼卿學士文祭吳
龍圖文上擢任公與韓琦富弼每進見必以太平
責之數令條奏當世之務公語人曰上用我至矣
然事有後先且革弊於久安非朝夕可能也上再
賜手詔督促曰比以中外人望不次用卿等今琦
暫往陝西仲淹弼與宰臣章得象盡心國事毋或
有所顧避其當世急務有可建明者悉爲朕陳之
既又開天章閣召對賜坐給筆札使疏于前公與
弼皆皇恐避席退而列奏十事一曰明黜陟二曰

抑僥倖三曰精貢舉四曰擇官長五曰均公田六
曰厚農桑七曰修武備八曰減徭役九曰覃恩信
十曰重命令上方信嚮公等悉用公說當著爲令
者皆以詔書畫一次第頒下獨府兵輔臣共以爲
不可而止十月丙午詔中外有陳叙勞績或訴雪
罪狀中書批送有司者謂之送殺更不施行自宜
令主判官詳其可行者別奏聽裁行公之奏也是
歲刼盜張海橫行數路剽刼淮南將過高郵知軍
晁仲約度不能禦諭富民出金帛牛酒使人迎勞
盜悅徑去不爲暴事聞朝廷大怒樞副富弼議欲
誅仲約公時爲參政欲宥之爭於上前弼曰盜賊
公行守臣不能戰不能守而使民醵錢遺之法所

當誅也聞高郵之民疾之欲食其肉不可釋也公
曰郡縣兵械足以戰守遇賊不禦而又賂之此法
所當誅也今高郵無兵與械雖仲約之義當勉力
戰守然事有可恕戮之恐非法意也小民之情醵
出錢物而得免於殺掠或喜之而云欲食其肉傳
者過也上釋然從之仲約由此免死既而弼愠甚
謂公曰方今患法不擧擧法而多方沮之何以整
衆公密告之曰祖宗以來未嘗輕殺一臣下此盛
德之事柰何欲輕壞之且吾與公在此同僚之間
同心者有幾雖上意亦未知所定而輕導人主以
誅戮臣下他日手滑雖吾輩亦未敢自保也弼終
不以爲然其後兩人不安于朝相繼出使弼還自

河北及國門不許入未測上意比夜彷徨不能寐
遶床歎曰范六丈聖人也又遺事亦載此事但云
淮南盜王倫與此不同又載公與富公爭於上前
之語曰寇至無備若守臣死之則民盡塗炭今吏
雖不死節而民之完者數万家誠國家實事所存
不細乃與有備而縱賊者例行誅罰恐非陛下寧
失不經之意退至政事堂昌言曰朝廷異時以四
方無事不肯爲郡縣設備吏敢以治城隍閱兵卒
爲請者以狂妄坐之一旦事生不虞吾輩不自引
咎專以死責外臣誠有愧於青史也按言行録載
遺事曰公爲參政與韓富二樞並命鋭意天下之
事患諸路監司不才更用杜杞張昷之輩公取班

簿視不才監司每見一人姓名一筆勾之以次更易富公素以丈事公謂公曰范六丈公則是一筆焉知一家哭矣公曰一家哭何如一路哭耶遂爲罷之

四年甲申年五十六歲四月上與執政論及朋黨事公對曰方以類聚物以群分自古以來邪正在朝未嘗不各爲一黨不可禁也在聖上鑒辨之耳誠使君子相朋爲善其於國家何害五月壬戌朔公與韓琦對於崇政殿上四策一曰和二曰守三曰戰四曰備請朝廷力行七事一密爲經略二再議兵屯三專於遣將四急於教戰五訓練義勇六修京師外七密定討伐之謀是日公與琦指陳於

上前數刻乃罷六月公與琦又奏陝西八事河北
五事已而公又奏今防秋事近願賜罷臣參政知
邊上一郡帶安撫之名足以照管邊事乞更不帶
招討都部署職任遂以公爲陝西河東宣撫使先
是公嘗言契丹元昊事可疑者六可憂者三始公
以忤呂夷簡放逐數年士大夫持二人曲直交指
爲黨及陝西用兵天子以公士望所屬拔用護邊
及夷簡罷召還倚以爲治中外屬望公亦感激眷
遇以天下爲己任遂與富弼日夜謀慮興致太平
然規模闊大論者以爲難行及按察使多所舉劾
人心不自安任子恩薄磨勘法密僥倖者不便於
是謗毀浸盛而朋黨之論滋不可解然公與弼等

所議不變先是石介奏記於弼責以伊周之事夏竦怨介斥己又欲因是傾弼等乃使女奴陰習介書久之習成遂改伊周曰伊霍而僞作介爲弼撰廢立詔草飛語上聞上雖不信而公與弼恐懼不敢自安于朝皆請出按西北邊未許適有邊奏公因固請行乃有是命初公之出也過鄭州因見呂夷簡問何事遽出公對以暫往經撫兩路事畢即還夷簡曰君此行正蹈危機豈復再入又龍川志云范公以參知政事出使呂公已老居鄭范公往見之呂公欣然相與語終日問曰何爲亟去朝廷范公言欲經制西事耳呂公曰經制西事莫如在朝廷之爲便范公爲之愕然公遂去自公出使讒

者益深而王益柔者亦公所薦王拱辰因其作傲歌事劾奏之力言其罪當誅蓋欲因益柔以累公也時賈昌朝陰主拱辰等議及輔臣進白琦獨言益柔少年狂語何足深治天下大事固不少近臣同國休戚置此不言而攻一王益柔此其意有所在不特爲傲歌事可見也上悟乃寬之夏六月有上呂相公書八月辛卯命公領刑法事賈昌朝領天下農田有利害其悉條上之初公援唐故事請以輔臣分總其務雖嘗降勑然其後弗果行有上呂相公書冬十月丙申命公提舉三館祕閣寫書籍上疏乞罷政事知邠州詔不許十一月四日又有上呂相公書有舉許渤簽署陝府判官事狀十

二月公議築古細腰城檄知環州种世衡與知原
州蔣偕共幹其事又檄偕築大蟲堡是歲有陳乞
邠州狀十二月有祭呂相公文祭陳相公文有舉
張伯玉應制科狀
五年乙酉年五十七歲正月乙酉公自右諫議大夫
參知政事除資政殿學士知邠州兼陝西四路緣
邊安撫使可賜推誠保德功臣有謝授邠州表邠
州謝上表有祭韓少傅文二月癸卯公請以新建
細腰城隸原州從之有邠州建學記有論復併縣
劄子閏五月有祭環州种染院文八月有祭陝府
王待制文自公與韓琦出使讒者益甚兩人在朝
所施爲亦稍沮止獨杜衍左右之上頗惑焉公愈

不自安因奏乞罷政事上欲聽其請章得象謂
素有虚名今一請遽罷恐天下謂陛下輕黜賢臣
不若且賜不允若即有謝表則是挾詐要君乃可
罷也上從之公果捧表謝上愈信得象言於是富
弼自河北還將及國門右正言錢明逸希得象等
意言弼過又言公去年受命宣撫河東陝西聞有
詔戒勵朋黨心懼彰露稱疾乞醫纔見朝廷別無
行遣遂拜章乞罷政事知邠州欲固己位以弭人
言欺詐之迹甚明乞早廢黜以安天下之心使姦
詐不敢效尤忠實得以自立明逸疏奏即降詔罷
公及弼并鎖學士院草制罷衍十一月詔以邊事
寧息盜賊衰止罷公陝西四路安撫使并罷富弼

安撫其實讒者謂石介謀亂弼將舉一路兵應之故也公先引疾求解邊任遂改知鄧州有陳乞鄧州表是月乙未轉給事中資政殿學士知鄧州謝轉給事中知鄧州表鄧州謝上表

六年丙戌年五十八歲秋七月丙戌子純粹生公在鄧是年鄧人賈内翰黯以狀元及第歸鄉謁公願受教公曰君不憂不顯惟不欺二字可終身行之内翰不忘其言每語人曰吾得范文正者平生用之不盡也二月有祭謝希深舍人文九月十五日作岳陽樓記中有先天下之憂而憂後天下之樂而樂之句蓋公平日允蹈之言也有依韻酬答邠州通判王稷詩依韻酬太傅張相公見贈詩依韻

酬李光化見寄詩依韻答王源改憶百花洲詩中元夜百花洲詩覺秀亭詩答提刑張太傅嘗新醞詩喜雪詩資政殿學士諡忠獻范公雍墓誌銘依韻和安陸孫司諫詩送河東提刑張太傅詩种世衡墓誌銘

七年丁亥年五十九歲公在鄧二月有祭龍圖楊給事文有祭尹師魯舍人文按尺牘載與韓魏公書略云師魯去赴疾來鄧以存殁見托至五日而啓手足苦痛苦痛至終不亂初相見時却且着灸不談後事疾勢漸危遂中夜詣驛看他告伊云足下平生節行用心待與韓公歐陽公各做文字垂于不朽他舉手叩頭又告伊云

待與諸公分俸贍家不令失所他舉手云渭州有二兒子即就撫更不他語來日與趙學士看他云夜來示諭並記得已相別矣顧家人云我自了當不復管汝略無憂戚又兩日猶能扶行忽索灌漱訖憑案而化衆人無不悲泣無不歎服其明也別趙學士云不但化別韓倅云少年樹德別賈狀元云亦無鬼神亦無煩惱尋常於兒女多愛不謂能了了如此又云已去安州蘇之翰處作行狀待送求叔作墓誌某不敢作恐知當年事不備故也却待作文集序明公可與他作墓表也十一月有祭故相太傅李侍中文有乞召還王洙及就遷職任事劄子

八年戊子年六十歲春正月丙寅徙知荆南府鄧人愛之遮使者請留公亦願留從其請也有謝依舊知鄧州表公守鄧凡三歲求知杭州二月有十六羅漢因果識見頌序

皇祐元年己丑年六十一歲正月乙卯公知杭州有杭州謝上表公守杭日林逋隱孤山公過其廬贈詩曰巢由不願仕堯舜豈遺人風俗因君厚文章到老醇其激賞如此與人約訪林處士阻雨見寄詩和沈書記同訪林處士詩時孫甫爲兩淛轉運公以大臣或便宜行事孫曰范公貴人也吾屈於此不得不伸於彼由是一切繩以法而常以監司自處范公遇之無倦色公遇范公不少下退而未

嘗不稱其賢也按文集天竺山日觀大師塔記云
皇祐元年余至錢塘正月帝御便殿訪近臣以備
禦之策權三司使葉清臣言詔問輔弼之能今爲
社稷之固者莫如公又謂公深練軍政公在杭有
過餘杭白塔寺詩西湖筵上贈胡侍郎詩和僧湖
居五絶和運使舍人觀潮二首和蘇州蔣密學詩
并謝賜鳳茶表和蘇之翰對雪詩和并州鄭宣徽
見寄二首秋七月癸卯除尚書禮部侍郎舉張昪
自代云伏見工部郎中集賢殿修撰知潤州張昪
筮仕以來清介自守精思劘論有憂天下之心純
誠直道無讓古人之節朝野推服臣所不如乞回
臣所授以允公論十月庚申朔有祭葉翰林文置

義莊于蘇州按言行録云公在杭子弟以公有退志乘間請治第洛陽樹園圃以爲逸老之地公曰人苟有道義之樂形骸可外况居室乎吾今年踰六十生且無幾乃謀治第樹園圃顧何待而居乎吾之所患在位高而難退不患退而無居也且西都士大夫園林相望爲主人者莫得常遊而誰獨障吾遊者豈必有諸己而後爲樂耶俸賜之餘宜以賙宗族若曹遵吾言毋以爲慮又按程氏遺書云横渠張先生言有欲爲公買緑野堂公不肯曰在唐如晉公者誰可尊也一旦取其物而有之如何得安寧使耕壞及他人有之已則不可取也

二年庚寅公年六十二歲春有段君墓表兵部員外郎

王君墓表公在杭轉尚書戸部侍郎依前職任有
謝表按沈存中筆談云皇祐二年吴中大飢殍殣
枕路是時公領浙西發粟募民存餉爲術甚備吴
民喜競渡好爲佛事乃縱民競渡太守日出宴于
湖上自春至夏居民空巷出遊又召諸寺主首諭
以飢歲工價至賤可大興土木於是諸寺工作鼎
興又新倉敖吏舍日役千夫監司奏劾杭州不恤
荒政嬉遊不節及公私興造傷耗民力公乃自條
叙所以宴遊興造皆欲以有餘之財以惠貧者貿
易飲食工技服力之人仰食於公私者日毋慮數
万人荒政之施莫此爲大是歲兩浙惟杭州晏然
民不流徙皆公之恵也歲飢發司農之粟募民興

利近歲遂著爲令既已恤飢因之以成就民利此
先王之美澤也八月建昌軍草澤李覯撰明堂圖
議公奏之授試太學助教覯能研精經訓會同大
義按而視之可以興制今朝廷行此盛禮千載一
辰斯人之學上契聖作謹具録以進庶討論之際
有所補助詔送兩制看詳稱其學業優博有舉李
宗易向約堪任清要狀有乞召杜衍等備明堂老
更表進故朱寀所撰春秋文字狀冬十一月有兄
中舍墓銘

三年辛卯年六十三歲是歲公以戶部侍郎知青州
充淄濰等州安撫使有青州謝上表正月八日有
續家譜序按尺牘載與韓魏公書云某上巳日方

至青社繼富公之後庶事有倫守之弗墜但歲飢
物貴河朔流民尚在村落因須救濟又按言行録
載東齋記事云公鎮青社會河朔艱食青之輿賦
愽州置納場青民大患輦置之苦公戒民納價每
斗三鍰納鈔與之以書與愽守遣官輓金詣愽坐
倉以倍價招之賫巨牓數道介其境則張之且戒
曰郡不假廪寄償舍可也至則貿者山積不五日
遂足而愽斛亦衍斛金尚餘數千緡按等差給還
之青民因立像祠焉有舉彭乘自代狀舉張諷李
厚充青州職官狀正月有祭杜待制文三月有太
子中舍上官君墓銘有陳乞潁亳一郡狀冬十有
一月戊申有寫黄素伯夷頌寄京西轉運蘇才翁

文潞公杜祁公富鄭公等一時名人題跋上書言古者内置大夫士助天子司察天下之政外置岳牧方伯刺史觀察使採訪使統領諸侯守宰以分理之今轉運按察使古之岳牧方伯知州知縣古之諸侯守宰之任也與陛下共理天下者爲守宰最要耳比年以來不知擇選一切以例除之以一縣觀一州一州觀一路一路觀天下率皆如此其間縱有良吏百無一二使天下賦稅不得均獄訟不得平水旱不得救盜賊不得除民既無告訴必生愁怨救之之術莫若守宰得人若守脩政舉則天下自無事矣

四年壬辰年六十四春正月戊午徙知潁州夏五月

二十日至徐州薨先是公在青未盈歲以疾徙知潁州詔自青州徙行于徐州有遺表歷官推誠保德功臣資政殿學士金紫光禄大夫尚書戶部侍郎護軍汝南郡開國公食邑二千三百戶食實封六百戶贈兵部尚書謚文正累贈太師中書令兼尚書令追封楚國公十二月壬申葬于河南洛陽縣尹樊里之萬安山下初公病上嘗遣使賜藥存問既卒嗟悼者久之輟朝一日以其遺表無所請遣使就問其家所欲既葬上親篆其碑曰襃賢之碑勅賜西京襃賢顯忠禪寺蘇州天平山白雲禪寺奉公香火賜忠烈廟額爲政忠厚所至有恩邠慶二州之民與屬羌皆畫像立生祠及其卒也羌酋人

數百爲舉哀佛寺哭之如父三日而去

宣和五年慶師守文震中奏請賜忠烈廟額慶陽平

江府凡一十九處成都府學以上並有公祠朝旨

所在監司郡守學官歲時詣祭祀

欽宗皇帝靖康元年丙午二月壬寅詔褒贈近世名

臣故任資政殿學士贈太師追封楚國公謚文正

范某可特追封魏國公

范文正公年譜

年譜補遺

前譜所載公事多有闕遺今取其未載者見之逐年之下

明道二年八月公時為江淮安撫勘會眞楚泗州有發運司轉般斛斗差撥綱運於三處裝發粳米大小麥豌豆等共五十萬石救濟沂密徐兖等州九月體量淮南州軍賒糴人民二麥并賒買亭民鹽貨未有見錢支給并向春逐處缺乏軍儲亦無錢和糴奏乞借賜錢五十萬貫并疋帛香藥三五十萬下淮南重州應副前項支贍又躰問得諸軍州自来和糴當農民出糴被行人抑壓價例收糴不前直候冬深斛斗已入商賈之家方始添價出糴

是以大段虛費官錢又不濟得農民奏乞許農民
作保申乞先請價錢限一月内入納免被經敗人
隔截農民不得抑勒令請領十月奏爲蘇常秀潤
旱蝗乞依吴遵路所奏權糶酏糴斛斗又自江寧
府乗遞馬到潤州起發楚州等處斛斗往廬壽登
萊等州時江淮州軍有因疾疫死亡人口種蒔不
敷田段甚多公牒逐官依灾傷一例躰量放減并
孤貧老幼不濟人户多無田苗除減放外移税錢
不多者盡須催科無可送納即与全放十一月牒
江淮灾傷州軍應實因灾傷逃移拋下税産已曾
申報州縣後來雖是未差官檢覆令却歸業者並
放免税賦及有已曾歸業爲官中令納税存濟不

得又逃移者亦許歸業依此減放税科十二月奏乞免放舒廬等州折役茶又看詳江寧府上元縣等處所管主客户口逐年送納鹽錢即不曾請鹽食用其客户鹽錢數不多欲乞朝廷特与除放

景祐元年正月薦丁鈞鄧資徐執中衛齊盧革李碩張弁並公廉文雅爲衆所稱堪充京官如擢用後犯入己贓甘當同罪時黎德潤無辜獄死公奏乞訪求本家骨肉量与支賜令其收塟仍乞指揮今後命官使臣犯公罪流已下贓罪徒以下並不禁係許責保出外聽勑

康定元年正月十二日牒環慶路今後如有報到賊馬深入鄜延路更請相度一面部領軍馬入賊界

攻討要害城寨須管大叚殺獲分張賊勢不得只
在界首及打虜些少族帳便為策應之名若環慶
有賊馬亦令鄜延路分擘諸頭出軍馬深入賊界
攻討十五日陝府申稅户朱大成等八百九户各於
送納秋稅不前拋下稅額全家逃走公牒陝府指
揮逐縣鄉村拘管上件逃移人户屋業生產不得
燒爕斫伐其逃移人口即与倚閣去年秋稅招誘
歸業免致逃移毀却桒產将来歸業不得即大叚
虧失省稅所有諸州軍人户慮恐亦有似此逃移
幷牒逐州亦請相度安恤樞密院劄子奉聖旨西
界首領約遇没乜等二人部領蕃賊七百餘人在
塞門寨駐泊其部署司為何不差人馬掩殺公言

延州去塞門寨並無人烟又行川路之中一水屈曲五七十處涉渡恐傷兵士脚手周迴又無舊日熟户縱得此寨其勢孤絶亦恐難為駐兵以此不如訓練兵士候春煖可以涉水或輕兵掩襲或大軍攻賊縱被棄去自家兵士不致有損○二月八日奏上延州熟户見今饑餓若春深無由可耕別思作過或虜刼漢户北入横山則延州東界大有憂事乞興脩廢寨御前劄子付夏竦仰一面与范仲淹計會商量但應機乘便可以出師即同謀進取又聖旨令范仲淹於鄜州与夏竦韓琦商議邊事十二日奏乞相度禁放青鹽利害事十四日公有䟽奏荅朝旨論攻討西賊利害十七日奏張建

侯狄青等与西賊戰于保安軍有功乞重加錫賜
公嘗舉歐陽公充本路掌書記尋詔除館閣不赴
往十七日公上言竊見著作佐郎通判天雄軍張
方平富於文學後有才用乞朝廷改除充本司掌
書記取進止是月二十四日牒張亢修豐秝城及
萬安寨又牒朱吉任守信种世衡高良夫相度東
路承平南安兩寨如久遠可守即進兵前去修復
是月二十五日又奏乞修麼寨○三月初一日牒
青澗城种世衡永平寨郭延珎等接此春煖耕農
之時速勘會上件驚移熟户蕃部如内有未敢歸
業依舊耕種即便相度鄰近有無官司空閑地土
或遠年逃田權撥与耕種如無牛具耆官与量借

錢收買常切安存無令失所初二日又奏那兵馬五萬防托秦州時知保安軍王信西路巡檢狄青自来入陣勇猛公恐其為賊所誘二十八日奏乞指揮二人令持重不須身自鬪敵。四月五日差周美楊麟陳永圖等修復萬安寨豐林城甘泉城已畢公又相度將興修承平南安新寨等十一日牒种世衡郭延珎等據的是見闕乏糧草蕃部相度逐户口數目每十口已上官中量支借貸糧粟各一石十口已下各借五斗仍常切照管安存無令失所。六月奏乞指揮逐路將諸軍弓弩手教習短兵又乞揀選武士充節級。七月十五日舉孫沔田況充經略判官又舉胡翼之充本司催驅公事。八月一日舉劉牧錢中孚等十七人充陝西差遣時延州金明寨招到殘破番部三百二十八户雖給與田土無力耕種缺少粮食公奏体量延州西北被西賊破蕩無知延州張存母年八十寄泊他郡人子之心宜不穫安伏乞别選人知延州如未選得聞即令臣知延州所貴依得約束訓練兵馬十八日公牒延州通判大理寺丞高良夫将本寨見管熟户番部等毎家十口已下各支斛斗二石其十口已上支三石公巡邊到延州據左侍禁王聰狀陳弟王繼元差在塞門寨権兵軍監押被番賊打破寨門相殺身死二十日為奏聞朝廷乞特賜奬録以勸死節之士。勅鄜州至延州二百六十里元是三程於新店牢山各有館驛後減廢。九月公与轉運使明鎬巡歷自鄜州至延州兩程遇晴明皆昏黃後方到驛程太遠山坡至多及巡歷回来却值泥雨崖路險滑三十餘處涉河自甘泉縣早發至晚只到得皇甫店去鄜州尚更兩鋪所有隨行軍馬已各疲乏便無喫食須用回買其軍馬既不到驛即無支請草料去處兼是山居無可收買遂牒延州將牢山新店館驛量行脩補及存留甘泉新置驛每有過往使命軍馬或遇晴明直中路甘泉縣即支給一日口食糧草或遇雨雪并山洞水漲即於新店牢山勘請止宿十六日奏乞放免元張亢斬軍不當一名是月奉聖旨節文令公密切厚支与金帛名募敢死之士深入賊境探候等事公言臣在延州差韓周張宗永賫送文字直到昊賊處二人不期為臣所累皆竄遠方今雖奉聖旨令臣募人入賊界臣何面目更可使人伏乞勾還韓周張宗永量加恩澤。十月初一日巡檢李惟希下兵士王義等四人作鬧扇摇軍人公到延州據司理院勘到並斷送葛懷敏軍前要斬初五日公牒李觀將領兵軍計會王達朱吉王守琪張宗武自鄜州西北入德靜寨進兵討掠族帳又牒葛懷敏將帶周英鄭從政部領兵馬離延州往保安軍逼逐蕃賊仍差劉政充先鋒取路深入破蕩部署初九日又奏乞逐路部署已下出入進退處置軍馬公事並聽經略安撫部署司諸使處分時西賊大將剛浪唆兵馬家爲强勁在夏州東彌陀洞居止又次東七十里有鐵冶務即是賊界出鐵製造兵器之處去河東麟府界黄河西約七八十里可出麟府并石隰州兵馬與隰州兵馬与延州兵馬會合掩襲以分賊勢惟朱觀久在麟州知得次第已曾密議奏乞令朱觀計會河東軍馬以幹此事鄜州曹司馬勲張式黄貴減尅兵士請受公言當此軍期之際兵士多是飢寒逃亡若更減尅轉難存濟遂牒鄜州將馬勲等三人對諸軍處斬又奏脩城及般運粮草工役辛苦地又懸寒日有逃亡乞每月支撥菜錢是月十二

日公上言陝西軍州自西事以来應副軍期科率
百出如官員淂人稍能均濟或知寛猛則不致於
殘民其不得人處政在胥吏因其急速得恣貪暴
既屬軍期民無所訴臣自膺寄任奏薦頗多乞朝
廷深加照察知非請托其所奏之人多是僥倖優
穏之處永祝辭免不来赴任朝廷遂一夫之私情
忘百姓之深患滿目疾苦將何以濟伏望聖慈特
賜愛軫應陝西所奏官員曾經免者除别有擢用
外却乞盡底催發前来赴任十七日公具諸將所
獲生口鞍馬畜産器械并首級具闕于朝十八日
保安軍奏乞早降宣命下本路轉運使司并經略
安撫使副火急於近裏州軍人户秋税內科撥赴

本軍公体量㝵延州至保安軍山路一百五十餘里昨因西賊侵擾燒却人户田土則各迯散沿路不住有蕃賊出来打刼若令近裏州軍人户就保安軍輸納轉見苛虐於民不便公遂擘畫只將鄜延兩路界近保安軍送納公將部將任福打破白豹城蕩四十餘里獲青黃世寧到盧子平捉到西賊婦女朱觀打破洪州一十餘寨并族帳二十餘處二十八日奏乞不禁青塩二十九日奏乞朝廷念及邊遠之人率多無告特告朝旨應舉充縣令人限一季内並與移陝西路如在沿邊州軍即便乞與除職官知縣如人數不足即乞委清望官於三舉已上進士有行止文學者具事狀連坐各薦一

兩人不致闕官辦集邊事。是歲十一月虎翼軍
第九指揮王瓊奪長行于興所斫到人頭作自己功
劄上名字申奏宣轉充下名正指揮使後于興告
訴問訖招伏公書斷云奪戰主死戰之功誤朝廷
重賞之意其王瓊集軍員等處斬又奏乞建故寬
州為青澗城十三日奏狄青黄世寧頗勇氣乞早
加獎用十六日奏張繼勳破賊於歸娘谷乞賜酬
奬十七日時陝西軍州每年夏稅支移在邊上送
納民疲於役公又上言乞令於陝西近裏州軍送
納則惜得百姓時自京起發兵馬來陝西邊上州
軍駐劄訪知押軍使臣內有懦弱失蹤不能鈐轄
致兵士在路作過攪擾縣鎮十九日公牒鄜同華

州河中府如軍馬經過相度使臣稍有生踈不得
鈐轄便請那差都監監押一員或差得力使臣專
與驛券同共管押遂州交割不得縱令不著次第
及攪擾縣鎮施行十一月差張建侯與狄青黃世
寧劉政在保安軍差鄭從政在萬安鎮又牒鄜州
令張宗武往敷政縣且令探候如近邊寨無備則
便行討擊二十六日奏舉种世衡知環州○十二
月初二日乞早擢滕宗諒差赴陝西必可濟辦邊
事時清邊弩手新到州司不敢依例給錢公言沿
邊苦寒之地所有晉州清邊弩手指揮人員兵士
已到延州例各單寒闕少衣裝初四日遂牒延州
一例支給○十二月十二日奏乞朝廷特降指揮

下京西陝西嚴切鈐束如有兇惡即行軍法十六日牒同州抽差比縣弓手二千人并牒河中府抽差弓手一千人並差使臣押送鄜城縣駐劄把隘防托又牒耀州郡兵士兩指揮赴坊州防托時關中諸郡支移百姓苗税配納糧草往邊上州軍送納惟鄜延一路最是辛苦糜費數倍蓋是山陵道路不可通大車只是小車并驢子般運或遇晴明則一月程僅可往還或值雨雪艱難寸進至有離家四五十日累纏乾糧並盡却更那人歸取盤纏今延州稈草每束一百七十文其關中百姓秋税入邊上送納每束稈草只折三十文若據在市價頗甚虧民公相度得鄜州鄜城縣後魏時為鄜

城郡隋爲傳州南至同州河中府各是四程北至
鄜州兩程至延州五程物價稍賤奏乞朝廷建鄜
州爲軍令建營房倉敖廨舍所有同華河中府以
來州軍近下等第苗稅只於此處送納且減得一
半惡路至春却那減鄜延軍馬於此處屯泊就得
賤價糧草稍減得百姓勞弊辛苦亦且近便往復
[redacted]十二月二十八日奏乞暫出延州賞
給熟户蕃部首領給與文帖并散茶綵內有功勞
異於衆者等第支給襖子腰帶係蕃部巡檢者給
與紅纓交椅仍與別立約束令遍相鈐轄准備點
集時聖旨令公與梁適商量邊機事公奏乞指揮
涇原路招安明珠滅藏二族時遣上臣僚陳乞買

馬總得宣頭便令人於熟户及百姓公人之家覷
步收買其差去人接便起動熟户取奉爵價强買
邊上新舊官員各稱准宣買馬無時了絶往往一
道宣頭應帶數疋公乞朝廷降指揮將買馬宣頭
並乞勾收繳納

慶曆元年是歲春正月公在延州朝廷既用韓琦等
所畫攻策先戒師期公言正月内起兵塞外雨雪
大寒暴露僵仆使賊乘之必有所傷願朝廷存此
一路未行討伐容臣示以恩信或可招納戊午詔
從公所請時公前凡六奏卒城承平等十二寨蕃
漢之民相踵復業。二月四日奏乞於諸寨置榷
場用疋帛等博買熟户將到青鹽只於慶環二州

添起一倍價錢出賣收得一色見錢糴買糧草及支諸軍請受大段減得近理見錢應副邊上○三月任福等既敗朝議因欲悉罷諸路行營之號明示招納使賊驕怠仍密收兵深入討擊詔范仲淹体量士氣勇怯公言任福已下皆邊上有名之將尚不能料賊今之所選往往不及更令深入禍未可量於是行營之號卒不罷兵亦不復出○四月徙知慶州兼管勾環慶路部署司事初元昊陰誘屬羌為助環慶酋長六百人約與賊為鄉道後雖首露猶懷去就公至部即奏行邊以詔書犒賞諸羌閱其人馬立條約諸羌受命悅服自是始為漢用初曹瑋於環慶添置六寨差田敏部轄軍馬在

彼防托至今孰户倚此城寨四月公奏乞聖慈以曹瑋田敏前後戰功并建寨托邊之利特加贈典其直下子孫量行恩澤以奬勸邊士六月陝西躰量使王堯臣言范仲淹韓琦皆天下選其忠義智勇名動夷狄不宜以小故置散地。先是一月聖旨令擘畫牽制西賊不令往河東作過公牒本路主兵官員盡底部領戰兵往沿邊入界牽制併擘畫合行事件指揮逐路主兵官員施行十月初五日將所行事件畫一具奏。十一月二十一日舉劉貽孫及葛宗古二十六日乞將以所授左司郎中一官回授种世衡与轉諸司使知環州是月梁適自陝西還公附奏攻守二議。是月奉聖旨体

量鈐轄都監十二月初七日奏乞改移張明郝緒
慶曆二年時蕃部巡檢趙明勾招到賊界僞署團練
使訛乞并手下蕃官等共二十三户公定奪賞賜
銀椀頭巾角茶交椅銀帶錦襖等物那与繫官房
舍居住正月初二日公奏乞為蕃官訛乞等補官
十一日到環州管設蕃官支与銀絲等物與立約
束蕃部喜躍二十九日舉种世衡知環州時牒各
寨逐月一度勾集蕃官管設又恐公用錢物使用
不足又牒環州簽判陰諒臣往逐寨標撥官地種
蒔蔬菜貨賣并諸蕃部贓罰添助公用去訖所貴
不破省錢是月公到邠州排揀新兵擄人户王招
瑋等陳告稱官中脩營占却園林地土拆了屋舍

乞估計合支價錢公牒委邠州請依上項條貫支給逐人價錢及除放隨地錢稅後邠州准轉運司牒勾收已支價錢公言雖准都轉運司指揮令將空閑官地兊還既無官地即合回申都轉運司豈得故違條貫並不回申便却例行催納已支價錢侵害人户勾到本州元行典級王益等取勘招伏上項有違條貫情罪於杖一百上斷遣差人押送本州收管所有上件人户地土價錢却牒邠州依條支遣○二月四日太子中舍通判延州高良夫奏乞下陝西四路令銷兵士防托州軍一依范仲淹擘畫先定下守城人數於近裏州軍輪差弓箭手充數次邊州軍弓箭手却輪差在極邊城寨奉

聖旨且令邠寧環慶路諸都部署司相度又無妨
礙且利害疾速聞奏公言相度所差弓手並是人
户三丁内破一丁充後若是撥於極邊州軍屯戍
縁邊上食物踊貴亦少營舍官中請受至薄難裹
纏必於本家骨肉處頻有呼索動是數百里本家
更破一名往來供送即是一户三丁之内二丁防
邊徒使破壞家產伏乞朝廷更請相度二月奏言
延州陷破前年西賊圍閉之時山城未曾脩築纔
有墻壘未能禦捍惟劉平星夜前來救濟得延州
不至陷破此實劉平忠勇之力今來子弟復在邊
任其跡孤危未能雪恥竊聞劉平尚在恐邊臣有
所憎愛別造飛語乞朝廷倍賜照管又言計用章

無不順之意乞与叙用初五日有看詳趙珣所奏畫一奏疏時樞密院劄付經畧司諸將在外者若賊寇大至並須領兵覓便攻擊二十五日公言將有勇怯師有衆寡用兵無常勢非可畫一而制者也乞朝廷指揮逐路主帥近邊雖降此指揮仰更貼量將之强弱敵之衆寡地勢險易天時明晦臨事取分以保民安邊事為重庶少敗事其樞密院指揮未敢施行。三月七日奏陝西不可行用鐵錢。四月令李丕諒宋良移風川寨於烽火臺山上尋令弓箭手兵士等寅夜興工山上只築女牆四面削壁近下低處築城圍入水泉續又牒本州通判太常博士范祥与李丕諒等同相度新脩寨城

已了見今壁街巷脩蓋軍營倉草場廨署及城上
置敵樓船運糧儲兵甲入新寨二十八日奏舉高
端高良夫楊畋。寧州狀申稱於五月五日申時
以後忽降猛雨風雹雷電有大霹靂一聲於草場
火發燒却稈草四千餘束轉運司令觀察推官劉
銑置院取勘公言逐處異物蓄藏之處多致雷火
今依邊勑指揮只令陪納入官若更須令根勘官
吏不切防慎罪狀却慮今後沿邊倉場作過要得
負累官員為害轉大願乞朝廷特賜釋免二十四
日奏舉焦遂鄉李顯張忠張信等乞与轉官二十
九日体量得環州界爾遠馬領定邊安和安塞等
寨軍馬糧草人户不少並各城墻低下濠塹淺狹

未得牢固遂牒環州立便刷那廂軍兵士修築關渦。六月初六日石昌鎮申梁家族蕃官屈都等并小遇族蕃官薛娘等為讐其梁家族點集一千餘人騎待報讐相殺公又差指揮使郭慶宗齎銀椀綵絹走馬往本鎮体量各且和斷之。閏九月初九日慶州北路都巡撿司狀申探得昊賊親領八萬人騎奔往鎮戎軍去遂牒寧州通判張去惑著作暫往邠州計會點撿城上防城戰具家事安排整齊如聞西賊大入漢界即起遣鄉村人户入州城人户多是少得柴草不願入城即官中擘畫揀撿稈草支借十九日諸處申探到西界點集蕃賊馬大段緊急公差焦遂鄉种世衡等點集蕃兵

防托所有老小牛羊並發遣入寨城廻避其候看
族帳田苗蕃部即令於高險上空處權時就藏避
其入寨城人口並依先降條貫支与口食并鞍馬
草料牛羊即令於側放牧如遇閑暇三五日間亦
借與稈草准涇原路經略招討司牒今月十日夜一
更時准副使葛懷敏公文及鎮戎軍號希申蕃賊
不知數目奔充圍逸三川定川寨公牒張建侯策
應探事軍人張遇分析狀稱今月二十二日早辰
到鎮戎軍西南蓮花堡德勝堡見自家軍馬與蕃
賊相殺又見向太保劉太保手下軍馬被蕃賊殺
散所有自家軍馬總在定川寨與蕃賊相殺公令
鈐轄李丕諒領軍馬於二十日起發計會張建侯

同往原州會合策應○十月二十八日入内内侍省西頭供奉官王懷德齎降御前劄子問當欲移鄉往涇原路為本路近經賊馬抄掠藉招緝与文彥博對換公乞依舊領環慶路職任同涇原路經略並於涇州駐劄与韓琦日夜聚首三二年間可期平定時渭州鎮軍戎寨主職田有每歲獲千餘貫延州慶州諸寨多無職田十月廿八日奏乞均定諸寨官員職田○十一月初六日公上言涇原土兵有在慶州者慶州土兵有在涇原路者山川道路既不諳練又是邊上土兵請受微薄拋離本營累纏不易公欲朝廷指揮逐處土兵各令撥歸本路使喚公私俱便是月復置陝西四路都部署經略

安撫無治邊招討使命韓公与及公龐公分領之公與韓公開府涇州而從文彥博帥秦宗諒帥慶皆從公之請也甲申以處士孫復爲國子監直講從公与富公之薦也。十二月西賊入山外打并原州打蕩公牒知原州景泰与當路鈐轄李丕諒等六人部領軍馬討會節次向前於鎮戎軍以來會合出奇伏截山外回來賊馬收救人民公又到邠州示以兵勢出榜永興軍諸州以安衆心又与都監張擘部領諸兵馬於初三日發離邠州取長武路往涇州策應

慶曆三年正月辛卯詔陝西沿邊招討使韓琦凡軍期中覆不及者皆便宜從事宣命指揮召募沿邊

少壯人為護塞指揮公言其不便○二月己卯保安軍狀申鄜延經略司牒報西人請和公上言有不可許者三有不可防者三○三月甲午上令內侍宣諭韓琦范仲淹等候邊上稍寧當用卿等在兩地又令琦等密奏可代處邊任者琦等言元昊雖約和誠偽未可知願盡力塞下不敢擬他人為代○四月庚申諫官蔡襄言伏見陝西路招討使范仲淹韓琦各除樞密院副使並以西寇未寧懷辭辭朝廷不聽辭讓各授恩命二十四日公起發往邠州提舉并就近勾抽乾耀州新兵請知州通判內一員押赴一依宣命指揮重行揀選并排連人員及指書閱教次第并商量定奪蓋造營房

○五月江淮歲漕不給京師乏軍儲發運非人公言國子博士許元可獨倚辦辛未擢元江淮兩浙荆湖制置發運判官京師足食辛卯公與韓公又言臣等切以天下郡邑牧宰爲重得其人則致化失其人則召亂推擇之際不可不謹雖曾詔臣寮各舉所知或舉主非賢則多謬薦臣等欲乞聖慈特降詔書令中書樞密院臣僚各於朝臣中薦堪充舉主者三人候奏到姓名即逐人各賜勑一道若將來顯有善政其舉主當議旌賞若贓汙不理苛刻害民並與同罪所貴生民受賜寇盜自息從之。○十月初五日用張昷之爲河北都轉運按察使王素爲淮南都轉運按察使沈邈爲京東轉運

按察使從公与富公之言也
慶曆四年二月切見審官三班院并銓曹自祖宗以
来條貫極多乞選差臣僚就審官三班院并銓曹取
索前後條例与主判官員同共看詳重行刪定畫
一聞奏付中書樞密院參酌進呈別降勑命各令
編成例策施行是時公意欲復古勸學數言興學
校本行實詔近臣議於是宋祁王拱臣張方平歐
陽脩曾公亮王洙孫甫劉湜等合奏謹參考衆說
擇其便於今者莫若使士皆土著而教之於學校
則學者脩飭矣先策論則文辭者留心於治亂矣
簡程式則閎博者得以騁矣問以大義則執經者
不專於記誦矣乙亥詔州縣皆立學。五月壬戌

朔公與韓琦並對於崇政殿上四策。六月十二日舉元積中管勾機宜文字。七月丙戌詔諸路轉運使副提點刑獄察所部知州軍知縣縣令有治狀者以名聞議旌擢之其或不如所舉令御史臺劾奏並坐不實之罪從公奏請也十三日舉葛宗古楊麟充閤門祗候是月勘會河東邊上所闕弓弩并衣甲器械刀槍等自來從京支撥多是沿路損失枉費脚乘般載邊事不逮二十七日公上言伏乞朝廷指揮下河東轉運司取要便出產炭鐵州軍置都作院舉差官員專監其人匠於本路諸州軍揀選抽差。八月辛卯命參知政事賈昌朝領天下農田公領刑法事有利害其悉條上初四日昊賊差使臣一道姓金不得名往北界契丹處去不知事意公慮兩國計會與謀十五日奏乞那撥陝西兵三萬来赴江東乞朝廷更不遷延十三日舉張子奭張壽張去惑蘇舜元陳榮古堪充刑獄錢穀重難任使十五日舉夏安期充河東轉運使又舉向約乞差知陝西河東煩難大郡十六日又舉張子奭等五人赴河東任使初諸州軍縣每五年一造城郭等第簿公体量得河東陝西自西事以来甚有人户因差配破却家産州縣不能矜恤減放等候五年造簿方行定奪必是破盡家産多爲失所之人十八日奏言八月出榜曉示逐處人户并劄与逐州軍及都轉運司及三年便造

重定等第其因差配破落更不候三年便於簿注鑿減下其有即令淪落應後不得者即與免放先是除宣撫韓琦到邊上散却特支後至是已是一年不曾支付二十一日公奏臣今往陝西河東宣撫其沿邊駐泊諸州軍及就戰兵并人貧兵士欲乞朝廷等第各賜特支。九月公在并州見都轉運司指揮諸州軍場務更不得收納大鐵錢要得上絕欺弊幾方行下文字便有百姓經并州告訴各是交易到大鉄錢無處使用公遂出榜并州街市且令依舊行用據嵐州申本州九月一日支料錢并銀鞋錢二百萬准運司上項指揮尋行告示其軍人例各高聲言道官中支賜与我因何却

不得行用其轉運司牒本州更不敢施行公又恐
諸處軍民疑惑獲下榜示逐處曉示軍民其官鑄
大鐵錢並依舊行使時河東諸軍州剏新收刈白
草降下萬數不少逐處官吏不能体量利害例各
差兵士或探斫不前即便逃走公人等即出錢官
買或於人户係税草地内强行採打引惹争競即
令逐處擾擾公出榜曉示諸軍州自榜到日以前
拋下兵士公人收刈白草數目並与放免躰量得
逐處賊盗多是逃軍兼近南郊恐成羣黨驚劫人
户州縣不能禁止指揮河東州軍令逐處出榜招
召今日以前逃走廂禁軍人與限一月許於官司
首身更不問罪並令依舊收管十六日西夏楊守

素赴闕公奏乞所有封冊之禮須候西北收兵只行於躰稍便乞朝廷再三詳審二十日樞密院劄子奉旨令公就近差人知麟州公與明鎬商量舉閤門祗候張繼勳是月出榜曉示諸州軍應坊郭鄉村人户令日已前帶即配賣物色或包二税移逃者並令与放罪各令歸業其元欠二税並與除免仍劄都轉運司公到憲州体量憲州城池窄小奏乞增脩。十月九日余靖奏乞劄付河東令彼處差人伴作葺豐州所貴契丹不敢占據奉聖旨令公相度公言豐州至河東一百二十餘里並無人烟道路不通令來難便去管興脩初麟州無酒務不榷酒利寬假邊民自慶曆二年十二月榷起酒利公恐居民貧困出榜并劄与麟州令百姓依舊住便開沽十日公到麟州体量二州四面邊疆並無城寨防護人户不敢復業遂与明鎬商量申奏乞脩復城寨是月發遣散移往府州与土田耕種十三日奏乞收贖麟府陷破蕃界熟户百姓依舊住坐耕作出得糧草方可却減下正兵大段省得國家錢帛是月体量得火山嵐保德軍三處各屯兵馬所入軍儲皆是商旅人户将銅錢接糴北界斛斗入倉中糴每日計出却銅錢數百貫過往北界每歲計置河東銅錢不日将盡此邊防之大弊也十九日奏乞朝廷支絹五萬疋送下河東轉運司俵与嵜嵐等三處博糴軍儲急止銅錢出

界之弊二十七日張亢奏准經略司牒嵐軍等處有閑地萬頃乞先於要路安置堡子兩三箇然後將上件地土擘畫奏聖旨令公相度公恐置堡子代州與北界相接引惹言語只令作社戶名目三五十家靠險居住高築墻院防備盜賊。十一月初五日知原州蔣偕狀申細腰城修築已完須籍土兵守禦公劄與涇原路土兵充細腰城就糧振武蕃落指揮。十二月經略司管勾何涉有母在蜀中迎侍不得切於孝養初一日公舉涉充益梓路通判以便奉親俾全孝道時蔣偕出兵至佛空平燒蕩族帳种世衡領環州蕃漢兵燒蕩大小羊族帳十四日奏乞酬獎諸將功勞是月劄付陝府據諸縣逃官田地勒令地分鄰人空納租錢者并見欠見錢穀並與除放劉付與河東轉運司將麟府等州色役公人支與係官閑田仍免送二稅時契丹与元昊戰不利奉聖旨指揮令公体探北界事宜公言自古兵家每有挫衂恐其下離叛即别舉事圖其復振以攝衆心今契丹西征無功愧見其下或謀起事欲振兵威此朝廷不可不防是月明鎬奏募民請射禁地奉聖旨令公詳明鎬所奏相度經久利害聞奏臣僚又奏焦太師來天池打量事又奉聖旨令公計會相度穩審從長指揮又奏相度到開耕禁地利害事十六日公自麟府路田到嵜嵐軍次日有鈐轄孟元并嵜嵐軍使米

元湷來言有萬勝指揮兵顏和告稱有本指揮軍人結集背叛司理院勘得本人不着次第多欠人債所告只聞人說並無贓據欲領顏和赴營處斬公尋指揮令與逐官吏子細勘鞫實情如委實誣告亦且決配況未曾刑害著被告之人恐今後更不敢告事至十八日孟元等來言審勘得別無實情更不敢枝蔓追究公又奏訪聞得萬勝指揮招到雜色人多有邊上已滿三年其間輕狂之人不柰辛苦或亂出語扇搖人衆於邊上不便乞早降指揮差替十九日奉聖旨差入內供官衛克勤押賜暨藥至公處并傳宣命公探候北界事宜及邊上設備者公言見各訓練選奇兵備戰敵以分朝

廷萬一之憂二十日西賊點集壯人壯馬往環州界公劉經略司起發軍馬赴乾興寨駐劄防托及令環元州多方安撫前來蕃部蕃官二十三日奏言切見太常博士趙極秘書丞劉奕馮浩殿中丞范寬之馬仲甫徐觏中杜樞太子中允王復太子中舍王孝和大理寺丞張謨並有才稱宜處要務俾臨邊事可濟軍期伏乞望朝廷速差上件官充陝西河東大郡通判貼黄自來兩府臣僚無同罪舉官條例臣出使應所舉過官負恐朝廷未賜施行如任用後犯正入已贓臣並行同罪

慶曆五年正月十四日奏撥細腰城屬環州二十七日河東轉運司申諸縣尚顯等陳狀為光小（以下殘）

及年六十已上至七十年者除外別無人丁見今單身乞放免公劄下磁州疾速体量尚顯等如有人户可以指射充替即依條貫施行如別無人户指射即與免放施行。二月劄下并代等路經略司東都轉運司遍行指揮逐處疾速出榜曉示諸義勇軍習學弓弩是月翰林學士吴育為諫議大夫育初尹開封府時公在政府因白事數与公有迕既而公出安撫河東有奏請多為當國者所沮育取可行者固執行之。三月十八日西賊部領三千餘人打劫篳篥城等四月十四日公奏乞下部署司揀選得力将佐嚴行禁約至時與漢兵會免致蹤虞。四月三日新邊壕外樫柵至葫蘆河

一帶稱有西賊人馬約二萬餘人劉寨及逐川内
各有烟火五里至七里蕃漢人户一例驚移及差人
探問却稱耒放牧牛羊其驚移蕃漢人户尋却歸
復本處住坐公言昨往河西体問得鄜州路前耒
被西賊破蕩之時其初西賊用謀亦是如此其人
户為前来無事便各安心更不驚移遂遭虜殺今
来亦恐如打鄜州時設此計謀遂牒涇原路經畧
司令後如得知西賊點集人馬即将蕃漢人户多
差人趂遣迴避不得慢緩免致驅虜初四日奏留
蔣偕知原州新降宣命應係弓手兵士年及五十
已上或疾病久遠不堪醫治者許本户人填替如
本户無人即許召人充替施行公十七日奏言似

此篤疾廢疾之類非可詐偽者爲年未五十已上有礙上項宣命諸處不敢替放官中前來許顧人承替之時内有事力之家即可雇人其下等第無錢顧人多是忍脊家間骨肉令典賣莊田雇人深屬不便乞指揮轉運司看驗如委實是篤疾廢疾之類並依諸軍類更不問年甲便与揀停歸農不須要家人并顧人充替又令疾苦之人各歸田園所以不致失所。五月歐陽脩上疏伏見杜衍韓琦范仲淹富弼等皆是陛下素委任之臣一旦相繼而罷天下士皆素知其可用之賢而不聞其可罷之罪陛下於千官百辟之中親選得此數人一旦罷去而使羣邪相賀於内四夷相賀於外此臣

所以為陛下惜也十五日奏乞指揮麟府二州勸
會歸業蕃漢人户約量人口數目支与貸糧乞更
賜指揮與逐户買牛具錢本選差朝臣一員照管
撫恤各令安歸復業。閏五月涇原部署司所奏
抽減年深上京東兵那官部押赴近裏永興等處
駐劄候今秋管押歸營次奉聖旨令公相度公相
度上件兵士已各年深過滿又知別路並減那歸
營秋間縱有事宜亦難勾回邊上恐遞相扇摇别
有言詞尋涇原路差使臣管押歸營二十四日具
狀申奏。六月十四日奏諸軍頭失隊補署文帖
免勒充長行只於舊職名上降一等所責兵級安
心十七日舉劉貽孫知鎮戎軍二十九日舉譚嘉

震知德順軍時慶州東路巡檢竹昺公勒膳勇狄
青許遷等皆推許此人可用舉昺充慶州駐泊都
監。八月十三日聞朝廷差國子博士高良夫往
延州計會夏國差人定立疆界又據高良夫申商
量立界未定其西界楊守素回宥州取覆囊霄去
公言夏國一面稱大臣點集軍馬待与契丹相殺
一面却与漢家爭此小疆界臣謂契丹元昊除是
天亡時則有戰爭不顧利害如顧利害則無戰爭
之理或二蕃連謀窺伺中原則今後契丹先起事
端候朝廷抽減陝西軍馬往河北然後元昊入寇
則陝西四路皆可憂虞乞朝廷察此情狀不可信
憑大為之備免致臨時敗事再録与韓琦所上攻

守策録呈乞賜親覧是月与韓魏公奏舉李顯授
閤閤祗候二十三日禁秦州博易奏体量得秦州
自来客旅收買川貨物帛等入蕃博易券馬入官
中賣兼販蕃馬田訖百姓所買馬鈔亦收買疋帛
入蕃興販今来若将秦州界西蕃博買一例止絶
必是一路蕃情怨望兼大段隔却興販券馬及阻
節客旅興販川貨則一路粮草少人入中必是誤
事伏乞朝廷下秦州依舊降條貫施行二十九日
舉李顯充邠州都監。九月舉張摩知寧州公以
河西隣府田野空荒城市窮困使河東一路供饋
粮草錢帛未有休期若置一榷務一則招誘蕃部
牛羊鞍馬行貨供河東一路官税要用二則麟府

路收得客旅稅錢大段出得貨利就近供軍三則止絶得私下与外界交易乞氾令初四日奏乞於麟州刱置榷場二十日西界送石元孫歸漢配全州編管公言奏不與元孫相識亦不知本人善惡臣在延州但聞劉平石元孫部領軍馬救護延州同戰拒賊日夜血戰兵少食盡力屈被擒即不曾退走亦非不戰而降但有不死於王事之罪又累該大赦却有救存延州之勞縱不堪任用亦且免其戮辱少加存恤當授一南班近下名目於近州安置使陷蕃將校等聞之未絶向漢之心不怨朝廷不助夷狄此禦戎之一策也。十一月十一日准樞密院劄子節文臣僚劄子秦鳳路部署已下自来各破親兵逐月支破添支錢乞今後所差親兵揀選知武藝慣熟人數不得替換逐月更支破添支錢候巡邊及駐劄出戰時即乞一例量支盤纏錢三百文所貴均平免有虛破官錢奉聖旨令陝西四路安撫司相度公相度若是揀却知武藝慣熟人數久占在逐官手不得替換却恐不切閲習因茲生疏有誤使喚已牒秦鳳路都部署司據部署手親兵輪差替換依其餘路分更不逐月支添支錢。十一月二十一日山外德順軍界請邊隆德寨蕃家外各有新招弓箭手共八百餘人請射地土耕種脩築堡子把截并逐家老小在彼居住自来累遭虜掠公[illegible]涇原路安撫司各令將老小人

口等般入壕寨居住只量留少壯人在壕外堡子安泊防守管勾耕種若遇大段賊馬難以禦捍亦須入壕寨回避免枉遭虜掠

按舊年譜竄閤文應嶺南尋死于道此據富鄭公所作墓誌按閤文應景祐二年十二月辛亥落入內都知以昭宣使領嘉州防禦使爲秦州鈐轄後兩日改鄆州鈐轄百官表同景祐四年四月乙丑文應徙潞州鈐轄百官表同寶元二年九月癸卯文應卒此據百官表贈邠州觀察使此據實録未嘗有竄嶺南指揮及死于道事迹不知鄭公何據也今姑從鄭公墓誌俟考

先公生於宋端拱薨於皇祐始終際極盛之時明良康又克展忠藎勳業在朝廷威望在邊徼惠澤流子孫太史有傳墓道有碑鉅公名賢論贊稱述焯示不

矧惟年譜未刻非缺典國僖
恭奉祠事謹命工刊梓與
文集奏議並行覽者庶有
攷焉天曆三年庚午春正
月望日八世孫國僖百拜
謹識

祭文

富鄭公

維年月日具銜富某謹遣左教練使陳節詣徐州以清酌庶羞之奠恭祭于故資政殿學士戶部侍郎范公六丈之靈嗚呼公乎天之生公實將濟此下民乎功乎未宣何遽奪之而不踐其初乎天乎忍爲是而不自信之甚乎不然何賦公道大德具而罔克終其施乎某愚不文而不能盡揚公之懿聊書其槪以寓其悲公幼孤無依零丁自生徒步遊學至于成名奔走銓選益困于行僅改一秩卿寺之丞有宗公晏薦公文章與校圖籍館閣之光獻后誕節姦謀請皇下率百辟北面奉觴公聞駭走出號于囊雖示民孝君

入臣行願得元宰外行故常帝肯宗之內宴是將衆
爲公慓公膽益張于時非公六節幾忘並悟獻姦謚
通于外獻既往矣諫垣召拜夙夜蹇蹇益用不怠帝
怒撤掖講從廢筵久率諸僚御史恊力伏閤而諫氣
直震戡坐是謫去中外失色累易郡壘召尹上京尹
職非志志安朝廷連挂柄臣又竄南征忠亮信特天
下皆傾有夏不軌西鄙用兵遽召起公來撫方城大
將失律關陝震驚延是孤危賊謂已物命者必辭公
獨請之人惜公去公馬星馳居未席暖賊遁而歸賊
措無所羽書見詒公比尊君不淡中報手爲苔書禍
福以告既驛以聞上覽而韙者明贊云可附于史昧
者詆娸嫉其出己胡然守邊宜賜以死嘗憂國臣光

徇所啓從公内瀚[illegible]林起俄建帥旗撫護諸將
心思賢天下是訪擢[illegible]樞莞復叅政鈞一府交入萬
微日新不設機械不作崖岸坦坦一心惟道之踐讒
間得行孤立誰辨因其出撫遂留詘方稟下得請旋
易于杭又易青社曾未盈歲恙起不測又求潁水及
途不行託友以死嗚呼公止於是而已乎昔某初冠
識公海陵顧我譽我謂必大成我德公德亦已服膺
自是相知莫我公比一氣殊息同心異體始未聞道
公實告之未知學文公實發之肇復制舉我憚大科
公實激之既舉而仕政則未諭公實飭之公在内史
我陪密幄得預四輔之儀公撫陝西我撫河并又分
三面之寄公既罷去我亦隨逝從古罪人以于魑魅

公我明時咸得善地自此蠹孽毀訾言如沸必寘其死以快其志公云聖賢鮮不如是出處以道俯仰無愧彼姦伊何其若天意我聞公說釋然以寧既而呶呶果不復行於是相勗以忠相勸以義最士之死而後已嗚呼哀哉公今死矣忠義已矣萬不伸一齎恨多矣世無哲人吾道窮矣我雖苟活與死均矣嗚呼哀哉師友僚類殆三十年一日棄我我悲何可存我守蔡邱公薨設門我去無所公來已魂我勵幾絕公聞不聞走使持奠作文叙冤嗚呼哀哉尚饗

歐陽文忠公

月日廬陵歐陽脩謹以清酌庶羞之奠致祭于故資政殿學士尚書戶部侍郎范文正公之靈曰嗚呼公

平學古居今持方入圓丘軻之艱其道則然公曰惡公爲好訐公曰彼善公爲樹朋公所勇爲公則躁進公有退讓公爲近名讒人之言其何可聽先事而斥羣譏衆排有事而思雖仇謂村毀不吾傷譽不吾喜進退有儀夷行險止嗚呼公乎舉世之善誰非公徒讒人實多公志不舒善不勝惡豈其然乎成難毀易理又然歟嗚呼公乎欲壞其棟先摧桷榱傾巢破鷇披折傍枝害一損百人誰不罹誰爲當兼論是不仁哉嗚呼公乎易名謚行君子之榮生也何毀没也何稱好死惡生殆非人情豈其生有所嫉而死無所爭自公云亡謗不待辨愈久愈明由今可見始屈終伸公其無恨寫懷平生寓此薄奠

舒王

嗚呼我公一世之師由初迄終名節無疵明肅之盛
身危志殖瑶華失位又隨以斥治功亟聞尹帝之都
閉姦興良稚子歌呼赫赫之家萬首俯趨獨繩其私
以走江湖士爭留公蹈禍不慄有危其辭謁與俱出
風俗之衰駭正怡邪蹇蹇我初人以疑嗟力行不回
慕者興起儒先酋酋以節相後公之在貶愈勇爲忠
稽前引古誼不營躬外更三州施有餘澤如釃河江
以灌尋尺宿贓自解不以刑加猾盜涵仁終老無邪
講藝弦歌慕來千里溝川障澤田桑有喜戎孽猘狂
敢齮我疆鑄印刻符公屏一方取將於伍後常名顯
收士至佐維邦之彦聲之所加虜不敢瀕以其餘威

走敵完鄰昔也如至瘡痍滿道藥之養之內外完具
既其無爲飲酒笑歌百城晏眠吏士委蛇上嘉曰杜
以副樞密稽首辭讓至于六七遂參宰相釐我典常
扶賢贊傑亂冗除荒官吏於朝士變於鄉百治且修
偷墮勉彊彼閼不遂歸傾帝側卒屏于外身屯道塞
謂宜苟老尚有以爲神乎孰忍使至於斯蓋公之才
猶不盡世肆其經綸公孰與計自公之貴廐庫逾空
夷其色辭傲訐以容化于妾婦不靡珠玉翼翼公子
弊綈惡粟閔死憐窮惟是之奢孤女以嫁男成厥家
孰堙于深孰鍥乎厚其傳甚詳以法永久碩人今亡
邦國之憂矧鄙不肖辱公知尤承凶萬里不往而留
涕哭馳辭以贊醑羞

韓忠獻公

維某年某月某朔某日具官某謹以清酌庶羞之奠致祭于資政范公之靈嗚呼哀哉上天生公固爲吾宋以堯舜佐吾君兮既忘身而忠國以成□康期吾俗兮又竭思而仁衆升賛樞宰孰云不用殿撫藩服孰云不重何太平之策噤而不得施兮委經綸於一夢此一人所震嗟而天下之所深痛豈止乎平生之交得訃音而長慟嗚呼哀哉僕始立朝接公□向踈道同氣合千里相符泰帥於西乃與公俱協心畢力誓翦兇渠義切王室情均友于雖千艱而萬險仗忠信而如無僕之望公驥僕駑十駕未逮敢擬齊驅人胡不辯遂連公呼自顧無有愧常汗珠繫□是託終□

夷途叛羌來附一節同趨與公並命參翊萬樞凡有大事爲國遠圖爭而後已歡言如初指之爲黨果如是乎道卒與于時戾謂公迂而僕愚相緣補外謗毀崎嶇感公之知謂死不渝嗚呼哀哉定之去青不遐驛置自公之東信問時至愛顧益深交朋莫二蠅頭細書以時爲寄珠貝累幅氣嚴法備自云矍鑠以將厚意謂公康寧曰保純粹忽以疾聞求醫往視瞿然遣使候公監寐會公得穎肩輿赴治尚煩公荅親筆數字意公少痊粗以爲慰方具書藥詣公所懇得元規報云公永逝讀之駭然手足具廢氣塡滿膺食不知味惟公事君之大端固始終而一致有生即有死兮雖聖智其安避所惜者國家待賢而後乂天胡不

仁而不憖遺嗚呼哀哉公之所存履夔蹈高亶文奇謀大忠偉節充塞宇宙照曜日月前不愧于古人後可師于來哲固有良史直書海內公說亘億萬世不可磨滅此爲天而爲壽兮信識者之能別豈於一簣之間可盡公之德烈惟是冥然而思默然而悲此生未殞曾無已時公乎公乎知乎不知

諸賢贊頌論疏

韓魏公遺事云　魏公謂挺然忠義奮不顧身師魯之所存也身安國家可保明消息盈虛之理希文之所存也敢問二公曰立一節則師魯可也考其終身不免終亦無所濟若成就大事以濟天下則希文可也

韓公與孫元規龍圖書云近方知希文留徐將治已差下人致書藥詣徐及裁謝爲慶適中忽領來教且承希文疾遂不起聞之驚慟數日不能飲食忠正大賢天下屬望平生素藴未得紓盡遂至于此深可哀哀痛痛所幸者到公治所後事得仁者盡力幹辦亦賢者之先識希文瞑目無憾矣今專差人致奠如公未發告令一幹吏同辦之幸甚

富鄭公稱之為聖人
石徂徠比之為夔禼
張横渠謂才氣老成
歐陽公撰公神道碑云自公坐呂公貶羣士大夫各
持二公曲直呂公患之凡直公者皆指為黨或坐竄
逐及呂公復相公亦再起被用於是二公驩然相得
戮力平賊天下之士皆以此多二公然朋黨之論遂
起而不能正上既賢公可大用故卒置群議而用之
歐陽公手自記曰脩學道三十年所得者平心無怨
惡尔脩初以范希文事得罪於丞相坐黨人遠貶三
峽流落累年比呂公罷相始被進擢及後為范公作
神道碑言西事呂公擢用希文盛稱二公之賢能釋

感而共力於國家者希文子純仁大以爲不然刻石時輒削去一節云我父至死未嘗解仇每歎曰我亦得罪於丞相者惟其言公所以信於後世也嘗聞范公平生自言無怨惡於一人兼其與呂公解仇書見於范集中豈有父自言無怨惡於一人而其子不使解仇於地下父子之性相遠如此邵氏聞見録曰歐陽作碑辯不可則自削去驩然戮力等語歐陽殊不樂謂蘇明允云范公碑爲其子弟擅於石本改動碑中文字令人恨之

歐陽公論小人讒沮范富諸賢云

韓琦仲淹富弼等遇陛下聖明可謂難逢之會陛下有仲淹弼等亦可謂難得之臣陛下既已傾心待之仲淹等亦各思報

臣謂事無不濟但顧行之如何耳況仲淹獨是陛下特出聖意自選之人初用之時天下已皆相賀然臣所慮者仲淹等所言必須先絕僥倖因循姑息之事此等之事皆外招小人之怨怒而奸邪未去之人須時有讒沮若稍聽之則事不成矣臣謂當此行事之初尤須上下叶力凡小人怨怒仲淹等自以身當浮議陛下亦須力拒待其久而漸定日見成功

歐陽公論范公為衆所推云

韓琦与仲淹皆是國家委任之臣材識俱堪信用然仲淹於陝西軍民恩信尤為衆所推今若令仲淹外捍寇兵而琦居中應副必能濟大事若陛下以新用仲淹責其展効則且令了此一事候邊防稍定不兩三月可以還朝既先預

於外庶可漸脩於缺政

歐陽公論四賢不當罷疏云杜衍韓琦范仲淹富弼
天下皆知其可用之賢而不聞其有可罷之罪自古
小人讒害忠賢其說不遠欲廣陷良善不過指為朋
黨欲搖動大臣必須誣以專權其故何也去一善人
而衆善人尚在則未為小人之利欲盡去之則善人
少過難於一一求瑕唯指以為朋黨則可以一時盡
逐大臣不可以他事動搖惟有專權是人主之所惡
故須此說方可傾之臣料杜衍等四人各無大過而
一時盡逐必有朋黨專權之說上惑聖聰臣請詳言
之杜衍為人清審而謹守規矩仲淹則恢廓自信而
不疑韓琦則純正而質正富弼則明敏而果銳四人

為性既各不同雖皆歸於盡忠而其所見各異故於
議事多不相從至如杜衍欲深罷滕宗諒仲淹力爭
而寬之仲淹謂契丹必攻河東請急修邊備富弼料
九事力言契丹必不來至如尹洙亦號仲淹之黨及
爭水洛城事韓琦則是尹洙而非劉滬仲淹則是劉
滬而非尹洙此數事尤為彰著陛下素已知者此四
人者可謂公正之賢也平日閑居則相稱美之不暇
為國議事則公言廷爭而無私以此而言臣見杜衍
等真得漢史所謂忠臣有不和之節而小人讒為朋
黨誣矣陛下於千官百辟之中親選得此數人一旦
罷去而使群邪相賀於內四夷相賀於外此臣所以
為陛下惜也

蘇子美聞京尹范希文謫鄱陽尹十二師魯以黨人貶郢中歐陽永叔移書責諫官不論救而貶夷陵令因成此詩以寄且寬其遠適也

朝野蔚多士衮然良可羞伊人秉直節許國有深謀大議摇巖石危言犯采[illegible][illegible]貴出京府憔悴謀南州引黨俄嗟尹移書遽責歐懇言得罪要避曲如鉤郢路嚴來馬荊川還許舟傷心衆山集舉目大江流遠動家公念（[illegible]）深貽壽母憂（[illegible]）横身罹禍難當路積仇讐傷上寧無術亢宗非所優吾矣思正士莫賦畔牢愁

蘇子美上文正公書云　舜欽觀古之烈士受人一言

一顧之重不計己之能否事之重輕殞命捐軀無問而不入或從其禍敗累於弗知者多矣然史氏稱説皆綴之以稱述其事而警厲偷惰舜欽竊謂其勇敢毅氣節則有餘至于成就大詳趣道與權則不足矣故舜欽自少小迨於作官所為不敢妄必審處己之才能而傅會于道人雖不知自信甚篤且久矣昨者朝廷以閣下才謀絕世負天下之重望倚之以究西事閣下開置幕府收策志慮英俊之士以自廣蓋以兵者重器資群材以共舉一失其任則折衂難之而閣下誤有采聽將引擢瑣置於左右委言垂意發於顏色舜欽非不知依閣下之重可以取先價而自振起設臨機事不能有所建衂耻也有所建衂而不合於

義不行焉亦恥也況於傾撓哉及是則不惟虧損閣
下之望舜欽終身可廢無所容焉是以上犯威德懇
激避辭者蓋在此也然舜欽雖至愚內荷閣下之
顧夙夜感慨思有所報昨聞閣下以張存不才自求
守延州物論喧然以閣下領經略之權自可往來陝
右進退在己延州逼近賊鋒而能舍安逸以就危臨
雖古人不逮也又或云閣下居長安統貳於人不能
明白立功名將高舉遠去以自異此二除未必中閣
下之度以舜欽觀之既白張存則不得不自請但義
授之際有所未安何者以閣下為經略則自陝西以
至於邊徼斥候皆可奪置在延則局于一州於他郡
不接矣他郡不接亦[illegible]不能仰制關中事則可慮也

蓋關中之俗大抵勁悍豪忍又形勢險固出於天下方今盡取鄉民籍之為兵得操弓矢以自肆習往來道路與寇賊不辨小人少思慮加之氣俗又得此利器幸而歲常豐父兄家老聚居可約束不幸小饑父兄不能保有其子弟必將人人依險以自快則其將柰何耶況煩細追而驅之以向敵人頗失望有天下而失人以信後將何所恃焉昨者延安鎮戎殺害民畜不可勝紀死氣結戾不判必能變化陰陽之和今雖稍稔恐來年宿麥不登民必狼顧矣弱者流轉强者化而為寇賊則心腹自有疾矣閣下居延州雖能制異賊之命係虜其種族遂之絶漠而遁亦何救關中之事耶故舜欽謂西羌不足憂於關中也近日竊

鄜隣郡數勝頗得馬畜屠其柵壘火其積聚朝廷即時越次以賞其勞使人得自有其所畢獲稍振士百其勇以舜欽觀之古之善禦戎者豈特是哉蓋務訓撫吾民使安其業不以非義動扼其衝塞絕其互市閉之沙漠之外俟其隙且困則破散之晨鈔夕盜与競尺寸之地非大國之体也舜欽近慮將佐不知此事勢而少思狃豪髮之勝中其詭譎而所喪必大蓋兵家之法必以餌驕人而後取之況羌虜常以伏奇包衆勝中國當此之際閤下能部勒諸將分乘險阻不使習小利以為功持重其体而死其奸謀不憚曠日而使之內潰此孫武所謂善之善者也況夫体幽靜則謀精而盛氣張勢則令頓而惰閤下立謀而首

令者也以身繫一安危可不慎哉若能去延州之狹以自任撫關中之大以示信而又沉遠變動則何敵之敢亢耶懸料古人所難况舜欽淺識而欲上賛遠略然區區之誠臆隨于內萬冀一得以補高明撫斷之餘特賜省閱幸甚幸甚塞邊寒苦乞加鍊謹不任懇激之至

又荅范資政書云

道遠且阻不得上記以候起居家兄封到聞月所賜手教一通訓愛切至情義並隆懷感益深不言可喻舜欽昨得罪後都下沸騰未已其謗皆出人情之外而往往信而傳之自念非遠引深潛則不能快讐者之意又以世居京師墳墓親戚所在四方茫然無所歸始者意欲重去不得已遂沿南

河且來吳中既至則有江山之勝稻蟹之美兖州有
田數頃郡中假田車院以居之親故多俸伏臘以可
給豈敢更求贏餘以足所欲日甚閒曠得縱觀書策
及往時著述有未備者皆得綴緝之治易頗有所得
若與處無人商論乃知君子理身燕物之道自有本
也險難覩而不之見宜其[illegible]爲[illegible]孤且拙疏
則多觸時忌不能防閑小人[illegible]事不敏無所施
爲因此遂得退藏蓋[illegible]責其功績
徒自勞困而無補於[illegible]而已今得
心安舒而身逸豫[illegible]察而責望
之何樂如是攝生[illegible]食起居皆自適
內無營而外無勞[illegible]之所[illegible]也歲餘

來能欽玲而少病此其[illegible]于世本當於江湖之上与魚鳥麋鹿[illegible]蹤跡一至於人間因閭之教丁[illegible]所懷辜閔察焉

又答

去冬捧策問條目[illegible]之故寘之坐右一食三誦嚴然如臨師[illegible]能盡其要處而粗忘隕穫之苦專人至[illegible]伏蕃坐鎮之暇体力平裕且謂其窮道著書日与士人語於堂奧晏然自居得易艮彖時行時止而其道光明也此閤下教之愛之之過實也夫適其時之動静使其道之光明此大君子之行藏屈申非罪戾人之所可為也本以不知時之可止而遂於行蹈此機穽今既止而雖

欲行莫可得也閤下前視卿輔之地不欲處謙讓引去偃息藩鎮以閑放自喜此正得時止之道也處此至静益宜思念康世尊本之術充於胸中因時而發大施天下則其道巻舒而光明矣放廢者安有此理但守六五一爻之義而已庶乎語言消序悔吝稍亡不貽知己之所憂念耳閤下其察之

又上范公書云

五月日舜欽頓首獻書于叅政諫議閤下舜欽伏覩自唐至于本朝賢者在下位天下想望傾屬歎至公相聲名烜赫未有如閤下者自閤下作諫官天下之人引領數日望閤下入兩府使天下被其賜及閤下受譴天下之人識与不識皆歎息怨罵以謂宰相蔽君怙權不容賢者在朝將日寖弊無

復太平之期當是時無此言者衆指以爲愚唯是陰
姦凶藏之人嫉閤下聲名出入甚於讐寇然駈於群
議喑嗚伏毒不敢開口但日日窺伺閤下之失將以
快意相共羌賊不庭西方用武策畫顛倒兵師敗没
衆謂非閤下之才不能了此事天子采閤下之議用
閤下於延州果能使士卒奮厲逆寇聞之不敢窺境
有求和之請時堂上有沮陷者議者欲食其肉舜欽
嘗静思閤下功業未及天下而天下之人愛而羨之
非人之盡受恵也由閤下蘊至誠以康濟斯民爲已
任故誠之感人如四時之氣鼓動萬物遠近無不被
也去年天子又采天下之議召閤下入政府天下之人
踊躍詠歌若已得之皆曰朝廷用人如此萬事何足

慮曰傾耳拭目望閣下之所爲未及半年時舜欽自山陽還臺已聞道路傳云閣下因循姑息不肯建明大事時尚竊竊私語未敢公然言也舜欽始絕不之信必謂怨惡之人扇成此謗談者好奇易傳耳及至都下言者稍不復避人矣舜欽始疑之是何知於前而昏於此耶而又爲辯之曰治久疾者不可速責以效苟以悍劑暴藥攻之死生未可知也談者或然之已而舜欽又當閣下之薦不復可與衆辯矣與之合倡實不忍爲但惻然愧羞噎不復言退而念慮終夕不能去懷以知古之烈士爲知己死者以此也舜欽又竊觀閣下所爲於時亦救致數有建白未堪爲聽是何毀之多也豈誠之少衆不說於當年乎豈施設

之事未合羣望乎豈以為高世之名未見為高世之
事乎愚者不可既但聞論議之衆皆云教訓墾工吏
改磨勘復戰田定贖刑之類皆非當今至切之務譬
如倒懸者饋之以食大饑者飲之以漿徒益人之忿
耳舜欽受閤下非常之知日思所報欲閤下之譽復
加於當年念之無他術焉必取衆議而用之則皆厭
然而服不復有所詆訾矣今輒條數事布於左右非
出於淺見寡識蓋得之羣言焉若閤下擇其一二上
聞而行之於國實利人又甚樂故非刻薄僥一時之
利今議稍喧矣閤下若更畏縮循嘿顧望而不為則
不唯國計漸隳亦恐禍患及身矣如此則使姦纖之
人得以藉口而快意天下之人疑惑有名之人又天子

不肯采議而用人是不爲來者之地閣下其念之令所建之事不合拍極不過於免位則天下之責不及若不建事而無所爲天子將采天下責而免閣下若天子未免閣下安能肆然久當天下之責乎必因事求免含胡而退則人無後望平生令名至此盡之矣夫建事而免絶異遯甚苟建而得行位自不免於朝廷之利甚大閣下之聲名復還不亦美乎所建之事不必甚之所陳其術在衆論之長者閣下納而行之無憚其大且難矣嗚呼歲月有去而無回功名難成而易隳此古人所以珍重寸陰而皇皇於立事也若蹉跌失時齎汨前志則抱恨萬世爲來者所咲蔑無復自明亦已痛哉亦可惜哉幸閣下留意焉

又諫乞不責范孔二公疏 孔道輔范仲淹剛直不撓致位臺諫後雖改他官不忘獻納二臣者非不知緘口坐得卿輔蓋不敢負陛下委注之意而皆罹中傷竄謫而去使正臣奪氣鯁士咋舌目覩時弊口不敢論昔晉侯問叔向曰國家之患孰為大對曰大臣持祿而不及諫小臣畏罪而不敢言下情不得上通此患之大者故漢文感女子之說而肉刑是除武帝聽三老之議而江充以誅肉刑古法江充近臣女子老人愚耄疏隔之至也豈以義之所在賤不可忽二君從之後世稱聖況國家班設爵位列陳豪英當責其公忠安可教之循默賞之使諫尚恐不言罪其敢言孰肯獻納物情閉塞上位孤危軫念于茲可為驚怛

覬望陛下發德音寢前詔並[illegible]于采納　下及芻蕘可以
帝守隆平保全近輔若詔[illegible]未削欺罔既成則不唯
堂下遠於千里竊恐指麾[illegible]馬之事復見於今朝矣

蔡君謨奏乞遣范公巡邊

闕已差范仲淹宣撫陝西近又除參知政事未有巡邊之日竊以西賊不朝其言驕慢必無可從之理若范仲淹久留邊郡威名在敵若早令經制事宜關中百姓有休息之期故邊將雖多莫如朝廷輟柄臣以臨之柄臣之中莫如仲淹自行望於西人未行之間早遣巡邊無使後時以失大計

又論范公在韓之右

又伏見陝西路招討使韓琦范仲淹各除樞密副使並以西寇未寧懇辭恩命朝廷

再賜手詔督令赴闕臣竊料琦等必再有陳論辭讓於未決之間而異同之説有三焉曰使琦仲淹皆來也曰一內一外也曰皆留在邊也臣竊謂仲淹作招討使羌戎既畏其威名今在樞府正議兵謀其畏必甚況在陝西民既倚賴在樞府必陳利病而行之所賴者愈大以物議言之一臣之忠勇其心一也若以才謀人望則仲淹出韓琦之右故仲淹宜來琦當留邊於理甚當其韓琦范仲淹伏乞朝廷不聽辭讓各授恩命

段少連諫范仲淹不當責疏云臣因義激心以戢發謹天容地載蒙牽何深然理有所未伸情有所未達欝悒之心不得不盡陳之道輔仲淹與臣等議皇后

不宜廢是以羣請殿閤上疏而執政進説使臣等不獲面對道輔仲淹出守外郡臣等蒙罸中外皆以為非陛下之意特宰執假天威以斷來者之説不報又上疏曰臣伏準戒諭自今不得羣詣殿門請對且伏閤上疏自有故事昔唐陽城王仲舒伏閤雪陸贄之枉崔元亮叩殿陛理宋申錫之寃今陛下未忍廢黜皇后而兩府列狀議降為妃諫官御史敢援伏閤之事乎陛下深惟道輔仲淹等所言為阿黨乎為忠亮乎不報

閻灝撰公真贊曰英英如祥巖巖如山仁義道德藴於顔閔大忠皋夔元功方召以贊中樞以尊巖廊佑我仁祖格于皇天是肅□度不傾不騫維慶有祠邦

民瞻思慕山可夷茲堂難毀

元遺山贊曰文正范公在布衣爲名士在州縣爲能吏在邊境爲名將其材其量其忠一身而備數器在朝廷則又孔子所謂大臣者求之千百年間蓋不一二見非但爲一代宗臣而已丁酉四月獲拜公像於其孫圜曦爲之贊云以將則視管樂爲不忝以相則方韓富爲有餘其忠可以又傾朝而寄末命其量可以際圜蓋而蟠方輿衮衣玄冠佩玉舒徐見于丹青英風凜凜如古之所謂搢紳正笏不動聲氣而措天下如泰山之安者其表固如是歟

呂中論文正公爲本朝人物第一云先儒論本朝人物以仲淹爲第一觀其所學必忠孝爲本其所志則

先天下之憂而憂後天下之樂而樂其有所為必盡其力曰為之自我者當如是其成与否有不在我者雖聖賢不能必此諸葛武侯不計成敗利鈍之誠心也觀其論上壽之儀雖晏殊有不能曉寬仲約之評雖富弼有所不能知而十事之規模雖張方平余靖之諸賢有所不能識仁宗晚年欲大用之而范公已即世矣豈天未欲平治天下歟

呂中論韓范同心云　元昊所以敢於憑陵者人皆以為寶元康定積弱之故而不知其志已萌於德明与中國易馬之時元昊所以終於帖服者人皆知其一韓一范之功而不知其夷簡之功也蓋當夷簡未入相之前張士遜在政府王曙在密院夏竦在帥涇州

州范雍帥延州為相則無補君務而不免韓琦政府養病之譏本兵則不習邊防而忘曩日曹瑋元昊必反之言為師則師無功而徒以墮虜人詐和之計當夷簡既入相之後与仲淹釋憾於朝廷而協力於西事前日之蔽賢固可罪今日之補過亦可書此仲淹所以樂為之用也自夏竦未罷師之前師惟不出出則致敗寇惟不来来則傷殘劉平之敗范雍奪節鉞任福之敗韓琦罷經略而竦為四路統帥三歲擁握大師未嘗身履行陳自夏竦既罷師之後付秦鳳於韓琦付涇原於王沿付環慶於仲淹付鄜延於龐籍分為四路各任經略聲勢相援此元昊不復有深入之謀也韓琦所上之攻守策其意則主於攻故不免

有好水川之敗至於仲淹所上攻守策則言攻有利害守有安危攻宜築近邊城取其近而兵勢不危守宜開屯田用土兵圖其久而民力不匱是則攻不至於輕戰守不至於示弱而舒徐待其斃也然至於協謀以取靈夏之地則韓范同此心也惜乎志未遂而二公歸矣

東萊先生治體論曰蓋自李文靖抑四方言利害之奏所以積而為慶曆元祐之緩勢自文正范公天章閣一疏不盡行所以激而為熙寧之急政吾觀范文正之於慶曆亦猶王安石之於熙寧也十事之奏實慶曆三年九月矣始於明黜陟重命令當時之言見用明黜陟之法則以十月壬戌行擇官長之法則以

十月丙午行任子之法則以十一月丁亥行館職之法以癸未行公田之法以壬戌行貢舉之法以明年三月行減縣役之法以明年五月行其餘厚農桑罷恩信重命令皆悉用其說或著為令行之未及一年而陳執中之徒已不悦矣嗚呼使慶曆之法盡行則熙寧元祐之法不變使文正之言得用則安石之口可塞令文正之志不盡行於慶曆安石之學乃盡用於熙豐神宗銳然有為之志不遇范仲淹而遇王安石世道升降之會治躰得失之機於是乎决矣

欒城龍川志曰范文正公篤於忠亮雖喜功名而不為朋黨早歲排呂申公勇於立事其徒因之矯厲過直公亦不喜也自饒州還朝出領西事恐申公不

為之地無以成功乃為書自咎解仇而去故歐陽為文正神道碑言二公晚年懽然相得由此故也後生不知皆咎歐陽公予見張公言之乃信

朱文公言曰　范文正公作成忠義之風本朝范質人謂其好宰相只是欠為世宗一死耳如范質之徒却最敬馮道輩雖蘇子由議論亦未免此宋朝忠義之風却是自范文正作成起來也（潘濤筆）

范文正經理西事看得多是收拾人才（李儒用纂 法寶會元）

朱文公曰　天地間氣第一流人物

朱文公跋范文正公家書　右范文正公與其兄子之書也其言近而易知凡今之仕者得其說而敬之亦足以檢身而及物矣然公所自謂未嘗營私者

必若公之先天下之憂而後天下之樂而樂然後爲能充其名實而其所論親僚友以銷壅蔽之萌明禁防以杜交私之漸若引而伸之又非獨効一官之守者所宜知也侯官大夫陳君焞得公此帖刻寘坐隅以自警省熹蓋三復焉而歎其指之遠而不可窮也敢竊識其說於左方庶幾覽者有以發焉年月日

新安朱熹謹書

朱文公論文正公振作士氣曰問本朝如王沂公人品甚高晚年乃求復相何也曰便是前輩都不以此事爲非所以至范文正方厲廉恥振作士氣曰如寇萊公也因天書欲復相曰固是朱子語類

又問先生前日曾論本朝惟范文正公振作士大夫

之功為多不知使范公處韓公受顧命處事亦能如韓公否曰看范公才氣亦須做得又曰祖宗以來名相如李文靖王文正諸公只恁地善亦不得至范文正時便大厲名節振作士氣故振作士大夫之功為多問范文正作百官圖以獻其意如何曰他只說如此遷轉即是公如此遷轉即是私呂許公當國有無故躐等用人處故范公進此圖於仁宗因舉詩云誨爾序爵人主此事亦不可不知假如有人已做侍御史宰相驟擢作侍從雖官品爲然侍御史却緊要爲人主者便須知把他擢作侍從如何不把做諫議大夫之類

又論文正公辭仇事云　近得周益公書論呂范解仇

事曰初范公在朝大臣多忌之及為開封府又為百官圖以獻因指其遷進遲速次序曰某為超遷某為左遷如是而為公如是而為私意頗在呂相呂不樂由是落職出知饒州未幾呂亦罷相後呂公再入元昊方犯邊乃以公經略西事公亦樂為之用嘗奏記呂公云相公有汾陽之心之德仲淹無臨淮之才之力後歐陽公為范公神道碑有懽然相得戮力平賊之語正謂是也公之子堯夫乃以為不然遂刊去此語前書今集中亦不載疑亦堯夫所刪他如蘇談所記說得更乖熹謂呂公方寸隱微雖不可測然其補過之功使天下實被其賜則有不可得而掩者范公平日胸襟豁達毅然以天下國家為己任既為呂公

而出豈復更有遷怨之意况公亦自謂無惡於一人此言尤可驗忠宣固是賢者然其規模廣狹與乃翁不能無間意謂前日既排申公今日若與之解仇前後似不相應故諱言之却不知乃翁心事政不如此歐陽公聞其刊去碑中數語甚不樂也問後來正獻亦及識范公否曰正獻通判潁州時歐陽公為守范公知青州過潁謁之因語正獻曰太博近朱者赤歐陽永叔在此宜頻近筆硯異時同薦三人則王荊公司馬溫公及正獻公也其知人如此又曰呂公所引如張方平王拱辰李淑之徒多非端士終是不樂范公張安道過失更多但以東坡父子懷其汲引之恩文字中十分說他好今人又好看蘇文所以例皆雷

之介甫文字中有誇詫不好看人既不好看看亦不信也

又論范文正高處

呂中公斥逐范文正諸人至晩年復收用之范公亦竭盡底蘊而為之用這見文正高處忠宣辯歐陽公銘志事這便是不及文正又曰范文正傑出之才熹嘗謂天生一人才自是得用豈可厚誣天下以無人自是用不得耳且如一个范文正公自做秀才時便以天下為己任無一事不理會過一旦仁宗大用之便做出許多事業今則所謂負剛大之氣者且先一筆句斷秤停到第四五等人氣宇厭厭布列臺諫如何得事成故熹向謂姓名未出而内外已知其非天下第一流矣 道夫

又論夷簡無相業云真宗說曰夷簡家是个無能底人今人却說他有相業个者若處置為相正要以進退人才為先使四夷聞之知西裔畏方其為相其才德之大者如范文正諸公既不用下而豪俊跅弛之士石曼卿諸人亦不能用其正引援皆是半間不界無狀之人矣得天下之事日入於昏亂及一旦不奈元昊何遂盡挨与范公文正若非范文正公則西方之事決定弄得郎當無如之何矣今人以他為有相業深所未曉子蒙

又論文正有好議論云德粹以昭州士人所寄書納先生因請問其書中所言先生曰渠言漢之名節魏晉之曠蕩隋唐之辭章皆懲其弊為之不然此只是

正理不明相衰將去遂成風俗熹問已前皆麥纏成
風俗本朝道學之盛豈是衰颯先生曰亦有其漸自
范文正以來已有好議論如山東有孫明復徂徠有
石守道湖州有胡安定到後來遂有周子程子張子
出故程子平生不敢忘此數公依舊尊他因說前輩
如李泰伯門議論只說貴王賤伯張大其說欲以劫
人之聽却是矯激然猶有以使人奮起今日須要作
和中將來只便委靡了如范文正公作子陵祠堂記
云先生之志出乎日月之上光武之器包乎天地之
外微先生不能成光武之大微光武豈能遂先生之
高哉胡文定公父子極喜此說大抵前輩議論麤而
大今日議論細而小不可不理會熹問此風俗如何

可變曰如何可變只是自立可學

又論文正公氣貌如何云　苗劉之事今人多責之朱呂當時他也是自做未得古人定大難者不知是如何不知范文正寇萊公人物生得如何氣貌是如何平日飲食言語是如何樣底人今不復得親自看且得箇依俙樣子看是如何地如今有志節擔當大事人亦須有平闊廣大之意始得可學

又論文正公精密云　富韓公召來只是要去語人云入見上坐亦不定豈能做事云云韓公當仁廟再用時與韓魏公在政府十餘年皆無所建明不復如嚮時曰此事看得極妙當記取又問使范文正公當此定不肯回曰文正却不肯回須更精密似前日

又論文正公侍上因論李泰伯曰當時國家治時當好所論皆勁正如此曾南豐誘歐公書從餘抗見范文正公文正云歐九得書令將錢与公令己措得甚處錢留公矣亦欲少款邇聞李先生来欲出郊迓之云云闕

又答周益公論范碑曲折書云蓋嘗竊謂吕公之心固非晚生所能窺度然嘗其用事之時舉措之不合衆心者蓋亦多矣而又惡忠賢之異己必力排之使不得容於朝廷而後已是則一世之正人端士莫不惡之況范歐二公或以諷議為官或以諫諍為職又安可置之而不論且論之而合於天下之公議則又豈可謂太過也哉逮其晚節知天下之公議不可以

終拂亦以老病將歸而不復有所畏忌而慮失天下之事或終至危亂不可如何而彼衆賢之排去者或將起而後用則其罪必歸於我而并及吾之子孫是以寧損故怨以為收之棄偷之計蓋其慮患之意雖未必盡出於至公而其補過之善天下實被其賜則與世之遂非長惡力戰天下之公議以貽患於國家者相去遠矣至若范公之心則其正大光明固無宿怨而惓惓之義實在國家故承其善意既起而樂為之用其自訟之書所謂相公有汾陽之心之德其無臨淮之才之力者亦不可不謂之傾倒而無餘矣此書今不見集中蓋亦以忠宣刊去而不傳也此家為范公之盛德而他人之難者歐陽公亦識其意而特書之蓋呂公前日之貶范公自為

可罪而今日之起范公自爲可書二者各記其实而美惡初不相掩則又可見歐公之心亦非淺之爲丈夫矣今讀所賜之書而求其旨要則其言若曰呂公度量渾涵心術精深所以期於成務而其用人才德兼取不爲諸賢專取德望之偏故范歐諸公不足以知之又未知其諸子之賢而攻之有太過者後來范公雖爲之用然其集中歸重之語亦甚平平蓋特州郡之常禮而实則終身未嘗解仇也其後歐公乃悔前言之過又知其諸子之賢故因范碑托爲解仇之語以見意而忠宣獨知其父之心是以直於碑中刊去其語雖以取怒於歐公而不憚也凡此曲折旨意微密必有不苟然者顧於愚見有所未安不敢不詳

布其説以求是正伏惟恕其僭易而垂聽焉夫呂公之度量心術期以濟務則誠然矣然有度量則宜有以容議論之異同有心術則宜有以辨人才之邪正欲成天下之務則必從善去惡進賢退奸然後可以有濟今皆反之而使天下之勢日入於昏亂下而至於區區西夏一方之病非再起范公幾有不能定者則其前日之所為又惡在其有度量心術而能成務也哉其用人也欲才德之兼取則亦信然矣然范歐諸賢非徒有德而短於才者其於用人蓋亦兼收而並取雖以孫元規滕子京之流恃才自肆不入規矩皆亦將護容養以盡其能而未嘗有所廢弃則固非專用德而遺才矣如呂公所用如張李二宋姑論其

才亦決非能優於二公者乃獨去此而取彼至於一時豪俊跅弛之士窮而在下者不為無人亦未聞其有以羅致而器使之也且其初辭相印而薦王隨陳堯佐以自代則未知其所取者為才也耶為德也耶是亦不足以自解矣若謂范歐不足以知呂公之心又不料其子之賢而攻之太過則其所攻事皆有顯跡不可掩安得為過且為侍從諫諍之官為國論事乃視宰相子弟之賢否以為前却亦豈人臣之誼哉若曰范呂之仇初未嘗解則范公既以呂公而再逐及其起任西事而超進職秩乃適在呂公三入之時若范公果有怨於呂公而不釋乃閔默受此而無一語以自明其前日之志是乃内懷憤毒不能以理自

勝而但以貪得美官之故俛而受其籠絡爲之駈使未知范公之心其肯爲此否也若曰歐公晚悔前言之失又知其諸子賢故因范碑以自解則是畏其諸子之賢而欲陰爲自托之計於是寧負死友以結新交雖至以爲無有愧負幽明而不違恤又不知歐公之心其恐爲此否也況其所書但記解仇之一事而未嘗并譽其他美則其斥逐忠賢之罪亦未免於所謂欲蓋而彰者又何足以贖前言之過而媚其後人也哉若論忠宣之賢則雖未易輕議然觀其事業規模與文正之洪毅開豁終未有十分肖似處盖所謂可與立而未可與權者乃翁解仇之事度其心未必不深恥之但不敢出之於口耳故潛於墓碑刊去此

事有若避諱然者，歐公以此深不平之，至屢見於書跡，非但墨莊所記而已（墨莊，文正公五世孫）。況龍川、楊龜山先生志之於此，又以親聞張安道之言為左驗，張実呂黨，尤足取信無疑也。若曰范公果無此事，而直為歐陽所誣，則為忠宣者，正當沫血飲泣，貽書歐公，具道所以然者，以白其父之心跡，而俟歐公之命以為進退。若終不合，則引義告絶，而更以屬人，或姑無刻石，而待後世之君子以定其論，其亦可也。乃不出此，而直於成文之中刊去數語，不知此為何等舉措？若非實諱此事，故隱忍寝默而不敢誦言，則曷為其彼之明白而直為此黯闇耶？今不信范公出處文辭之實、歐公丁寧反覆之論，而但取於忠宣進退無據之所為，以

為有無之決則區區於此誠有不能識者若摭実而
言之但曰吕公前日未免蔽賢之罪而其後曰誠有
補過之功范歐二公之心則其終始如青天白日無
纖毫之可議若范公所謂平生無怨惡於一人者尤
是以見其心量之廣大高明可為百世之師表至於
忠宣則見雖狹然亦不害其為守正則不費詞說而
名正言順無復可疑矣

論韓范諸公一不苟同云諸公平居相稱若尚同也而
議事則公言無私不害其為同上前爭事若好異也
而下殿則如未嘗爭不害其為異仲淹欲宥滕宗諒
杜公曰不可也非異仲淹也恐素人主之操柄也富
公欲罪扈仲約范公曰不可非異富公也恐導人主

以嗜殺也韓公欲擊西夏杜公曰不當擊仲淹謂契丹必攻河東請修邊備富弼料九事且言契丹必不来君實景仁以兄弟自號者也而鍾律之議終其身不相下韓范素號相得者也而城水洛之議互爭沫滬之是非是數公者其漢史所謂忠臣有不和之節而小人讒為朋黨可謂誣矣

又論呂范交隙（六）

且朋黨之倡其萌於范呂交隙之時乎謂申公為小人耶爭宸妃誕育之功而喪於成禮當宮庭避災之頃而顧望清光乃拜手疏八事如正朝綱塞邪徑禁賄賂下俊士直得大臣輔相之體而其大者釋仲淹之宿怨容孫沔之直言是未可以小人之訾也謂申公為君子耶數有司不受臺諫責

簡倡之戒百官越職言事夷簡主之罷相之後密表
之頻奏內侍之陰結是失大臣進退之義而其大者
因私憾而預瑤華之議因此事而忌富弼之能是未
純於君子也仲淹之比肩聯事豈能帖帖阿附而爲
詭隨之態乎方其姑蘇召還正愜公議待制之除俾
伸素蘊而處鈞衡之地者思有以陷之以待臣噤其
口以劇務撓其心然百官之圖四論之獻凜然生言
者之氣大臣不堪遂以朋黨目之仲淹於是有鄱陽
之行是行也李紘王質載酒往餞而欲附黨以爲幸
歐陽脩余靖尹洙抗疏力爭而願同貶以爲榮仲淹
何慊哉以至韓琦救蔡襄之詩程琳議黨人之誘若
谷下君子之類此皆嘗救仲淹也惜夷簡之黨勝仲

淹之黨不勝王使受知薦主方亇從坐同年進士又
相繼出諸賢皆以朋黨逐矣至仲淹陝西仍還稍懨
公議日夜謀畫圖報主知然按察之令嚴磨勘之法
密未有僥倖之意小人不悅再以黨論之仲淹於
是復為陝西之行是行也身再去國讒者益甚賈昌
朝主王拱辰而逐益柔仲淹所薦也錢明逸論章得
象而去富弼富弼仲淹所厚也陳執中因孫甫而去
杜衍杜衍嘗為仲淹言也邸獄之起朋黨作仇一網
之打私徒相慶雖歐陽公以去國之身懷不自已抗
疏力言至謂羣邪相賀于內四夷相賀于外未嘗不
忠于國者而大勢卒不可挽矣方仲淹始為夷簡黨
目之所斥諸賢尚有左袒及仲淹再為夏竦黨論之

所以眩諸賢皆爲倒戈蓋夏竦用心傾於夷簡此元瑜
所以初是仲淹而復希執中也然嘗反覆史傳切謂
黨禍之作因小人之罪而希君子之風附君子之名
不得盡其辭責故嘗妄爲之說曰黨論之始倡蔡襄
賢不肖之詩激之也黨論之再作石介一夔一契之
詩激之也其後諸賢相繼斥逐又歐陽公邪正之論
激之也何者負天下之令名非惟人情不堪造物亦
不吾堪爾吾而以賢自處孰肯以不肖自名吾而以
夔契自許孰肯以大奸自儔吾而以公正自褒孰肯
以邪曲自毀哉如必過爲別白私自尊尚則人而不
仁疾之已甚攻乎異端斯害也已安得不重爲君子
之禍孫復謂禍始於此仲淹謂堙鬼壞事韓琦亦謂

天下事不可如此其亦有先覺云尊唐自牛僧孺李宗閔對策至李德裕榮崖之貶一報一復凡四十二年而後息我仁宗在位四十二年待遇臣下恩亦至矣夫豈無藥石以碱砭之湯沐以禦治之未幾雲開日出所竄之人尋即仍用所黜之官隨已復職如范文正以忤申公而得貶其始也雖為之下朋比之詔及西事之興不惟宥其過而且大用杜富歐余以郎獄而盡去始者所行之人雖盡廢黜而陳執中既罷之後諸賢復名而或畀之鈞衡或列於論思氣類相感竟不至傷吾保泰之和諸賢何憾哉

又論元昊所以臣服云蓋自天聖中曹寶臣嘗語王鬷曰君與旦當柄用願留意邊防因以元昊桀捍語

之時德明尚無恙也其言至寶元而驗宝元以来逆
雛犯順忘食肉衣綺之恩肆猾夏亂華之虐懷歛禍
平以將自詭有克毅剛愎之態無充國老成之慮其
勇而無謀不能辦事當時志者已預占之矧如夏竦
設心措慮但欲進擊一鬬待重堅守之師則枘鑿矣
自為揔帥端坐長安四路并政遙聽節制其誤國僨
軍之罪自不能掩於[illegible]方[illegible]之一跡由是好水之役
任福不能嬰其鋒[illegible]川之役劉平不能遏其勢遣使
至境范雍不能[illegible]許遣人納降士彬不能察其欺
當其時也[illegible]不得怡安[illegible]不暇食百官不敢退安
於私第中[illegible]應牽策集經略之模韓公不
肯袖手於大[illegible]央之時富公不肯結舌於虜使可

斬之日小□□之胸中數萬甲兵略展布於代田國
事之頃請出一二有只衷簡言官兵不如鄉兵者有
田況身為射君伊工知四路屯兵之數者有王堯臣
王守忠監軍之命不行夏竦通唃厮囉蕃族之議復
寢張奎鑄錢之請既、一歐陽脩通漕運擢商賈之策
復施我常有以破元〻六而〻元昊終不請降於我也以
鄜延一路觀之秋青擊之於保安許懷德破之於永
平入金明則見困於周美至延州則見摧於王信以
涇原一路觀之虜寇三川王珪敗之沮其兵虜在白
豹任福克之制其兵以河東一路觀之在麟州則張
元易旗幟以誤敵其衆大潰在府州則張旨築城障
以堅守其賊果遁至環慶一路所在自為守備相為

西制者又非諸路之所能及青澗既成則以种世衡懷環州屬羌自是人精於射虜不敢近大順未城則以々范純佑促慶州版築自是城寨截然虜不敢入一韓一范之謠屹然爲天兩柱虵豕膽喪犬羊屏息有以々也夫於是議和之使至于境上者一至于范仲庵者再至于龐籍者亦再然猶未敢保其無他而輕許之也暨夫遣使納款者一遣夾奏事者四然後賜誓之使不得已而出疆鳴呼羽檄交馳之間勉於支撐拯救之圖玉帛相尋之後亦不癈講馬憂虞之心擇武勇於陝西選武臣於諸路諄諄然綸綍之明揚以和好爲權宜以戰守爲實務緩然搢紳之論奏募入粟以助邊出内帑以助邊權印三司用度之數蓋其

持危益深而防閑益密救敗扶傷而經畫多未嘗窮
追逐討以強兵而来懿去備無大勝亦無大負未嘗
急征暴斂以豐財而量入為出不至有餘亦不至不
足每觀夏竦范雍經略西事之日與韓琦范仲淹經
略西事之日勝負利鈍大略可效信守備亦惟其人
而已不然以跋扈之元昊初而帝中而男終而臣者
又豈無所自耶
劉漫塘宰一坐論本朝人物曰南渡前范文正公合居
第一語錄

諸賢論頌

忠宣公謚議節文　　鄭忠臣

議曰每思捐身而進策嘗願休兵而息民祇知扶危而濟傾寧恤跋前而疐後方讒言亂國而明蔡確之無實泊蔡黨援戶而謂大防之可原義形正色憤激至誠非特救當世正人端士之網羅直欲戒後世亂臣賊子之迷惑循公忘己為國惜賢又曰父母之國有時而去股肱之義於是或爾放之江湖忽如草萊紉蘭澤畔莫甚屈原之悲占鵩坐隅已分賈生之死又曰側席南望而抉浮雲之蔽趣節東歸而詠零雨之濛又曰汴座想見其風采詔書相望於道塗云云

論忠宣公有量　　程氏遺書

子言范公堯夫之寛大也昔余過成都公時攝帥有言公於朝者朝廷遣中使降香峨眉實察之也公一曰訪予欵語余問曰聞中使在此公何暇也公曰不爾則拘束已而中使果怒以鞭傷傳言者耳屬官喜謂公曰此一事足以塞其謗請聞於朝公既不折言者之為非又不奏中使之過也其有量如此

論忠宣公以資蔭與進士事　龜山語錄

科舉取人不得間有得者自是豪傑之士因科舉以進耳且資蔭得官與進士得官孰為優劣以進士為勝以資蔭為慊者此自後世流俗之論至使人恥受其父祖之澤而甘心工無益之習以與孤寒之士角勝於場屋僥倖一第以為榮是何見識夫應舉亦自

寒士無禄不得已藉此進身耳如得已何用應舉范堯夫家有見識然亦以資蔭與進士分優劣建言於有無出身人銜位上帶左右字不可謂無所殺也其言曰欲使公卿家子弟讀書耳此意甚善但以應舉得官者為讀書而加獎勸焉則彼讀書者應舉得官而止耳豈真學道之人至如韓持國自是經國之才用為執政亦了得不可以其無出身便癈其執政之才曰堯夫所別異者莫非此等人否曰執政不是合下便做亦自小官以次遷之如後來吳坦求等在紹聖中波駁了學士以無出身故也彼自布衣中朝廷以其學行賜之爵命至其宜為博士乃復以為無出身奪之此何理也資蔭進士中俱有人惟其人用之如

一治字亦自沮人為善

論忠宣公以德報怨　　邵氏聞見録

元符末呂惠卿罷延安帥陸師閔代之有訴惠卿多以人冒功賞者師閔以其事付有司未竟罷去曾布為樞密使素与惠卿有隙特自太原移德孺延安蓋德孺於惠卿亦有隙也德孺至取其事自治有自皇城使追奪至小使臣者德孺由是大失邊將之心議者謂有詞於前政事已在有司德孺乃取以自治失矣德孺聰明過人而為曾布所使惜哉未幾德孺亦以論役法罷如忠宣丞相則不然公帥慶陽時為揔管种詁無故訟於朝上遣御史按治詁停任公亦罷帥去公為樞密副使詁尚停任復薦為永興軍路鈐

耗又薦知隰州公每自咎曰先人與种氏上世有契義純仁不肖為其子孫所訟寧論事之曲直哉嗚呼可謂以德報怨者也以德孺之賢於是乎有愧於忠宣矣

論李清臣

邵氏聞見録

紹聖初哲宗親政用李清臣為中書侍郎范丞相純仁與清臣論事不合范公求去帝不許范公堅辭帝不得已除觀文殿大學士判潁昌府召章惇為相未至清臣獨當中書益覬倖相位復行免役青苗法除諸常平使者惇至不能容以事中之清臣出知北京建中靖國初上皇即位用韓忠彥為相清臣為門下侍郎同平章事忠彥與清臣有連故忠彥惟清臣之

言是聽清臣復用事范右丞純禮忠彥所薦也清臣罷之劉安世呂希純皆忠彥所重清臣不使入朝外除安世帥定武希純帥高陽張舜民忠彥薦為諫議大夫清臣出之帥真定其所出与外除及不使入朝者皆賢士清臣素所擇不可得而用者忠彥懦甚不能為之主曾布為右相用范致虛諫疏云河北三帥連衡恐非社稷之福劉安世呂希純同日報罷清臣亦為布所陷出知北京伯温常論紹聖建中靖國之初朝廷邪正治亂未定之際皆為一李清臣以私意壞宰相位之邪說既勝衆小人並進而清臣自亦不能立於朝矣使清臣在紹聖初同范丞相在建中靖國之初同范右丞劉安世呂熙純張舜民以公議正

安濟國事則朝廷無後日之禍而清臣不得相位享美名矣此忠臣義士惜一時治亂之機爲之流涕者也

又論徽宗不及相忠宣云　王偁

臣偁曰元符末命欽聖定策以立徽宗趣范純仁于謫中欲任以相章而純仁以病不能造朝烏乎純仁不得相徽宗于初政治亂之所以分也夫忠臣進則朝廷尊羣陰伏則禍亂作徽宗既已悞矣於是改過不吝以彰信於民遜位于子以克謹天戒雖二聖遂狩而大業復興有以也夫

本傳贊　王偁

臣偁曰純仁忠厚仁恕寧平天下不澄不撓人莫能

窺其際而其愛君憂國之心凜然有仲淹之風噫使熙寧用其言則元祐無改更之患元祐行其說則紹聖無黨錮之禍孟子謂仲尼不爲已甚者臣於純仁見之矣

跋文正公道服贊　文與可

希道比部借示文正詞筆觀之若侍其[illegible]之左右令人既喜而且凜然也熙寧壬子孟夏丙寅陵陽守居平雲閣題石室文同与可

論忠宣公不當與安燾同除　王巖叟

王巖叟言伏覩晝黄除同知樞密院安燾知樞密院試吏部尚書范純仁同知樞密院者臣謹按燾資材闒茸器識猥庸立朝以來無一長爲人所稱燾之不

材稱位且非所擬況可冠洪樞顧兵柄所有書命謹繳連封進其范純仁除命伏乞分爲別敕行下又言臣聞古人有言曰賞當賢則臣下親罰當罪則姦邪止陛下一日逐章惇於汝州可謂罰當罪矣一日擢范純仁爲執政可謂賞當賢矣燾之進則未有所當此臣所以當力爲陛下言也又言陛下用范純仁雖驟何故無一人有言蓋當賢也　進安燾則諫官御史交章論奏蓋非公望所与也

送范德孺知慶州　黄魯直

乃翁知國如知兵塞垣草木識威名敵人開戶玩處女掩耳不及驚雷霆平生端有活國計百不一試難九京阿兄兩持慶州節十年麒麟地上行潭潭大度

如卧虎過頭耕未長早。女折衷千里雖有餘論道經
邦正要渠妙年出補外兄處公自才力應時須春風
旌旗擁萬夫暮下諸將愳草枯智名勇功不入眼可
用折箠笞羌胡

德孺五丈和之字詩韻難以愈工輙復和
成可發一咲　黃魯直

且然聊爾耳得也自知之獨咲真成夢枉歌或似詩
絲灘禽郭索燒野得伊尼早晚來同醉僧窗卧虎皮

次韻德孺新居病起　黃魯直

灑潭經畧府寂寞閑門居京洛聖賢澤江湖魚鼈渚
官知一夢覺話勝十年書積善過從近扶笻不駕車

次韻德孺惠貺秋字之句　黃魯直

少日才華接貴游老來忠義氣横秋未應白髮如霜
草不見丹砂似箭頭顧我今成喪家狗期君早作濟
川舟漢家宗廟英靈在定是寒儒浪自愁

五十六

諸賢詩頌

廣德司理詩　孫華老

維持狴犴下枉直情必通太守異趣舍挺然不曲從有事争論之紛屏記其終官小俸禄薄家居幸窮空賣馬以自給徒步氣彌充

游百花洲盤礴文正祠下以生存華屋處零落歸山丘為韻賦十詩　黄魯直

其一

憶昔昭陵日傾心用老成功歸仁祖廟政得一書生

其二

平生但著鞭勿哭西州民故有不亡者南山相與存

其三

慶州自不惡，籍甚載聲華。愚義可無憾，公今有世家。

其四

公歸未百年，鶴巢荒古屋。我吟殄瘁詩，悲風韻喬木。

其五

傷心祠下亭，在時公燕慶。臨水不相精，江鷗會人語。

其六

公有一杯酒，與人同醉醒。遺民能記憶，欲語涕飄零。

其七

委徑問謡俗，高丘省佃作。昔游非奇然，今花幾開落。

其八

在昔實方枘，成功見圓機。九原尚友心，白首要同歸。

其九

去洲渚在春田花草班清談值淵對數興如江山

其十

落日啣城壁祠東更一樽愁來惜酒少安得董糟丘

次韻其一　　夏均倪父

神文秉周禮廟樂奏九成當時夔一足不待魯諸生

其二

嘖嘖雀噪屋愔愔蘇無門我來九頓首生氣凜如存

其三

堂堂古遺直心嚴貌無華人見不無媚何以娛大家

其四

樸蔌復樸蔌何以棟我屋風雨莫輕搖南山無老木

其五

有酒當自酌有室莫共[illegible]青本　一丘貉何能坐飛語

其六

夢回四賢篇長風吹人醒嗟哉　不我見淚與秋露零

其七

百代無幾人九原何可作不必溫御史鮮令君膽落

其八

寶元乃多故公時揔戎機胸中百萬兵要取橫山歸

其九

公歸今幾時遺懿何斑斑公議要難沒言波可懷山

其十

我心不可規滔滔誰與游向來隶大雅心復成一丘

懷范樓

中奉大夫致仕楊用道

載希文此函蓋天關一二三遂高搏古人直許到
契當世猶能並富韓事与吹朱同日煥名彰長白倚
天寒何但東坡為流涕遺篇誰讀亦汍瀾
故寧海軍刺史楊中奉才學与蘇黃不相上下
近於李舜臣家得公墨跡慮其湮沒命工勒石
以傳永久泰和乙丑春休日宣武將軍行主簿
都騎尉王國器立石

長山書事

孫弘多詐浣齊人王石由來各自分汲黯有靈吾可
問此山曾見范希文
至元七年秋七月二十有四日汶水節齋陳祐
按部過此故題進義副尉長山縣主簿崔仲元

立石

謁文正公祠堂詩

長白何岩甃下有讀書室人云小范老於此度晨夕
蕭蕭翳荊榛落落臨泉石拳拳往拜瞻赫赫如相及
維宋慶曆間多士麟鳳集孰為天下憂一點丹心白
中朝元有人西夏諒難國力言師出凶深慮手滑失
炳幾先見明韓富有慚德柰何時相陋欲辟和氏璧
向非仁廟知千載血應碧至今忠義氣高睦萬仞壁
所以行業隆要自清苦積功臣何代無名為富貴役
視公平昔懷霄壤邈相隔但能一善兼亦足百歲塞
遺容揭日星未覺關塞黑長歌景行詩風林撼秋色
于延祐四年三月廿又七日翰林學士資善大

大夫知　制誥同脩　國史張養浩

偕龐提領拜謁祠下

文正范公祠　吳潛

仁誼功忠一片心兵間招弄更精神當時先上龍庭

種豈信江南有此人

長山溪畔蓼莪青想見當年念母恫顧我遂游營底

事權頭重感老先生長山青陽縣東二十里文正范仲淹幼隨朱氏讀書其地紹定二年縣令丁木立同朝諸大夫丁黼記

池州青陽文正祠　理齋楊少愚纂註

范文正公鐃州書記歸逕池之青陽謁長山朱文翰

留謝鑑之越三月公生端拱己丑歲也說名登

第於祥符乙卯歸姓於天聖丁卯文翰任淄州

長史亦書往長白山初仕廣德軍云便迎母家
書界池州朱怨之范太師户置田青陽浯朱氏
孤遺獨墓碑為忠宣公諱耳
七子母聖善凱風吹棘薪蓟贖書世子文姜絶不親
詩亡春秋作寧以諱失真人之大倫五克諧信義仁
吾身所由出同出先吾身猶此而孝弟道與堯舜均
異姓聿居三友義上君臣事一毋豈殊父母或從乎人
從人良有由夫命志莫伸所以謝夫人寄生天麒麟
覃恩復歸宗善乎慶天福未秋明時中大經所經綸
敢借魯衛書垂為范氏陳
溧州路安興縣太平興國觀文正公讀
書堂東[illegible]嗣致祭祝詞

維元統三年歲次乙亥六月辛亥朔越十有六日丙
寅後學東原申屠駉巡歷至澧州路安鄉縣詣太平
興國觀
先師文正范公之讀書臺謹以三牲酒饌雜果盤蔬
敬祭而昭告曰惟公有出將入相之才則見諸事業
有致君澤民之志則見乎文章捍海濤而築巨堰恤
宗族而為義莊駉也昔嘗拜公之像於興化今復拜
公之像于安鄉蓋非羨公之自寒微而至通顯乃將
慕公之秉方正而倫賢良也尚饗

與祭官
敦武校尉澧州路安鄉縣達魯花赤兼勸農事
馬合謀承事郎澧州路安鄉縣尹兼勸農事呂

隶友進義校尉澧州路安鄉縣主簿夏思德璩
尉楊宏照略案牘鄧天祐將仕郎吉安路儒學
教授致仕羅勉道安鄉縣學教諭張巖儒生李
恒周泰劉浚劉南召青陽賓常德等處榷茶提
舉司司吏魯思明

祝辭

維
大元至正七年歲次丁亥八月辛未朔越二十有一
日辛卯奉議大夫奉元路耀州知州兼管本州諸軍
奧魯勸農事東平申屠駉謹以潔牲清酌冥楮淨香
敬祭于

文正范公而昭以告曰

公昔嘗寵知於耀駉今亦忝知于耀駉也亟勉焉惟

前賢之是希庶幾乎濟之後人之所誚譏告

與祭官

雲南省臨安路建水州儒學正殷栩夔仲義

陝西省奉元路耀州同官縣儒學教諭韓城

程好問

讀祝儒生汴梁李丁鼎

朝廷優崇

古者一代帝王之興必尊禮昔賢以奬勸風俗文正公之勳德其在宋時固宜優禮至于

皇元歲命郡守致祭省部諸司每有優恤范氏子孫之文於此見

大朝之盛治所以培植風俗教化之意遠矣然則仕于是邦者盍亦體

朝廷之意而加之優禮蓋所以為風俗教化之楷範而豈私於范氏

置功德寺

中書門下牒蘇州白雲寺右諫議大夫參知政事范仲淹劄子奏蘇州天平山有白雲泉南有寺寺中有

刺史白居易詠白雲泉詩明古寺也臣本家松楸實
在其側常令此寺照管准先降條貫應寺院及三十
間已上至乾元節並得賜額上件古寺屋宇已應得
條貫伏望特賜一名額取進止牒奉勅宜賜白雲寺
為額牒至准勅故牒慶曆四年四月二十五日牒

右諫議大夫參知政事范

右諫議大夫參知政事賈

刑部尚書平章事晏

工部尚書平章事章

觀察推官夏有章權節度推官汪仲權節度掌書記
蔡抗殿中丞通判軍州事朱壽隆著作郎直集賢院
知軍州事呂溱原武鄭方平篆臨安錢德範書山門

住持僧擇梧立皇祐六年夏四月初一日當寺講僧
遇朗

建置祠堂

浙西提舉司申照會說友蒙恩守吳懼無補報竊見
先賢文正范公本郡人也道德文章功名事業載在
國史實為我朝第一流人物身沒之後近二百年凡
公過化之地無不尸而祝之獨本府未有專祠附庸
學宮而已其於崇祀勵賢見謂缺典郡雖窘乏而事
關風化曷敢弗力乃卜范氏義莊之東義宅隙土鳩
工度材為屋六十楹以奉公祠仍撥沒官田土拘收
租米充春秋二祀之費其祠案通學道書院春秋二
祀太守率其屬親蒞及遇月朔則山長率諸生往拜

爲先擇公之後賢者一人爲掌祠若郡計稍舒别圖
收教其子弟并以附于書院已捐九月十一日立木
候成合采奉安外所合具申朝省照會仍乞劄下本
府照應伏候指揮

省劄

照得知平江府潛提舉申先賢文正范公本郡人也
獨未有專祠今卜范氏義莊義宅之東隙土爲屋六
十楹以奉公祠仍撥沒官田畝拘收租米充春秋二
祀之費已涓日立木候成奉安外申乞劄下本府照
應合議行下

右劄付平江府照應仍具所撥田畝數目尚書省

准此

咸淳十年九月　日

與免科糴

提領淛西和糴所據吴縣申具致范令公義莊田八百九十七畝每畒勸米三斗計米二百九十二石一斗呈奉台判范文正公義莊迺風化之所關与免科糴仍帖報兩縣收冊拘錢須至行遣　右令帖吴縣勸糴官仰照所判速便拘收范令公青冊并糴本錢具狀一併差人解發赴所交納不得違滯嘉熙四年閏月　日帖吴縣勸糴官

提領浙西和糴所據長洲縣申具范令公義莊田二千二百七十一畝三角每畝勸米三斗計米六百八十一石五斗二升呈奉台判范文正公義莊迺風化

之所關與免科糴仍帖報兩縣收冊拘錢須至行遣

右今帖長洲縣勸糴官仰照所判速便拘收范令

公青冊并糴本錢具狀一併差人解齎赴所支納不

得違滯嘉熙四年閏月　日帖長洲縣勸糴官

祠設教諭

省府范文正公祠

照會本祠見闕訓導小學教諭一員今帖請李前

職夢文充本祠教諭請

照應日下供職具遵禀狀申

至元十三年閏月　日帖

帖

中書省劄差充平江府儒學教授兼學道書院山長

提督范祠衮

中書省劄差充平江府儒學副教授兼學道書院山長提督范祠石

江浙等處行中書省據范士貴狀告年壯無疾係先賢范文正公嫡孫見充平江路學職兼管本族義莊義學勾當即目在天平山住坐先世文正公捨宅為路學作養人材置買義莊田養贍宗族及剏義學以教子孫有墳山梯己田地並隸本路屬縣亡宋時及歸附後俱蒙軫念先賢後代本處官司會驗舊例除納稅石外一切差役科折並行蠲免後因吳縣及長洲縣司吏朦朧科折糯苗士貴狀告本縣次經本路俱蒙受理行下合屬改正止納

一色造粳又於至元十七年六月内有各鄉里正
人等欲將義莊与民田一例科助役米遂經本道
宣慰司并按察司陳告蒙追索本路文卷撿照得
范文正公置買上項田土初非私己正欲永遠養
贍宗族子孫義所難及自前至今既不曾設着科
役難同民田一例施行牒本路行下合屬除免間
再具狀經行中書省陳告蒙受理行下本路照勘
是实依上蠲免毋得科擾違錯總府除已遍榜合
屬外又於二十年三月内經省府陳告給蠲免文
據奉省府鈞旨送浙西道宣慰司照勘依例施行
毋得違錯奉此蒙宣慰司照勘是实劄付本路行
下合屬依例施行除免一應科役就便出給文憑

付士貴收執照驗外近欽奉
聖旨節該在籍秀才做買賣納商税種田納地税其
餘一切雜泛差役並行蠲免所在官司常加存恤
仍禁約使臣人等毋得於廟學安下非理搔擾欽
此凡是儒人既例蒙存恤蠲免況本家裔忝先賢
世居吳郡先文正置立義莊義學以教養宗族凡
冠婚喪葬咸有所助迄今三百年流傳不朽人皆
慕之本處官司尚以義關風化每歲舉行祀典實
與其他儒户不同但士貴雖已經行省陳告行下
合屬蠲免止是本路備舉出給文憑付士貴收執
切慮歲月深遠官吏更易仍不准行雷例科擾
據告乞出給公憑事得此看府除已行下平江路

依例除免本户雜泛差役外合行出給者
右付范士貴收執准此
為范士貴告科擾事
至元二十七年　月　日
江浙等處行中書省近據平江路申准本路揔管董
嘉議關伏見先賢范文正公世家吴郡勲德事業
着在青史以地建學撥田養士寔其刱始吴上德
之其三世祖父塋墓俱在本路管下皆封太師國
公曾賜忠烈廟額每歳本路致祭甚厚置立義莊
義學至今三百餘年規模如故若加旌表實為砥
礪風俗之本移准江南浙西道肅政廉訪分司牒
如准所言允當申乞照詳得此移咨

中書省照詳去後今准回咨。送據禮部呈照得至
元三十一年四月准集賢院關備國子監呈范士
貴狀告先賢范文正公六世孫提管本族義莊義
學養贍宗族垂三百年世守弗墜歸附以來蒙官
司軫念先賢之後除納税石外依例與免差役後
因司縣官吏更替不常其間不無動摇雖蒙江浙
行省行下合屬欽依
聖旨事意蠲免一切差役及出給公據付士貴收執
有長洲縣司吏仍復以和買為由攪擾不安終未
有都省存恤明文司縣得以玩視告乞優加存恤
施行本監參詳范文正公以文武全材實為當時
之名相置買田宅養贍宗族足為後世之良規三

百年来子孫猶在若加存恤实為
聖元仁政伏乞照依先降
聖旨除商稅地稅其餘一切雜泛禁止相應得此本
院議得范文正公古之名相置買義田子孫世守
不墜如准國子監所擬實為相應准此本部議得
范文正公前代名臣置田贍族垂教後世不為無
補如准集賢院所擬移咨行省照勘如委係范文
正公親族欽依
聖旨除免雜泛相應具呈都省照詳去訖今奉前因
本部議得宋相范文正公致君澤民之術具載方
冊所設義莊義學資給宗人教育後裔至今規模
不墜其於世教不為無補宜咨行省禁治諸人無

得煩擾所司常加優恤外據旌表一節既有忠烈
廟額似難別議具呈照詳得此都省咨請依上施
行准此省府劄付平江路摠管府依上禁治令所
司常加優䘏外合行出榜禁治諸人毋得煩擾所
有榜文須議出給者
右榜曉諭諸人通知
大德　年　月　日
泰州據前安慶路儒學正朱貴新謹呈切見西溪范
文正公祠堂係是宋時天聖年間文正公監西溪
鎮買納塩倉之日因見瀕海田土被海水侵鹹有
妨耕種乃相度此地宜捍築海堰以救護良田遂
作程度計料文書申覆上司達知朝省就任遷范

監倉知興化縣監督人夫搠築捍海堰於西溪之東計長一百四十六里令六丈六尺其高一丈其闊二丈為則用磚包砌攔海水於外護良田於内自後海陵興化塩城等縣田土皆得種蒔不特百姓有粮及諸塩塲亦賴以培養煎燒氣力者今三百余年矣亡宋年時鄉人告於官而立文正公祠堂於西溪以報范公之德已經年深至歸附後毁廢祠堂大德四年間前任海陵縣丞白將仕等收買屋料興復起盖祠堂重新裝塑賢像彼時蒙海陵縣曾出榜文禁約諸人毋得灕壞祠堂一節今為年深前榜不存一等不畏公法之人在祠堂毁壞墻壁褻瀆糞草地上掘取泥土多端侵損即目

再行修整若不呈乞出給榜文付祠堂張掛省諭
諸人毋得似前沮壞誠恐日漸毀壞前代名賢遺
跡不便據此合行具呈

右泰州西溪書院禁約

據前真州儒學學錄朱景新狀呈切見泰州西溪范
文正公書院昔因通泰兩州之地東臨大海每遇
風濤大作直抵城下人被其苦亡宋天聖間公監
西溪鹽倉之日遂築捍海堰横截潮水自從鹽農
俱受其賜為此立祠於西溪歲時致祭積有年矣
自歸附後廟貌頹圮迨今未整若不重為脩理恐
負上司美意今欲興工慮有[illegible]等不知礼法之人
攪擾沮壞未便乞出榜禁約施行得此使州合行

出榜如有違犯之人仰指名赴官取問是实痛行

斷罪所有榜文須至出給者

大德五年十二月　日

右泰州榜文

中書省准河南省咨言泰州海陵縣西溪鎮前宋范文正公仲淹所建書院在焉當其還朝民為立祠以鄉其德經二百餘年至元歸附學遂廢弛大德間姜國英以己財重建祠宇乞令本儒主領相應中書送禮部議既經本道廉訪司体察舊有祠堂委係前賢合設書院宜從所請

延祐二年　月　日

言行拾遺

公丁母憂寓居南都晏丞相殊請掌府學公常宿學中訓督有法度勤勞恭謹以身先之夜課諸生讀書寢食皆立時刻往往潛至齋舍調之見有先寢者詰之其人給云適疲倦暫就枕耳問未寢之時觀何書其人妄對則取書問之不能對罰之出題使諸生作賦必先自爲之欲知其難易及所當用意亦使學者準以爲法由是四方從學者輻輳宋人以文學有聲名於塲屋朝廷者多其所教也

公在淄州長白山僧舍今醴泉寺讀書一夕見白鼠入穴中探之乃銀一甕遂密掩覆後公貴顯寺僧修造遣人欲求於公公但以空書復之初僧怏然失所望及開

緘使於某處取此藏僧如公言果得白銀一甕今人往往談此事

公遣子堯夫到姑蘇般麥五伯斛堯夫時尚少既還舟次丹陽見石曼卿問寄此久何如曼卿曰兩月矣三喪在淺土欲葬之而北歸無可謀者堯夫以所載舟麥付之單騎自長蘆捷徑而歸到家拜起侍立久之文正曰東吳見故舊乎曰曼卿爲三喪未舉留滯丹陽時無郭元振莫可告者文正曰何不以麥舟與之堯夫曰已付之矣

公以朱氏長育有恩常思厚報之及貴用南郊所加恩乞贈朱氏父太常博士暨朱氏諸兄弟皆公爲葬之歲別爲饗祭朱氏子弟以公蔭得補官者三人

公既貴常以儉約率家人且戒諸子曰吾貧時與汝母養吾親汝母躬執爨而吾親甘旨未嘗充也今而得厚禄欲以養親親不在矣汝母又已蚤世吾所恨者忍令若曹享富貴之樂也

公子純仁娶婦將歸或傳婦以羅爲帷幔公聞之不悦曰羅綺豈帷幔之物耶吾家素清儉安得亂吾家法敢持歸吾家當火於庭

公遇夜就寢即自計一日食飲奉養之費及所爲之事果自奉之費與所爲之事相稱則鼾鼻熟寐或不然則終夕不能安眠明日必求所以稱之者

公自政府出歸葬黄搜外庫惟有絹三千疋令掌吏録親戚及閭里知舊自大及小散之皆盡曰宗族鄉

黨見我生長幼學壯仕爲我助喜我何以報之哉

公與南都朱某相善朱且病公視之謂公曰某常遇異人得變水銀爲白金術吾子幼不足傳今以傳君遂以其方并藥贈公公不納强之乃受未嘗啓封後其子冡長公教之義均子弟及冡登弟乃以所封藥并其術還之

公爲人作銘文未嘗受遺後與作范忠獻銘其子欲以金帛謝拒之乃獻以所畜書畫公悉不收獨留道德經而還戒之曰此先君所藏世之所寶某竊以爲宗冡惜之毋爲人得也

公以晏元獻薦入館終身以門生事之後雖名位相亞亦不敢少變慶曆末晏公守宛丘文正過南陽道

過特留讙飲數日其書題門狀猶称門生將别授詩云曾入黄扉陪國論却來絳帳受師資之句聞者皆歎伏

有守饒州日有書生甚貧自言平生未嘗一飽時盛行歐陽率更書薦福寺碑墨本直千錢爲具紙墨打千本使售于京師紙墨已具一夕雷擊碎其碑時語曰有客打碑來薦福無人騎鶴上揚州東坡作窮措大詩曰一夕雷轟薦福碑向使不轟碎書生享用其有窮乎於此益知吉慶避者非吉慶避之其福德淺薄自不能與吉慶會也讚曰淑慝以類吉凶在人譬如儀鳳不棲棘荆虺蜴之窟豈産珠珎冰雪凝沍寒谷不春一氣所感當識其因韓魏公客有郭注者行

年五十未有室家公以侍兒與之未及門而洼死
公爲吏部員外郎出守時及官歷二府以至于薨凡
十年不增一人未嘗易也
公言幕府賔客可爲己師者乃辟之雖朋友亦不可
辟蓋爲我敬之爲師則心懷尊奉每事取法於我有
益耳
公守越户曹孫居中卒子㓜家貧公助之俸錢百緡
治巨舟差老衙校送歸作一絶句戒其吏曰關津但
以吾詩示之詩云十口相将泛巨川来時暖熱去凄
然關津若要知名姓定是孤兒寡婦船
公守邠州暇日帥僚屬登樓置酒未擧觴見衰絰數
人乃營理喪具者公亟令詢之乃寄居士人卒於[illegible]

州將出殯近郊賵賻斂棺槨皆未具憮然即徹宴席厚賙給之使畢其事坐客感歎有泣下者

公守杭州蘇麟爲屬縣巡檢城中兵官往往獲薦書獨麟在外邑未見收録因公事入府獻詩曰近水樓臺先得月向陽花木易逢春

公過淮境遇風賦詩云一棹危於葉傍觀亦損神他時在平地無忽險中人雖弄翰戲語卒然而作其濟險固得之心未嘗忘也

公守桐廬郡始於釣臺建嚴先生祠自爲記以示南豐李泰伯泰伯讀之三嘆起而言曰某妄意輒改易一字公瞿然扣之曰雲山江水之語於義甚大於詞甚慱而德字承之乃似趢趗擬換作風字如何公凝

坐領首殆欲下拜

公守饒州創慶朔堂既去以詩寄魏介曰慶朔堂前花自栽便移官去未曾開年年長有别離恨只托春風管幹來舊州治有石刻

公與韓魏公爲經略安撫招討副使約公進兵公曰當自謹守以觀其變未可輕兵深入尹洙歎曰公於此乃不及韓公也韓公嘗云大凡用兵當先置勝敗於度外今公乃區區過慎此所以不及韓公也公曰大軍一動萬命所懸而乃置於度外某未見其可魏公舉兵入界次好水以全師陷沒魏公遽還至半途陣亡父兄妻子數千人號於馬首皆持故衣紙錢招魂哭曰汝昔從招討出征今招討歸而汝死汝魂識[illegible]

從招討歸平哀慟聲動天地魏公悲憤掩泣駐馬不能前者數刻公聞而歎曰當是時難置勝敗於度外也

公尹京日有内侍怙勢作威傾動中外公抗疏列其罪疏上家所藏書有言兵者悉焚之仍戒其子曰我上疏言斥君側小人必得罪以死我既死汝輩勿復仕宦但於墳側教授爲業疏奏嘉納其言罷黜内侍

公知慶州兼經略招討使未幾賊兵三萬叩城公麾兵血戰賊奔西北遂戒諸將無追奔既而果有伏兵又奪爲大順城久之世衡不利於定川公晝夜爲領兵援初關輔人心摇動及見公耀兵號令嚴兵威震戎落人心遂安相賀曰邊上自有龍圖公爲長城吾

屬何憂

公與呂申公論人物申公曰吾見人多矣無有節行者公曰天下固有人但相公不知耳若以此意待天下士宜乎節行者之不至也

公言息盜賊誅奸雄浩然無憂乃所以爲身謀若未能如是雖州里不可保七尺之軀無所容於天地之間矣

公在慶曆中議弛茶鹽之禁及減商稅公以爲不可茶鹽商稅之入但分減商賈之利耳行之商賈未甚有害也今國用未減歲入不可闕既不取於山澤及商賈須取之於農與其害農孰若取之於商賈今爲計莫若先省國用有餘當先寬賦役然後及商賈弛

禁非所當先也其議遂寢

公爲參知政事曰兖州守梁適乞以廂兵代廂戶又裁減人數是時章得象爲宰相執政欲從梁適之請獨公云此事與尋常利害不同而此人可減吾輩雖行他人必復之尋有中書劄子令差足人數當時天下無賢不肖莫不称之

公爲參知政事曰歐陽脩余靖蔡襄王素爲諫官時謂之四諫四人力引石介執政從之公獨曰介剛正天下所聞然性亦好異使爲諫官必以難行之事責人君必行少咈其意則引裾折檻叩頭流血無所不爲主上富春秋無失德朝廷政事亦自脩舉安用如此諫官也諸公服其言而罷

公與韓魏公富彦國慶曆中同在西府上前爭事議論各别下殿各不失和氣如未甞爭也當時相善三人如推車子葢其心主於車可行而已不爲己也慶曆初上厭西兵之久出而民弊亟用公與富鄭公韓魏公而三人者遂欲盡革衆事以脩紀綱而小人權倖皆不悦獨公與相佐佑而公尤抑絶僥倖凡内降與恩澤者一切不與每積至十數則連封而面還之或詰責其人至慚恨涕泣而去上甞諭諫官歐陽脩曰外人知杜衍封還内降耶吾居禁中有求恩澤者每以杜衍不可告之而止者多於所封還也其助我多矣此外人及杜衍皆不知也然公與三人者亦皆以此罷去

公與相國韓公爲西帥狄武襄青隸其節下爲人器度深遠咸奇之曰此國器也公嘗以左氏春秋授狄武襄曰熟此可以斷大事將不知古今乃匹夫之勇青於是晚節益喜書史旣明見時事成敗尤好節義

公與韓公杜公多知本朝故實善決大事初邊將議欲大舉以擊夏人雖韓公亦以爲可舉公爭以爲不可大臣至有欲以沮軍事罪公然兵後果不得出契丹與夏人爭銀甕族大戰黃河外而鴈門麟府皆警公安撫河東欲以兵從公以爲契丹必不來兵不可妄出公怒以語侵公公不爲恨後契丹卒不來二公皆世俗指公朋黨者其論議之際蓋如此及三人者將罷去公獨以爲不可遂亦罷

公知開封府獻百官圖指宰相差除不公而陰薦韓忠獻公億可用文正既貶仁宗以諭公公曰若仲淹舉臣以公則臣之拙直陛下所知舉臣以私則臣委質以來未嘗交托於人遂除參知政事

公與韓琦自陝而來朝石守道作慶曆聖德詩忠邪太明白道中得之公撫股謂韓公曰爲此恠鬼輩壞之也韓公曰天下事不可如此必壞其後果然

公慶曆中與富弼韓琦杜衍章得象賈昌朝晏殊同時執政呂夷簡罷相夏竦罷樞密使歐陽脩余靖王素蔡襄並爲諫官徂徠先生喜曰此盛事也歌頌吾職其可已乎乃作慶曆聖德詩其略曰衆賢之進如茅斯拔大姦之去如距斯脫衆賢謂衍等大姦斥竦

也詩且出泰山先生見之曰子禍始於此矣先生不自安求出通判濮州

吴遵路丁母喪廬墓側蔬食終制既殁家無長物公分俸賙其家

錢尚書遹爲洪州職官緣事過鄱陽見彭器資值月朔有衣冠數十輩來見彭公設拜各人進問起居而退錢在書齋中窺見甚訝之因問公此輩何人公曰皆鄉里後進子弟也錢曰今他處後進必居於位或與先生並行何以有此彭公曰昔范希文自京尹謫守是邦其爲政以名教厚風俗敦尚風義爲先州人以仰慕咸傾嚮之遂弟自任而不敢忽久之不變也此大賢臨政之効可以爲法

公知慶州日有人以碑銘托公者公爲誤述寅緣及一貴人陰事一夜夢貴人告曰某此事實有之然未有人知者今因公之文暴露矣願公易之公夢中謝曰隱公此事則某人當受惡名公實有此我非誣人者不可改也貴人即以語公曰公若不改當奪公子公曰死生命也未幾次子純仁病旣而又夢貴人曰公子我豈能奪今告公爲我改之〻子安矣卒不改公之剛正是可見也

公爲江淮體量安撫所至賑乏絶又陳八事其四曰國家重兵悉在京師而軍食仰於度支則所養之兵不可不精也禁軍代回五十以上不任披帶者降於畿内及陳許等處近下禁軍一卒之費歲不下百千萬

人則百萬緡矣至七十歲乃放停目人方五十之時或有鄉園骨肉懷土之情猶戀舊里及七十後鄉園改易骨肉淪謝羸老者歸復何托是未停之前大蠹國計廢之之後復傷物情咸平中揀鄉兵人無歸望號怨之聲動於四野祥符中選退冗兵無歸之人大至失所此近事之鑒也請下殿前軍馬司禁軍選不堪披帶者與本鄉州軍別立就糧指揮至彼有田園骨肉者許之歸農則羸老之人亦不至失所矣

神文時慶曆淮南有王倫者嘯聚其黨頗擾郡縣承平日久守令或有棄城而出者請論如法公參預大政爭以爲不可今淮南郡縣徒有名耳其城壁非如邊塞難責城守神文曆德寬仁故棄城者得以減死

論既退鄭公忽謂文正公曰六丈當欲作佛邪范公曰主上富於春秋吾輩輔導當以德若使人主輕於殺人則吾輩亦不得容矣鄭公歎伏

言行拾遺終

言行拾遺事録卷第二

公用人多取氣節濶略細故如孫威敏滕達道之徒皆深所厚者為帥府辟置多謫籍未牽叙人或以問公公曰人之有材能無瑕纇者自應用於宰相惟实有可用不幸陥於過失者不因事起之則遂為廢人世咸多公此意凡軍伍以雜犯降黜者皆改刺龍騎軍 石林燕語

韓魏公章得象在中書時方天下多弊事且有西鄙之患每與希文彦國以文字至兩府章公輙閉目不荅彦國憤惋欲悖之希文惜大體不許也 魏公別録

公常言史稱諸葛亮能用度外人用人者莫不欲盡天下之材常患近己之好惡而自不知也能用度外

人然後能周大事　沈括筆談

公與韓魏公同為樞密副使天下聞之士大夫皆酌酒相賀曰上用韓其范其非惟社稷之幸乃天下生民之幸

公知開封府明敏通決照事若神每上殿奏事多陳治亂以關人主歷詆大臣不法者　長編

慶曆二年仁宗以涇原傷夷欲令范某與文潞公對易遣內侍王懷德喻旨公謝曰涇原地重臣恐不足以獨當願与韓琦同經略涇原並駐涇州琦兼秦鳳臣兼環慶一則夷夏相安事不亟易二則涇原有警臣與韓琦可合秦鳳環慶之兵掎角而進若秦鳳環慶有警亦可以率涇原之師以相應援三則通循環

州鎮戍諸砦籍以兩路事力必能速有成功四則臣與韓琦日夜建議選練兵士漸復橫山以斷賊臂不數年間可期平定願詔龐籍兼領環慶以成首尾之勢秦州委文彥博慶州用滕宗諒總之孫沔亦可辦集渭州一武臣足矣朝廷皆從其請　實録

公言沿邊遂寨雖有險固只有三二百人何以施為又城池中多無井水若不量事勢但令堅守徒陷一城軍民性命自挫軍威無益邊事其在環慶路相度二十三寨内有義涅[illegible]涅大拔城等小砦但只量兵士差百十人把截道路如探得賊馬大段入寇便令歸側近大城砦内一處防守所貴不致枉陷軍民人心遂安　奏議

慶曆二年南郊赦書應因公事受到諸處行軍司馬副使司士文學參軍仰逐處並具到任月日負犯因依分析聞奏候到令刑部子細勘會元犯因依申奏委中書門下别取進止者公因奏言懷才抱藝之人一落散地終身不齒獸窮則變人窮則詐古人之所慎也况今邊事未寧尤宜使過欲乞朝廷催促逐處依赦文分析聞奏乞差近上臣寮就中書定奪元犯情理分作等第又委長吏察切體量上件人或有材質或有節行亦具申奏所貴負犯之人各斯自新不懷幽憤唐張説薦負犯之人充將帥之用其表云活人於死者必含生而報恩榮人於辱者必盡節而雪恥古猶今也乞朝廷留意 實錄

元昊寇鎮戎軍葛懷敏入保定川砦涇原鈐轄曹英又敗於砦之東北隅懷敏所部人奔駭懷敏為衆所擁幾蹂踐死與至覓城乃蘇賊遂圍城懷敏与諸將謀赴鎮戎軍賊斷其歸路與諸將皆遇害賊遂長驅至渭州初懷敏之除鄜延也范仲淹言其不知兵而又怯懦不可用遂徙涇原卒敗事東都事畧

張亢築清塞百勝中候建寧鎮川五砦而麟府之路始通亢復奏以所通特一逕請更築並邊諸栅以安河外議未下會契丹渝盟徙知瀛州還果州團練使夏人與契丹戰河外范公宣撫河東因奏使亢知代州就令摠前議增築事不閱月諸砦成蕃漢歸者數千户歲減戍卒萬人張亢本傳

公薦舉處士有徐復顧尚高潔衍卦氣之法公過潤州問復以衍卦占之今夷無動乎復為占西邊用兵日月無少差又有郭京者好言兵公數薦之由是二人同召 東都事畧

張俞上言謂今能詭制北虜散其陰謀使与叛醜疑貳有結國家之心間誘西京羣夷勿與賊結則虜首可得而天下定矣范仲淹以諫爭而遭擯斥若外徇物望内惟邦本宜委重柄而授之苟能行此是謂失之東隅收之桑榆也呂夷簡甚重其言 張俞傳

公以西賊攻塞門砦其寨城池未備兵甲又少部署司不與救應砦主高延德為賊所擒後放歸漢界遂配遠方公言漢家將亊有數人陷在賊庭但是[illegible]戰

右屬為賊所擒即非背叛如朝廷貸過延德被以寬恩仍与近邊任使陷蕃將卒聞之必顧冀賊歸順望再見其家或即懷本朝之恩不助賊計如朝廷責其不死來者遠竄其陷蕃將卒更無歸路必懷怨望其中或有助賊為孽其患不細昔漢中行說傳公主入匈奴說不欲行怨漢乃教單于大為漢患此人情之可見也乞朝廷留意

康定元年九月辛未公以任福等出師攻賊白豹城破之冬十一月又出師出歸娘谷與夏人戰大敗之

西夏本末

公以孫明復居泰山之陽著春秋尊王發微得經之本義為多學者皆以弟子事之公言其道德經術宜

在朝廷召拜國子監直講東都事畧

韓魏公與公在兵間久名重一時人心歸之朝廷倚以為重故天下稱為韓范初京師歲遣戍兵脆懦不習勞苦賊常輕之目東軍而土兵勁悍善戰琦奏增土兵以抗賊而稍減屯戍內實京師又以籠竿城據衝要乞建為德順軍以蕭關鳴沙之道又建請於鄜延謂三州各以主兵三萬為一軍軍雖別屯而耳目相通為一視虜所不備互出擣之破其和市屠其種落因以招橫山之人度橫山隙則平夏兵素弱必不能支我下視興靈苑中兔耳韓既上遂與范公定謀益堅而元昊知不可敵歛兵不敢近塞矣東都事畧

好水川之失利韓魏公降知秦州公亦以擅答元昊書降知耀州王堯臣言此兩人天下之選其忠義智勇名動夷狄不宜以小故置之明年葛懷敏敗涇邠以東皆閉壘自守公自將慶州兵捍賊賊始引去仁宗思其言乃以魏公與公為招討使堯臣曰陛下復用韓某范某幸甚然將不中御兵法也願許以便宜從事仁宗以為然從之　九朝通畧

仁宗嘗語張士遜曰人言仲淹嘗欲乞廢朕朕但未見其章疏耳士遜曰陛下既未見其章疏不可以空言加罪望陛下訪之積卄數請仁宗曰竟未之見也然為朕言之多矣士遜力為辨其不然仁宗意乃解其後士遜歸老啓國于鄧范公適守鄧州士遜還鄉

范公置酒高會明日士遜復置會揮金甚盛時人榮
之張鄧公傳
韓魏公曰吕申公以進賢自佐恩歸於己時士皆出
其門獨范公歐公尹公旋收旋失之終不受其籠絡
也魏公別録
原州屬羌明珠滅藏二族兵數萬與元昊隔絶隣道
公聞涇原欲襲討之公奏言二族道險不可攻前日
高繼嵩已嘗喪師平時猶懷反側今討之必與賊爲
表裏南入原州西擾鎮戎東侵環州邊患未艾也宜
因元昊別路失入之際即并兵北取細腰蘆泉爲堡
鄣以斷賊路則二族自安矣而環州鎮戎等處徑道
通徹可以忘憂矣後二歲遂築細腰葫蘆諸[illegible]

并歸朋長編

慶曆五年三月歐陽公上疏言公与杜公富公不當罷其略曰昔年范仲淹初以忠言讜論聞於中外天下賢士爭相稱慕當時奸臣誣以朋黨尤難辯明近日陛下擢此數人並在兩府察其臨事可以辨也此四人者可謂公正之賢今范仲淹四路之任亦不輕矣願陛下拒絕羣謗委信不疑使盡其所為猶有裨補長編

慶曆四年八月辛卯初命參政賈昌朝領天下農田范仲淹領刑法事有利害其悉條上初公建議請以三司司農審官流内銓三班院國子監太常刑院審刑大理羣牧殿前馬步軍司各委輔臣兼判臣願自

領兵賊之職如其無補請先黜降章得象等皆以為不可久之乃降是命 九朝通畧

慶曆元年春正月朝廷既用韓琦所畫攻策先戒師期知延州范仲淹言正月内起兵塞外雨雪大寒暴露僵仆使賊乘之所傷必衆賊界春熯則馬瘦人飢其勢易制又可擾其耕種之務縱出師無大獲亦不至有他虞又言鄜延是舊日進貢之路蕃漢之人頗相接近願朝廷存此一路令諸将勅兵嚴備賊至則擊未行討伐容臣示以恩信歲時之間或可招納苟歲月無效遂舉重兵取綏宥二州擇其要害而據之屯兵營田作持久之計如此則茶山横山蕃漢人户可以招降則是去西賊之一臂也戊午詔從仲淹所

請宋朝通鑑

公在延州言鄜延路入界比諸路最遠若先脩復城寨即是遠圖乞遣使命令臣督諸將出兵先脩復廢砦別置戍守既通近蕃界彼或點集人馬朝夕便知大至則閉壘以待隙小至則扼險以制勝公前後凡六奏卒城永平等十二寨蕃漢之民相踵復業宋朝通鑑

慶曆間江淮歲漕不給京師乏軍儲樞密副使范仲淹言國子博士許可元獨倚辦遂擢元淮江兩浙荊湖制置發運判官元曰以六路七十二州之粟不能足京師吾不信也至則命瀕江州縣留三月糧悉發之遠近以次相補引千餘艘轉漕而西未幾京師足食長編

諫官歐陽脩言韓琦范仲淹久在陝西備諳邊事是
朝廷親信委任之人況二臣材識不類常人其所見
所言之事不同常式言事者陛下宜加意訪問使
其盡陳西邊事宜合如何處置余靖亦奏言范仲淹
號為宜曉邊事 實錄
給事中參知政事王舉正為禮部侍郎知許州初諫
官歐陽脩余靖蔡襄咸言范仲淹有宰輔材不宜局
在兵府顧以仲淹代之上從其請遂以范仲淹為參
知政事仲淹曰執政可由諫官而得乎固辭不拜
公在陝西戒約諸寨若是賊馬大段入來更不得出
兵迎賊鬬敵但且堅守一面供報部署司并策應官
員候逐處軍馬到來方得設謀掩殺如輕易出兵致

有輸折其本處官員並行軍法既而惟樞密院劄子
若賊寇深入應外城砦除留定防守城池外並須領
兵先據險要覓便攻擊如敢以防守為名端坐不出
具狀申奏乞行軍法奉聖旨依奏公言自古用兵本
無常勢非可畫一而制也相度本路諸砦之兵多者
千人少者五七百人或三二百人只令防守城池尚
慮不足若有蕃賊入寇其寨主監押等縱有勇敢徃
徃見小利便出兵與之追逐如西賊以羸兵誘致離
砦稍遠别出精兵斷其歸路砦中無兵即見危陷假
有一將在外去州或遠應援未至如遇賊衆大至多
選精鋭并攻一處謂之奪險非有驍將血戰勢不能
支若外兵先敗則州城之兵望風挫氣必難為用臣

謂應變之機拘以條貫非其利也其所降指揮不敢
行下奏議
西賊寇鎮戎軍官軍不利公牒知原州景泰等令六
頭項下軍馬會合相度揀選精兵三二千人夜擊蕃
砦探候山外賊馬迴時即多出奇兵夜間或侵曉伏
截衝擊收救人民仍戒約不得脱剥被虜人户人物
公又恐諸將貪功一向急去追襲被西賊設伏兵更
落姦便又牒景泰等火急多差人搜山探候如探得
西賊先有伏兵即便就高駐劄别選敢死之士多作
頭項先去掩擊只以收救人民不得貪小功小利再
有踈虞以副朝廷之意公又到邠州略示兵勢又出
榜永興軍諸州以安關中人心奏議

陝西新刺保捷兵士多将本家贍軍田土并已分物業典賣破貸公言上件兵士並是鄉民若向去稍似年高披帶不得即須揀放歸農如今来破貸了莊産将来無可歸投便見失所遂出遍榜曉示諸州軍應新刺保捷兵士如今後乞将本家贍軍田土已分物業典賣破貸者不得施行其典賣人嚴行斷遣如将来殘患不堪征役及有年高不任披帶放令歸農者即給與已分莊田養種并劄与逐處令指揮諸縣依此出榜常切覺察施行奏議

皇祐元年春上御便殿訪近臣以備禦之策權三司使葉清臣對曰今輔翊之臣抱忠義之深者莫如富弼為社稷之固者莫如范仲淹又曰諳古今故事者

莫如夏竦議論之敏者莫如鄭戩方面人才方重有紀律者莫如韓琦臨大事能斷者莫如田況剛畧無顧避者莫如劉滬宏遠有方畧者莫如孫沔至於帥領偏裨貴能坐運籌筴不必親當矢石王德用素有威名范仲淹素練軍政龐籍乂經邊任皆其選也長編

言行拾遺事錄卷第二

言行拾遺事録卷第三

公知開封府每進見輙論時政得失宰相吕夷簡惡之斥守饒州諫官高若訥詆誚公與歐陽脩為黨歐陽公以書責若訥謂其不復知人間有羞恥事若訥以聞謫夷陵令徙乾德復為武成軍節度判官公帥陝西辟脩掌書記脩曰吾論范公豈以為利哉同其退不同其進可也辭不就

張昪改轉運使知鄧州昪以親老辭或以為避事范仲淹曰張昪非避事者乃聽侍養 通鑑

富彥國幼篤學有大度范公見而識之曰此王佐才也懷其文以示王曾晏殊殊即以女妻之 談藪

河東轉運司指揮諸州軍場務吏不得收納大鐵錢

為民間漸多私鑄要得止絕欺弊遂有百姓經并州
告訴各是交易到大鐵錢無處使用公遂出榜并州
街市且令依舊行用公又恐諸處軍民疑惑各已入
急遞發下榜示逐處曉示軍民其官鑄大錢並依舊
行使諸場務亦仍舊行用鐵錢
麟州元無酒務至慶曆二年十二月官中翔買酒務
後據百姓劉遷狀申公勘會麟州元管三縣六畨落
蕃漢户二千五百餘家朝廷以河東極邊不榷酒利
今來殘破之後四面並無居民入城交易只有城中
主客二百餘户別無經營從去年十二月官自開沽
在市居民更無營利之地今筭出官本并官員兵士
請受外只有凈利二百餘貫兼城中居民遂旋離去

久遠不成州郡遂出榜并劄與麟州指揮本務據
在酒貨賣盡日住行醞造令百姓依舊任便開沽
陝西側峻瘠薄逃田地土自来勒地分隣人分認空
納租錢人户不願送納陝府申乞除放公劄與陝府
據諸縣逃田官地勒地分隣人空納租錢者并見欠
錢數並與除放今後不得抱認送納
慶曆四年十二月上差入内供奉官衛克勤押賜醫
藥至公處并傳宣令公探候北界事宜公上言見各
訓練選奇兵準備戰敵惟難得經歷將帥如北戎兵
馬未放散聞臣不敢使離河東北邊或有緩急與明
鎬商量指揮將佐制敵使人庶幾分朝廷萬一之憂
公言諸軍頭等請文帖宋舊勅文應有軍頭等補署

文帖誤被水火損壞或賊人偷盜者許申本管人員勘會詣实給與公據如自失墜即勒充長行者公言軍頭失了文帖降充長行其中甚有能部轄句當人因累次功勞方得遷補被手下軍士憎嫌多方窺筭藏毀文帖便降充長行情實可閔以此苟且和同不敢鈐轄覺察手下兵士違犯作過成弊愈深乞朝廷特降宣命指揮今後失去補署文帖有因故事失去勘驗不虛即依舊職名重給公據收掌別無因依稱去失者如勘會得委不因酒醉及不是典觧錢物即於舊職名上降一等別給文帖安排所貴兵級安心無致誤犯

乞禁義軍搔擾樞密院劄子與安撫司行移都部署

司依准朝旨施行仍指揮本路州軍縣鎮出榜及鄉村粉壁曉示人户嚴行覺察如替名人及諸色人等起動搔擾即收捉赴官勘斷施行

公言天下郡邑事朝廷從之降勅署琦仲淹等奏請公又言若署臣等奏請於理未便只乞作朝廷憂勞之意特選臣僚舉官則事體甚重也　通鑑

慶曆四年六月己丑省河南府潁陽壽安偃師緱氏河清五縣並為鎮逐鎮令轉運司舉幕職州縣官兩員監酒税仍管勾煙火公事又析王屋縣隸河南府始因參政范仲淹之請也　類苑

康定元年春正月丙子經畧安撫判官尹洙至延州與范仲淹謀出兵越三日仲淹徐言已得旨聽兵勿

出洙留延州幾兩旬仲淹堅持不可辛丑洙還至慶州乃知任福等敗績長編

慶曆四年七月丙戌詔諸路轉運使副提點刑獄察所部知軍知縣有治狀者以名聞議銓擢之或不如所舉御史劾奏並坐上書不實之罪從參政范仲淹奏請也類苑

公奏言西人請和有不可許者三有大可防者三又言臣等已議於一二年間訓兵三四萬使號令齊一陣伍精熟我軍鼓行山界每歲三五出元昊諸廂之兵頻來應敵疲於奔命則山界蕃部勢窮援弱自求内附足以斷元昊之手足矣臣等早蒙聖擢與清班西事以來三年塞下日勞月憂豈不願少圖休息

非樂職矢石之間蓋見西戎強梗未衷挾以變詐臣等是以不敢念身世之安忘國家之憂須罄駑蹇少期補助其元昊來人到闕伏望聖慈於納和禦侮之間慎於處置為聖朝長久之慮則天下幸甚［实録］

公牒遂州相度新兵未有營房欲配買木植則大費官錢兼騷擾人户又卒難了當其自來等第户各有莊園宅舍及將家入營僅得一間營房難為存濟新兵内貧窮之家即給與係官木植其稍有家力情願自於本家般到材植要蓋舍屋者聽如中等已下苦無事力除自有舊材料情願將來蓋造外或買到新瓦木者估價給與觧鹽交引大省官錢又遂家自蓋屋宇早得了當并等第之家乍住營房不致迫窄可

以存濟

公累奏薦种世衡知環州未用又上言環州勾當一郡十三寨當此危地須在得人朝廷以臣不才而輕此一路臣恐將有隣府之禍雖加罪於臣無益邊事臣今乞將新授左司郎中一官迴授种世衡轉諸司使知環州權鈐轄司或朝廷從臣所請使邊臣知推讓之風亦非細事如終不允從則乞差臣帶本路一將軍馬權知環州支備如朝廷體量臣稍涉虛妄甘受上書詐偽不實之罪又奏云臣前乞將一官保舉本人非欲鼓激蓋為環州可憂後朝廷竟從公請果得世衡之用　奏議及長編

公出巡邊至環州點撿環州管界熟户蕃官共一千

七十二人與酒食管設作聖恩等第支与綵銀椀紫綾襖黃花襖銀腰帶銀裹頭杖帽子旗槍錠交椅紅纓紫綾袋全錦襖子等物重立約束四件對衆告諭尋令蕃部望闕謝恩竟皆喜躍名臣傳

公言禁青鹽欲以困西賊非困賊之要却有所害會淮安岩捉到買青鹽兵士二人勘得本指揮火隊掠錢買鹽入衆喫用公言竊見諸軍常令聲樂盖欲悦其衆心不至愁苦今兵士處於窮邊冒矢石履星霜若飲食失所更禁絶鹽味何以聊生未能困賊先困我師其買鹽兵士是本部衆人之罪實不敢盡法恐傷士心只決二人杖二十押送本部仍奏朝廷乞更条詳青鹽條貫名臣事實

河東諸處坊郭村鄉人户甚有差配頻併貧困祗當等第不得各拋下產業逃移在外大段失於公出榜曉諭諸州軍應坊郭村鄉人户今日以前帶却配賣物色或抱二稅逃移者並令與放罪各令歸業其元拋下產業不得納官疾速差能幹官吏比附見在人户物產定奪合該減放等第招誘歸業者不得更依元本等第其元欠二稅並與放除仍劄與都轉運司施行

陝府有稅户朱士成等八百九户各爲送納秋稅不前全家逃走延州延長等七縣逃移却稅户三百七十一户公牒陝府逐縣鄉村拘管上件逃移人户屋業桑產不得燒毀斫伐其逃走人户權與倚閣去年

秋稅其見在第五等秋稅只於本處送納其第四等户亦於鄰州送納免致迯移毀却桑產將來歸業不得所有諸州軍人户慮恐亦有似此迯移并牒逐州亦請相度安恤 類苑

任福破白豹寨捉虜到偽首領李家妹在慶州官員充奴婢公恐蕃界首領聞及轉生怨毒别起奸弊遂差指使侍禁石斌往慶州取同延州通判馬端及本路都監朱青問得所說事文狀一紙及稱於慶州淮安鎮有投來軍是親尗公即差石斌押送慶州令付與親尗收管令嫁事人為妻後石斌回稱到彼歲奴骨肉並來𦤎當號哭

延州東路青澗城承平砦并保安軍北巡檢劉化基

手下熟户蕃部遭西賊打虜驚移傷殘户數并投來蕃部並在邊寨及本軍側近住坐未曾歸業公處恐其失所却逃入蕃界遂牒种世衡等勘會驚移熟户蕃部有未敢歸業即便相度隣近官私空閑地土權撥與耕種如無牛具者官与量借粮收買又勘會驚移人户并投來蕃部其中甚有缺乏粮食存濟不得却恐致有逃走又牒种世衡相度逐户口數目每十口已上量支借貸禄粟各一石十口已下支借五斗嘗切照管安撫無令失所又金明砦蕃户三百二十八户雖給與田土緣經討虜後無力耕耘公又牒延州通判高延夫將蕃部每家十口已下各支斛斗一二石十口以上支三石並令於本處砦倉支給西夏本末

公常言官人之法人主當知其遲速升降之序其進退近臣不宜全委宰相實録

康定二年五月十四日中書省劄子陝西軍州如有因修展城郭倉庫草場營房等但係侵占人户地土去處並令將係官空閑地許人户請願指射官司給還若無地土即取索本主元買契比類隣近地段買置價例支還本錢公到邠州據人户王昭瑋等陳狀稱官中修營占却園地拆了屋舍乞估計合支價錢公體問得邠州稱遶城側近並無空閑官地給還公遂委安平知縣李仲昌訪地所估到王昭瑋等合支價錢牒邠州請依上項條貫支給逐人價錢去訖又據後邠州申准轉運司牒修營占却人户地基却令

兑換係官空閑地土撥還却勾收已支價錢赴軍資
庫送納公言諸州自来脩造營房只是踏逐官地不
許毁人户見宅舍物業其邠州便将人户見住物
業毁拆逐起人户無處存活既無官地兑還即合給
還價錢買屋當司支与錢物其人户當已破費難准
轉運司指揮令将空閑官地兑還既無官地即合回
申轉運司豈得便却例行催納已支價錢侵害人户
遂勾到本州元行典級王益等勘杖一百斷遣所有
人户地土價錢牒邠州依條支還名臣事實
公體量河東州軍人户近年徭役科配頻併例各貧
困遂免放今年秋税稍得休息又恐陝西州軍人户
亦自兵興以来祇應差科不易尋劄与陝西轉運司

依河東例減放人户支移　奏議

麟府州嵐軍極邊之地人户稀少其色役公人並差主户客户祗應輪差出入應副軍期多致陪備破却家產又邊人日見貧困祗應不前公劄與轉運司并府州嵐軍據見今衙前使院人吏並仰依鎮戎軍條例支撥与係官荒閑田土仍免送納二税租課

名臣事實

西夏曩霄之叛其謀皆出於華州士人張元與吴昊而其事本末國史不書比得田晝承君集實紀其事云張元吴昊姚嗣宗皆關中人負氣倜儻有縱横才相與友善嘗薄遊塞上觀視山川風俗有經略西鄙意姚題詩崆峒山寺壁在兩界間云南粤干戈未息

肩五原金鼔又轟天崆峒山叟咲無語飽聽松聲春晝眠公巡邊見之大驚又有踏破賀蘭石掃清西海塵之句張為鸚鵡詩卒章曰好著金籠收拾取莫教飛去别人家吴亦有詩將謁韓范二帥恥自屈不肯往乃礱大石刻詩其上使壯夫拽之於通衢三人從而哭之欲以鼔動二帥既而果召與相見躊躇未用間張吴徑走西夏公以急騎追之不及乃表姚入幕府張吴既至夏國夏人倚為謀主以抗朝廷連兵十餘年西方至為疲弊職此二人為之時二人家屬羈縻隨州間使諜者鐫中國詔釋之人未有知者後乃聞西人臨境作樂迎此二家而去自此邊帥始待士矣姚又有述懷詩曰大開雙白眼只見一青天張有

雪詩曰五丁仗劍決雲霓直取銀河下帝畿戰死王龍三十萬敗鱗風卷滿天飛吳詩獨不傳觀此數聯可想見其人非池中物也 容齋三筆

延州都監周美言于范公曰賊新得志其勢必復来金明當邊衝我之蔽也今不亟完將遂失之公因屬美復城如故數日賊果来其衆數萬薄金明陣于延州城北三十里美領衆二千力戰會暮援兵不至乃徙軍山北多設疑兵賊望見以為救至即引去既而賊出艾蒿砦遂至郭北平夜鬪不解美悉衆使人持一炬從間道上山益張旗幟四面大譟賊懼走獲牛羊馬橐駝鎧甲數千計遂募兵守其地 東都事畧

嵐石都巡檢司接應到西界蕃部嗷移團練使十三

户奉勑於海州住坐噉移顧殺其妻子自刎死公差人往石州勾喚到噉移問當深不顧海州居住公言噉移歸投新來其心未安若必遣住海州安泊不惟遂去鄉土全失蕃情又其人不測朝廷意旨却自刑害今來西事未寧邊上蕃部聞之絶其向化之意則皆為怨敵邊害愈深遂發遣噉移往府州與田土耕種准備緩急使喚及令招喚本族未來蕃部

公節制諸將勘會自來漢家兵馬先出只排作一陣被賊奔衝便見輸折遂牒東路朱吉任守信等候賊奔衝未得出兵但堅守城池放令深入即計會多著頭項衝突掩殺不得先出軍馬只作一陣排布依然無功如是被賊守門出兵不得却多寘尞𥛚從城上

夜出奇兵掩擊賊砦以資勝捷如違者當行軍法施行西夏本末

公門客滕達道龍圖布衣時公尹京而滕年少頗不羈往往潛出狎邪縱飲公病之一夕至書室中滕已出公因明燭觀書以俟意將媿之至夜分乃大醉而歸公陽不視以觀其所爲滕略無慚懼長揖而問曰公所讀者何書也曰漢高祖傳滕曰漢高祖何如人公遂巡而入東軒筆録

公言關中民苦轉輸請建鄜州之鄜城縣爲軍以河中同華中下户稅租就輸之春夏徙邊兵就食可省糴價什之三他所減不與謚名其軍曰康定實録

公知慶州兼營内環慶路部署司兵馬至部即奏行

邊以詔書犒賞諸羌閲其人馬立條約為信凡讐已和斷輙私報之及傷人者罰羊百馬二已殺者斬負債爭訟聽告官為理輙質縛平人者罰羊五十馬一賊馬入界追集不起隨本族每户罰羊二質其首領賊大入老幼入保本砦官為給食即不入寨本家罰羊二全族不至者質其首領諸羌受命悦服自是始為漢用　長編

慶曆元年三月任福等既敗朝議因欲悉罷諸路行營之號明示招納使賊驕怠仍密收兵深入討擊詔公體量士氣勇怯如不至畏懦即可驅策前去乘機立功公言任福已下勇於戰鬬賊退便追不依韓琦指蹤因致陷敗此皆邊上有名之將尚不能料賊今

之所選往往不及更令深入禍未可量臣非不能督主兵官負須令討擊不管踈虞敗事之後誅之何濟惟聖慈念之其鄜延路罷行營文字臣且令所部許懷德收掌別聽朝旨臣一面依此聞報夏竦韓琦商量申奏如所議未合乞朝廷取捨臣方待罪不敢久冒此職妨誤大事從之於是行營之號卒不罷兵亦不復出 實録

慶曆詔諸路轉運使副提點刑獄察所部知軍知縣有治狀者以名聞議旌擢之或不如所舉令御史臺劾奏並坐上書不實之罪從范仲淹所請也 通鑑

和魯公有觀畫鷹獵兔詩云雖是丹青物沉吟亦可傷君誇鷹眼疾我憫兔心忙豈動騷人興惟增獵客

狂鮫綃百餘尺争似製衣裳文正公觀之歎曰真仁人之言也 筆錄

宣和五年經略宇文虛中奏故叅知政事范仲淹知慶州築大順城為一路扞蔽辟洛苑副使种世衡知環州至今諸路戰守之備多二人規畫今慶陽府有仲淹廟環州有世衡廟合古者有功於民以死勤事之法乞各賜廟額詔賜廟爲忠烈世衡廟靖 東都事畧

言行拾遺事錄卷第三

言行拾遺事録卷第四

此以下係監簿忠宣諸公遺事忠宣遺事極多其已見於言行録行狀者茲不復載

宣仁寢疾宰輔入問后留忠宣曰卿父仲淹可謂忠臣在章獻朝勸后盡母道在仁宗朝勸帝盡子道卿當似之　言行録

諫受金帶康定間元昊寇邊韓魏公領四路招討駐延安忽夜有人携匕首至卧内遽褰帷帳魏公起坐問誰何曰某来殺諫議某不忍願得諫議金帶足矣遂取帶而出明日魏公亦不治此事俄有守陴卒報城上得金帶乃納之時范兄純佑在延安謂韓魏公曰不治此事為得体蓋行之則沮國威今乃受其帶

是墮賊計中矣魏公握其手再三歎服曰非琦所及也（談叢）

文正長子監簿純佑幼有智略在洛與富彥國家子游富氏引葬陳設從葬器用甚盛觀者如堵器用蓋錫造者監簿在側取一器擘而示衆曰此錫器爾等謂何物耶富氏子大怒以爲咲己監簿徐謂曰尔何所見吾正恐愚民致疑害乃先塋爾富子歎服時始十餘歲（過庭録）

赴官只三檐忠宣公孫直方初仕平恩主簿啓行釋辭叔翁右丞平居寡言端坐如木偶人終日未嘗移足至於塵印跡無倦意家中不見喜慍之色至是問姪主簿曰爾行擔幾檐主簿是時新娶寔應之曰有

十檐右丞曰爾初仕已如此若久宦何我昔赴遂州守時只有三檐罷官仍舊不惟緩急易於去就亦免張外醜也 過庭録

忠宣公元祐間當國一時科舉取人多得豪傑之士忠宣公亦病夫公卿家子弟或不知書言於朝乃於有無出身人銜位上帶左右字以分優劣忠宣公之意非有它也盖欲公卿子弟知向學故爲是以奬勸焉 趙挺之奏議

哲宗親政呂汲公欲遷殿中侍御史楊畏爲諫議大夫忠宣曰天子諫官當用正人楊畏不可用汲公方約畏爲助謂忠宣曰豈以楊畏嘗言公耶忠宣曰不知也盖上初召忠宣畏嘗有言上不行忠宣故不知

也忠宣因乞罷政上不許後楊畏首叛汲公凡可以害汲公者無所不至 聞見錄

忠宣貶永州命下公欣然而往每諸子怨章惇忠宣必怒止之江行赴貶所舟覆扶忠宣出衣盡濕顧諸子曰此豈章惇為之哉至永州公之諸子聞韓維少師謫均州其子告惇以少師執政日與司馬公議論多不合得免行欲以忠宣與司馬公議役法不同為言求歸白公公曰吾用君實薦以至宰相同朝論事不合即可汝輩以為今日之言不可也有愧而生者不若無愧而死諸子遂止 聞見錄

公疾革精識不亂諸子侍側口占遺表凡八事命門生李之儀次第之諸子以其所言皆朝廷大事且防

後息以公口占畫一緘申潁昌府用府印寄軍資庫及將葬之儀又作行狀論公平生立朝行已大節蔡京用事小人附會言公之子正平等撰造中使至永州傳宣聖語以為遺表非公意也正平與之儀皆下御史獄捶楚甚苦正平之儀欲誣服其傳宣中使獨不服曰舊制凡傳聖語受本於御前請寶印出注籍於内東門遣使受聖語籍中使從其家得永州傳宣聖語本有御寶如所言又驗内東門受聖語籍亦同又下潁昌府取緘紗遺表八事皆實獄遂解正平猶覊管象州之儀覊管太平州正平之家死於嶺外者十餘人獨正平遇赦得歸不出仕終身為選人蔡京者紹聖初為户部尚書欲結后戚向氏故奏展向氏

墳寺事下開封府正平為縣尉往按視其地曰何氏寺地步已是民田不可奪府以其言聞哲宗怒京贖銅二十斤京由此恨正平故欲誣殺之嗚呼使忠宣公無恙相上皇於初載天下豈復有今日之禍公既病不能朝上皇始命相曰曾布與蔡京云 聞見錄

治平二年以范純仁為殿中侍御史呂大防為監察御史裏行近制御史有闕則命翰林學士御史中丞迭舉二人而上自擇取一人為之至是闕兩員舉者未上內出純仁大防姓名而命之 實錄

熙寧元年司馬光登對上曰召還韓維如何光曰韓維陳薦忠厚方正者也呂誨與傅堯俞范純仁呂大防皆忠直之臣也願陛下常識其名

熙寧中公知諫院言侍從官實古九卿朕是宜朝夕論思同國休戚今只主判司存或有時政得失惟能退有後言願降詔督責凡朝廷闕失並須陳列其所上章疏付政府銓定量加賞罰上與執政議之以為當然丙辰詔曰侍從官負今視朕過失與朝廷政事之闕無有巨細各具章極言無隱長編

忠宣嘗言薛向不可為發運使或致民心別生事變上曰今令發運使兼制置六路財賦務在均適有無何由乃致百姓人情怨歎純仁曰人主不當言利但當務農桑節用而已上曰欲務農桑如何措置純仁曰但當脩風教上曰有風教而無政事如何人肯務農桑純仁曰當擇守令上曰以何法擇守令曰當令

近臣薦舉上曰朕即位以來屢勑近臣舉士然初不
知所舉之當否欲知所舉之當否當以何術曰當責
執政長編
蘇轍既再具劄子上固不悅李清臣鄧伯温又先媒
孽之及面論上益怒遂責轍曰人臣言事何所害但
卿昨奏謂機事不可宣于外請祕而不出今乃對衆
開陳且以漢武帝上比先帝引論甚矣當轍復曰漢
武帝明主也上曰卿所奏稱漢武帝外事四夷内興
宫室立塩鐵榷酤均輸之法其意謂武帝窮兵黷武
末年下哀痛之詔此豈明主乎轍恐動趨下殿待罪
上聲甚厲范純仁獨進曰史稱武帝雄才大略為漢
七制之主轍果以比先帝非謗陛下親政之初進退

大臣當以禮不宜如此急懸上怒稍霽輙退舉笏謝純仁曰公佛地位人也長編

熙寧中朝廷有生老病死苦之語時王荆公改新法自為生事曾魯公以年老依違其間富韓公稱病不出唐質肅與荆公爭按問欲舉理直不勝疽發背死趙清獻唯聲苦時忠宣為諫官皆劾之言荆公志在近功忘其舊學富公謀身過於謀國曾公趙公依違不斷可否忠宣每曰以王介甫比蔡卓過矣但急於功利遂忘素守耳邵氏聞見録

公攝帥成都程子將告歸別焉公曰願少留純仁將別子曰既別矣何必復與衛遂行公使人要於路曰願一見也既見曰先生何以教我子曰公嘗言為將

師當使士卒視己如父母然後可用然乎公曰如何子曰公言是也然公為政不若是何也公曰可得聞與子曰舊帥新亡而公張樂大饗將校於府門是教之視帥如父母乎曰亦疑其不可故使屬官攝主之也子曰是尤不可也公與舊帥同僚也失同僚之義其過小屬官於主帥其義重曰廢饗而須之酒食如何曰無須也武夫視酒食為重事弗須則必思其所以事帥之義乃因事而教也公曰若從先生言而不來則不聞矣其喜聞義如此 程氏遺書

徽宗即位之初欽聖皇太后同聽政忠宣公自永州先以光祿卿分司南京鄧州居住蓋二聖欲用公矣遣中使至永州賜茶藥密諭曰皇帝與太皇太后知

知相公在先朝言事忠直令虚位以待相公不知日疾如何用何人醫治只為左右有不是當人阻隔相公公頓首謝又曰太后問相公官家即位行事如何天下人何說公曰老臣與遠方之人惟知鼓舞聖德又曰天下有不便事但奏來公曰敢不奉詔又曰鄧州且去否公曰已出望外如歸鄉里又曰離闕下日二聖再三言太后在宮中皇帝在藩邸甚知相公是直臣公感泣不已俄復觀文殿大學士中太一宮使乃赴闕供職而公病詔書有云豈惟尊德尚齒昭示寵優之光庶幾鯁論嘉謀日聞忠告之語公捧詔泣曰上果用我矣目明全失風痺不隨恩重命輕死有餘責上又遣中使賜銀合茶藥促公入覲仍宣渴見

之意公曰老臣命薄盡蒙聖眷乞歸潁昌養疾上不得已許之每見輔臣問安否乃曰范純仁得一識面足矣公復告老不允詔至公已薨矣上與皇太后震悼出涕 邵氏聞見錄

元祐元年呂大防范純仁言故御史中丞呂誨忠於先朝極陳讜論致忤時宰譴死外藩今其家貧甚諸子仕於常調請優加贈典錄用諸子之才者以旌名臣之後詔誨特贈通議大夫男由庚與堂除合入差遣 長編

元祐元年詔著作郎范祖禹宣德郎游師雄朝請郎朱勃並令中書省記姓名以同知樞密院事范純仁薦故也 實錄

元祐八年八月丁卯呂大防范純仁蘇轍鄭雍韓忠彦劉奉世入崇慶殿後閤問太皇太后聖體太皇太后諭大防等曰今疾勢有加與相公等必不相見且善輔佐官家為朝廷社稷初大防等欲退太皇太后獨留純仁意欲有所屬也上令大防已下皆住太皇太后曰老身受神宗顧託同官家御殿聽斷公事試言九年之間曾施私恩與高氏否大防對曰陛下以至公御天下何嘗以私恩及外家太皇太后曰固然只為至公一兒一女病且死皆不得見言訖泣下大防曰近聞聖體向安乞稍寬聖慮服藥太皇太后曰不然政欲對官家說破老身没後多有調戲官家者宜勿聽公等亦宜早求退令官家别用一番人乃呼

左右曰曾賜出社飯否因謂大防曰公等各去喫一匙社飯明年時思量老身也 長編

忠宣公謫居永州客至必見之對設兩榻多自稱老病不能久坐徑就枕亦授客一枕便與對卧數語之外往往鼻息如雷客待其覺有至終日不得交一談者 能改齋漫録

元祐元年蘇轍言今日廟堂之上司馬光未出只有呂公著一人忠朴可倚其餘皆姦邪備位者也伏望聖慈早進范純仁庶得賢者在位同心一德以輔聖政 實録

忠宣晚年益以天下自任尤留意人才或問其所儲蓄人材可為今日用者答曰陳瓘又問其次曰陳

自好也言璀可以獨當天下之重也宣和末人憂厦之将傾或問游酢以濟世之人酢曰陳了翁其人也劉安世亦嘗因璀病勉以醫藥自輔云天下将有頼於公當加保養以待用也長編

范忠宣公再入相子正平博學能文行義甚高竟死選調朱勝非云二府表則之地不阿其親

公在相凡薦引人才必以天下公議所薦士未嘗知公未嘗示恩意於人本傳

左正言朱光庭奏臣嘗論奸邪則指蔡確章惇韓縝為之先論忠賢則以司馬光范純仁韓維為之先去姦邪任忠賢唯先者為急蔡確既去乞以司馬光補其闕韓縝既去乞以范純仁補其闕章惇既去乞以

韓維補其闕蓋此天下大任唯天下大賢可以當之非張槩已下備位之臣所堪任也　朱公掞集

公元豐八年為左諫議大夫司馬光以公親嫌為言惇曰臺諫所以糾繩執政之不法故事執政初除親戚及所舉之人見為臺諫官者皆從他官今皇帝幼冲太皇太后同聽萬機當動循故事不可違祖宗法光曰純仁祖禹作諫官誠恊衆望不可以臣故防賢者進臣寧避位　九朝通畧

紹聖元年夏四月范純仁充觀文殿大學士知潁昌府上親臨政言者爭論垂簾時公乞依明道二年故事下詔禁約幷録以進不從公數稱疾求罷衰後出居慈孝寺再録詔以進且言今妄為詆訐者既多陛

[redacted]從之則妨聖者懲之則恐不忍不若以詔禁約庶得兩便詔不從純仁固求罷而[redacted]命通鑑

東都曹生言范右丞既貴接親舊情禮如故他亦不改世未有也然體面肥白潔澤豈其胸中亦以為樂耶談叢

元豐八年十一月韓維言今聞已名知慶州范純仁純仁父子世為帥臣熟知虜情邊事伏望聖慈更保純仁入朝面賜詢問庶為詳審十一月癸亥以京東轉運使范純粹知慶州代其兄純仁也長編

司馬朴丞相光之兄里之孫也少喪母育于外祖范忠宣公紹聖初黨議起父宏坐中書論辯得罪忠宣亦坐敢黨人責永州目疾失明客至必令朴導以見

時方七歲進揖應對如成人客皆驚歎以公遺恩補
官後死節於靖康之變事畧
右丞純禮在政府宦者閻守忠恃寵勢傾廊廟一日
至堂宣諭辭意甚傲諸公拱手而已右丞作色叱曰
老奴何敢爾守忠退步運應曰守忠不敢在堂諸公
皆為寒心曰范君必不久居此矣右丞蓋自如也未
矣虜使至遣右丞館伴虜使怨自中批出范其言犯
御諱落職以□許壽乞宮祠去名臣傳
元符三年八月己亥范純禮為龍圖閣直學士知開封
府先是吳居厚尹京專任察視以刻深為治純禮一
切寬之或以為言純禮曰寬猛相濟聖人之訓今處
深刻之後若益以猛是以火濟火也方務去前政之

哥猶慮未盡何寛之患耶

元符三年夏四月是日曾布再對因言自蔡京復留中外人情無不惶惑及黜劉極收用葉濤范純禮王右輩人情方少安 長編

純禮以光禄卿召遷刑部侍郎給事中凡所封駁正名分紀綱皆以國体之大者起居舍人張耒先在病告中書省録黄不候參假令供職純禮批勑謂耒既能供職豈不能朝見壞禮亂法所不當為一時為之聳動 東都事畧

公拜尚書右丞侍御史陳次升乞除罷言者並自內批不由三省進擬右相曾布力爭不能得乞降黜純禮徐進曰次升所陳不過防執政引用親黨及罷黜

不附已者耳言之者無罪聞之者足以戒何用深責之也本傳

呂惠卿告老徽宗以問執政執政請許之純禮謂惠卿前在二府位節鉞豈不存朝廷體貌雖其人不足留所重者國體也本傳

戶部侍郎寶文閣待制范純粹知延安府先是樞密院聞趙卨私韓忠彥與王巖叟議所以代卨者惟純粹可及都堂聚議呂大防亦以為莫如純粹他日樞密院又言差純粹極當乞以恩意慰遣都堂又召純粹面諭純粹猶不受命三省樞密院言朝廷恩意如此若固辭允朝廷何以使人欲限五日朝辭如不行則須與行遣純粹乞八月初赴任從之大防又曰延

安雖去終恐心不安萬一厥毋道病卒不如易之豈叟又與忠彥論不可易之理謂同列曰塞上數十萬生靈性命繫〻主帥惻隱此一人不若惻隱及數十萬人也

大觀中又有虞仙姑者年八十餘狀貌如少艾行大洞法一日徽廟誦大洞經舉首見有仙官侍立者蔡京嘗具飯招仙姑見大猫指而問京曰識之否此章惇也意以諷京京大不樂徽宗又嘗問仙姑致太平之期荅曰當用賢臣上曰賢人謂誰荅曰范純粹也上以語京京曰此元祐臣僚使之遂逐於是士大夫爭言虞仙姑亦入元祐黨矣　澠水燕談

純粹元豊末為陝西轉運判官當五路大舉後財用

置之屢請於朝吳樞密居厚時為京東轉運使方以冶鐵鼓鑄有寵即上羨餘三百萬緡以佐闕輔神宗遂以賜范純粹得報愀然謂其屬曰吾部雖瘠豈忍受此膏血之餘耶力辭訖不納　石林燕語

章惇貶安置潭州上諭三省言惇之惡曾布方對范純禮曰惇如丁謂不為過詞色甚厲布曰如此即須過海上大笑曰只教這下遂以雷州司户處之

純粹知慶州時夏人不庭純粹謂諸路策應舊制也自徐禧覆策應若虜兵大舉一路攻圍力有不勝而鄰路拱手坐觀其不拔者幸尔謂宜脩明戰守救援之法朝廷是之　本傳

元祐中神宗問罪夏人取其安強葭蘆浮圖朱脂四

塞又取蘭州至是議分畫疆界趙尚在延州純粹在慶州以為得之無益於中國純粹請以虜所陷官吏丁夫歸朝廷以所削之地給賜之於是還以四砦而夏人服　東都事畧

純粹聰明下不能欺在京東時會蘇軾自登州召還與軾同建募役之議軾謂純粹講此事尤為精祥侍郎為帥端重有體閑謀明功罪當恩威無用邊人畏服焉　本傳

高遵裕攻靈州與劉昌祚爭功欲以軍法斬昌祚昌祚憤恚成疾轉運判官范純粹謂遵裕曰兩軍不叶恐有他變力勸遵裕詣昌祚營問疾以和解之遵裕不從後果敗　長編

范文正公鄱陽遺事録序

漢孝宣帝常曰與我共治者其惟良二千石乎天下之屬郡有太守能用良稱者幾人哉且鄱陽爲貢楊州之域春秋時爲楚東境後屬吳史記言昭王十二年吳伐楚取番蓋其事也秦并天下曰番陽縣屬九江漢更爲鄱陽縣係豫章後漢建安十五年吳大帝時張昭等議以豫章土廣人夥請分置廬陵番陽二郡初治鄱故城後徙吳芮即今之所治也梁天監中置吳州陳廢爲郡隋平陳罷郡爲饒州大業仍爲郡唐武德四年平江左乃復置州則饒之爲州殆四五百年矣推諸牧守無慮近千人然摭於廳壁記自開寶八年僞唐歸朝有鐵林軍主張仁忠權知焉迄元

祐壬申朝奉大夫鄒軻凡六十有八人而比閬州圖
經亭賢牧內史者止吳周魴晉虞溥隋梁文謙柳莊
梁陸襄唐馬植李復七人焉求之州圃閒有吳虞梁
柳陸馬李七公與顏魯公并文正公畫像以千百歲
而守者近千人而其著於圖記繪像者陸虞二內史
梁周二太守柳儀同馬常侍李刺史顏范二公九人
云二千石之良不幾於難有耶余倅於饒見魯公雪
程小娘被冦事特道其始末而圖其像以附文正公
之祠堂是賢太守不可得而多也噫鄱陽之守近千
人著於圖記繪像九人而公之德尤不泯饒人爲之
立祠班春堂天慶觀州學之講堂凡三所繇景祐距
此僅六十載香火不絕牲牢日盛較以千人閒流澤

之遠惠愛之被獨公一人而已矣然公之遺風餘美實浹於物每於民之去思又豈止夫祠堂而已乎公視政日所以制作修扨之跡游賞吟詠之舊莫不敬而念之余因采其所敬念者命曰范公鄱陽遺事録非敢徽名於世庶其垂話于後而不事於召棠之歌詠也且公始通判河中府徙宛丘歷延慶杭越蘇潤青潁邠耀鄧永興一十二郡純猷茂績爍在國史家集奏議間何假於是歟如公所至有恩鄧慶二州民與蜀羌盡像而生祠之御篆以褒賢碑額青史傳載四方千載固已聞之矣竊疑饒之遺事或有所未聞者安得而弃乎紹聖乙亥六月丁卯天台陳貽範序

范文正公鄱陽遺事録

慶朔堂

慶朔堂公之所剏也在州圃之北偏左瞰蜀錦右連流杯前占春香虛靜傍對湖光四望直見清心退思以正設廳儀門之道基平而棟隆勢巍而氣壯公之

意非所以示游玩也將以承宣天子風教而發施於政令儀乎古諸侯藏朔焉所以題之曰慶朔而且親植花卉欄爲二壇公既移潤是以作詩而紀之云慶朔堂前花自栽便移官去未曾開公景祐三年八月三日到任五年正月十三日移潤州年年憶着成離恨秪託春風管勾來後之人觀公之堂思公之政及公詩之來而爭和之以利于石壁度支員外郎提點鑄錢魏兼史君去後堪思處慶朔堂前獨到來桃李無言爭不怨滿園紅白爲誰開職方員外郎知饒州畢京花木還依舊徑栽春園不惜爲時開幾多民俗熙熙樂似到老聃臺上來祠部郎中提點江東路刑獄公事陳希亮翦柳竒花遞間栽紅芳緑翠對時開主人當日辜眞賞竟喜留遺

應兗到來供備庫副使同提點江東刑獄公事曹涇

池館名花舊日栽幾番零落又春開誰人解識紅芳意猶有多情五馬來噫世之人常以絳之園亭為最而鄱之百花洲抑為其冠若錢塘有美烏程碧瀾瑯琊醉翁貴池弄水率為士大夫之所矜愛者然以公之慶朔名著乎建康廣信雖愚夫稚子莫不知尚頌念之非公之仁德惠澤流播于風俗間安及於此哉

蜀錦海棠

公慶朔堂詩云慶朔堂前花自栽今堂之東南隅有海棠二樹（東西各一）夾植于小徑兩傍說者皆曰公之所栽也得無詩之謂哉公去饒殆六十載度其高已丈餘而蟠結之陰復四五尋春陽之布如錦綉然元祐

末太守郟公輒惜其無臨賞休息之所遂築亭其後題曰蜀錦蓋海棠本蜀植也而花開猶錦綉推而名焉殆非憂公之流風遺澤而充擴自栽之句耶

郡齋

公守饒凡十有八月移潤而饒爲繁劇之郡民頑好鬬吏狡多梗公下車興庠序曉敎令待賢愛物壹以愷悌終日無事故常留題曰三出專城鬢似絲（公自河中府通判移陳州後爲右司諫出知睦州後徙蘇又知饒是三專城也）齋中蕭灑過禪師（齋之存今有養正堂及默軒養正默軒之名得非過禪師云）每踈歌酒緣多病（公守饒飲宴有節然寄居過客無不得其歡心）不貿雲山賴有詩（公守饒多歌詠今之所有者有郡齋即事慶朔堂芝山寺五老亭及題昇上人碧雲軒并贈御賜名道士鍾惟靜傳神道士程用之二絕句凡六篇）半雨黃花秋賞徤（郡有提點鑄錢司廨宇廨之傍有一亭盡種菊）

時提點魏兼與公劉相得其亭名秋香公爲之作秋香亭賦有花之句得無意於是乎一江明月夜歸遲人間禍福何須道塞上衰翁也自知後之爲守者以譴之繁劇鄱郡日力常懼其不治公處之有方而民樂於愷悌每讀公郡齋即事之詩必跂仰而詠公之優游於政也

春香虛靜亭

春香虛靜分峙慶朔之前與二花檻並列傳云乃公之所建也慶朔之舊常爲宴賓之憩焉樂既作於庭而卉木環抱得二亭掩映眞娛樂之趣也求公之措置豈獨政事而已哉雖應接細務必有法度而爲後人之矜式良足書也

九賢堂

州之後圃有堂焉四壁間圖陸襄虞溥二內史梁文

謙周鲂二太守并柳莊儀同馬植常侍李復剌史與
顔魯公暨公凡九人因攷郡圖經若陸襄虞溥梁文
謙周鲂柳莊馬植李復俱以賢牧稱魯公止載於樂
平縣乾元初被中丞唐旻誣劾降知饒而雪程小娘
遭寇屠害父兄事不厠於賢教之列何賢者難得如
此耶國家自開寳迄紹聖六十有八人而在九賢之
序者惟公一人已矣信夫人才不世出而公之仁德
惠澤非尋常倅也惜乎基隘而屋庳土濕而像泯余
逼於受代不得從容而新之□□命之曰九賢復録
其始末爲記云噫建康古□□□府之後圃有瞻儀
堂繪像者近百人率爲之讚□明其新舊年月而
已猶饒之廳壁記焉安如九賢之必以德乎

五老亭

五老峯廬山之勝也饒去江殆數百里而州北芝山院危坡屹起晴霽間可以瞰焉公下車怜其可觀乃作題芝山寺詩云樓殿冠崔嵬靈芝安在哉雲非過江去花落入城來寺去州城止三里得食鴉朝聚閒經虎夜迴偶臨西閣望五老在寺之西五老夕陽開寺僧遂作五老亭于危坡之頂饒之人寒食以芝山為踏青所至者必曰范公五老亭也

碧雲軒

碧雲軒芝山寺海會堂後之小軒也外瞰危石中鑱幽檻軒簷之庭栽列花木蘭蘆諸藥似有高人達士趣嚮公守饒時有昇上人占居此軒公每到寺必適

其處愛其閑寂蕭灑常爲之留題曰愛此詩家好幽軒絶世紛澄霄半牀月淡曉數峯雲遠意經年就微吟並含聞只應虚静處所得自蘭芬公移潤而饒人矜公之詩有以二南名者蓋見公之辭騷雅且名重當世足以爲後人稱想有以然也今之人纔遊芝山莫不尋儒其所以閱公之詩榜焉噫鄱陽境上如德興之聚遠餘干之干越興薦福之澄心開福之寒林幾二千首獨公之詩爲士大夫所膾炙而饒人惇尚之非公之名重當世而政著於去思何以臻此耶

寶福侯禱雨

寶福侯乃漢之樊噲也舊廟于芝山之頂曰鹿頭本王公守饒凡民間旱即禱於此神頗有驗應今之廟

地公之所徙也且州之民郡都院者卜其地置生墳公一日入院詰其故乃曰五十年後當出侯伯不得鬻於人於是令移鹿頭廟屋於此復移文干僧寺暨元豐庚申太守馬淵以久不雨因禱於神而霶霈沾足遂狀其感應而奏之乞加旌獎朝廷下太常封爲寶福侯淵之奏陳且道公之請雨有功修飾廟貌迨今血食以景祐迄元豐恰五十年公之先知誠可尚也後之人凡入寺見其廟必指之曰范文正公之遷而五十年出侯伯處也

文筆峯硯池

饒之山水大率秀拔有豪傑者出焉公之至識其形勝一日乃曰妙果禪院一塔高峙當城之東南屹起

千餘赤饒之文章應也城之下枕瞰數湖水脉連秀
抑爲儒者滋顯也於是名其塔爲文筆峯目其湖爲
硯池且曰二十年後當出狀元逮治平乙巳州人彭
尚書汝礪果第一人及第公之沉幾遠識良足書也

州學基

公所謂妙果浮圖爲文筆峯東湖爲硯池而郡學之
基乃占文筆硯池之中而公指之也然其當州城之
巽地周環枕湖水長堤數里林木蓊映坡麓森爽學
既建而生徒日盛牓牓有登第者多魏科異等信夫
公之興刱非唯示法於一時能爲典刑於後世者也
噫饒之學自晋虞溥作教諭以招誘士子數歲間聚
徒幾二三千爾後零散儒風挑撻由公遷指基址今

殆四千人公之德惠豈尋常之比哉惜乎公去之速未及建立而規模不甚宏齋宇不甚整迄今見者之歎惜而學者之歎念焉堂之上所以置公之祠而朝夕瞻敬者蓋不忘公之指擇也

秋香亭

鄭公之後兮宜其百禄使于南國兮鏗金粹玉倚大旆於江干揭高亭於山麓江無煙而煉回山有嵐而屏蠡一朝賞心千里在目時也秋風起兮寥寥寒林脱兮蕭蕭有翠皆歇無紅不凋獨有佳菊弗冶弗夭采采亭際可以卒歲畜金行之勁性賦土爰之甘味氣驕松筠香滅蘭蕙露溥溥以見滋霜肅肅而敢避其芳其好胡然不早歲寒後知殊小人之草黃中通

理得君子之道飲者忘醉而餌者忘老公曰時哉時
哉我實我來緩汎遲歌如春登臺歌曰賦高亭兮盤
桓美秋香而酡顏望飛鴻兮冥冥愛白雲之閑閑又
歌曰曾不知吾曹者將與夫謝安不可盡歡而聿去
乎東山又不知將與夫劉伶不可復醒而轟闐乎雷
霆豈無可而不可兮一逍遥以皆寧范文正景祐間
罷天章閣待制守鄱陽爲提點鑄錢魏侯作此賦公
賦之就放其景趣求其意思宛在目下公之製作信
非苟成也必其成法以參後世古人云賦體物而瀏
亮者乃公之所能賦也今其舊址雖易爲征官所居
而提點之別廨於大廳之東偏傍猶以秋香名是不
忘公之所愛也元祐癸酉太守鄒軻闢公之舊址而

看經院之南芟剗蕪穢修平坡壠葺以廊宇以發公之所用心不幸鳩工而亡得無公之遺事在人而不衰乎

三賢祠堂

漢晉而降迄于聖朝守饒者無慮千餘人今之立祠祭享者止公一人而已矣信乎公之德澤惠愛遠出今古而爲民去思也且饒之所立祠班春堂天慶觀州學講堂凡三處春秋祭賽禱晴雨及州官之到罷皆修敬不絶若學講堂每遇上下釋奠亦具禮祝公之功德豈數百歲而泯耶愚以召棠歌頌比焉者蓋適於此也

長沙王廟記

長沙王廼吳王芮也東漢建安十五年吳大帝時張昭等議以豫章土廣人繁請分置廬陵鄱陽二郡初治部故城後徙吳芮即今所治立長沙廟貌得非緣於此哉且饒之爲國殆千餘年而廟不立公之守饒始建焉然公之窮古尚德好賢樂善之心豈尋常人也今攷諸碑而刻其傳賛以歲月列公之名銜復命提點鑄錢魏兼篆額且使賢令嗣監簿純佑書公之遺跡尤足矜後人也

范文正公鄱陽遺事錄終

遺跡

詩曰蔽芾甘棠勿剪勿伐召伯所茇是雖召公之德教明於南國亦足見人心天理之所在盛德至善果能使民之不能忘也文正公之勳德被於海宇凡平生所至之地後人皆為立名號建祠宇以示不忘迄今三百餘年敬慕猶昔是豈人力之所致哉於此見窮天地亘萬古斯民好善之心猶一日苐恵在上者不能以善政感發之耳是故勢力非所以服人貴富不足以傳久惟盛德大業可以服人心而垂後世觀者其亦有省於斯

百花洲在南陽公集有荅王狀源憶百花洲詩洲上

有文正祠黄山谷先生嘗游百花洲謁文正公祠
有詩
東溪書院在澧州初公幼時侍其父朱文翰宰安鄉
縣讀書此地後爲文正公讀書堂寶慶丙戌知州
董与幾建東溪書院
西溪書院在泰州海陵縣西溪鎮初公監西溪鹽倉
築捍海隄二百餘里人懷其惠既爲立廟邑士姜
國英復請于官中書送禮部議舊有祠堂委係前
賢合設書院宜從所請
忠烈廟在慶州宣和中守文虛中爲慶帥建與种世
衡同祀公廟號忠烈世衡廟號威靖
景范樓在鄧州古子城公嘗知鄧州邦人思之建景

范樓

思范亭在廣德司理廳詳見孫莘老詩及汪浮溪樓鑰祠堂記

清風橋在潤州公知潤州時所建

范公柏在番陽郡學凡十八株俗傳公遺言柏及地則吾再出今柏枝去地不及二尺

嚴子陵祠堂公知睦州日建以祠子陵今為釣臺書院内有公祠堂

讀山在池州青陽縣東十五里長山公幼讀書之地人名之曰讀山後建文正祠堂池人以公隨所養父淄州長史朱文翰之長白山非讀書於長白山所謂長山者乃在此而非淄州之長山也紹定之二

年池州郡守丁黼記之有辨甚詳亦未暇考

平江府文正公祠宋咸淳間太守潛説友建撥官田以供祠事既成以聞于省依所請其東為范文正公坊其西則文正公故宅喬木森蔚巋然故家其南則為范家園有石刻太守李大異書

國朝至元初平江路學官衙中皆帶提舉范祠祠設教諭至今每歲春秋二丁郡官致祭臺省諸司官因事按吳者皆与祭凡達官顯人過吳必拜謁祠下其題名具在

吳郡學本文正公南園也公以南園為郡學後公仲子持節按吳復加增廣至今郡學為浙中之冠學有文正公祠以范氏子孫一人為主祠

醴泉寺在長白山麓文正公未第時讀書此山大德癸卯寺僧德榮始塑公像寺中中菴劉敏中有詩遺德榮刻諸石

懷范樓在城東南南望羣山如畫至元癸巳春縣尹濟南安承務重建刻其詩及移名人詩石於其上

釁堂嶺在會仙山之南以公嘗讀書於其上故名其

有上書堂

下書堂在釁堂嶺南十里許按劉仲元記云傍鄒邑山也釁堂處其東長白峙其南聖王諸山連峯委會於其西聖王之南有山曰會仙其峯壁立特起蒼翠可愛其中有堂故基曰書堂世傳以為文正范公之别墅也又按魯昌祖創修祠堂記釁堂嶺

徑北十里許會仙峯之巖公之下書堂遺龕在焉工部侍郎賈侯之莊在茲山之下仰公之德意欲創起祠堂於山之麓先出楮幣三十七貫文以助工役之需監縣房侯唐卿未登仕版時慕公之爲人常有慷慨感歎之心斯任之來斯事正符宿昔之願勇於爲義黽勉從事無時或怠鳩工貿材經營之際縣尹石侯縣丞成侯主簿丘侯典史王國昌同心和助之或曰山麓荒蕪祠堂雖就恐爲野火焚毀樵牧戲踐祠成乏香火之供反爲不敬何以勸善盍若少北三里許醴泉寺之巽隅高平爽塏興蓋若何侯曰善仍以都目趙鑑弟趙銓孫克敬督其役興功於大德庚子秋七月至大德辛丑

褒賢寺在洛陽文正公忠宣公墓在其地是寺為奉
祠之所內有仁宗所篆褒賢碑吳中子孫亦常遣
人至洛陽致祭其寺僧亦常來吳

褒賢顯忠禪院重脩法堂記
奉議大夫前同知歸德尹事賜紫金魚
袋綦如撰并書

昔佛成道坐於菩提樹下化力風行峰象頭山入王
舍大城瓶沙王御于郊野因以迦蘭陀竹園為佛寶
舍伽藍之興自此始也漢明帝夢金人項佩日光飛
于殿庭乃遣蔡愔秦景使大月氏與攝摩騰竺蘭過
焉二沙門入于洛獻釋迦圖像并諸經於是肇有寺
於洛城佛法入中國自此始也由漢至唐由唐至宋

悉加崇奉故此禪院創自李唐初名法會宋元祐間
范文正相公得請于朝改歸褒賢顯忠經靖康亂法
堂火灾有慧照大師福潩来住斯刹四方敬信徒衆
歸依特河南初定人烟稀少師乃振錫渡大河登太
行抵金臺勸化鄉黨仁彦智夫得金以歸命工伐木
造瓦重建法堂一所水磨兩盤修葺獘漏煥然鼎新
拓来客所廣闢田疇倉廩实矣齋粥衍矣梵香芬藹
法喜禪悦嗚呼無慈悲之德者昧於苦樂不能興是
事無喜捨之心者著於慳貪不能結此緣無頴悟之
識者樂於小法不能成此大惟師脩行四無量法惟
師叅悟佛光真諦是以名達天庭禮納使相住持向
太后功德寺大觀宣和間聲名籍甚今行年八十有

七而能辦此一大事因緣可以見其平昔之志丁卯
仲冬師来訪知足居士曰本院修造於皇統乙丑至
丙寅仲夏畢功未有為我記者敢請居士為記其事
以示後人居士唯然顧樂書之皇統七年十一月十
三日記

住持傳法慧照大師福渙立　裴下刊

尚書禮部牒准元祐三年　月　日辰時到
部門下省送下中書礼部奏准都省批下太中大夫
尚書右僕射兼中書侍郎上柱國范純仁狀近奉
旨授尚書右僕射合依例置度僧追薦先祖純仁先
祖母及父葬在河南府河南縣有功德褒賢禪院今
欲乞兩遇節於本院添剃度行者一名　祖以上並

葬蘇州天平山白雲寺亦乞兩遇　節添剃度行者
一名其兩處每一年度一名申尚書省伏乞依例
施行狀前批送禮部奉　　乞請一依
指揮施行者右下褒賢院仰一依前項礼部牒内旨
指揮施行元祐三年七月初三日
范文正公既葬而墓隧之碑乃立嘉祐元年
仲兄右丞相時為著作郎以國朝故事大臣塋所恩
許置寺度僧遂請于朝顧以彭婆鎮舊法會院改賜
名額間歲聽度一僧以嚴崇奉朝廷從之元祐元年
仲兄進貳樞府三年乃登相位兩以例恩皆得增度
僧數它日院之度僧道因請以始末詔旨刻諸石余
既許之又為書其所以然者元祐四年　月六日左

朝請郎充寶文閣待制環慶路經畧安撫使兼馬步軍都摠管兼知慶州軍州事范純粹記

至大二年四月七世孫邦瑞遣八世孫國雋宗俊宗是賚

江浙行省咨咨河南行省河南省劄付河南府路委自同知徐景儒率屬僚詣墓加禮致祭

先文正公墓下祭文

昔吾范氏始於陶唐根本深固奕葉流芳漢有清諱郡國流行唐有春官鳳閣平章世家河南譜係甚詳咸通以後一枝渡江爰居度處閭閻舊邦麗水哦松譜牒猶藏子孫保之爲今甘棠四世而後文正挺生

少長北地即家潁昌學問淵海聞望珪璋條奏十事
嘉謀孔彰昭陵注倚國之棟梁四子顯貴悉稱元良
監簿忠宣恭獻侍郎封胡羯末華蕚相光父子勲業
魏魏煌煌具載信史代曰無雙化窮變盡玉藏洛陽
佳城鬱鬱拱木蒼蒼炎運中微紐解皇綱地維云絶
南北異疆市無寧居後昆徬徨離湯沐之故邑不復
敬止於梓桒別祖父之先塋不克時奉於孫嘗狐兎
得以出没荊榛從而蕪荒多歷年所幾易星霜丘壠
寂閴風悲白楊瞻望弗及念切羹墻坤軸旋轉咸歸
職方車同軌轍衢出康莊展敬松楸匍匐踉蹡恭拜
墓下我心則降目想英靈如侍其旁有肴在俎有酒
在觴幽冥感格歆子馨香福我後人地久天長

歸拜鮮墓文

其等自高祖曾祖祖父不獲拜省
始祖祖禰墓域者又四世矣抱恨終天齎志而殁勢使然也時使然也柰之何哉今則天道好還地軸旋轉南北坦塗離而復合機會之来間不容髮其等匍匐至此恭拜墓下剪其荊棘上以慰
祖宗屬望之靈下以盡子孫追遠之責先憂後樂不墜成訓至若徼福後人悃愊已露不敢再犯瀆告之戒祀事告畢言還言歸回塗寧止不能無望吾
祖宗之默相也敢告

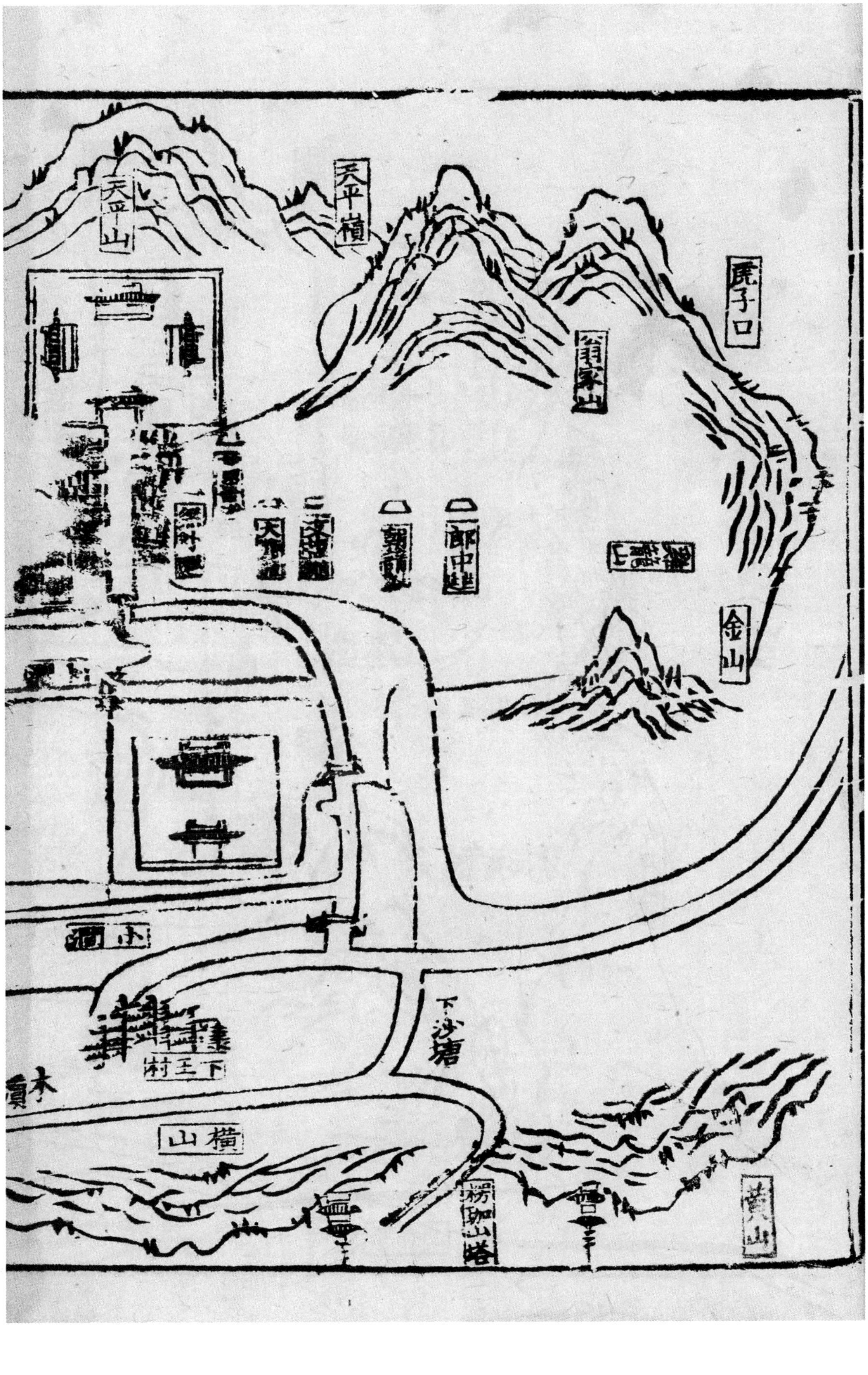
天平山
天平嶺
麂子口
金山
下沙塘
下王村
横山
楞伽山塔

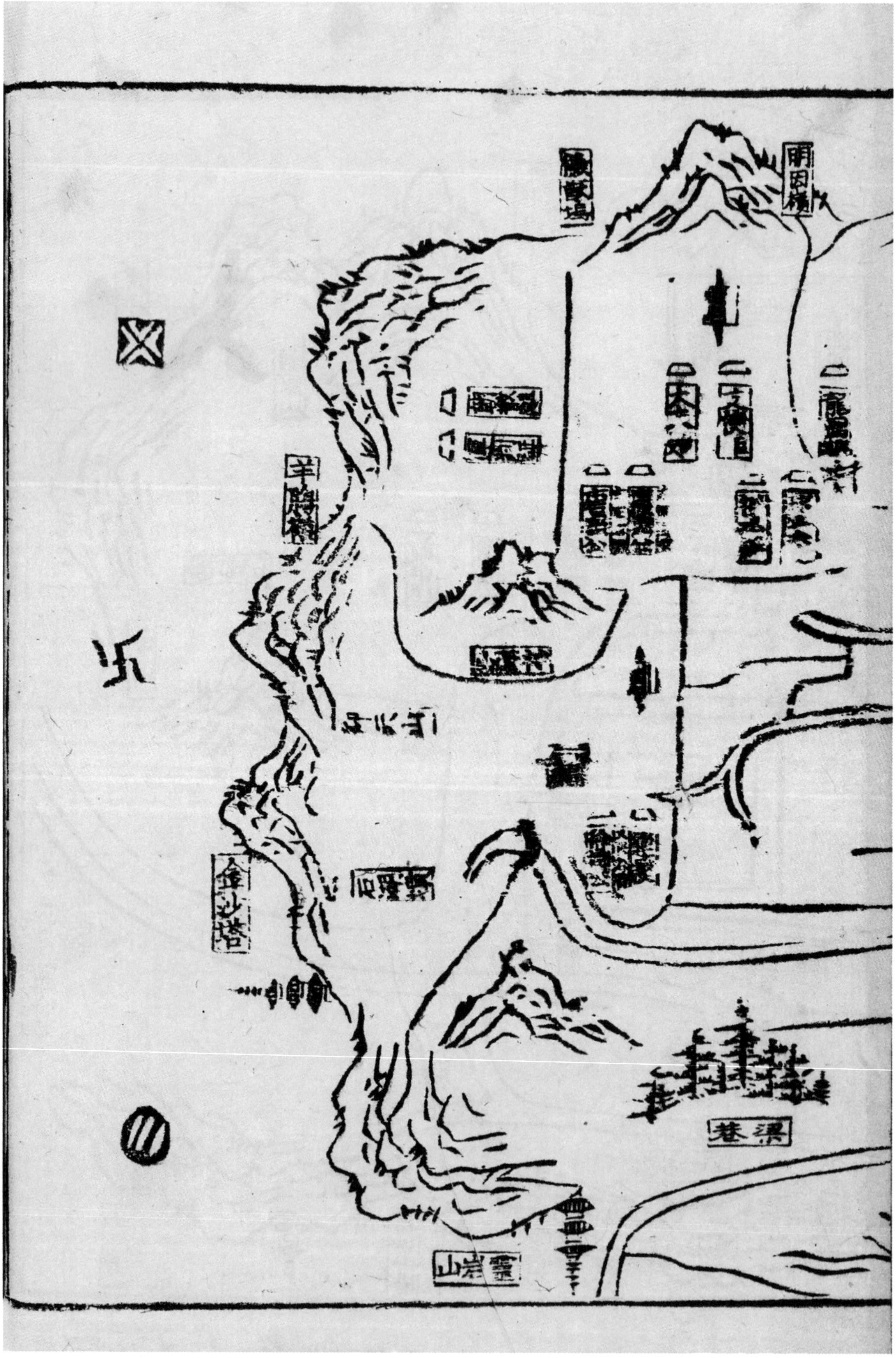
明因橋
金沙塔
漯巷
靈岩山

天平山在吴縣西去吴郡城二十七里其山峯巒峭拔石皆卓立與他山絶異其山上有龍門頭陀岩五丈石蟾蜍石龍頭石穿山洞卓筆峰飛来峯半山亭小石屋大石屋烏龜石釣魚石卧龍石照湖鏡筆石

白雲泉在天平半山間泉色如乳四時不竭以烹茗甚佳泉側有石刻白樂天詩文正公及蘇子美俱有詩泉之上今為白雲亭喬木環合高擴重崖俯見平野數十里間如指諸掌横山諸峰羅列面拱誠佳致也

白雲寺在天平山下石刻刺史白居易詩慶曆四年文正公奏本家松楸在此實籍此寺照晉請賜

額為白雲寺蓋以白雲泉而名也寺有無量壽佛閣
住山僧遠禪師嘗与忠宣公登其上講經

乾道丁亥汎舟游山録　　周益公

五月丁亥早飯至能仁休文相别於閶門外唐致遠
聯舟遶城望姑蘇館而過八里至横塘又數里至黃
山又數里過木瀆遂至靈岩院至能走价送薰香松
黃新茶其簡云來日登天平頂攀援至遠公亭及諸
石屏處白雲泉泉在水品其色凝白蓋乳泉也張又
新以虎丘石井松江第三第六而下此泉未知如
何試一别之向壽老欲作亭泉上及别築遠公亭寺
右上山路傍有石龜極形似向亦有名近無知者忠
烈廟具有文正已下畫像挂壁謁之丙辰早炊小車

過天下嶺甚峻約數里至白雲寺圖經云唐寶曆二年置在縣西南二十五里本遠録公道場今為范文正公功德院文正父祖塋山下寺有白樂天蘇子美王君玉蔣希魯詩刻欲同致遠登山而脚力頗疲難之然思至能簡中語恐遺恨它年遂奮衣右轉而上酌白雲泉甚白而甘躡石磴至卓筆峰峰高數丈截然立雙石之上附著甚卼臲疑其將墜餘如屏如矗或插或倚備極奇恠行十六七石愈衆而力愈憊迺循左徑訪石屋三面壁立覆以二大石少休其中下至小石屋一石覆之又下至飛來峰高二丈上鋭下侈微附屠石前臨崖谷茲其異也又東下遠公菴一名望湖臺正直寺後又下至五丈石亦闇石上次

至頭陁岩有盖斜敍之次至龜石脊勢隐起名不虛得此山大抵皆石也瑰形詭狀可喜可愕今日適疲倦又當暑不能窮其顛然郡人能至予之所至者寡矣況游客乎歸寺欲拜文正及四子畫像坐待魚鑰移時乃至明日盖文正忌辰也

跋龍門二大字

天平之龍門卓筆殆似造物者特為范文正公而設

淛西提刑盱江包恢請史校勘桐江楊德藻作

游天平山記

中吴之西山天平山為之長實為吴鎮原隰環之江河絡之其上多怪石如斷冰如珊木或立或僵或如介夫或如奔馬不可名狀其木多松檜有泉出焉

白雲之泉瀉於蒼崖漱於巨石注於絶澗其聲如鳴玉其味甘冽是山也范魏公之祠在焉其祀用中牢魏公吴人有施於鄉黨德義至厚既死而不沒故鉅公名卿高人韻士經由是邦莫不肅拜祠下顧瞻遺像而仰其休風夫玉藴石而山輝珠藏淵而川媚况德義所加丘陵林麓有不增其高而發其耀者乎故兹山之勝抑其亦以其人也至元再元之歲冬十有二月江浙行省叅政李木魯公徵拜翰林侍講學士於是郡守濟南張公亦拜吏部尚書趨朝有日適相遇也班荆語舊偕遊是山謁魏公之像臨白雲之泉翰林各賦詩七言四韵九思等屬而和之新除教授紹興路儒學范文英静翁魏公八世孫也主奉祠事

奉觴為壽而請曰翰林擅詞宗於當代尚書被遺愛於中吳雅道允叶嘉會難逢不載以文何以示後請為之記將刻諸祠翰林以命九思固辭不獲因道先生遺德山林膠緊而附以茲游之歲月焉翰林名琳字子翬尚書名巽字淵仲同遊者平江路揔管府判官楊時舉思明推官王大有廷秀經歷王諫仲正知事伯都彥實儒學教授蔣伯昇進之玄明通道虛一先生趙嗣祺住持白雲寺沙門淨標為文者奎章閣學士院參書文林郎柯九思

義學去天平山一里餘外有孔子廟內有文正公祠左右設敬身知本兩齋中為清白堂詳見陵陽牟先生義學記

太師墳文正公祖父唐國公周國國公所瘞在天平山之下其穴主天平正峯以秦臺山為外門以横山為遠按環抱拱抱形勢甚奇按王氏語録徐忠翊嘗遇一好山水心期為公相之地意謂我方以術求售於時待其克應於幾十年之後孰若待應於不數年之間則人信向我方身享其利故必擇人與之不肯輕畀且如公相之材非里巷所有必於輦轂之下四方賢英畢集之地求之寓京師七年始遇范文正公以品官詣禮部徐識大貴也欣然以地圖授之范謝徐以相見之晚適先柩已塋四年矣慕徐名術發圖視之則形勢向背全類其所瘞之地其地名又合范遺徐約徐同往觀之其穴

法之高下向背皆與術羿惟窖堂太深猶是俗術規為即斷曰公相當自此生已生者去公相一間耳歸而與范曰足下優游致身於總樞之地歟然范嘗吟中秋月詩曰已知千里共猶訝一分虧事皆默契後范子果拜相即堯夫也

秦臺山在天平山之右大石巉岦上刻秦臺二字俗傳秦始皇游會稽嘗到此

太師墳公曾祖徐國公所塋在天平山之南正與靈巖山相對

無外居士墳在白雲寺前居士亦文正諸孫即作元夕寶鼎現詞者

范文穆公石湖先生墓在天平山之西南有覺巖寺

為奉祠之所文穆公居石湖而塋於此意欲自附
於天平之范者歟
吳縣忠烈廟在白雲寺之右宋南渡慶州陽絶置忠
烈廟於此至今每歲郡官致祭凡名公鉅卿之来
吴者多詣天平謁拜廟下
卧雲書院在天平南三里有帷松屈盤於地偃蹇覆
畝極為奇古俗名眠松旁有石刻盤松二大字篆
文字畫甚古上有卧雲書院范氏建内有文正公
及狄武襄公遺像

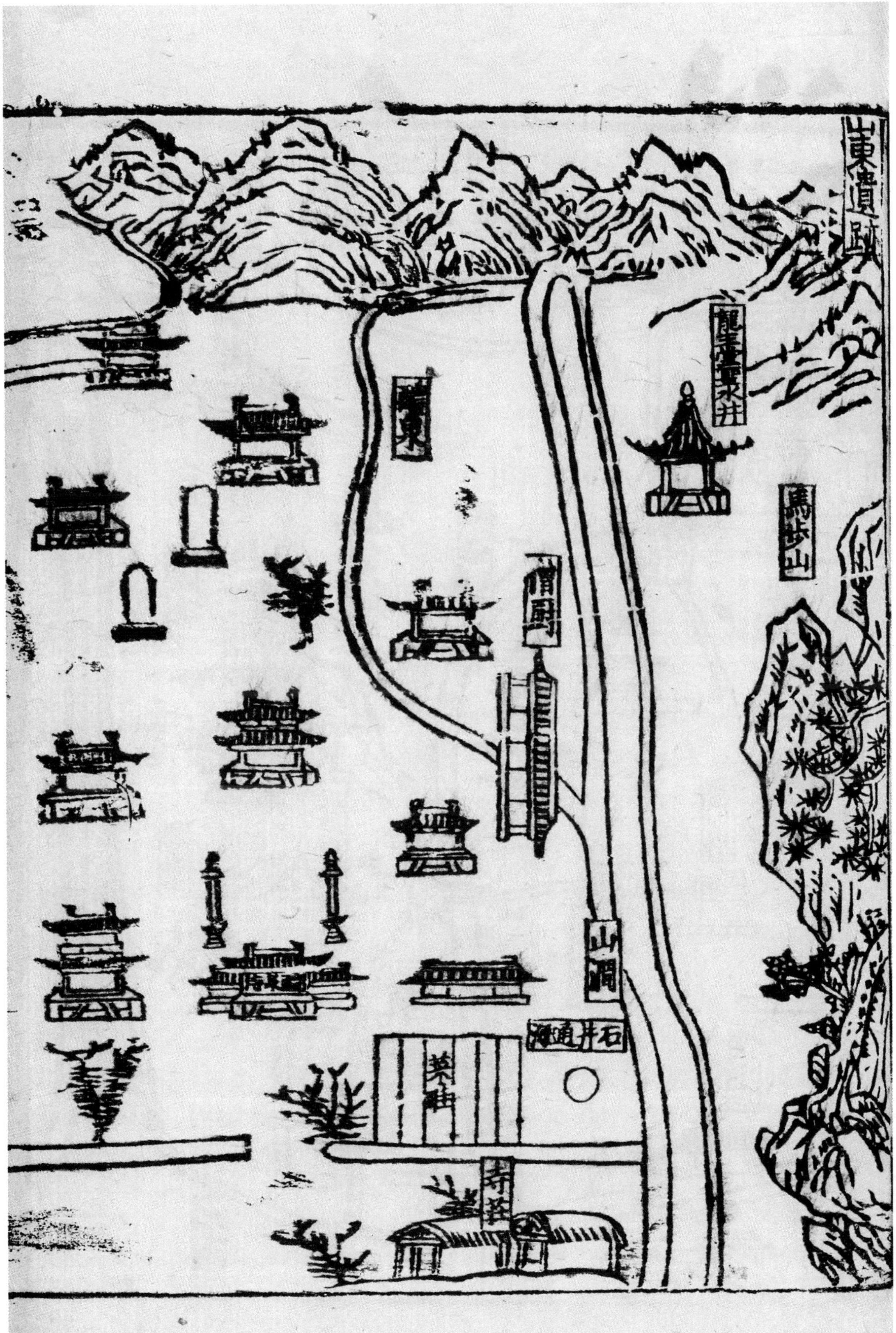
東遺跡
山澗
石井通海

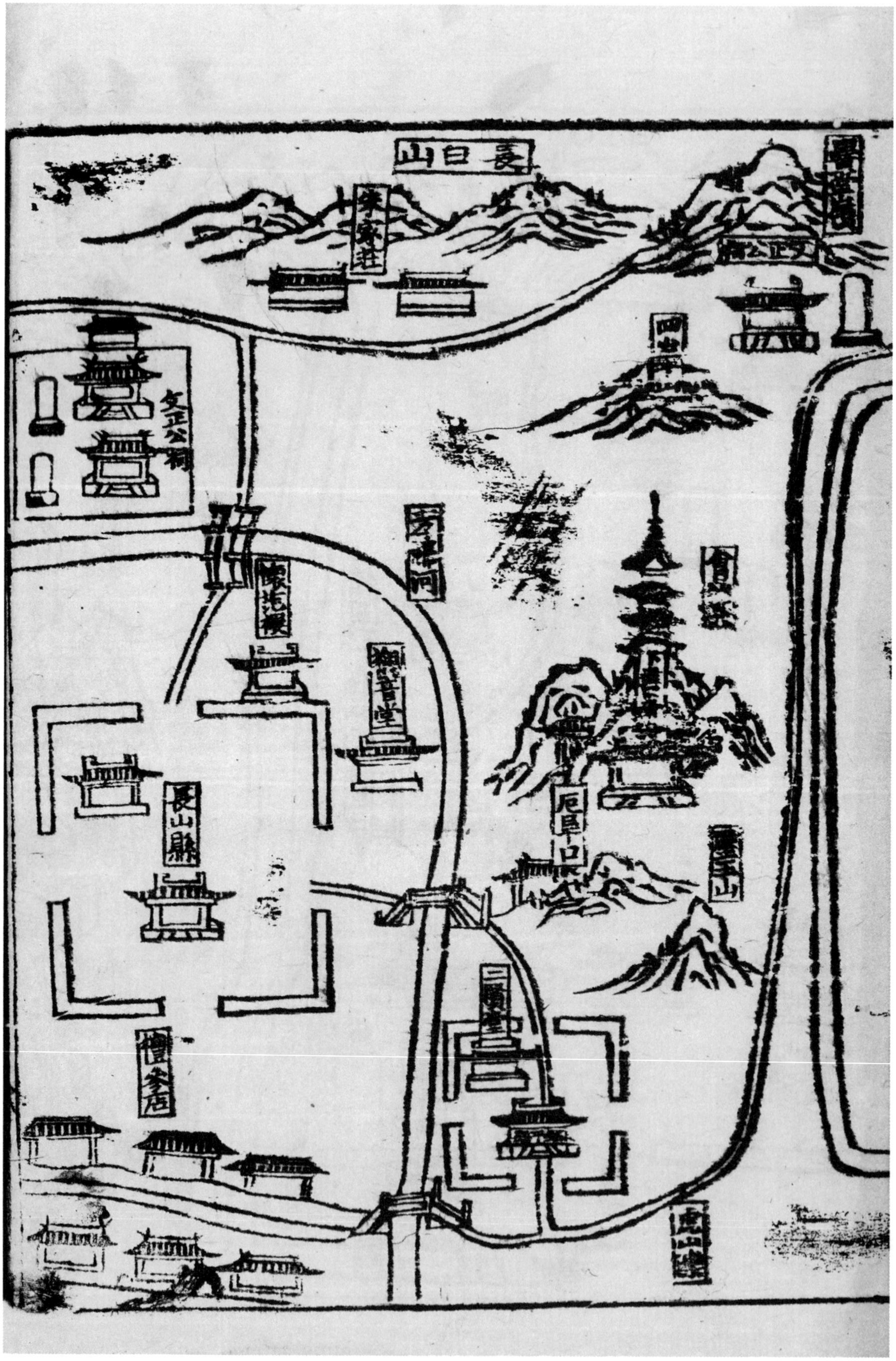
長白山
朱家莊
文正公祠
懷范樓
觀音堂
長山縣
三賢堂

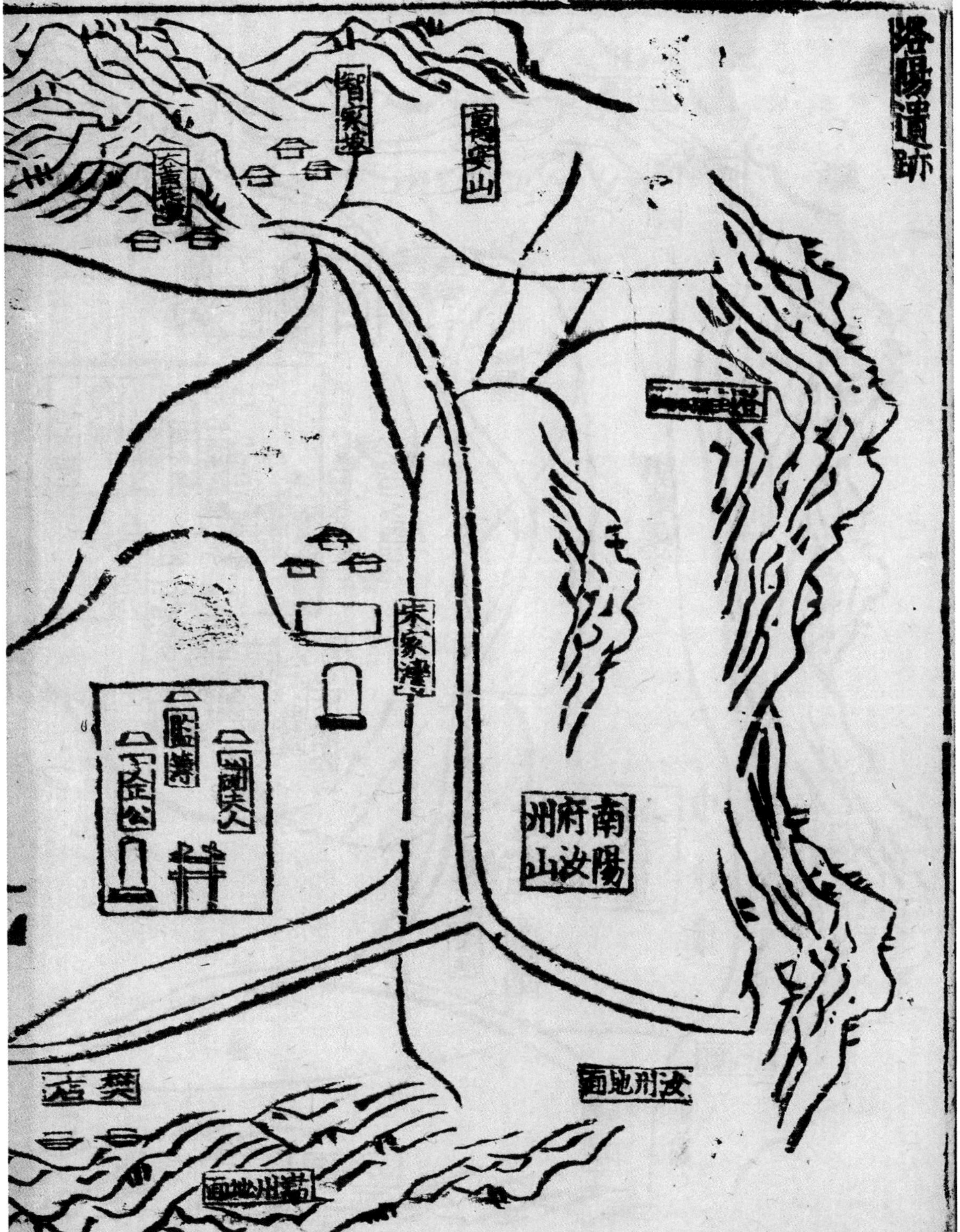
洛陽遺跡
智家塚
萬安山
宋家灣
監簿
周夫人
文正公
南陽府汝州山
汝州地面
樊店
嵩州地面

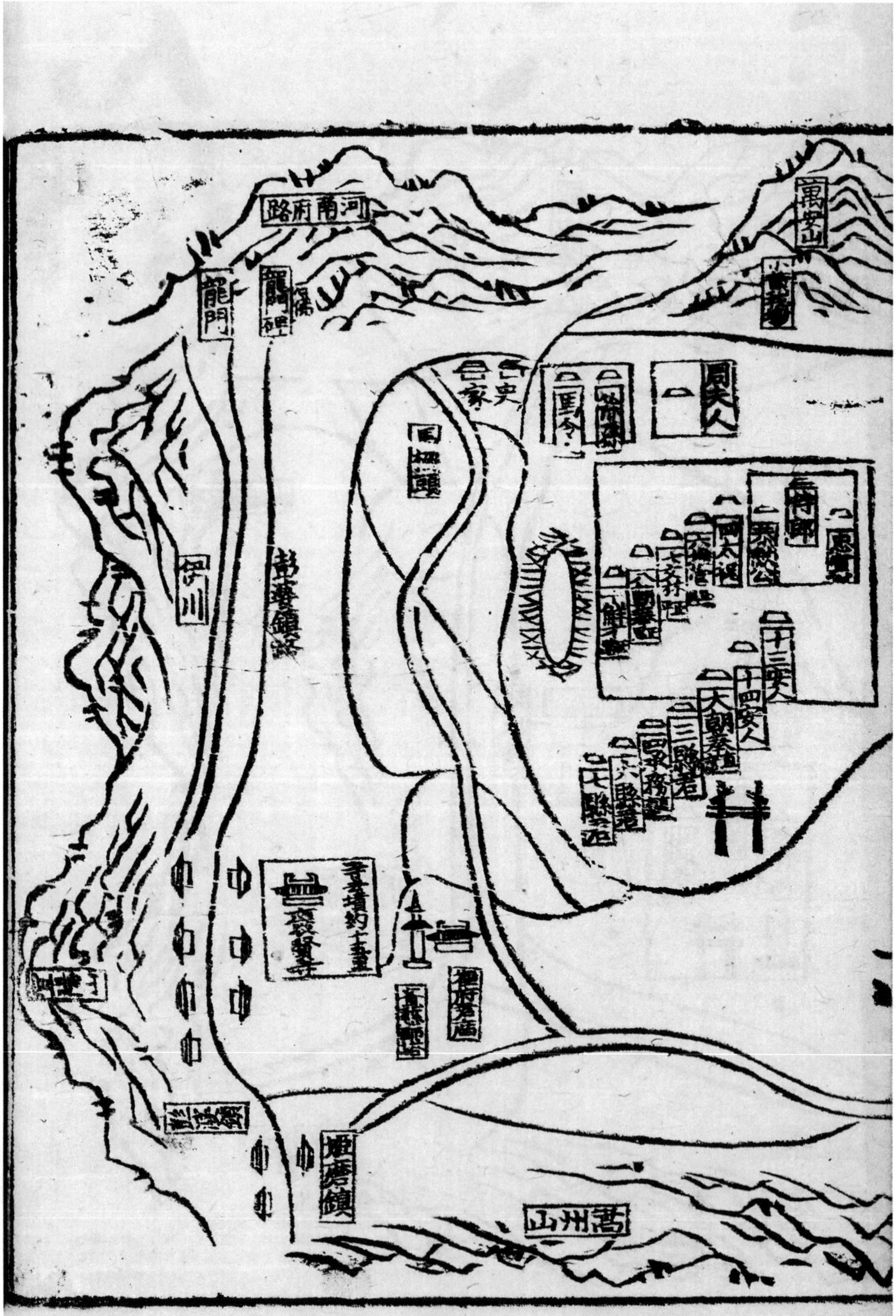
河南府路
萬安山
龍門
伊川
彭婆鎮
侍郎

至正七年八月辛未朔越四日甲辰

奉議大夫河南府路達魯花赤也先不花

奉議大夫河南府路同知郭文鼎

承直郎河南府路判官董鉉

将仕佐郎河南府路知事劉臣源

河南府路照磨胡欽祖

兹以

故宋太師魏國文正范公八世孫文英謹遣男廷方

不遠數千里省墓洛陽且復侵地碁等仰

公德澤之深遠感公裔孫之不忘其祖而媿吾有司

弗克戒約甿隸之無知者曰以潔牲清酌之奠爲文

以祭曰惟

公學貫天人材兼文武濟貧活族德澤過於晏嬰出
將入相勳業擬於伊呂惟
昭代之尚賢嘉不茹而不吐爰肇崇於祀典實名教
之有補何甿隸之無知即丘墳而敢侮壞樹暴於斧
斤域兆鞠為禾黍犯彝憲而不卹徒昏頑之是怙屬
裔孫之來斯增有司之媿負認異代之松楸遽侵犯
於強禦戒樵牧於晨昏謹封蔵於終古倘彼甿之不
悔其斯言之是睹致薄奠以陳詞覺汗下之如雨尚
饗

祭丞相忠宣公

維
公世濟忠直名昭日星眷茲洛土有崇其塋彼甿蚩

蚩愆爲盜賊既代松楸又滋稼穡神雖未殛法實難容裔孫废止爰𡨕故封九百丘壠莫之敢廢矧公父子有功於世戒飭禁約責在有司繼今以往孰敢弗祇崇酒於觴登肴於俎神其監之永安終古

范氏𡨕祖塋記

天台陳基譔

奉訓大夫江南諸道行御史臺監察御史斡勒海壽書

中奉大夫陝西諸道行御史臺侍御史丁元篆額

故宋太師魏國范文正公以上三世墳墓在吴縣之天平山至公之薨始塟洛陽萬安山母夫人謝氏之

兆其子監簿忠宣恭獻侍郎以下三世皆祔焉中更
靖康之亂子孫之在吳者弗獲以時展墓唯瞻山
河北嚮流涕而已我
世祖皇帝混一四海
列聖相承誕敷文德而尤惓惓焉致意於古今忠臣烈士
有功於名教者故公克與天下之名山大川前代之
聖帝明王並登祀典每歲仲丁有司祇奉中牢致祭
惟謹可謂盛矣然亦不過即天平之白雲以寓其高
山仰止之意而萬安之原至大中八世孫國俊僅一
至其處同知徐君景鶚爲履侵地亦存什一於千百
自是又三十九年爲至正七年國俊從弟將仕佐郎
文英謂其子崑山州教授廷召嗚呼自陵谷變遷以

夏四月落成堂宇壯麗儀形儼然

范公泉在青州洋溪皇祐中文正公帥青社有德於

民而州之乾方洋溪醴泉出焉後人目之曰范公

泉詳見任城王　府撰記

文正公祠堂在長山縣治平二年知縣韓澤建撰記

夫故家喬木零落殆盡吾子孫幸生
聖明以孝治天下之時憑藉餘澤食有義田居有義
宅埶有義塾凡養生送死可以無憾而祖宗二三百
年之丘壠所恃以爲藏者鞠爲芻牧之區徐君所封
亦已侵削尚安在其爲子孫哉洛陽土風號爲近古
豪民無知可以德化不可以力勝吾聞御史幹勤君
允常居里第日以吾先文正公濟貧活族之仁自勉
而僉事李君公平分憲於洛又嘗執筆而爲公之傳
者誠以狀白之必有以矜吾之志也廷方即日具資
糧扉屨不遠數千里致其父之命於是李君首出俸
金爲之倡幹勤君率鄉黨與同知郭君文鼎判官董
君鉉奉牲幣爲文以祭於墓下所謂豪民之無知者

觀感而化卒復徐君所封之舊而其地以畝計者若干焉既繚以周垣益之封壤又築室六楹俾其甥趙氏廬其上甫竣事以其嘗與觀籩豆玉帛之盛使書之於石竊惟文正公以間生之氣王佐之才致位將相為宋宗臣百世之下誦其詩讀其書者可以立忠信而尊君父興王道而致太平故其少而肄業長而從政所至之地遺愛不忘率繪像以為祠刻銘以頌德顧是宅是宧在其父子平生官居衣冠禮樂之鄉而使斧斤耒耜日相尋於其中豈

國家尸而祝之以待先賢之意乎繼自今茲為子孫者如文英之不忘其本處里閈者如幹翰君之推尚古道居風紀者如李君之知所勸相為有司者如郭

君董君之克恭所事則萬安之松楸將人人為之封殖益人而不廢尚何斧斤耒耜之患乎哉公父子世濟忠直太史有傳神道有碑家乘有載茲不敢以瀆書書其復塋歲月以為方來告云是歲丁亥十月丙子謹記嘉議大夫河南府路摠管兼本路諸軍奧魯摠管管內勸農事知河防事張明逵奉議大夫同知河南府路摠管府事郭文蔚承直郎河南府路摠管府判官董鉉將仕佐郎河南府路摠管府知事劉巨源河南府路摠管府照磨胡欽祖昭勇大將軍河南淮北蒙古軍都萬户府都萬户察罕帖穆爾昭毅大將軍河南淮北蒙古軍都萬户府副都萬户失里伯吉從仕郎河南淮北蒙古軍都萬户府經歷兀訥罕

知事郭仲禮提控按牘趙瑋儒學教授丁士恒學録
蔡世責等立石

蓮花堡在鎮戎軍西南與德勝堡相連又定川砦諸
葛荒城皆在鎮戎界嘗有蕃賊至此公遣張建侯
往救應
長武寨在涇州西賊冦邊公与都監張肇部領軍馬
離邠州取長武路往涇州策應後又聞賊分軍四
奔保安軍上面公又差巡檢宋良蕃部巡檢趙明
部領蕃漢軍馬往長武把隘
萬安鎮去保安軍八十里初延州有一將軍馬在保安
軍駐劄費用粮草供應不辦公乞將保安軍所駐
軍馬抽退於萬安鎮就食粮草却將万安鎮一將
軍馬抽退延州亦只八十里
馬鋪寨通近後橋白豹寨每有賊馬出來公脩此砦

時兵馬不多只是據河西山坡特重下砦不与迨
遂其砦城十日内涅築并涅飾了當
木波寨在環州正當賊来大川路惟賴諸寨蕃部熟
户同共防托公恐熟户二心未可倚仗遂保舉种
世衡知環州以牢籠蕃部
定邊砦在環州公嘗令劉貽孫至此相度葫蘆泉一
帶立寨樓連鎮戎軍去處
明珠滅藏二族在環州之西鎮戎之東二族之北有
葫蘆泉公併兵於其地修起城砦招撫二族
華池鳳川平戎三寨皆在慶州東平戎去延州德靜
砦七十里華池去德靜一百一十里鳳川去德靜
一百二十里公指揮慶州并諸寨並權住入中白

來却告示客旅並令於東路延州接界平戎鎮販
價入中白米
慶州路有美泥虐泥大拔城等處小砦公只差兵士
百十人防托如賊馬大段入寇便令歸側近大城
寨内一處防守所貴不致枉陷軍民人心稍安
薄家莊在岢嵐軍火山軍之間公以火山軍城中無
水兼地窄狹難守奏乞於中路薄家莊擇地共脩
城砦
東關城在岢嵐軍水砦外公以岢嵐城小將東關城
築作大城撿計到土工五十二萬七千九百四十
五工
神堂堡銀城寨在麟南五十里公令經畧司相度興

脩令人户耕種住坐續脩神樹寨并堡子府州於
鞋斜谷端正平等要害處置大寨兩坐又置堡子
三坐
筆篥城在秦州田況嘗請脩築公奏乞依田況所奏
早賜指揮
佛空平明珠等族所居公嘗令蔣偕燒蕩其地族帳
金明城在延州公奏議近重脩金明城且托得北面
又東北廢却承平南安長寧白草等寨後東西四
百里更無藩籬可以禦寇候金明城了方脩寬州
以禦東北
鳳川寨在慶州東城被山坡直下臨注或有西賊闖
閑矢石入城禦捍不下公牒李丕諒宗良同往鳳

川相度得本寨東烽火臺山上四面牢固及山腳下有好水泉可以置弓箭手兵士等寅夜興工山上只築女墻四面削崖近下低處築城圍入水泉續又牒本州通判范祥相度令新脩堡城公壁街巷修蓋軍營倉房草場廨署及城上皆安置敵樓

唐龍鎮與契丹對岸在府州之北豐州之東其東南火山軍對岸公奏乞招誘唐龍鎮七族人口

故寬州在延州東北三程公言昨廢却承平塞門等砦惟此一處最為控扼蕃賊牒監脩官相度一併下手脩築後又奏乞以寬州城為青澗城

鄜城縣在鄜州南至同州河中府各四程北至鄜州

兩程至延州五程公乞朝廷建鄜城縣為軍以康之為名管鄜城縣并於同州割一縣為之屬建倉敖營房所有同華河府苗税於此送納後公又令知鄜州李丕諒相度丕諒差劉寵禮將帶匠人往鄜城脩展城牆高一丈底濶四尺五寸面收一尺五寸蓋馬棚瓦舍三百間繫得馬一百疋安下得兵士四千五百人兼脩露圈二十八箇計度到二萬九百九十五工

延州城在寬州東南四十里公嘗請於朝乞以延川縣為延川城云彼中人烟不少更有□井泉勝於寬州城

鄜延馬嶺定邊永和安塞等砦在環州界初諸寨戍

牆低下壕塹淺狹公牒環州那廂之六軍士及和雇
人夫脩築
細腰城公令蔣偕等所築公又勘會：本城至環州定
邊砦三十七里西至鎮戎軍乾興寨六十里南至
原州柳原鎮七十里量其地界遠近所脩城繋地
土并側近蕃部元屬環州兼本是環慶路擘畫脩
建兼細腰城東北板井川是西賊來路在細腰城
定邊寨之間係屬環州地分緩急若有奔衝即須
定邊砦与細腰城互相救援就環州節制甚順奏
乞朝廷撥屬環州
萬安寨在延州西北徃保軍路中路舊無城砦公差
周美郭慶楊麟部領延州膚施兩縣人户并廂軍

脩築計度到六萬一千六百五十七工并脩築敵
樓戰棚
豐林縣地在延州東二十五里就崖為城青化鎮在
延州東六十里公差陳永圖部領臨真豐林兩縣
人户脩築計二萬六千五百五十二工
甘泉縣城在延州南八十里公差任世京部坊州丹
州人夫脩築計六萬五千三百四十五工
承平砦在延州東北二百里在青澗城西八十里把
截得承平川大路寨北大里河約六十里自来蕃
族在大里河北居住公嘗請復修此砦以遏蕃賊
不使過河云初脩之時則部署司那兵馬大爲之
脩畢工之後只銷得二十人駐劄

安寨在延州東北二百七十里在青澗城正北七十里北至綏州四十里去無定河二十里公嘗欲脩之以其去水泉稍遠朱吉种世衡欲於青澗城北四十里商館鋪南安寨中路創脩一山寨

栲栳砦在延州北八十里嘗為賊所破公相度奪砦南五里地名龍平口興置一寨把截安遠塞門龍口川賊馬來路

胡家川寨在延州初胡繼諤乞脩鶻子城公差殿直楊麟與工麟州申稱計七萬四千工恐難了當公遂差推官何涉与胡繼諤相度於胡家川莊址面書捺上上脩築一砦計三萬三千餘工下面川口是德靖砦保安軍來路地勢委是要害只差本族

熟户人工官給口食并差厢軍三百人往彼助工

三關城在延州公牒招討那撥諸州差到兵士五千人興脩

義蓮鋪在延州康定二年四月公差使臣趕殺西賊抵此奪得人馬駱駞牛騾

牢山驛新店驛在麟州至延州一百六十里閒嘗因新臣上言減廢公嘗與明鎬至此軍馬疲乏無支請草料去處公言鄜延路最是屯兵去處日有軍馬及使命過往遂牒延州脩補二驛每有過往使命軍馬或遇晴明直到中路甘泉縣即支給一日之糧等物若遇雨雪及山河水漲即於新店牢山上宿

蘆泉在環州守邊砦與鎮戎軍乾興寨相望八十
之間為義渠朝那二郡之阻其南有明珠滅臧之
族公嘗言能進兵據胡蘆泉為城壘北斷賊路則
二族自安宜無異志後竟於此地築城招服明珠
滅臧二族

永洛城在朝那之西秦庭之東公嘗奏言策應軍馬
由儀隴二州十程始到如能進脩永洛城斷西賊
入秦庭之路其利甚大非徒通諸路之勢因以張
三軍之威者也

褒賢祠記

淄州長山縣建范文正公祠堂記

古之治天下所謂不賞而民勸者非謂絕而不賞之也賞一善而百善進也何哉自京師至於郡縣郡縣至於鄉黨其間有德行節義可稱者取而旌之爵於朝廷死表其門閭如此風俗莫不勉勵也漢唐之間雖不及於三代而以號為治者此道素行也且今之天下何異乎古之天下然而風俗未厚於古者得非此道之廢歟故文正公范希文之于於陵也豈特德行節義而已矣夫公家世姑蘇幼而孤弱無父所怙而後隨其母氏來居茲土留而不出遂為邑人及其長也卓有所立鄉人奇之嘗廬於長白日自諷誦雖

刻苦不暇每患其寡友一日超然遐舉四走方外求先師巨儒以成就其業不數歲闗大通六籍聲名頎動當世祥符中會明天子詔天下舉賢者能者公素擅鄉閭之譽為鄉大夫所之賓興一上而中殊科尋補職任縣歷臺諫至切碩惠加乎生民鯁議讜言許於當國天下之人無賢不肖不謀而同辭曰范公如登輔相太平可期及乎領邊郡握兵權談笑樽俎之間折衝方面之難威聲遠布坐鎮獷俗以致疆場塵清投烽釋警虜不敢犯邊盜不敢入寇天子倚之如金湯視之如腹心何患乎西戎何憂乎北狄時以海內既安邦國無事乃擢貳樞府參預機務天下之人雖然相語曰范公用矣但翹首跂足以俟太平爾公自

是負上重責以謂其功不可亟成也必待馴致故其所為志在遠大移風易俗釐革頹弊下輯臣儀上裨袞職欲行之以人而異効於後也大易稱漸以正邦公寔用之矣惜乎其不能終之而曩設使而終之則周召伊傅曷以加此嗚呼天之生公將以輔世功未及宣何速寡之詩云彼蒼者天殲我良人此之謂也公没之後邑里無傳焉憶古之人有德行節義取而旌之猶能以厲其風俗況有功於天下者乎治平中瀞出宰是邑訪公之墓得公之實因謂邑中諸君子曰范公爵位如此其達功烈如此其顯豈非茲邑之勝事耶何久而不為之祠諸君從容而語曰今日之議允符夙昔之願蓋邑素有是心而患在位者未嘗

注意既聞澤言翕然樂從爰鳩材人構堂宇命繪工
圖儀形一之日二之日經始三之日四之日告成財斂
餘羨用不漁民既而隆廈誠謁偉像洋洋乎如在使
夫十室之民朝夕耳傾而目屬自非嵬瑣之類得無
聲激薄著敦懦者立如是何患風俗不及古也故曰
不賞而民勸謂此矣愚之所以建公祠者非止為乎
公也為民也非止為乎民也為天下也澤竊邑茲久
懋無異政聊述其美以傳之後公之能事大參歐陽
公褒賢之碑詳矣此不覼縷舉其梗槩而已治平二
年三月四日記尚書虞部員外郎知縣事上騎都尉
賜緋魚袋韓澤述將仕郎守縣尉兼主簿事劉鼎三
班奉職監酒稅徐士安宣奉郎守殿中丞知縣事兼

縣同立石鄉貢進士王特篆額郊社齋

丹判者董選

公泉記

白水混混然利物源泉爲本養先愈病
宋皇祐中范文正公帥青社有德於
方洋溪醴泉出焉後人目之曰范公泉
叢公瀨部伯塘鄭公渠詩義儼踪矣以
湮絶鞠爲園蔬踰五十載耆老過之靡
師宇齊公思欲裁前賢之跡慰青人之
詢之无得其故處裔蓋清泉復出方池
术巨公亭城映帶左右屈曲靖深藹然
㒵間又且葺闢軒亞崖欲處招引西

其與孝人
經兵燹遂
不興嘆遡者凍
意乃按圖誌
流溝作亭蔡
如屏蒼岩翠

山秀色可攬朝晒夕暇曰晴有之物外勝絶紛綸全集邦人萃止神明還襲汶液甘寒宜藥宜茶鳴呼物有否而泰物有塞而通醴泉之瑞感而應地不愛寶是造物之無盡藏也范公以善政致之于前今公復以善政致之丁後先後相望如蹈一轍可謂異世同流者矣他日之廿趣公歸朝後人思之亦如思范公也古者思其人愛其樹僕於斯泉云　城王　譔南麓任詢書營丘王樞篆大定辛丑十一月朔輔國上將軍山東統軍使

范文正公書堂記

傍鄒邑山也山贊山處其東長白峙其南聖王諸山連峯委會於其西聖王之南有山曰會仙其峯壁立特

起蒼翠可愛其中有堂故基□書堂世傳以為文正
范公之別墅也公復有上書堂在會仙之南覺堂山
之上覺堂之得名若亦以公嘗讀書於其上故也因
為之嘆曰自開闢以來不知其幾千萬年矣而山之
名由公而得　公而歿又幾三百年矣聞公之名其
猶如生其　似而然哉嘗試推公之出處矣憶音
公之始來尸　大山也非為檢身遁迹之舉必也讀天
下書窮天下事以為天下之用耳其出也非為肥身
榮家之計必也欲而孚於於行以伸平日之蘊耳惟
公有是心也故一一見於朝廷之上忠犯天顏息
流海内靡然一一也宗臣及其□也復使斯人聞風
而作興慕義□□歟者然歟此公之德所以盛也仲

元忝爲邑人覩廢壇之下斷石有感於中乃爲之歌曰
鄒邑之陽兮衛列嵒山會仙詩題兮秀色可食有峯
兮峨峨有水兮潺潺松風之颯颯白雲兮往還公之
游兮水曲公之居兮以嬉公之誦兮林下公之歌子
雲間騁千古兮易注仰高風子莫攀德巍巍兮山之
高兮雲之間凜兮孤松之操淵子巨浸之瀾
踪兮躋斯民於壽域之安金國翰林學

州范文正公祠堂記

勁節大志威德壯烈卓然爲宋名臣凡
惠莫不有祠池陽雖非公所仕之地而
蓋以其少長於長山朱氏也國史本傳

及歐陽公撰神道碑俱云公生二歲而孤母貧無依改適長山朱氏然人漫不知長山為何地朱氏為何人而公之寓於其家幾何時也天台丁君木宰淄之青陽政成暇日討究先賢遺事慨然慕之長山去縣僅十五里朱之族故在遂訪求其家得公之續譜遺墨及公與母謝夫人之畫像又從好古博雅之士根據其本末源流既畢委故人程君爚過黼而言曰將為祠堂願有述焉黼謝不敢其請益堅有不得辭凡公之立言立功具載方冊不必贅敘獨以其在長山之事言之謹稽諸記錄公之父墉從吳越錢氏入朝歷成德成信武寧軍掌書記以卒元妣陳氏繼室以謝氏其卒于徐也歸葬於吳中之天平山陳氏祔焉

謝氏無以為生改適朱君文翰公生于端拱二年猶在襁褓而鞠於母朱氏六族有在應天府者故公以及冠辭母絕江逾淮學以應天蓋景德之末祥符之初也閱五六歲登進士第則在祥符之八年欲便親養授廣德軍司理參軍迎母以往攝集慶軍節度推官辟泰州西谿鹽稅再辟興化縣令從楚州糧料院母終于楚天聖五年公復如應天府晏元獻公知之表掌府學服除乃歸宗易名越明年晏公冊薦名試為祕閣校理始克請于朝追贈父母遷奉母喪葬于河南尹樊里萬安山下參考歲月公之從朱姓幾四十年登科記用今氏名後人改之耳朱氏之譜則文翰以景德初嘗任淄州長史後以公贈典得太常博

士公之手帖與博士之孫延之在明道二年乃改郡至丹陽時猶稱延之為秀才而待以子姪禮又一帖在慶曆五年者則稱之爲官人蓋已受公奏補而帖中頗及延之兄之子求異姓恩澤事由此觀之公留止往來長山歷時寖久其親愛顧念朱氏情義寖篤皆以母故也公之宦游遠者三四歲近者一二歲猶皆立祠長山獨無祠可乎此丁令君所以拳拳不能已也攷禮謚經法施於民以死勤事以勞定國能禦大災能捍大患皆所宜祀公於數者殆無愧焉其神氣精爽如五行麗天互爲色正不可晦蝕中國夷狄所共瞻仰豈特其平生經歷之處宜奉祠事而猶區區於是邑之長山者蓋祀國之大典郡政之所成可

以興起人心可以扶持教化不特為公設也祠堂擇地之爽塏且與朱氏附近為屋十楹有室以奉遺像有堂以嚴祭享有東西廂以居守祠者憩待祠者固以門扃繚以周垣夾道以松杉而直達于通衢規模爽潔不侈不陋費從官給役不民勞委學戢王震董其成朱氏近族守其祀是亦可矣令君又云去長山數里有滕子京待制墓公與滕為同年進士生嘗薦諸朝死嘗銘其墓欲以配祀黼嘗聞公之守嚴修子陵祠而以唐隱士方干配況滕既奇才而公與之同時共事情好款密以配公祠為宜遂并書以贊其决且諗來者勿癈云紹定二年九月二十有二日朝請大夫丁黼記

增修范文正公祠記　　長白張臨撰

太中大夫參議中書省事張養浩題額

奉訓大夫僉燕南河北道廉訪司事劉從禮書

古今仕其貴同何古人聲震天下事業巍巍而後世不能也吁能者未必得為得為者未必能者也雖然能者不難其人得為者每難其時文正公先生范公事業巍巍者屢進屢黜卒之擯斥難其時如此使先生終為之事業巍巍之何如嗚呼俗因五季之後廉恥道喪士昧出處賢不肖溷淆先生以剛大毅決之資拔出衆人之中進退超邁委靡之世為變尊王黜覇明義去利凛然有洙泗之風其後真儒輩出聖學復明如發洙泗之墜先生實指其處其可不謂之有

功於聖門乎事業巍巍者不足為先生道長山視先生情此桒梓宋治平二年邑人韓澤知縣事首率邑中祠祀先生石刻無恙金亡祠燬至元己卯邑士故江南河北道廉訪僉事韓居仁兄居貞唱邑中新之溼祠猖熾祈泯悉往先生祀為之舜然今滕州同知歷下莫侯文淵尹縣始舉祀典居貞泊今富寧庫同提舉王居敬暨邑中十餘鉅姓助牲醴費距今三十餘年不輟朱氏賴先生庇猶奉洒掃居其傍縣為之蠲泛賦延祐六年寧夏子俊順昌監縣濟陽楊侯僖為尹滕陽左侯傭勾稽俱慕先生者也深以祠廢不治縣甚恥一日同謁祠下覩隳剝俱曰盍葺之各捐俸金若干邑士皆以楮鏹助忽楊侯遷西臺御史去

子俊亦瓜代次年秋左侯偕繼政燕山蒙古忽台汴滐梁侯至始鳩匠腐者易之缺者補之危者崇之象服非者更之增內門三楹廚二楹東西既木悉植柏左侯諭余曰先生記之惟先天下之憂而憂後天下之樂而樂孟子所謂樂以天下憂以天下先生志也士大夫居相君之位視天下赤子之樂不以人理待吮剥之困苦之乃曰吾能為君實倉廩充府庫聞先生之忘如何故讀岳陽樓記至此未嘗不三復并誦久為之感慨承左侯之命余雖老不覺壯心如昔是以不讓樂為之書云至治元年八月己巳日記

高郵軍興化縣重建濯纓亭記

天聖間文正范公為是邦作濯纓亭於南谿之上賦

詩曰笑解塵纓歟滄浪無限清公之意豈將挹滄浪之清以滌我塵垢而已耶君子目擊而道存矣中軍兵燹蕩爲莽區後有重建於稅務之南者尋亦圮廢耆老云鄉校前迺故址也余既甃適學之路即故址爲亭而扁之以舊名亭並谿當邑東西之中眼界軒豁荷汀蘋渚鷗鷺翔集風帆露檝朝夕往來景物互變而俱宜草色際天綠波瀰漫則於春宜冰輪浮空商灝流碭則於秋宜宜酷暑南薰徐來夐無萬閬凉徹肌骨宜隆寒黃蘆旅鷹粧點雪意如展畫圖凡是諸景旨也散漫而不屬今皆萃列於斯亭之上足以廣吾胸中之雲夢而助筆下之波瀾夫名所以詔是實也斯名也其義則夫子取之孟子屈子發明之而

文正范公昭揭之青青子衿藏脩之暇於是而遊息焉對景而自得因名而心會吾知是邦人物自今未易量矣紹興癸丑良月承直郎知高郵軍興化事苕谿吳苹記并書冬至日修職郎主簿眉山孫之奇立石

高郵軍興化縣滄浪清風記

文正范公先生吾道之元氣世蓋夫子之道不行於春秌戰國而爲萬世師公之道際運文明措之華夏而爲萬世法興化最幸涵濡於相業問津之始嘉定十七年垓既建學以祠明年築城立四門門祠縣望南白馬將軍北金吾將軍東得勝龍母西昭陽君陰陽家之說龍角宜伉即城爲樓樓獨軒偉公端冕學

宮從夫子以詔多士矣想其晝日垂簾琴之清堯舜之曲世野渡橫舟纓之潔華渭之志也清風徐来吟情夷猶滄浪之歌童舜寤詠瞻之仰之斯道如存其敢生一忽心乎敬像公燕游書清風鳴琴馴鷗三詩于壁而以滄浪清風名之垓之城亿雜費取於酒盦役先於湖嵫尺三栿而杵千堵萬甎而匠百其能葉斯城而祠公與羣望於門也亦公與神陰賜垓不敢忌永矢堅珉後之榷酤於斯譏征於斯栖旅於斯攜妓於斯不畏神寧不畏公神之不予禍止一時公之不予愧垂千古滄浪不足以洗其慾清風不足以掃其鄙可不戒哉鑰于學以嚴啓閉徑于學以杜游褻邑士民與来者尚恪守之於是賦迎享送神之章誓

以斯文而刻焉詞曰學以用世何幽明星斗千載炯所臨我文正公世典刑滄浪之水天與清水我水我濯吾纓衮衣赤舄同此心堯舜之曲窕子琴絃歌叟入清風吟冠童風雩詠至今民懷吏聳神頤歆後二百年築斯城城高水闊峙孔庭侑公舍奠春秌丁公相我民金湯成四墉之陞中有英穹樓龍角甘棠陰芑寒色正欄更橫羣祠翼從森效靈鷗翔南溪悦逢迎月明滄洲冉雲乘秋菊寒泉酹德馨儼如侍公歆不欽歌圜旅榻酤與征環而殭之洛尒神二三子兮同鑰扃嚴以公道祈求蔭公亦福汝邑里寧義冠叟履龍峥嵘三山陳垓撰

高郵軍興化縣重建縣學記

詔天下州縣皆立學仁宗朝參知政事范公仲淹請
世然國初文治已盛如周黨遂有賢守令學校必興
按泰州圖經曾易名建如皐縣學錢魯望記之實祥
符八年時公爲西溪鹽繼令興化興化如皐均泰邑
也要終而原其始即彼而得於此亟使學不待公而
抑非公所作成者耶垓後公二百載當嘉定之十六年
九月辛丑朏以祇事吉夫子一殿巋然與重門峙立
於水天莽蒼中諸生謂垓令鄭簿章以公濯纓滄浪
二亭故址爲學學未備者十七八先生尚嗣成之垓
謝不敏意此學之興必仁宗皇帝初政公試民事之
日也文明之運輔宰所臨學重於天下而士得師矣
垓雖愚敢不力請無煩民無擾士以令始至供堂緡

五百佐是役新第吳君應酉辱主學裒門殿餘緡千
縣累酤羨數月緡二萬有奇合三者爲材庀工十七
年春爲崇化堂五間軒三挾二右官位左學職東西
廊二十二前列從祀若主祠若祭器若書籍若鐵穀
皆有所凌今四齋曰博文曰敏行曰貫忠曰篤信齋
有爐亭殿加兩挾周以陛楯植扉中門列戟十二東
祠范公屋三[illegible]鑒方泄亭其[illegible]篌罹纓名益東伉便門
祠亦廳二[illegible]廚湢溷栅屋五十合門殿共六十區
堂之崇二丈[illegible]袤一百三十尺翬棟沇沇佀率爾是
門納湖光[illegible]之閣道連複清潄扶輿之氣萃焉
明年夏五[illegible]成增田架儆月割酒量錢十四補弟
子員食日三[illegible]歲元正長至縣載酒三行闔耋艾與

記

縣官序拜堂化堂之為比於是吳君率諸生請記之
石埭嘗謂講學師友之職也興學守令之職也幸不
之事何記然埭嘗為學官永嘉昔語人者不敢不以
告夫子曰十室之邑必有忠信如丘者不如丘之好
學也孟子曰學則三代共之皆所以明人倫也學非
外求也教非外立也忠信夫人之天姿人倫夫人之
天性諸君以為外乎內乎上以學明之下以學成之
而天之所以予我我之所以日用常行者豈能越於
忠信忠信又豈能越於君臣父子兄弟夫婦朋友之
間哉我國家學以明人倫既同符於三代文正公忠
信而好學又一本於夫子埭謂諸君得師者此也公
刻苦而學成以忠信大節受知仁宗自西溪議海堰

請邑興化以成之與京口之麥舟吳郡之義莊信也爭郭后抗呂相主西事而夏人款塞登政路而身任太平忠也諸君拜公於鄉校得公於詠游不以公自期得乎垓盬宰於斯勉焉不近築城浚河振貸扞禦修堤岸立義阡必賴諸君講行之詎無意哉詩曰高山仰止景行行止必以范公之學為學斯無負國家教養天下之至恩允蹈孔孟垂世立訓之格言云寶慶元年七月甲子承議郎知高郵軍興化縣主管勸農營田公事賜緋魚袋三山陳垓謹記

高郵軍興化縣重建范文正公祠堂記

盛德必百世祀文正范公天聖間嘗宰興化遺德在民永久弗忘寶慶乙酉邑令三山漫翁陳君垓始創

祠堂附于學之左歲久弊漏稾考欲屬淮東總管高
沙陸君元齡撙俸年餘慨然捐錢市木甓撤而新之
以舊祠在大成殿東兩廡並峙未當於禮乃徙堂基
與齋堂並郡太守姜公聞而嘉之亦遣木材相其成
凡為屋三楹前序稱是規模視昔頗高敞立棟於良
月望日之乙未下三旬而畢堊飾俱備邑庠士友舉
酒慶成大發時以簿職領學事諗于衆曰昔文正公
為士時已有澤民之志每謂士當先天下之憂而憂
後天下之樂而樂初仕西溪鎮官即請于朝築捍海
堰為承楚泰三州民田無窮之利作小官時忘慮力
量已如此異時勳名滿宇宙皆自此發之觀大節必
於細事觀立朝必於平日前輩謂士自一命以上苟

存心於澤物皆可有濟吾儕學古入官當志文正公之志彼囊帛匱金笑与秩終身罷而載高位家肥而食厚祿止自爲溫飽計念不及吾民者盍少愧哉維陸君暫爲攝承又當邊事孔棘之時象弭魚服靡不日戒而能景慕先賢載立祠宇爲前治邑者之所不暇爲是可尚矣今特取文正公滄浪三詠濯纓亭兩詩刊諸石兼以漫翁杞公詩列眞堂之東西以補闕典用成陸君之美使後之登斯堂者景先哲之高風以勵壯志激滄浪之清波以滌塵襟鼓金玉之遺音以發幽趣廉貪立懦則五詩昭獨庶亦少補於世教云昔景定庚申長至日九華葉　大發記

褒賢之碑

宋仁宗皇帝篆額　觀文殿學士光祿大夫行禮部
尚書知河南府兼西京留守事兼內勸農使上柱國
臣王舉正題　宋推誠保德功臣資政殿學士金紫
光祿大夫尚書戶部侍郎護軍汝南郡開國公食邑
二千三伯戶食實封六伯戶贈兵部尚書謚文正公
范公神道碑銘并序
皇祐四年五月甲子資政殿學士尚書戶部侍郎汝
南文正公薨于徐州以其年十有二月葬于河南尹
樊里之萬安山下公諱仲淹字希文五代之際世家
蘇州事吳越太宗皇帝時吳越獻其地公之皇考從
錢俶朝

京師後爲武寧軍掌書記以卒公生二歲而孤母夫人貧無依再適長山朱氏既長知其世家感泣去之南都入學舍掃一室晝夜講誦其起居飲食人所不堪而公自刻益苦居五年大通六經之旨爲文章論說必本於仁義祥符八年舉進士禮部選第一遂乙科爲廣德軍司理參軍始歸迎其母以養及公既貴天子贈公曾祖蘇州糧料判官諱夢齡爲太保祖祕書監諱贊時爲太傅考諱墉爲太師妣謝氏爲吳國夫人公少有大節其於富貴貧賤毀譽歡戚不一動其心而慨然有志於天下常自誦曰士當先天下之憂而憂後天下之樂而樂也其事上遇人一以自信不擇利害爲趋舍其有所爲必盡其方曰爲之自

我者當如是其成與否有不在我者雖聖賢不能必
吾豈苟哉天聖中晏丞相薦公文學以大理寺丞爲
祕閣校理以言忤章獻太后旨通判河中府陳州久
之上記其忠召拜右司諫當太后臨朝聽政時以至
日大會前殿上將率百官爲壽有司已具公上疏言
天子無北面且開後世弱人主以彊母號之漸其事
遂已又上疏請還政天子不報及太后崩言事者希
旨多非太后時事欲寖治之公獨以謂太后受托先
帝保佑聖躬始終十年未見過失宜掩其小故以全
其大德初太后有遺命立楊太妃代爲太后公諫曰
太后母號也自古無代立者繇是罷其冊命是歲大
旱蝗奉使安撫東南使還會郭皇后廢率諫官御史

伏閤爭不能得貶知睦州又徙蘇州歲餘即拜禮部員外郎天章閣待制召還益論時政闕失而大臣權倖多忌惡之居數月以公知開封府開封素號難治公治有聲事日益簡暇則益取古今治亂安危爲上開説又爲百官圖以獻曰任人各以其材而百職脩堯舜之治不過此也因指其遷進遲速次序曰如此而可以爲公可以爲私亦不可以不察由是呂丞相怒至交論上前公求對辨語切坐落職知饒州徙潤州又徙越州而趙元昊反河西乃以公爲陝西經略安撫副使遷龍圖閣直學士是時新拜大[illegible]衍延州危公請自守鄜延捍賊乃知延州元昊遣人[illegible]遺書以求和公以謂無事請和難信且書有僭[illegible][illegible]可以聞乃

自爲書告以逆順成敗之説甚辯并擅復書棄一官知耀州未逾月徙知慶州既而四路置帥以公爲環慶路經略安撫招討使兵馬都部署累遷諫議大夫樞密直學士公爲將務持重不急近功小利於延州築青澗城墾營田復承平永平廢寨屬羌歸業者數万戶於慶州城大順以據要害奪賊地而耕之又城細腰胡盧於是明珠滅臧等大族皆去賊爲中國用自邊利久墮至兵與將常不相識公始分延州兵爲六將訓練齊整諸路皆用以爲法公之所在賊不敢犯人或疑公見敵應變爲如何至其城大順也一旦引兵出諸將不知所向軍至柔遠始號令告其地處使往築城至於版築之用大小畢具而軍中初不知

賊以騎三万来争公戒諸将戰而賊走追勿過河已
而賊果走追者不渡而河外果有伏賊既失計乃引
去於是諸将皆服公爲不可及公待将吏必使畏之
而愛已所得賜賚皆以上意分賜諸将使自爲謝諸
蕃質子縱其出入無一人逃者蕃酋来見召之卧内
屏人徹衛與語不疑公居三歲士勇邊實恩信大洽
乃决策謀取横山復靈武而元昊數遣使稱臣請和
上亦召公歸矣初西人籍爲鄉兵者十數万既而黥
以爲軍惟公所部但刺其手公去兵罷獨得復爲民
其於两路既得熟羌爲用使以守邊因徙屯兵就食
内地而紓西人饋輓之勞其所設施去而人德之與
守其法不敢變者至今尤在慶曆三年春召爲樞密

副使五讓不許乃就道既至數月以爲叅知政事
進見必以太平責之公歎曰上之用我者至矣然事
有先後而革弊於久安非朝夕可也既而上再賜手
詔趣使條天下事又開天章閣召見賜坐授以紙筆
使疏於前公惶恐避席始得而條列時所宜先者十
數事上之其詔天下興學取士先德行不專文辭革
磨勘例遷以別能否減任子之數而除濫官用農桑
考課守宰等事方施行而磨勘任子之法僥倖之人
皆不便因相與騰口而嫉公者亦幸外有言喜爲之
佐佑會邊奏有警公卽請行乃以公爲河東陝西宣
撫使至則上書願復守邊卽拜資政殿學士知邠州
兼陝西四路安撫使其知政事纔一歲而罷有司悉

辛寵公前所施行而復其故言者遂以危事中之頵
上察其忠不聽是時夏人已稱臣公因以疾請鄧州
守鄧三歲求知杭州又徙青州公益病又求知潁州
肩舁至徐遂不起享年六十有四方公之病上賜藥
存問既薨輟朝一日以其遺表無所請使就問其家
所欲爲贈以兵部尚書所以哀卹之甚厚公爲人外
和內剛樂善泛愛喪其母時尚貧終身非賓客食不
重肉臨財好施意豁如也及退而視其私妻子僅給
衣食其爲政所至民多立祠畫像其行己臨事自搢
紳處士里閭田野之人外至夷狄莫不知其名字而
樂道其事者甚衆及其世次官爵誌于墓譜于家藏
于有司者皆不論著著其繫天下國家之大者亦公

之志也歎慾[illegible]

范於吴越豈[illegible]

中間幾[illegible]

豈公必能[illegible]

邊吏急安帝[illegible]見振

公居三年[illegible]公人疑

其事方議帝趣[illegible]莫皆歎哉

初誰其難其在[illegible]匪惡其成

惟公是[illegible]不傾不危天子之明存[illegible]有贈諡

蔵其子孫寵及後世惟百有位可[illegible]翰林

學士尚書吏部郎中知制誥[illegible]歐陽脩文

翰林學士兼侍講尚書吏部郎中[illegible]史館修

撰王洙書

墓誌銘　　　　富弼撰

皇祐四年夏五月二十日甲子資政殿學士戶部侍郎范仲淹以疾薨于徐亟走驛馬以公薨聞天子感慨不一御垂拱殿朝特贈兵部尚書太常考行謚文正録孤賻物無慮用加等中外士大夫騎□相弔以泣至於岩壑處逸無不痛惜之其孤護帷□還洛卜以是年十二月一日壬申葬于河南縣萬安山尹樊里先隴之側孤騎馳使來求銘將納于壙曰公之先始居河内後徙長安唐垂拱中履冰相則天以文章稱實公之遠祖也四代祖隋唐末為幽州良鄉縣主簿遭亂奔二浙家於蘇之吳縣自爾遂為吳人時中原多

故王澤不能逮遠於是世食錢氏之祿爲蘇州糧料判
官夢齡以才德雄江右即公之曽王父也判官生贊
時幼聰警嘗舉神童任祕書監集春秋論歷朝史爲
資談録六十卷行於時祕監生墉博學善屬文累佐
諸王幙府端拱初隨錢俶納國終武寧軍節度掌書
記公即掌記之第三子也朝廷以公貴贈太保太傅
太師追贈三代又擇徐許越吳四國追封王妣陳
氏妣陳氏謝氏爲太夫人公諱仲淹字希文不幸二
歲而孤吳國太夫人以北歸之初亡親戚故舊貧而
無依再適長山朱氏公既長未欲與朱氏子異姓懼
傷吳國之心姑姓朱後從事於亳吳國命始奏而復
焉公少舉進士祥符八年中第調廣德軍司理掾權

集慶軍節度推官制置使舉監泰州西溪鹽廩以勞
進大理丞又舉知興化縣建州關隸以吳國老疾辭
監楚州糧料院丁憂去官服除晏丞相殊以文學薦公
于朝試可署祕閣校理時章獻皇太后臨政已歲
冬至上欲率百僚爲壽詔下草儀注搢紳失色相視
雖切切口語而畏憚無一敢論者上又言欲躬孝德
以勸天下而未遑餘恤公獨抗疏曰人主北面是首
顧居下列爲后族強偪之階不可以爲法或宮中用
是爲家人禮權而卒於正斯亦庶乎其可也疏奏遂
罷上壽儀然台頗不懌尋出爲河中府通判轉殿中
丞謀葬吳國再請通州陳州遷太常博士聞京師多
不關有司而署官賞者試焉出於中言[illegible]附驛奏疏

甚懇至顯以上官賀婁事爲戒明年章獻后棄長樂
擢爲右司諫屬朝廷用章后遺令策太妃楊氏爲皇
太后與政制出都下詾詾公上疏極諫古者立太后
所以尊親也不容冀幸於其間武武相躡一二而數
況復稱制以取惑天下耶臣恐後世有以窺之者上
悟第於后泣號而止公彈補闕失無所阿忌貴倖仄
目不欲久留諫職因江淮飢以才命公體量安撫雖
別領走外亦懇懇不忘憂國途中上時弊十事皆政
教之大者累月還朝適議廢郭后上書曰后者君稱
以天子之配至尊故稱后后所以長養陰教而母万
國也故繫如此之重未宜以過失輕廢立且人孰無
過陛下當面諭后失放之別館揀妃嬪之老而仁者

朝夕勸導俟其悔而復其宮則上有常尊而下無輕議矣書奏不納明日又率其屬及群御史伏閤門論列如前日語上遣中貴人揮之令詣中書省宰相窘取漢唐廢后事爲解（時呂夷簡爲相）公曰陛下天資如堯舜公宜因而輔成之柰何欲以前世弊法累盛德耶中丞孔道輔名胥鱣亦扶公議論甚切直又明日晨率道輔將留百辟班揖宰相廷辯抵漏舍會降知睦州臺吏促上道在郡歲餘知蘇州朝廷知清議屬公就拜禮部員外郎天章閣待制召還有入內都知閻文應者專恣不恪事多矯旨以付外執政知而不敢遣公聞知而不食將入辨謂若不勝必不與之俱生即以家事屬長子明日盡條其罪惡聞於上上始知遽

竄文恭懸籲齊奔死于道公自還闕論事益急宰相
陰使人以諷公待制侍從非口舌任也公曰論思着
正侍臣之事予敢不勉宰相知不可誘乃命知開封
府欲撓以劇煩而不暇他議亦幸其有失即罷去公
處之未一月威斷如神吏縮手不敢倚其奸京邑肅然
稱治于時官方無紀每對未嘗不為上力陳治亂之
道皆由用人得失此實宰相之職也天子日擁万幾
非所宜專然不可以不察因取職局官品以類選次
至於超遷序進附見其下為圖以獻疏上上覽宰相
益不悅讒其黨短公於上前公亦連誣宰相坐是去
閣職謫饒州是日上封贈書論公以忠義獲譴趣道
所不可者皆當世英豪宰相指為朋黨相繼謫去治

饒未久徙潤又徙越寶元初羌人壓境叛間歲悉衆寇延州大將戰沒關中警嚴於是還公舊職移知永興軍道改陝西都轉運使議者謂將漕之任不預戎事遂改充經略安撫副使仍遷龍圖閣直學士吏部員外郎以寵之至部首按鄜延時延安始困兵火障戍掃地蕩然外即寇壤巋然孤壘人心危恐廢食待寢凡朝廷遣守皆以事避免既遷延不時往公遂留不行騎奏願兼領延州事以待寇之復來上嘉而從之屬云戰日久兵無紀律猝有外警蕩然不支公於是大閱州兵得万八千析爲六將分命裨佐訓飭不數月擧爲精銳士氣大振莫不思戰而寇知我有備即引去朝廷從其畫諸路皆以爲法成青澗城復散云

屬羌方餘帳開營田數千頃以收軍實人視邊塞其完固屹如山立不可動謂宜討賊不可坐守老吾師朝廷下其議將從之公執猶以爲未無幾涇原師出敗于好水川天子由是益信公智謀過人遠甚前此賊以書署僭號遺公請和公不忍俾朝廷報賊乃自占答黜其僭署爲陳逆順禍福立遣使者還未出境聞好水川敗始悟賊書譎而非誠益自信立報爲是執政以公擅報罪當誅上知公其責止命削一官降知耀州踰月拜戶部郎中起知慶州尋遷左司郎中本路經略安撫招討使兼兵馬都部署有馬嵒者素爲賊衝然地與境相衝久不能城公至自領牙兵出不意駐柔遠嵒別遣蕃將取其地得之先命長子入據

以率衆公亦親往勞士有頃賊三万騎叩城下公麾
兵血戰則遽北戒諸將勿追已而果有伏兵夜遁城
既立詔名大順徐又城細腰復胡盧等寨招明珠滅
臧二强族各万餘人及並環千餘帳內附自此環慶
屬羌悉爲吾用先是卒驕難使主將咸務姑息公築
延慶諸城堡募民不足乃雜使禁旅蓋素服公威惠
勞苦雖甚死不怨久之涇原師再喪定川關輔震
而虜變生公知親率垓下兵連夜赴援且將邀賊歸
路擊之會巳出塞遂班師因移其兵耀于關輔人心
由是人定初定川事聞上顧駭謂侍臣曰得范仲淹
出援吾無憂矣數日公奏至上大喜懷其章示執政
曰吾知范仲淹可用加樞密直學士右諫議大夫時

朝廷以戍卒屢衄議點鄉人懼甚竄匿不願點公改命但刺其手非校戰請農于家後罷兵獨環慶路鄉軍得復爲民民德公至于今不忘朝廷尋盡以西路委公置府於涇州授陝西四路經略安撫招討使方謀取横山故地漸復靈夏然後可以誅賊賊知之無日懼不克當因遣使講和明年春召公爲樞密副使凡五讓不從乃拜之輿論謂公有經綸之才不宜局於兵府是秋改參知政事上倚公右於諸臣公亦務盡所藴以圖報然天下久安則政必有弊者三王所不能免公將劃以歲月而人不知爲悠久之道也上方銳於求治間數命公條當世急務求公始末奉詔每辭以事大不可忽致於是露薰降手詔再遣内臣

就政事堂督取開龍圖閣給紙扎令立疏者各一日
面詰者不可數退曰吾君求治如此之切其暇歲月
待耶即以十策上之蓋取士課吏減任子更衛兵擇
守宰謹勑令厚農桑之類者又先時別上法度之說
甚多皆所以抑邪佞振紀綱扶道經世一一可行上
覽奏褒納益信公忠耿不爲身謀鄙也遽下二府促
行論者漸齟齬不合作謗害事公知之如不聞持之
益堅明年秋邊奏疑若有警者公慮帥臣恃和而懈
因懇請按邊即命河東陝西宣撫使麟州向者亦被
寇掠邈然在賊腹中本道帥病無供給奏欲棄之曰
麟棄疆場日蹙不可請復廢障使民耕于鄙於是得
不棄又代郡西四州軍附邊有廢地尤廣著令禁不

得耕郡縣以敵嫌不敢正視前歐陽修來使盡籍其利害請弛禁許人耕以輸可代轉輓之勞以帥議不協罷公至於其利大且亡所嫌者屢奏如脩議便後止耕岢嵐一境而塞粟已充矣公既度陝以西羌好難保而邊計尚缺疏手奏願解政事復領四路以撫護諸將即除授資政殿學士知邠州兼陝西四路安撫使以疾請鄧州遷給事中三年又請淛郡因得厝先人之墓移杭州加禮部侍郎祀明堂復遷戶部又移青州兼東路安撫使幾歲病疾又請潁肩輿至彭門遂不起年六十四公爲學好明經術每道聖賢事業輒跂聳勉慕皆欲行之於己自始仕慨然有康濟之志凡所設施必本於仁義而將之以剛決未嘗爲

人屈撓廢補外職以肅明馭吏使不得欺於是民皆受其賜立朝益務逕雅事有不安者極意論辯不畏權倖不懕憂患故屢亦見用然每用必黜之黜則折然而去人未始見其有悔色或唁之公曰我道則然苟尚未遂棄假百用百黜亦不悔噫如公乃韓愈所謂信道篤而自[illegible]者也在陝西尤爲宣力以儒者奉武事又邊備久廢忽而王師新敗剥喪破漏而莽乎無所取濟公周施安集坐可守禦畜銳觀釁適圖進討會羌人復修貢朝廷始議息兵乃從其請於是不能成殄滅之功然其閱武練將可以震敵城要屬雜羌可以扼寇此後世能者未易其過也至於懇田阜財立法著信愛民全國體赫赫在人耳目皆可爲破

賊之地者又可道哉其歷二府纔歲餘而罷若夫天下至重久安之弊至深而欲以一二歲臨之而望治雖愚者知其不可得況所奏議阻而不行者十八九行者又即改廢不用茲所以重主憂而生民未得安也宣撫之初讒者乘閒鋒起蓋以奇中造端飛語無所不及甚者必欲擠之以死而後已賴上寬度明照知公無他始終保全獲殁牖下嗚呼道之難行也而至是乎憸人苟欲伸己志而不志乎邦家此先民所以甘藜藿而蹈江海也公天性喜施與人有急必濟之不計家用有無既顯門中如賤貧時家人不識富貴之樂每撫邊賜金銀甚而悉以遺將佐在杭盡以餘俸買田於蘇州號義莊以聚疏屬而斂無新衣友

人釀資以奉葬諸孤無所處官爲假屋韓城以居之
遺表不干私澤此益見其始卒志於道不爲禄仕出
也作文章猶以傳道名世不爲空文有文集二十卷
奏議十七卷兩𠀤論事三卷娶李氏故參知政事昌
齡之姪封金華縣君卒於鄱陽今舉而附焉四子純
佑守將作監主簿少有氣節以疾廢于家純仁進士
第光禄寺丞純禮太常寺太祝皆温厚而文識者曰
范氏有子矣三女長適殿中丞蔡交次適封丘主簿
賈蕃諸孫三長正臣守將作監主簿一男純粹一女
二孫幼銘曰
公之世系源于陶唐晉會食范厥姓始彰雖瘞蠡增
滂霈雲質兹丗聞人間代而出或霸或季所有何述

粤自得姓千五百年獨公挺生為天下賢涉聖之餘
觸厲洄沿道尊德雄事公日繁人獲一善已謂其難
公實百之如撫有然遭時得君位亦顯焉雅此謚意
志莫究宣元元幸難噫嘻乎天

文正公傳　張唐英

范　其字希文蘇州人武寧軍掌書記贈太師墉之
子幼孤母適朱氏祥符八年登進士第曰朱說者是
也累遷大理寺丞上相府書極陳天下之利害當時
皆以王佐許之宰相晏殊薦其文召試秘閣校理上
欲以冬至率百僚上太后壽抗疏言不可遂罷出通
判河中府遷陳州屢上疏言内降之弊引韋后為戒
章獻厭世擢為右司諫言楊妃不當稱太后郭后不

當廢降知睦州還蘇州召為禮部貟外郎天章閣待制論事益切罷或忌之命知開封府欲處以煩劇而不暇他議 公剸繁通黠決事如神京師謠曰朝廷無憂有范君京師無事有希文每上殿奏事多陳治亂以開悟人主歷詆人臣不法言者以其離間君臣落職知饒州事司諫高若訥言貶黜太輕歐陽脩上書責之亦得罪余靖尹洙皆坐朋黨滋絀蔡襄作四賢一不肖詩以詳其事不肖指若訥也寶元初元昊叛上知其才兼文武復職知永興軍道授陝西都轉運遷龍圖閣直學士時延安新被圍朝廷擇帥皆畏不行其奏請兼領延安軍以待寇至上嘉而從之閱兵得萬八千選六將俾領之日夕訓練號為精兵

[illegible]賊聞之相戒曰無以延州爲意今小范老子腹中
自有數萬兵甲不比大范老子可欺戎人呼知州爲
老子大范謂范雍也城青澗開營田招屬羌及請戒
諸路養兵畜鋭不宜輕動賊詐以書請和某以元
昊國之叛賊不可俾朝廷報賊乃自作書與陳逆順
賊尋陷好水某益信報賊書爲是而執政以其擅
報當誅上以爲閫外之事專之不足罪止移知耀州
尋起知慶州兼經略招討未幾賊兵三萬叩城某
鏖兵血戰賊兵奔北遂戒諸將无追奔既而果有伏
兵又奪賊馬嵓爲大順城及築細腰復葫蘆等嵓招
明珠滅臧二强族萬餘人及命環州种世衡招千餘
帳自是屬羌皆爲用久之王師再喪於定川某畫

夜領兵赴援初關輔人心動搖及見某耀兵號令
嚴明威震戎落人心遂安苐相賀曰邊上自有龍圖
公為長城吾屬何憂初上聞定川之敗顧以關中為
憂曰若得某出援可無慮及聞某出師甚喜時
議黥鄉軍某惟令刺其手及兵罷環慶路皆復得
為農上尋以四路都招討委之開府於涇某與韓琦
叶謀必欲收復靈夏橫山之地元昊大懼稱臣明年
春召為樞密副使以鄭戩代之秋拜參知政事乃上
取士課吏減子更衛兵擇守宰謹赦令原農桑之策
塞僥倖之塗開公正之路天下側耳以聽太平凡所
措置十未行一而權勢者大惡之明年契丹與元昊
爭銀甕旋而麟府奏警某自請出為河東陝西宣

撫二虜聞之皆不敢動懇以邊事為請以資政殿學士復總四路之師開府邠州以疾請鄧州移杭州青州遷户部侍郎又請汝陰至徐州而薨年六十四奏至上嗟悼泣下曰朕方將大用不謂其早死贈兵部尚書謚文正子純佑有才識以疾癈于家次純仁登進士第有父風今為都官員外郎

褒賢集卷之一

褒賢祠記卷之二

文正公祠堂記

孟子之言氣曰至大至剛以直養而無害則塞乎天地之間夫直之為言大公至一[illegible]以大公至正之道固守而力行之不為富[illegible]威之所搖奪雖乘田委吏之卑亦必盡[illegible]而至於立國家定社稷安邊境服羌戎[illegible]月争光而精神折衝萬里之外謂[illegible]間可也後世見古人功名之盛以為[illegible]蚤正素定於胷中者未嘗無所從[illegible]竹帛者非一日之積也文正范[illegible]天下之志不以死生禍福動其[illegible]為於時其

立朝如史魚汲直其憂國[illegible]勞如馬
伏波羋犿子雖庸人猶子集[illegible]之初有
卓然大過人者區史失其偉[illegible]之公以
進士釋褐為廣德軍司理[illegible]太守爭
是非守數以臧怒臨公公[illegible]竟其往復
辯論之語于屏上比去至字[illegible]一上一馬驚馬
徒步而歸非明於所養者能如是乎[illegible]官有亭以公
名之者舊矣公卒二十年而高郵孫[illegible]覺莘老為廣德
軍始以詩志公之事而刻之亭中又六十九年丹陽
洪興祖慶善來守讀莘老之詩而慕之初廣德人未
知學公得名士三人為之師於是郡人之擢進士第
者相繼于時慶善乃求公遺像繪而置之學官使學

者世祀之而屬予記其事嗚呼公之盛德豈待文而後傳而藻亦豈記公者哉昔賢秀實盡忠於唐世徒以為一時奮不切名之人而不知居官必有可書之事柳宗元為撫其實上之史官今所以知賢太尉逸事者宗元發之也秀實固不是以擬公而余幸從慶善得公之詳與夫徵夏無且畫工為之無所愧安知後世不采此以補史官之闕乎然慶善為政而首及公可謂知所本矣柔亦不茹剛亦不吐[illegible]文正公有焉好賢如緇衣慶善有焉其可以不書[illegible]九年六月新安汪藻記

重建文正范[illegible]

文正范公勳業在國史者[illegible]已具見於內

相浮谿汪公之記茲以[illegible]從弟鏞以嘉
定二年為郡博士撤而新之[illegible]語之曰文正
公盛德絕識才兼文武[illegible]豈然大要在立
志不苟而已矣方在貧[illegible]至某之味既已
富貴而子弟約布帳之清[illegible]一倉官而築海
堤數百里在桐川為一試[illegible]而一[illegible]已卓然如此一
馬微矣居則鬻以養士去又鬻之[illegible]步而歸其氣
米帖云類魯公唐朝第一等人而饘粥不繼者所謂
君子固窮者歟又有家書云老夫平生屢經風波惟
能忍窮故能免禍公之所存類如此此其所以大過
人者故曰志士不忘在溝壑勇士不忘喪其元公之
自處直欲追古人而反之故其見於行事亦非今人

所能及也學既奉公之祠則為士者無徒慕公之名位當求其所以致此者鑰既為推公之所以致此者而為之記又因以勉吾弟與同黨之士鑰雖老尚當相與思古人與稽之山義云三年仲夏望日四明樓鑰記并書鏞篆額

義田記　　錢公輔

范文正公蘇人也平生好施與擇其親而貧疏而賢者咸施之方貴顯時於其里中買負郭常稔之田千畝號曰義田以養濟群族族之人日有食歲有衣嫁娶凶葬皆有贍擇族之長而賢者一人主其計而時其出納焉日食人米一升歲衣人衣一縑嫁女者錢五十千娶婦者二十千再嫁者三十千再娶者十五千葬

者如再嫁者之數施幼者十千族之聚者九十口歲入粳稻八百斛以其所入給其所聚霈然有餘而無窮仕而家居俟代者預焉仕而之官者罷其給此其大較也初公之未貴顯也嘗有志於是矣而力未之逮者二十年既而爲西帥以至於參大政於是始有禄賜之入而終其志公既没後世子孫至今修其業承其志如公存也公雖位充禄厚而貧終其身没之日身無以爲斂子無以爲喪惟以施貧活族之仁遺其子而已昔晏平仲敝車羸馬以朝陳桓子觴之曰君位之上卿禄之一日萬而敝車羸馬是隱君之賜也晏子曰自臣之貴父之族無不乘車者母之族無不足於衣食者妻之族無凍餒者齊國之士待臣而舉

火者三百餘家如此爲隱君之賜乎彰君之賜乎於是齊侯以晏子之觴而觴桓子予嘗愛晏子好仁齊侯知賢而桓子服義也又愛晏子之仁有等級而言有次序也先父族次母族次妻族而後及疏遠之賢孟子曰親親而仁民仁民而愛物晏子爲近之今觀文正公之義其與晏子比肩矣然晏子之仁止於生前而文正公之義垂於身後其規模遠舉又疑其過之嗚呼世之都三公位享萬鍾祿其邸第之雄輿馬之盛聲色之侈妻孥之富止乎一己而族之人弗得其門而入者豈少哉況於施賢乎其下爲卿爲大夫爲士而廩稍之充奉養之厚止乎一己而族之人操壺瓢爲溝中瘠者又豈少哉況於賙人乎是皆文正

公之罪人也公之忠義滿朝廷事業滿邊陲功名滿天下後必有良史書之者子可無書也獨書其義田以警世云公諱其字希文

昔患述事

忠宣公親聞緒論嘗云先文正置義田非謂以斗米疋縑使能飽煖族人蓋有深意存焉時年尚少未甚領略緜歷三紀嘗宣和末避亂南渡紹興乙卯自嶺海被召至行闕丙辰春出使至淮上始過平江時義宅已焚毀族星居村落間一日會集于墳山散亡之餘尚二千指長幼聚拜慈顏恭睦皆若同居近屬以家譜考之自麗水府

君下逮良字諸孫蓋十餘矣然後見文正之用心悟忠宣之知言也紹興己巳十月辛未曾孫直方記

建立義莊規矩　范忠宣公奏

知開封府襄邑縣范純仁切念臣父仲淹先任資政殿學士日於蘇州吳長兩縣置田十餘頃其所得租米自遠祖而下諸房宗族計其口數供給衣食及婚嫁喪葬之用謂之義莊見於諸房選擇子弟一名管勾亦遂旋立定規矩令諸房遵守今諸房子弟有不遵規矩之人州縣既無

敕條本家難為伸理五七年間漸至廢壞遂使飢寒

無依伏望
朝廷特降指揮下蘇州應係諸房子弟有違犯規矩
之人許令官司受理伏候
勅旨右奉
聖旨宜令蘇州依所奏施行
劄付蘇州准此
治平元年四月十一日　押
文正位
勘會
先文正公於平江府興置義莊贍給宗族德澤至厚
其始定規矩雖有版牓不足久傳及有治平元年所
降朝旨亦未揭示族人兼有後來接續措置可為永

式者未曾刊定深慮歲久漸至隳廢今蓋以編類刻石置于天平山白雲寺先公祠堂之側子子孫孫遵承勿替今具如後

文正公初定規矩

一逐房計口給米每口一升並支白米如支糙米即臨時加折（支糙米每斗折白八升逐月實支每口白米三斗）

一男女五歲以上入數

一女使有兒女在家及十五年年五十歲以上聽給米

一冬衣每口一疋十歲以下五歲以上各半疋

一每房許給奴婢米一口即不支衣

一有吉凶增減口數畫時上簿

一逐房各置請米曆子一道每月亦於掌管人處
批請不得預先隔跨月分支請掌管人亦置
簿拘轄簿頭録諸房口數爲額掌管人自行
破用或探支與人許諸房覺察勒陪填

一嫁女支錢三十貫（七十七陌下並准此）再嫁二十貫

一娶婦支錢二十貫再娶不支

一子弟出官人每還家待闕守選丁憂或任川廣
福建官留家鄉里者並依諸房例給米絹并
吉凶錢數雖近官實有故留家者亦依此例
支給

一逐房喪葬尊長有喪先支一十貫至葬事又支
一十五貫次長五貫葬事支十貫卑幼十九

歲以下喪葬通支七貫十五歲以下支三貫
十歲以下支二貫七歲以下及婢僕皆不支

一鄉里外姻親戚如貧窘中非次急難或遇年飢
不能度日諸房同共相度詣實即於義田米
內量行濟助

一所管逐年米斛自皇祐二年十月支給逐月餱
粮并冬衣絹約自皇祐三年以後每一年豐
熟椿留二年之粮若遇凶荒除給餱粮外一
切不支或二年粮外有餘却先支喪葬次及
嫁娶如更有餘方支冬衣或所餘不多即凶
吉等事衆議分數均匀支給或又不給即先
凶後吉或凶事同時即先尊口後卑口如尊

畢又同即以所亡所葬先後支給如支上件
錢粮吉凶事外更有餘羨數目不得輒貸樁
充三年以上糧儲或慮陳損即至秋成日方
得糶貸田換新米樁管

右仰諸房院依此同共遵守

皇祐二年十月　日

資政殿學士尚書禮部侍郎知杭州事范　押

續定規矩

一諸位子弟得大比試者每人支錢一十貫文七十七陌下皆准此再貢者減半並須實赴大比試乃給
即已給而無故不試者追納

一諸位子弟縱人採取近墳竹木掌管人申官理

斷

一諸位子弟内選曾得解或預貢有士行者二人充諸位教授月給糙米五石若遇米價每石及一貫以上即每石即支錢一貫文雖不曾得解預貢而文行爲衆所知者亦聽選仍諸位共議本位無子弟入學者不得與議若生徒不及六人止給三石及八人給四石及十人全給諸房量力出錢以助束脩者聽

右三項以熙寧六年六月　日

三相公指揮修定

一掌管人侵欺及諸位輙假貸義莊錢斛之類並申官理斷償納不得以月給米折除

一族人不得租佃義田詐立名字同

一掌管子弟若年終當年諸位月給米不闕支糙
米二十石雖闕而能支及半年以上無侵隱
者給一半已上並令諸位保明後支若不可
保明各具不可保明實狀申　文正位
一義莊勾當人催租米不足隨所欠分數剋除請
受謂如欠米及一分即只支九分請受之類至納米足日全給已剋數更
不支有情弊者申官決斷
右四項以元豐六年七月十九日
二相公指揮修定
一身不在平江府者其米絹錢並勿給
一兄弟同居雖衆其奴婢月米通不得累過五人
謂如七人或八人同居止共支奴婢米五人之類

一未娶不給奴婢米雖未娶而有女使生子在家[illegible]十五年年五十歲以上者[illegible]聽給米

一義莊不得典買族人田土

右二項以紹聖二年二月初八日

二相公指揮修定

一義莊費用雖闕不得取有利債負

一義莊事惟聽掌管人依規處置其族人雖是尊長不得侵擾干預違者許掌管人申官理斷

即掌管人有欺弊者聽諸位具實狀同申

文正位

右三項以紹聖二年四月二十九日

二相公指揮修定

一義倉内族人不得占居會聚非出納勿開

一因出外住支月米者其歸在初五日以前取諸
位保明詣實聽給當月米

一義宅有疎漏惟聽居者自修完即拆移舍屋者
禁之違者掌管人申官理斷若義宅地内自
添修者聽之本位實貧乏無力修完屋舍踈漏實不可居者聽諸位同相視保明詣實申文正位量支錢完補即不得乞添展舍屋

一諸位請米曆子各令諸位簽字圓備方許給給
訖請人親書交領即去失曆子者住給勒令
根尋候及一年許諸位及掌管人保明申
文正位候[illegible]報別給曆頭起支

一積留月米卅者勿給

一諸位不得於規矩外妄乞特支雖得　文正位
指揮與支亦仰諸位及掌管人執守勿給
一義莊人力船車器用之類諸位不得借用
一諸位子弟官已陞朝願不請米絹錢助嫁娶者
聽
一諸位生男女限兩月其母或所生母姓氏及男
女行第小名報義莊義莊限當日再取諸位
保明說註籍即過限不報後雖年長不理爲
口數給米
一遇有規矩所載不盡事理掌管人與諸位共議
定保明同申　文正位（本位有妨嫌者不同申）雖已申
而未得　文正位報不得止憑諸位文字施

行

右十項以元符元年六月　日

二相公三右丞五侍郎指揮參定

一諸位關報義莊事雖尊長並於文書內著名仍

不得竹紙及色牋遣者義莊勿受

右一項以元符二年正月十七日

三右丞指揮修定

一義莊遇有人贖田其價錢不得支費限當月內

以元錢與買田土輒將他用勒掌管人償納

右一項以崇寧五年十月十二日

五侍郎指揮修定

一諸位輒取外姓以爲己子冒請月米者勿給

諸位覺察報義莊義莊不爲受理許諸位經

申文正位公議移文平江府斷其大觀元年七月以前已收養給米者不得追訟

右以大觀元年七月初十日

五侍郎及二相公指揮條定

一諸位子弟在外不檢生子冒請月米掌管人及

諸位覺察勿給即不伏掌管人及諸位申

文正位移文平江府理斷

右以政和三年正月二十一日

五侍郎指揮修定

一族人不得以義宅舍屋私相兌賃質當

右一項以政和五年正月二十九日

五侍郎指揮修定
右仰義莊及諸位遵守施行内文意前後相妨窒礙
者從後規若有違犯仰掌管人或諸位備錄治平元
年中書劄子所坐
聖旨申官理斷各令知委
政和七年正月十三日
朝散大夫充徽猷閣待制提舉亳州太清宫范
續定規矩　清憲公奏
朝散郎左司諫兼侍講范之柔奏臣不避
誅夷輒瀝誠悃仰干
天聽伏念臣五世祖故參知政事謚文正臣仲淹奮
身孤藐遭世休明深念保族之難欲爲傳遠之計自

慶曆皇祐以來節次於蘇州吳長兩縣置田畝五義
莊贍同姓創定規矩刻之板牓以貽後人已而臣高
叔祖故尚書右僕射謚忠宣臣純仁於治平元年知
開封府襄邑縣日慮板牓不足久傳且諸房子弟有
不遵規矩之人州縣既無
勅條本家難爲伸理必將漸致廢壞即嘗具奏乞降
聖旨下本州許令官司受理繼蒙朝廷依所奏施行
遂得憑藉保守伏自南渡之後雖田畝僅存而莊宅
焚毀寄廩壇寺遷寓民舍蠹弊百出盡失初意慶元
初臣與兄弟始協謀同力盡復故基漸還舊觀參定
約束加備於前固嘗經本州鏤給板牓揭示義宅然
非更得朝廷行下本州申明受理元降指揮恐無以

善後懷此日之無路自伸今臣幸蒙公朝軫念故家擢綴班列若不於此時控告君父則何以副先人屬望子孫之意用敢冒昧以聞伏望聖慈俯鑒微衷特頒睿旨劄下平江府令將續添規約常切照應治平元年巳降指揮受理庶幾足以勑厲來者增固舊規臣與闔族實均戴天地施生之造所有治平元年指揮并慶元二年續添條約謹繳連在前瀆犯宸嚴臣無任惶懼俯伏俟命之至謹録奏聞伏候

勑旨前連治平元年巳降規約指揮十一月五日奉

聖旨依

右併録連送范司諫

嘉定三年十一月七日

一文正公曾祖徐國公祖唐國公父周國公墳塋

並在天平山坐落間有族人輙敢於上牧羊
及偷所林木柴薪近雖行下義莊專一責令
墓客看守外今後如有違犯之人諸房覺察
申　文正位罰全房月米一年全房請照本房請米曆内口數並行住罰下皆准此義莊輙令墓客充他役著罰掌
莊子弟本名月米一季

一天平功德寺乃
文正公奏請追福　祖先之地爲子孫者所
當相與扶持不廢香火今則不然多有踈遠
不肖子弟請過義米歸已却返蠶食於寺中
至有欺詐住持逼逐僧行借借舟船役使人
僕亞托私酒偷伐林木柴薪强占常住田地

布種或作園圃不還租米以致常住空虛住
持數易日漸敗壞今後探聞有違犯之人罰
全房月俸兩月欺詐住持及占種田地者罰
全房月米一年詐過錢物經官乞行根究從
條施行田地退還常住爲業畢日申
文正位族田報起支雖已退業而故作阻障
不容常住耕種者亦行前罰
一義莊及白雲功德寺差役并應干非泛科敷並
蒙官司蠲免近來縣道胥吏多因乞覔不從
故意攙擾今後如有佀此之人許從本家經
府陳理嚴行斷理
一舊規諸房不得租種義莊田土詭名者同近來

有恃强公然於租戶名下奪種者及有埧捺
義莊田渭涇浜車漕種菱不容租戶車水上
下者爲害甚大今後採聞有違犯之人罰全
房月米半年

一義莊租戶所當優卹使之安業聞有無賴族人
將物貨高價强賣顯屬不便今後輙有違犯
罰全房月米兩月仍經官陳理

一舊規義莊事務惟聽掌莊子弟自行處置雖是
尊長不得侵擾干預緣違犯者未曾有罰是
以近來多有族人專爲貨賂不顧義莊利害
或爲攬戶兜納苗米必要多增貼耗或主張
不逞之徒充應脚力及墓客之類甚至鼓誘

外郡族人挾長前來擅開倉敖妄用米斛恣
行侵擾意在破壞今後如有違犯許掌莊指
實申 文正位自行體訪知覺罰全房月米
一年外仍經官乞行根究懲治內有乞覓過
錢物之人即合從條施行

一舊規掌莊子弟侵欺經行申官理斷勒令陪填
近自移建倉宇遂還主計此弊稍革深慮日
久玩習合行関諸房今後掌莊子弟如有違
犯許諸房覺察申 文正位委請公當子弟
對衆點算取見實侵數目以全房月米塡還
足日起支仍控告官府乞行懲治以爲掌莊
侵欺者之戒諸房子弟即不得專擅與詞紊

煩官府

一諸房闘有不肖子弟因犯私罪聽贖者罰本名月米一年再犯者除籍永不支米（姦盜賭博闘毆陪涉及欺騙善良之類若戶門不測者非）除籍之後長惡不悛爲宗族鄉黨善良之害者諸房具申　文正位當斟酌情理控告官府乞與移鄉以爲子弟玷辱門戶者之戒

一舊規諸位輒取異姓以爲己子冒請月米者勿給今乃有將己子與人破蕩他人家業却欲歸宗請米如有似此之人仰掌莊申　文正位不得支行　　丑前

一義宅地基久爲外人占據年來復蓋用米輸家

宜體　文正公之意專爲聚族之地即不許
族人占造私宅等用如有違罰全房月米一
年仍勒還元地

一舊規諸房子弟得貢大比者義莊支纍足錢十
千今物價翔貴難拘此數如有子弟得解赴
省義莊支官會一伯千其錢於諸房月米内
依時直均剋其免舉人及補入太學者支官
會五十千庶使諸房子弟知讀書之美有以
激勸

一歲寒堂除科舉年分諸位子弟輒請肄業餘時
不得於内飲宴安泊如違罰全房月米一月

義莊申嚴規式記

中奉大夫權尚書吏部侍郎兼權給事中兼侍講劉緝撰　朝議大夫權尚書禮部侍郎兼中書舍人兼太子左諭德兼同修國史實録院同修撰兼國子祭酒曾從龍書并題蓋　朝散郎左司諫兼侍講范之柔立石

物本天人本祖閭閻之人有親其祖之子孫如路人相毀訾相并兼如仇敵者不知本尔緝少讀文正范公遺事公平居語子弟曰吾吴中宗族甚衆於吾固有親疎然吾祖宗視之則均是子孫固無親疎也吾安得不恤其飢寒哉且自祖宗來積德百餘年始發於吾得至大官若書富而不恤宗族何顔以入家廟緝歛衽歎曰公之行乃世之標的公之言薄俗之鍼砭也吾鄉居家遇有不如人意事即因公

言以自愧責不敢有一毫恚心官中都獲與公之孫左司諫公之柔游見其處己靜默而明際物莊而和雖姿禀之懿亦家法所自來一日於公几間得文正公與其兄推官帖問以遣女乏資共甘苦通有無不啻己子使人歎玩不去手司諫公因言先祖所刱義田今幾二百年聚族數千指雖甚寠者賴以無離散之患義莊故址曩因兵火爲居民侵據之柔與吾兄良器極力經理爲屋以棲義廩宗餘以待族人之無家者浸還吾祖之舊惟是義莊規式歲月易隳欲請之朝屬之郷郡勒之堅珉俾世守而傳之無窮者吾猶不敢懈也幸條位諫垣當具本末奏陳乞申嚴行下庶不負文正公所以責望子孫之意暨得旨如請屬綦

以記不容以不敏辭抑聞之士尚志志有小大功業
利澤亦如之方文正未遇讀書長白山凍粟糜而食
人不堪其憂而公貫通古今經濟之略已具於此時
及率言官叩閽爭事自請鎮靈夏迄破戎人之膽功
烈焜耀則歛而惠宗族者抑餘事也忠宣公致身台
輔忠賢是倡想其捐所載麥歸亳時文正公已心知
其有子矣嗚呼有文正則有監簿忠宣右丞侍郎數
賢子啟後不熾昌競爽尚得爲有天理邪諫垣所以
立身承家固已無媿於乃祖顧益以文正忠宣之弘
猷大節自勉公之族人又當相與扶植以成諫垣之
志則范氏之門益大義廪之儲益闢義居之族益貴
達富盛相望將不止如今之所見云嘉定四年三月

一日集謹記

范氏復義宅記

吴門范氏自唐柱國麗水府君居于靈芝之坊今在雍熙寺之後五世孫文正公少長北地皇祐中守杭始至故鄉訪求宗族買田千畝作義莊以贍之宅有二松名堂以歲寒閣曰松風因廣其居以爲義宅聚族其中義莊之收亦在焉中更兵燹族黨星散故基榛蕪編民豪據爲居宇爲場圃僦直無幾甚失遺意粟無所儲寓於天平山墳寺倍有往來給散之勞尋復圯廢改寘城中反寄他舍病此久矣自公長子監簿而下又五世而至良器一日謂二弟曰先君奉議念此有年齎志而殁吾儕當有以振起之慨然自任

思圖其新於是歷告居民盡除僦直約期而遣之
服者詣于郡于監司以至上達臺省提刑臨川何公
異太守四明鄭公若容咸義此舉力爲主張由是悉
得故地周一千四百四十八丈首捐私帑繚以垣墻
創建一堂仍扁歲寒以祠文正結屋十楹以處貧族
就立新倉寢復廬齋庀役於慶元二年之季夏中秋
告成不愆於素觀者無不歎息親掌出納一年以爲
後式選族子之廉謹者二人繼之詳具要束以補舊
規揭于堂上田籍之傳遠者俱刻之石以爲永久之
計介弟之柔續世科於百二十有四載之後尤勇於
義既力贊其兄謀之屬鑰爲記始末鑰不佞先祖少
師收卹宗族有意於此而歲不與伯父揚州始爲之

雖不及文正公之盛而寒宗之貧者賴以自給亦四十餘年于茲先工部欲附益之清貧終身猶未果也見范氏家法爲之媿歎是舉也衍文正公累世之遺澤伸先奉議九原之餘恨又以綿范氏無窮之休豈不偉哉嗚呼文正公奮身孤藐未嘗賴宗人毫髮之力既達則闔族受解衣推食之恩天佑范氏三子鼎貴皆以宏才高誼上繼父風後人得維持憑藉以保其家良器一布衣而決意興起不惟義宅載新義莊亦復整飭剔蠹省費又爲數世之利用心如此後其興乎嗚呼 文正公初立規矩止具給予之目僅設預先支請之禁不數年 忠宣公已慮其廢壞故治平奏請 聖旨遣犯義莊規矩之人許令官司受理

又與右丞侍郎自熙寧以至政和隨事立規閑防益密今之規約又加密矣一門同姓爲此義事其難如此況天下之大思所以爲億万世之計者又可忽乎嗚呼衣冠之族不免飢寒者甚衆願如范氏之宗派而不可得今坐享飽煖者幾人人人如良器用心更相扶持以永其付則善矣若曰是我所當得者而不思自力反爲蠹於其間則文正諸公实臨之其亡於有司曰公元者盖今之族長云三年立秋顯謨閣直學士太中大夫提舉江州太平興国宮奉化縣開国男食邑三百戶樓鑰記并書

文正公讀書堂記 今名溪東書院

范文正公讀書堂乃湖右常平使者兼澧守料院董

侯所建也初文正公少孤且貧從其母歸朱氏朱宰澧之安鄉公侍母偕來嘗讀書于老氏之室曰興國觀者寒暑不倦孝成而仕爲時名卿邑之士咸知敬慕築堂祠之既燬于兵燹元初憲使范公處義復創于觀側因陋就簡將頽圮矣侯謂閎孝精勤立大志於窮約者莫而范公名節不屈成大勳於顯用者亦莫如范公孝者所宜宗師將徙書堂于近城庶使四邑之士仰其高風而景遺行乃卜澧之陽惟東食其彭山突兀其前諸峰環列左右旁挾兩水東西來朝氣象軒豁勝景畢露豈地靈顯晦自有時耶於是度材尤工分畫經始中建一堂旁列兩廡設四齋以育士植五間以爲門後創一樓扁曰通經蓋取文正公讀

書十年大通六經之旨之意立文正公祠於堂之東偏外又闢一門繚以周垣克壯形勢棟宇華麗輪奐鼎新实一郡偉觀也斯堂之役郡博士鄭自得掌籍吴忞直亨張翰寔董之以底成續堂成士夫有養乃括没官之田得数百畝拘而籍之貳車馬公壬仲又助金千緡增鬻田爲不朽計俟命及龍記之友龍嘗讀国史見文正之勲名事業鏗鍧宇宙蓋不特着見於參預大政之時而实根本於窮居江湖之日其言先天下之憂而憂後天下之樂而樂此志已定於素故能入賛万機出破西賊而致我仁祖四十二年之盛治者公之力也噫以文正公之立身行已視聖賢爲無憾而建功立業又書之青史而不愧蓋其窮之

義即達之施幼之孝即壯之行猶火然泉達有不容禦澧之士其可不知取則哉雖然鳶飛戾天魚躍于淵氣使然也士氣消長亦在居民上者有以感發之耳今文正公之遺躅懿範既爲澧人所欽慕然非侯振揚而尊顯之其何以聳人心而激士氣俾强於爲善以振文正之絶響乎哉侯之心亦勤矣士登斯堂苟篤志好孝切磋講貫紹文正之事業以副侯之所期則可以無負不然安坐而食既飽而嬉不能克志厲行追蹤前哲得無媿乎堂建於宝慶丙戌之秋成於是歲之冬費於公帑撙節之余而無毫髮科歛之擾是皆可書故併記之以詒來者侯名與幾字叔存沓易人明年丁亥上元日承直郎澧州軍推官任次

龍記朝奉郎通判澧州軍州事賜緋魚袋羅源書朝
請郎大宗正丞兼金部郎官聶洙隸額

吴郡建祠奉安郡守潜公講義

咸淳十年平江府太守潜説友以公鄉郡建專祠為
邦人式得地于公義莊義宅之傍祠宇敞十楹以奉
公祀奏請于朝撥田以供春秋二丁祭祀朝廷從其
請奉安日潜公講魯穆叔答范宣子不朽之説太上
有立德其次有立功其次有立言此謂之不朽
春秋魯穆叔荅范宣子不朽之説也亦嘗因不朽之
義而遡古人之所自立者乎易曰立天之道曰陰曰
陽立地之道曰柔與剛立人之道曰仁與義人之所
以與天地並而為三者以其能立於仁義故也天之

立不根乎陰陽則戕覆若爲而不息地之立不因乎剛柔則戕載若爲而無纖人之立不本乎仁義則戕德至善若爲而民不能忘何則德以仁義而立則德爲純德功以仁義而立則功爲宗功言以仁義而立則言爲格言圖未有無所立而能不朽者亦未有外仁義而能卓然有立者是故本諸身證諸庶民建諸天地而不悖者仁義而已矣富貴則達不與焉夫子曰君子疾沒世而名不稱豈教人以好名哉謂其不知所以立而無善之可稱耳君子而能立萬世不可忘之德業則天下自有萬世不能忘之人心夫舜以孝禹以功皐陶以謨皆非有意於立而自爾立者其仁至義盡弗可尚矣後乎夷之清惠之和管仲之一

正天下史佚周任之有言亦皆隨其所立傳於來世彼晉楚之富趙孟之貴非不自視多然也往往於榮華之飄風不踰踵而莽為塵矣曾子曰彼以其富我以吾仁彼以其爵我以吾義夫仁義理也萬形皆有弊惟理獨不朽宣子乃以世禄為不朽不知物之至易朽者莫世禄若也故穆叔之對以立德為上立功次之立言又次言且證之曰臧文仲既沒矣其言立由是觀之則德也功也言也苟立其一亦可不朽而況三者俱立有如文正范公者乎公生我朝盛時實鍾天地間氣光明俊偉二三百年後猶使人竦然起敬況當時乎考亭朱子論本朝人物或歎其初或議其小獨於公而稱其傑出之才夫才而謂之傑出

則必有叅天地之化關盛衰之運者矣蓋公之於仁
義如飢渴之於飲食須臾不置其見於脩身齊家
宗族待閭里居官行事愛民利物者如此此非富公
所謂道大德具者乎我是以知公之德之立皆仁義
之所充拓陳宮壼之戒習朝廷之憂腹中甲兵西賊
破膽而天章一疏實將振起我宋一代之治若使盡
見施行則後來者無所用其紛更而國家蒙福莫之
與京矣此非韓公所謂大忠偉節者乎我是以知公
之功之立皆仁義之所成就公在天聖中遺宰相書
無慮万言經濟規模大抵略見其後為牧守為將帥
為執政平生所為無出於此蓋言之必可行也雄文
大冊小篇短章靡不燦然一出於正此非蘇子所謂

有德有言者乎哉我是以知公之言之立皆仁義之布濩流行天地付公以不羣之資而公能自立其與天地相為不朽之事而富貴利達固不足為公輕重也嗟夫孰不為德而立德難若存若亡德焉乎立孰不為功而立功難倏成倏敗功焉乎立孰不為言而立言難可無可有言焉乎立惟立始能不朽惟不朽始可言立若公則言非徒言而功皆酬其言功非徒功而功皆本於德無他仁義以為之主也德立則功與言俱立矣是又合穆叔之所謂三者而一之此之謂不朽信乎其不朽也彼皇皇汲汲於富貴利達而不知可大可久者之為何事卒於下同衆人泯滅澌盡者何可勝紀其視公之所立果何如哉凡公官轄

所至皆祠而奉之吳父母國也乃無專祠以慰里人
不朽之思説友景行高風久矣盍茲介牧亦且諸耆
咨竟肇新斯堂儼設公像以補此邦之闕典是役也
上而朝廷中而士大夫下而閭巷之耄倪莫不謂宜
然則公之所以深服乎人心而莫閒於今古者只是
就仁義上立脚做了天地間第一等人而已做好官
易做好人難誰謂華高企其齊而敢因穆并不朽之
説試從諸君評之庶相與立乎其大者

幕官廬陵劉坦陪講孟子曰聖人百世之師也伯夷
柳下惠是也故聞伯夷之風者頑夫廉懦夫有立志
聞柳下惠之風者薄夫敦鄙夫寬奮乎百世之上百
世之下聞者莫不興起也非聖人而能若是乎而況

於親炙之者乎蓋謂公兼此夷清惠和聖人之德
可為百世之師也

文正范公祠記

中奉大夫江南浙西道肅政廉訪使徐琰譔　朝列
大夫治書侍御史行御史臺事李處巽書并篆額

至元壬辰予奉　命廉訪浙西蒞吳中是為文正范
公之鄉尊賢勵俗政所當先既仰慕其餘烈獎進其
後人仲秋次丁有司以故事告將舍采于公祠予肅
然起敬曰至當偕僚吏拜祠下與觀盛典是日成禮
訪義莊登歲寒堂宅園之碑巋然獨存祠正在其左
門堂寢室嚴整合度蓋宋郡守潘公說友所建牲牢
器幣則撥田以給之俾公子孫世守而歲祠焉薦真

儀文皆當時所定乃甲戌建祠擬設兵意有所增廣而不遂亦未暇有所記也一日三河邦瑞暨予門志記且曰祠雖建於前代禮實存於今日有一言而可以毋底荒墜者繫我公之靈實來顧之余固辭弗獲辭移治錢塘凡再歲徵踐言益勤謹按釋真必有合也有國故則否說者謂如唐虞有夔伯夷周有周公魯有孔子則各自奠之近世則通祀孔子向微通祀公獨非故有之夔夷乎而石守道慶曆之詩固已指公輩為夔禹矣又按鄉先生歿而祭于社社稷民以生先師民所以生師法公獨不祭於鄉乎矧公為政所去見思慶鄧數州之民往往生祠畫像既歿後祠于長白于海堰于睢陽于廣德于鄱陽公蘇人也耶

學以建學祠公天平山先龍僧寺舊有祠然稽協古典必尊祠于此而後慊於人心夫亦何爲而然耶致君之志動物之誠放諸四海而準百世而下聞者莫不興起也是豈區區富貴利達以衒耀於須臾者可同言而語哉昔宋人定五代軍鎮之亂以儒立國儒而見用者何限以公而不得相其君展其憂天下致太平之略彼一時也非可爲之時乎自其入館閣爲諫官諫則必黜黜而益諫陳善閉邪寧以身蹈不測而不悔非直以言語侍從爲職也故雖當路不容委之邊鎮才兼文武適受主知正己而不求人相與解仇戮力卒臣夏人以安中土爲功當爲一以自信其屢爲守帥又豈尋常多議論少事功者哉晚參大政

請做周官六職分任輔相漸復古制開陳未終權倖甚間不得安于朝廷之上雖其國家盛衰由此而分而君子小人迭爲勝負常使人一蹈覆轍而未已也嗚呼尚論其世不知其人可乎或以爲王佐或以爲傑出要其平生則以爲有德者又公光明俊偉之本原歟留心聖賢弘毅力行漢唐人材鮮克進於是矣初公買田以贍族而族滋大立塾以教其人而子孫類份份焉遭

聖朝仁恕恤其科徭祭前古忠烈比有事於公源深流長天佑善人於公蓋無爽者昔晁仲約之款賊究城公不肯加誅文忠富公服其絕識蔡確詩獄公之子忠宣公謂責之太重元祐諸賢亦以自悔即其存至公全大體世之研幾成務不嘗

如是耶人有古今道有顯晦贍相儀形是豈一家一鄉所得私者遠惟耆成人宅心知訓而予也曾何足以發之至元三十一年正月廿日記

義學記

前朝奉太夫牟巘譔　集賢直學士朝列大夫前江浙等處儒學提舉趙孟頫書并篆額

古者二十五家為閭閭左右各設塾鄉先生為之師褒衣博帶晨坐閭門教其民之出入田畝者有教有養誠為良法自井田廢閭左發古制盪除漢以來或為講堂為精舍而養則未之聞也范文正公嘗建義宅置義田義莊以收其宗族又設義學以教教養咸備意最近古夷攷厥初宋時天下有四書院應天府

書院爲首先是郡人咸同文聚徒講授士不遠千里而至文正公亦依之以學同文爲人質直尚信義宗族貧乏則賙給之喪則賻䘏之不積財不營居室或勉之輒曰人生以行義爲貴安用是義之一字寔與公意合暨公登第五朝爲守爲帥以至大用名位日盛祿賜日厚遂成義莊義學爲其宗族者宅於斯學於斯所耕者義田所由者義路何適不宜嘉遺後人可謂篤至繼繼承承亦惟成規是守粤乙亥兵戈俶擾未遑茲事至元丁丑主祭邦瑞提管士貴共議興學卜地于吳縣三讓里距祖塋二里所涓日庀工爲屋三十楹祀文正公於其中會講之堂扁曰清白東齋曰知本西齋曰敬身外闢室爲教諭偃息之處庖

滆廪奮蘇茹之圖咸存外爲周垣扁其大門曰義學清溪松竹之間昉聞弦誦聲是役也義莊掌計之勞爲多提管之撙節助濟浮用增田山僅百畝倫師資束脩之禮子弟筆札之費一有以勸大德戊戌朝旨以義莊義學有補世教申飭攸司禁治煩擾常加優卹無徭役干吾藩者可肆志於學矣至大戊申提管馳書來言俾爲之記昔錢公輔嘗記義田懷也何敢與斯文竊聞文正公早歲就學應天時夜以繼旦冬月憊甚以水沃面食糜度日人不堪其憂其苦心勞形者如此博通六經尤長於易學者從之叩質樂與往復無[illegible]帶究其難疑答問著又如此用力何啻十倍今人耶咨爾來學書爾佩衿盍亦追思先志俛

焉孳孳毋以寒暑而爲作輟庶幾他日業精行成式
克有立得名爲儒以應選用以副二范君惓惓興學
之意其年七月旦日記

忠烈廟記

前朝奉大夫大士天年獻撰　集賢直學士朝列大夫前
行江浙等處儒學提舉趙孟頫書　中奉大夫浙
東道宣慰使都元帥李果篆額

文正范公忠烈廟今在姑蘇三讓里天平山公自睦
移守鄉郡再省三世松楸不但漢人過家上冢之榮
而已嘗即白雲菴奉香火洎登政府得追封三世置
墳寺始奏改菴爲白雲寺祀徐國公唐國公周國公
蓋慶曆時也猶未有忠烈廟之名先是元昊據靈武

納旌節僭位號感脅諸羌肆爲邊患朝議舉兵攻討
遂以邊事付公首用种世衡築青澗城拒衝要大營
屯田聽民互市鄜延乃異時西夏貢路但嚴備、甘
以示招納又築大順城以捍環慶綵細腰胡盧十二
寨以制明珠滅臧二族元昊勢漸折乃命公及諸羌
知兵者分領要害爲持久計以待其斃已而昊卒納
欵如公言而公在廟堂以議論不同均佚南陽既遂
謝事矣公外剛内和恩威迭用當時邊人相語此小
范老子胷中有數万甲兵不比大范老子大范指雍
也或又以龍圖老子稱之其爲人所畏愛如此邠慶
諸郡與屬羌皆立生祠繪像以事其終也屬羌酋數
百舉哀僧舍哭之如父三日乃去宣和間慶帥字文

虞中以郡人思公不忘祠事甚謹奏賜額忠烈廟地有舊額皆易新牓紹興失秦隴慶陽廟貌邈在他方始改奉於天平山每歲上巳三司率僚屬郡博士率前序偕來致祭廟久頹毀至元乙酉主祭邦瑞提管士貴共議重建取義學餘米歸之義莊爲土木費司計邦翰宗遜等佐之其年四月既望新廟成丙戌二月既望率族奉安前設文正公神像内設三國公神儀廟凡十楹黝堊丹漆備極壯麗供具皆完好大德甲辰行省聞于　朝禁治煩擾崇奉尤嚴於是士貴以書抵爋俾記厥成謝焉末學固辭弗獲惟昔文正公在朝聞延州危急自請代張存直欲委身不測之地人以爲[illegible]竊謂宋若公上百官圖詆宰相爲張禹

雖觸威怒坐以越職曾不少沮爲尤難蓋不顧其一身之利害禍福故能內肅朝綱外充方面謚曰文正廟號忠烈如是之偉也夫士大夫則知尊祖矣尊之者何銘其德善也是宜作爲銘詩刻石列廡下其辭曰

南陽諸葛蜀漢再造志決身殲民哭陌道乃廟沔陽成都夔子號曰忠武西人悲喜相傳尚記巍雙誅卻於惟文正異世同轍雖老益壯雖死不忘精忠盛烈夏日秋霜昔討靈武皇威遠加聲勢震燁攝其角牙忠烈有廟參錯西土公像在堂莫予敢侮天平之山白雲之泉公歸自西廟貌宛然誰實新之偉矣柱石上公之服楊休山立內祀先公爰備廟制維垣啓宇光榮三世式濟世美忠宣弟昆粤至斯今代有

賢孫迺厚義廪迺廣義學同志合慮新廟攸作絜我
牲醪率我宗黨揭虔妥靈默通肸蠁公在帝旁王虬
既駕神遊委迤馭風來下佑我後人俾熾而昌廟祏
是保千載奉常

有際天人之學斯可以服天下之望有擴宇宙之量
斯可以成天下之務有堅金石之操斯可以任天下
之重隆然曄然震耀于世者則文正范公其人也夫
大聖大賢必曠世而一見天之降材不偶然也唐虞
之盛邈矣孔孟之聖而不能得時以行其道三代以
來唯伊尹周公之道能施於用下此則子房之於漢

祖不屑盡其用孔明之於漢室不克盡其用魏鄭公裴晉公之於唐粗見於用而公於宋慶曆皇祐之間雖用之猶未究也然而公之精忠大節正言直氣固已昭三光而徹兩儀亘千萬年凜然猶生非學際天人量擴宇宙操堅金石者其曷能與於此公諱仲淹字希文范氏世爲蘇州人蚤歲讀書長白山祠于山之醴泉寺舊矣惟公功業在世名聲在人與天壤爲不朽固無待乎祠而存而祠之屢壞屢葺閱歷如一日有以驗人之慕公之深而其來游來歌者慨其風烈有以興起則是祠也於名教風厲甚大尚論公之平昔俾來者有所法公[illegible][illegible]勤茹淡薦行力學堅彊刻礪壁立初載信道不屈守職[illegible]言屢貶屢復謇謇益

勵絶迹凡近宅心高明窮達無間始終一致其操其學爲如何書條政務至萬餘言迨其得位擧見於用立朝奏陳皆可垂憲崇化厚俗敦尚風義救荒惠貧所部晏然出師西師禦夏聳服熟羌來歸卒臣元昊及參大政請明黜陟抑僥倖精貢擧擇守宰均公田厚農桑脩武備減徭役蠲逋負重命令吏蔭補之法嚴監司之選皆經國遠圖嘗自誦曰士當先天下之憂而憂後天下之樂而樂其自任以天下之重而力於成天下之務者爲如何公輕財好施尤厚宗族恩倒俸賜常均及之置義田宅聚族以給在邊恩賚皆以上意分賜諸將坐呂相貶至其再起驩然相約戮力平賊其量爲如何民饗公利以范爲　姓公所履歷

民多立祠中國外夷莫不喜稱公之姓字而樂道其善夏師之擾關輔搖動聞其出鎮人心遂安夏人謂公腹中自有甲兵數萬至有破膽之謡仁宗聞其徃援定川喜曰吾固知范某可用也及登政府一以太平責之降手詔開天章閣賜坐趣條具天下事天下之人視其去留以驗治否其所以繫天下之望者又何如哉蓋嘗論之公生于宋仕于宋而其人品器量風節則偉然三代之臣也宋儒言本朝人材以公爲第一蓋確論之不可易者起巖齊西晩生東瞻長白不遠五舍逕拜祠下惕然興懷既件其蹟復繫以辭俾歌以祠公其辭曰　繫眞材之間出兮羌兩儀之效靈在地則爲山嶽兮在天則爲列星膺半千之名

世兮必興運之是丁開一王之盛治兮示四海之儀刑復隆古之泰道兮措羣生于敉寧惟公之生允無愧于是兮固已揭日月而奮雷霆蹟效著于人心兮劇金石之勒銘威震於外夷兮忠赤簡于大廷不希世以詭隨兮唯大猷之是經上方軌于三代兮下垂譽于千齡沒面禀乎不亡兮功烈貫乎汗青復元氣於太虛兮佐玄造於冥冥尚斂福以錫民兮驅疫癘而殄蝗螟睠故山之陳迹兮鑒醴泉之清泠俯岫幌兮欵巖扃息風馬兮駐雲軿薦松醪之醲郁兮擷野蔌之芳馨仰精爽之來下兮齋肅然之一聆儆鄙頑與貪懦兮將如寤而如醒恍神遊之無方兮聘荒祠而涕零耿英靈之如在兮齊長白之亭亭

范公慶州祠堂碑陰記

范公之名與其施設天下之人無智愚雅耄皆所以想聞而懼一不得知者垂四十年既薨則墓銘神道表記公終始尤得其詳今龍圖閣直學士汝南周公因慶民之思又為作祠堂命屬僚書其實于廡下然公之惠愛及民之多有不士大夫之聞者文亦不克究日月之光猶或曖焉昔西事初慶以賊羌臣屬日久急於儲備一旦重兵宿壁士所取濟鳳翔府天興令持監司符檄來攝州事以芻粮數百萬計暴加於民促圖己功沸若羹鼎至有力不堪奬群竄徙鄰甚者斷吭絕脰死以期免公是時方經畧四路請留延安民聞之亟相提挈馳告麾下公即日走符檄放天

興令者還任允百苛斂一切罷去未幾公即受命專本路之師竄者還危者安里巷相保卒如平時之樂及朝廷欲驅逐之而戰先壘以著軍籍獨公所部之衆改涅其手非講習攻鬭各聽處田壄故上下靡靡食而得其用下不失為良農此畧從三代之法較之他路歡慼斯可計矣先是賊豔狂熾日虜竊增屯士馬殆十數倍民坊佛廟皆得而止之公恤其非便乃圖視內外得州之北隅拓城樹宇分列營校立興之日有畚鍤發及枯骸者詢之即昔之廢壠焉公命索其所餘以俸金買近阜民田聚而葬之喪具祭品必親視而後給是歲久旱已而復雨僉謂公之陰德故天報之郡以處高艱於井飲讐矣公至乃以地勢迹

之命匠氏直城之西北鑿及甘泉九百餘井人無[illegible]金之費日用以足前此戍守多關輔之卒往往三數歲不能得其歸公謂人父勞則怨且惰將何以固衆心而取完力也自今更相戍役止一歲為限推此立事實公始未至與既至而所為者雖體有小大蓋不獨善士所悦若庸夫悍兵皆骨髓其賜迄今無忘公嘗出使江淮守七州歷四帥為開封內史以至參豫大政柄率皆除大害興大利由一方訖四海父荷子戴固縷縷有條目或薦紳先生暨太史氏未能盡其傳諒亦然也茲爾公方將博采遺烈以盡力祠之意會郡進士劉頌佐右来獻且曰此而不書大懼吾語所傳不足以信後世因爾次其說請刻于碑之陰時

嘉祐五年五月十一日文林郎試秘書省校書郎權
儀州軍事判官監環州折博務蹇周輔記
內殿承制慶州兵馬都監兼在城巡檢雷周輔書并
題額　龍圖閣直學士朝散大夫尚書兵部郎中環
慶路馬步軍都部署經略安撫使兼知慶州軍州事
及管內勸農使護軍來安縣開國伯食邑八百戶賜
紫金魚袋周沆　義渠荔非彬刊

文正書院記

吴郡祀范文正公舊矣自公貴顯時置義田義學以淑其族之人公歿而子孫世守之不廢然未有專祠也咸淳甲戌郡守潛公説友始請建祠而割田以供祀事公之子孫亦世守之不廢然而未有書院也至正丙戌郡守吴公秉彝建議請以書院易祠僉憲趙公承禧按行吴中是其議遂得請于　行省行省上之　中書中書議以茲事有關世道且不設教官而以其子孫之居嫡者世主之於事便乃下從其請公八世孫文英適主祠事竭力殫慮改制增擴亦既宏且遠矣祁時佐領江浙儒學以公事來謁祠下式睹其成衆謂不可以無紀而祁也幸際其會宜為文

辭既不獲則取其家傳而徵之公之生當宋端拱己
丑其殁也以皇祐壬辰至潛公爲守時二百二十年
天下郡縣凡公之所至蒙其澤而聞其風者率爲公
立祠而於吳獨爲缺典至吳公爲守時又七十年他
郡縣且有以祠爲書院者矣而於吳尚仍舊規蓋吳
爲公父母之邦公之父祖墳墓在焉子孫居焉族之
人比屋而群處焉所以表異而褒崇之者宜有加於
他郡而反若不及者是宜賢郡守之有請也是宜
廟堂之上之從之也昔公以正大之學卓冠群賢以
忠義之氣振厲天下其功之被當時而澤後世者固
不可徧舉獨舉其切而近者則公於所在開設學校
以教育多士至吳郡則以已地建學規制崇廣迨公

之子恭獻公復劃田以成公之志當是時天下郡縣
未嘗皆置學也而學校之徧天下自公始若其察泰
山孫氏於貧窶中使得以究其業延安定胡公入太
學為學者師卒之泰山以經術大鳴于時安定之門
人才輩出而河南程叔子尤遇賞拔公之造就人才
已如此其後横渠張子以盛氣自負公復折之以儒
者名教且授之以中庸卒之關陝之教與伊洛相表
裏蓋自六經晦蝕聖人之道不傳為治者不知所尊
尚寥寥以至于公而後開學校隆師儒誘掖勸奬以
成就天下之士且以開萬世道統之傳則公之有功
名教夫豈少哉夫以公之有功名教如此則後世之
宗而祀之為學校以廣之固宜與夫子之道相為無

窮蓋夫子之道與天地爲無窮而公之功則與夫子
之道爲無窮也此書院之所以立也雖然祠則改矣
書院則既立矣凡范氏之子弟與夫四方之來者宜
何如亦曰誦其詩讀其書爲其人之爲而已公之爲
夫人之所能爲也以公爲不可爲而不爲者自棄也
爲之而弗力者自畫也高山仰止遺貌凛然必有寤
寐我公於千百載之上者承務郎江浙等處儒學副
提舉李祁撰嘉議大夫中書禮部尚書郡人干文傳
書翰林侍　讀學士中奉大夫知　制誥同修·國
史泰不華篆額至正十年八月　日立

先[illegible]集在昔板行於世
者[illegible]占數十本歲久皆不存
矣比得舊本倣其字畫刊置
吴門家塾之歲寒堂期與子
孫世傳之近幸獲番陽别本
乃知猶有關失因續刊以補

集後□一人儻遇善本更加
參訂而傳焉元□三年五月
甲辰日八世孫□英謹識

《蘇州全書》編纂出版委員會 編

·范文正公集

蘇州全書

甲編

古吳軒出版社
蘇州大學出版社

范文正公集卷第十五

代胡侍郎乞朝見表

臣某言今月日奉勑就差臣知杭州仍放朝辭取便路發赴本任者祗膺寵命伏積震兢臣某中謝竊以寧海鉅邦生聚十萬牧守之重豈臣克堪矧爲晝繡之行兼領宵衣之寄始終極幸進退甚榮臣方理輕裝即趨便道敢有再三之瀆庶傾萬一之誠竊念臣才不逮人遭逢有素束帶從事四十餘年荷三朝之奬知歷二省之清要職叅仙殿位亞秋卿禄賞被于子孫名級顯於中外報國無狀殺身何成今復還父母之鄉邦逼桑榆之晷刻解冠告老決在此行父事
朝廷乍越江海無復瞻望咫尺對敭清光雖小人之

心固多懷土而疲馬之志寧莫戀軒臣欲於京城就兩浙舟船載家赴任伏望聖慈暫許臣入謝雲天少敘平生之感遐歸鄉里永爲萬足之心賴君父之推恩庶人臣之畢願干冒宸極臣無任云云

睦州謝上表

臣某言臣昨奉勅差知睦州軍州事已到任交割句當者獻言罪大輒効命於鴻毛宥過恩寬迴光於白日事君無遠爲郡甚榮臣某中謝恭惟皇帝陛下天德清明海度淵默撫羣龍而宅吉念六馬而懷驚臨軒以來仄席不暇思啓沃心之道獎危言危行之臣萬寓咸歡九門無壅臣腐儒多昧立誠本孤謂古人之道可行謂明主之恩必報而況首膺[illegible]選

預諫司時招折足之憂介立犯顏之地當念補過豈堪循默昨聞中宫摇動外議喧騰以崇庭德教之尊非小故可廢以宗廟祭祀之主非大過不移初傳入道之言則臣遽上封章乞寢誕告次聞降妃之說則臣相率伏閤冀回上心議方變更言亦翻覆臣非不知逆龍鱗者掇齏粉之患忤天威者負雷霆之誅理或當言死無所避蓋以前古廢后之朝未嘗致福漢武帝以巫蠱事起遽廢陳后宫中殺戮三百餘人後及巫蠱之災延及儲貳至宣帝時有霍光妻者殺許后而立其女霍氏之釁遂爲赤族又成帝廢許后呪詛之罪乃立飛鷰姊妹妬甚於前六宫嗣息盡爲屠害至哀帝時理之即皆自殺西漢之祚由此傾微魏

文帝寵立郭妃譖殺甄后被髮塞口而葬終有反報之殃後周以虜庭不典累后爲尼危辱之朝不復可法唐高宗以王皇后無子而廢武昭儀有子而立旣而摧毀宗室戚竊號之妖是皆寵衰則易搖寵深則易立後來之禍一二不善臣慮及幾微詞乃切直乞存皇后位號安於別宮暫絶朝請選有年德夫人數員朝夕勸導左右輔翼俟其遷悔復于宮闈杜中外覬望之心全聖明終始之德且黔首億萬戴陛下如天皇族千百倚陛下如山莫不雖休勿休日愼一日外采納於五諫內彌縫於萬機而況有犯無隱人臣之常面折庭諍國朝之盛有闕即補何用不臧然後上下同心致君親如堯舜中外有道躋民俗於羲皇

將安可久之基必杜未然之釁上方虛受下敢曲從旣竭一心豈逃三黜伏蒙陛下皇明委照洪覆兼包贖以嚴誅授以優寄郡部雖小風土未殊靜臨水木之華甘處江湖之上但以肺疾縣舊藥術鮮功喘息奔衝精意牢落惟賴高明之鑒不投遐遠之方抱疾于茲為醫尚可苟天命之勿損實聖造之無窮樂道忘憂雅對江山之助含忠履潔敢移金石之心仰戴生成臣無任云云

蘇州謝就除禮部員外郎充天章閣待制表

臣某言伏蒙聖恩特授臣前件官充職者渙渥自天震惶無地改中臺之華序進內閣之清班盡出高明殊登祕近臣中謝竊念臣發自顏巷賓于舜門一第

爲榮四方無效爰自書林預選桂籍并華耻汨没以懷安或感激而論事惟慕古人之節詎希英主之知伏惟　皇帝陛下稟帝堯之聰明加漢高之豁達坦聖懷而虛受期鴻化以咸孚念三聖之艱難而成丕業求七人之蹇諤以補大猷臣獨愧非才首當清問危言多犯孤立自持斧鉞居前雷霆在上敢避樞機之禍終乖藥石之良陛下日月垂光江海敦量恕其萬死假之一麾望已絶於青雲咎未更於鴻霈俄易藩宣之寄寧分旰昃之憂忽降綸章荐加寵數而况闢圖書之府切處於深嚴踐雲龍之庭當備于顧問非名儒而不稱豈曲士之能堪猥造清曹仍居舊治輝榮大集志願何求敢不内守朴忠外修景行進退惟

道遵聖賢視履之方始終一心副君父育材之造臣
無任云云

饒州謝上表

臣某言昨奉制命落天章閣待制守本官差知饒州
已到任禮上訖狂愚之誠進多冒死仁聖之造退亦
推恩守土非輕報天無所臣中謝竊念臣出自畎畝
階于搢紳驟升天閣之游親委王畿之政臣至孤難
立屢請弗諧眷寵既隆補報宜異必將危墜猶或建
明處事未精發言多率智者千慮而有失愚臣一心
而豈周情雖匪他罪實由己然而有犯無隱惟上則
知許國忘家亦臣自信伏蒙　皇帝陛下惟天爲量
無大不容與日垂光何微弗照止削內朝之職仍分

外補之符當死而生自勞以逸君恩彌重臣命愈輕敢不動靜三思始終一志此再而爲郡陳優優布政之方必也入朝增蹇蹇匪躬之節庶從師訓無負天心瞻望闕庭臣無任

潤州謝上表

臣某言奉勑移知潤州已赴禮上者幽遠之誠未嘗聞達高明之鑒俄復照臨臣中謝伏念臣起家孤平蒙上奬拔置於清近之列授以誥穰之權聖惟知人臣則辱命徒竭誠而報國弗鉗口以安身言涉大臣議當深典可無退省抑有所聞汲黯漢之直臣嘗疏公孫之短裴度唐之名相亦陳元稹之非斯實忠良豈無讒毀臣聞孔子曰天下有道政不在大夫前代

國家或進退群臣聽決大事若出於君上則中外自無朋黨左右皆爲腹心若委於臣下則威福集於私門禍釁積於王室故三桓興而魯弊六卿作而晉分往古興亡鮮莫由此孔子之論昭昭不誣是以君道宜彊臣道宜弱四瀆雖大不可受百川之歸五星雖明不可代太陽之照臣按太易之義坤者柔順之卦臣之象也而有履霜堅冰之防以其陰不可長也豐者光大之卦君之象也而有日中見斗之戒以其明不可微也臣考茲前訓慮於未萌當危言危行之秋有寖昌寖微之說謂大臣久次在進退而得宜謂王者萬機必躬親而無倦攬轡綱柄博延俊髦議治亂之本根求祖宗之故事政條舒而自我物榮悴而如

天人心不在於權門時論盡歸於公道朝廷惟一宗
廟乃長臣之所言殊未盡意重煩上聽再貶遠方削
天閣之班資奪神州之寄任重江險惡盡室顛危人
皆爲之寒心臣獨安於苦節讟望之口陳災異蓋無
負於本朝公子牟身處江湖徒不忘於魏闕未知死
所敢望生還伏蒙　陛下九日垂光八風迴力察臣
有犬馬之志悉臣無塵露之勞特出聖衷稍遷便郡
茁如行葦保於勿踐之仁鑑若鳴桐脫彼在焚之患
敢不長懷霜潔至効葵傾進則持堅正之方冒雷霆
而不變退則守恬虛之趣淪草澤以忘憂上副聖知
下逃群責臣無任云云

延州謝上表

臣某言伏奉勑命就差臣兼知延州軍州事已到任交割管句訖討伐之秋委寄方重豈繄儒品可副聖憂臣中謝 竊以延水極邊東夏雄屏控黠虜之衝要歷大臣之鎮臨范廷召出師於塞門向敏中移節於京兆斯爲劇任曷在匪人況經侵軼之虞彌藉緝綏之政宿兵既盛爲地可知臣職貳統戎志存殄寇所宜盡瘁敢昧請行自薦老臣固慙於漢將誓平此賊詎擬於唐賢伏蒙 皇帝陛下曲徇微忠亟頒成命寬其無狀用之弗疑臣夙夜敢寧奔馳罔暇刻時莅事翌日興師庶牽制於戎心仍掩襲於邊落大軍已出中使聿臨不謂孱謀偶符睿筭所期克勝少慰焦勞重念百姓屢驚體當招撫五兵乂戢務在訓齊如

治亂繩必期於耐事先除害馬亦假於行權仰賴聖
威即紓邊患臣無任云云

謝降官知耀州表

臣某言蒙恩降授臣尚書戶部員外郎依前充龍圖
閣直學士知耀州者實負大尤尚從寛宥雲天之覆
頂踵何酬臣中謝竊念臣才本迂疎識非機敏屢由
狂率自取貶放朝廷以邊有擾動是使愚使過之秋
微臣以國有急難當忘家忘身之報自膺寄委罔敢
遜避而力小任重智小謀大勞心已竭處事逾乖苟
利國家不恤典憲冝及於禍以貽厥羞伏蒙　皇帝
陛下日月照微天地包廣謂千慮之智猶有一失萬
物之材固無全用軫玆孤弱播于生造削其官足使

明大戒存其職足使思後圖臣敢不更勵疲駑愈加修省庶陳纖芥之効上荅高明之私臣無任云云

耀州謝上表

臣某言伏奉制命降授戶部員外郎依前充職知耀州已到任禮上訖雷霆之威足加死責天地之造曲致生全臣中謝竊念臣運偶文明世尊儒素靡學孫吳之法耻道栢文之事國家以西陲擾動之際起臣貶所特加獎用臣自知甚明豈堪其任但國家之急不敢不行自秉守延安莫遑寢食城寨未謹兵馬未精日有事宜處置不暇而復虞內應之患發於邊城或反間之言行於中國百憂具在數月于茲而方修完諸栅訓齊六將相山川利器械爲將來之大備不

幸昨者高延德來自賊庭求通中國之好其僭僞之
稱即未削去臣以朝廷方命入討豈以未順之款送
于闕下此不可一也或送于闕下請朝廷處置又恐
荅以詔旨則降禮太甚若屏而不荅則阻絶來意此
不可二也兼慮詐爲款好以殆諸路之兵苟輕信而
納之賊爲得計此不可三也又寶元三年正月八日
曾有宣旨今後賊界差人齎至文字如依前僭僞立
便發遣出界不得收接臣所以卻令高延德迴去仍
諭與本人須候禮意遜順方可聞于朝廷亦已一面
密奏臣又別奉朝旨依臣所奏留鄜延一路未加討
伐容臣示以恩意歲時之間或可招納臣方令韓周
等在邊上探伺彼或有進奉之意即遣深入曉諭適

會高延德到來堅請使介同行況奉朝旨許臣示以
恩意乃遣韓周等送高延德過界以系其意或未稟
承則於臣爲耻於朝廷無損及韓周等迴且言初入界
時見迎接之人叩頭爲賀無何前行兩程便聞任福
等有山外之敗去人沮氣無以爲辭賊乃益驕勢使
然矣其迴來文字臣始不敢開封便欲進上都鈐轄
張亢懇言曾有朝旨若得外界章表須先開視及僣
僞文字應有辭涉悖慢者並須隨處焚毀勿使騰布
臣相度事機誠合如此章表尚令先開況是與臣文
字遂同張亢開封視之見其挾山外事後辭頗驕易
亦有怨尤與賀九言齎來文字意度頗同非戎狄之
能言皆漢家叛人所爲枝葉之辭也恐上黷聖聰或

傳聞于外爲輕薄輩增飾而談有損無益臣尋便焚
毁只存書後所求通好之言及韓周等别有劄到邀
求數事並已納赴樞密院令於涇原路取得寶元二
年七月十四日聖旨劄子一道並如張元之言其所
來文字果合焚毁則臣前之措置皆應得朝廷處分
唐相李德裕與將帥王宰書爲游弈將收得劉稹章
表悖慢無禮不便毁除令向後得賊中文字所在焚
之亦與今來意合其劄到數事内一事如臣所諭取
單于可汗故事欲稱兀卒以避中朝之號此大事稍
順餘皆可與損益儻朝廷欲雪邊將之耻當振皇威
大加討伐亦繫朝廷孰議必持重緩圖之或朝廷欲
息生民之弊屈一介之使重論利害苟能聽服亦天

下之幸也臣前所措置於此二道並未有妨然以臣之愚處茲言位豈得無咎何敢自欺伏蒙皇帝陛下至仁廣度不欲彰臣子之惡特因此量行薄責斯天之造也臣之幸也臣敢不夙夜思省進退揚厲犬馬有志曾未施爲日月無私尚茲臨照臣無任云云

乞小郡表

臣某言臣聞先民有言曰陳力就列不能者止臣下之通規也進人以禮君親之盛德也臣仰逢明聖俯念拙艱撫此病軀敢期生造臣中謝竊念臣前在饒州日因學行氣而有差失遽得眩轉之疾對賓客忽倒不知人事尋醫救得退自後久坐則頭運多務則

心煩昨在延安數曾發動戎事方急雖死難言及降罷之後猶乞專領邊城蓋欲竭心豈敢避事無何赴任耀州以炎熱之期歷涉山險舊疾遂作近日頗加頭目昏沉食物減少舉動無力勉彊稍難見於永興軍請醫官看治次其本州公事權交割通判發遣臣賦性本豪處心至狹國家擢於清要有遇事輒發之尤寄以重難無思患預防之智言必取悔舉則敗官未踰數年實經三黜頻招物議屢黷宸聰費天力之主張由臣命之奇蹇矧念抱病何可貪榮處於善藩已多優幸帶茲近職深夫遑寧伏望皇帝陛下推至仁之恩施曲成之化念其理歷出自遭逢特發聖衷不循朝例以臣學士之職改一庶官或且在當郡

或於隨郢均汝之間守一小州庶獲安靜尚圖痊瘉雖負冒微祿詎逃病者之譏而遜避清班少緩有司之責儻形骸未頓藥餌有功則當再就驅馳上酬亭育臣無任云云

代胡侍郎奏乞餘杭州學名額表

竊以三代右文四郊立學尊嚴師道教育賢材被服禮樂之風準繩仁義之行功磨國器標率人倫式致用於薦紳乃助成於聲教俊造以之富盛基業由是緜昌至于唐家中外建學文物之盛三代比隆國家徇鐸敷文舞干布化四方庠序比之而興萬國英翹拳拳以勸臣伏見餘杭郡素爲善地蔚有秀民宜愜

正始之風丕變輕揚之俗前知州李詔在任日重修
宣聖廟建置學舍數十廈面勢顯敞允爲儒宮足容
絃誦之流逈處雲山之勝臣自出守此郡延見諸生
據衆狀舉請曾到御前進士楊希堂領文會有二十
餘人日課藝業具來不已所益居多臣欲乞朝廷依
天雄軍江寧府特賜州學名額用明勸道庶獲修長
歲時不隳於方俗可厚頹閔德行遠侔洙泗之間唐虞
文章廣及江湖之上臣無任祈天俟命激切屏營之
至

范文正公集卷第十五

范文正公集卷第十六

讓觀察使第一表

臣某言馬遞降到誥勑各一道特授臣邠州管内觀察使仍依前邠寧環慶路馬步軍都部署兼經略招討安撫等使非常之命既出於絲綸未盡之誠敢逃於斧鉞臣中謝臣聞先王爵以尚德禄以報功諸侯之失德者降其爵諸侯之有功者增其禄此百代不易之典也臣又聞貴貴者爲其近於君也漢遣御史繡衣持斧出按二千石唐御史之出節度使以軍禮見所以表朝廷之重也學士丞郎出則居廉察刺史之任入則復其位自五代之亂措置乖失廉察刺史之位遂爲武官學士丞郎一出爲之謂之换過入朝

則不復其位故士大夫寧甘薄禄而不樂換之者久矣況今用兵之際事繫安危今日之命理有利害臣黨默默而受一則失朝廷之重勢二則減議論之風采三則發將佐之怒四則鼓軍旅之怨五則取夷狄之輕六則貽國家之患何以言之臣與韓琦並命陝西初爲經略安撫副使次則分領秦慶二州兼本路都部署司兵馬公事次則進秩爲本路都部署兼領經略安撫招討等使皆以學士之職行都統之權是用内朝近臣出臨戎閫以節制諸將孰不以朝廷之勢而望風稟律臣輩亦以内朝之職每覩詔令之下或有非便必極力議論覆奏不已期於必正自以近臣當彌縫其闕而無嫌矣今一旦落内朝之職而補

外帥前在左右丞諸行侍郎節度留後之上今降於知制誥待制之下使居方榮劉輿之下列以外官而行都統之權此則失朝廷之重勢一也又既爲外帥則令而後朝廷詔令之出或不便於軍中或有害於邊事豈敢區別是非與朝廷抗論自非近臣無彌縫其闕之理繼降詔丁寧須令奏覆而臣輩豈不鑒前代將帥驕亢之禍存國家内外指蹤之體此則滅議論之風采二也臣又自至邊上常責將佐當圖實効上報國家勿樹虚聲妄求恩獎故得歲年以來所奏邊効稍稍得實不至矯誣臣方經制補葺以救邊防之闕而西賊猖熾枝葉愈大臣則一年之中三换寵數將何面目責諸將之實効此則發將佐之怒三也又

臣聞自古將帥與士旅同其安樂則可共其憂患而爲國家之用故士未飲而不敢言渴士未食而不敢言飢今邊兵請給粗供樵爨醋鹽之費食必麤糲經逾歲年不霑肉味至有軍行之時羸不勝甲棄而埋之負罪以逋未能遠去皆捕而斬之臣雖痛而不忍豈敢慢法或有危逼欲使此等之心同其憂患爲國家之用不亦難哉昔祿山之亂河北三十餘城俱歸於賊者非皆攻而下之由衆心無恩當未危之時勉以從事及既危之後翻然改圖劫長吏以應賊皆此類也臣每思之則常寒心古之方侯獲其厚祿養敢死之士以備寇患今之戰士養有常廪賞有常格臣得千鍾之祿千金之賜豈敢私與死士哉徒聚之於

家使彼目而銜之以待其釁爾臣恐此輩一日倉卒乘怒而發劫長吏以應賊不能爲國家之用而能爲國家之患矣此則鼓軍旅之怨四也又臣聞内列三公九卿外分五侯九伯所以安天下威四夷也臣自到邊上其熟戶蕃部皆呼臣爲龍圖老子至於賊界亦傳而呼之且不測其品位之高下也今賊界沿邊小可首領並僞署觀察團練使之名臣昔受茲新命使蕃部聞之適足取夷狄之輕五也臣謂國家此舉使四路首帥失朝廷之重勢減議論之風采發將佐之怒鼓軍旅之怨取夷狄之輕由斯以往必敗乃事寧不貽國家之後患哉此六者臣上爲國體而辭之也再念臣世專儒素遭逢盛時以文藝登科陛下擢

於秘館處之諫司歷天章龍圖之職可謂清切矣寒士至此大逾本望儒者報國以言爲先如臣曩者不能練事効賈生慟哭長太息之説黷于聖聰以中外共棄屢經貶放亦已塞朝廷之薄責矣然今之狂士數唐人肆言朝市往往甚於臣者而朝廷容之直以臣於無事之秋先爲之言故天下指之爲狂矣而臣自追其咎未嘗怏怏此搢紳之所諒也前春延安之戰主將不利大挫國威朝廷有使愚使過之議遂及於臣逮臣至于延安竭心悉力而處置之間不合朝廷之意既廢復用無所逃遁臣顛沛十載灰而又然者數四矣臣自知孑孑惴惴非將相之才豈了大事但國家急難之際邊鄙之人臣以事君之心雖知屢困

日勉一日俟將帥得人臣即引退丘園詠歌太平雖多難之夫有全歸之樂此臣之所期也臣粗守廉隅朝廷豈有貪夫畜臣落近職而增厚祿將令長居邊鄙永謝丘園非臣之所期也臣本有風眩之疾聞命以來心墮氣索不知其涯緣臣夙夜乃事精爽已乏量臣之力豈堪武帥長爲荷戈之事乎此臣下爲私心而辭之也伏望體天法道欽文聰武聖神孝德皇帝陛下垂日月之明發於獨斷追還新恩許存舊職則是以內朝近臣經略邊事節制諸將其體重矣而況儒臣武士所習不同所志亦異臣輩不願去清列而就廉察之厚祿者如方棨劉輿輩必不願減厚祿以就學士之清列矣如使四路之帥上失其勢下撓

其志沮喪不樂意衰神瘁則事有隳墮豈復能振謀發策爲國家長城之倚哉恐非陛下推委使人人盡心之意也一昨宰臣堅讓三公雖已行之命蒙陛下特俞其請臣今冒犯天威爲國體而辭之者亦爲私心而辭之者一苟不獲命臣當繫身慶州之獄自劾無功冒賞之咎又劾違制不受之罪以聽于朝廷假使朝廷極怒臣得死於君父之命猶勝貪此厚祿敗名速禍死於寇亂之手此臣之所以知其退而不知進也惟天鑒處之臣無任

第二表

臣某言馬遞降到詔書一道伏蒙聖慈諭臣所除觀察使且從稟秩之優益慰戎行之望者祗膺寵異載

披寫愚心戴雲天足臨淵谷臣中謝竊念臣器業無取誤荷聖知國有急難固宜自効臣奔走塞下首尾三年曾無寸功以稱上意伏蒙體天法道欽文聰武聖神孝德皇帝陛下曲敦寬宥未即嚴誅今又擢居廉察享千鍾之厚祿加千金之重賜於臣何少哉臣固上表陳讓者蓋爲國家未便何則落内朝之職改爲外官使節制諸將頓失體勢又無功進祿發將佐之怒積負于家鼓軍旅之怨況慶州與賊界相接其逐族首領管三五百人者便僞署觀察團練之名本司常時行移邊上文字及招安牓示若署臣新銜彼則相輕此皆未便之端也又四路文帥自來帶内朝之職而行節制凡百將佐無不稟服方且力修邊備

堅禦賊鋒賴其協心將圖成効一旦遷改人情大惑知者謂去此近職改爲外官非美也其不知者謂有何奇功加此厚禄非宜也經略使旣無功遷改則經略副使豈得無望兼鈐轄都監等出入暴露衝冒矢石比臣處任尤更艱難見此遷改必有不平之意若朝廷不待有功例皆進秩則諸將驕墮誰復自奮國家邊事爲之柰何此又未便之大也伏望陛下發於獨斷追還此恩臣得帶内朝職名節制邊事其體且重副使鈐轄都監等即無不平之意各思自奮以求功名又得經略招討銜位與僞署蕃部之名不相交錯免生輕易此事體大乞垂聖鑒特降中旨如不獲命臣當踐言繫獄上請不敢逃罪臣亦知本朝李繼隆

堯咨俱自學士換觀察使當時四方無事非領節制
但享厚禄爲優賢之命與今事體不同臣非罷陜西
經略安撫副使日便乞落職守員外郎知一小郡而
朝廷不從今却堅辭廉察之位請存學士之職者蓋
居節制之任藉朝廷之勢以重其體也且儒生後進
換入武帥或居於上則多憎憤必有怨言或處於下
則多見抑亦無成功惟異其品流隆其委注彼則望
風懷畏靡敢不從此爲得其體也況臣孤立明時無
結託之跡遠居極塞非進用之地如朝廷疑臣不就
右職别懷過望即乞聖慈依楊偕張存例特許解去
邊任仍乞落學士之職换一刺史或守郎官於隨郢
間知一小郡臣死生幸甚死生幸甚非領重寄固不

敢借内朝之職矣如受命之日却有翻言甘俟鼎鑊

惟聖鑒裁之干犯天威臣無任 云云

第三表

臣某言馬遞降到御前劄子伏奉聖旨以臣上表陳讓就除邠州觀察使事當體深衷勿循小節前來成命即宜祗受者天語重臨莫非敦獎臣忠再剖合盡懇私臣 中謝 臣聞虞舜以舍己從人而稱至德此聖人感人之要也又聞陳力就列不能者止此人臣事君之分也竊念臣世爲文吏拳拳素風國家以西事之急用臣過次俾預經略三年于兹進不能行討伐之威非勇也退不能宣懷柔之化非智也非智非勇豈主帥之材固當自劾聽于有司豈期睿恩驟進寵

禄臣退省無狀深所未安況臣前表所陳謂落内朝
之職則失朝廷之重勢既爲外帥則減議論之風采
獨受寵名發將佐之怒積貨于私鼓軍旅之怨與僞
署蕃部同其官號取夷狄之輕述斯以往必有敗事
以貽國家之患此物情可見朝廷必已照之非臣之
敢誣也況臣懦厓之質宿患風眩近加疾毒復多鼻
衂膚髮衰變精力減竭豈堪專爲武帥以圖矢石之
功此臣量力之所不能也明矣且如劉平本是文臣
衆推忠勇尚不能將帥之任朝廷察臣之材能如劉
平之武力乎昔唐用房琯虚名將兵拒賊一戰而潰
危困社稷此前人之明驗微臣之深戒也重念臣出
處窮困憂思深遠民之疾苦物之情僞臣粗知之而

天賦褊心遇事輒發故居其外則寡悔處於內則多咎臣自知非朝廷進用之器如未獲退則願乆守一藩奉行條詔庶幾爲聖朝之循吏亦足託青史之末光垂於來代今以邊鄙方艱承乏於此禦寇之力賴諸將佐臣則日夜思省救其闕漏而已衆知儒臣固不責其勇力及改武帥則取笑於三軍其諸路有不辭者或當壯歲或負雄才非臣之所及也裴德輿張可以並命閤門使一受一免朝廷各從其志斯有以見虞舜舍己從人足以感群下之心矣臣以荷聖知叨居近列何獨未獲其請臣竊自疑今邊上新有事宜已發走馬承受張翔赴闕欵奏本州全闕部署鈐轄臣未敢下獄待罪再瀝肝膽上冒斧鉞伏望體天

法道欽文聰武聖神孝德皇帝陛下垂至明之察推廣生之造許臣依舊帶内朝之職經畫邊方節制諸將小事行之大事言之爲朝廷之耳目其體甚重臣尚可力疾爲國盡心其武帥之難寵祿之過臣敢不揆度固以死請干冒天憲臣無任云云

謝許讓觀察使守舊官表

臣某言准樞密院劄子奉聖旨令臣却守舊官者寵祿固辭涉邀君之大咎聖言惟允推舍己之至仁臣中謝臣聞進人以禮退人以禮哲王之體也大讓如慢小讓如僞儒臣之行也上得其體足以寧家邦下興其行可以導風俗臣親逢盛美得不手之舞之足之蹈之與天下稱慶哉竊念臣少游庠序長登科級

周旋孤宦了無聞達伏遇體天法道欽文聰武聖神
孝德皇帝陛下金鑑臨御多士駿奔於千官百辟之
中擢臣諫諍之列置臣圖書之府揚歷中外恩常異
等自西陲用兵朝廷旰食遣臣經略邊事歲月無狀
亦嘗得請示以招納之意期于平定而物議喧然禍
在不測上賴日月垂照保全微生暨再委方面專此
一路又無出奇之策惟知守禦而已日常自訟以待
來者陛下濬發宸謀思欲崇諸路之寄例改廉車且
從廩禄之優兼貴稱呼之重霈然渥澤被于弱質臣
以今之觀察使列爲武帥書生何力可堪此任幸以
内朝之職爲國家心腹耳目權節制之任其體甚重
不煩改作願迴寵異少寬憂懔三黷天聽義不容詐

伏蒙陛下念進人退人之禮，察如慢如僞之情，特降俞旨，許存舊秩。臣且懼且喜，喜不知所爲，懼者有不即從制之罪，而尚屈彝典。喜者以不奪稽古之志而復被儒紳。臣敢不竭力悉心，夙宵乃職，謹疆埸之細事，佇干羽之大猷，退作頌聲，仰荅聖造。臣無任云云

謝傳宣表

臣某言：入內內侍省高班陳舜封至，伏蒙聖慈傳宣，爲日近差除兩地臣僚，未差除間，已指揮中書劄記，候將來邊事稍寧，詔卿用在兩地，非出擬議，亦非臣僚奏舉，特出朕意，宜諭卿知。兼令臣密舉臣僚代臣邊任奏聞。聖言天意，非臣敢當，仰戴光靈，伏增戰汗。臣中謝。竊念臣素乏寸策，誤膺獎寄，經制西事三年

于茲曾微毫髮之功方俟雷霆之罰伏蒙體天法道
欽文聰武聖神孝德皇帝陛下特降密旨許以重用
豈茲無狀之跡可承不次之命況羌戎素詐邊鄙多
虞若以社稷之靈自然嚮化則臣當自揆以請便安
抱病之軀假一近郡靜臨民政退保天年如朝廷未
議解兵臣願奔走塞下再竭心膂少贖過尤何敢輒
舉他人代己邊任惟期自効上荅聖知臣無任　云云

讓樞密直學士右諫議大夫表

臣某言三班借職劉仲顏齎降官誥一通勑牒一道
伏望聖恩特授臣右諫議大夫充樞密直學士差遣
依舊者在物之情向榮必喜自天之命過寵則驚臣
中謝竊念臣齊魯諸生本無榮望素乏佐王之術豈

期遇主之知伏蒙皇帝陛下采自孤平擢于侍從無似之迹每玷聖造前年以羌戎負德官軍失利朝廷特命韓琦與臣同貳經略歲時之間琦以節制不行而免臣以招納非宜而罷尋分四路復領中權二年于茲一功未立屢叨進改深負愧羞雖朝廷憂勞且務姑息而其下將佐觀臣忝冒必思僥倖豈復有實効之心臣亦何面目以責率其下今邊略未固兵力未強威令不揚戰鬬多覆因循已甚平定無期一時寇逼三川其勢可困而葛懷敏等入賊伏中一戰大潰殺傷滿野驅掠無筭臣以本路多虞救援不早臣方痛心疾首日夜悲憂髮變成絲血化為淚殞殁無地榮耀何心今日之恩非臣所望臣昨蒙朝廷特除

邠州觀察使累章獲讓已煩聖聰三黷之誅豈當再冒然臣有愚心不敢不盡有謬策不敢不陳雖屬邊臣實叨近職敢不議論少裨聖明傳曰事君如事親又曰君臣同體當此安危之際豈敢事形迹避嫌疑而不盡心於君親乎魏元成曰隋以事形迹而亡唐太宗深然之今願陛下恕臣萬死采臣一言天下幸甚天下幸甚臣觀易震卦曰震亨謂聖人因震恐而致亨大也禹湯罪己其興也勃焉是皆得易之旨畏天之威而致其亨矣陛下其捨諸昨者鎮戎兵敗之後天色陰晦十日不解木冰地震群心憂傷此將帥失人生靈致陷天地震怒之意也冬至後一日申時慶州又地震此陰陽戰而致動占書曰四夷爲中國

之陰是夷夏交爭未寧之象也臣自西事以來延安東路北路官軍傷折萬餘人并金明承平諸寨殺虜過蕃部萬餘户約四五萬口及麟府喪陷鎮戎三敗殺者傷者前後僅二十萬人矣死者爲魚肉生者爲犬羊臣仰測陛下之心必大震動而天下莫知但見爵賞須行疑朝廷高枕負茲生靈願陛下因其震動過崇謙讓以柔遠未至選將有差之辭告謝于皇天后土五岳四瀆以哀痛之旨誕告多方下感人心上答天戒陛下既已罪己兩府大臣必有遜謝之請小損勳爵而復其位臣等則宿兵困民討伐未効罪之大者請落近職左降一官帶責授二字乃削除經略招討等使名衹管句部署司公事以謝邊陲以警將佐

以勵軍旅如此則天下聞朝廷罪已知陛下之心不負生靈將佐軍旅等見主帥負責知天子必欲破賊即皆震懼甘為艱辛更無僥倖之望臣等得以嚴率其下日夜聚謀上賴威靈可期平定仍請詔下部署以下非大功不錄鈐轄都監非奇功不賞其班行將校軍士等所得功勞依舊量大小酬奬此救弊之端也今西賊漸熾恐謀深入陛下誠能與大臣密議行臣之策天下幸甚如失此機會行恐後時儻朝廷不取臣言則邊上終無大功寖有大患其勢然矣願陛下以大易之旨取古聖人之用心則震而後亨受景福於無窮庇蒼生於大賚臣之愚心謬策盡於此矣所降到誥勑等臣有此一策未敢拜受臣無任云云

謝授知邠州表

臣某言伏蒙聖慈特授臣依前行右諫議大夫充資政殿學士知邠州軍州事及管內勸農使兼陝西四路沿邊安撫使改賜推誠保德功臣者陟降祕殿爲寵甚隆撫按邊庭所寄至重臣中謝竊念臣涉道尚淺立身本孤偶緣英主之知獲厠邇臣之列進登二府參預萬幾議刑賞則不避上疑革僥倖則多招衆怨心雖無愧跡已難安而況親奉德音遠憂邊患既此聞命誠合請行始塵宣慰之名來撫凋疲之俗纔周晉地將適秦關屬府庫之已虛積兵旅之尚衆動費萬計理當三思願假一麾就兼四路亦可處其疆事庶不傷於國財詔旨弗從留居承弼之位表章再

露請陳戎狄之機伏蒙　皇帝陛下俯照臣心特迴
天聽罷政府之重責加仙殿之寵名往守要藩遊按
諸部存茲國體簡于聖心臣敢不即日首塗奉詔行
事生民疾苦可得詢求邊塞機宜更當籌慮用罄臣
節以酬聖知臣無任云云

邠州謝上表

臣某言伏奉制命授臣資政殿學士守本官知邠州
兼陝西路沿邊安撫使已到任訖祕殿清華舊藩要
劇祗膺渙渥伏切震驚臣中謝竊念臣生遭文明幼
蹈聲教登于造秀之級涉彼州縣之勞寖遷榮塗過
被宸眷擢居近府參對大猷詎有興邦之言曾無經
國之効自惟三省必匪乂安願解貳於黃樞請分憂

於紫塞庶供鷹鸇使聊謝輿言伏蒙 皇帝陛下舜聰弗違堯言斯布假禁庭之要職居郡國之長人兼領使名復重邊寄進退以禮足爲儒者之榮本末可言盡出大人之造敢不砥礪風節佩服訓謀不以毀譽累其心不以寵辱更其守副委遇之本意酬保全之大恩臣無任 云云

遺表

臣聞生必盡忠乃臣節之常守沒猶有戀蓋主恩之難忘輒忍須臾之期少舒迫切之懇痛靡自覺辭旨不倫伏念臣生而遂孤少乃從學游心儒術決知聖道之可行結綬仕塗不信賤官之能屈纔脫中銓之冗遽叅麗正之榮恥爲倖人竊論國體昨自明肅厭

代之後陛下奮權之初首承德音占預諫列念昔執卷惟虛無位之可行況今得君安敢惜身而少避聞斥江湖之遠旋塵侍從之班大忤貴權幾成廢放竄羌臣之負險顧將列以難裁乃副帥權仍峻使任亦嘗周旋戰備指目地形力援定川之師始期遇敵誓復橫山之壤亟遏講和雖微必取之功多弭未然之患預中樞之密勿曾不獲辭參大政之幾微益難勝責自念驟膺於寵遇固當勉副於倚毗然而事久弊則人憚於更張功未驗則俗稱於迂闊以進賢援能爲樹黨以敦本抑末爲近名洎忝二華之行愈增百種之謗上繫天聽終辨衆讒因懇避於鈞衡爰就班於符竹一違近署五易名城雖聖恩曲示於便安柰

神道常惡其盈滿請麾上頷蓋遭拙疢之末平息鞅東徐益覺靈醫之不效唯積疢之見困非曉歲之能支神不在形氣將去幹冥冥幽壤倏爲長往之期穆穆清光永絶再瞻之望肝膽摧落精魄飛揚然臣起于諸生歷此華貫兩露澤於數世圭組煥於一門有如臣焉足爲榮矣當瞑目以無憾尚貪生而有云蓋念所惜者盛時所眷者明主雖性命之際已能自通然君臣之間豈易忘報但無恒化以竭遺忠敢憚陳於緒言庶無負於没齒伏望陛下調和六氣會聚百祥上承天心下徇人欲明慎刑賞而使之必當精審號令而期於必行尊崇賢良裁抑僥倖制治於未亂納民於大中如此則不獨微臣甘從於異物庶令率土

永寰於淳風言遂滂零命隨跡殞臣無任惶懼戰惕
之至

范文正公集卷第十六

范文正公集卷第十七

謝轉給事中移知鄧州表

臣某言伏蒙聖恩特授臣給事中依前資政殿學士知鄧州者洊進榮階徃臨善壤允爲兗渥彌集震驚臣中謝竊念臣立跡本孤逢辰甚盛以芻言罔避權登侍從之班以眷奬素隆選預弼諧之列乏增君之善道寡措國之令謀無補當時自安何地遽上借麾之懇實畏在梁之譏餓奉明恩曲加異數假職名於祕殿領使軏於邊藩由朝廷之威靈屬羌戎之欵順方露便安之請忽頒霶霈之私青瑣是登朱轓載啓臣績未著合陳三讓之封君命已行懼致再言之黷進退惶惑不知所裁此蓋伏蒙　皇帝陛下天造曲

成皇暉乆照敦川澤并包之量法山雷善養之經惆
其勤勞致諸安逸示中外之一體保君臣之至懽臣
敢不寅奉朝經躬脩民政孜孜共理少望於前賢蹇
蹇一心無忘於大節臣已一面起發赴任次無任云云

謝在中書日行遣公事不當放罪表

臣某言近准中書劄子伏蒙聖慈以臣等在中書日
行遣李晏男公事不當特放罪者具位之材早虧於
國論大明之照終示於天慈爰霽震霆允爲涣汗臣
中謝向以昧陋叅于幾微心則首公智非周物日視
四方之奏類多庶獄之疑而有告訐以言情僞未究
妖兇既斃證左弗完上開三面之仁在刑惟恤僉重
一成之議至失不經多歷歳時尚騰牒訴伏蒙

皇帝陛下川澤廣納日月委臨察其無他恕茲不及
天地之私至大丘山之戴冀何勝敢不再省前尤一心
後效少贖失中之咎用敷報上之誠臣無任感恩荷
聖激切屏營之至

鄧州謝上表

臣某言伏奉制命授臣給事中依前資政殿學士知
鄧州軍州事已禮上訖瑣闥清品穰都善地處之甚
重惴然若驚臣中謝竊念臣志意本微才力素寡始
干及親之禄俄有得君之遇啓沃無隱出處惟命持
一節以自信歷三黜而無悔頃以氐羌犯塞朝廷旰
食起臣思過之地授臣禦戎之策往罄死力敢圖生
還夙夜一心首尾四載僅免輿尸之禍終無克敵之

勳一旦召還五章陳讓惟求守塞不敢入朝冊煩詔音促登樞右改叅大政俾竭微才革姑息之風則謀身者切齒尚循默之體則愛國者寒心退孤上恩進歛羣怨誠難處於要路復請行於邊鄙方陳豫備之策俄覩綏懷之事廼宣霈澤以安黎元臣以患肺久深每秋必發求去冱寒之地以就便安之所庶近醫藥存養晚年伏蒙　皇帝陛下天覆地生雲濡雨濯進以清近之秩付以優息之藩風俗舊淳政事絕簡心方少泰病宜有瘳實繫寬大之朝將幸康寧之福敢不孜孜于善戰戰厥心求民疾於一方分國憂於千里上酬聖造少罄臣誠臣云云

謝依所乞依舊知鄧州表

臣某言奉勑就知荆南府續准中書劄子奉聖旨允所乞依舊知鄧州者明命已行輒希改易危誠既露俄遂便安臣志獲宣天慈洞報臣中謝臣涉道素淺立身最孤早由睿哲之知荐更繁劇之任頃升近弼思副上心以道直前雖危不避竭肝膂以論事犯雷霆而進忠未酬天地之恩已掇風波之議尚蒙聖渥俾守善藩忽此就遷實隆倚任臣以本朝盛德優禮近臣多處京輔之間以存國體之重而又子有疾恙日常憂虞與復困道塗仍遠醫藥遂至再三之瀆庶通萬一之情伏蒙　皇帝陛下曲軫洪私特回中旨許留舊治免涉長川蓋推體貌之恩曷副照臨之意敢不拳拳民政戰戰官箴誓堅介石之心仰荅高穹

之造臣云云

杭州謝上表

臣某言昨奉勑就差知杭州軍州事已到任禮上訖江海上游東南巨屏所寄至重爲榮極深臣中謝竊念臣生稟迂踈親逢明盛居常苦節動必危言踐揚諫諍之曹傾盡諮詢之地至於往司戎事屬當元帥之權入奉聖謀爰厠大臣之列有致君之素志乏代天之懿功魏相之數陳便宜頗蒙納用汲黯之多犯顏色敢憚見踈雖遼隔於明天亦荐分於善壤共理吳會之域奉揚唐虞之風跡雖遠而獲安年已高而就逸此蓋　皇帝陛下天施廣育海務兼包寵優舊臣恩全晚歲臣敢不抱公忠之節始終弗回體旰昃

之憂遠邇咸乂茲方面副于宸心臣云云

謝賜鳳茶表

臣某言入内西頭供奉官麥知微至傳宣旨撫問臣仍賜臣鳳茶一合者臣久離帝右曷測天衷異恩一臨羣疑盡決臣中謝竊念臣至誠許國孤立事君屢觸雷霆之威數蹈風波之險一心自信三黜寧逃方安江海之情敢覬雲天之問伏蒙 皇帝陛下仁存舊物澤被遠臣聖訓丁寧皇慈委曲念犬馬之微志錫龍鳳之上珍馨掩靈芝味滋甘醴濯五神之精爽袪百疾之煩允彰仁壽之恩特出聖神之眷謹當餌爲良藥飲代凝冰思苦口以進言勵清心而守道上酬君父旁質神明臣云云

謝轉禮部侍郎表

臣某言伏蒙聖慈特授臣尚書禮部侍郎依前充職者渙汗自天震惶無地循牆弗獲致寇是虞臣中謝伏念臣布素寒姿斗筲微器初縻下士之祿忽塵上聖之知歷升近班嘗預大政深自感激詎爲因循御祖宗之謀請行故事懷社稷之計動發危言雖欲必盡其心奚能久安於位遽彰無狀誠合有誅而聖意始終天慈曠蕩尚寘名於祕殿復蒙幸於善藩大拙云藏人言用息莫聞課最敢覬龍光伏蒙　皇帝陛下雷霆霽威日月還照未忘圖舊不次推恩擢登宗伯之曹上應文昌之緯職命如故爵數甚隆徒執讓以弗諧止服榮而爲懼臣敢不夕惕三省寅恭一心

進則盡憂國憂民之誠退則處樂天樂道之分上酬
聖遇用竭愚衷臣云云

乞召杜衍等備明堂老更表

臣某言伏覩朝廷行明堂宗祀之禮誕告天下臣守在
遠方不獲榮觀大慶思有補益輙兹狂易臣中謝臣
聞易曰大觀在上言天下所觀在國家之爲也自古
國家興行風教使天下觀之必先乎廟周人祀文王
於明堂以配上帝所以示天下尊親之道漢顯宗永
平二年春正月祀光武於明堂其年冬十月養三老
五更於辟雍三老五更以二千石禄養終厥身前史
紀之爲令王之盛節伏惟　皇帝陛下稽古奉先行
明堂大禮尊奉三聖配帝而饗普天率土咸知舞抃

至於三老五更之典冣爲盛德宜可兼而行之如前
兩府老臣惟太子太保杜衍太子少傅任布在焉衍
直清忠藎勤勞弼亮布廉潔不渝並足知退皆可備三
老五更之選儻朝廷以禮大數煩難於並舉亦可召
至俾陪觀大禮及覃慶之際特加恩獎是亦兼行養
老之典也臣又覩工部侍郎致仕郎簡執節清素處心
雅尚優游泉石樂於吟詠今八十三歲精明不衰月
俸之餘不治生業此則臣所目見之也而歸老十餘
年不曾遷改亦無錫賜況天下似此近上老臣甚少
不難旌獎如郎簡則去京遥遠難行召命可遥均三
老五更之慶伏望聖慈稽考舊章特加恩禮自餘致
仕官亦乞朝廷別賜推恩寔是當尊親之朝兼行養老

之典足以表大禮之盛彰上聖之仁興天下之孝悌光搢紳之耆舊史官書之爲陛下之至德曄曄于千古干冒天威臣不任大願戰汗云云

青州謝上表

臣某言奉勑就差臣知青州充青淄等州軍安撫使臣到任交割句當者海岱之區地望攸重岳牧之任邦選甚隆拜命以還戴榮而懼臣某中謝竊念臣賦才寡薄抱節孤危會遇不倫進擢無狀發言多忤非輕去明主之恩觸事爲憂所重在太平之業未消塵未補覆載何酬尚玷鴻私屢加優寄漸兹衰朽期以退藏伏蒙　皇帝陛下天量庇全聖衷收采改此劇藩之守謹諸連帥之權臣敢不逾勵夙宵虔分盱具體

九重之深造安千里之含生土副聖求少圖忠効臣

云云

范文正公集卷第十七

范文正公集卷十八

代人奏乞王洙充南京講書狀

右臣聞三代盛王致治天下必先崇學校立師資聚羣材陳正道使其服禮樂之風樂名教之地精治人之術蘊致君之方然後命之以爵授之以政濟濟多士咸有一德列于朝則有制禮作樂之盛布於外則有移風易俗之善故聲詩之作美上之長育人材正在此矣國家崇儒敦古右文致化三京五府多建庠序當州近輔之郡宜崇治本兼至聖文宣王廟已有學舍三十餘間有修學進士二十餘人非有講貫何以發明臣竊見賀州富川縣主簿充應天府書院説書王洙於天聖二年御前進士及第素負文藻深明

經義在彼講說已滿三年伏望聖慈特與除授當州職事官兼州學講說所貴國家教育之道風布於邦畿進脩之人日聞於典籍士務稽古人知嚮方干冒聖聽臣無任云云

求追贈考妣狀

右臣竊露微衷仰干睿聽霆威匪遠淵懼斯深伏覩編勑節文一應京朝官在任未滿不因公事朝廷非時移替在任不曾磨勘轉官者後來同計及三周年不以到闕在任並與磨勘者伏念臣自蒙恩改授京官到今七年除持服月日外亦以四年餘兩箇月不敢僥求磨勘今爲遷奉在近未曾封贈父母竊念臣穉褓之中已丁何怙鞠養在母慈愛過人恤臣幼孤

憫臣多病夜扣星象食斷葷茹逾二十載至于其終又臣游學之初違離者久卒常殞泣幾至喪明而臣仕未及榮親已不待既育之仁則重罔極之報曾無夙夜永懷死生何及今又俯臨葬禮尚闕褒封祭奠之間誌述之際丞玆恩數逼於哀誠身厠登瀛之華親無漏泉之澤剏遇孝理若爲子心今欲將磨勘改轉官恩澤乞先移贈考妣所冀遷晉之日得及追榮況臣在壯年序進未晚伏望　皇太后陛下
皇帝陛下深軫仁仁俯從危素特降曲成之造更覃廣愛之風則人子至榮獲顯親於不次君父大賜必捐軀而是圖臣無任　云云

奏致仕分司官乞與折支全俸狀

右臣伏覩先降勑命指揮乞致仕官三丞以上與一
子身事後來甚有朝官因此陳乞自贊善大夫以下
文武官即未殊恩鮮聞致政臣切見外處句當文武
臣僚幕職州縣每有疾患昏耄之人百姓無告本路
轉運使長吏欲行體量或聞貧虚不忍廢罷臣聞先
王養老莫不推仁在於公朝宜行懋典伏望聖慈應
致仕分司官今後每遇郊禋各與進秩者耋蓋寡優
渥何傷内致仕官并乞與折支全俸况國家折支物
色朽腐無筭又所估太高久宜制置庶能周濟以養
衰殘其文資未有朝散階者仍乞就加庶明尚齒之
恩異於班列其三班使臣判司簿尉以其非大夫之
等未有致仕條例亦乞與兩班上佐等第别降指揮

所貴休官之人不甚失所勸臣下廉退之節彰君親
存覆之仁遂其優閑免於窮困如允臣所奏即乞特
出聖恩指揮

舉歐陽脩充經略掌書記狀

右臣叨膺聖寄充前件職任即日沿邊巡按其有將
帥之能否軍旅之勇怯人民之憂樂財利之通塞戎
狄之情僞皆須廣接人以訪問復盡心以思度其於
翰墨無暇可爲而或奏議上聞軍書叢委情須可達
辭貴得宜當藉俊傑以濟機事臣訪於士大夫皆言
非歐陽脩不可文學才識爲衆所伏往者緣臣之罪
有黷朝聽蓋本人素好議論聞于搢紳只如臣爲諫
官之初杜衍任中丞之日脩皆曾移書責臣等緘黙

無執非獨有高若訥之讓也以此明之實非朋黨若訥知其無他亦常追悔臣切於集事不敢避嫌其人見權滑州節度判官伏望聖慈特差充經略安撫司掌書記隨逐巡按所與書奏並國家之事非臣下之私若不如舉狀臣甘欺罔之罪云云

舉張方平充經略掌書記狀

右臣今分經略安撫都部署司職任在延州又發遣延州兵民公事其應荅諸路文字動涉機宜日不暇給凡有奏報朝廷事須精密臣獨力當之必有謬誤經略雖有判官三員多在本司及別路句當臣昨舉歐陽脩充本路掌書記尋以召歸館閣更不赴任臣竊見著作佐郎通判天雄軍張方平富於文學復有

才用乞朝廷改除充本司掌書記

舉彭乘自代狀

准勑應係兩省臺官尚書省六品已上諸司四品已上授訖具表讓一人自代者

右謹具如前臣奉勑就轉尚書戶部郎中依前充職臣伏見京西提點刑獄尚書祠部員外郎充集賢校理彭乘博學不倦孤立無徒館殿之中獨爲淹久臣今舉自代

舉許渤簽署陝府判官事狀

右臣竊見權潤州觀察推官許渤在鄉曲時衆推孝行登仕宦後自守靜節天禧三年進士及第授初等職官數任別無過犯至今猶是初等清心至行不求

聞達復通經術長於論議苟非叩擊似不能言伏望

聖慈特與改轉京官簽署陜府判官廳公事庶旌廉退之士以抑僥競之風如後犯正入已贓臣甘當同罪

舉滕宗諒狀

右臣竊見知涇州刑部員外郎直集賢院滕宗諒調才公器周於致用曾出聖選擢在諫司當時同列之人並已清顯今涇原已有帥臣本州不屯軍馬别無劇務欲乞朝廷改除於繁重處任使如無稱効及有所犯臣甘當同罪

舉丘良孫應制科狀

右臣伏覩先降勑節文今後應京朝官幕職州縣官

不曾犯贓私罪情輕並許應賢良方正科目者竊以
國家下賢良之詔求補益之言非止掄材將以致治
先王坐以待旦旁求俊乂必以得士爲昌不以限年
爲重臣竊見權燿州觀察推官丘良孫學術稽古文
辭貫道求之多士宜奉大對臣今舉本人堪應上件
科目伏乞朝廷特賜召試若不如舉狀甘俟朝典

舉張昪自代狀

右臣伏蒙聖慈特授尚書禮部侍郎臣伏見工部郎
中集賢殿修撰知潤州張昪筮仕以來清介自立精
思劇論有憂天下之心純誠直道無讓古人之節朝
野推重臣所不如乞迴臣所授以允公議

舉張伯玉應制科狀

右謹具如前臣竊見祕書丞知并州太谷縣事張伯玉天賦才敏學窮閫奥善言皇王之治博達今古之宜素藴甚充清節自處甞應科舉未親冊對如令仰被清問罄陳大略必能竭前人之正論副大君之虚懷擇而行之有補聖政臣今保舉其人堪充應賢良方正能直言極諫科若不如所舉臣甘俟朝典

舉張問孫復狀

右臣伏覩赦書節文應天下懷材抱器或淹下位或滯草萊委逐處具事由聞奏臣竊觀國家居安思危搜羅賢俊以充庶位使民受賜此安邦之正體也臣竊見試將作監主簿張問文學履行有名於時前應茂材異等科冊考中式以父喪不得就試近上封事貽

霑國恩職不稱才衆知沉俊臣又見兖州仙源縣寄居孫復元是開封府進士曾到御前素負詞業經術今退隱泰山著書不仕心通聖奥跡在窮谷伏望朝廷依赦文採擢張問乞除一陜西藩鎮職事官孫復乞賜召試特加甄奬庶幾聖朝渙汗被于幽滯

除樞密副使召赴闕陳讓第一狀

右臣等各准中書劄子奉聖旨令臣等交割本職公事與鄭戩管句訖乘遞馬疾速發來赴闕者臣等未立邊功忽承召命必慮别有進擢實不遑寧伏縁臣等自領經略之任竭心戎事其於邊上利害軍中情僞年歲之後方能諳悉至若倉卒之際賊謀百端熟於見聞始可料度且朝廷舉天下之力應副西事于

今累年賊氣尚驕屢爲邊患是朝廷責臣等立効之秋臣等盡節報國之日况賊界雖來請和或恐盟約未合近復却有點集事宜將來倍須禦備今去防秋只是百餘日間夙夜經營猶恐闕漏臣等若更離去或致踈虞不惟上悮朝廷愈長寇孽顯是臣等自貪寵異移過後人雖當萬死何以塞責兼近蒙差降中使宣諭臣等候邊事稍寧用在兩地臣等尋具奏聞且乞依舊陳力此由衷之請天鑒可明即非今來虚有陳讓伏望聖慈念邊事至大不可差失特降中旨允茲至誠許臣等且在本任庶竭疲駑得裨萬一臣等無任云云

第二狀

右臣等奉聖旨令疾速赴闕臣等爲邊事未寧防秋在近已具奏聞乞且在本任去訖竊念臣等自臨邊鄙久阻闕廷入對清光人臣所願忽承召命豈合稽留然事有可憂須當陳列伏自西事以來邊上帥臣數有改易天下知其不便朝廷每曠官承乏不得已而行之臣等四年之中三换邊任不聞成效固當坐責昨以涇原師敗之後朝廷命臣等兼領四路以禦劇寇臣等夙夜議論思有報効奏選將佐促治城寨閱習軍馬完補器械爲向秋之備但西人詣闕方議納和臣等不敢出入塞下恐涉生事然常防慮詐計未甞懈心且西賊前來誓書甚明以四十年之恩信一旦翻覆況今情僞未知復有點集之說此大可憂

防之日也臣等於此處置纔以諳練上下之情方且禀信節制進退庶無大衄若貪冒寵榮輒便舍去則是復有帥臣數易之弊如寇患再作臣等躬親邊事猶懼不濟或遠料賊情則多失機會且臣等自膺寄任蒙朝廷推信日重一日凡百陳請如在帷幄無不施行是臣等遭遇盛明盡節立事之時也所以感激剖述願留歲年或寇患必息則脩固邊備為他時之防如其未寧則與將佐合心持重禦捍宜無深入之憂如賊志倔彊終難調伏則臣等選練兵將於三二年間伏朝廷威靈討服橫山界近蕃以遏外患臣等志在分憂非敢飾讓近名頻煩天聽乞聖慈深照臣等不任云云

第三狀

右臣等近以邊事未寧忽承召命兩陳奏牘且乞在任誠懇斯至利害甚明尚慮朝廷未垂照悉謂臣等以禮爲讓務取虛名俟及再三即當上道是以重煩天聽終期得請竊以處勞而思逸重内而輕外人之常情也今臣等勤勤懇懇且願竭力塞下豈置身艱苦違人情之所樂以矯時干譽者哉誠以經畫西陲于今累歲雖無毫髮之効上副委遇其如軍中之事粗已諳詳况西賊父祖以來蓄養姦謀一旦叛命乘累勝之氣而遣人納和此固苞藏禍心別營兇計今防秋急備都無數月之期臣等若貪冒寵榮便離職任向去或有侵軼害及生靈使朝廷重憂後人當患

則有識之人孰不責咎何施面目以對威顔雖伏顯誅亦無所救故臣等披瀝肝膈屢有奏述且乞在任以盡疲駑特重保邊庶少敗事或且許其盟約未解防虞則願更留歲月之間補完闕漏縱其翻覆不失枝梧萬一寸功有立寇患稍平則朝廷進用有名臣等歸朝未晚愚衷感切天地可明唯君知臣必當鑒諒伏望聖慈開納早賜允俞臣等無任云云

第四狀

右臣等自承召命累上封章乞且留本任聖明之照必察愚衷然慮朝廷謂成命已行不許改易或謂三讓爲禮未賜允可臣等莫遑啓處重煩天聰竊念臣等本以書生昧於兵術朝廷委茲邊事不獲固辭二

數年間勉心彊力徒懷憂憤罔敢暇逸至於勳績絕無稱道雖天心至仁尚賜全宥臣等當自循省更思報効豈復含邊陲之患冒朝廷之寵以取重悔哉所乞且在本任者非敢自謂必能銷殄兇寇以安西鄙蓋臣等受國重委久於戎政或才力不足終坐重責是臣等之分也若不能畢事移患後人而得謂之忠乎況自來帥臣初至則衆多之言爭陳利害於軍民蕃部之中號令處置頻有更改是以邊塞衆情皆要於習舊而憚於新規又將佐勇怯未能盡知倉卒之時指縱或誤則其害不細故未平定間忌在數易此朝廷之所明知況今國家急務在於西陲臣等於此用之不爲不重乞聖慈特迴天鑒使得盡臣子之心

臣等　云云

第五狀

右臣等近者忽承詔旨俾赴闕廷繼上奏封且乞在任未量聖慈果悉愚誠夙夜震惶若無所措伏念臣等自西寇猖獗久當戎事雖才不逮志未有成績若其裁處軍政審料敵情既踰歲年粗亦詳練故邊防憂患之急臣等去就之分前奏備列不敢煩陳今所切者昊賊累次盜邊必先僞達誠款伺我少懈隨即奔衝今又遣人請和往復遷延即過夏月其或盟約未合必是又圖侵軼而朝廷當經營防秋之際動易帥臣送故迎新衆情自擾則於禦捍之事不無麼闕賊如乘我不備適足遂其姦謀則是朝廷以西事爲

輕而以進擢微臣爲重或因此有誤大計更滋冦孽則臣等貪冒寵異情何以安臣等所以知遠在朝廷不若親臨疆埸蓋耳目所接指縱爲便庶於倉卒不失事機况今干戈未寧民力漸屈忠義思奮聖宸重憂宜拔非常之才待以不次之位使其恢宣賢業講求廟筭臣等自當奔走塞下奉行勝略如此則内資帷幄之議外期節制之行用以相須冀乎必濟伏望聖慈察臣等忠藎之懇素有本末實不以内外之職輕重於心早賜允俞使盡臣子之節臣等云云

賀胡侍郎致政狀

伏審侍郎進清崇之爵諧高尚之風耆德尊隆睿恩深厚榮映之下慶仰居多恭以侍郎誠明自天進退

由道宣三德於夙夜被四紀於龍光赫有華名寖多
隂施艱難險阻盡力乎三朝富貴崇高致身乎五福
而乃起達人之觀引大夫之年聰明不衰止足自處
國家興廉讓之節疏澳汗之仁寵數優賢休聲載路
耀錦南國邑子榮太守之歸掛冠東門都人藹大夫
之歎爲儒及此其樂何涯伏惟上爲聖朝倍報崇重
舜好清問方體貌於宿賢國有老成尚彌縫於顯道
某久荷鈞録罔情無任榮觀景仰抃躍之至

范文正公集卷第十八

范文正公集卷第十九

陳乞邠州狀

右臣聞臣之事君也貴先勞而後禄朝之命官也患重内而輕外重内輕外何以收藩翰之功先勞後禄所以勵搢紳之志臣雖無似輒慕前脩臣昨在朝日曾與韓琦同進陝西攻守策又覩手詔云今用何人鎮彼西方又去年秋曾有聖旨令韓琦與臣互换往邊上照管臣遂面奏乞罷叅知政事知陝西一郡兼沿邊安撫使乞不轉官及不帶招討部署之名尋蒙聖恩差充陝西宣撫使又以契丹舉兵西征元昊在河東接近復差臣兼河東宣撫使臣自至河東體量得邊上利害各已奏陳今余靖自北既回必見契丹

無南牧之意臣久住州軍亦慮煩擾欲過陝西即又宣撫使所行諸軍須望特支恩澤緣南郊均賜之後陝西府庫已虛或更行特支又須費十數萬貫如不往陝西則前所上攻守之策復成空言伏望聖慈依臣前來面奏罷參知政事并安撫使只差臣於邠涇間知一州帶沿邊安撫使乞不轉官仍不帶招討部署之名如此則不銷更散特支自可就近處置邊事臣此直誠並守前奏俟三二年間邊事寧息攻守有備儻聖恩未移用臣不晚庶朝廷無內重外輕之失臣亦有先勞後祿之効進退始終良得其宜臣無任

云云

陳乞鄧州狀

右臣聞理之安危固當殊體官之廢置蓋孰可冒居竊
念臣昨廁台司日瞻宸扆親承睿詔俯念邊防思得
邇臣往分重寄臣既獲聞命因敢請行遽將宣慰之
恩來安屯戍之旅臣以戎情未測備預當嚴碩領一
藩兼按四路欲將臣與韓琦所上邊策躬親施行尚
蒙朝廷付茲職任臣自到豳土已逾半年復以前策
奏陳庶逃尸素朝廷以彼戎欵順方用柔懷不欲脩
威恐成生事臣之所上必可寢停今又覩朝旨據鄜
延路奏所定疆界並已了當仰保安軍鎮戎軍権務
通行博易者事或寧靜理當改更其陝西邊事自有
逐路經略使處置惟此四路安撫司今後別無事務
欲乞朝廷指揮廢罷臣則宿患肺疾每至秋冬發動

若當國有急難之時臣不敢自求便安且當勠力今
朝廷宣示西事已定況邠州元係武臣知州伏望聖
慈恕臣之無功察臣之多病許從善地就訪良醫於
河中府同州或京西襄鄧之間就移一知州取便路
赴任示君親之至仁從臣子之所望實繫聖造得養
天年臣無任瞻天望聖云云

與李宗易向約堪任清要狀

准御史臺牒准慶曆八年五月十四日勑節文於內
外升朝官曾任通判成資以上人內堪任清要任使
者各同罪保舉貳名並須歷任無公私過犯及不是
見任兩府并自已親情方得奏舉或雖公罪杖以下
情理輕亦許論薦者右謹具如前臣伏見知絳州職

方員外郎向約生相輔之家而能專儒學謹官業廉貧苦節慎靜寡過臣前知潤州日約爲通判備見操守後來累次爲郡皆有理績推舉甚衆未蒙奬擢知光化軍屯田員外郎李宗易天禧三年進士第九人及第素負詞雅居常清慎有靜理之才無躁進之跡今在隣邑稔聞治狀人憂其去吏不敢苛此二人者久於揚歷各有行實並堪充清要任使如朝廷擢用後犯入己贓臣甘當同罪即不是見任兩府并自己親情歷任並無私罪内有公罪者亦係杖已下情理不重謹具狀奏聞伏候勅旨

舉張諷李厚充青州職官狀

伏奉勅命就差知青州兼安撫使已到任訖今具合

奏辟官二員如後一前御史臺主簿張諷文學懿贍履行純雅未升科進的有才稱欲乞朝廷采於清議推以異恩特賜召試授一出身差簽署青州觀察判官廳公事新注下正官王嘉祥即今未到乞勘會京東路節鎮别除一處一鄧州南陽縣主簿李淳進士出身素有文行涉道且深到任已成一考見權鄧州職官欲乞朝廷特除權青州兩使推官兼管句安撫司機宜文字節度推官近新到任乞移側近州郡如難得闕即乞許令安撫司差權見闕官處句當所貴不住俸給况本路見闕官數員右謹具如前臣受國寄任日憂曠闕或得此二人助其不逮庶無敗事如朝廷擢任後犯入己贓及不如舉狀臣並甘當同罪

謹具狀奏聞伏候勑旨

薦李覯并録進禮論等狀

右臣聞古之明王坐以待旦旁求俊乂蓋將盡天下之才成天下之務故爲臣者以舉善爲忠亦將竭知人之明副待旦之意也臣親逢聖旦嘗忝輔臣輒慕前脩之爲少荅非常之遇臣伏見建昌軍草澤李覯前應制科首被召試有司失之遂退而隱竭力養親不復干禄鄉曲俊異從而師之善講論六經辯博明達釋然見聖人之旨著書立言有孟軻楊雄之風義實無愧於天下之士而朝廷未賜采收識者嗟惜可謂遺逸者矣臣竊見往年處州草澤周啓明攻於詞藻又江寧府草澤張元用及近年益州草澤龍昌期

並老於經術此三人者皆蒙朝廷特除京官以示奬勸臣觀李覯於經術文章實能兼富今草澤中未見其比非獨臣知此人朝廷士大夫亦多知之臣今取到本人所業禮論七篇明堂定制圖序一篇平土書三篇易論十三篇共二十四篇爲十卷謹繕寫上進伏望聖慈當乙夜之勤一賜御覽則知斯人之才之學非常儒也其人以母老不願仕宦伏乞朝廷優賜就除一官許令侍養亦可光其道業榮於閭里以明聖人在上下無遺才若不如舉狀臣甘重受顯典謹具狀奏聞伏候勑旨

進故朱寀所撰春秋文字及乞推恩與弟寘狀

右臣伏見故秘書丞集賢校理朱寀幼有俊材服膺儒術研精道訓務究本源越自經庠擢升文館力學方起美志未伸不幸夭喪深可嗟悼寀春秋之學爲士林所稱有唐陸淳始傳此義學者以爲春秋之道从隱而近乃出焉寀苦心探賾多所發揮其所著春秋指歸等若干卷謹繕寫上進乞下兩制詳定如實可收采則乞宣付崇文院又念其人家道貧窶妻息孤窮有親弟寘亦習儒業未登禄仕伏望聖慈特霑一命況寀曾任府界提點偶縁病罷别無過犯中前監察御史梁堅蔡禀等亡後亦蒙録用子孫體例頗同不爲僥倖以彰聖朝旌録儒學使其孤幼不墜丘壑亦天地之造也干冒宸嚴臣云云

陳乞潁亳一郡狀

右臣輒陳危悃，上瀆高聰，遜仰雷霆，不任淵谷。切念臣涉道至淺，賦材本下，爰從孤宦，首被聖知，自謂得君，未嘗避事，險易一志，周旋四方。今守東齊，方面亦重，救災禦寇，敢不盡心？而年高氣衰，日增疾恙。去冬已來，頓成羸老，精神減耗，形體尫弱，事多遺忘，力不支持。其青州常程公事，已牒通判職官發遣。其安撫一路九州軍兵馬公事繁多，至於郡縣利害、鄉川寇盜，皆稟本司指縱。自臣抱病，句管不前，上無以分宵旰之憂，下無以逃尸素之誚。惟是奏報文字，臣則竭心勉率，亦多稽緩。揣己量力，實不自安。伏望聖慈，於潁亳二州就差臣一處，所貴閑慢少事，可以養疾。庶

安朽質少保殘年仰祈洪造之私惟誓冊衷之報臣無任云云

論西京事宜劄子

臣近親奉德音以孔道輔曾言遷都西洛臣謂未可也國家太平豈可有遷都之議但西洛帝王之宅負關河之固邊方不寧則可退守然彼空虛已久絕無儲積急難之時將何以備宜以將有朝陵之名漸營廩食陝西有餘可運而下東路有餘可運而上數年之間庶幾有備太平則居東京通濟之地以便天下急難則居西洛險固之宅以守中原易曰天險不可升地險山川丘陵王公設險以守其國此之謂也先王脩德以服遠人然安不忘危故不敢去兵以恃德

也陛下内惟脩德使天下不聞其過外亦設險使四夷不敢生心此長世之策也伏望聖慈未煩下議且留聖意可俟臣口對不備謹冊具狀奏聞

論復併縣劄子

臣伏覩赦書節文西京河陽管界諸縣近經併廢頗聞人民不便並特令依舊臣去年秋纔入中書蒙聖慈差中使催臣言事臣首陳七事内一事爲天下民困由吏役煩重如西京在後漢時三十七萬户置二十縣唐會昌中十七萬户置十九縣今有五萬六千户尚置十九縣是户口十分去七而縣額如舊吏役不減安得百姓不困哉後漢光武詔天下併減四百餘縣此治世之規可舉爲法臣請先於西京減併縣

分以省吏役奉聖旨下范雍并本路轉運使密切相
度聞奏尋據范雍夏安期等奏相度西京縣邑衆多
人戶差役頻併今來減縣邑爲鎮實亦利便除山險
空迥地里闊遠及陵寢所安難爲廢罷外乞併作十
三縣委得允當别無妨礙尋蒙朝廷依奏降勑施行
訖約計減役人一千五六百戶已放歸農官員亦已
省罷訖竊聞後來有臣僚上言或稱縣尉檢覆地遠
且逐縣界分俱不及百里如南方縣分有三二百里
者亦只一員縣尉以此方之甚不遥遠或稱却費軍
人守把其守把軍人即非旋有招置並是本府宣毅
兵士在本府中亦須請受或稱酒税虧額今體問得
逐鎮比舊日却有增盈其所上言皆非害民之事況

無實狀只是坊郭物力之人恐産業閑慢或逐縣公人中有巢穴已成不願更改者因兹妄説不便扇揺人情致臣僚誤有採聞形于奏牘朝廷未深窮究便以爲然改已行之命特作霈恩而不知一千五六百戶免役之家重加勞擾殊非霈恩之意只是坊郭物力之人縣邑狡猾之吏遂其志願僥倖歡呼必有作感聖恩道場以惑朝聽者其鄉川之民弃農就役復爲愁苦是害其本而徇其末也且光武之朝詔下併四百縣何號令之行無敢沮者今朝廷止併六縣而號令已出敢有沮言是國家命令不行於外恩澤不逮於民矣國政如此則天下無事可行皆欲守因循之弊弊不可救亂所由生且西京在漢時三十七萬戶

置二十縣今五萬六千戸置十九縣其吏役勞擾亦甚明白非隱昧之事臣爲近輔請行此令者蓋欲蘇息窮民且非利已緣親奉德音并降中使促令論列時事非臣輙有改易況典故甚明非出自胷臆如上言不當乞朝廷直行黜罷不銷重擾生民而沮此一議若轉運使等定奪不當亦乞朝廷駮下不當事件特行勘問明示責降自然利害分别中外無疑臣本上言之人如不黜罷其元定奪之官又不勘問却將重擾生民之事作恩宥施行於體不便不知令諸縣仍舊恵及何人臣爲朝廷惜此一舉使天下無復有省役息民之望伏望聖慈指揮西京未得追擾放役之人别候朝廷指揮更年歲間利害既明謗議自息

所以懇懇上言者盖爲輔臣知利害不能執守則國家之惠必不能行生民之弊亦不能去儻朝廷以臣僚上言爲是以臣所言爲非即乞依臣所奏早加勘劾速行降黜臣即方敢伏罪不復論列取進止

乞修京城劄子

臣危言孤立幸荷聖知當此旰昃之憂豈可循默自守雖言而無取亦以盡臣子之心臣先於景祐三年五月初在開封府曾進劄子言西洛帝王之宅絶無儲蓄乞聖慈以將有朝陵爲名使東道有餘則運而西上西道有餘則運而東下數年之間庶幾有備太平則居東京舟車輻湊之地以便天下急難則守西洛山河之宅以保中原當時臣言西洛可營者以備

急難也今北事既動營洛已晚臣今別有愚見請一二以陳之臣竊聞修建北京以禦大敵以臣料之可張虛聲未可為倚何哉河朔地平去邊千里胡馬豪健晝夜兼馳不十數日可及澶淵陛下乘輿一動千乘萬騎非數日可辦倉卒之間胡馬已近欲進北京其可及乎此未可一也又承平已久人不知戰聞寇大至羣情憂恐陛下引憂恐之師進涉危地或有驚潰在爪牙之臣誰能制之此未可二也又北京四面盡平絕無險扼之地儻乘輿安然到彼而胡馬旁過直趨河南於澶淵四向乘凍而渡京師無備將何以支宗廟社稷宮禁府庫皇宗戚里之屬千官百辟之家六軍萬民血屬盡在無金城湯池可倚無堅甲利

兵可禦陛下行在河朔心存京師豈無迴顧之大憂
乎此未可三也假使大河未凍寇不得渡而直圍守
澶淵聲言向闕以割地會盟爲請當此之時京師無
備胡塵俯逼陛下能堅守不動而拒其請乎唐明皇
時祿山爲亂舊將哥舒翰引四十萬兵屯守潼關請
不出戰且以困賊楊國忠促令討賊戰大敗遂陷長
安今京師無備寇或南牧朝廷必促河朔諸將出兵
截戰萬一不勝則有天寶之患朝廷將安往乎昔煬
帝盤遊淮甸違遠關中唐祖據之隋室遂傾明皇出
幸西蜀非肅宗立于朔方天下豈復爲唐矣德宗欲
幸益部李晟累表乞且幸山南以係人心乃知朝廷
萬邦之根本今陝西河北聚天下之重兵如京師搖動

違遠重兵則姦雄奮飛禍患四起臣聞天有九關帝居九重是王者法天設險以安萬國也易曰天險不可升地險山川丘陵王公設險以守其國正在今日矣臣請陛下速修東京高城深池軍民百萬足以爲九重之備乘輿不出則聖人坐鎮四海而無順動之勞鑾輿或出則大臣居守九重而無迴顧之憂矣彼或謀曰邊城堅牢不可卒攻京師坦平而可深犯我若修完京師使不可犯則是伐彼之謀而沮南牧之志矣寇入之淺則邊壘已堅寇入之深則都城已固彼請割地我可弗許也彼請決戰我可勿出也進不能爲患退不能急歸然後困而撓之返則追之縱有抄掠可邀可奪彼衰我振未必不大勝也此陛下保

社稷安四海之全策矣或曰京師王者之居高城深池恐失其體臣聞後唐末契丹以四十萬衆送石高祖入朝而京城無備閔宗遂亡石晉時叛臣張彥澤引契丹犯闕而京城無備少主乃陷此皆無備而亡何言其體哉臣但憂國家之患而不暇顧其體也若以修完城隍爲失體不猶愈於播遷之禍哉朝廷大臣百辟必曉此事但懼議者謂其失體而不敢言臣任在西陲非嘗清問而輒言北事誠罪人也然臣子之心豈敢忘君親之憂況臣素來愚拙惟知報國而不知其受謗矣昔奉春君負販之夫勸高祖都關中而張良贊之翌日命駕臣叨預近列而輒建言比之奉春之僭未甚爲過至於西洛帝王之宅太祖嘗修

蓋有意在子孫表裏山河接應東京之事勢連屬關陝之形勝又河陽據大川之險當河朔河東會要爲西洛之北門又長安自古興王之都天下勝地皆願朝廷留意常委才某重臣預爲大備天下幸甚干犯聖威臣無任云云

又

臣近覩邸報有北使到闕遠近稱慶及見逐處關報事宜却言西北兩界各大點集比疑北使之來未甚誠實以四十年之恩信無故動揺恐非有限之貨能足無厭之心此可大爲之防盟誓不足倚也戎情翻覆自古非一臣竊覩朝廷未修東京而先修北都臣謂東京根本也北都枝葉也雖先朝曾有北都之行

當時有宿將舊兵嘗經大敵然猶上下憂疑盤桓而進今太平已久人情易動又無宿將舊兵不可不過慮也臣見邊上將佐軍旅耻言不武爭乞効命及其臨敵十無一勇臣恐駕前諸班武士務誇膽勇有悞陛下昔漢樊噲對上曰臣願得十萬衆橫行匈奴中季布叱曰噲可斬也昔匈奴圍高帝於平城漢兵三十二萬噲時為上將軍不能解圍今言以十萬橫行是面謾也今陛下自顧左右將軍有如樊噲者乎臣昨上言請修京城宜持重而不動者蓋為此也若乘巡幸北都臣謂有可慮之事者五願陛下思之臣三四年來聞人所傳契丹造舟安輪遇陸可載遇川可濟如南牧而來於滄德之間先渡黃河取鄆濮而襲

我京城陛下虛徃北京而寇入東路此可慮之一也又宗廟社稷皇宫戚里千官百辟六軍萬民之家盡在京師而城池無備寇或大至將何保守此可慮之二也若巡幸北京六軍盡出廻顧京師億萬之中或有姦兇竊發爲亂陛下之心能安於外乎此可慮之三也假使鑾輿未出寇逼澶淵聲言向闕有割地之請既京師無備朝廷能拒其請乎此可慮之四也又胡馬之來必數十萬其河朔之兵當須持重如京城無備畏彼深入必促重兵與之決戰萬一有哥舒之敗則社稷爲憂此可慮之五也願陛下必修京城可禦大患况天子之城古有九重之號未聞以不嚴不固而爲國體也能嚴且固則上自宗廟社稷下及百

萬之衆可安堵矣陛下乘輿不煩順動矣雖寇入東路不得而襲矣彼扣澶淵有割地之請可拒而弗許矣彼求決戰可戒諸將持重而勿出矣彼知京師有備大軍持重則南牧之志不得而縱足以伐其謀矣而復鋭則避之困則擾之夜則驚之去則躡之因其隙而圖焉皆須京師大固然後能行其策近代戎狄爲京師之禍者數四矣不可不大爲之防易曰王公設險以守其國此先聖之訓非臣之所能言也惟聖鑒裁之

乞召還王洙及就遷職任事劄子

臣聞國家求治莫先於擢才臣之納忠無重於舉善臣竊見工部員外郎直龍圖閣新差知徐州王洙文

詞精贍，學術通博，國朝典故無不練達，搢紳之中未見其比。以唐之虞世南、先朝之杜鎬方之，不甚過也。臣在中書日，洙曾求知越州，時章得象以下並言朝廷每有典禮之疑，則問此人，必見本末，豈當許就外任，遂不行所請。尋以撰成《國朝會要》一百五十卷，蒙恩進直龍圖閣，依舊天章閣待講，仍賜金紫，以旌稽古之能也。後以赴進奏院筵會，乃在京諸司常例，得從一日之休，徒以橫議中傷，例譴居外，三經赦宥，未蒙召還，恐非聖朝棄瑕采善之意。臣近見此人來知襄州，復能精勤政治，庶務脩舉，清簡和恕，吏民樂康，乃知其才內外可用。自任工部員外郎已及六考，不求磨勘；直龍圖閣亦又四年，未曾遷改。伏望聖慈不以人之小累而廢其大善如朝廷采鴻儒碩學以備詢訪則斯人之選爲中外所服矧有懿文可以發明議論潤色訓謨欲乞特賜召還儀表臺閣儻朝廷意切生民重其外補則乞就遷近職别領大藩使搢紳之列知稽古有勸爲善弗掩實聖政之端也臣嘗叨近輔知無不言况襄鄧鄰封稔聞善治或不如舉狀臣受上書詐不實之罪如朝廷擢用後犯入己贓臣甘當同罪取進止

范文正公集卷第十九

范文正公集卷第二十

老人星賦 明星有爛萬壽無疆

萬壽之靈三辰之英其出也表君之瑞其大也助月之明但仰祥光莫辨皤然之象方資睿筭斯垂耄矣之名皇家以大洽雍熙咸臻仁壽感垂象之丕變彰御圖之可久爰假號於耆年寔歸美於元后南郊亭處能無鼓缶之歌銀漢經時誰是遊河之友觀夫落落位正熒熒影孤應春秋之候出丙丁之隅視合璧之祥兮未異顧連珠之瑞兮若無象茲黃髮永我鴻圖想天上之宵征寧悲鍾漏顧人間之夕景豈恨桑榆是何上象著明昌時合偶歷數自延於人主名實何慙於國叟月輪遥覩安車之意寧無天駟傍瞻失

馬之嗟何有此蓋君著明德天陳瑞星會茲鼎盛薦乃椿齡增芳華於信史協休美於祥經每覩運行如縱心於黃道無差躔次疑尚齒於青冥足使歷象者考祥占天者改觀掛碧空而的的度清宵而爛爛非時不見如四皓之避秦有道必居若二疎之在漢大矣哉名尊五福位列三光發天文之炳煥符帝德之悠長北闕前瞻獨呈祥於有爛南山俯映共獻壽於無疆士有仰而賦曰天之象兮示勸君之位兮善建實賛天靈之數允叶華封之願又何必周王之夢九而嵩嶽之呼萬者也

老子猶龍賦（元聖之道通變如此）

昔老氏以觀妙虛極棲眞渾元握道樞而不測譬龍

德而彌尊孰可伺珠長存慈儉之寶全疑在沼不離清淨之源宣尼之啓述嘉言發揮至聖謂此眞宗之德若彼時乘之性每去不祥之器劒化同歸常開衆妙之門魚登比盛莫不遺情寵辱放志希夷振淳風而騰驤有便樂上善而游泳無疑所謂性相近也故可則而象之知雄守雌宛訝存身之際絶聖弃智潛疑勿用之時至哲難偕元功莫極知止而過元何有善行而在田可則彼飛昇於天路此逍遥於聖域流沙西去曾無戰野之虞紫氣東來寔有召雲之德豈不以神龍之舉也其變不窮聖人之道也無幽不通一則致霖雨於天下一則宣教化於區中背僞歸眞豈逐葉公之好長生久視寧資豢氏之功不然又安

得深述杳冥盛稱達變忘機而沉椶是擬著經而負圖可見宋纖比聖堪爲折角之流尹喜依仁自得攀髯之便大道卷舒非龍何如言豹隱者胡能比矣稱虎變者近可方諸我名躋四大之間五靈斯會我道配二儀之際三友非踈故能作大匠之宗師闡無爲之妙旨惟尊道而貴德自反古而復始比於或躍之靈蕩蕩乎其聖如此

蒙以養正賦　君子能以蒙養其正

蒙者處晦而弗曜正者居中而弗羣守晦蒙而靡失養中正而可分處下韜光允謂含章之士居上弃智斯爲抱一之君聖人以設彼易文授諸君子者其在蒙之象得此養正之理渾兮若濁下民無得而稱焉

闇然而彰聖功亦在其中矣是以不伐其善罔耀其能惟樸素而是守又濬哲而昌矜故知我者謂我愚不可及不知我者謂我智不足稱務實去華育德之方斯在反聽收視養恬之義相應故得悔吝不生純和自復隱其明而若昧保其終而如始至賢者孟子在養素而弗違亞聖者顏生信如愚而有以是知蒙正相養聖賢是崇欲求乎不失其正必在乎受之以蒙石蘊玉而外質蚌含珠而內融天地何言育物之功潛用龍蛇處蟄存身之道不窮其或謀畫爲先聰明自廣不務淳淳而處每思察察而往則彼蒙也喪乎其真此正也失其所養曷若我知白守黑老氏之教寧忘用晦而明箕子之風不爽至矣哉正之在斯

養亦宜其蘊道德而不衒豈禍福之能隨志士體之而脩身素履無失聖人執之而行化赤子焉知迺有脩辭立誠窮理盡性常默默以存志將乾乾而希聖庶幾進退之間保君子之中正

禮義爲器賦 崇禮明義斯以爲器

禮義交舉聖賢是崇旣覩化人之要爰彰爲器之功脩之於身豈晚成而是慮體之於政見日用之無窮前典可稽格言斯啓假其器而宣其敎尊其義而貴其禮本於太一寧因雕琢之勞見無不爲豈定方圓之體不速而成與世作程于以致滿而不溢于以知用之則行見者之謂智述者之謂明合二美以同歸皆能致用列五常而共久何患易盈是以化彼邦家

器茲禮義其美也混而爲一其設也分而爲二助政教而可大貫古今而不墜宣尼始問於周史雅契求新晉文首定於襄王允符先利豈不以爲君之柄也非禮何持立人之道也惟義是資居上而不我遐棄化下而何莫由斯有之則安在傾欹而莫覩聞而能徙信用捨以從宜是知彼器也利乃生民此器也歸諸君子蓋用之而可資故喻之而有以察其無體可忘尚象之言執以衛身詎有假人之耻念茲在茲無爲而爲但守執虛之戒難忘持滿之規安上治民寧使乎小人乘矣見危致命豈惟乎長子主之今國家稽古不忘宣風遐被其禮也同二儀之節其義也正四方之志覆萬國而無疆通大道之不器

今樂猶古樂賦（民庶同樂今古何異）

古之樂兮所以化人，今之樂兮亦以和民。在上下之咸樂，豈今昔之殊倫。何後何先，俱可諧於雅頌；一彼一此，皆能感於人神。原夫惟孟子之讜猷，激齊王之思慮，惠民之道將進，述樂之言斯著。以謂昔時搏拊，實用洽於羣情；此日鏗鏘，亦足康於兆庶。蓋在乎君臣交泰，民物茲豐，和氣既充於天下，德華遂振於域中。寔萬邦之所共諒，百世之攸同。聽此笙鏞，曷異聞韶之美；顧茲匏土，宛存擊壤之風。孰是孰非，爰究爰度，且何傷於異制，但無求於獨樂。移風易俗，豈惟前聖之所能；春誦夏絃，寧止古人之有作。若乃均和其用，調審其音，上以象一人之德，下以悦萬國之心。既順時而設教孰尊古而卑今六律再推自契伶倫之官五聲未泯何慙虞舜之琴其或政尚滋章民猶勞苦樂雖遵於前代化未暢於率土曷若我咸臻仁壽共樂鍾鼓八風時叙命夔而不在當年萬舞日新教胄而何須往古若然則不假求舊惟聞尊和其制也雖因時而少異其音也蓋理心而靡他播茲治世之音無遠弗届較彼先王之樂相去幾何今國家大樂方隆休聲遐被曾不惑於鄭衛自能和於天地舉今古而酌中與英莖而豈異

省試自誠而明謂之性賦 誠發爲德彰彼天性

聖人生禀正命動由至誠發聖德而非習本天性以惟明生而神靈實降五行之秀發於事業克宣三代

之英稽中庸之有云仰上聖之莫越性以誠著德由明發其誠也感于乾坤其明也配乎日月我生既異初郁郁而有融我性在斯終存存而不竭上智不移無爲而爲藴被精醇之志發爲濬哲之資文王之德之純既由天啓周公之才之美亦自生知故得冠乎人倫立乎聖域所以見至矣之性所以成自然之識究其本也蓋鍾純粹之精及其顯焉乃著文明之德豈不以自誠而明者生而非常自明而誠者學而有方生而德者實兹睿聖學而及者惟彼賢良顔生則自明而臻謂賢人而可擬夫子則自誠而至與天道而彌彰若然則誠之道也既如此明之道也又如彼蓋殊途而同致亦相須而成理發乎仁義遂使跂而

及之著乎聖神所謂誠則明矣且夫明乃誠之表誠乃明之先存乎誠而正性既立貫乎明而盛德廼宣有感必通始料乎在心爲示不求而得終知乎受命于天大矣哉考彼格言見茲元聖施爲可觀於君德動靜必遵於天命由至誠而達至明是爲聖人之性

金在鎔賦 金在良冶求鑄成器

天生至寶時貴良金在鎔之姿可觀從革之用將臨熠燿騰精乍躍洪鑪之內縱橫成器當隨哲匠之心觀其大冶既陳滿籯斯在俄融融而委質忽曄曄而揚彩英華既發雙南之價彌高鼓鑄未停百鍊之功可待況乎六府會昌我稟其剛九牧納貢我稱其良因烈火而變化逐懿範而圓方如令區別妍媸願爲

軒鑑儻使削平禍亂請就干將國之寶也有如此者欲致用於君子故假手於良冶時將禁害夏王之鼎可成君或好賢越相之容必寫是知金非工而弗用工非金而曷求觀此鎔金之義得乎爲政之謀君諭冶焉自得化人之旨民爲金也克明從上之由彼以披沙見尋燕山是務一則求之而未顯一則棄之而弗顧曷若動而愈出既踊躍以求伸用之則行必周流而可鑄美兼夫五行之粹三品之英昔麗水而隱晦今躍冶而光亨流形而不縮不盈出乎其類尚象而無小無大動則有成生有鍛鍊誠明範圍仁義俟明君之一大用感良金而自試居聖人天地之鑪亦庶幾於國器

臨川羨魚賦 嘉魚可致何羨之有

彼何人斯在水之湄謂嘉魚之美矣臨長川而羨之瞻之在前殊有忘筌之意求之不得寧無結網之思徒觀其紋浪不驚錦鱗咸遂或在藻以安性或戲荷而從類但見嬉游固難馴致當自適於清流若有待於芳餌在淵游泳疑莊叟之夢來依岸噞喁訝平子之書至潑潑晴波在彼中河可以登庖爲籩豆之俎可以昇鼎俟鹽梅之和顧絲緡而則不俯漪漣而奈何凝睇依依控鯉之方安得含情默默思鱸之興何多惜矣空拳眷乎須首止疚懷而肆目自朶頤而奕只幾悔恨於庖無徒諷詠於南有心乎愛矣愧踈破浪之能敏以求之懼速憑河之咎烹鮮尚賒謀之未

嘉弗經營於綱網空顧慕於鱨魦非達士之識矣其愚人之意耶胡不爲施罟之功豈勞彈鋏胡不學投竿之術自取盈車又何必其志營營其圖瑣瑣徘徊乎水澤之畔怏悵於泉源之左亦由射雉之子即亡矢以胡爲待兎之人非設罝而奚可然則有爲者必先其器所羡者何止於魚器則可爲詎見力不足者魚或空羡又豈得而食諸在臨事而求已將觸類而起予五餌不陳釣四夷而莫窒三綱不緝羅兆民而則踈至如居人之常爲邦之彥欲高位而是蹈當崇德而無倦脩天爵而人爵從之何煩徒羡

水車賦 如歲大旱汝爲霖雨

器以象制水以輪濟假一轂汲引之利爲萬頃生成

之惠揚清激濁誠運轉而有時救患分災幸周旋於當世有以見天假之年而王無罪歲者也當其東作云布西成以期何密雲不雨兮若焚若灼而大田多稼兮如渴如饑耒耜之功既至倉箱之望將危豈無陂池抱甕之行曷濟亦有溝洫挈瓶之利胡爲乃有智者樂水而起予梓人治材而和汝謂一漑之可洽俾百兩之斯舉固無傷於濡軌軋軋臨川初有認於埋輪翹翹在渚是車也匪疾匪徐彼水也突如來如補畎畝之不足損谿壑之有餘渤潏騰波忽若刺山之泉湧潺湲去浪漸如澄江之練舒詎見瓶羸那懸綆短流洋洋兮乍若膏潤苗忻忻兮初如律暖載脂載牽幾通鄭國之渠弗馳弗驅自解成湯之旱動將

勢旋發與機會既引重之象著亦救焚之功大河水浼浼得我而不滯不凝原田苺苺用我而無災無害仁常汲下智復鈎深于以見因民之利于以見洗物之心若夫大禹之年應資治水必也高宗之世亦命爲霖至如賢人在輔德施周普五日一風十日一雨則斯車也吾猶不取

用天下心爲心賦 人主當用天下心矣

至明在上無遠弗賓得天下爲心之要示聖王克己之仁政必順民蕩蕩治大同之化禮皆從俗熙熙無不獲之人當其治國牧民代天作主敷至治於四海遂羣生於九土以爲肆予一人之意則國必顛危伸爾萬邦之懷則人將鼓舞於是審民之好惡察政之

否臧有疾苦必爲之去有災害必爲之防苟誠意從
乎億姓則風化行乎八荒如天聽卑兮惟大若水善
下兮孰當彼懼煩苛我則崇簡易之道彼患窮夭我
則脩富壽之方夫如是則愛將衆同樂與人共德澤
浹于民庶仁聲播于雅頌通天下之志靡靡而風從
盡萬物之情忻忻而日用豈不以虚己之謂道適道
之謂權下有所欲吾何可專一應萬而誠至寡治衆
而功宜堯舜則舍己從人同底于道桀紂則以人從
欲自絶於天必也重乎安危明夫用捨弗凝滯於物
我可并包於夷夏賾老氏之旨無欲者觀道妙於域
中稽夫子之文虚受者感人和於天下若然則其化
也廣其旨也深不以己欲爲欲而以衆心爲心達彼

群情侔天地之化育洞夫民隱配日月之照臨方今穆穆虛懷巍巍恭已視以四目而明乎中外聽以四聰而達乎遠邇噫何以致聖功之然哉從民心而已矣

范文正公集卷第二十

范文正公别集第一

古詩

寄石學士

家有清白志所寳甑中塵休去無生涯老來猶苦辛
一麾了婚嫁萬事盡精神與君嘗大言定作青山鄰
蹭蹬未携手得無羞故人

江樓寄希元上人

清言一以遥默默江樓上安得如白雲無心兩相忘

酬和黄太博

占籍東南美蔚蔚槙中議懿行希聖賢高文並桑游賜
伊余鬓已秃偶繼立朝士何以宣王政甘爲世所棄
酌以廣州泉不易伯夷志直哉心如絃安慮世道邊斃

竊嘗力於古秉筆庶幾至孰爲未聞達聊以造退幽祕
夫君鏘以名尤爲世之器贈我百餘言升堂出耑示
土木朽且陋黼黻謬增費毋溢煩刻畫返朴吾所愧
華飭愛士心蓬壺延寸地何人薦於子當彼得言位
吐以胷中奇落落金玉繼九虛高可游凌厲垂天翅
吾將退而隱尚得榮其視

滕子京以眞籙相示因以贈之

泰山采芝人吏隱清淮濱金函祕寶籙奉之如京亶眞
謂子有仙志與言一相示叩頭鳴天鼓玉書粲然異
白雲引輕素朱絲闌靈篇題云天寶歲傳於任回風仙
兵火換九州于茲三百年非有靈物持此書安得侍全
緑字起龍蛇丹文掛星斗六甲當奉行百神廼奔走

寥寥天上語忽忽人間有與君置青山解冠松桂閒服此上清籙上清庶可攀無爲塵土中草草凋朱顔

送徐登山人

重君愛詩書孜孜不知老白髮末理生惟談聖人道愛君妙山水所得是神氣尺素寫林巒邈有千里意今日江南行孤雲無繫程直指九華峯去掃先君塋却來華陽川與我溪上盟行歌紫芝秀坐嘯清風生練真變金骨飄飄朝玉京結成物外游忘此天下情

匣劍

靈劍經年匣決雲誰爲高報人如有道何認問吹毛

南園

南園萬樹花極目春芳麗林下老成人相招植松桂

行歌

行歌春滿路坐歌春滿園花前人自樂桃李豈須言

明月

明月照前墀朱絃奏流水清風如未回敢望無雲起

南樓

南樓百尺餘清夜微埃歇天會詩人情遺此尚高月

送陳瓌秀才遊金陵

君有江南行爲君歌以喜龍盤山萬曲練靜江千里
江山不可空台星照吴中相國隴西公時鎮金陵古來主謝地
今有周召風而閒揚謂與鄭戩萬丈光相映煌煌聚
宰府金陵一何盛此去知己賢雅客情無邊白雲起
江樹明月逐江船雲月共徘徊長歌如遊仙歸來笑

春風白日登青天

過方處士舊隱

某景祐初典桐廬郡有七里瀨子陵之釣臺在而乃以從事章岷往搆堂而祠之召會稽僧悅躬圖其像於堂洎移守姑蘇道出其下登臨徘徊見東嶽絕碧白雲徐生云方干處士之舊隱遂訪焉其家子孫尚多儒服有楷者新策名而歸因留一十八言又圖處士像於嚴堂之東壁楷請刋詩于其左詩見前集

送歐伯起

天與神交忽解携一溪風月更同誰自甦蕭洒如猿鶴却向周郎怨别離

九日

欲賦前賢九日詩茱萸相鬬一枝枝可憐宋玉情無限争似陶潛醉不知緑鬢愛隨風景變黄華能與歲寒期登高過處狂多少笑殺襄陽拍手兒

送虎丘長老

暫向天台叅衆眞虎丘風月遠隨身瓊臺肯便長棲去無限人間未度人

寄潤州龐籍

北固高樓海氣寒史君應此凭欄干春山雨後青無限借與淮南洗眼看

送湛公歸四明講席

滿面南風指四明山長水曲不勝情自言此去雲林下惟講華嚴報太平

和龐醇之見寄

北樓千尺午猶寒冉冉飛塵不可干横望滄溟了無際貴人休向畫圖看

依韻和胡使君書事

都督再臨横海鎮集仙遥輟内朝班清風又振東南美好夢多親咫尺顔坐嘯樓臺凌皓月行春鼓吹入青山太平天子尊耆舊八十王祥未賜閑

贈吳秀才

萬戶侯家幾葉孫弟兄紅旆獨烏巾携琴又入廬山去誰信朱門有逸人

依韻和龐殿院見寄

二十年前已定交而今鵬鷃各逍遥但能賈傅親前

席何必蕭生意本朝直節羨君如指佞孤根憐我異
凌霄凌霄花名生且有托莫將富貴移平昔彼此清心髮半凋

依韻和魏介之同遊玉仙壇

雲壇共上百神清碧塢紅霞相照明幽草欲迷丹井
處亂峯依舊白雲生亭亭翠巘高杉矗險險狂雷落
石轟轟待得九霄鸞鶴馭玉書應改地仙名本傳云玉作遼地仙也

依韻和介之未開菊

本非桃李色佳節敢先開席上無言晚霜前幸未摧
芳心應有待眞賞直須催願上金樽壽何傷蝶不來

依韻酬池州錢綺翁

天涯彼此勿冲冲內樂何須位更崇白髮監州身各
健青山遶郭景多同日高窻外眠方起月到樽前宴

未終况在江南佳麗地重陽猶見牡丹紅鄱陽牡丹有四時開者

寄題溪口廣慈院

越中山水絶纖塵溪口風光步步新若得會稽藏拙去白雲深處亦行春

范文正公别集卷第一

文正集卷一

益

范文正公別集卷第二

堯舜率天下以仁賦 堯舜仁化天下從矣

穆穆虞舜巍巍帝堯伊二聖之仁化致四海之富饒協和萬邦蓋安人而爲理肆覲羣后但復禮以居朝當其如天者堯繼堯者舜守位而時既相接行仁而性亦相近内睦九族善隣之志咸和外黜四凶有勇之風遐振聰明作聖濬哲如神一則命羲和而欽曆象一則舉稷契而演絲綸孰謂各行其道但見同致於仁謗木設時惻隱之情旁達薰絃奏處生成之惠皆臻民保淳和政無譎詐實博施而可大亦無爲而多暇茅茨何耻方不富以爲心璿璣有倫惟罕言而自化故得兆民就日萬國慕羶誠同心而同德又何

後而何先水沴久憂曷三月而違也朝綱歷試非一日而用焉然則帝者民之宗焉仁者教之大也帝居大於域内仁爲表於天下諮詢四岳何異樂山之情統御八元允謂長人之者美夫五帝之最百王之宗物無不遂賢無不從于以見昭德於文思于以見播美於温恭殊途同歸皆得其垂衣而治上行下効終聞乎比屋可封大哉光宅無私文明由己稽陶唐之道法有虞之理是則萬彙熙熙咸頌聲而作矣

君以民爲體賦 君育黎庶如彼身體

聖人居域中之大爲天下之君育黎庶而是切喻肌體而可分正四民而似正四支每防怠墮調百姓而如調百脉何患糾紛先哲格言明王佩服愛民則因

其根本爲體則厚其養育勝殘去殺見遠害而在斯勸農勉人戒不勤而是速善喻非遠嘉猷可稽謂民之愛也莫先乎四體謂國之保也莫大乎羣黎使必以時豈有嗟於盡瘁治當未亂寧有悔於噬臍莫不被以仁慈躋於富庶教禮讓而表其修飾立刑政而防其逸豫蒸人有罪諒責己之情深慶澤無私訏潤身之德著豈不以君也者舒慘自我體也者屈伸在予心和則其體僾若君惠則其民晏如永賀休戈攸若息肩之際乍聞擊壤樂如鼓腹之初彼以芻狗可方草芥爲比一則强名於老氏一則見譏於孟子曷若我如蜀辭而比事終去此而取彼觀其可設猶指掌以何疑視之如傷豈髮膚而敢毁大哉一人養民

四海咸賓求瘼而膏言曷有采善而股肱必臻修兆人之紀綱何殊修已觀萬民之風俗豈異觀身今我后化洽風行道光天啓每視民而如子復使臣而以禮故能以六合而爲家齊萬物於一體

六官賦 分職無曠之道行矣

伊六官之設也所以經綸庶政輔弼大君治四方而公共宅百揆而職分克勤于邦同致皇王之道各揚其職以成社稷之勳王者富有八紘君臨萬國何以致熙熙之化何以崇巍巍之德欲行其教必舉賢而援能將致其功故列官而分職乃立冢宰爰命司徒一則執掄衡之柄一則掌土地之圖總其庶官位定而上下皆正敷于五教民成而怨惡曾無至若宗伯

執事而惟和司馬論功而無曠典三禮而稽古統六師而安上俎豆之事登降而不失其宜軍旅之容征伐而無有不當又若司寇之治可畏司空之政惟常主憲綱而有典有則勸農功而無怠無荒御百姓於五刑罔敢作亂宅兆人於九土孰不來王惟兹六官邦國是保叶贊王業恢張聖造所以均天地之化所以全君臣之道軒皇六相稽其義而弗違舜帝五臣比其功而可考夫如是則六官之任也司二儀之理法四時之名于以平天下之政于以安天下之情得其人則聖政咸若失其人則王化不行雖乃武而乃文各從其理體亦同心而同德共輔於文明令國家博采遺賢陟明多士將五帝以齊邁命六官而共理

有以見萬國一家頌聲作矣

鑄劍戟爲農器賦 天下無事兵器銷偃

兵者凶器食惟民天出劍戟而鑄矣爲稼穡之用焉我武不施當四海和平之後公田盡闢啓兆民富庶之先蓋以理定區中文經天下知無用於利器俾改作於良治以謂前王鋒鏑不得已而用之此日鎡錤有以多爲貴者於是施巨槖發洪鑪索矛盾斂干殳鏌耶之鋒冰銷於倏忽轅門之器金鑠於斯須露頴者惟變所適餘刃者復歸於無務材訓農假工人之鼓鑄備物致用取田畯之規模不知我者謂我前功偕棄故知我者謂我欲善其事繇是星陳畎畝之具日新錢鎛之類好戰者隨之而挫鋭力穡者因之而

受賜器非求舊委六師征伐之資日用不知增百姓耕耘之利足使上敦淳朴下無戰爭三農以之勸萬國以之平去故從新茂百穀而寧同百戰深耕易耨闢五土而何愧五兵況乎清淨是崇聲教遐被任甲胄於忠信施干櫓於禮義去彼取此息南征北伐之勞小往大來變東作西成之器是知偃武者除其禍亂勸農者臻乎庶饒五野之豐登時至四方之戰鬭聲銷與世作程鄙黃帝弦弧之智去惡務本笑夏王鑄鼎之明大哉聖政惟新文德來遠務三時而倉箱日益却十德而華夷草偃有以見我后易俗移風敦天下之大本者也

任官惟賢材賦 分職求理當任賢者

范文正公別集卷三　四

官也者名器所守賢也者才謀不羣當建官而公共
惟任賢而職分大則論道經邦帝賚之猷允著小則
陳力就列家食之嘆無聞王者臨萬邦之民列百揆
之職將政理而有截故掄材而不忒示以好爵惟皇
之士攸臻致于周行命世之才盡得始其精選不貳
明揚勿休察其言之所謂觀其行之所脩苟進者不
可不慎待用者予取予求勸農勉人咸委循良之德
處煩理劇悉咨濬哲之謀豈不以官者一人之股肱
兆民之綱紀厥用也雖各司其局厥功也蓋同歸于
理非其人則貽民之憂得其人則致君之美是故每
孜孜於仄席憂在進焉俾濟濟以盈庭野無遺矣蓋
以非賢不文得士則昌度其才而後用授其政而必當

上以見知人之道下以見稱職之方亦如大廈搆興惟美材而是取良工制作得利器而允臧自然讒邪知禁惟君子之是任政教昭宣致王業之不愆庶績咸若羣方晏然其或未精黜陟弗辨媸妍素飡之誚必作嘉魚之詠莫傳曷若我命以鈞衡乃負鼎之明哲升乎諫諍必及霤之忠賢大哉考古典之訓謨觀前王之取捨巍巍堯帝得五臣而洽域中赫赫軒皇用六相而光天下故　我后法二帝之垂衣舉多賢者

從諫如流賦 王者從諫如彼流水

聖人以治歷乾綱思邁前王從忠諫而弗逆觀流水以堪方每行補過之言曾無凝滯或得興邦之議寧

昧激揚矧夫內守宗社外臨華夏臣不興諫則君道有虧君不從諫則臣心莫寫所以導啓沃之致理若汪洋之就下設樽以進似使其狎而玩之折檻弗誅寧見其蹈而死者豈不以君之德也貴納諫而温恭水之性也美隨流而順從故周旋而納善如蕩漾而朝宗詢彼芻蕘豈愧束薪之詠聽諸藥石更疑浮磬之容莫不洞達四聰旁求五諫上既資於獻替下寧生於謗訕聞善必信不爭之勢何殊擇善以從就濕之情無間于以見萬乘之主納賢以虛七人之職竭節而居又何煩於斷鞅豈有悔於觀魚由是忠讜咸臻信智者之所樂俊賢是效見臣心之亦如又何必博聞取規從繩爲執但見弗違於啓乃自可借行於

洒彼所以明虚受之功所以得上善之旨及霤之士雖濡首而何傷補衮之臣思澣衣而可美夫如是則咸聞不諱俱見寡尤上下莫聞於闕政大小皆罄於嘉謀威王之三賞屢行恩波下施晏子之一言見用德澤旁流　我后光被群方柔懷多士陳謗木而聽政建善旌而求理所以彰從諫之心率蹤通而如水

聖人大寶曰位賦（仁德之守光大君位）

聖人以正茲盛位御彼兆民故稱之於大寶實守之於至仁保于域中既永綏於南面貴乎天下自可象於北辰當其穆穆承乾巍巍立極必先安之於位然後崇之以德闡茲神化既天啓於一人固此鴻基方君臨於萬國念茲在茲高而不危于以見大人之造

于以見王化之基是謂國之寶也故得人皆仰之九五之尊求忠信而爲助億兆之上與慈儉以同施故能上配三無下安九有且無反以無側誠可大而可久愼終如始若難得以爲思持盈守成契不貪而是守則知稟其聖者於焉位昌寶其位者於焉化光斯位也既首出於庶物其化也乃日聞於四方亦如位於高明者天故生成而莫極位於博厚者地則養育於無疆夫如是則遐邇具瞻上下交泰言其寶則非常之寶謂其大則強名之大寧憖希代閒千載以居尊豈止連城鎮萬邦而攸賴大哉君以守位位以居君能辨方而是處則行教而有聞聖域旁連想善隣而是比皇圖斯啓覩王度以爰分　我后執契嗣文

垂衣有位並光華於日月齊長久於天地赫赫鴻猷萬斯年兮光被

賢不家食賦（尊尚賢者寧有家食）

國家廣闢四門推賢可尊俾進身於禄位寧退食於丘園出仕文明萬鍾之榮自足不居側陋一簞之樂奚論當其王道勃興聖人在上納忠良而罔怠庶彌諧而無曠敦三接而何善不臻達四聰而無遠弗訪思舉之士效明試於勳庸崇德之人恥素飡而高尚莫不濯纓交進束帶相先上既諧於輔聖下絶見於遺賢克勤于邦自重茵而列鼎不出其位寧鑿井而耕田遂使獻替無虧經綸是假外兼濟於黔首内盡忠於王者行爵出禄但見其聖人養賢論道經邦詎

聞乎君子在野豈不以天下之政也惟賢是經天下之情也得賢而寧所以宅兹百揆所以康彼萬靈靡吟皎皎之駒已縻好爵宜詠呦呦之鹿盡宴明庭彼茹蔬而隱者亦士之醜飲泉而居者何樂之有昌若我美禄是干良時是偶如蛟龍兮得雲雨異鱗鳳兮在郊藪是以子牙就聘求魚豈戀於水濵伊尹逢時執耒寧思於田畝美夫聖主斯在明賢不遐咸簪纓而奉國豈菲薄而在家端冕之前既協鹽梅之用衡茅之下誰興葵藿之嗟士有學稟素風運逢皇極芳勵入官之業獲訟養賢之德幸奏蒭於堯階庶無慙於家食

窮神知化賦 窮彼神道然後知化

惟神也感而遂通惟化也變在其中究明神而未昧知至化而無窮通幽洞微極萬物盛衰之變鈎深致遠明二儀生育之功大易格言先聖微旨神則不知不識化則無終無始在乎窮之於此得之於彼苟精義而入焉如至誠而感矣原其不測識陰陽舒慘之權察彼無方得寒暑往來之理莫不廣生之謂化妙用之謂神視其體則歸於無物得其理則謂之聖人必先賾其眞宰然後識其鴻鈞載審聰明見日居月諸之象寧迷朕兆合春生夏長之仁仰止天倪探諸神造扣寂之情斯至觀妙之言可考不疾而速思左旋右動之機不怒而威悟福善禍淫之道豈不以化之布也無黨無徧神之理也自然而然亦猶究彼靈

蓍審萬象而無失推茲妙律測四時而罔忒若然則
眇覿虛無遐觀妙有知微妙而斯在欲擬議而何後
所以虞舜運璇璣之日不爽昭回仲尼窮易象之年
自明休咎念茲在茲不可不知稽惡盈而是則將應
變以何疑以此觀天通乾道而明矣以斯設教助人
文而用之是以聖人德合乾坤道通晝夜法至神而
有要臻大道而多暇有以見秉堯智以無爲而民自
化

乾爲金賦 剛健純粹其象金也

大哉乾陽稟乎至剛統於天而不息取諸金而可方
外著元亨想有英而可覩中含變化知從革之靡常
原夫聖人之作易也八卦成文百代爲憲索隱而神

道可極取象而物形何遁立夫乾也所以體乎高明爲彼金焉所以尚乎剛健觀其爻繫斯著擬議有倫此則端四德而成象彼則列五行而效珍非同體於煥耀實比德於貞純畫而成三三品之容可玩統而用九九牧之貢斯陳況乎運太始之極履至陽之位冠三才而中正秉一氣而純粹萬物自我而資始四時自我而下施其動也直誰觀躍冶之姿其靜也專更想藏山之義豈不以乾之德也至健於斯金之性也純剛在兹察之則宛若配之則宜其我道易知喻拔沙而既得我功不拔如在礪以焉虧則知爲氷未良喻馬安仰一則消釋而可待一則老瘠而何往曷若我取難得之寶四始亨之象乾之運矣蓋造物而

罔愆金之鑄焉亦制器而不爽有以見確然成務昭乎若金首萬化而道廣方百鍊而旨深始終不雜於陰爻寧虞衆口上下皆稟於剛德若遇同心美矣哉易之取捨有如此者仰運行之在上苟生成之親下故　我后法乾元而居尊致王度之如也

王者無外賦王者天下何外之有

穆穆皇皇爲天下王宅六合而化何有外育兆民而道本無疆廣若乾坤曷有能踰之者明借日月曾無不照之方當其保安宗社混同夷夏運德車而無不至焉闢義路而何其遠也普天率土盡闢宵旰之憂九夷八蠻無非臣妾之者其仁蕩蕩其道平平視之不見尋之無邊誠厚載之象地亦洪覆之配天令出

惟行寧分乎遠者近者德廣所及但見乎無黨無偏若然則包括八紘牢籠九野惟善守於域内乃化成於天下萬邦同式孰謂乎限蠻隔夷四海爲家莫聞其彼衆我寡故得五兵不試四國是訛于以見上下交泰于以見遠近咸和九霄之皇澤下施無遠弗屆萬國之黔黎受賜其樂如何故知覃及鬼方守在海外書同文而車同軌地爲輿而天爲蓋如春之德廣育而萬物咸亨若海之容處下而百川交會大矣哉自南自北覆之育之見兆民咸賴信一人不遺五霸但知據山河而一戰三王有道流聲教於四夷　今我后寅奉三無光宅九有播皇風於無際守鴻圖而可久夫如是四海九州咸獻無疆之壽

范文正公别集卷第二

范文正公别集卷第三

易兼三材賦 通彼天地人謂之易

大哉易以象設象由意通兼三材而窮理盡性重六畫而原始要終二氣分儀著高卑於卦内五行降秀形動静於爻中所以明乾坤之化育見天人之會同者也昔者有聖人之生建大易之旨觀天之道察地之紀取人於斯成卦於彼將以盡變化云爲之義將以存絜静精微之理極其數也必在乎兼而兩之定其位焉由是乎三者備矣若乃高處物先取法乎天所以顯不息之義所以軫行健之權保合大和純粹之源顯著首出庶物高明之象昭宣此立天之道也御陰陽而德全又若卑而得位下蟠於地所以取沉

潛之體所以擬廣博之義寂然不動既侔厚載之容感而遂通益見資生之利此立地之道也自剛柔而功備於是卑高以陳中列乎人剛而上者宜乎主柔而下者宜乎臣愼時行時止之間寧迷進退察道長道消之際自見屈伸此立人之道也敦仁乂而有倫既而明三極之端知八象之謂存擬議而无爽周變通而曷既君子用之而消息聖人執之而經緯亦由璇璣測象括運動於七辰玉琯候時含慘舒於四氣豈不以易之爲書也範彼二儀易之爲教也達乎四維觀其象則區以別矣思其道則變而通之上以統百王之業下以斷萬物之疑變動不居適内外而无滯廣大悉備包上下而弗遺至矣哉无幽不通唯變

所適準天地而容日月畜風雷而列山澤鼓之舞之以盡神統三才而成易

淡交若水賦 君子求友恬淡爲上

伊淡交之相愛諭柔水於前聞惟久要之情不瀆而靈長之德爰分如通潤下之功同行其道似得朝宗之便相薦於君原夫大禮立言後賢是擬將敦切切之契必察湯湯之理非敢乎狎而翫之蓋懼乎數斯疏矣彼以甘而壞者允謂小人此以淡而成焉實惟君子莫不就乂若渴從善如流甘言者不可不畏澡行者予取予求冀獲有中之美免貽中輟之羞義協斷金髣髴淘金之利譽稱連璧依俙沉璧之秋惟德是依因心而友游泳而學海同濟兢慎而禮防共守

寶其忠信懷珠之象，寧賒志在琢磨穿石之功。自有則知甘而交者何能別嫌，淡而交者常如養恬。進弗違於況愛，退不失於流謙。同氣相求，將益潤身之德；見利而讓，必揚絜己之廉。故得久而不渝，誠然可覽。論心而曷有凝滯，投分而每存澄淡。情深結綬，遠思誓帶之流；志在彈冠，潛動濯纓之感。念茲在茲，恬爲淡爲。舍己類不爭之勢，親仁浮就濕之基。如切如瑳，自契激揚之義；同心同德，孰分清濁之姿。士有遠慕前修，聿希令望，每定交而不雜，必推義而爲上。考同人於易象，見賢必親；法上善於禮文，書紳无妄。

養老乞言賦（求善言以資國之用）

年高者不可不養，言善者予取予求。奉黃髮以无怠

垂清問而弗休主善為師尊縱心之耆舊既飽以德
咨逆耳之謀猷仰彼前王垂兹令典謂仁者所以能
受則言也於斯可選肆筵授几聿修尚齒之宜論道
經邦必採无瑕之善莫不崇其盛禮納以明恩登上
庠而有則躋大學以居尊待以常珍用貴皓然之士
裨其闕政是詢耇矣之言養老之美於斯有以一則
崇孝悌之本一則求善教之旨式宴且喜蕘聞大耊
之嗟切問近思屢逆聖人之耳豈不以老者倍年之
長言者善人之資養其老則惟賢是擇乞其言則患
己不知識君臨之所重見父事之攸宜不素飧兮實
舉燕毛之禮善待問者當陳補袞之詞是知捨此則
無以尊德遵此則足以守國大禮載之而為美前王

行之而不忒漢朝定嗣延四皓以咨謀周伯典邦奉太公而取則恩斯勤斯故舊不遺孰侮桑榆之暮景每求藥石之良規祝饐無虧何患乎老夫耄矣沃心有取但見乎聖人則之　今國家治歷萬邦緝熙庶政納老成之嘉話闡誕敷之休命于以見至道勃興與唐虞而比盛

得地千里不如一賢賦　賢寶邦本何地能及

地廣千里功虧一賢故開基之大矣寧命世以生焉附益我疆雖有邦畿之遠發揮王業難居家食之先得不載考謨猷旁稽士實延袤之境以雖衆挺特之才難可失彊吞是戒豈一千乘之多爲禮聘斯行在五百年之間出又何取險包絕壑深控澄江非形勝

於十二貴國士之无雙尋師之道路咸歸何能翼聖展驥之途程盡入詎可經邦是以攻掠无聞柬求可考匪煩開拓之力唯取彌諧之道秦商於而齊即墨非我之求傳巖野而渭水濵是吾所寶唯賢也其功莫料唯地也於用如何自欲得人之盛豈須拓地之多爵舉之流可進之而授賞自極之所難獻之而請和斯蓋意切求賢事非避地雖沃野之咸在諒音才之足懿任附庸之國衆胡比盡忠縱兵賦之數多罔加餘智豈不以賢之得雖少必貴地之有雖多曷能捨地得賢兮邦基以立失賢有地兮國難隨興是故治亂咸繫古先足徵鴻溝割而楚亡惟賢不用昌國去而燕奪何地堪矜在乎啓土圖資虛襟是急皇明

由是以彌遠鴻業於焉而允緝若然則議賢者之深功何百城而能及

體仁足以長人賦　君體仁道隨彼尊仰

聖人受天命體乾文既克仁而是務遂長人而不群法元善之功可處域中之大奉博施之德宜爲天下之君原夫易象洞分乾元光啓謂元之德也莫大乎始生之道生之善也莫若夫至仁之體所以法而用也既不由幹事之貞體以長焉又不預亨嘉之禮君子乃時法斯道力行乎仁侔剛健之克著致惻隱以昭陳敦惠愛以爲心首出庶物得慈和而示化利見大人莫不與合化權潛符天造蓋本生成之禮益見尊崇之道安仁爲念我則俯視於黎氓克己存誠我

則上居於大寶豈不以體其仁則物皆尊戴居其長則民咸悅隨君非仁則曷享於推戴人非長則寧致於淳熙詎三月之違焉道之行也致一國之興矣人皆仰之足可以首四德以居斯冠兆人而在彼不曰仁何以見爲生之妙不曰長何以見居上之美故得萬民以濟咸承煦育之恩百姓不知盡荷發生之理不然何以握圖在上御宇居尊侔乾道之罔息酌仁恩而不煩念茲爲器之人未足與議審彼樂山之士始可與言　方今道化惟微神功至廣用乾剛而不綦奉仁道而无爽所以吾皇體斯道而御寰中故是尊而是仰

陽禮教讓賦 修射崇歛民不爭矣

先王制陽禮於百姓興民讓於九州觀射飲之斯在知政教之所由我弓既張觀德之風遐被朋酒斯饗序賔之義咸修觀其司徒之職既揚王者之教云下使穆穆而鄉飲俾濟濟而燕射將以弧矢之利習彼威儀復於罇俎之間宜其教化至若洞啓澤宮射夫來同内叶和平之志外敦廉順之風揖讓而升非尚六鈞之勇進退可庶不矜五善之功此射之讓也鄉教攸崇又若以年以品會於鄉飲在獻酬之无謬居長幼而必審貴賤位矣三賔之象不踰和樂興焉百拜之容弗寢此飲之讓也國人是稟則知邦禮循循以教萬民所以安天下於不競所以教域中之有倫射不主皮息爭心於君子酒以成禮導和氣於鄉人

是知用之而在化可久廢之而其化則不斯射也可以止其暴亂斯歆也可以樂其富壽所以反當仁之義以勸四方遵成魄之規用寧九有然則爲其陽也取其吉而爲名謂其讓也取其和而不爭于以見莫善於禮于以見與世作程俟以明之罔替君臣之義禮無違者遂諧賓主之情遂使德藝可觀忿肆遄已知沿事以興教蓋因時而立紀故聖人務焉則違之者寡矣

天驥呈才賦（君德通遠天馬斯見）

天產神驥瑞符大君偶昌運以斯出呈良才而必分眸迴紫電鬣委紅雲星精效祥聿歸三五之聖龍姿挺異不羈三千之羣是何降靈霄極薦夢中國啓天

之命光帝之德包羞兮御閑之十二屏跡兮駑駘之萬億曳吳門之練不足以比容竭燕市之金不足以爲直徒觀夫汗血流赭連錢拂驄鮫瘦筋露鸞肥臆豐矯矯焉鯨躍乎滄海昂昂焉鶴出乎煩籠契瑞圖之表述昭神化之感通卒使伯樂居前駭千載之有得王良處右悲一旦之无功得以馴致皇家駿奔帝苑厥生也足比乎房駟之異其來也寧憚乎渥洼之遠雖稱德於絶羣豈代勞而一混首登華廐嘶風休憶於窮邊高驤康衢逐日詎思於長坂豈徒矜半漢銜連乾必也瑞乎聖通乎天騰志千里飛聲八埏歷金埒以腰褭奉玉勒以周旋日馭如親合亞六龍之列瑤池若去請登八駿之先異乎哉神物來宜天意

純嘏掩逸足於千駟華嘉祥於一馬方馳六轡且殊
歸岳之流儻焉皇輿曷如負圖之者是知造化之奇
鍾焉在斯祥麟生而奚匹馴犀至而曷爲寶於大邦
寧徇晉臣之請出於有道豈惟漢帝之時客有感而
歎曰馬有俊靈士有秀彥偶聖斯作爲時而見　方
今吾道亨而帝道昌敢昧呈才之便

稼穡惟寶賦 王者崇本民食爲貴

資時者稼穡務本者惟王顧民食而可貴爲國寶而
允臧田疇播殖之時豈勲種玉倉廩豐登之際寧讓
滿堂稽彼前賢垂諸大雅謂養民而可取必重穀而
無捨惟農是務誠天下之本歟以寶爲名表物中之
貴者耒耜无廢黍稷是崇每訓耕耘之績如敦追琢

之功闢五土之時披沙豈異載千箱之處照乘彼同
蓋以順彼天時美茲政本觀艱難而有獲稱瓌奇而
何損年多膏澤連城之價可期瑞有嘉禾希代之姿
奚遠是知寶金璧者見棄於聖人寶稼穡者克濟於
生民得之則九年利用闕之則百姓食貧多既如雲
寧愧白虹之氣祈於元日似求赤水之珍其或剖巨
蚌以勞心攻他山而竭力在寒暑則非民之服在饑
饉則非民之食徒聞賈禍之辱莫見作甘之德曷若
我東作可嘉西成不忒既堅既好亞父欲碎而何能
如京如坻季子比多而莫得念茲在茲百王不移此
盈疇而是貴彼韞櫝而何爲見三時之有倫如分三
品與四民之共給朝畏四知今　國家崇后稷之功廣

神農之道既豐年以爲瑞蓋惟穀而是寶故能富庶之風告成穹昊

天道益謙賦 天道常益謙損之義

士有探造化之眞筌察盈虛於上天雖秉陽之功不宰而益謙之道昭宣萬物仰生否者由斯而泰矣四時下濟屯者自我而亨焉原夫杳杳天樞恢恢神造損有餘而必信補不足而可考是故君子法而爲政敦稱物平施之心聖人象以養民行裒多益寡之道豈不以謙者物之自損益者時之與昌龍蛇蟄而後震草木落而還芳于以見其物理于以見其天常月既虧而中盈於時不昧陽盡剥而求復其義爰彰然則高明之運也善行无迹盛衰之應也惟變所適苟

守之以謙必受之以益有中之士我則錫元吉而弗違罪已之君我則助勃興而无斁雅契姬文之述何煩太史之占處幽晦者日星必照在焦枯者雨露必霑取類而言如江海之潤下殊塗同致若鬼神之福謙得不觀庶物之情究至理之本貴必始之於賤益乃生之於損既人事之在斯又天道之奚遠高者抑而下者舉一氣无私往者屈而來者伸萬靈何適大哉覆受无遺神之聽之孰虛者不言而應用壯者雖猛何爲卑以自牧之人實受其福貴而能降之者不失其宜　我后上德不矜至仁博施實兆民之是賴无一物之不遂貴退讓而黜驕盈得天道益謙之義

聖人抱一爲天下式賦淳一數敎天下爲式

巍巍聖人其教如神抱一而萬機无事爲式而庶彙有倫秉乎天得之樞羣氓作則立乃道生之化八表還淳老氏有云聖皇无失保環中而可久率天下而守一蓋以一之妙也冠四大而強名式之用焉正萬靈而咸秩莫不冥符妙有胞合虛无察察之機悉去淳淳之理誕敷于以見清淨而不擾于以見易簡而不踰遵黃帝之求珠我眞其未喪契莊生之齊物我化皆乎无臭无聲是則是效包自然之禮樂畜无親之仁孝去奢去泰惟存至道之精自西自東咸被不言之教豈不以一者道之本式者治之筌苟能持於罔象自可制於普天亦若大衍攸虛爲四營之本也太陽无二作七政之首焉豈比夫昧於希夷煩其用捨

滋彰之法著矣沖寂之猷遠也曷若我靜守權輿克寧華夏執此惟精之旨得自寥冥俾諸咸有之風播於上下大矣哉上德不德無爲而爲保谷神而不宰育芻狗以何私政復結繩罔有二三之令理敦執契自爲億兆之規　我后超五帝之功邁三王之德化育而四時爲柄恭默而萬邦承式故得兆人熙熙登春臺而躋壽域

政在順民心賦　明主施政能順民欲

王者廣育黔首誕布皇明闡邦政而攸敘順民心而和平振窮恤貧必俯從於衆望發號施令實允叶於羣情昔管子以祖述大猷發揮明主垂教之言斯著爲政之方可覩以謂逆其民而理者雖令不從順於

民而化焉其德乃普是以究其所病察其所宜禮應時而沿襲教隨俗以彰施欲求乎廣所及也必在乎俯而就之彼患困窮我則濟之於富庶彼憂苛虐我則撫之以仁慈于以見百姓爲心萬邦惟慶无一物不得其所无一夫不遂其性所以感其和氣所以謂之善政故得上下欣合莫聞不協之謀遐邇悅隨每覩易從之命豈不以政者爲民而設民者惟政是平違之則事悖順之則教興乃古今之必重實聖賢之所能示猶梓匠任材因曲直而制作化工造物隨大小而陶蒸是以布政從民者黎元克信驅民從政者羣心不徇思柔遠而能邇必去逆而效順舉刑罰罪因衆棄而方行列爵養賢由僉諧而後進懿夫施此

彝倫洽彼生民在上者弗私其欲居下者孰敢不遵務材訓農皆因民之所利布德行惠常捨己以從人令我后稽古省方順時察俗上克承於天道下弗違於民欲有以見善與物之咸耳實无幽而不燭

水火不相入而相資賦其性相反同濟於用

水火之性也偏其反而水火之利也一以貫之居惟異處動必相資始則无自入焉受諸睽而巳矣中則往有功也取既濟以宜其原夫兩儀肇生五行並命水以流而順火以明而盛一彼一此自分燥濕之情知和而和匪間炎涼之性烈烈湯湯曰陰曰陽其數六者柔而勝其數七者熾而昌六以陰而習乎坎位七以陽而配彼離方離坎誠非其一致陰陽安得而

兩忘雖天生之材本四象而區別蓋日用之利合二體以交相道非獨善功不相遠翻疑乎方以類聚何患乎體與情反作鹹作苦始殊同氣之求曰潤曰炎豈宜相得之晚施之無窮和而不同亦猶天地分而其德合山澤乖而其氣通日月殊行在照臨而相望寒暑異數於化育以同功則知質本相違義常兼濟六府辨盛德之美九鼎洽大亨之惠分而爲二曲直相入以誠難會之有元胡越異心而自契象則遠爾理必依於當異位而有别終同功而靡跌從政者寬猛相須體茲至矣爲道者恬智交養觀此行諸是故躁以静爲君有以無爲用相薄類風雷之益違行然天水之訟我道也不相入而相資與天下之公共者

也

范文正公別集卷第三

范文正公别集卷第四

十六羅漢因果識見頌序

余嘗覽釋教大藏經究諸善之理見諸佛菩薩施廣大慈悲力啓利益方便門自天地山河細及昆蟲草木種種善諭開悟迷徒奈何業結障蔽深高著惡昧善者多見性識心者少故佛佛留訓祖祖垂言以濟羣生以成大願所以隨函類衆聖之詮揔爲大藏凡四百八十函計五千四十八卷録而記之俾無深墜余慶歷初任知政事時西虜背惠侵擾邊隅勞師困民以殄兇醜聖人愛民䘏士命余宣撫河東巡邊居民將士塗中寓宿保德水谷之傳舍偶於堂簷罅間得故經一卷名曰因果識見頌其字皆古隸書乃藏

經所未録而世所希聞者也余頗異之啓軸而觀乃十六國大阿羅漢爲摩拏羅多等誦佛説因果識見悟本成佛大法之頌也一尊七頌揔一百一十二頌皆直指死生之源深陳心性之法開定慧眞明之宗除煩惱障毒之苦濟生戒殺誘善祛邪立漸法序四等功德説頓教陳不二法門分頓漸雖殊合利鈍無異使羣魔三惡不起於心萬法諸緣同歸於善余一句一嘆一頌一悟以至卷終胷臆豁然頓覺世緣大有所悟儻非世尊以六通萬行圓明慧鑒之聖則無以至此方知塵世之中有無邊聖法大藏之内有遺落寶文謹於府州承天寺命僧歸依别録藏之厥後示諸講説高僧通證耆達皆未見聞莫不欽信後於戊

子歲有江陵老僧慧喆見訪因話此頌諸聖祕密世所希聞喆傳之於武陵僧普煥處寶之三十餘年未逢别本余因求副本正其舛駁以示善知故直序其事以紀其因時戊子仲春高平范仲淹序

竇諫議録

竇禹鈞范陽人爲左諫議大夫致仕諸子進士登第義風家法爲一時標表馮道贈禹鈞詩云燕山竇十郎教子以義方靈椿一株老仙桂五枝芳人多傳誦禹鈞生五子長曰儀次曰儼侃偁僖儀至禮部尚書儼禮部侍郎皆爲翰林學士侃左補闕偁左諫議大夫參知政事僖起居郎初父禹鈞家甚豐年三十無子夜夢亡祖亡父聚謂之曰汝早修行緣汝無子又

壽筭不永禹鈞唯諾禹鈞爲人素長者先家有僕者盜用過房廊錢二百千僕慮事覺有一女年十二三自寫券繫於臂上云永賣此女與本宅償所負錢自是遠逃禹鈞見女子券甚哀憐之即時焚券收留此女祝付妻曰養育此女及事日當求良匹嫁之及女笄以二百千擇良匹得所歸後舊僕聞之歸感泣訴以前罪禹鈞不問由是父子圖禹鈞像日夕供養晨興祝壽公嘗因元夕往延慶寺燒香像前忽於後殿堦側拾得銀二百兩金三十兩遂持歸明旦侵晨詣寺守候失物主須臾見一人泣涕至公問所因其人具以實告曰父犯刑至大辟徧懇至親貸得金銀若干將贖父罪昨暮以一相知置酒酒昏忽失去今父

罪已不復贖矣公驗其實遂與同歸以舊物還之加以惻憫復有贈賂其同宗及外姻甚多貧困者有喪不能自舉公為出金葬之由公葬者凡二十七喪親戚故舊孤遺有女未能嫁者公為出金嫁之由公嫁者孤女凡二十八人故舊相知與公有一日之雅遇其窘困則必擇其子弟可委以財者隨多寡貸以金帛俾之興販自後由公而活族者數十家以至四方賢士賴公舉火者不可勝數公每量歲之所入除伏臘供給外皆以濟人之急家惟素儉器無金玉之飾室無衣帛之妾於宅南搆一書院四十間聚書數千卷禮文行之儒延置師席凡四方孤寒之士貧無供須者公咸為出之無問識不識有志於學者聽其自

至故其子見聞益博凡四方之士由公之門登貴顯者前後接踵來拜公之門必命左右扶公坐受其禮及公之亡蒙恩深者有持心喪三年以報其遺德先是公之亡祖亡父夢中告以無子及壽數不永後十年復夢其亡祖亡父告之曰汝三十年前實無子分又壽促我嘗告汝今汝自數年以來名掛天曹陰府以汝有陰德延筭三紀賜五子各榮顯仍以福壽而終死後當留洞天充真人位言訖復祝禹鈞曰陰陽之理大抵不異善惡之報或發於見世或報於來世天網恢恢踈而不漏此無疑也禹鈞愈積陰功年八十二沐浴別親戚談咲而卒五子八孫皆貴顯於朝廷後之稱教子者必曰燕山竇十郎云

某祖與竇公故人祖嘗録於書冊以示子孫爲法惜其不傳天下故録以示好善者庶見陰陽報應之理使惡者知所戒焉參知政事范某述

上張侍郎

某啓聞漢相出守遽彰集鳳之仁蜀客寓言適起攀鴻之志是則感深者惠來而熟闇希遠者景附以誠宜矧嘗赫赫之瞻敢昧菁菁之樂恭惟留守侍郎崇宣古道茂冠人彝濬雅量於玉淵耀華勳於金冊經緯抗魯雲之作論思傾丹石之衷仁助南薫下解吾民之愠道侔東易旁洗庶物之心繇是仙貫日升天姿晝接皇墳帝典奉國府之諮詢周紀漢綱振憲司之風議臺霜載厲心水彌清故得穆穆顧懷師師屬

望叅萬微之景業升克序之康歌象先以清净加人
元崇以應變成務梓人之政大斵於周邦金鑑之功
景鏘於唐室翊宣帝問欽叙疇倫羲鼎載羮既觀於
烹養魯巵在廟俄鑒於歆盈不盡君子之餘廼起達
人之觀劉言黼扆宰讓台衡天章開均逸之慈國論
仰知榮之躅今則倚毗載重名教荐登鳴玉北門寔
奉觀書之座分珪南闕崇司受蘇之都彌重國威益
嚴廟寄蕭侯關內欝隆炎漢之基旦相陝東雅布崇
周之化一人爲之安撫四國爲之承流莫不凝養粹
靈惠綏美俗東陽之翕動揖清風武昌之樓靜延明
月儀刑乎仁壽之域嘯歌乎逍遥之墟浩氣載盈仁
聲允塞然而三輔之隩適賀帶安庶邦之懷未忘高

仰佇見日圍迅命星駕嚴歸兎苑風裕後愛甘棠而益茂龍池天近著温樹之重芳浹麗澤於百靈藹英聲於億載如某者藝疎芳潤行愧直清蜉蝣之術未充蝘蜓之嘲奚解依經敏學耻讀非聖之書約史徇名勉附青雲之士實偶登三之盛獲從旅百之先洽吻吻之鳴誤賡於宸選循婉婉之書謬劘於賓榮詎與洈後之嗟尚踵騰夷之遇伏遇留守侍郎燕金募秀蔡屣延才鐸宣百世之文旌集四方之善遠者近者鼓之舞之某顒若望風惠然入國六經之教郁郁成文三月之韶洋洋在耳而况某辦趨列鎮實附宏都弗違鷄犬之音密奉馬牛之境小國之仰大國亹亹誠敦先知之覺後知循循豈倦竊效封人之請顴觀

魏相之威雖才異唐英未入晉公之幕而時同漢秀燕登梁孝之園如此則慕孤飛之雲或爲霖而有助效百年之幹幸構厦以無遺跡預洪鈞惠聞函夏某卑情無任俟恩激切知歸之至

上大名府主王侍郎啓

某啓聞樂府宏開金石有發揮之望靈臺峻立風雲無隱晦之姿延群奏以咸宣俯多祥而益辯其況當具瞻之際凝真覽之明激揚駕説之音妍醜思皇之俊咸歌樂育孰議容藏恭惟知府侍郎聲盈天端道潤金璧儼神鋒而不耀藴寶器以難名禀自誠之德之純賦將聖之才之美明明詔下諸侯修北海之書穆穆賓來天子得平津之策自是蹈揚仙室遷歷帝

闡青簡婉微謹周孔之垂法王書雅奥含虞夏之遺風故能輔翊天家彖脩皇極沃心必符於舜好論思豈止於曹隨萬化景彰諸華砥定屬一元是問博屬陽之有憂六府既瞻異延平之不懼窑辭岩座遜請藩庭周人詎有於流言魯哲曾無於慍色今則屏臨三輔岳鎮萬封輟妙算於廟中抗雅歌於閫外束兵之伍樂壽域以何長含哺之氓賞春臺之不足佇見下從僉論上迪宸謀金堤啓塗黃樞正位大明禮樂不貽唐相之懈盡養聖賢更廣周文之意神明百揆舞蹈萬邦如某者善遠芝蘭言疎黼黻静忘窺圃顧玉噐之未成進異括囊愧金聲之不振景高山而詎至騰夷路以何稽幸以亨會景炎貢搜寒俊方領矩步

入拜侍郎之庭載纚垂纓出預將軍之幕當瓜期之未及猶蓬累之斯行伏遇侍郎啓闢聖門儀形俊域實斯文之東道乃吾黨之南車是與請見之辭稍露盍歸之志雖拳拳希聖曾無日月之階而肅肅之賢當有神仙之歎庶乎韓宣此日得言在魯之文吉甫異時願上維嵩之頌與親黃閣永戴洪鈞下情無任

賦林衡鑑序

人之心也發而爲聲聲之出也形而爲言聲成文而音宣言成文而詩作聖人稽四始之正筆而爲經考五聲之和鼓以爲樂是故言依聲而成象詩依樂以宣心感于人神穆乎風俗昭昭六義賦實在焉及乎大醇既醨旁流斯激風雅條散故態一變遷律呂脈分

新聲間作而士衡名之體物聊舉於一端子雲語以雕蟲蓋尊其六籍降及近世尤尚斯文律體之興盛于唐室貽於代者雅有存焉可歌可詠以條以貫或祖述王道或褒贊國風或研究物情或規戒人事煥然可警鏘乎在聞

國家取士之科緣於此道九等斯辨寸長必收其如好高者鄙而弗攻幾有肴而不食務近者攻而弗至若以莛而撞鍾作者幾稀有司大患雖炎炎其火玉石可分而滔滔者流涇渭難見曷嘗求備且務廣收故進者豈盡其才而退者愈惑於命臨川者鮮克結網入林者謂可無虞士斯不勤文何以至撰述者既昧於向趣題品者復異其好尚繩墨不進曲直終非

仲淹少遊文場嘗稟詞律惜其未獲竊以成名近因餘閑載加研玩頗見規格敢告友朋其於句讀聲病有今禮部之式焉別析二十門以分其體埶敘昔人之事者謂之叙事頌聖人之德者謂之頌德書聖賢之勳者謂之紀功陳邦國之體者謂之賛序緣古人之意者謂之緣情明虛無之理者謂之明道發揮源流者謂之祖述商搉指義者謂之論理指其物而咏者謂之詠物述其理而詠者謂之述詠類可以廣者謂之引類事非有隱者謂之指事究精微者謂之析微取比象者謂之體物強名之體者謂之假象兼舉其義者謂之旁喻敘其事而體者謂之叙體總其數而述者謂之總數兼明二物者謂之雙關詞有不羈

者謂之變態區而辯之律體大備然古今之作莫能盡見復當旅次無所檢索聊取其可舉者類之于門門各有序盡詳其指古不足者以今人之作者附焉略百餘首以示一隅使自求之思過半矣雖不能貽人之巧亦庶幾辯惑之端命之曰賦林衡鑑謂可權人之輕重辨己之妍媸也所舉之賦多在唐人豈貴耳而賤目哉庶乎文人之作由有唐而復兩漢由兩漢而復三代斯文也既格乎雅頌之致斯樂也亦達乎韶夏之和臣子之心豈徒然耳若國家千載特見取人易方登孝廉舉方正聘以伊尹之道策以仲舒之文求制禮作樂之才尚經天緯地之業於斯述也委而不論亦吾道之忘歟時天聖五年正月日高平

范仲淹序

賀胡侍郎致仕

伏審侍郎進清崇之爵諧高尚之風耆德尊隆睿恩深厚榮映之下慶仰居多恭以侍郎誠明自天進退由道宣三德於夙夜被四紀於龍光赫有華名密多陰施囏難險阻盡力乎三朝富貴崇高致身乎五福而乃起達人之觀引大夫之年聰明不衰止足自處國家興廉讓之節疏渙汗之仁寵數優賢休聲載路耀錦南國邑子榮太守之歸掛冠東門都人藹丈夫之歎爲儒及此其樂何涯伏惟上爲聖朝倍保崇重舜好清問方體貌於宿賢國有老成尚彌縫於顯道其久荷鈞録卑情無任榮觀景仰之至

知杭州謝兩地啓

某啓三月二十一日敕差知杭州軍州事東南得請夙夕趍程地重寄優感深愧集竊念某生禀迂拙進當盛明述不臻於聖門跡久塵於榮路領出師之重任曾莫有功參論道之近司亦惟無狀清光旋遠晦昧所宜爰假會藩即從便道過于桑梓見故老以相榮處茲江湖與嘉魚而共樂允爲天幸出自陶成茲蓋集賢相公權衡以誠神明其照俾蒲柳之微質被霖雨之大私惟寅奉於官箴庶欽崇於鈞造感懼激切依歸之至

移蘇州謝兩府

罪布四方大不可掩寵分千騎得之若驚仰雷霆之

霽威加霖雨而蒙潤報君何道殺身有宜竊念某生於唐虞學於鄒魯一簞之樂素伏於丘園四庫之遊濫升於臺閣而自踐揚諫列對越清光允出遭逢誠當感槩事君無隱必罄狂夫之言涉道未深終乖智者之慮俟竄居於楚澤尚假守於桐廬風俗未殊足張條教江山爲助寧慕笑歌鶴在陰而亦鳴魚相忘而還樂優游吏隱謝絶人倫豈謂蒙而亮亨幽而致顯屢改劇藩之寄莫非名部之行宗族相榮搢紳改觀此蓋相公仁鈞大播量澤兼包示噩噩之公朝存坦坦之言路道茲優渥屈彼典彝茂揚天子之休純彼幽人之吉某敢不黽勉王事寤寐政經佩黃裳之文庶揚於易教詠朱繩之直無忝於詩人上酬乃聖

之知旁荅具瞻之造過此以往不知所裁

謝夏太尉

某蒙恩授前件官者金石之言方形於清舉絲綸之命遽被於鴻私深惟山野之材曷副英豪之薦斯盖某官棟梁王室篁鼓天聲痛么麼之戎夷敢虔劉於封鄙是求參賛將肆殄夷謂其經術粗通可以識國家之體謂其愚衷素慤可以盡兵民之心奏達九清增輝多士敢不竭其素藴輔之至誠震耀我國威張皇我帝筭晉公之幕力希唐士之謀能虞帝之庭誓獻有苗之俘馘英儀所潄狂言不誣

謝賀正啓

某啓伏以青祇布職珠緯窮天授歲律以端時建斗

約而首序賀牘未馳於便置繁文遽枉於圜封荷勤
懇之相先輒佩藏而無斁顧茲令且倍納殊休

論西事劄子

臣聞兵家之用在先觀虛實之勢實則避之虛則攻
之今緣邊城寨有五七分之備而關中之備無三二
分若昊賊知我虛實必先脅邊城不出戰則深入乘
關中之虛小城可破大城可圍或東阻潼關隔兩川
貢賦緣邊懦將不能堅守則朝廷不得高枕矣為今
之計莫若且嚴邊城使之久可守實關內使無虛可
乘西則邠州鳳翔為環慶儀渭之聲援北則同州河
中府扼鄜延之要害東則陝府華州據黃河潼關之
險中則永興為都會之府各須屯兵三二萬人若寇

至使邊城清野不與大戰關中稍實豈敢深入復命五路脩攻取之備張其軍聲分彼賊勢使弓馬之勁無所施牛羊之貨無所集三二年間彼自困弱待其衆心離叛自有間隙則行天討此朝廷之上策也又聞邊臣多請五路入討臣竊計之恐未可以輕舉也太宗朝以宿將精兵北伐西討艱難歲月終未收復緣大軍之行粮車甲乘動彌百里虜騎輕捷邀擊前後乘風揚砂一日數出進不可前退不可息水泉不得飲沙漠無所獲此所以無功而有患也況今承平歲久中原無宿將精兵一旦興深入之謀係難制之虜臣以謂國之安危未可知也然則唐漢之時能拓疆萬里者蓋當時授任与今不同既委之以兵又与

之稅賦而不求速效故養猛士延謀客日練月計以待其隙進不俟朝廷之命退不關有司之責觀變乘隙如李牧之守邊可謂善破虜矣惟陛下深計而緩圖之

道服贊

平海書記許兄製道服所以清其意而潔其身也同年范仲淹請為贊云

道家者流　衣裳楚楚　君子服之　逍遥是與
虛白之室　可以居處　華胥之庭　可以步武
豈無青紫　寵為辱主　豈無狐貉　驕為禍府
重此製師　畏彼如虎　旌陽之孫　無忝於祖

釣臺詩

漢包六合罔英豪一箇冥鴻惜羽毛世祖功臣三十六雲臺爭似釣臺高

送饒州董博士 諱淵點鹿鳴燕之後舉送詩

番國英豪富魯儒同時舉送起鄉閭文章恥學楊雄賦議論羞談賈誼書喜得明珠三十六恨遺壯士二千餘送君直上青霄去行看歸乘駟馬車

送徐允升歸九華

重君樂詩書孜孜不知老白髮未治生惟設聖人道愛君妙山水所得是神氣尺素寫林巒邈邈有千里意今日江南行孤雲無繫程直指九華峯去掃先君塋却來華陽川邀我溪上盟行歌紫芝秀坐嘯清風生鍊真變金骨飄飄朝玉京結成物外游忘此天下情

鄱陽在江左號古郡昔之爲守者固多以賢稱者僅九人而傑出於九賢之中又上唐之顔魯公　本朝之范文正公可謂難得也已二公名氏在史官大節在天下至於文章散落人間雖筆端游戲之餘而典雅純實可以經世而出治垂久而行遠盖其所養得天地之正氣故文亦如之然是邦實二公舊治獨無墨本而間見於他處誠闕典也翊攝之此來首訪而得之鳩工鏤板以傳不朽斯人之眷眷二公雖不繫於文集之有無然使學士大夫家有其書如潮人之於退之柳人之於子厚因書以致其師仰敬慕之意不猶愈於

甘棠之思乎乾道丁亥五月既望邵武俞翊
謹識

番陽郡齋州學有
文正范公文集奏議歲久板多漫滅殆不可讀判府
太中先生嘗謂此郡太守名德如日月之照終古不
泯者在唐則顏魯公本朝則范文正公文正之集士
大夫過郡者莫不欲見其可不整治乎於是委屬寮
以舊京本丹陽集參校且捐公帑刊補之又得詩文
三十七篇爲遺集附于後其間尚有舛誤更俟後之
君訪善本訂正焉淳熙丙午十二月日郡從事北海
綦煥謹識

嘉定壬申仲夏重修

朝奉郎通判饒州軍州兼管内勸農營田事宋　鈞

朝請大夫知饒州軍州兼管内勸農營田事趙　旧櫶

先文正公奏議十七卷韓魏公爲序在昔板行于世雖不復存其政府奏議二帙卷中不載茲得舊本惜多漫滅捋繕寫鋟梓而鄉士錢翼之

見篤樂爲之書於是命
工刋成置于家塾期垂
傳之元統二年甲戌九
月八世孫文英謹識

范文正公政府奏議目録卷上

治體

奏爲安異後合行疎決刑獄等六事

巻手詔五事

奏乞重定三班審官院流内銓條貫

奏議尹洙轉官

續奏乞於職官令録中舉充京官知縣

奏爲赦後乞除放祖宗朝欠負

奏乞指揮國子監保奏武學生及令經略部署司講説

兵書

奏爲置官專管每年上供幷軍須雜物

奏乞兩府兼判

再奏乞兩府兼判

奏乞令兩府詳議百官起請條貫如何經久即令施行

卷下

邊事

三陝西攻策 四河北備策

奏陝西河北畫一利害 陝西一事 河北五事

奏元昊求和所争疆界乞更不問

奏爲陝西四路入中糧草及支移二稅

奏論陝西兵馬利害

奏乞陝西主帥帶押蕃落使

奏乞宣諭大臣定河東捍禦策

奏乞拒契丹請元昊和約

奏爲契丹請絶元昊進貢利害

奏乞將邊任官負三年滿日乞特轉一資

奏乞重定戰功賞格

奏乞編録沿邊部署司條貫宣勅

薦舉

奏乞舉雷藺夫充邊上通判

奏舉姚嗣宗充學官

奏馬懷德乞轉閤門祇候青澗城都監

奏乞酬獎張信

奏乞差宣撫副使

再奏乞名試前所舉館職王益柔章岷蘇舜欽

奏殿直王貴等

奏杜曾張沔

奏乞張去惑許元

奏杜杞等充館職

奏乞將所舉許元張去惑下三司相度任使

雪滕宗諒張亢

雜奏

范文正公政府奏議目錄終

元統甲戌
褒賢世家
歲寒堂刊

范文正公政府奏議上

治體

答手詔條陳十事

伏奉手詔今來用韓琦范仲淹富弼皆是中外人望不次振擢韓琦暫往陝西范仲淹富弼皆在兩地所宜盡心爲國家諸事建明不得顧避兼章得象等同心憂國足得商量如有當世急務可以施行者並須條列聞奏副朕振擢之意者臣智不逮人術不通古豈足以奉大對然臣蒙陛下不次之擢預聞政事又詔意丁寧臣戰汗惶怖曾不獲讓臣聞歷代之政久皆有弊弊而不救禍亂必生何哉綱紀寖隳制度日削恩賞不節賦斂無度人情慘怨天禍暴起惟堯舜能通其變使民不倦易曰窮則變變則通通則

久此言天下之理有所窮塞則思變通之道既能變通則成長久之業我國家革五代之亂富有四海垂八十年綱紀制度日削月侵官雍于下民困于外夷狄驕盛寇盜横熾不可不更張以救之然則欲正其末必端其本欲清其流必澄其源臣敢約前代帝王之道求今朝祖宗之烈采其可行者條奏願陛下順天下之心力行此事庶幾法制有立綱紀再振則宗社靈長天下蒙福一曰明黜陟臣觀書曰三載考績三考黜陟幽明然則堯舜之朝建官至少尚乃九載一遷必求成績而天下大化百世之後仰爲帝範我祖宗朝文武百官皆無磨勘之例惟政能可旌者擢以不次無所稱者至老不遷故人人自勵以求績效今文資三年一遷武職五年一遷謂之磨勘不限内外不問勞

逸賢不肖並進此豈堯舜黜陟幽明之意耶假如庶僚中有一賢於衆者理一郡縣領一務局思興利去害而有為也衆皆指為生事必嫉之沮之非之笑之稍有差失隨而擠陷故不肖者素餐尸祿安然而莫有為也雖愚暗鄙猥人莫齒之而三年一遷坐至卿監丞郎者歷歷皆是誰肯為陛下興公家之利救生民之病去政事之弊葺紀綱之壞哉利而不興則國虛病而不救則民怨弊而不去則小人得志壞而不葺則王者失賢不肖混淆請託僥倖遷易不已中外苟且百事廢墮生民久苦羣盜漸起勞陛下旰昃之憂者豈非官失其正而致其危耶至若在京百司金穀浩瀚權勢子弟長為占據有虛食廪祿待闕一二年者暨臨事局挾以勢力豈肯恪恭其職使祖宗根本之地綱

紀日隳故在京官司有一員闕則爭奪者數人其外任京
朝官則有私居待闕動踰歲時往往到職之初便該磨勘
一無勤效例蒙遷陟此則人人因循不復奮勵之由也臣
請特降詔書今後兩地臣僚有大功大善則特加爵命無
大功大善更不非時進秩其理狀尋常而出者祗守本官
不得更帶美職應京朝官在臺省館閣職任及在審刑大
理寺開封府兩赤縣國子監諸王府并因保舉及選差監
在京重難庫務者並須在任三周年即與磨勘若因陳乞
并於中書審官院頭在京差遣者與保舉選差不同並須
句當通計及五周年方得磨勘如此則權勢子弟肯就外
任各知艱難亦有俊明之人因此對立可以進用如今日
已前受在京差遣已句當者且依舊日年限磨勘其未曾

交割句當却求外任者並聽其外任在京朝官到職句當及三年者與磨勘內前任句當年月日及公程日限并非因陳乞而移任在道月日及陛朝官在京朝請月日並令通計其遠官近地勞逸不同并在假待闕及公程外住滯或因公事非時移替在道月日委有司別行定奪聞奏如任內有私罪并公罪徒以上者至該磨勘日具情理輕重別取進止其庶寮中有高才異行多所薦論或異略嘉謀爲上信納者自有特恩改遷非磨勘之可滯也又外任善政著聞有補風化或累訟之獄能辨冤沈或五次推勘人無翻訟或勸課農桑大獲美利或京城庫務能革大弊惜費鉅萬者仰本轄保明聞奏下尚書省集議爲衆所許則列狀上聞並與改官不隔磨勘或有異同各以所執取旨

出於聖斷仍請詔下審官院流內銓尚書考功應京朝官選人遂任得替明具較定考績結罪聞奏內有事狀猥濫并老疾愚昧之人不堪理民者別取進止已上磨勘考績條件該說不盡者有司比類上聞如此則因循者拘考績之限特達者加不次之賞然後天下公家之利必興生民之病必救政事之弊必去綱紀之壞必葺人人自勸天下興治則前王之業祖宗之權復振於陛下之手矣其武臣磨勘年限委樞密院比附文資定奪聞奏二曰抑僥倖臣聞先王賞延于世諸侯有世子襲國公卿以德而任有襲爵者春秋譏之及漢之公卿有封爵而殁立一子為後者未聞餘子皆有爵命其次寵待大臣賜一子官者有之未聞每歲有自薦其子弟者祖宗之朝亦不過此自真宗皇

以太平之樂與臣下共慶恩意漸廣大兩省至知雜御
史以上每遇南郊并聖節各奏子充京官少卿監奏一子
充試銜其正郎帶職員外郎并諸路提點刑獄以上差遣
者每遇南郊奏一子充齋郎其大兩省等官既奏得子充
京官明異於庶僚大示區别復更每歲奏薦積成冗官假
有任學士以上官經二十年者則一家兄弟子孫出京官
二十人仍接次陞朝此濫進之極也今百姓貧困冗官至
多授任既輕政事不舉俸禄既廣刻剥不暇審官院常患
充塞無闕可補臣請特降詔書今後兩府并兩省官等遇
大禮許奏一子充京官如奏孫姪骨肉即與試銜外每年
聖節更不得陳乞如别有勳勞著聞于外非時賜一子官
者繫自聖恩其轉運使及邊任文臣初除授後合奏得子

弟身事者並俟到任二年無遺闕方許陳乞如二年内非次移改者即許通計三年陳乞三司副使知雜御史少卿監以上並同兩省遇大禮各奏薦子孫其正郎帶館職員外郎并省府推判官外任提點刑獄以上遇大禮合該奏薦子孫者須是在任及二周年方得陳乞已上有該説不盡者委有司比類聞奏如此則内外朝臣各務久於其職不爲苟且之政兼抑躁動之心亦免子弟充塞銓曹與孤寒争路輕忽郡縣使生民受弊其武臣入邊上差遣并大禮合奏薦子弟者乞下樞密院詳定比類聞奏又國家開文館延天下英才使之直祕庭覽羣書以待顧問以養器業爲大用之備今乃登進士高等者一任纔罷不以能否得召試而補之兩府兩省子弟親戚不以賢不肖輒自

陳乞館閣職事者亦得進補太宗皇帝建崇文院祕閣自書屏文重天下賢才也陛下當思祖宗之意不宜甚輕之臣請特降詔書今後進士三人內及第者一任回日許進于教化經術文字十軸下兩制看詳作五等品第中第一第二等者即賜召試試又優等即補館閣職事兩府兩省子弟並不得陳乞館閣職事及讀書之類御史臺畫時彈劾并諫院論奏如館閣闕人即委兩地舉文有古道才堪大用之士進名同舉并兩制列署表章仍上殿稱薦以充其職如此則館閣職事更不輕授足以起朝廷之風采紹祖宗之本意副陛下慎選矣三曰精貢舉臣謹按周禮鄉大夫之職各教其所治三年一大比考其德行道藝乃獻賢能之書于王（賢為有德行能為有道藝）王再拜受之登于天府（天府太廟）

之寶藏也蓋言王者舉賢能所以上安宗社故稱受其名藏于
廟中以重其事也卿大夫之職廢既久矣今諸道學校如
得明師尚可教人六經傳治國治人之道而國家乃專以
辭賦取進士以墨義取諸科士皆捨大方而趨小道雖濟
濟盈庭求有才有識者十無一二況天下危困乏人如
此將何以救在乎教以經濟之業取以經濟之才庶可救
其不逮或謂救弊之術無乃後時臣謂四海尚完朝謀而
夕行庶乎可濟安得晏然不救坐俟其亂哉臣請諸路州
郡有學校處奏舉通經有道之士專於教授務在興行其
取士之科即依賈昌朝等起請進士先策論而後詩賦諸
科墨義之外更通經旨使人不專辭藻必明理道則天下
講學必興浮薄知勸最為至要內歐陽脩蔡襄更乞逐場

去留貴文卷少而考校精臣謂盡令逐場去留則恐舊人扞格不能創習策論亦不能旋通經旨皆憂棄遺別無進路臣請進士舊人三舉以上者先策論而後詩賦許將三場文卷通考互取其長兩舉初舉者皆是少年足以進學請逐場去留諸科中有通經旨者至終場別問經旨十道如不能命辭而對則於知舉官員前講說七通者為合格不會經旨者三舉已上即逐場所對墨義依自來通粗施行兩舉初舉者至於終場日須八通者為合格又外郡解發進士諸科人本鄉舉里選之式必先考其履行然後取以藝業今乃不求履行惟以詞藻墨義取之加用封彌不見姓字實非鄉里舉選之本意也又南省考試舉人一場試詩賦一場試策人皆精意盡其所能復考校日久實少

舛謬及御試之日詩賦文論共為一場既聲病所拘意思
不逺或音韻中一字有差雖生平苦辛即時擯逐如音韻
不失雖末學淺近俯拾科級既鄉舉之處不考履行又御
試之日更拘聲病以此士之進退多言命運而不言行業
明君在上固當使人以行業而進而乃言命運者是善惡
不辨而歸諸天也豈國家之美事哉臣請重定外郡發解
條約須是履行無惡藝業及等者方得解薦更不封彌試
卷其南省考試之人已經本鄉詢考履行却須封彌試卷
精考藝業定奪等第進入御前選官覆考重定等第訖然
後開看南省所定等第內合同姓名偶有高下者更不移
改若等第不同者人數必少却加封彌更宣兩地參校然
後御前放牓此為至當內三人已上即於高等人中選擇

聖意宣放其考校進士以策論高詞賦次者爲優等策論
平詞賦優者爲次等諸科經旨通者爲優等墨義通者爲
次等已上進士諸科並以優等及第者放選注官次等及
第者守本科選限自唐以來及第人皆守選限國家以收
復諸國郡邑之官其新及第人並與放選注官今來選人
壅塞宜有改革又足以勸學使其知聖人治身之道則國
家得人百姓受賜四曰擇官長臣聞先王建侯以共理天
下今之刺史縣令即古之諸侯一方舒慘百姓休戚實繫
其人故歷代盛明之時必重此任今乃不問賢愚不較能
否累以資考陞爲方面懦弱者不能檢吏得以蠹民強幹
者惟是近名率多害物邦國之本由此凋殘朝廷雖至憂
勤天下何以蘇息其轉運使并提點刑獄按察列城當得

賢於衆者臣請特降詔書委中書樞密院且各選轉運使
提點刑獄共十人大藩知州十人委兩制共舉知州十人
三司副使判官同舉知州五人御史臺中丞知雜三院共
舉知州五人開封知府推官共舉知州五人逐路轉運使
提點刑獄各同舉知州五人知縣縣令共十人逐州知州
通判同舉知縣縣令共二人得舉可件所舉之人舉主多者
先次差補仍指揮審官院流內銓今日以後所差知州知
縣縣令並具合入人歷任功過舉主人數聞奏委中書看
詳委得允當然後引對如此舉擇則諸道官吏庶幾得人
爲陛下愛惜百姓均其徭役寬其賦斂各獲安寧不召禍
亂天下幸甚五曰均公田臣聞易曰天地養萬物聖人養
賢以及萬民此言聖人養民之時必先養賢養賢之方必

先厚禄，厚禄然後可以責廉隅、安職業也。皇朝之初，承五代亂離之後，民庶凋弊，時物至賤。暨諸國收復，天下郡縣之官少人除補，至有經五七年不替罷者，或纔罷去，便入見闕。當物價至賤之時，俸禄不薄，士人之家無不自足。咸平已後，民庶漸繁，時物遂貴，入仕門多，得官者衆，至有得替守選一二年，又授官代闕一二年者。在天下物貴之後，而俸禄不繼，士人家鮮不窮窘，男不得婚，女不得嫁，喪不得葬者，比比有之。復於守選待闕之日，衣食不足，償債以苟朝夕，到官之後，必來見逼，至有冒法受贓，賒舉度日，或不恥貨販，與民爭利。既非負罪之人，不守名節，吏有姦贓而不敢發，民有豪猾而不敢制。姦吏豪民得以侵暴，於是貧弱百姓理不得直，冤不得訴，徭役不均，刑罰不正，比屋受弊無可柰何由于制祿之方有所未至真宗皇帝思深慮遠復前代職田之制使中常之士自可守節婚嫁以時喪葬以禮皆國恩也能守節者[illegible]如可制姦贓之吏鎮豪猾之人法乃不私民則無枉近日[illegible]有臣僚乞罷職田以其有不均之請有侵民之害臣謂[illegible]職田本欲養賢緣而侵民者有矣比之衣食不足壞其名節不能奉法以直為枉以枉為直衆怨思亂而天下受弊豈止職田之害耶又自古常患百官重內而輕外窘外官月俸尤更豐足簿尉俸錢尚二十貫今窘於財用未暇增益復臣請兩地同議外官職田有不均者均之有未給者給之使其衣食得足婚嫁喪葬之禮不廢然後可以責其廉節旌其善政有不法者可廢可誅且使英俊之流樂於為[illegible]為邑之任則百姓受賜

又將來陞擢多得曾經郡縣之人深悉民隱亦致化之本也惟聖慈深察天下幸甚六曰厚農桑臣觀書曰德惟善政政在養民此言聖人之德惟在善政善政之要惟在養民養民之政必先務農農政既修則衣食足衣食足則愛膚體愛膚體則畏刑罰畏刑罰則寇盜自息禍亂不興是聖人之德發於善政天下之化起於農畝故詩有七月之篇陳王業也今國家不務農桑粟帛常貴江浙諸路歲糴米二百萬石其所糴之價與輦運之費每歲共用錢三百餘萬貫文又貧弱之民困于賦斂歲伐桑棗鬻而為薪勸課之方有名無實故粟帛常貴府庫日虛此而不謀將何以濟臣於天下農利之中粗舉二三以言之且如五代羣雄爭霸之時本國歲飢則乞糴於鄰國故各興農利自至

豐足江南應有圩田每一圩方數十里如大城中有河渠外有門閘旱則開閘引江水之利潦則閉閘拒江水之害旱澇不及爲農美利又浙西地卑常苦水沴雖有溝河可以通海惟時開導則潮泥不得而堙之雖有堤塘可以禦患惟時修固則無摧壞臣知蘇州日點檢簿書一州之田係出稅者三萬四千頃中稔之利每畝得米二石至三石計出米七百餘萬石東南每歲上供之數六百萬石乃一州所出臣詢訪高年則云曩時兩浙未歸朝廷蘇州有營田軍四都共七八千人專爲田事導河築堤以減水患于時民間錢五十文糴白米一石自皇朝一統江南不稔則取之浙右浙右不稔則取之淮南故慢於農政不復修舉江南圩田浙西河塘太半隳廢失東南之大利今江浙

米石不下六七百文足至一貫文省比於當時其貴十倍而民不得不困國不得不虛矣又京東西路有卑濕積潦之地早年國家特令開決之後水患大減今罷役數年漸已堙塞復將爲患臣請每歲之秋降勑下諸路轉運司令轄下州軍吏民各言農桑之間可興之利可去之害或合開河渠或築堤堰陂塘之類並委本州軍選官計定工料每歲於二月間興役半月而罷仍具功績聞奏如此不絕數年之間農利大興下少飢歲上無貴糴則東南歲糴輦運之費大可減省其勸課之法宜選官討論古制取其簡約易從之術須賜諸路轉運使及面賜一本付新授知州知縣縣令等興養民之政富國之本也七曰脩武備臣聞古者天子六軍以寧邦國唐初京師置十六將軍官屬亦

六軍之義也諸道則開折衝果毅府五百七十四以儲兵伍每歲三時耕稼一時習武自貞觀至于開元百三十年戎臣兵伍無一逆亂至開元末聽匪人之言遂罷府兵唐衰兵伍皆市井之徒無禮義之教無忠信之心驕蹇凶逆至于喪亡我祖宗以來罷諸侯權聚兵京師衣糧賞賜豐足經八十年矣雖已困生靈虛府庫而難於改作者所以重京師也今西北强梗邊備未足京師衛兵多遠戍或有倉卒輦轂無備此大可憂也遠戍者防邊陲之患或緩急抽還則外禦不嚴戎狄進奔便可直趍關輔新招者聚市井之輩而輕囂易動或財力一屈請給不充則必散爲羣盗今生民已困無可誅求或連年凶飢將何以濟贍軍之策可不預圖若因循過時臣恐急難之際宗社可憂臣請

密委兩地以京畿見在軍馬同議有無闕數如六軍亦整須議置兵則請約唐之法先於畿内并近輔州府召募强壯之人充京畿衛士得五萬人以助正兵足為强盛使三時務農大省給贍之費一時教戰自可防虞外患其召募之法并將校次第並先密切定奪聞奏此實强兵節財之要也俟京畿近輔召募衛兵已成次第然後諸道效此漸可施行聖慈留意八曰減徭役臣聞漢光武建武六年六月詔曰夫張官置吏所以為人也今戶口耗少而縣官吏職所置尚繁令司隸州牧各實所部二府於是條奏并省四百餘縣天下至治臣又覩西京圖經唐會昌中河南府有戶一十九萬四千七百餘戶置二十縣今河南府主客戶七萬五千九百餘戶仍置一十九縣主戶五萬七百客戶二萬五千二百

望縣七百户偃師一千一百户逐縣三等而堪役者不過百家而所供役人不下二百數新舊循環非鰥寡孤獨不能無役西洛之民家爲窮困臣請依後漢故事遣使先往西京併省諸邑爲十縣其所廢之邑並改爲鎮令本路舉文資一員董榷酤關征之利兼人烟公事所廢公人除歸農外有願居公門者送所存之邑其所在邑中役人却可減省歸農則兩不失所俟西京併省稍成倫序則行於大名府然後遣使諸道依此施行仍先指揮諸道防團州已下有使州兩院者皆爲一院公人願去者各放歸農職官廳可給本城兵士七人至十人替人力歸農其鄉村耆保地里近者亦令併合能併一保者管亦減役十餘户但少徭役人自耕作可期富庶九曰覃恩信臣竊觀國家三年

一郊天子齋戒衮冕謁見宗廟乃祀上帝大禮既成還御端門肆赦天下曰赦書日行五百里敢以赦前事言者以其罪罪之欲其王澤及物之速也如此今大赦每降天下歡呼一兩月間錢穀司存督責如舊桎梏老幼籍没家産至于寬賦斂減徭役存恤孤貧振舉滯淹之事未嘗施行使天子及民之意盡成空言有負聖心損傷和氣臣請特降詔書今後赦書内宣布恩澤有所施行而三司轉運司州縣不切遵禀者並從違制徒二年斷情重者當行刺配應天禧年以前天下欠負不問有無侵欺盗用並與除放違者仰御史臺提點刑獄司常切覺察糾劾無令壅遏臣又聞易曰先王以省方觀民設教故有巡狩之禮察諸侯善惡觀風俗厚薄此聖人順動之意今巡狩之禮不可復

行民隱無窮天聽甚遠臣請降詔中書今後每遇南郊赦
後精選臣僚往諸路安撫察官吏能否求百姓疾苦使赦
書中及民之事一一施行天下百姓莫不幸甚一曰重命
令臣聞書曰慎乃出令令出惟行準律文諸被制書有所
施行而違者徒二年失錯者杖一百又監臨主司受財而
枉法者十五疋絞蓋先王重其法令使無敢動搖將以行
天下之政也今覩國家每降宣敕條貫煩而無信輕而弗
稟上失其威下受其弊蓋由朝廷衆百官起請率爾須行
既昧經常即時更改此煩而無信之驗矣又海行條貫雖
是故違皆從失坐全乖律意致壞大法此輕而弗稟之甚
矣臣請特降詔書今後百官起請條貫令中書樞密院看
詳會議必可經久方得施行如事干刑名者更於審刑大

理寺句明會法律官員參詳起請之詞删去繁冗裁為制敕然後頒行天下必期遵守其衝改條貫並令繳納免致錯亂誤有施行仍望別降勑命今後逐處當職官吏親被制書及到職後所受條貫敢故違者不以海行並從違制徒二年未到職已前所降條貫失於檢用情非故違者並從本條失錯科斷杖一百餘人犯海行條貫不指定違制刑名者並從失坐若條貫差失於事有害逐處長吏別見機會須至便宜而行者並須具緣由聞奏委中書樞密院詳察如合理道即與放罪仍便相度別從更改

再進前所陳十事

臣前兩次所上共十事曾奉聖旨更進一本今寫録進納

一曰明黜陟為重定文武百官磨勘將以約濫進責實效

使天下政事無不舉也二曰抑僥倖爲重定文武百官奏蔭及不得陳乞館閣職事將以革濫賞省冗官也三曰精貢舉爲天下舉人先取履行次取藝業將以正教化之本育卿士之材也四曰擇官長爲舉轉運使提點刑獄并州縣長吏將以正綱紀去疾苦救生民也五曰均公田爲天下官吏不廉則曲法曲法則害民請更賜均給公田既使豐足然後可以責士大夫之廉節庶天下政平百姓受賜也六曰厚農桑爲責諸道溝河并修江南野田及諸路陂塘仍行勸課之法將以救水旱豐稼穡强國力也七曰修武備爲四方無事京師少備因循過日天下可憂請密定規制相時而行以衛宗社以寧邦國也八曰減徭役爲天下徭役至繁請依漢光武故事併合縣邑以省徭役庶寬

民力也九曰覃恩信爲赦書内宣布恩澤未嘗施行并請
放先朝欠負以感天下之心也十曰重命令爲制書忽而
行違者請重其法以行天子之命也臣之所陳蓋欲周悉
故言辭之閒有涉細碎而於國體甚大乞聖慈再加詳覽
一一行之則天下之幸非臣之幸也

奏乞下審官院等處應官員陳訴定奪進呈

臣竊見京朝官使臣選人等進狀或理會勞績或訴說過
犯或陳乞差遣其事理分明可行可罷者則朝廷便有指
揮内中書樞密院未見根原文字及恐審官三班院流内
銓别有條例難便與奪者多批送逐司其逐司爲見批送
文字别無與奪便不施行号爲送煞以此官員使臣三五
度進狀不能結絶轉成住滯臣欲乞特降聖旨今後京朝

官使臣選人等進狀理會勞績訴雪過犯陳乞差遣朝廷未有與奪指揮只批送審官三班院流内銓者仰逐司主判子細看詳如内有合施行者即與勘會具條例情理定奪進呈送中書樞密院再行相度别取進止如不可施行亦仰逐司告諭本人知委所貴逐司主判各揚其職事無漏落亦免官員使臣選人等重疊進狀紊煩聖聽

奏乞定奪在京百司差遣等第

臣竊見内諸司并百司顯有緊慢高下事體不同今來臣僚不拘官職大小各取便乞句當紊亂綱紀深屬未便欲乞特降指揮令入内内侍省定奪内中諸司高下等第令三司定奪在京百司高下等第各合係何等官職及合入何差遣人句當既定高下等第則陳乞之人不敢踰越所

責百司有倫不至輕授

奏乞差官看詳投進利見文字

臣竊見天下官員使臣諸色人日有投進并奏到利見文字中書樞密院以公事文字至多不暇子細看詳其中須有民間利濟及干邊機可行之事恐有漏落雖自來曾差兩制臣僚各有主判去處不得精專動經歲時不能與奪臣欲乞特降聖旨權於館閣選差官二員就近置局看詳官員使臣諸色人所投進及奏到利見文字內有合行事件兩府臣僚更加詳酌遂旋取旨施行所貴下情盡達應政有補其看詳官每季或半年一替所看文字須旋旋了當不得交割後人所有機密文字即兩府依舊自行更不送看詳官處

奏乞救濟陝西飢民

臣等竊見陝西永興軍同耀華州陝府等處今夏災旱得雨寂晚民間秋稼甚無所望官中倉廩亦無積貯若不作擘畫即百姓大段流移殍亡者衆兼軍食闕絶臨時轉漕不及臣等欲乞朝廷速降指揮委本路都轉運使孫沔速相度上件州軍向去救濟飢民及辦給軍食有何次第如難爲擘畫即便於黃河内搬輦自京以來斛斗往彼應副仍速行相度沿路如何計綱即不至艱阻事狀聞奏候到乞朝廷早賜施行慶曆三年七月四日臣范仲淹臣韓琦

奏乞罷陝西近裏州軍營田

臣等竊見陝西昨來興置營田本欲助邊以寬民力除沿邊有空閑膏腴地土處可以開墾外其近裏州縣官吏不

能體朝廷之意將遠年瘠薄無人請佃逃田抑勒近鄰人户分種或令送納租課又自來人户租佃官莊地土每畝出課不過一二斗今亦勒令分種每畝須收數斗致貧户輸納不前州縣追擾無時暫暇緣人户自用兵以來科率勞弊至於已業尚多荒廢實無餘力更及營田其所出租課多是抱虛送納切覩編勅指揮不得將逃户田土抑勒親隣佃蒔蓋恐害民況今歲災旱尤甚理當優卹不可非理煩擾使之重困臣等欲乞特降指揮應陝西近裏州軍營田一切罷廢如元係租佃即令依舊額出課如元係遠年瘠薄逃田舊税額重無人請佃者即與減定税額召人請佃所貴疲民受賜歸感睿仁臣范仲淹臣韓琦

奏乞擇臣僚令舉差知州通判

臣等竊以天下郡邑牧宰爲重得其人則致化失其人則名亂推擇之際不可不慎國家承平以來不無輕授應知州通判縣令因舉薦擢任者少以資考序進者多才與不才一途並進故能政者十無二三謬政者十有七八國家詔令程式天下一體何則能政之處民必蒙福謬政之下民常受弊非國家法令之殊蓋牧宰賢愚之異也今四方多事民日以困窮將思爲盜復使不才之吏臨之賦役不均刑罰不當科率無度疲乏不䘏上下相怨亂所由生若不急於求人早革其弊誠國家之深憂也然自來雖曾詔臣僚各舉所知或舉主非賢則多謬薦臣等欲乞聖慈特降詔書委中書樞密院臣僚各於朝臣中薦堪充舉主者三人候奏到姓名即逐人各賜勅一道令於通判内舉成

資已上一員充知州知縣內舉成資已上一員充通判簿尉中舉有出身三考已上無出身四考已上一員充職官知縣或於職官令錄中舉五考已上之人充京官知縣仍於勑明言所薦之人若將來顯有善政其舉主當議旌賞若贓汙不理苛刻害民並與同罪所貴生民受賜寇盜自息臣

范仲淹臣韓琦

奏乞將先減省諸州公用錢却令依舊

臣竊見朝旨下陝西省罷同解乾耀等九州軍公使錢共一千八百貫文切以國家逐處置公使錢者蓋為士大夫出入及使命往還有行役之勞故令郡國饋以酒食或加宴勞蓋養賢之禮不可廢也謹按周禮地官有遺人掌郊里之委積以待賓客野鄙之委積以待羇旅凡國野之道

十里有廬廬有飲食三十里有宿宿有路室路室有委五十里有市市有候館候館有積凡委積之事巡而比之以時頒之此則三王之世已有廚傳之禮何獨聖朝顧小利而已大體且令瞻民兵一名歲不下百貫今減省得公用錢一千八百貫只養得兵士一十八人以一十八人之資廢十餘郡之禮是朝廷未思之甚也況今來逐州使命之外各有軍營每年春後邊兵歇泊動經半年軍中人員並無宴犒之具雖條貫有旬設之名逐州每月一次舉行軍員各給得錢壹伯文已來官務薄酒二升既無公用更不赴筵亦不張樂豈朝廷宴饗將校之意州郡削弱道路咨嗟當全盛之朝豈宜如此或謂有公使錢處收買食物擾擾戶民殊不知郡守得人自能約束如非其人更出已俸

物衙民愈甚是見其小而不思其大也伏望聖慈速降指揮下陝西河北河東路轉運司昨來經減廢公用錢處並令依舊庶協典禮稍息物論況朝廷用武之際於此一事尤宜照管臣等久在邊任深知此事近貳樞庭豈當緘默臣范仲淹臣韓琦

奏乞差官陝西祈雨

臣今月五日至華州華陰縣入西嶽廟燒香切見本廟有老醫官一員監當其廟廷闊遠舍屋甚多只有剩員一十四人盡是老年病患供應洒掃不前在國家崇奉五嶽之意似非嚴謹今來關中大旱永興同華陝虢以來無二三分秋苗粟米每斗一百五十文足兼鄉村無可收糴人心嗷嗷賊盜不少欲乞聖慈選精謹使命至西嶽廟專行祭

告并於陜西靈湫等處祈雨澤以救生民仍乞委轉運使一員赴西嶽廟點撿廟貌祭器法物并添差兵士洒埽防護所貴崇奉之禮不至廢隳

奏爲災異後合行疎決刑獄等六事

臣今早親聞德音謂復有災異當修德以及民并詔臣等謹省刑法此實見聖人憂畏之心合於天意臣今條奏數事皆陛下增修明德之要一齋誠發誠特降詔命明言災變屢見敢不罪己祗畏以告中外羣臣同心修省二遣使四方疎決刑獄非害人者悉從減降三詔天下州縣長吏訪問民間孤獨不能存活者特行賑卹四詔逐處籍出陣亡之家察其寡弱別加存養五邊陲之民被戎狄驅虜者並支官物贖還本家六詔諸處欠負户口訣赦恩除放者官

司吏不得催理違者官吏科違制之罪遇赦不原仍差近臣置司與奪陛下力行此數事下悦民心上答天戒昔商中宗桑穀共生於朝懼而修德撫綏百姓三年而歸者十六國号爲中興陛下今日因灾修德則福及死人道光千載天下幸甚

荅手詔五事

臣等伏奉六月一日手詔云云臣等各蒙奬用待罪二府不能變理彌縫致化天下過煩聖慮特降德音上以宗廟爲憂下以生靈爲念臣等不任慚恐戰汗死罪詔旨謂合用何人鎮彼西方臣等思之今元昊遣人到關名體稍順其如戎人難信止可權宜如翻覆未寧則當擇節制之帥若和好且合亦須藉鎮撫之才經度邊陲以防来患見選

人具名聞奏次詔旨謂民之困弊財賦未強臣等議之國
家革五代諸侯之纂奪其威權以度支財用自贍天下之
兵歲月既深賦斂日重邊事一徭調率百端民力愈窮農
功愈削水旱無備税斂不登滅放之數動踰百萬今方選
舉良吏務本安民修水旱之防收天地之利而更嚴著勉
農之令[illegible]天下官吏專於勸課百姓勤於稼穡數年之間
大利可見又山海之貨本無窮竭但國家輕變其法深取
於人商賈不通財用自困今須朝廷集議從長改革使天
下之財通濟無滯又減省冗兵量入以出則富強之期庶
有望矣詔旨謂軍馬尚多何得精當近韓琦范仲淹所上
備邊文字內有河北五六事陝西七事精擇兵馬及攻守
之策已在其中臣等見商量施行次詔旨謂將臣不和如

何制樞密院先因許懷德張亢不協曾指揮戒勵然將佐之中性情不類愛惡相攻全在主帥一别白撫遏隨才任用使各得其所則怨惡不生故長帥之才不敢輕易選用詔旨謂躁進之徒宜塞奔競臣等謂躁進懷貪之人何代無之由朝廷辨明而進退之如責人實効旌人靜節貪冒者廢之趍附者抑之如此則多士知勸各生廉讓之心

奏乞重定三班審官院流内銓條貫

臣竊見審官三班院并銓曹自祖宗以來條貫極多逐旋衝改久不删定主判臣僚卒難詳悉官員使臣莫知涯涘故司屬高下頗害至公欲乞聖慈特降指揮選差臣僚就審官三班院并銓曹取索前後條例與主判官員同共看詳重行删定畫一聞奏付中書樞密參酌進呈别降勅命

各令編成例策施行

奏議尹洙轉官

臣竊見尹洙才業操行搢紳所推由臺閣進用便可直入兩制若邊城驟遷則有未便緣去年春是太常丞在路分都監許遷張肇之下去年秋轉司諫管句經略司公事遷在鈐轄安後之上才方半年若就除待制又遷在部署狄青之上既不因功勞又不改路分徧受寵擢衆情非便於體未安如須合進擢即令將入夏邊上無事且乞召尹洙赴闕令條奏邊事觀其陳述可采即與改職却令馳往邊上亦未爲晚既因啓沃面受殊恩邊臣聞之不爲越次

續奏乞於職官令録中舉充京官知縣

臣近與韓琦上言乞擇舉主令逐人於通判中舉知州一

員於知縣中舉通判一員於簿尉中舉職官知縣一員官
冡降勑至密院入逐次臣看詳勑頭名署臣等上言於理
未便欲乞只作朝廷憂勞之意特選臣僚舉官其體甚重
仍乞於簿尉中舉職官知縣一員下添入或於職官令録
中舉五考以上之人充京官知縣計添一十九字庶無遺
才

奏爲赦後乞除放祖宗朝欠負

臣伏覩國家每一降赦萬人歡呼一兩月間錢穀司存將
欠負之人依舊督責桎梏老幼籍没家產既失大信且虧
至仁冡聖恩已差楊日嚴王質與三司詳定不係侵欺盜
用該赦欠負次臣舊曾在三司定放欠負見滑州酒務有
少欠雜物係專副四十餘界計八十來年發戴少數又不

顯侵欺其勾當人已歿年深只追貧弱子孫理納並不知
祖父如何少欠似此刻剝傷民豈陛下愛育生靈之德臣
欲特出聖意應祖宗朝天下欠負更不問侵欺盜用並與
除放如省司更不舉行許三司知次第人陳告干繫人吏
並坐違制決停告事人與轉一資諸處承受施行官吏並
科違制之罪

奏乞指揮國子監保明武學生令經略部署司

講說兵書

臣竊聞國家興置武學以來苦未有人習藝或恐英豪隱
晦恥就學生之列儻久設此學無人可教則慮外人窺覘
謂無英材於體未便欲乞指揮國子監不須明立武學之
名如學生中有好習兵書者令本監官員保明委是忠良

之人即密令聽讀臣切見邊上甚有弓馬精强諳知邊事之人則未曾習學兵書不知為將之體所以未堪板擢欲乞指揮陝西路河東逐路經略司於將佐及使臣軍員中揀選識文字的有機智武勇久遠可以為將者取三五人令經略部署司參謀官員等密與講說兵馬討論勝策所貴邊上武勇已著之人更知將略或因而立功則將來有人可任即不得聲張多教人數

奏為置官專管每年上供并軍須雜物

臣竊見兵興以來天下科率如牛皮筋角弓弩材料箭幹鎗幹膠鰾翎毛漆蠟一切之物皆出於民謂之和買多非土產之處素已難得既稱軍期動加刑憲物價十倍吏辱百端輸納未前如負重罪一年之中或至數四官中雖給

價直豈能補其瘡痍蓋是國家不爲素備禍及生民伏望
聖慈委三司選差官并有行止心力司屬三五人別置一
司專管天下科率應副每年合要上供并軍須雜物先勘
會諸處見在數目置簿拘管如朝廷取索并外處奏乞之
時即先點檢見在物色支撥應副外將少數下諸處和買
亦大段減得分數仍於土産處許將二稅沿納錢并場務
課利依市價取人户情願折納不得抑勒據納到數目如
尚少闕亦只就土産處置場收買如此百物有備更無非
時科率其非土産之處自無煩擾國家大計須爲經久豈
可遂廢須索施行誅求蘇息黎民無切於此如允臣所奏
即乞特降勅命指揮
奏乞兩府兼判

臣謹按三代之制皆立三公建六卿太公周公名公周之三公也以論道經邦爲師傅又天官冢宰掌邦治地官司徒掌邦教春官宗伯掌邦禮夏官司馬掌邦政秋官司寇掌邦禁冬官司空掌邦土此周之六卿也各帥其屬以佐王理邦國大事從其長小事則專達亦以三公兼六卿之職取其重也周用此制而王道大興世祚縣久至八百年我國家有周之天下未能行周之制亦當約而申之以治天下則可卜長世之業矣今中書乃天官冢宰之任樞密院乃古夏官司馬之任其地官春官秋官冬官之職各散於羣有司皆無六卿之正又無三公兼領之重而兩府間惟進擬差除多循資級評論賞罰各遵條例之外上不專三公論道之職下不專六卿佐王之業雖庶政不修天下

不理𥘉將安歸臣請朝廷於百職中選其務之重者命輔臣兼領其綱要體周之三公下兼其六卿法周之六卿各帥其屬以佐理邦國唐貞元中詔宰相齊映判兵部李勉判刑部劉滋判吏部崔造判户部工部又嘗命宰相兼諸道鹽鐵轉運使是宰相下兼其職以重其事也其不修舉者朝廷得以責之輔臣任責則庶政之弊可救天下之治可期惟陛下裁擇

一審官是京朝官所集之府固當區別善惡黜陟幽明使賢者知勸歲終書其一歲黜陟之數以何等功而進者幾人以何等罪而退者幾人各分其類具目進呈

一吏部流内銓條詔程式頗聞煩碎權勢之與孤寒優

便之與遠惡在乎均平則隱方協至公況羣材所聚倚在銓品亦天官冢宰之任也臣請命輔臣兼判每至歲終書其一歲之黜陟以何等功而進者幾人以何等罪而退者幾人各令其類具目進呈

一國子監及諸道郡學聚天下之士講議詩書服習禮樂長養賢俊為國器用此地官司徒之職也臣請命輔臣兼判以揔天下郡學每遇科場開日或有德行文學之士鄉里所推重者不以應舉不應舉許郡學士衆舉履行善狀詣所屬薦舉逐處官員更體量名實相副者保明聞奏當議別行敦遣以勸天下之士

一三司天下金穀之府今窘於財用經費以艱刻剝既

深生靈重困宜疏通利源以救天下之弊此地官司徒之政也臣請命輔臣兼判此當今之急務每至歲終書其減省冗費之數增息財利之數蠲放困窮之數具目進呈

一司農寺管天下常平倉本欲凶歲用濟生民今逐處弛慢不為急務倉廩漸虛災傷無備赤子之命委于溝壑又勸農之政新須詔令其天下官員勸課勞績並合委本寺考校以聞此亦地官司徒之政也臣請命輔臣兼判每歲終以諸道常平倉增損之數并親民官勸課功狀之優者具目進呈

一太常禮院用歷代之禮或不謹於典法隨時緜絕經紀寖壞制度日隳太常寺用歷代之樂或八音失

序，惕於大祀，則神祇不享，禍罰可召。此春官宗伯之職，朝廷之所重也。臣請命輔臣兼判，至歲終，具禮樂有所損益，或廢墜有所修舉，畫一進呈。

一、三班院使臣數千人，其品流至雜，難於區別磨勘，差遣日有榮悴。臣請命輔臣兼判，常選可用於邊陲或可委以錢穀，或可付以親民，或可任以殄寇，至歲終，以所選人數具目進呈。

一、殿前馬步軍司總轄諸軍，其體甚大，更戍邊鄙，要在均平，揀擢材勇，責其精當，至於戰陣之法，號令之要，皆須服習。此夏官司馬之政也。臣請命輔臣兼判，至每歲終，以將校選擢之數，軍旅服習之效，具目進呈。

一審刑大理寺評天下之法生死榮辱繫於筆下禍及
非辜怨動天地故二帝三王盡心此道即秋官司
寇之政也臣請命輔臣兼判每至歲終具天下斷
案中大辟流罪以特恩減放并法寺辨明出入數
進呈

一刑部一司詳覆天下已斷文案凡天下訴冤之奏盡
委刑部辯之此亦秋官司寇之政也今官屬寡弱
與審刑大理寺勢不相敵豈敢盡行駁正故沉冤
之人十無一雪臣請命輔臣兼判至每歲終具天
下斷案詳覆到差失公事并辯雪過負冤人數進
呈

右伏望聖慈各委輔臣兼判前件職司其創置新規更改

之官吏黜陟刑法輕重事有利害者並令兼判輔臣與奪其大體者別具奏呈令中書樞密院更從僉議然後奏取勑裁其逐司常務即主判官員依舊兼行

再奏乞兩府兼判

臣昨上愚見乞詔兩地輔臣兼領要務蓋欲朝廷綱紀並舉以救因循之弊伏以三代命官以三公論道六卿分職按於書傳則三公兼卿事又漢以三公分部九卿唐以六尚書分部二十四司亦常命宰相兼領事任著於方冊我國家承五代破散之弊未能復三代漢唐之制事多權宜今中書是冢宰之任而四人或五人共司一職樞密院是大司馬之任亦四人或五人共司一職上不專三公論道之事下不兼六卿分治之業其六尚書九卿之位皆無正

官並是權假如三司審刑大理寺審官院流内銓司農寺之類是朝廷六官九卿之職而皆用人權知權判無一正官莫安其職臣到闕數月間見審刑院梁適宋祈丁度三人權判其審官院經富弼王拱辰孫抃三人權判本曹盡非正官數易無定大臣又不任責豈是永圖今二虜至强四方多事兵戈未息財利已乏生民久困苛政未寛設有飢饉相仍盜賊競起將何以定天下可憂國家當令大臣各竭其力以持危墜之勢如欲復三公九卿六尚書之位則體大難舉卒不可定願陛下從臣前議且詔兩地輔臣兼領要務庶幾可濟陛下既能責兩地之職業大臣必能振百司之綱紀綱紀備用則政令既行政令既行則天下自理使吏安其職民樂其業雖有戎狄而中國明盛彼不

氣輕雖有水旱而百姓富庶自不為亂然後社稷可久皇靈無禍臣非才多難分甘速棄家陛下擢居輔列夙夜思報臣願為百司中領一最重難處如朝廷不以職業責於輔臣而伺其私有過咎然後廢黜臣恐人人自全但求免過無補國家之政不為社稷之福臣無任再三冒昧懇切之至

進呈周朝三公六卿漢朝宰臣兼判事

周官

三公

太師天子所師法　太傅傅相天子　太保保安天子

茲惟三公論道經邦燮理陰陽官不必備惟其人三公之官不必備員惟其人有德乃處之

六卿

天官卿冢宰掌邦治統百官均四海今中書之任也

地官卿司徒掌邦教敷五典擾兆民

春官卿宗伯掌邦禮治神人和上下

夏官卿司馬掌邦政統六師平邦國今樞密院之任也

秋官卿司寇掌邦禁詰姦慝刑暴亂

冬官卿司空掌邦土居四民時地利

六卿分職各率其屬屬謂大夫也每卿之屬六十官以倡九牧阜成兆民以倡導九州牧伯以成兆民之性命歲終天子齋戒受諫諫當有所攷為六卿以百官之成質於天子質猶平平其計百官齋戒受質受平報然後休老勞農饗食之成歲事斷計要之制國用

周禮大司徒職云二鄉則公一人鄭注云三公者内與
王論道中參六官之事外與六鄉之教
周禮正義云三公下兼六鄉
尚書孔安國注曰冢宰第一召公領之司徒第二芮伯
為之宗伯第三彤伯為之司馬第四畢公領之此
周時三公各兼一鄉之職
漢制三公分部九卿
太尉所部太常衛尉光祿三卿
司徒所部太僕鴻臚廷尉三卿
司空所部宗正少府司農三卿
唐太宗朝宰臣兼職事
蕭瑀内外考績衰之司會唐之尚書省今之三司

高士廉攝太子少師特令掌選
、杜如晦知選事
馬周爲中書令兼右庶子
戴冑專掌選事
中宗朝宰臣崔湜與鄭愔同知選事、
代宗朝宰臣元載領度支轉運使劉晏充度支鹽鐵諸
道鑄錢等事使
德宗朝宰臣喬琳兼京畿觀察使竇參兼轉運使齊映
兼判兵部李勉判刑部劉滋判吏部崔造判戶部
工部
文宗朝宰臣楊嗣復李珏同領諸道鹽鐵轉運使李珏
依舊判戶部鄭覃兼判國子祭酒

武宗朝宰臣杜琮判度支監鐵轉運使曹確充延資庫
使
皇朝開寶中宰臣薛居正領淮南嶺南湖南等路都提
舉三司水陸發運司同列沈義倫兼荆南劒南等
道都提舉三司水陸發運使

開拓輔臣兼領職任條目

三司司農寺
今兹事未息三司主天下大計而財力已困又司
農寺管天下常平倉以備水旱賑救生民亦可營
天下勸農之政令委輔臣一員兼掌重為經制取
天下歲入之利并歲給之數較之有所不足則須
專置農官以廣天地之利大變商法以行山海之

員每至歲終具天下減省冗費之目增息財用之
法蠲放困窮之數并常平倉增收賑發之數及取
天下官吏勸農課績之優者畫一進呈

羣牧司

今諸路騎兵絶未精强諸軍闕馬人多相與咨怨
今委輔臣一員兼領專修馬政較之漢唐增葺苑
監庶於多中選擇可得精强每至歲終具括買并
滋息之數及揀選格盡筋骨必可帶甲衝突者方
得均與諸軍

三班院

今三班使臣數千人品流至多雜於區别今委輔
臣一員兼領常切選擇可任邊陲或可擒逐盜賊

可幹錢穀、或可委親民，每季具所選到人數進呈。則人品自分，用無不當。

太常寺國子監

太常寺掌歷代禮樂，上以奉天地宗廟，次則正朝廷序人倫也。國子監并天下學校，是國家育材之府。今委輔臣一員兼領，以重其事，每至歲終，具禮樂損益之事，并天下教育之數進呈。

審官院流内銓

審官院流内銓是天下掄材之府，今委輔臣一員兼領，每至歲終，具旌擢過京朝官若干、黜陟過選人若干進呈。

審刑大理寺刑部

經曰刑者成也一成而不可變故君子盡心焉天下之人生死榮辱繫於筆下禍及非辜怨動天地刑部覆毅天下已斷文案并天下訴冤之奏盡得辯正令委輔臣一員兼領以重其事每至歲終具天下斷過大辟徒流若干人并特恩寬減及法寺辯雪人數并刑部覆校過公案若干道辯正冤訟若干件進呈

奏乞令兩府詳議百官起請條貫如可經久即令施行等事　係用前所陳十事內重命令一門再作劄子進呈

臣聞書曰慎乃出令令出惟行准律文諸被制書有所施行而違者徒二年失錯者杖一百又監臨主司受財而枉法者十五疋絞蓋先王重其法令使無敢動搖將以行天

下之政也今覩國家每降宣勑條貫煩而無信輕而弗禀上失其威下受其弊盖由朝廷近来百官起請率尒須行既昧經常即時更改此煩而無信之驗矣又海行條貫雖是故違皆從失坐全乖律意致壞大法此輕而弗禀之甚矣臣請特降詔書今後百官起請條貫令中書樞密院看詳會議必可經久方得施行如事干刑名者更於審刑大理寺勾明會法律官負參詳其起請內有能合律意可以久行者委中書將起請之詞删去繁冗裁為制勑然後須行天下必期遵守其衝改條貫並令繳納免致錯亂誤有施行仍望別降勑命今後逐處當職官吏親被制書及到職後所受條貫敢故違者不以海行並從違制徒二年未到職以前所降條貫失於檢用情非故違者並從本條失

錯斷決杖一百餘人犯海行條貫不指定違制刑名者並
從失坐若條貫差失於事有害逐處長吏別有機會須至
便宜而行者並須具緣由聞奏委中書樞密院詳酌如合
理道即與放罪仍便相度別從更改

奏議葬荆王

昨日奉聖旨令中書熟議荆王葬事者臣謂此議有三其
一曰年歲不利此陰陽之說也其二曰財用方困此有司
之憂也其三曰京西寇盜之後不可更有搔擾此憂民之
故也臣又別有四議今陛下擇之其一曰諸侯五月而葬
是自古不易之典今年歲不利之說非聖人之法言也其
二曰天下財利雖困豈不能葬一皇叔耶陛下常以荆王
是太宗愛子真宗愛弟雖讒惑多端陛下仁聖力能保全

使得令終豈忍送葬之際却惜財利而廢典禮使不得及時而葬恐未副太宗真宗之意臣爲陛下惜之豈不陁天下之切議哉更乞撿會先朝諸王之薨有無權厝之者其三曰自來敕葬多是旋生事端呼索無筭臣請特傳聖旨令宗祈王守忠與三司使副并禮官聚議合要物色務從簡儉畫一聞奏與降敕命依所定事件應副更不得於敕外旋生事節枉費官物仍出聖意特賜内藏庫錢帛若干備葬事使三司易爲應副如此則陛下孝德無虧光于史冊其四曰自來勑葬枉費太半道路供應民不聊生臣請特降嚴旨荆王二子并左右五七人送葬外其餘婦人合存合放便與處分更不令前去自然道路易爲供頓大減冗費既減得費耗又存得典禮此國家之正體也乞聖慈

從長處分臣待罪政府不敢不盡

奏議許懷德差遣

臣竊見許懷德在延州為不進兵擊賊及軍民虛驚拋棄隨軍糧草遂送永興勘劾該赦釋放授秦州部署近又西賊侵邊破蕩却熟户一千帳不能保護即合重行朝典以其在邊無效降充永興部署鄜承佑降知相州為轉運使糾奏充北京都部署此二人一面責降一面遷轉天下聞之是朝廷賞罰顛倒取笑四方何以激勸勳臣何以鑒戒惰將如王信狄青實有武勇堪任管軍亦恐未有大功遷轉太速祖宗朝任用邊將賞賜至厚使用度充足委信至重使生殺在已惟惜官職不令滿志恐有懈惰不思立功自前王馭將之術也又朝廷曾降詔所闕都虞候等更不

循轉候有邊功除授今却不曰功勞衝改此詔而今後國家之命全無信矣惟用兵命將之令尤要取信繫之安危與其它號令不同如須合轉起亦候過郊禮使作該恩方可進爵願陛下再三思之仍乞丁寧指揮兩府今後議論賞罰不可輕易須是有所激勸不招旁議方可施行臣謂國家承五代之弊賴祖宗威德陛下仁聖保守四海久無禍難今四夷已動百姓已困倉庫已虛兵旅已驕國家安危實未可保惟賞罰之柄駕馭天下如賞罰頻失將何以保太平之業臣切懇之願陛下裁擇

奏重定臣僚奏薦子弟親戚恩澤事

宰相使相舊制子除將作監丞弟兄孫姪並授太祝奉禮今後親弟兄孫姪并朞親尊屬依舊制其餘親屬並

等第與試銜
樞密使參知政事樞密副使舊制子除太祝奉禮弟兄孫
姪并弟守祕校
今後子孫并朞親尊屬並依舊制其餘親屬並與試
銜
僕射尚書舊制子除守祕校弟兄孫姪並授京主簿
今後子孫并朞親尊屬依舊制其餘親屬並與試銜
三司使翰林學士侍讀侍講學士龍圖閣樞密直學士丞
郎舊制子除正字弟兄孫姪並授京主簿
今後子依舊制朞親尊屬授主簿其餘親屬並等第
與試銜并齋郎
給諫舍人龍圖閣直學士知制誥大卿監龍圖天章閣待

制三司副使知雜舊制子與京主簿弟兄孫姪並授試銜
今後長子除京主簿其餘親屬並與試銜并齋郎
正郎至帶館職員外郎遇南郊大禮合奏薦親屬者若降
在監當不得陳乞曾犯正入贓罪至追官該恩叙用後來
累官正郎者只得奏蔭子孫一名諸路轉運使提點刑獄
遇南郊大禮內有正郎帶館職員外郎自合奏薦外餘並
須於郊禮日前到任一年者方得奏薦親屬
一已上臣僚奏薦子孫親屬內長子長孫皆不拘年甲
雖本非長子長孫見在居長者亦是諸子諸孫須年十五以上弟姪等
並須二十以上方得奏薦所奏親屬並須在五服內
者如虛增年甲并妄冒服紀並以上書詐不實論其
合奏異姓之時即不問服紀應曾奏得子孫恩澤後

其子孫已授本官別無孫食祿者並許再奏子孫親屬一名更不拘年甲

一應奏蔭選人年二十五以上遇南郊大禮限半年內許令赴銓投狀差兩制以上官三員於尚書省鎖院置封弥謄錄司考試內習辭業試一場或論一首或詩賦各一首詞理可采不犯不考式者為及格與於選注官習經業者春秋禮記毛詩周易尚書逐人各專一經並兼習律文試一場墨義十道只問正文不問註疏五通者為及格與放選注官剩落者且守選限經三度試不中者選限滿日與司士參軍內有京朝官三人同罪保舉有行止堪守官者注遠地判官簿尉如不赴試又無上件舉主并雖曾三度就試詞

業紕繆對義不及格更不理選限

一奏舊京官候年及二十五每年春一度赴國子監投狀差兩制已上官三員於太學鎖院依選人考試内及格者方與差遣候兩任無私罪有本路轉運提刑知州通判三人同罪保舉即入親民經三度試不及格者如有三人朝臣同罪保舉有行止可以差任者與小處監當候兩任無私罪本路轉運提刑知州通判五人同罪保舉方得親民其不赴程試又無上件官舉并雖曾三度就試詞業紕繆對義不及格者未得差使如却願班行者與等第安排

奏重定職田頃畝

州職田

長吏

大藩府二十頃　節鎮十五頃

防團以下州軍十頃　小軍監七頃

通判

大藩府八頃　節鎮七頃

防團以下州軍六頃

幕職官

大藩府判官五頃餘並四頃　節鎮判官四頃餘並三頃五十畝

防團以下州軍監判官三頃五十畝餘並三頃

縣職田

令

萬戶以上六頃　五千戶以上各五頃

不滿五千户並四頃

簿尉

萬户以上三頃　五千户以上各二頃五十畝

不滿五千户並兩頃

發運轉運使比節鎮長吏

武官職田

部署頃畝比節鎮長吏

鈐轄比防團州長吏

路分都監比節鎮通判

都監比大藩府判官

監押比節鎮判官

州軍監當官員使臣職田不得過本處職官之數在縣鎮

監當不得過簿尉之數
録事參軍比本州判官判司比倚郭縣簿尉
一無職田處及有職田而頃畝少處并元標得山石積
潦之地不可耕植者限三年内撿括官荒田并戶絶
地土及五年以上逃田支撥添換其係官莊田見有
人戶出納租課者不得一例支撥如逐縣職田比令
來所定頃畝數目不足即據見在重與上下衆官等
第均分如地内有桑棗蔬果之利者即以所收宜利
約度比附逐處地利折充職田頃畝其田許逐廳自
差公人勾當并招置客戶每頃占客不得過三戶即
不得令州縣差人勾當及招客戶或遇災傷並令撿
災傷官員依例撿覆的實分數減放子例如逐處官

貪爲恐減下職田子利却一例不肯收接人户實傷詞狀者並從違制定斷其本官職田上見收子利盡底納官如將地土影庇令免却合入差徭及抑配虛作租佃令出課利入已者並以受所監臨財物贓罪論所差勾當人亦行嚴斷仍令提點刑獄司專切覺察轄下官貪職田欺弊犯者盡時勘鞫施行內情理頗重失於覺察者本司官員當議勘劾各降差遣或有該說不盡事理仰逐處起請聞奏

奏重定臣寮轉官及差遣體例

一今後兩地臣僚非有勳德善狀即不得非時進秩或非次罷免者仍不以轉官帶職爲例

一兩省以上自來四年勘會轉官今後並具履歷取旨

一舊制京朝官三周年磨勘私罪并曾降差遣者四周年贓罪者五周年今後内外差遣京朝官無贓私罪者依舊三周年磨勘磨勘年限内犯私罪并公罪曾降差遣者四周年有入已贓罪者五周年每遇磨勘仰審官院先具元犯情理入已不入已因依輕重并今度磨勘年限内有無勞績及舉主人數進呈取旨如經兩度取旨磨勘各有勞績及有同罪舉主三人以上又無私過者即依常例三周年磨勘更不先取旨其到闕守候差遣人於指射路分内未有闕以前并受差遣以後待闕及得替赴任公程月日水計綱路程一並許通計磨勘如守候差遣人於元指射合入路分内有闕不就則將守候差遣半年後月日并假限外及

得替赴任公程外住滯日數並不得理入磨勘之限

一今後京朝官上章陳乞并於中書審官院求就在京差遣者（此後各須投狀）並五周年磨勘所有前後資考即許通計如因省府等處保舉及准條貫差入在京勾當者依舊三周年磨勘即不得保舉及選差見任兩地并大兩省以上及省府臺諫官有服紀親屬入在京差遣

一已上差遣京朝官并陳乞在京勾當京朝官自降勑以前轉官及一周年者將來且依舊制年限磨勘一次其已得在京差遣未曾勾當却求外任者並聽

一今後文武臣僚善政異績可為衆範或勸課農耕厚獲美利或差鞫獄累雪冤枉或在京監當庫務能革大

弊因省得錢物萬數多者委所屬保明聞奏量事跡
大小特與改官不隔磨勘或陞陟差遣其幕職州縣
官未該磨勘而有上項勞效者亦與比類升擢如保
明不實以上書詐不實論
一朝官轉至員外郎須自任陞朝官後有安撫轉運使提
點刑獄或清望官共五人同罪保舉并三周年内無
私罪者方得磨勘員外郎轉至正郎須自任員外郎
後有上項官五人同罪保舉并三周年内無私罪方
得磨勘已上如舉主不足五周年無公私過犯者亦
與磨勘郎中轉少卿監亦依此施行少卿監轉大卿
監并轉諫議大夫並取聖選指揮
一今後京朝官幕職州縣官到審官院流内銓差注曰仰

銓院體量如有事狀猥濫老疾愚昧之人不稱事任
並別取旨本司不舉仰御史臺彈劾

奏乞於陝西河東沿邊行贖法

臣竊見陝西河東邊計不足遂鑄鐵錢以助軍費而民多盜鑄曰犯極典爲法之弊久將不堪臣觀舜典曰金作贖刑又呂刑曰五刑不簡正于五罰注謂不應五刑當止五罰出金贖罪是虞舜周公皆用贖法孔子刪書垂于後世明其可行之法也歷代嘗行今久不用人或疑之臣欲乞且於陝西河東沿邊次邊州軍行之候戎事稍息官不闕用則別從朝旨今具條如後

舜典曰金作贖刑金黃金誤而入刑出金以贖罪

呂刑曰五刑不簡正于五罰不簡核謂不應五刑當正五罰出金贖罪五罰

不服正于五過（不服不應罰也正於五過從赦免）

墨辟疑赦其罰百鍰劓辟疑赦其罰惟倍剕辟疑赦其罰倍差宮辟疑赦其罰六百鍰大辟疑赦其罰千鍰

漢惠帝民得買爵三十級以免死罪（令民出買爵之錢一級直錢二十凡為六萬）

文帝輸粟縣官得以除罪

武帝令死罪入贖錢五十萬減死一等

梁高祖詔依周漢舊典有罪入贖外詳為條格以時奏聞

齊武時以尚書令王亮侍中王瑩僕射沈約等參定刑書其制刑為十五等之差棄市以上為死罪梟其

首其次棄形二歲已上為耐罪言各隨伎能而任
使之也有髡鉗五歲刑笞二百收贖絹男子六百
疋又有四歲刑男子四十三疋又有三歲刑男子
三十六疋又有二歲刑男子二十四疋罰金一兩
已上為贖罪贖死者金二斤男子十六疋贖髡鉗
五歲刑笞二百者金一斤十二兩男子十四疋贖
四歲刑者金一斤八兩男子十二疋贖三歲刑者
金一斤四兩男子十疋贖二歲刑者金一斤男子
八疋罰金十二兩者男子六疋罰金八兩者男子
四疋罰金四兩者男子二疋罰金二兩者男子一
疋罰金一兩者男子二丈女子各半之五刑不簡
正于五罰五罰不服正于五過以贖論故為此十

一 五等之差

一徒以上罪不贖

一杖以下罪依下項

一侵損於人者皆不贖（侵謂侵財物損謂傷折於人）

一兵士公人不贖內公人不因公事私自失誤者亦聽贖

一為盜并造作詐偽及誣告論不干己事者皆不贖

一捕捉賊盜公人違限等罪不贖

一興販私茶鹽醞賣私酒并賭博人並不贖

一兩犯罪新條該贖至第三犯者不贖

一衆人共犯一事合贖富貴不均者不贖內有物力顧與衆人納罰錢者即皆聽贖造意人不以貧富不贖。

一軍人百姓同犯一事者不贖
一應有蔭并老小疾患之類但舊條合贖者並依舊法每斤納錢一百二十文足
一舊條不該贖而今得贖者並取情願之人其銅每斤納錢一貫二百文足亦許以粟帛依時價折納其錢無物贖納者自依常法區分
一逐縣典押保舉有行止會筆札曹司一名赴本州法司習學法律委本州長吏以下聚廳試驗稍通刑名義理即放歸本縣充法司俟三周年撿斷無失者與轉一資有失誤無贓私者五年與轉一資
一所斷贖刑失錯者官吏各準其罪不以失減官典受贓者並以枉法贓論

奏災異後合行四事

臣近日屢聞德音以災異數見畏天罪己此實聖帝明王至仁之體也天下幸甚幸甚昨日宰臣等再奉聖旨不須謝過但自行事此又濟時責實之要也臣等敢不惶恐思竭誠志以副宵旰之意臣觀自古國家皆有災異但盛德善政及於天下人不敢怨叛則雖有災異而無禍變也如其德衰政纍兆民怨叛故災異之出多成禍變也陛下今既畏天之戒上憂宗社下憂生靈固已得堯湯之心矣如更行堯湯之事使天下受賜其有災異適足增陛下之盛德臣待罪輔臣經年無狀四方多事未敢引退忍負君親擢用之意臣竊觀自祥符年後以至今日火不炎上之災已十數處又累有地震之異今夏蝗秋潦人多妖言雖陛

下修德罪已自可以動天地感鬼神而念及生民若不遑處臣請行此數事少助陛下救生民之萬一惟聖心裁擇一委天下按察使省視官吏老耄者罷之貪濁者劾之昏懦者逐之是能去謬吏而糺慢政也至於激勸善政之術即未著明其官吏中有畏上位之威希意望進或矯修廉節而爭為猛政求集事之名者務為暴斂求盡公之稱者專用深文政尚虛聲人受實弊資產竭於科率舉動觸於刑憲生民困苦善人嗟痛此天下怨叛之本也秦以天下怨叛而亡漢以救秦之弊而興臣請詔諸路按察官除常程糺察舉薦外於轄下知州知縣縣令中別選潔己愛民顯有善政得百姓心如倚父母者各具有

的實事狀中三兩人特與改官再任或陞陟委用
如此則天下官吏知陛下憂赤子之心各務愛民
求理不為苛政是以息生民之怨叛也如所舉不
實仰御史臺彈奏當議重行貶黜今別進呈唐時
選刺史縣令條目便乞約附施行

一天下官吏明賢者絕少愚暗者至多民訟不能辨吏
姦不能防聽斷十事差失者五六轉運使提點刑
獄但采其虛聲豈能徧閱其實故刑罰不中日有
枉濫其奏按于朝廷者千百事中一二事耳其奏
到按牘下審刑大理寺又只據案文不察情實混
務盡法豈恤非辜或無正條則引謬例一斷之後
雖冤莫伸或能理雪百無一二其間死生榮[illegible]

人之情實損和氣者多矣古者一刑不當而三年大旱著於史策以戒來代非虚言也况天下枉濫之法寧不名究診之應耶臣請詔天下按察官專切體量州縣長吏及刑獄法官有用法枉曲侵害良善者具事狀奏聞候到朝廷詳其情理别行降黜其審刑大理寺乞選輔臣一員兼領以慎重天下之法令檢尋自來斷案及舊例削其謬誤可存留者著為例册

一令諸道常平倉司農寺管轄官小權輕主張不逮逐處提點刑獄多不舉職盡被州府借出常平倉錢本使用致不能及時糴每有災診及其遣使安撫雖民委溝壑而倉廩空虚無所振發徒有安撫

之名且無勸恤之實又國家養民之政本尚務農〻因民之利而利之則朝廷不勞心而民自養之矣臣請選輔臣一員兼領司農寺力主天下常平倉使時聚糴以防灾沴并詔諸路提點刑獄今後得替上殿並先進呈本路常平倉斛㪷數目方得別奏公事移任者亦須依此䕶奏後方得起離仰司農寺常切糾舉及委輔臣等速定勸農賞罰條約頒行天下

一天下茶鹽出於山海是天地之利以養萬民也近古以來官禁其源人多犯法今又絕商旅之路官自行販困于運置其民庶私販者徒流兵稍盜取者絞配歲有千萬人罹此刑禍是有司與民爭利作

爲此制皆非先王之法也及以官販之利較其商旅則增息非多而固護之弊未能革者俟陛下之睿斷爾臣請詔天下茶鹽之法盡使行商以去苛刻之刑以息運置之勞以取長久之利此亦助陛下修德省刑之萬一也

奏贖法等三事

臣數日前面奏三代帝王子孫緜遠蓋由積德之深臣請陛下日修至仁之德下及民庶以感動天地此聖嗣無疆之本也今有劄子三道進呈内一道爲議贖法事即乞降出

臣近覩詔旨令御史臺審刑院大理寺修纂勅所同議贖刑此陛下至德深仁被于億姓天下幸甚今諸官條甫

言之令二臣定奪施行臣欲乞特降聖旨令中書樞密同與見議官負疾速定奪聞奏仍乞且贖杖罪已下情理輕者所貴易行取

進止

臣聞唐武德九年八月十八日詔曰觀省宮掖其數寔多憫茲深閉久離親族一時減省各從娶娉自是宮中前後所出三千餘人又正觀二年十月二日太宗謂侍臣曰婦人幽閉深宮情實可憫隋氏末年求採無已此皆竭人財力朕所不取掃灑之餘更何所用於是命尚書右丞戴胄給事中杜正倫於掖庭西門揀出之臣不知今來宮中人數幾多或供使有餘宜降詔旨特令減放以遂物性又省冗費亦人君盛德之事可以感動天意

卷上

范文正公政府奏議下

邊事

奏陝西河北攻守等策

臣蒙聖恩非次奬擢待罪兩府日夜憂迫恐負陛下委用之意臣等誠無所長但塞下初還粗知邊事不敢有隱臣等聞三代以還皆有戎狄之患以至侵陵中國被于渭洛齊晉逐之於前秦漢驅之於後中原始清人倫乃叙逮于西晉之弱羣胡猾夏天寶之末石晉之際中國不幸皆罹其害自周世宗北征之後雖疆土未復夷夏稍分我祖宗奕世修備大庇生民今西北二方復相交搆夾困中國元昊率先叛命兵犯延安次犯鎮戎殺傷軍民曾無虛歲中國之兵討伐未利而北虜舉十萬衆言元昊是甥壻之

責中國不當稱兵出交搆之跡更仍裁我國家以生民之故增物帛以續盟好彼既獲利方肯柅師今秉西夏通順之議又欲主盟邀功自尊大元昊屢戰勝且倚北戎事勢雖求通順實欲息肩亦如北戎大獲厚利候其物力積豐可以舉衆則必長驅深入有吞并關輔之志何以知之昨定川之戰我師不利彼作偽詔誘脅邊人欲定關中其謀不細蓋漢多叛人陷於窮漠衣食嗜好皆不如意必以符堅劉元海元魏故事日夜游說元昊使其非獨元昊志在侵漢實漢之叛人日夜為賊之謀也朝廷若從其通順則北戎邀功自為主盟下視中國要求無厭多方困我而終於用兵矣若拒絕其意則元昊今秋必復大舉北虜亦必遣使問我拒絕元昊之故或便稱兵塞外張勢脅我國家

至時寧不疑懼必於陝西選將抽兵移于河北未戰而西陲已虛元昊乘虛而來必得志於關輔此二虜交搆之勢何以禦之臣等思度是和與不和俱爲大患然則爲今之謀者莫若擇師練兵處置邊事日夜計略爲用武之策以和好爲權宜以戰守爲實事彼知我有謀有備不敢輕舉則盟約可久矣如不我知輕負盟約我則乘彼之驕可困可擊未必能爲中國患也臣等請畫一言之

一和策

臣觀西戎蓄禍積有歲年德明在時已聞僭擬元昊方壯遂肆凶驕外倚北戎內凌中國屢戰屢勝未嘗挫衄而乃輒求通順實圖休息所獲者大利所屈者虛稱然猶干請多端姦謀未測國家以生靈爲念不可不納如曹高但

宗應天順人百戰百勝猶屈於契丹富戎王始亡為之舉哀慶朝三日遣百寮詣館而其來使其屈禮之甚也又太宗騎六騎於渭上見頡利與語復親與之盟頡利既退左右勸擊之太宗謂我擊彼敗懼而修德後患必深乃周旋俯就使之驕怠一旦遣李靖擒之威振四極此盛王之謀也陛下如唐高祖太宗隆禮敦信以盟好為權宜選將練兵以攻守為實事彼不背盟我則撫納無倦彼將負德我則攻守皆宜如此則結好之策未有失也

二陝西守策

元昊自來通順之時歲受恩賜朝廷撫納甚厚未嘗有失尚猶時擾邊境殺戮將吏暨叛命以來累次大舉曾無沮敗乃求通順實蓄陰謀非屈伏之志也朝廷若以權宜許

更當嚴

西久屯大兵供費殫竭減兵則守
備不足不減則擾久已困臣等請緣邊城寨愈加繕完使
戎虜之心無所窺伺又久守之計須用土兵各諳山川多
習戰鬬比之東兵戰守功倍然緣邊次邊土兵數少分守
不足更當於要便城寨招置土兵若近裏土兵願改隸邊
寨者即遷其家而團集之况昨來慶州創起大順城欲置
振武保捷兵兩指揮仍於永興華耀土兵中召其願守塞
者而應募甚衆何則關內諸州土兵多在邊上或得代歸
營而數月之間復出遠戍豈徒星霜之苦極傷骨肉之恩
征夫不保其家離婦頗多犯法人情不免久則怨起如得
併遷其家於緣邊住營更免出軍父母妻子樂於完聚戰
則相救守則相安所謂若土兵攜家居于塞下則全今請

給其實尤多不然上一兵月給差少又素號精强使之戍邊於東兵數復可減然於邊路漸爲增益二年已來方能熟習固非一朝可驟改也又陜西新刺保捷土兵其中尩弱不堪戰陣者宜沙汰之使歸于田畝既省軍費復增農力然後東兵三分中一分屯邊以助土兵之勢一分移入次邊或屯關輔以息饋餉之困一分歸京師以嚴禁衛之防彼如納款未變則東兵三分中更可減退又緣邊無稅之地所招弓箭手必使聚居險要每一兩指揮共修一堡以完其家與城寨相應彼戎小至則使屬户蕃兵暨弓箭手與諸寨土兵共力禦捍彼戎大舉則二旬之前必聞舉集我之次邊軍馬盡可勾呼駐於堅城以待敵之進退緣邊山阪重複被之重兵必循大川而行先求疾速儻其得勝

使我師沮而不出方敢散兵虜掠過越險阻更無顧慮我若持重不戰則彼之重兵行川路中糧草無所給牛羊無所獲不數日人馬困弊彼之重兵更不敢越險又未能決勝必不得已而散兵虜掠我於山谷村落中伏精銳以待之彼散掠之兵輕而寡弱可擊可逐使散無所掠聚不得戰欲長驅深入我則使諸將出奇以躡其後欲全師以歸我則使諸城出兵以乘其弊彼將進而有禍不三兩舉勢必敗亡此守策之要也

三陝西攻策

元昊巢穴實在河外河外之兵懦而罕戰惟横山一帶蕃部東至麟府西至原渭二千餘里人馬精勁慣習戰鬭與漢界相附每大舉入寇必爲前鋒故西戎以山界蕃部爲

强兵漢家以山界屬户及弓箭爲善戰以此觀之各以邊人爲强理固明矣所以秦漢驅逐西戎必先得山界彼則遠遁然後以河爲限寇不深入儻元昊歸款則請假和策以待之如未通順或順而翻覆則有可攻之策非窮兵黷武角勝於絶漠之外也臣等嘗計陝西四路之兵総數幾三十萬非不多也然各分守城寨故每歲戰兵大率不過二萬餘人坐食芻糧不敢舉動歲歲設備常如寇至不知賊人之謀果犯何路賊界則不然種落散居衣食自給忽尓點集併攻一路故犬羊之衆動號十餘萬人以我分散之兵拒彼專一之勢衆寡不敵遂及於敗且彼爲客當勞而返逸我爲主當逸而返勞我若復用此計彼勞我逸則取勝必矣臣等請於鄜延環慶涇原路各選將佐三五人

使臣一二十人步兵二萬騎兵三千以爲三軍以新定陣
法訓練歲餘倶其精勇然後觀賊之隙使三軍掠于橫山
更進兵降者納質厚賞各令安土拒者併兵急擊必破其
族假若鄜延一軍先出賊必大舉來應我則退守邊寨或
據險要不與大戰不越旬日彼自困彼勢將潰歸則我環
慶之軍復出焉彼若再圖點集來拒王師則又有涇原之
師乘間而入使賊奔命不暇部落攜怨則我兵勢自振如
宥州綏州金湯白豹折薑等寨皆可就而城之其山界蕃
部去元昊且遠求援不及又我以堅城據之以精兵臨之
彼既樂其土復逼以威必須歸附以圖安全三五年間山
界可以盡取此春秋時吳用三師破楚之策也元昊若失
橫山之勢可謂斷其右臂矣矧漢唐之舊疆豈今日之生

事也

四河北備策

臣等於陝西緣邊頗究利害所陳三策必可施用而國家禦戎之計在北爲大臣等敢不經心且北戎久强在後唐日以兵四十萬送石高祖至洛陽立爲天子而還遂與石晉爲父子之邦邀求無厭晉不能支一旦釁起長驅南牧直抵京師虜石少主及當時公卿盡室而去幽薊遂陷爲中原千古之恥尚未能雪國家以生靈之故與之結和將休兵養民有所待也及天下無事人人懷安不復有征戰之議前年北虜驟變詭謀稱兵燕薊有背盟之變割地之請國家倉卒無備難於用兵遂增重賂以續前好彼既獲利方肯迴師今乘元昊通順之議又欲邀主盟之功其勢

愈重苟不大為之備禍未可量臣等固請朝廷力行七事
以防大患一密為經略二再議兵屯三專於選將四急於
教戰五訓練義勇六修京師外城七密定討伐之謀一密
為經略者自河朔罷兵以來幾四十年州郡因循武事廢
弛凡謀興葺則罪其引惹昨朝廷選差轉運使益欲革去
舊弊預為之防然既有本職則日為冗事所嬰未暇周慮
請選有材識近臣假以都轉運使之名暫往經畫使親視
邊壘精究利害凡邊計未備者皆條上而更置之不出半
年歸奏闕下更令中書樞密院子細詢訪熟議經久之計
若虜情驟變則我有以待之矣二再議兵屯者自來真定
府定州高陽關分為三路其所轄兵馬未甚整齊乃有一
州兵馬却屬兩路之處又未曉本路將來於何處控扼合

用重兵若干又甚處只宜固守合屯兵若干及三路互相
應援次第須差近臣往彼審爲經略方可預定法制臨時
不至差失或事宜未動亦當相度兵馬合那減於何處駐
泊使就芻糧以省邊費庶免先自匱乏至用兵之日重困
生民三專於選將者委樞密院於閤門祗候使臣已上選
人三班院使臣中選人殿前馬步軍司於軍旅中選人或
有智略或有材武堪邊上試用者逐旋進呈據選到人數
以籍記之候本路有闕則從而差授如此則三二年間得
人多矣四急於教戰者於陝西四路抽取曾押戰隊使臣
十數人更授以新議八陣之法遣往河北閲習諸軍使各
知奇正循環之術應敵無窮五訓練義勇者今河北所籍
義勇雖約唐之府兵法制三時農務一時教戰然未建府

衛之官而法制不行號令不一須别選知州知縣縣令可
治兵者并增置將校使人人各知軍中之法應敵可用斯
則强兵制勝之本矣六修京師外城者後唐無備契丹一
舉直陷洛陽石晉無備契丹一舉直陷京師故契丹之心
于今驕慢必謂邊城堅而難攻京師坦而無備一朝稱兵
必謀深入我以京師無備必從河朔重兵與之力戰或
不勝則胡馬益驕更無顧慮直叩澶淵張犯闕之勢至時
遣使邀我欲以大河為界我既無備將何以禦從之不可
拒之必難又振逼京師何以為計若京城堅完則戒河朔
重兵不與之戰彼不能戰則無乘勢之氣欲謀深入則前
有堅城後有重兵必將沮而自退退而不整則邀之可也
是則修京城者非徒禦寇誠以伐深入之謀也漢惠帝時

起六里内男女城長安二年而畢唐明皇時城長安九十日畢考法於古擇利于今京城之修蓋無疑矣然須二年成之則民不勞昔人不驚駭矣七審定討伐之謀者彼幽燕數州人本漢俗思漢之意子孫不忘太宗皇帝既克河東乘勝北討數州吏民望風請命惟幽州未破我軍盡驚班師以來歲月緜遠如天限其北無復輕議一昨盟好已搖安保其往當訓兵養馬密為方略以待其變未變則我不先舉變則我有後圖指彼數州決其收復使彼思漢之俗復為吾民成太宗皇帝赫怒之志雪石晋千古之恥則陛下之功如天如日著于無窮矣

奏陝西河北畫一利害事

陝西八事

一相度緣邊城寨未堅牢處更加修完
二陝西諸州土兵内招額守寨者移爲邊兵
三新刺保捷土兵内有尫弱不堪戰陣者減放歸農
四移減東兵入次邊州軍駐泊以就糧草有事宜則勾
赴邊上
五緣邊弓箭手逐一兩指揮各築堡子居住
六逐路差人密切先相度下山川要害可控扼處并可
伏兵之處
七逐路各選將佐三五人使臣一二十人步兵二萬騎
兵三千以備攻戰
八相度下横山一帶要害之地如進兵攻討則據險修
寨以奪其地就降其衆

河北五事

一遣才臣權領河北轉運使密令經度邊事

二再議河北三路合屯兵去處

三委樞密院於閤門祗候以上選人三班院於使臣中
選人逐十日或一月具選人數進呈

四於陝西抽揀戰隊使臣十數人授以新議八陣之法
教習諸軍

五河北州縣專選知州知縣縣令可以治兵者教習義
勇并增置將校

奏元昊求和兩爭疆界乞更不問

臣竊觀史籍見前代帝王與戎狄結和通好禮意甚重非
志不高而力不足也蓋懼邊事不息困耗生民用兵久之

必生他變而爲社稷之憂如漢高帝唐太宗身經百戰七服天下不敢黷武而屈事戎狄者正爲此也及其國力强盛將帥得人則長驅破虜以雪天下之耻今北虜西戎合謀并力夾困中原西兵數年未能平定近方遣使往復以議通順而延州塞門并河東豐州之地舊有屬户居之則爲我利自元昊驅掠西去遂爲隙地中國利害不繫於此今衆議須欲復得塞門以全疆土昔如祖宗朝北陷易州西失靈夏及其和好皆略而不言恥以前失之醜而求無用之地也今西戎恡不足與争但名體已順餘可假借以成和好然後重議邊事退移兵馬减省糧草須我生民勤我稼穡選將練士使國富民强以待四夷之變此帝王有道之術社稷無窮之富也如欲與戎狄理曲直决勝負以

耗兆民以危天下語之則易行之實難臣備位二府當思
安危大計不敢避人謗議上下其説累陛下包荒之德以
重增宵旰之憂臣不勝懔迫惶恐之至

奏爲陝西西路入中糧草及支移二税

臣竊見陝西四路各屯重兵所入中糧草又無定數並支
却京師錢帛久而行之府庫須竭又支移關輔二税往邊
上送納道路嶮阻百姓勞費亦已凋弊至於轉運司經畫
財利應副邊上每年亦無定額縱使元昊納款未能頓解
邊兵悠久何以支濟自來朝廷已差逐路經略兼計置糧
草即未責事任伏望聖慈指揮更選差朝臣四人充陝西
四路經略計置判官專管本路稅賦課利及圖回營田等
事仍令三司將逐路軍馬并見在糧草數目約度今後每

年各計入中若干石於京師支給見錢比舊日十分中減下三分各令陝西轉運司約度逐路稅賦課利數目外每年各令支助錢帛若干既糧草錢帛皆是定額自然各務省節須揀精銳養贍及將蕃部弓箭手相兼使用不更占冗兵既沿邊入中有數必自那移軍馬入次邊及近裏州軍駐劄其四路經略計置判官便當知州差遣與本路經略使及知州軍等如能依此減省入中萬數及圖回財用不至虧誤即加獎擢此軍國之大計乞聖慈留意

奏論陝西兵馬利害

臣竊知陝西禁軍廂軍不下二十萬衆防秋在近必須養育訓練以期成功在乎豐以衣食使壯其力積以金帛示有厚賞牛酒以悅之律罰以威之如此則兵有鬭志將〻

增氣雖二十萬衆合爲一心有守必堅有戰必强平寇之
期臣可卜也若飢不足其食寒不足其衣出無壯力入無
厚賞軍有退志將必喪氣雖二十萬衆或有二心守則不
堅戰則不强平寇之期未可卜也於弓箭手民兵肯戰守
之時事須賞勸所用金帛誠須大備今陝西百姓已虚三
軍未振或聞三説之法可以備邊以臣所見今榷貨務商
客纔有一百來名縱許於陝西河東路以三説入中即緣
商客未多且可少助糧草而已若金銀錢帛則歳時之内
必難充足臣所以請放行向南鹽客使客旅入納糧草并
金銀錢帛數更有逐處富實之家不爲商旅者必須以利
勸之臣請逐處勸誘入納上件物色一件納及得萬數除
給與向南末鹽交鈔外更與恩澤一萬貫者與上佐官三

舊貫者京官致仕如曾應舉到省與本科出身除家便官
願班行安排或不就差遣者亦聽所貴防秋之期頗有邊
備乞朝廷速爲大計使百姓樂輸三軍樂戰則夷狄不利
中外無憂山海之利何乏以各國家安危之計在聖心英
斷天下幸甚

奏陝西主帥帶押蕃落使

臣竊見環慶路熟户蕃部約及二萬人内只蕃官一千餘
人各有請受每人惟有料錢亦無月糧衣賜所費少於養
贍長行兵士皆能辛苦熟於戰鬭如撫馭之間恩威得所
大可防托邊界減得兵馬今來環州种世衡原州蔣偕撫
馭蕃部最有畏愛緩急可以呼集使喚欲乞朝廷先授此
二人兼管轄蕃部使所貴激勸邊臣於熟户用心專加存

領緩急使喚漸可減得戍兵萬數其四路主帥亦令依舊
時節度並帶蕃部使

奏乞宣諭大臣定河東捍禦策

臣竊見契丹遣使來朝廷言欲西征令邊上探報皆稱契丹六發兵馬討伐呆家族并夾山部落及稱亦與元昊兵馬相殺又報元昊亦已點集左廂軍馬既是二國舉動大兵必有大事以臣料之夾山等蕃部小族豈二國盡舉大兵攻討此可疑一也又元昊自來惟倚契丹侵凌中原今無大故何敢便與契丹相絕而舉兵相持此可疑二也自古聖賢議論皆稱夷狄無信今朝廷便欲倚憑此可疑三也前來契丹邀中國進納物帛欲屈伏朝廷元昊僭號擾邊屢擒將帥如盟信可保何至此今日之舉又可疑四也

東地震數年占書亦主城陷今二國之兵萃於彼方此又大可疑五也又邊上探得契丹遣使二道至南山寧化軍岢嵐軍後面覷步谷口道路此又大疑六也設或二國不守盟信卒然奔衝以數十萬衆乘不備而來河東軍馬不多名將極少衆寡不敵誰敢決戰此大可憂一也契丹素善攻城今探得點集床子弩并砲手皆攻城之具與昔時不同況元昊界無城可攻如卻入漢界併攻三兩城破而屠之則其餘城乘風可下此大可憂二也萬一此虜卻來奔衝以取中國之信使安於疑為後舉之策此大可憂三也今乞聖慈顧問大臣如契丹可以保信必不入寇亦不與元昊連衝則乞今日同署一奏納於御前使中外安静不更憂疑也曰或誤大事責有所歸如大臣不敢保言

則乞指揮大臣今日更不歸廳便畫禦捍之策抽何路軍馬用何人將帥添若干錢帛據何處要害如此定策猶恐後時不能當二虜之勢或更因循度日直俟大寇入境然後爲謀則河東一傾危逼宗社臣待罪兩府義當極論不敢有隱繫聖斷處之

奏乞拒契丹所請絕元昊和約

臣竊見契丹來書謀事在邀功勢將構難還荅之際尤宜慎重

一書中言元昊於中國名體未順特爲朝廷行征討其邀功之意又大於前若許他此舉將來何以禮報此一難也

一書中次言請朝廷絕元昊竊觀元昊所上書削號稱

臣名體頗順雖未為誠信苟遣人来納牓書朝廷何辭拒之元昊昨来納款尚不肯言契丹指蹤朝廷豈可言契丹之意以拒其和如無名而拒則我自失信而從契丹之請此二難也

一元昊於契丹從来未聞有不臣之狀或實於他邊界曾有相傷況是三二百户彼亦自可問罪何故便要朝廷絶元昊進貢若朝廷因而從之苟元昊不日却謝過於契丹又納其請則與元昊依舊相連我與元昊怨隙轉大朝廷一失其守長四夷輕中國之心此三難也

一契丹今來逼朝廷絶元昊之款我若不敢違拒而遽從之將来契丹却稱元昊已謝過設盟更不討伐

却逼朝廷與元昊通和是朝廷已失所守豈能更
抗契丹之辭此四難也
一朝廷若以契丹之故阻絶元昊大信一失將來却以
何辭與他和約縱巧能設辭元昊豈肯以前來所
許屈伏於朝廷必乗我之失大有呼索此五難也
一元昊或納誓書既不可阻今契丹所請或即阻之誠
朝廷之所重也然契丹元昊本來連謀今日之情
未可憑信臣請朝廷達禦捍之謀以待二虜不必
求二虜真僞之情邊事如此恐誤大計不敢不言

奏爲契丹請絶元昊進貢利害
臣竊見契丹來書稱朝廷曾請契丹止遏元昊今僭名體
未順遂舉兵討伐又請朝廷絶元昊進貢契丹安肯爲朝

建特舉大兵以討元昊此不可信一也若自與元昊有隙必行討伐其人使即合堅請阻絶元昊何却只問楊守素往來次第是無必討之意此不可信二也余靖等今有見虜主親信須指揮夏州令楊守素入南朝勾當必是動有關報今來虜使却言北朝並不知子細此不可信三也萬一契丹必有深隙須行討伐必堅要阻絶元昊豈暇問於南朝名體順不順顯是契丹虛稱為朝廷西征駐重兵於雲朔如元昊以誓書未至入寇河東亦是相為聲援得至則享厚利如元昊更不入寇納誓書于朝廷則契丹自為因行討伐使元昊入貢以此為功而駐兵雲朔以邀重報是契丹進退有利而俱為我害也臣謂朝廷今日答書則易將報必難而專於致賂欲滿虜志則契丹大兵豈肯已

舉而善退願朝廷熟慮此是先且大議備邊之策然後遣
使往來使虜知我有備無必勝之理則亦可以遏其邀功
求報之心縱肯盟好亦有以待之少减生靈之禍

奏乞將邊任官員三年滿日乞特轉一資

臣等竊見陝西河東沿邊州軍城寨主兵武臣并都監巡
撿寨主監押等自來與諸處武臣班行一例五年磨勘既
勞逸不均又遷轉無別是致各圖優穩不就邊任以此將
佐而下常患乏人況戰守之地責其死節苟循常規將何
以勸臣等欲乞朝廷別立條制應陝西河東沿邊州軍滿
三周年者並與特轉一資不隔磨勘所貴邊上例各得人
爲經久之備

奏乞重定戰[illegible]賞格

臣等竊見用兵以來戰陣行賞逐處起請所見各異或謂須要首級或謂當録陣前得力之人至於使臣軍員並不許手下人所獲分數亦與士卒一般校功是以人無適從家害邊事臣等欲乞朝廷將元定賞格并諸處起請條貫重行定奪須下諸路所貴軍中知信弟賞無差臣范仲淹臣韓琦

奏乞編録緣邊部署司條貫宣勅事

臣等竊聞朝廷已議差官删定天聖編勅所有諸路沿邊部署司前後承受宣勅條貫不少當用兵之際再合參詳兼慮諸處多有漏落臣等欲乞朝廷指揮諸路沿邊部署司令具録前後宣勅條貫候到亦令相度編録如一司一務編勅之例須下逐處各令遵守臣范仲淹臣韓琦

奏乞差新轉京官人充沿邊知縣事

臣等竊見陜西河東河北沿邊次邊州軍當用兵備寇之際逐縣令長尤要得人自來除合差京朝官外其餘並從銓司擬注別無選擇之法臣等欲乞特降指揮今後陜西河東河北沿邊次邊州軍三千戶已上縣令員闕並差奏舉磨勘新轉京官人充填與當西川差遣兩貴邊遠之地人受其賜亦使才俊之流諳練邊事他日選用不乏人臣范仲淹臣韓琦

奏乞免關中支移二稅却乞於次邊入中斛㪷

臣竊見陜西數年以來科率百端民力大困州縣督責不能存濟其間最為民患者是支移稅賦轉般斛㪷赴延州保安軍山坡險惡一路食物草料常時踴貴人戶往彼輸

納比別路所費三倍比本處州縣送納所費五倍害民若此實非久計臣等欲乞朝廷指揮都轉運司體量關輔今來灾旱民力困乏如邊儲有備其二稅與免支移并邊上入中斛㪷大段價高出却京師見錢銀絹萬數浩瀚亦令相度權於次邊州軍入中所貴減得官中貴價既次邊有備則每遇邊事宜稍愓可以退那軍馬於次邊就食糧草既稍蘇民瘵又不誤軍期如此守邊庶爲得策

奏乞許陝西四路經略司回易錢帛

臣等竊以西陲用兵以來沿邊所費錢帛萬數浩瀚官司屈乏未能充用其鄜延等四路帥臣雖有管本路糧草之名然轉運司終是本職故不敢專行計置若不委之經度即邊計常是不足臣等欲乞特降指揮下鄜延環慶涇原

秦鳳路經略使司應本路州軍所管錢帛並許選差除廉幹使臣公人等任使回易其收到利錢明入省帳收附所有句當人等如能大段回易得利息委本司具數保明聞奏特與相度酬賞所貴有助軍費少紓民力

奏策試方略等人各與緣邊差遣事

臣等竊見河北陝西河東自來策試方略并南省特奏名受恩澤人或未該放選及不理選限者雖程試之下偶不及等或曉習邊事經歷艱苦或鄉曲有譽年未衰退若只假以虛名實恐多有遺滯況沿邊次邊小處判司簿尉并鎮寨中務場常是闕官或於近裏差官往彼句當到本處却闕官員甚有廢事臣等欲乞特降指揮下河北陝西河東轉運司應本路策試方略并南省特奏名人得雜出身

試銜齋郎等未該放選及無司馬士文學助教等並不理選限者如願入邊遠即相度年未衰老有心力行止句當得事之人具保明申奏與涇陝西沿邊次邊小處判司簿尉内監榷新置酒稅等場務者只與驛券更不支本官料錢臣范仲淹臣韓琦

奏乞減武臣充提刑及令樞密院三班選人進
呈

今西北二方交困中原驕盛如此國家禦捍實在三邊不惟戰將乏人其知州知軍并駐泊都監大寨寨主常要有心力人句當方可主兵馬安緝蕃部嚴治城寨體探事機今來諸路提點刑獄多占却心力使臣或邊上倉卒要人終是怯懼不堪任使欲乞特降聖旨諸路提點刑獄除川

廣福建路依舊差文臣武職相兼外其餘路分只令文資勾當却留武職揀選少壯有精神者並與三路邊上差遣令慣習邊事或年甲雖高素有心力未至衰老者亦可充邊上知州軍駐泊都監勾當頗濟事務如無精神心力則是不材之人豈堪爲按察之官澄清部下因此便可退入閑慢差使庶免取笑四方仍乞委樞密院除選揀上項提點刑獄使臣外更常切於武臣中選人及令三班院亦常選人逐月一度具選到人姓名聞奏引見與沿邊次邊差遣所貴邊上多得有精神心力之人既久於其事則漸增膽勇緩急可用此乃養育將材禦備戎寇之要也至於川廣荆湖近蠻之處亦乞重選知州軍都巡檢等以鎮撫邊界存活生民

奏乞揀選往邊上屯駐兵士

臣竊見去年以來自京差撥禁軍往陝西邊上屯戍內有諸處鄉軍雇到經販之人并向南諸處廂軍揀上添填逐指揮內有小弱怯懦之人道路指笑及到邊上不堪披帶教閱虛破禁軍諸般請受支賜今來又差發兵士五千人往秦州添屯并續有諸軍發往邊上替換欲乞指揮下殿前馬步軍司應在京及畿內諸軍今來并向去合起發往邊上兵士並須逐指揮依次勾來本司子細揀選下小弱不堪披帶之人更不令發往邊上其揀下小弱人數內尤係在京諸司庫務并外路廂軍如却願歸本處舊指揮者並令送還內有身材比舊等樣小三兩指却少壯得力者即不得揀下所有年老病患之人即等第與剩員安排其

遂指揮人員年老疾患不得力者亦便揀選別與安排卻於本指揮向下人員十將内揀選得切并武藝高强人升一兩資權管勾當候轉員日依本資施行如本指揮人員十將内無可選揀即於以次指揮内選揀令權管補填勾當所貴在路便有幹了軍員部轄各得齊整不至依前作過其所差兵士本營在外州軍府者即委逐處長吏都監監押依此揀選起發仍乞指揮諸路部署司將去年秋後差到屯駐駐泊并今後差到兵士並依此揀選施行訖逐旋開坐聞奏所定武藝高强須以弓弩別定斗力及射親格式

奏乞揀沿邊年高病患軍員

臣等竊見用兵之處諸軍内若有指揮使員寮得力則不任訓練齊整兼臨陣之時各能將領其下士卒方肯用命

若人員不甚得力則向下兵士例各驕惰不受指蹤多致退敗顯是軍氣强弱繫於將校今來邊上諸軍人員甚有年老病患全不得力之人兼更有見闕人數不少若不早行選擇則恐將來依前悮事臣等欲乞朝廷於都知押班及近上內臣內選差諳歷邊事者三員內二員往陝西路一員往河東路計會逐處經略部署司勾集管下屯駐駐泊就糧諸軍人員司共揀選如內有年高脚手沉重并疾患尫弱不堪披帶及愚戇全無精神不能部轄者並開坐申奏內屯駐駐泊人員一面發遣赴闕別與安排所有就糧指揮人員即更於逐人名下各令指射願管廂軍去處聞奏仍勒在本營聽候朝旨候揀選畢即據指揮見闕人數便於諸軍十將以上揀選曾有功勞者并武藝高强得

力之人升一兩資級帖權管候將來轉員却依本資叙遷
所貴將校得人士卒增氣臣范仲淹臣韓琦

奏乞於散直等處揀有武勇心力人

臣竊知散直并下班殿侍內甚有經歷喫得辛苦之人可以邊上使喚乞特降指揮下殿前司於散直下班殿侍內揀選或有心力並具姓名聞奏當議再行揀選內曾有過犯人如武勇出倫亦別具姓名聞奏本班人員不得抑遏漏落當行勘斷其揀到人數別分等第內上等人及識文字者差在闕人員處權管勾當三周年無過犯得力者令逐處保明奏取旨使與轉三班差遣權管與依轉員例遞遷安排有功勞者特行升擢大段勝於年老轉員之人有誤戰敵緣西北事大常須先選人在軍中使喚以備邊事

薦舉

奏爲薦胡瑗李覯充學官

臣聞臣之至忠莫先於舉士君之盛德莫大於求賢泰通之朝豈敢隱默臣竊見前密州觀察推官胡瑗志窮墳典力行禮義見在湖州郡學教授聚徒百餘人不惟講論經旨著撰詞業而常教以孝弟習以禮法人人嚮善閭里歎伏此實助陛下之聲教爲一代美事伏望聖慈特加恩獎升之太學可爲師法又建昌軍應茂才異等李覯丘園之秀實負文學著平土書明堂圖鴻儒碩學見之欽愛講貫六經莫不瞻通求於多士頗出倫輩搜賢之日可遺於草澤無補風化伏望聖慈特令敦遣延於庠序仍索所著文字進呈則見非常儒之學取進止

奏邊上得力材武將佐等第姓名事

臣等在邊上體量得材武可用將佐人數如後

第一等涇原路部署狄青有度量勇果能識機變

鄜延部署王信忠勇敢戰身先士卒

環慶路權鈐轄知環州种世衡足機略善撫馭得蕃漢人情

環慶路鈐轄范全武力過人臨戰有勇

第二等鄜延路都監周美諳練邊情及有武勇其人累有功勞欲乞特加遥郡刺史

知保州安軍劉拯有機智膽勇性亦沉審

秦鳳路都監謝雲行勇力有機今之驍將

延州西路巡檢使葛宗古弓馬精强復有膽勇其人近聞

本路方職私事裁斷遣日乞別取聖旨

鄜延路都監譚嘉震勇而有知戰守可用

涇原路都監黄士寧剛而有勇可當一隊

鄜延路鈐轄任守信能訓練有機智

涇原路都監許遷訓練嚴整能得衆情

秦鳳路鈐轄安俊勇而有辯倉卒可使

環慶路都監張建侯知書戰下可當軍陣

鄜延路都監張宗武精於訓練可備偏裨

數內劉拯張建侯張宗武雖曾改轉一資比諸將未至優異臣等今同罪舉保此三人乞各轉兩資及移易差遣

再奏乞蔣偕轉官知原州

臣等竊見涇原路西北有鎮戎軍并山外城寨及東北有

原州宻逼賊界又原州管下有明珠滅藏康奴等蕃部常與西賊相連作過宻為强惡若原州一面鎮静則本路只禦捍西北一路易為兵力所以原州須要用心官員在彼昨来臣某爲觀朝廷降勑差北作坊副使蔣偕知涇州遂乞與本人轉一正使改知原州照管上項一面蕃部尋奉勑就差知原州即不蒙改轉官資縁本人自祕書丞制置青白鹽使相次該磨勘又差遣合入提點刑獄兼是准詔勑舉換右職即與近下差遣祕書丞自乞換右職人不同况涇州是近裏節鎮原州是極邊小郡比為藉其才幹非有過犯虚降却本人差遣兼本官到任已過半年州界蕃族别無騷動伏望聖慈特與轉一正使依舊本路駐泊都監知原州臣范仲淹臣韓琦兼在環慶州界點集添得蕃部一萬八千餘人

奏舉雷簡夫充邊上通判

臣等竊見祕書省校書郎僉書泰州觀察判官廳公事雷簡夫昨蒙朝廷敦遣起於草澤佐幕以來備見通敏求之多士得爲異才欲乞聖慈特加獎擢與轉一官就差充邊郡通判庶觀能效可進榮階以不如所舉臣等甘當同罪

臣范仲淹　臣韓琦

奏舉姚嗣宗充學官

臣等竊見環州軍事判官監慶州糧料院姚嗣宗策試方略考在優等效官邊郡不避險阻文章奇峭有古人風格兼通經術宜置國庠欲乞聖慈特受一學官候通前任成四考日與轉京官若不如舉狀臣等甘當同罪臣范仲淹

韓琦

奏馬懷德乞轉閤門祗候青澗城都監

臣等竊見延州青澗城兵馬監押侍禁馬懷德曾爲透漏蕃賊降差監當本路體量得前人有武勇心力却奏留在邊上使唤自後掩殺蕃賊破蕩族帳累度得功只是轉一資酬奬其人實堪充將佐部領軍馬禦捍邊方兼种世衡曾乞納所轉官資却與本人升擢伏乞聖慈特與轉閤門祗候充延州青澗城都監臣范仲淹臣韓琦

奏乞酬奬張信

臣等竊見環慶教押軍陣奉職張信自殿侍在邊上累次與西賊鬬敵前在延州趙瑜手下作前隊殺退蕃賊得趙瑜等銀鋺衣服後來趙瑜等並轉三資張信即未曾酬奬其人氣豪膽勇武力過人爲一時之猛士在指使中少

見其可欲乞朝廷特與改轉一侍禁送种世衡手下管轄軍隊分擘與禁軍一兩指揮專切教習獨作一隊為奇兵使喚必能身先士卒以立勝功臣范仲淹臣韓琦

奏乞差宣撫副使

臣奉勑差充陝西路宣撫使續奉朝旨體量於次邊入中糧草事臣既蒙朝廷重寄須體量逐處將帥勇弱官吏能否那移軍馬并相度錢穀利害求訪民間疾苦照管緣邊蕃部料度寇情經畫勝勢以分朝廷萬一之憂非臣之愚可能獨幹衆務臣昨日入對乞聖慈更選臣寮一員與臣同往每事議而後行庶少差失伏乞早降指揮兼臣已奏乞免罷御筵錫賚雖添差一員不至勞費

再奏乞名試前所舉館職王益柔章岷蘇舜欽

等

臣昨在樞密院日舉文行有名之士十人堪充館閣職事乞取聲稱著聞者先次召試自臣過中書後商量謂所舉人多不可一齊召試欲候其中更有清望官舉者即先次施行今所舉人内殿中丞王益柔已有杜衍先曾舉奏太常丞張岷又有王堯臣蔣堂舉奏大理評事蘇舜欽亦有王拱辰舉奏此三人並有清望官舉薦又見已到京及待闕未赴任欲乞降聖旨便與一試仍乞指揮學士院各試文論二首足以觀其才識不令更試詩賦恐詞藝小巧無補大猷況朝廷擢才之際寧使滯淹深同尋常陳乞之人更延資考

奏殿直王貴等

臣有隨行指使右班殿直王貴殿前指揮使出職在邊上三十年有餘右班殿直徐正殿前指揮使出職在邊上二年半各好人材弓馬累度隨軍出入勾當兵馬須得幹辦三班差職郭慶宗曾經戰鬭得功及有心計緩急使喚得力上件三人並堪邊上任使欲乞朝廷各轉一資充沿邊寨主監押如未有員闕即目令隨行指使候到邊上遇有闕處即具奏差取進止

奏杜曾張沔

臣竊聞朝廷欲差杜曾判大理寺張沔河北路轉運使杜曾詳明法令必能稱職張沔廉謹精懃搢紳所許錢穀重難實所諳練兼本官自可三司副使裁運使之任緣河朔屯師右武之地當選人經營一面為用兵之備伏望聖慈

委大臣再加銓擇庶免頻有敗更杜甞自梓州遂回又河北轉運使自有今來留任、判寺是在京重難職任亦與別議恩澤張沔自到陝府累有人舉奏亦別與差遣

奏舉張去惑許元

臣竊覩國家用兵以來急於財利雖百姓大困更難刻剝三軍不足又須經營莫若求通敏之才省枉費之用庶幾下不生怨上不乏須臣竊見殿中丞監在京榷貨務許元才力精幹達於時務伏望聖慈指揮取索榷貨務勾當過有勞績特與超轉一官差充江淮制置發運判官必能減省冗費疏通利源不害生民胥助軍國又臣切見寧州通判著作佐郎張去惑稟有時材不避艱苦昨慶州修大順城建事之初日有寇至人情畏懼却求中輟遂差張去惑往彼勸諭將佐晝夜興功衆乃同心方能集事兼於寧州

專管修城或創修山城功料浩瀚並以了畢防城戰具皆精辦臣昨同罪舉本人乞改一官充陝西轉運判官已奉朝旨依奏催有闕即差今來陝西省罷轉運判官其張去惑自合别與差遣伏望聖慈差監在京榷貨務替許元勾當臣所舉此二人若不能辦濟臣甘失舉之罪

奏杜杞等充館職

臣聞書曰先王坐以待旦旁求俊乂蓋天下治亂繫之於人得人則治失人則亂故先王盡心焉臣伏覩朝廷兩府任人多擢於兩制詞臣必由於館殿是館殿爲育材之要府豈宜賢俊不充至于衰索唐太宗置文館延天下賢良文學之士令更宿直聽朝之暇引入内殿講論政事至夜久方罷今館閣臣寮率多清貧僑居桂玉之地皆求省府

諸司職任或聞在館供職者惟三兩人甚未稱陛下長養羣材之意臣切見虞部員外郎杜杞太常丞章岷祕書丞尹源祕書丞張揆殿中丞王益柔殿中丞呂士昌大理寺丞蘇舜欽大理寺丞楚建中環州軍事判官姚嗣宗國子監直講孫復或文詞雅遠可潤皇猷或經述精通能裨聖藴伏望聖慈委中書相度其間聲實已著者乞不限資任先次召試各補館職或有未協公議者乞加詢采更候悉其才行即賜施行今後館閣臣寮供職經二年不就諸司職任者乞特與恩例差遣庶令英俊之遊日玩典籍不親米鹽之務專修經緯之業長育人材無尚於此臣竊聞太宗皇帝慕唐文皇之英風特建祕閣與三館並崇聽朝之餘時或遊幸此祖宗盛事不爲不重今館閣供職員數至

少臣方敢上言所舉雖多皆搢紳有聞之士更在朝廷取擇臣謂天下至大聖人其難之綱紀或隳雖治必亂俊哲所聚雖危必安今邊鄙尚虞旰昃未暇正宜廣搜時彥大修王度以固其本之時也惟聖慈留意

奏乞將所舉許元張去惑下三司相度任使

臣近與宰臣上殿因議財用不足蒙賜德音謂宜選諸路轉運使臣尋面對云轉運司得平和之人則可得剗剥之人則百姓受弊尋奉聖旨民惟邦本不可侵擾臣退而思之以江淮制置發運司為財賦之要地冣宜得人使二員互換上京所轄諸州不暇巡歷臣切見監在京榷貨務内殿中丞許元智識通敏可幹財賦復能愛民不為侵刻遂舉充江淮制置發運判官又著作佐郎通判寧州張去惑

昨在邊陲實經煩使遂舉監在京榷貨務替許元此二人
臣曾舉充陝西轉運判官已奉聖旨依奏候有闕日與差
既是轉運判官資地今來舉充上件職任未至過越切見
朝臣宗緘陳執禮爲因王欽若妻并宗綬妻陳乞在京監
當有臺臣上言不當已奉聖旨改差臣在樞密院日所舉
許元張去惑勾當錢穀雖與前人陳乞事體不同亦慮三
司別有長才可舉伏望聖慈指揮三司副使相度此二人
之才如不堪上件任使即別舉朝臣庶協公議

奏雪滕宗諒張亢

臣昨日面奏滕宗諒事當天威震怒之際臣言不能盡又
章得象等不知彼中事理虚實皆不敢向前惟臣知從初
子細又只獨自陳説顯涉黨庇宗諒雖已行勘鞫必能辯

明虛實然有未達之情須至上煩聖聽今具畫一如後

一梁堅元奏滕宗諒於涇州賤買人户牛驢犒設軍士

臣切見去年葛懷敏軍敗之後向西州軍官員驚憂計無所出涇州無兵賊馬已到渭州只是一百二十里滕宗諒起遣人户强壯數千人入城防守其時兵威已沮又木冰寒苦約十日軍情愁慘得滕宗諒管設環慶路節次策應軍馬四頭項一萬五千餘人酒食柴薪並足衆心大喜當倉卒之時有此才力雖未有大功顯是急難可用之人所以舉知慶州緣其時賊馬逼近收買牛驢犒軍從有虧價情亦可恕

一梁堅奏滕宗諒在邠州聲樂數日樂人弟子得銀楪

子三二十片者臣與韓琦到邠州筵會一日其時衆官射弓各將射中楪子散與過弓箭軍人及妓樂即非宗諒所散與人而罪歸於滕宗諒又云士卒怨嗟況邊上筵會是常直軍人更番祗候因何得其日便有怨嗟

一梁堅奏稱滕宗諒到任後使錢十六萬貫其間有數萬貫不明今來中使體量却稱只是使過三千貫入公用已有十五萬貫是加誣錢數料是諸軍請受在十六萬貫之内豈可諸軍請受亦作宗諒使過臣在慶州日亦借隨軍庫錢回易得利息二萬餘貫元隨軍公用支使外却納足官本今來宗諒所用錢數物料必亦是借官本回易所得將充公

用

一環慶一路四州二十六寨將佐數十人兵馬五萬皆宗諒勾當已及八九箇月並無曠闕邊將軍民亦無詞訟處置蕃部軍馬公事又無不了若不才之人豈能當此一路

一邊上主帥若不仗朝廷威勢何以彈壓將佐軍民使人出死力禦捍彊敵宗諒是都部署經略使一旦逐之如一小吏後來主帥豈敢便宜行事亦無以立威人皆知其自不可保且將帥對威者是國家爪牙之威也須假借勢力方能集事

一防秋是時主帥未有顯過而奪其事任將令下獄若遇賊兵寇境未知令何人卒然處置此路又差王

元權之況王元在河東沮怯已曾責降今且在邊
上備貟豈可使當一路委寄恐更誤事
一宗諒舊日踈散及好榮進所以招人謗議易爲取信
一臺諫官風聞未實朝廷即便施行臣目擊非虛而未
蒙朝廷聽納臣若是誑妄之人不當用在兩府既
有目覩之事豈可危人自安誤陛下賞罰兼西北
未寧見搜求稍可邊上任用之人即加奬擢豈宜
遂旋破壞使邊臣憂惕不敢作事雖國家威令不
可不行須候見得實情方可黜辱臣欲乞朝廷指
揮宗諒且在任勾當委范宗傑在邠州一面勘鞫
干連人并將已取到慶州錢帛文帳磨勘如宗諒
顯有欺隱入己及乖違大過即勾宗諒勘鞫如無

乖違大過又無欺隱入己即差人取問分析緣由入急遞聞奏別取進止所有張亢亦奉聖旨令便勘鞫臣體量得張亢不能重慎爲事率易昨在渭州亦無大段過犯乞委范宗傑一就勘鞫干連人依勘滕宗諒事行遣聞奏仍乞以臣此奏宣示臺諫官候勘得滕宗諒張亢却有大段乖違過犯及欺隱入己仰臺諫官便是彈劾臣甘與二人同行貶黜臣所以極言者蓋陛下委寄邊臣使一向外禦而無外憂之禍則邊上諸路人人用心不至解體有誤大事

再奏辯滕宗諒張亢

臣聞議論太切必取犯顏之誅保任不明豈逃累己之坐

彝典斯在具寮式瞻臣自邊陲誤膺奬擢授任不次遇事必陳切見故監察御史梁堅彈奏滕宗諒於慶州用過官錢十六萬貫有數萬貫不明必是侵欺入己及邠州宴會并涇州犒設諸軍乖越不公至聖慈赫怒便欲罷去臣緣在彼目擊雖以過當別無切害不曾有一兵一民詞訟至於處置邊事亦無踈虞臣遂進諫乞聖慈差官勘逐具與辯明未銷挫辱恐誤朝廷賞罰又有上言張亢驕僭不公臣亦乞根勘辯明或無深過如有大段乖越侵欺入己臣甘同受貶黜臣所以激切而言者非滕宗諒張亢勢力能使臣如此竭力也蓋爲國家邊上將帥中未有曾立大功可以威衆者且遣儒臣以經略部署之名重之又借以生殺之權使彈壓諸軍禦捍兵寇不使知其乏人也若一旦

以小過動搖則諸軍皆知帥臣非朝廷腹心之人不足可畏則是國家失此機事自去爪牙之威矣唐末藩鎮多殺害逐去節度使於軍中自立帥臣而當時不能治者由帥臣望輕易於搖動之故也今燕度勘到滕宗諒慶州一界所用錢數分明並無侵欺其毀却涇州前任公用曆勘到干連人只稱有送官員等錢物亦不顯入己又是元彈奏狀外事件所有張亢借公用錢買物事未發前已還納訖又因移任借却公用銀却留錢物准還皆無欺隱之情其餘罪狀多未據實其干連人黨盛寒之月久在禁繫皆是非辜若令燕度勘問二人既事非確實必難伏辯或逼令認罪又是陛下近臣不可辱於獄吏或至録問有辭即須差官再勘其合干人黨轉不聊生兼邊上臣寮見此深文

謂朝廷侍將帥少息於支過公用錢內搜求罪戾欲陷邊
臣且塞下州郡風沙甚惡觸目愁人非公用豐濃何以度
日豈同它處臣僚優游安穩坐享榮禄陛下深居九重當
須察此物情知其艱苦豈可使獄吏爲功而勞臣抱怨臣
欲乞聖慈據燕度奏到事節特降朝旨差使臣二人賚去
取問滕宗諒張亢如實是已犯便仰承認當議量情親斷
如别有緣由亦具分析聞奏候到見得别無枉抑便可取
旨斷遣如有異同即乞朝廷别選官勘鞫免致寃滯其干
連人且乞指揮放出知在臣則已有不合保此二人罪狀
乞聖慈先次貶黜免令臣包羞於朝廷人指笑儻聖慈念
臣不避艱辛尚留驅使即於河東河北陝西乞補一郡臣
得經畫邊事一一奏論或補二輔近州臣得爲朝廷建置

將兵作諸郡之式以輔安京師臣之此請出於至誠顧陛
下不奪不疑況臣久為外官不知輔弼之體本是麤材衹
堪犬馬之用若令臣待罪兩府必辱君命且畏人言臣無
任祈天望聖請命激切屏營之至

再奏雪張亢

臣昨日見樞密院進呈張亢所奏曾將公用錢回易到利
息買馬及交鈔乞與呈索之人自甘伏罪乞不追究遊索
之人取旨下燕度結案聞奏臣伏覩編勅指揮若將公使
錢回易到別物公用但不入己更不坐罪其張亢所奏二
事若未有發露乃是自首縱已發露亦不入己合該上項
編勅指揮臣昨與韓琦在涇州同使公用錢曾為慶州簽
判秘書丞馬倩身亡本人家貧親老與錢一百貫文又涇

州保安知縣大理寺丞劉龔禮丁父憂家貧起發不得與
錢一百貫文又虢州推官監環州入中陳料度丁父憂家
貧無依與錢五十貫文又進士黄通來涇州相看與錢五
十貫文並是一面將公使庫錢回易到利息相兼使用即
不曾親使著係省官錢自來邊上有公使錢處為有前項
條貫及有回易利息但不入己各是從便使用今來若依
編勑施行則張亢自首與遊索人錢不曾入己又是燕度
元勘外事節朝廷自可指揮不須却送入案兼恐追尋元
遊索之人或在遠方何時結絶若不用上件編勑指揮則
臣與韓琦亦有上件與人錢物罪狀須至自劾昔人有言
曰法者聖人為天下畫一不以貴賤親踈而輕重也伏望
聖旨送樞密院依詳編勑及將臣與韓琦用錢事狀并張

亢所奏二事一處定斷以正典刑

奏辯陳留移橋

臣前日與章得象以下親奉德音謂近知左右臣寮怨上不能主張不敢盡心言事今後不得更事形迹避涉朋黨須是論列必無所疑臣等千載遭逢得陛下聖言及此不勝慶幸不勝慶幸臣日夜發憤願盡其心以副陛下待輔弼之意雖犯雷霆豈敢回避今切見審刑大理寺奏斷王堯臣已下公案內有情理不圓刑名未審之處如便降勑恐外議紛紜傳播天下臣忝參預大政豈當緘默負陛下前日之訓為天下罪人今略指陳事節奏陳如後

一陳留橋是真宗皇帝親詔為損舟船遂遣使經度而遷之前來姚仲孫在三司日杜衍乞移此橋仲孫

不行王拱辰知開封府日又乞移之拱辰亦是不
行昨又令催綱使臣乞移此橋本府前来官員只
差一主簿相度侵具申奏朝廷不知先朝有詔失
於檢詳遂許移之三司為去年新曾添修今又破
材料遂奏乞差官相度乃是舉職今却以不應奏
而去坐罪惟聖慈深察方可見情

一據案中照勘得三司手分已先檢尋移橋文字於初
九日納在王堯臣處要行遣申奏次日方見王濵
為本人自陳留替回堯臣遂先發言問當移橋利
害濵方對答即非因王濵請託而後行也望聖慈
察此一節

一經曰貴貴為其近於君也貴老為其近於親也又堂

高則陛高蓋言重公卿者所以尊天子也今三司使主天下大計在天子股肱之列有大罪則陛下自行貶廢不可使法吏以小過而辱之投鼠忌器正在此矣陛下縱有輕近臣之意不可外示於人何哉近臣輕則減天子之重矣今法寺坐尭臣杖七十公罪其過至小伏望聖慈特遣中使傳宣安撫釋放贖法便令入謝以存國體羣臣幸甚幸甚

一王濆得替債盧家宅子稱每月饒減得房錢一貫文其人已移辰州通判只是輔時守官即非久住宅子之時又未曾言請託橋事量人情只是為王濆曾在本縣守官遂欲借宅子與住其王濆尚不肯須用錢債居只饒減得錢一貫文今因王觸奏王

滇受盧家請託入獄之後須至虛有招認豈可一
兩貫錢便使得一貟外郎請託此事兼案内照勘
得因尭臣問及遂説利害又無不移橋之言豈是
請託之情今獨追官勒停衆議未允望聖慈深察
可見其情或與罰銅監當亦減得外邊怨謗又免
本人頻來理雪紊煩朝廷
一陳榮古定奪橋事據案帳上開説所損舟船五十五
隻内五十隻因風并相磕撞致損只有五隻因橋
致損又根究得元乞移橋狀内所説損却人命及
陷没財物並是虚誑所以榮古定奪更不移橋今
來雖依王鬷所奏移歸舊處一則違先朝詔命二
則未及月餘已聞新橋不利損却舟船撞折橋柱

及水勢稍惡重船過往不易若再差人體量必是先朝不錯移改以此知陳榮古所定未必不當雖三度取狀不全招認罪名蓋有此情理須至分疎本因公事別無私曲今法寺坐爲私罪伏望聖慈特與改作公罪免令過後頻來理雪

一愼鉞是三司判官本案管移橋公事既聞差王礪重行定奪遂令人探問移與不移今來勘得別無情弊伏望聖慈特與改作公罪庶免非辜

一王礪與堯臣祖同姓名素不相喜因此定奪遂誣奏乞勘三司情弊又奏愼鉞是堯臣所舉必有姦謀今來勘劾別無情弊亦無姦謀王礪親自定奪此是當以實言且非風聞之失也

右前件王堯臣罪名乞特出聖意差中使傳宣放罪令依
舊起居并乞特降聖旨王濵免追官罰銅與監當陳崇古
慎鉞並與改作公罪如此施行則衆情積安羣議自息王
賜初奏王堯臣必有情弊及有姧謀滿朝公卿憂堯臣禍
有不測賴陛下仁聖特與辯明不陷深文羣臣又迎奉德
音令不避嫌疑而况陛下越次擢用敢不盡心助陛下之
明德臣至誠激切緣縣不隱望天鑒照臨
奏爲劉滬董士廉修永洛城乞委魚周詢等勘
鞫
涇原路走馬承受趙正奏内殿崇班劉滬著作佐郎董士
廉被狀青枷送司理院次竊緣此二人元禀四路都部署
節制往修永洛城即非是二人擅興及四路罷後本路部

署司抽下軍馬其人即合依禀羅修不合堅執拒抗臣料其情蓋本人在彼相殺得功降下周回蕃部又已下手修築城寨懼見中輟之後本路責其經畫不當故以死拒抗一面興修意望成功亦求免罪始未可見非有他意況劉滬是沿邊有名將佐家有戰功國家且須愛惜不可輕棄怨狄青因怒輒行軍法則邊上將佐必皆衘怨謂國家負此有勞之臣人人解體誰肯竭力邊事其董士廉是朝廷京官即非將佐亦將一例枷勘蓋狄青麤人未知朝廷事理萬一二人被戮遂家骨肉必來訴之闕下亦更多有臣寮上言紊煩聖聽雖知將帥行得軍法即非用兵進退之際有違節制自是因爭利害致犯帥威昔陳湯矯詔命以破虜王濬違節制以下吳皆釋罪封侯以勸將列伏望聖

慈特遣中使乘驛往彼委魚周詢周惟德取勘劉滬兩犯因依情罪聞奏仍送邠州拘管聽候朝旨一則惜得二人不至因公被戮二則惜得狄青尹洙免被二家骨肉稱冤致訟儻允臣所奏事可兩全彰陛下保庇邊將之恩使武臣效死以報聖慈

奏葛宗古

臣竊知延州西路都巡檢使葛宗古為侵用公使錢入己奏案已上朝廷臣昨奏陳邊上得力將佐葛宗古實在其數今恐審刑大理寺斷入極典縱蒙朝廷寬貸亦須降充近下班行必然挫屈更無勇戰之氣臣伏覩刑統節文諸監臨主守以官物私自貸人及貸之者無文記以盜論有文記准盜論立判案減二等即充公廨及用公廨物若出

付市易而私用者各減一等坐之議曰即充公廨謂以官物迴充公廨令朝廷支賜臣寮公使錢既已支付逐處更不係省帳拘管不收出剩亦無磨勘其公使錢顯是迴充公廨之物私用者自有上項正條無充無條負令將私用公使錢入己爲監主自盜之法只是法寺近例斷遣不敢從輕遂至入罪切慮今後有公使錢𠫵官貪因循之間爲人挦拾多陷除名死罪之坐誠爲法之一弊公朝固當正之伏望聖慈宣喚新判大理寺杜曾令上殿指陳侵用公使錢正條付中書參酌免有枉濫其葛宗古弓馬精强復有膽勇在鄜延路中家爲驍果今來朝廷選將之際此人實恐難得乞從正條定罪然後議其未減

雜奏

奏乞罷參知政事知邊郡

臣近與韓琦上言陝西邊畫略陳八事須朝廷遣使便宜處置方可辦集又近覩手詔下問合用何人鎮彼西方兩府已奏見選人進呈次今西人議和變詐難信成與不成大須防將來之患臣久居邊塞下誠無寸功如言鎮彼西方保於無事則臣不敢當但稍知邊情頗在驅策雖無奇効可平大患惟期夙夜經畫措置兵馬財賦及指蹤諸將同心協力以禦深入之患今防秋事近恐失於後時願聖慈早賜指揮罷臣參知政事知邊上一郡帶安撫之名足以照管邊事乞更不帶招討部署職任

奏乞互換巡邊

臣等奉聖旨商量互換往陝西邊上照管臣等今商量欲

乞。今秋差臣韓琦先往邊上勾當候將來春初即臣仲淹
却往替換所有逐人舊例御筵并錫賚等並乞免取進止

奏乞免參知政事錫賚

臣蒙恩擢授參知政事今日入朝竊知例有錫賚緣臣昨
拜樞密副使已蒙恩賜虛薄之才涓勞未立不可再有貪
冒貽譏搢紳伏望聖慈特賜寢罷庶寬憂懼實賴照臨

奏乞免錫賚

臣今月二十三日蒙聖恩差到中使賜臣銀絹著伏念臣
偶以非才誤膺柬拔備位樞府僅方踰月改參大政不可
復賚今早已具奏陳乞賜罷回聖澤庶安愚悃謹具奏聞

奏避蔡稟嫌

臣一女子嫁得監察御史蔡稟之弟今來稟為糺彈之官

臣在政府恐有妨礙須合上言乞聖慈特降指揮取進止

奏乞在京并諸道醫學教授生徒

臣觀周禮有醫師掌醫之政令歲終考其醫事以制其禄是先王以醫事為大著于典冊我祖宗朝置天下醫學博士亦其意也即未曾教授生徒今京師生人百萬醫者千數率多道聽不經師授其誤傷人命者日日有之臣欲乞出自聖意特降勑命委宣徽院選能講說醫書三五人為醫師於武成王廟講說素問難經等文字召京城習醫生徒聽學并教脉候及修合藥餌其針灸亦别立科教授經三年後方可選試高第者入翰林院充學生祗應仍指揮今後不由師學不得入翰林院如在外面私習得醫道精通有近上朝臣三人奏舉者亦送武成王廟比試更委宣

徽院覆試取醫道精深高等者方得入翰林院祇應如內中及諸宮院使不經官學百姓醫人有功効者只與支賜如祇應十年以上累有効者即與助教或殿侍三司軍大將安排即不得入翰林院所有諸道州府已有醫學博士亦令逐處習生徒并各選官專管仍指揮轉運使提點刑獄轉運判官所到點撿其學醫生徒候急得兩部醫書精熟即與免戶下諸般差配如祇應州府累有功効者即保明聞奏與助教安排所貴天下醫道各有原流不致枉人性命所濟甚廣為聖人美利之一也

奏乞選河北州縣官員

臣謹按唐初內開十六衛以聚武臣外開折衝果毅府五百七十四以屯兵伍使三時農務一時習武無事則武臣

居內以奉宿衛有事則武臣居外以統軍旅自武德至開
元百三十年天下府兵無逆亂者及開元末倚安忘危仍
廢府兵天下遂亂其後兵伍皆市井徒驕蹇怨叛終喪唐
室國家今於河北點得義勇鄉兵二十萬亦如唐之有府
兵也然所置官屬及揀點法制即與唐末類且遂處官非
其人不能以恩撫綏以威制服臣恐一旦倉卒不爲國家
之用斷教以弓矢馭之失道則寇亂之資已先成矣今河
北州縣部內各管義勇其長吏中才可馭衆或智可防亂
或威攝衆望者有幾人哉臣料按察使奏黜者不過老昧
貪猥之人存留者不過勤謹畏懼之士其馭衆防亂恩威
得所者必未多也由此觀之是陛下河北二十萬之衆未
有統領而無所倚賴也今北戎方盛河朔千里無險西關

山之險又官軍數少難當大敵或更增置官軍即財力已困無以供億如此則陛下將何為必安之計不可不思也豈易百十貧官吏為難而不以統二十萬兵伍為重然國家恐北戎之疑必未欲多置兵伍臣請且選逐處州縣長吏須命一二才臣專往河北與轉運使安撫使令行按察逐處知州知縣縣令內有才智不長非可統理兵衆者雖無過犯並等第列名聞奏內近成資者差人承替未近成資者與移諸路州縣却將諸處舉到知州知縣縣令人內揀選有材幹者先差往河北填替仍授以訓兵之要其知州並別授宣命專管勾義勇兵甲公事知縣並帶都監監押其縣令中有願換班行充知縣兼監押者並聽亦乞於武臣中選堪知縣者前去如此則得人稍多必能統領教

習使行軍陣之序金鼓之節賞罰之約緩急遣就統領可戰可守不誤大事又良吏撫馭恩威得所雖有飢饉不為寇亂其河東路即乞續次依此施行此國家大計非臣之敢輕言也

奏乞召募兵士捉殺張海等賊人事

臣竊見鄧州奏賊人張海等一行已及六十餘人各騎鞍馬有弓弩器械驚劫縣鎮恣取金帛强掠士女不懼朝廷凶害如此百姓被害不堪其憂臣恐逐處窮民見其豪盛各生健羨聚成徒黨劫取州縣事勢漸次張大不早殄滅必生它患漢唐之末皆因羣盜而天下大亂朝廷豈得安然伏乞聖慈來日便差一中使計會殿前馬步軍司於七百料錢已下軍分內召募情願捉殺强賊人負兵士三百五

人須是勇壯喫得辛苦或曾經使喚之人限一兩日內引見面賜鹽纏錢并冬寒綿衣及火與逐月添支選差有心路使臣部押與謝雲行同去分布掩殺不以遠近粘蹤直候捉殺静盡即等第優與酬奬

奏乞指揮管設捉賊兵士

近奉聖旨召募到兵士三百人又於三班院取到使臣部領前去金商州捉殺賊徒雖蒙支賜綿絹及傳宣戒訖切緣彼中賊徒方盛劫取財物虜掠士女烹宰牛羊恣行意氣致諸處軍民中强惡之人往往生心其差去兵士支賜不多又是七百已下料錢每日計得錢二十餘文在路只供得火隊柴薪鹽醋歛掠或遇天寒路遠不免飢凍豈有勇氣向前力戰更恐差去使臣無別心計不能撫恤爲宣

命緊切連夜拖拽更致怨憤逃走入賊中其患愈大欲乞特降聖旨更選差近上有心力使臣一員星夜前去同共部押逐程宿處官破柴薪鹽醋不令歛掠仍密切別降指揮下提賊兵馬到有賊地分州軍只作長吏意度逐人辦肉一斤麪一斤酒一升管設所有使臣軍員別破酒食如遇大段雨雪兵士單寒向前不得即更令製造紬綿被襖支散所貴各得飽暖則有勇氣可以擒賊亦上感聖恩不致怨叛仍令差去使臣常切體量兵士內有結搆逃走或出怨言扇搖軍衆者明立照證處斬訖奏臣在邊上體當軍情須是如此恩威兩立纔能使過方保無事今來兵士不多易爲豐足大都防於未萌若待叛怨之後旋行招恤則深損國威亦不懷感賊大之後所費無窮其餘處捉賊

兵士到有賊地分州軍亦令依此體量施行候賊平日令歸地分自然不更管設乞垂聖斷

奏乞發兵往荆南捉賊

荆門軍奏賊人張海等已到彼中人數漸多荆湖少兵大可憂慮似此一路殺人放火驚劫郡縣朝廷若只行遣文書將何以濟空發使命前去別無兵馬彼中賊無所畏取便屯結一路州郡無兵之援何以守禦伏望特出聖意於在京發兵三千人作三節起發如賊已銷滅即以上件兵士於荆南府潭州分屯以鎮遠方如尚猖獗聞京師兵來則一路州郡望風增氣賊勢自然窮蹙易為翦除不成大患

奏乞[illegible][illegible]人　送吳遵路家屬

知永興軍兼經略安撫使龍圖閣直學士吴遵路身亡緣
本家只有一丁全不歷事家眷幼穉兼陝府界賊盜頗多
伏望聖慈指揮下陝西轉運司多差公人兵士津置仍選
官一員部送至京及指揮逐州多差人防送免致疎虞取
進止

范文正公政府奏議卷下

文正公尺牘目録

卷上

家書

卷中

卷下

交游

晏尚書三帖
邵餗先生一帖
諫院郭舍人一帖
王狀元一帖
石曼卿一帖
曹都官一帖
孫元規一帖
孫明復一帖
滕子京一帖
李泰伯四帖

文正公尺牘目録

文正公尺牘卷上

家書

與中舍

某拜上三哥監簿伏惟尊體起居萬福某近蒙制恩擢貳樞府此蓋祖宗之慶下及家世累讓不允今月二日已簽署勾當至十二日蒙恩改參大政尋面陳利害已得旨依讓且在西府相次必出巡邊不知甚日入京相見小三郎已就聖節奏得試監簿諸骨肉各安吉相次專差人去存問也互相戒約勿煩州縣如輙興詞訟必奏乞深行請三哥指揮兒姪知委保重保重

某再拜中舍三哥今日得張祠部書言二十九日曾相看三哥來見精神不耗其日晚喫粥數匙并下藥兩服必然

是實緣三哥此病因被二婿煩惱遂成咽塞更多酒傷着脾胃復可喫食致此吐逆今既病深又憂家及顧兒女轉更生氣何由得安但請思之千古聖賢不能免生死不能管後事一身從無中來却歸無中去誰是親踈誰能主宰既無柰何即放心逍遥任委來往如此斷了既心氣漸順五臟亦和藥方有效食方有味也只如安樂人忽有憂事便喫食不下何況久病更憂生死更憂身後乃在大怖中飲食安得可下請寛心將息將息今送關都官服火丹砂并橘皮散去切宜服之服之

某再拜中舍三哥近想尊候萬福此中如常六屯田宅上哀苦切與照燭又有襄邑李殿直家是馬太博家表親言被火災後饑寒所逼更無所歸人在患難中又須與救今

許伊且往蘇州居住一子讀書可教小兒學在此逐月支錢一貫就彼課米月支一石或親戚官員令教小兒亦可養三五口也如子弟不調或在襄邑作過逃來即發遣他去恐相負累請子細相度保重保重

某拜聞中舍三哥急足還領書承尊候已安只是少力宜調飲食不得喫濕麵脾惡濕亦少喫羹湯宜食焦餅蒸餅軟飯道書云宜食輕乾物蓋益脾也今送米三石酒十餅去每事寬心在此公田不損盡將置義田請選好者典買取更託陳六一哥用心此事難成而易因循切切屯田言須是開春請更相度相度

某再拜人回領書知尊候萬福水災人疲柰何柰何家中用朮入井中或水甕中浸之充日用其水辟瘟以竹籃子

盛之以籮釣却貴不沉也但傳與人甚妙所置田如何若
置得一莊須是高田則久遠易爲照管若在木瀆側近則
只典買田段亦得影堂在此已買好木專造只三小間但
貴堅久也彼中有屋賣時請商量要修起一位宅上作式
樣亦須看木色要得堅牢純義堅要歸如未來即送州學
恐歇却則又無成時寒保重保重
某再拜中舍三哥昨晚見與小監簿書知體候不安不知
因何也但氣海着灸三百壯即安其在南陽灸得五百至
今得力水災無可柰何杭州只是衝注別無積水請省憂
在此須得分數公田可以接助但寬心將息秋涼減骨肉
來此更削去人力即漸累輕易爲過也乞保重保重或來
此就醫亦好朱七漸安累曾危困要知之

某再拜中舍三哥得書知尊候已安脾氣曾傷宜加意將息也某風氣已退有一二分見用藥不止即無所妨請不憂醫人看候皆言客風在表耳所言冗僕已去惟舡子留三兩人勾當其舡子若日有所資又不宜破貨也秋氣漸涼乞保重保重

某再拜中舍三哥昨日領書承常州四哥監簿六哥屯田併亡伏增悲苦痛切之至柰何柰何切勸二屯田少哭泣進粥食不易不易純仁才到令却令七郎與純禮同去致祭在此亦齋祭次諸不及言乞保重保重

七郎便令到常州請遣人同去恐常州房頭不易時待支俸錢兩貫去常州二子名并弟幾與劉來

某再拜節推三哥伏想起居萬福近得運使李同年書知

彼平善三娘必已安好也諸兒子長進在此如常十九郎
雖未復舊亦漸減退餘各修學南陽清簡極好養性幸甚
幸甚浙中諸親各安不知舉子幾人更在慎末防微如今
勞得謗議但固窮而前不銷預圖須過得惟省儉是妙乞
保重

某再拜中舍三哥前時純仁去不及寫書今日錢主簿來
領書知尊候安和不委六哥屯田所患進退憂心憂心須
是多灸仍服好藥方可圖安請切切勸他恐氣血極微則
灸亦不及也純仁等勿令飲酒大底已被酒成狂疾餘者
宜戒之戒之置田起屋事已令純仁上圖時寒乞保重

某再拜昨日屆德來領書知爲李家孩兒病却總未來亦
曾恩寒食上墳三月半葬事須合照管亦當奔波却去即

費力也事畢却請早來到熱時轉難爲今令魏祐押職田錢并影堂材植去及帶匠人惟石碇未知彼中易得否必然便可了當仍請三月半葬事夜作水陸齋一會别書牌子供養自家祖宗先亡并陳家墳塋切近亦召伯陽到寺排供養及六屯田家祖先並同其餘合供養神明並依水陸本法也更有合支用處並令魏祐應副更知諸親屬咸荒不易旋糴米二十石去請便俵散其逐月供米者却不銷得杜大家曾供米否亦每月與一石酒亦送去隨米支送知尊候已安更請倍加將息氣虛慎勿動臟腑也

二屯田不及書只請將此呈他陳家是兩世外家因水陸之會又墳塋隣並供養不妨陳長官必已行更不寫書

某再拜節推三哥得書知尊候萬福兼知九姐出適深喜

深喜得李郎書甚有事業不知在彼或已省覲馬祕丞亦有書來鄉中多不熟地甲使然或回換得數項高田常熟者則婚嫁可以指望待於天平墳頭立一碑誌請尋訪祖宗文字及於老人處訪問且於諸房更求先代官告文書并三哥自傳聞事亦旋旋抄來或聞祖先元是藍田人不知記否此一事切在心尋去訪十二姑亦必有記得事保重保重

某再拜節推三哥近領親教伏承起居萬福兼知已納二壻尤增慶喜津送不易必是有債也候稍那得即去奉助寬心寬心在此幼累如常只是十九郎久病已減八九猶未復舊二郎三郎並勤修學日立功課彼中兒男切須令苦學勿使因循須候有事業成人方與恩澤文字兼今後

不曾奏人逐房各已有恩澤須是有事業可以入官方與奏薦也請告諭之未由拜覲乞加保重

某再拜中舍三哥夜來王與至得書知尊候已安甚解憂心却聞杜大病亡苦痛苦痛不幸不幸所支錢與了當喪事甚是甚是孤幼如何安存更請多方用心苦苦莊契恐又出限餘錢且據數稅却自家買少義田不可却令漏稅所退絹已換得好者今將去闕夏稅倚閣如户等該得即將絹賣來納田契稅錢如不該得即且納稅田契確實用多少錢請細劄取來今令人去候所印契便與了却付去人來酷熱乞保重保重

某再拜急足回領書承起居萬福骨肉並安此中如常且勉力爲之過毀過譽無以防也知蘇湖水患柰何柰何三

兩日來稍晴彼中還晴否晚稻雖可種亦須水退方能施
功見使命自江南來一例大水饒州市中行舡睦州樓居
猶不能免向去民力必困憂心憂心純義以下並修學純
禮又受正字娩幸娩幸酷暑乞保重保重
某再拜監簿三哥近已有書去純佑到領得急足回來書
並知動止又承在明州權邑骨内並安在此如常遇發兵
次不及云云乞保重
七新婦親情請聞于鄭資政宅上他姝女也今年郊天且
奏常州四哥老兄弟中別無人又長善

與忠宣公

純仁書來知家中平善我病多日近來減退不用憂也六
伯巳下三郎四郎朱十二郎各傳語李監簿累得書當時

特舉薦受恩澤不是蔭人今須奏去理會乞特注官也鄭資政書來云今年奏李七郎作李通名字所以却奏聶舅今田居安去本房問如鄭資政不曾奏李通或奏不得即改聶升熟狀作奏妻姪李通仍速報來與郊恩例但勘下曆子未要請出先筭欠多少馬價并來年聖節進奉並當在官庫准備外更有鄭資政諸大官先借過錢物要還他純仁程試長進更學書札不具吾報張祕丞傳語頻得書三郎不得慢易勤學勤學李八九秀才照管王秀才計安

與九國博

九國博與純仁着分析事易所謂憂悔吝者存乎介是也雖纖微亦能使人憂悔今更有文字發遣祁正歸尉氏及屈德歸州恐偶然作過入府又索分析也請曉之白魚十

五斤漢江所出請檢收七哥更不敢留

與中舍二子三監簿四太祝

三郎四郎諸骨肉必安吉莊上如何各宜節儉頻照管西山墳塋不知十叔受得甚處官汝等但小心有鄉曲之譽可以理民可以守廉者方敢奏薦須陪涉鄉中有行止人九師計安五嫂房下并諸親一一　仲意各相照燭照燭不具叔押報

三郎官人昨得書知在官平善此中亦如常只是絶佑未全安汝守官處小心不得欺事與同官和睦多禮有事即與同官議莫與公人商量莫縱鄉親來部下興販自家且一向清心做官莫營私利汝看老叔自來如何還曾營私否自家好家門各爲好事以光　祖宗頻寄書來言彼動

靜將息不具叔押報新婦孩兒各安吉十叔房下如何弟兄還漸識好惡否

與朱氏

秀才三哥久不得信計想平善刑部誌文已撰得請星夜差人先賫去上石亦可及得其間增減發出劄子細塡入仍請與呂君秀才商量所示及行狀必呂公之筆大好詳備仰之仰之某相次受外任差遣必經去與足下同送五娘兒往杜宅近屯田移得知廣濟軍五娘子衣裝不要典賣永城莊巳丁寧王郎他或要得十四郎將來且依王宅姐姐處足下則須有修學處也寬心寬心某正月末必出京或往永城亦須早去凝寒好將息五學究並乞伸懇不及書人回子細示及

下處並起居宅上并五哥大郎宅中骨肉劉師姨計安
某頓首秀才三哥自别並不領書札曾因石十人力行有
書必然可達八員外五學究大郎宅上各計安吉不及一
一修染賢子莊上如何還有歸着否韓員外歸來未在此
甚好修學見有講席并文會久望不至未知厥[redacted]亦甚憂
彼中十四郎長進切好看承杜宅五娘子王郎在陳州曾
相見否因人無悋示字好將息將息
若欲來修學請進奏院遞中惠書相報即因便人去相接
某蒙恩攺郡今月十七日至丹陽禮上　行平善六孀神
櫬且安瓜洲寺中悲感悲感七哥骨肉上下各計安甚時
來得相見骨肉聚會此最幸也幸也山東九郎得解在京
顒伊有成有成書呈翁翁甚事只要就長山候見議之嚴

評事石道正法華各伸意許家弟兄多在京乍到不及云云將息將息七哥官人大郎來領書知公外安寧甚慰思渴此中無事只被純佑久病未安不住請醫人調理心悶可知大郎來此既不修學又無事與他勾當必難久住異姓恩澤卒難得便次陳乞兼山東復州並未曾奏得想悉之也親事不易且勉旃勉旃近有書與許運判問彼中動靜居官臨滿直須小心廉潔稍有點汚則晚年饑寒可憂也更防兒男不識好惡多愛多愛

三郎秀才前日專到寧陵奉謁不遇爲某暫來南京便欲與賢同送五娘子往廣濟杜宅星夜候賢歸千萬千萬諸事候却回勾當且如今了却此事兼要奉見商量向去次第千萬星夜速來　切切今專差人去不宣某咨上三哥秀才

三哥秀才自别傾渴傾渴稚況何如永城莊田暨寧陵家
計作何擘畫八叔貧外五哥應相助也大郎宅上安吉王
郎家應往陳州襄邑卜居亦甚相近還照管得否足下本
約來此修學還遂志否如果起得但見本府進奏官即知
在此公〻客旅便次八九程可達更宜從長吕秀才託伸
意或起離未得即師問吕君亦可日新襄門如此寧不憂
懼永城誌文立碣亦可向西屢見也秋凉希多愛多愛四
郎看恤伊早令讀書因人千萬示信不宣某咨于朱姪秀
才　台座

某啓自别累得書知動止清勝又審向秋召試前賀前賀
門户再起獨在吾仁京師交遊慎於高議不同當言責之
地也且温習文字清心絜行以自樹立平生之稱當見大

節不必竊論曲直取小名招大悔矣希多愛多愛不宣某上自講三哥之右宅眷賢弟各計安京師少往還凡見利處便須思患老夫屢經風波惟能忍窮故得免禍孫先生、蔡十四見希致懇為他在宮邸不欲發書悉之悉之時請惠字以慰傾企傾企兒子亦漸安某上

大參到郡必受知也惟勤學奉公勿憂前路慎無好書札有文性勿小其志也如長者出麾豈不能安一弟使專於學耶或來修學亦好一如在陳州時常有學徒三五人日有功課凝寒多愛多愛不宣某上集賢學士

王郎房下倍加存恤勿以婦人之言漸生離隔此人家之常患也吳郎在此已轉殿省

純佑尚未安純仁得解猶未歸賢弟計安請寬心將息雖

清貧但身安爲重家間苦淡士之常也省去冗口可矣足
下或未能發得書請賢弟寫書相報相報

請多着灸看道書見壽而康者問其所以則有所得矣

某啓近遞中得書備悉雅意朝請外杜門著書何大於此
此中亦如常但有答書之苦時或有相干作碑誌由某不
受潤筆引惹故也或是相知不能違阻今有故胡少卿家
來求作碑已勉強撰得恐更被人寫壞三哥無事時與寫
取并篆額可也秋冷多愛多愛不宣某白學士仁姪

裏面有不是處便與改正空缺處更消息凡言公處請與
只空寂先一箇其後公字莫不銷空否請相度時希惠字
以慰傾企

承旨應時相見弟兄俱與致意無事不欲奉書也吾知青

春試期在近少出入勤筆硯勿預議論且繼續裴構力微不足以助國家之急相[redacted]苟有心襟待之非晚

某諗久不致懇得兒子書知體理爽和云曾詣問即不見賓客或聞神思驚悸近日調攝漸安否屢曾咨聞以足下起發裴門宜愛重以副先德之心何致多疾極奉憂得萬萬自愛不宣某致千學士族家之右

某到忻代病嗽醫藥過涼傷及下臟淋痔併作日夜苦楚于今稍間而未止遠承誨問爲慰極多所議爾郊畀姓之恩巳發却多日爲妻舅聶升十口日有溝壑之憂且逐急處行也吾仁青春巳在館殿三五年間必有異恩於一第不足爲憂此必然之說相國下車賴長者慱文多識可日奉談燕多愛多愛不宣某上頴倅學士三姪

貴眷郎娘各萬福切寬中自愛人生憂多樂少惟自適爲
好此間踈懶成性日在池塘或至歡醉亦依舊行氣不廢
且遣疾耳

滕七有事方得蘇臺好處爲伊增喜遽聞哀訃苦事苦事
同年中文失一相愛者悲涕悲涕已差人去照管南京王
倅同年希仲意報着提刑司體量不知如何

與指使魏佑

偃師七郎抛却母必是大段不易西京莊課并梨錢内且
速那錢十貫去如得工夫即暫到偃師看伊要知次第彼
中如無存濟即開春教來此修學如且要守墳持孝即待
支莊課供贍一切取伊穩便莊上多覔下桑栽開春便令
人勾當栽植尹家宅上計平善到彼已支料錢兩貫去正

月起請傳語君家兄弟不及爲書將此呈他無妨汝到陽

翟了早回寒冷不易

文正公尺牘卷上

文正公尺牘卷中

與韓魏公

某頓首再拜遞中并黃通來疊降眞誨以多故修答後時至悚至悚近惟起居萬福師魯去赴均州時已覺疾作至均寢食或進或退僅百餘日得提刑司文字昇疾來鄧以存沒見託至五日而啓手足甚痛甚痛至終不亂初相見時却且着灸不談後事疾勢漸危遂中夜請驛看他告伊云足下平生節行用心待與韓公歐陽公各做文字垂于不朽他舉手叩頭又告伊云待與諸公分俸贍家不令失所他又舉手云渭州有二兒子即就枕更不他語來日與趙學士看他云夜來示諭並記得已相別矣顧家人則云我自了當不復管沒略無憂戚又兩日猶能扶行忽索灌

漱訖憑案而化衆人無不悲泣無不欽服其明也別趙學士云下相化別韓倅云少年樹德別賈狀元云亦無鬼神亦無娟嫉官貟又問以家事荅云參以人事則不樂也終更無言莊老釋氏齊死生之說師魯盡得之奇異奇異尋常見他於兒女多愛不謂能了了如此初九日夜四更有事十日晚殯於西禪送終之禮甚備官貟舉人無不至者家且寄此候秋涼歸洛巳去安州之翰處作行狀待送永叔作墓誌某不敢作恐知他當年事不備故也却待作文集序北中士人多收得他文字明公可與他作墓表也看他永訣時實無不足意今錄衆人祭文挽詩上呈草草

某再拜伏蒙特賜手教以之翰所撰師魯行狀未精更須修改然後送永叔作誌足見大君子金石其心使死者全名生者服義敢不欽佩風旨益盡其意然始以之翰知師

魯最深又少與之游盡見其行事故衆謂之翰宜書其善狀及觀尹材所辨亦不可忽故録之於後庶幾明公與永叔詳之自可增損今明公欲之翰修定而後作誌已致書之翰必更盡心衆謂之翰醇儒本無他膓但思之未精筆力未至爾明公以爲如何幸恕而寬之

某再拜資政侍郎近遞中發狀必已上呈李學士應亦到府昨日得邸報知仲儀爲人攻之不已至于奪職柰何柰何雖本無害善之心緣而及此多愧多愧然事非醜惡法外行之不久當須辯明書去必多勉之今有進士潘起才筆俊健言行温粹長安有户籍今去就鄉薦有投獻必賜垂覽得失即繫他程試也殘暑乞自重自重

某再拜資政侍郎仁兄近辱回教承起居萬福前日得長

葛李宅書六郎有事何門裏之若此苦事苦事伊又受却恩澤諸弟必不敢當某罷參并邊任未曾奏人今却欲奏七郎不知允否更乞裁之元祕丞已得請必便般家來也都拙得他爲助盛暑伏惟自重

某啓兩捧眞問恭承台候萬福旱天酷暑加迎送不暇想煩襟靈邠郡數日來亦甚熱但夜深則凉有休息也李大相過昨晚已發堅留不住保安申報寇戎甚不律已移文延安只指定地界牒與宥州不可令人去必起戰鬬也不知聽從否亦已奏訖河朔亦有侵疆之説不知是否自重

自重

某再拜近復手啓言蔣偕事必已通呈今有環慶替回虎翼三人早行被強賊劫奪衣物斫傷甚因皇問之言賊着

褐衫作陝西人語此中少劫路賊衆疑同行神虎一指揮歸營恐其中有作過者今差指使党武詣府試與指揮緝逐情甚兇惡乞照之

家屬一兩日必到府勿令住也在路乆矣元祕丞正旦可來否四向文字亦漸多州署中有凉廳一位可以待他

其啓党武回領鈞誨承台候萬福捕獲事曲煩聰聽鎮戎事宜已奏報今却稍款不知何謀也又來秦亭打劫蕃部（今日報到三千餘人騎入來）此昭然無可倚信今秋必又大作如何如何亦已具奏訖昨日有旨體量安俊亦已回奏如前（安可儀隴試之也）並乞密之元祕丞適已到郡文字漸多甚賴他也知牙痛未已（請用硫黃好者爲末揩之痰即止）或是風壅即用搜風藥宣過

乞自重自重

某再拜資政侍郎十兄伏自違遠門墻以道塗之勞久疎上記伏想台候萬福某已至穰下度日無客公事絕稀甚閑適也不謂勞生亦有此遇明公久於鎭要嚴召非晚更望勉之因風無憖枉教夫人體候萬福諸郎君英秀並安邠人回草草

某啓遞中累辱榮問承經武外起居休寧二豚有微恙尋已平復人之生也分天地之和不調則其氣不平氣不平則疾作此理之必然矣今人於十二時中寢食之外皆徇外事無一時調氣治身安得而不爲疾耶請那十日之功看素問一遍則知人之生可貴也氣須甚平也和由此養疾自此去矣愛重愛重素問奇書其精妙處三五篇悉非醫者所能言也書序云三墳言大道也此必三墳之書宜

少服藥專於惜氣養和此大槩養生之說也道書云積氣成眞是也惟節愼補氣咽津之術可行之餘皆迂怪貪慕神仙心未灰而意必亂宜無信矣兒子致疾由此也近却肯服藥有差望耳亦未醒

某再拜稚圭觀察三日前遞中奉書倉卒不周前時寵示第三文字極切當頗爲孤生之助幸甚某第二削有壯歲雄才之說乞矜恕（蓋無可說劄子中云緣別路已有不辭免者）渭州已謝延第四削而心已不固來相勸也某多病獨願一展量力實不可[illegible]或有威罰死生惟命幸無傷軫

某[illegible]太傅近遞中捧教至荷勤重之旨不任悚仄邸報云某有恩命改職增秩負儒至此誠爲光寵柰何朝廷本欲吾輩來了邊事今涇原全師敗歿隣道無應援之

效而特進爵天下豈無深議耶又今將佐不思報國惟望僥恩吾輩頻時進改豈能伏其心何言責他實效候文字到須以此削章乞朝廷裁酌今日聞閤下復舊職改大諫職可復矣官莫須陳讓使諸將知吾輩無僥倖之意當此之際如得朝廷責怒則吾輩可以責將佐之功矣某昨赴邠州設禦捍之勢實懼自己路分內放過寇馬入撓關中其責如何誠以避罪豈足爲功以邀渥澤也惶恐惶恐寇謀漸熾皆由將帥無謀入賊策中吾輩須日夜營營以備將來時乞數字苦寒愛重爲祝

某啓今月二十九日受敕往涇州當時上狀次日邸報與明公並領此命又一日有旨不允前讓亦已拜受訖一削甚激切以廉察之讓屢煩天聽不敢再瀆但愧將佐何以

責率悚仄悚仄今早離慶州更三程至涇明公應不俟文龍圖到亦知已過永興其却遣人賫往河府接必是未達師魯皆近有書去願夙駕爲會春事已迫乞留意留意運判入奏只且帶常程邊事別有一削俟面聞恐遞中疎失某上

西人將至群議復作或不知將略不顧民力惟高論於朝不管成敗（如楊國忠逼哥舒翰速戰而陷長安　如盧攜不許黃巢節制而亂天下）須慮禍之速也或俯仰從衆苟安一時不管稔禍長惡則患之深也西事之責在公與走或各上文字則慮微有不同便爲人攻擊無以取信或隨衆上下他日誰咎願公思之或奏乞密議數日又恐衆疑或假元均往來三兩次議定後同上文字先假以通和（兼未必能台）一面畫取橫山策舉可用之將

仍速教新陣法日夜爲謀彼便通順必亦不久早來略陳
事端衆必不曉不信明公試爲詳酌
某再拜承寵示科場文字中瑕病不勝降服大是大是非
公精識取笑天下初兩制定上已一二十度修寫犯他衆
怒思慮太過凝滯久之及公指之一一中病如廣南等小
處須令轉運司相度有介潔之士無明師不肯就羣居者
有親老家貧日營衣食者故開此門也開封國學取行實
止可嚴其保恐難察也却未敢寫敕須更議之幸甚幸甚
其啓遞中捧台誨至荷勤切河東今歲俱罷支移邊上糧
草中糴自辦西北勸兵久之于今未戰亦報和解次幸其
不來來則可憂處多憲州岢嵐城小而低矢石可交火山
孤絶城中無水今冬冬無事來春須力修川原控扼處所濟

來路極多舊聞麟州當移兼曾上言及往視之知前言之失始謂無民今問得當時西賊急攻府州謂麟可自下而不甚虜掠百姓屬户皆東渡多免今存八分在河内旅寄惟俟修城寨即來復業本州已抄到一千四百户續陳奏次乞留意再造此方自重自重

宣撫河東日見嵩嵐軍米光濬知軍勾當幹集杜公曾舉尋卒妻子無歸今依親戚居青州其子得殿侍左班養母未得此中又無指使闕曾申脚色狀來今上呈如有指使安排處乞留意

某再拜資政諫議某至豳兩曾上狀遞中一次領鈞誨文兵子來復枉真筆不任慰喜竊承起居安寧樂於偃息甚善甚善某居此甚宜但西戎今秋不聞大舉且運歲取之

物早時同上章近文録本奏陳爲向去之備不報過此無所爲已乞罷使名改蒲同襄鄧一郡必有俞旨孤平蹇剥所得已多須求便安以全衰晚未期再會日加引領惟自重加食是望

某再拜資政諫議近走介自浙中回復枉鈞翰伏承起居萬福府當衝會久煩重德天將授任必撥亂之增益所能爾蒙誥以念念其退之非蓋年向衰晚風波屢涉不自知止禍亦未涯此誠懼於中矣瞻望風采伏惟倍加自重

某啓自至南陽兩捧鈞誨遞中一次上記必達聽覽涉夏以來起居何似每想松栢之情金石之論則心醉神驚坐越千里翹望翹望某孤平有素因備國家驅使得預班列以庶事逾涯復得善郡每自循揣曷報上恩愧幸愧幸公

與彦國青春壯圖宜精意遠略行復大用乞自重自重

某啓近專人來辱教周密已遣走介上狀拜謝孔官人至又枉鈞翰不任感慰首冬以來起居何似天平大鎮風物中和鉅公處之誠養賢之所也未期會遇至於翹想之極謹奉此起居

某再拜中間伏承有真定之命以甘陵未平不敢鄆中奉書恐有遺墜其瞻渴之誠斯須不去恭想鎮臨多暇神志安和某近改荆南尋乞留鄧俞音已下盡室獲安實至幸也春物方盛伏惟宴喜外倍保崇重祝望祝望

某再拜真定資政給事近遞中奉教伏承鎮安北道初勞心慮風化既孚足爲恬養河朔數郡被水今春如何惟明公早正柄坐可福斯人也暑中乞加自重

某河朔災沴非常大煩憂軫也麥苗不立向去如何此中
亦有北來流民見行救濟多過隨郢去某巳陳乞再任或
移滁中一郡雖於國無濟但一方州庶事由巳吏民可安
自且恬泰吾道進退無固必也惟保得明公彥國與此老
無攀緣進取之階可不愧於天下又自省寒士遭逢至此
得選善藩以自處何以報國厚恩感切感切尹師魯家甚
不失所近永叔寄到師魯墓誌詞意高妙固可傳於來代
然後書事實處亦恐不滿人意請明公更指出少修之永
叔書意不許人改也然他人爲之雖備却恐其文不傳於
後或有未盡事請明公於墓表中書之亦不遺其美又不
可太高恐爲人攻剥則反有損師魯之名也乞審之人事
如此台候與貴屬並萬福眞定名藩生身在彼自識別以

來却未得一到諒多勝賞也此中如常夏田豐稔所轄金均房相去各五七百里山川險隔自冬至春三州各有小小結構幸而告敗豈刑殺不能勝其驕耶此一弊如何可救使得久安憂恩西寇天誅此又與而不取之時也横山一帶正可行前策襄老不敢言明公雄望誠可建白但慮不從耳可惜可惜

某頓首再拜資政稚圭給事至節遠蒙回問研誦未已新正先辱榮誨不任愧荷明公天禀忠義進退以吾道所以伏膺也今鎮静北面練兵養民是亦爲政矣君子之道如陽春白日於照臨生育之意豈擇其小大之限哉但天下中外望在明公爾惟自重以副瞻祝

某再拜大資給事近奉鈞問伏承起居萬福兼審寵拜益

增喜抃其自春入夏久在道途餘杭酷熱多在江樓因病月餘以故久不奏記曰負媿仄及領教筆但感金石之意未相遺也銘著銘著某亦叨恩命何功可稱錫兹褒晚未知所報惶恐惶恐惟祝正人早歸柄任以副天下之心吾道之望乞自重自重

某拜[redacted]示諭在鎮三朞必朝夕有命惟安仁樂道無所陳請此爲高也如今便乞閑郡必不以爲誠或言避權亦不見信但委順靜處爲妙天下自有公議未大用間亦處處有仁義可行言拙亦不出度內也貴愛並計萬福須惠磁器多品不勝珎荷留到致仕時使用必傳上九老圖也近老者多罷去也巳森森不遑也呵呵

某頓首再拜大資侍郎尊人來蒙賜教極荷恩意之厚自

觀襄曉何足當大君子之高義至幸至媿恭審起居安勝此社稷生靈之望會有施設也河朔久困今春少雨後來聞已霶霈應有稔意此中蠶麥大獲秋稼亦盛甚釋憂懼可偃息以從事矣兼時有餘暇可以溫習筆硯曾示閱古堂記將呈與孫之翰不曾取得命作詩敢再乞記一本并諸公詩候即賦之又頌示北嶽碑真雄文健筆高古相稱爲不朽矣欽服欽服門仞尚遠日增企望伏冀倍加自重以膺大拜真禱真禱

某再拜大資侍郎尊人後至蒙賜教并示中山新作有以見大君子存誠風教未嘗空言惟感服欽慕老而不知其止謹觀閱古堂詩并記仰歎無已又頌諸公所賦何以措手然旨命丁寧亦勉率成篇并自寫上呈所謂將勤補拙

更乞斤斧免貽衆誚幸望幸望諭及師魯序且得無大過[redacted]風雅字唐賢多用深肅作李翰集序云陳子昂以風雅革浮侈張燕公以宏茂廣波瀾又李貽孫序歐陽詹集公宜其掌代文柄以變風雅爲古道亦更明白又相見無一言處改作無一言及後事亦似曉白的是不言後事直至某先言二三事他心安而不憂其後它方叩頭云公言已盡此矣門生昇疾而來知無言又得知之深不暇言也外必更有未當處且先削及[redacted]不同求叔寧作數千字紛不肯輒改也呵呵未曾敢寫出別處其間言永叔從而振之又莫見罵否實是[redacted]紛不肯北望雄府惟祝自重以福四海

閣古之作蓋出古人也豈勝仰服俟息肩則勉力賦詩今且和得近賜高什不避見笑蓋無仰答厚意慚荷慚荷

某再拜大資侍郎在餘杭辱臨首賜教過垂周厚私念去

人必至麾下以改郡邁行十不遑修謝及山陽遇回介併受
鈞翰及示奇章感歎榮抃爲生平美事甚幸甚幸退省虛
陋曷稱重獎惟思砥礪名節以副知己惶恐惶恐某上巳
日方至青社繼富公之後庶事有倫守之弗墜但歲饑物
貴河朔流民尚在村落因須撥濟數日間入城者六七千
人無非饑窮其來未已二麥須稔方可復蘇四向亦有寇
盜齊博間稍熾三兩日來時有雨澤但未霑足亦有望也
憂責非輕豈衰老可當受國重恩不忍辭避拜遇未卜日
深瞻望仰祝大拜爲天下福吾道之至願謹奉此上謝
某頓首再拜大資侍郎伏惟純德至誠天下倚望神靈所
護起居萬福某居此憧憧之地[illegible]已少暇復歲時以來家
多憂苦以故闕於奏記徒念念於知己惶悚惶悚惟天意

在公早正鈞軸天下之幸吾道爲光也不任區區之願

某頓首再拜觀文侍郎恭惟台候萬福中間人回蒙賜教備荷恩意閣古堂詩仰副來命不敢不勉過辱褒許且愧且懼明公拜命初以賢轄留滯不敢修賀先賜榮問復稽裁謝爲安撫提轉相繼而來後又腹疾作遂成懶慢亦恃公見愛之深必未譴咎皇恐皇恐今歳早寒關塞應甚伏冀倍加自重以副具瞻之情謹此

某皇恐再拜觀文侍郎某病中捧書過賜恩軫勤厚之意何以勝戴即今尚未痊差扶病上道赴潁州益遠風問但深瞻戀之劇初暑伏惟爲國倍加自重至禱至禱

某再拜資政諫議伏想鎮臨大屛順養至和與神道游誠将物感正人之望日重休某衰晚之期休息甚稱田園未

立告老猶稽此可愧於人、也然念念其退不作妄動事

知[redacted]之羞拜會未期萬萬自重

某再拜資政稚圭給事向緣遞中垂教以公移鎮必迂迴

川路未便修報問忽有專人遠致鈞翰伏讀再四若奉箋

采兼示先公太師并司封誄誌感歎辭義縱風化搢紳光

大門閥不任拳拳伏膺之至披對未期惟日引領伏冀倍

加自重以副天下之望

文正公尺牘卷中

文正公尺牘卷下

交游

與晏尚書

伏自春初至項城因使人回草草上謝由潁淮而下越兹重江四月幾望至于桐廬回首大亳忽數千里日思奏記疊于無階恭惟藩宣之居鈞體惟寧赫赫之瞻日以增重某罪有餘責尚叨一麾敢不盡心以求疾苦二浙之俗躁而無剛豪者如虎示之以文弱者如鼠存之以仁吞奪之害稍稍而息廼延見諸生以傅以約非某所能蓋師門之禮訓也又郡之山川接于新定誰謂幽遐滿目奇勝衢歙二水合于城隅一濁一清（衢江濁　歙江清）如濟如河百里而東遂爲浙江漁釣相望凫鶩交下有嚴子陵之釣石方千之隱

茅又群峯四來翠盈軒窻東北曰烏龍崔嵬如岱西南曰馬目秀狀如嵩白雲徘徊終日不去巖泉一支潺湲齋中春之晝秋之夕既清且幽大得隱者之樂惟恐逢恩一日移去且有章阮二從事俱富文能琴夙宵爲會迭唱交和忘其形體鄭聲之娱斯實未暇往往林僧野客惠然投詩共爲郡之樂有如此者於君親之恩知己之賜宜何報焉今有郡齋歌詩一軸拜獻庶明前言之不誣爾干瀆台嚴伏增戰懼尚遂門下伏惟尊崇爲國自重

某啓伏惟參政尚書台候起居萬福某伏自恩改蘇首捧鈞翰屬董役海上至還郡中災困之訳其室十萬疾苦紛沓夙夜營職曰小謀大厭心惶惶久而未濟上答斯晚死罪死罪早以桐廬郡述之[redacted]仰黷台光伏蒙尚書不以隆

子之高而應諸遠邇不以洪鐘之大而納茲纖莛謂宣父
聖師嘗稱弟子之善邴吉眞相或矜小吏之狂緩其嚴誅
寵以鈞什霈江海之宏潤被虹蜺之垂光夫何猥孱當此
褒賜其讀焉覃菲菖微物也託于周召則不朽矣又蒙以
新著神御製頌游澗賦青社州學記示於謏聞俾閱大範
孰量童蒙之明得預宗廟之美但當金口木舌以篤說至
道之萬一爾如覘大禮閱廣樂豈能形容於造次哉遥瞻
台屏伏惟尊崇爲國自重卑情不任榮懼感戴激切之至

某再拜參政尚書恭惟台候起居萬福某十七日至京諸
公並未敢請見蒙賜誨言敢不佩戴瞻仰恩館伏惟爲國
自重卑情祝頌之至

與邵餗先生

十月日右司諫祕閣校理知蘇州范某謹奉短書于先生郡公足下某今春與張侍御過丹陽約詣先生見維舟水邊聞先生歸山所謂其室則邇其人甚遠惘然愧薄宦之不高矣暨抵桐廬郡郡有嚴陵釣臺思其人詠其風毅然知肥遁之可尚矣能使貪夫廉懦夫立則是有大功於名教也搆堂而祠之又爲之記聊以辦嚴子之心决千古之疑又念非託之以奇[redacted]則不足傳之後世今先生篆高四海或能枉神筆於片石則嚴子之風復千百年未泯其高尚之爲教也亦大矣哉謹遣郡校奉此恭候雅命

諫院郭舍人

某再拜舍人院中得兄金玉之問情致雅遠如見古人恭惟遷諫司奉應職忘雷霆之恐以報主蹈湯火之急以救

時端人之言固有中矣其謂志於道者皆欲殺身成君又其少屏則信起獨善之■又嘉江山滿前風月有舊眞賞之際使人愉然曾不知通塞之如何耶惟兄自重勿至相念

王狀元

某再拜狀元正言學士鄉中得來教喜可知也某四月半到郡重江亂山目不可際懷想朋戚寧莫依依而水石琴書日有雅味時得佳客相與詠歌古人謂道可樂者今夫信然惟閤下居喪食貧聚數百指前望高遠宜無動懷善愛善愛

與石曼卿

某再拜去冬以携家之計駐嬴東郊朋來相歡積飲傷肺賴此閑處可以偃息書問盈机修荅甚稀足下亦復懶發

絶無惠問非求存慰欲知起居之好爾近詩一軸寄于足下與滕正言達于諸公必笑我也

與曹都官

某再拜伏念天涯之遠聲應自接使介一至手筆爛然金石其辭雪霜見志斯足以使吾道拳拳矣其後進之狂者無明哲以保身交游之恩尚不爲輕況君父之知死而當報暨守桐廬郡大爲拙者之福朝廷念其無他移守姑蘇以祖禰之邦別乞一郡乃得四明以計司言蘇有水災饑命仍舊鄙陋之才未飽世務惟日夜謹事與衆協力庶幾萬一可濟耳願兄歸闕道出此郡接舊[redacted]又所得將多至望惟以道自愛愈此善頌

孫元規

待制吾兄某伏自東南之役不復奏記于諸公誠以久勞之人且欲宴息爾吾兄由簡在之知登于清近薦紳畢賀吾道相榮首枉華音足慰素望何青雲之上亦莫我遺感抃感抃肺疾未愈賴此幽棲江山照人本無[redacted]望以此爲多未拜覿間伏覬爲國自愛

孫明復

某啓正初奉邀東門之别翌日大寒未起舟人輙移足下之來固不可見至桐廬聞足下失意愕乎其且憂矣足下直方而孤非求榮之人嘗言二代未葬勉身以進也天與其時一何吝歟此交友之情大鬱鬱然及得足下河朔二書且依天章公猶免屈於不知己者甚善甚善某至新定江山清絕落[redacted]以歌自謂得計及來姑蘇却修人事斯亦

勞矣今在海上部役開決積水俟寒而罷足下未嘗遊浙中或能枉駕與吳中講貫經籍教育人材是亦先生之爲政買山之圖其在中矣以來著衆未易他謀也之武公綽二君子皆持服在此冬景向嚴萬萬自愛

滕子京

某再拜遞中捧來記云出省後兩賜榮問一未嘗至請寃之執事入侍清光退奉慈聖可謂美矣某肺疾尚留酒量大減水邊林下略能清吟聊書一軸上寄并簡呈諫院門館諸公善知我之素爾■

李泰伯

某白秀才李君在鄱陽勞惠訪尋以改郡不敢奉邀今潤州初建郡學可能屈節教授又慮遠來難爲辦家蘇州掌

學胡瑗祕校見明堂圖亦其奉仰或能挈家必有經畫請
先示音爲幸保愛保愛

某頓首秀才仁弟别來傾渴無已想至仙鄉拜慶外無恙
此中佳山水府學中有三十餘人講貫與監郡諸官議無
如請先生之來必不奉誤誠於禮中大有請益處至願至願
此地比丹陽又似閒暇可以卜居請一來講說因以圖之
誠衆望也兒子在蘇州足下可能早來今冬欲行鄉飲俟
先生講求也

某白中間辱教承已拜恩命雖德業雅遠未稱人望而朝
廷奬善鴻漸于時惟聰明精至曉之深矣未相會間千萬
自愛自愛

某已受勑改青州見理舟行次希善侍加愛

張文定

某再拜端明安道諫議專使至特辱緘問以示恩意喜慰無量兼承居易以道處順而樂真賢者養浩之宜矣某此中差煩亦且勉力未披覯間萬萬自重

須惠醇醞感刻感刻公人云到湖州陸行歸府別無以致慶州酥五斤封記全乞檢至韋老昨日鄧州同來宛丘因且在彼勾當深懼入川今得晏公辟在許田知録甚得所也極青纏可愛運使錢刑部已起辭學士應未到見提憲望致意或要此中物希示及一

陳水部

某啓兒子歸知山陽禮上有少違和某亦爲風氣發動不得馳染人來特辱眞誨承體候安好至慰至慰彼此當路

守任疲于煩撓惟勉旃自愛

謝安定屯田

范某謹齋意西嚮復書于先生安定公執事某自筮仕之初聞先生在諸侯幕中高風遠度已與人異能禦疆旅又嘗正大夫見東夷人之禮國朝稱之自是籍籍有清議於四方咸曰斯人立天子之庭其風義如何哉司命不仁乃病于■先生胷中之奇屈盤虹蜺然猶不忘國家天下屢有抗奏天子嘉其意進以爲郎先生謂生平所存不得著行事而以言受爵非吾之心復卷而懷焉君子謂之有道某嘗與先生接而見貽之書意愛甚隆非某之可堪也某早以孤賤荷國家不次之遇夙夜不遑思所以報故竭其誠心自謂無隱爾非有出入於人也今被罪而來尚有民

人是亦爲政豈敢怠哉餘則閲書思道希古人萬一將無用於今則庶幾不忝下大夫之後而已尚阻奇論惟善奉天倪爲禱

屯田長者某攝行尹事日捧執事濮陽之書以困于聽決未遑修報旣出江表杳如天外近攺丹徒又併獲雅問豈君子之心不攺易棄而然也其念入朝已來思報人主言事太急貶放非一然僕觀大過之象患守常經九二以陽處陰越位救時則王室有棟隆之吉九三以陽處陽固位安時則天下有棟橈之凶非如艮止之時思不出位者也吾儒之職去先王之經則茫乎無從矣又豈暇學人之巧失其故步但惟精惟一死生以之閤下以良相之門瑚璉命器與國同其休戚自當覲爲群賢以經大運無孜孜一夫

以隘其守焉甚善甚善未拜會間千萬保愛

睢陽戚寺丞

某啓知寧寺丞軿車之來誠喜奉見以困匱之日致禮不逮未能忘情徒自愧耳洎于回轅又失拜餞自至琴署諒敦清適有孫復秀才者一志于學方之古人不知歲寒何以爲褐非我長者其能濟乎擬請伊三五日暫詣門館惟明公與丁侯裁之造次造次慚悚慚悚

小兒藥已服兩日未應乞與差人問伊乆服得否以何爲候又恐此藥宣取多則不勝其羸

某再拜寺丞乆違清素之範頗增鄙吝之懷京塵多端驛音鮮寓慙悚慙悚伏想監守之外動履惟寧其如縻才識者奉惜某在館供職無所爲効愁曰知已東行所寄物必

已分明交付亦乞示諭貴眷各計萬福凝寒倍加保衛別
期光寵虞縣中舍不及上狀望言達

某白人來領書問知孝履無恙端居不易秋望如何許相
次見訪更不云云惟多愛爲祝

某再拜寺丞久闕致誠[redacted]多渴義庠序之會漸有倫次見
講春秋聽衆四十人試會亦僅三十人矣公之志也敢不
恭乎今張兄貢外素爲交遊亦張知判之同年蓋丁憂累
重不堪其憂前日清河云隨後便來故專投剌長者之性
不能矯厲惟執事禮之部夫將廻勞頓不易乞保重是望

知府大卿

某再拜知府大卿仁兄近辱貴誨伏承下車兖海起居休
泰吾兄長厚仁政東魯民淳比之越上可優息矣未期披

餘惟冀自重以符瞻禱

某累患腹肚不早上訖至悚至悚東道稍稔晚田微旱穀價向春亦應不下二浙淮南俱旱惟蘇湖有望而亦有旱處東山惟寇盜可慮常索用心與南中不侔鄭下今日得書甚安元規改徐州辭之不允他有餘力徐可治矣自家三人聚於杭越今俱來京東人事何定却時得通問也李倅希仲意不及書

蔡欽聖殿丞

某啓近辱手筆承動止安固示諭賢叔學士被𢹂儀舉累衆知無他昨日聞有泰州之命何至於此蓋衆被重譴然也人事難可擬議惟君子知命委時則可致遠而無悶他或歸許下般家即專差人賫書去如即遣人來挈家則望

書中再三致意勉之未離京間不敢致書難爲辭世悉之悉之多愛

某啓昨日至許下行次領眞誨承動止無恙兼示及省牓兒子與李教授謝家弟兄王七俱過省親識中得失相半更三五日必見春牓世漸遠風音顯顯爲戀惟多愛多愛

工部同年

某啓至西洛見蔡郎得工部同年書承在闕下起居康寧三二年中不易爲懷必能知命自遣雖有交親無益於事同年聰明涉道不淺且隨緣就一差遣却學道養性所得必多某謫官中未嘗動念此公之所諒今雖叨竊過量其風波恐畏無異當年耳朝廷寬厚未至顛覆樂天守道亦如鄱陽日未相見間萬萬自愛

工部同年近日況味如何須是以道自樂榮利無窮千古困人章郇公非不稱意今奈之何兒息未辦事文無中饋大可傷痛傷痛已差人去致祭明參復然以此不如知足樂道浮榮豈足道哉宅眷郎娘各計安每每瞻渴瞻渴王源叔並知此中事更不煩云加愛加愛

南陽著作

某白辱手筆並悉雅意所留兵士已於四月三日奏訖未有指揮前請聖節因勾當到州不至必修造了可來相會也多愛多愛

知郡職方

某諮上知郡職方特辱緘誨備見用心救濟甚善甚善一則朝廷重人性命二則恐對惡輩誘而聚盜須賴州長焦

勞使民感惠則無他慮也照悉照悉漸有暑候保重保重

明楚貝善請他來要見青社的有饑民自四向鄉下萃來自

春亦不得知也

某再拜職方知郡仁兄遠辱誨音過形恩意承巳禮上實

慰瞻言某無屬謫官幸得善地聽決之外琴籍在焉無見

念也盛盛暑希保重邢誰官巳替如寄家彼中乞照燭

切少煩躁損氣傷神益爲災矣然人事多端其實由命天

假手於人爾奉憂之心公必悉之其如參差無以爲力柰

何柰何窮達榮辱人事分别至終豈復異哉惟信道養性

浩然大同斯爲得矣貴眷上下各安齋郎應未出官多愛

多愛

塵草耙二箇紅薑四罐子聊表信意

安撫内翰

某再拜安撫内翰伏惟清重勞頓克臻萬福某昨日誥勑到降户外帶職、知耀州方當急難豈忍安逸今有謝表本并劄子稟上呈無他恐將來未免邊任不如便且在塞上所貴葺整不斷絶也猶恐不濟柰何罷去至秋冬危時又却臨邊何以處置此所以憂官榮御素無心豈以高下爲意乞諒之諒之

翰長學士

某再拜翰長學士伏惟起居萬福昨張去惑著作來捧眞誨備荷勤意欲其委順保全不宜擇處也某非不思之寒儒之家世守廉素恐門户一變有勑入劄出之禍況邊上之人且勉於從事或稍寧息或得許郡即有丘園之請以

請以全苦節養生俟死此其志也俞□一下鬼神來復久
而無營知非他望明公諒之近以北華渴見賢者今聞彥
國之耗不復言之亦甚減憂未拜□□聞帷乞自重

某再拜翰長學士伏惟起居萬福近乾州祕丞至此言十
三殿丞過備知風旨某守邊如式但關輔之民被虐無際
國本如此孰爲固之環慶離落稍有倫序頗得外計以救
瘡痍或朝廷疑□欲解邊務則尚可葺之經略皆得施行
但去都部署招討之名耳爲國活民以植根本又不敢陳
乞恐朝堂不悉其志復聞北事已萌不勝憂禁推官甚渴
伊分減心力只爲舉辟二人已許一負不敢更煩朝議或
且就一陜幕必祝計使請伊況知已甚多應不久次少年
從事但輸忠力且勿以資級爲意即遂大也

安撫太保

某諮上安撫太保遠勞書問深荷意愛至節别膺寵異未言會間惟希保重

示及並悉雅意甚善甚善凡有事務只請手字所貴易得還荅亦便於事也

示及即日過郡不更多云寒涉道中多愛

李節推

某白近領手筆知十一月離穰下今想在道中寒雪奉親至是不易更令此畨人去以備乏使千萬勉旃善愛善愛

通理虞部

某啓近辱書示承動止安康咫尺未由奉謁徒深渴想長安近有書來甚樂彼也初寒自愛爲祝

什儀待制

某啓昨日使臣回已奉手削賢姪自陜來速於拜覿不敢駐留庶事必可上聞蔣[redacted]得甚愬希早示及保重保重

某啓前日遣急足齎書并酒去必未達昨日郢報有人奉攻闈親不言再有責降不知何人之爲也臺刻頗深豈涉親黨或須理會亦當款曲勿令悖戾昨來謝章有事觸權貴力排姦邪之語此必招怨濟箇甚事事訴云投鼠傷器此實詣理而無害也愚曾落職南行當時滿朝見怒惟責已樂道未始動懷君子皆有通塞孔孟不能逃況吾輩耶寬中自愛自愛某於閤下爲罪人但長者深察本心乃敢奉勉悚悵悚恨專此不宣

即去欲南中置少屋業耳禮制中受不遷居也走知之

矣昔年持服欲歸姑蘇卜葬見其風水太薄因思曾高本北人子孫幸預縉紳宜構堂乃改卜于洛思遠圖也吳中松楸有數房照管又與奏宮似兩不失志仲儀以謂如何雖立賢無妨間傑之謂也中人則不能逃其俗其聞見然矣

文鑒大師

某頓首僕於僧萬千中得師之雅心期他年作金石遊師豈知我耶而遠書加勤願保清懿以副所懷

某啓在饒日一緘待來領間却令代還者奉書以道援千萬僧得師之意不知達否李道士聶支使來又得書并詩與有文者觀莫不賞其難得尚未知師之經術儒行然詩意幽遠如山中人已可見其清矣某赴越上不似謫官味多幸多幸未良聚間保愛保愛

惠酒并藥劑多荷急足行未有奉答在維城間出入數年清吉得不有江湖之興否

與朱校理

某啓領問知雅意十六日被旨赴闕至二十二日與韓公同上五章爲邊事未寧防秋在近乞且留任必得俞旨入則功遠而未濟後有邊患咎歸何人軍民億萬生死一戰得爲小事耶俟其平定歸朝未晚如其則多病健忘無益於事如得一閑郡時復研慮陳述補益之事猶庶幾萬一或歔急流顛沛可待識者當憫之矣柰何柰何翰長必已安好近已有書

右先生芭角太息常宜寬之孫必已回致意致意

當時奉贊汝陰

之請令一任清蒲足為基址 吕勸他令就洪守石就汝倅俱不聽直至惹禍亦勸力就小郡守不然須得一藩尋亦被桂王中諸事難為今穰下[redacted]活心閑耳靜幸事

與田元均 正月十八日

某啓至郟縣見王助教領二均龍圖所賜教墓并誌文三本不任感刻且承得請終制非大孝之節不奪孰能堅立持於雷霆之際耶仰服仰服端居蕭索惟道可依日抑聖門所得多矣某此去南陽亦且讀書涉道貫深退即自樂非升沉之可搖也拜見未期萬萬加愛

與尹師魯 七月十四日

某啓熱中得回問知漢東尤甚然西洛上京皆苦熱宣下開井救暍者此可知矣三兩日來因雨微凉彼亦然矣折

支已差人許州般取到即走報不易不易請見錢者猶煎熬不足蓋日給外月月有橫費處家家如之邠酒四瓶近寄來請收檢鄧醞已竭候新者送去合得花蛇散空心可日一服甚有功恐疑之和方寄上希多愛多愛不宣新牧舊識候到即有書去兼是某侶也先託致意

與季寺丞 四月二十七日

某頓首季寺丞行曾奉手劄途中亦領來教承動止休勝某此中無事[redacted]兒子病未得全愈亦漸退減田元均書來專送上近得揚州書甚問師魯亦已報他貧且安也暑中且得未動亦佳惟君子爲能樂道正在此日矣加愛加愛不宣

右文正范公帖得之文定胡公家以刻于桂林郡齋栻聞君子言有教動有法其於文正公見之矣觀此帖雖一時書帖之間亦足以扶世教而垂後法非盛德者其能然乎敢誌之以詔來世淳熙三年元日

廣漢郡張栻書

右范文正公與其兄弟之書其言近而易知今之仕者得其說而謹守之亦足以檢身而及物矣然所謂自未嘗營私者必若公之先天下之憂而憂後天下之樂事上遇人一以自信不擇利害而趨舍然後足以充其名而其所論親僚友以絕壅蔽之萌禁防以杜姦私之漸者引而伸之亦非獨效一官者所當知也　年新安朱熹書

文正公尺牘卷下

先文正公尺牘舊刋于郡庠歲久漫漶
今重命工鋟梓刋置家塾之歲寒堂期
與子孫世傳之至元再元丁丑正月甲
子日八世孫文英百拜謹識

遺文

文正忠宣父子諸公道德充積於中著於勳業見于文章其片言隻字皆有裨於治道世教非若世之文士徒枝詞琢句務為工而已故今於諸公之文雖有數語亦必記録使人知范氏之不朽者蓋在於穆卅之所謂立言而非宣子之所謂世禄云

與中書論責劉琦事　忠宣公

今日忽聞詔命以臺官劉琦等言多失實事輒近名擅去官曹規喧朝聽各落御史降充監當者聞命之際中外震驚蓋人臣以舉職為忠人君以納諫為美是以仁宗開言路優容諍臣執政不敢任情小人不

能容政以致太平日久億兆人寧先帝容納直言未
嘗變色是時呂誨等與純仁為御史亦嘗擅納告身
皆蒙慰諭主上思紹先烈而因二三執政不能以道
致君教化或失其後先刑賞或乖於輕重中書藏其
本末但致外議喧騰凡居言責之臣敢不即時論奏
既許風聞言事即是過失得陳而柄臣遂据摭其罪
主上將何所賴且參政以文學自負議論得君專任
己能不曉時事而又性類率易輕信難回舉意發言
自謂中理欲求近功忘其舊學捨堯舜知人安民之
道講五伯富國之術尚法令則稱商鞅言財利則背
孟軻鄙老成為因循之徒棄公論為流俗之語異己
者指為不肖合意者即謂賢能所以薦薛向為周才

指呂誨為無用主上無從諫之美時政有揠苗之憂曾相公年高不退廉節道虧但欲見容雷同苟且舊好拘文守法令則一切依隨趙叅政心知其非而辭辯不及凡事不能力救徒聞退有後言此皆朝廷大臣所為安得政令無失按此篇亦見言行録中但彼以為上神宗而此以為与中書兼詞語亦多不同故重出之

論王覿不當責疏　忠宣公

陛下臨御以來未嘗嚴責諫臣一旦行之恐傷仁化又慮來者或多各一一竄逐浸失朝廷清浄之躰所有先降臣責王覿文字臣未敢籤書若陛下決以臣言無取乞謫臣補外臣雖一身斥遠若遂決朝廷大疑則是猶有所補不辜柬拔則死之日猶生之年

王氏語録序

忠宣公

先生名伋字孔章希逸子其號也自唐中葉世司天文能先見藝祖祚曆之象者先生之世祖也族居京師有年矣以議金雞曆出江西故先生為江西人明經取青紫佐雍熙者先生之志也不幸試南宮偶遺乃藴所學以紹箕裘交遊中有以功名勉之者則曰植黨蔽賢象數已著吾人苟獲漏網亦幸矣未幾王介甫出焉朝野咸服其明嘗病卜相之術雖可與醫同試見效然於人事不加損益醫與營居送死雖皆為通世之術然禍福詭誕非若卜相者之有稽驗因考諸左傳著書五篇折衷陰陽使与儒家不相角立曉迷釋惑俞為有力異乎太史公所謂派者遠矣又

有醫書二十四卷行于世此又可以見先生之博物也一日葉牀亮集其語録以示丹陽叟嘉其純正不爽時譽出處之節無愧古人因援筆以書左界焉叟謂誰范其姓純仁名堯夫字先生故人也

議太廟增室事云

書曰七世之廟可以觀德則禮記謂天子七廟三昭三穆与太祖之廟而七也盖七世定之於廟數之中不緣所事之人所謂有天下者事七世云者特因廣數以經禮言之也國朝自禧祖而下至仁宗始備七世故英宗祔廟則延順祖神宗祔廟則遷翼祖三昭三穆合於典禮今來大行皇帝於神宗父子也如禮官所議更增一室則廟中當有八世四昭三穆考於典禮未有合者况唐文宗即位則遷

肅宗以敬宗爲一世故事不遠在後無違將來大行皇帝祔廟當以神宗爲昭上遷宣祖以合古三昭三穆之義

恭獻公議南郊合祭云　南郊合祭天地不見於經神宗皇帝攷援古誼詔罷合祭元豐六年止祀昊天上帝於圜丘唯是北郊先帝未及躬行然詔旨明甚所宜遵守者也又言春爲陽故以正月迎於東郊秋爲陰故以七月迎於西郊聖人有作莫之能改也今使迎春則在西郊而用秋之時迎秋則在東郊而用春之時樵夫野叟猶恠以駭而況於鬼神乎天之與人非有異也今應祭方澤也而合於圜丘用夏至也而用冬至益何以異此合祭肇於漢末其言不經朝廷

近制考之方策告之宗廟行之天地布之天下以憲萬世或委聖言而從不經不可也

龍圖范純粹論西事當改圖

元祐六年九月奏准樞密院劄子夏國既失恭順又復已絕恩必須輕忽日以擾邊為計更須別圖方略元祐以來朝廷之所以御夏人處邊畫者莫匪以禮義為本以恩信為先一切容貸期于息兵然六七年間戍兵之卒未嘗減罷金穀之費未嘗省羨備禦之計未嘗簡弛耳且彼所求我必與之不知真是以厭其所欲不為它日之患乎夫要害之地齊無厭之求虧國体埶墮賊計謀養虎開端不可不謹臣願並以元須詔書從事如其偃蹇置而不問戒飭吏嚴備如昔希功造事固所不

可護邊待敵宜無甚難以區區內亂之小羌尚能与
中國久抗乎以歲月決可竟事在朝廷不惑而已

又論熙延與夏國所畫封疆事云

臣聞熙延兩路與夏國所畫封疆至今未決外議謂朝廷務在息兵失于欲速故强寇要索日益滋彰雖聖朝懷來四夷固為上策若邊臣不究利害但務委隨則國体事機不無虧失自二聖臨御之始夏人來朝繼秉常訃至乾順自立使者係道往返五六買販貿易隨己豐富雖脩甚恭蓋亦為自資之計耳朝廷即遣使往加封冊欲速之意為賊所窺果聞侮慢使人不即稱謝與兵入寇延渭破殘及覆不恭宜在殊絕後日復有所請但可只委邊臣謂之要約示以閑暇使之望望然惟

恐拒而不納則輕重之權在我事既審決邊臣始以謝罪請盟之狀聞于朝廷然後明詔中外貸彼既往之罪聽其乞盟之請歸吾陷賊之人賜汝既許之地如是則朝廷之躰豈不甚尊而制寇之策豈不甚簡歟昨不為此計聞其有請即許造朝使人既至朝廷酬對寧不知皆廟堂謀臣之言乎是顧接太重許可太輕既許以陷虜之衆易新造之壘人有品色多寡之異地有形埶遠邇之差約當素明謀當素定皆著于書然後受人割地交相付與則彼尚何所能為乎今謀約不素明定彼以疲殘百餘人塞責而來我乃不復較問亟以四壘付之四壘即付即以平轆熙延二境始議畫疆顧不晚乎先已然者固不可追今可

為者審究徐圖尚未晚也如聞夏賊於塞門金城之
城重有邀求又覈言与西鄰為合從之謀將以重我
外議謂朝廷不以為重而輕弃之信如是則欲速已
甚矣朝廷所以謂金城塞門為不可弃者非以兩孤
壘之為利也謂其形勢險阻足以藩籬邊徼土田沃
壤足以贍給邊兵也故不在賜給之限今乃欲局目
前之小休弃形勢之要地舍數千户已耕之土斷數
百里斥候之衝屏蔽無餘出門過敵道路梗澁運餉
艱虞孤壘僅存我將安用詔旨不與之地徒虛名耳
彼乃愈益猖狂邊患滋甚固宜朝廷之改圖也聞梁
乙逋用事之久元祐二年三寇涇原而漢兵十一將
拱手城中不出一騎使席卷而歸後乃悉得前後所

積歲賜金帛每語人曰嵬名家人管國事有此功否我之所以連年點兵者欲使朝廷憚我而爲國人求罷兵耳昔元昊叛時雖數遣人求和而故爲悖慢難從之議朝廷既不從則語衆曰我求罷兵而南朝不許用此以歸怨激衆衆戰咸力乙逋今乃效之今朝廷既議與絶宜作邊帥草檄以淺近易曉之言具道乙逋無厭犯順之詳朝廷用兵于不得已之意令諸路多作木印弃于賊疆不惟可以伐狃衆怨之謀又足以激怒其衆使知禍自梁氏始庶有衆怨親叛之理朝旨但欲使近邊之人不能着業臣已謂未足繫彼國之要害使一國之衆奔命不暇而莫知所備斯可矣欲如是當令諸路帥臣公心叶力謀議相關一

路將有所舉則諸路陽爲點集出兵之勢以留對境之備則實出路分賊無併兵拒敵之患諸路更迭出則彼所備者勢分而力勞矣又自來諸路多招納降人自元豐以來諸路所納不爲不多若謂可以耗彼力戰之人則夏賊舉必數十萬豈招降之可耗也若謂可以助戰緣降人出入將帥豈敢全然倚仗計口給食坐耗邊穀借有地土可給亦妨占弓箭手請射之田其間仍多姦細緩急漢界有所舉動則猝然逸去致漏機事有害無益將求漢兵迭出宜悉止絕以清久弊朝廷如果令諸路互出銳兵撓賊當密戒諸路帥臣每有所舉不用過爲祕密略使兵聲先出勢若大舉使彼衆得以遠避我鋒然後出偏師以信

其聲則其誰敢當要使數百里野無得耕之土衆無休息之期而已又申嚴博易之法以絶市貨則困賊之策在其中矣是不待多殺而為利也

又乞脩明元領戰守約束云國之所以前坐制西夏者誠由連城壯師並統重兵利害相同左右相援首尾相副聲勢相接心一而力同氣遠而勢重如一身之有手足上下交相為用而無有偏廢此我之所長而彼之所畏者也昔寶元康定用武之時先臣仲淹嘗統兵往援隣道破元昊長驅深入之謀救涇原屢衂可憂之患見於已試理勢灼然朝廷後來參定戰守約束須降諸路實用其策昨因徐禧計議邊事輕有改張遵行之初自罹其害蓋兵家張耀聲勢左牽

右制古所不發固未聞兵寡兵之不假聲援而能獨勝者也今邊事未平虜情難測伏望朝廷深賜詳度撿會臣前奏及元須戰守約束再如脩明

又奏荅訪問所問邊防機事云

准詔諸路探報自秉常身死梁氏族人侵擅國事遂致諸部酋豪往往不服變亂交攻日相屠害若有投來西人仰相度可否收留仍更切厚與賞物募人遠探目今邊情向去利害纖細詳究措置聞奏臣除已依朝名施行外伏詳詔旨所問邊防機事而繫中外安危之本者如臣之愚顧何足以語此臣早膺使任久在邊徼採摭審料在朝廷正宜安不妄動用覩成敗之變息兵止殺重農務本太平之迹始於今日尚何此策之議哉彼之

部酋若有以梁氏之禍來告者若請兵于朝者若據地而願附者若挺身以降者朝廷使邊臣諭之曰若主不幸爾乃臣子當盡死節之義善為若主討賊而已尚何來告耶何但欲脫身而內附耶我之邊兵方備他盜不為爾捕寇也臣觀戎狄之性以種族為貴賤故部酋之死其後世之繼襲者雖雛稚之子亦足以服老長之衆秉常父子有國縣久國人歸心今諸路諜者之言雖曰秉常之死不明梁氏之族侵擅國事若謂遂能滅李氏之宗而有其國則臣未之信也蓋一國之衆豈無豪傑推李氏族子以主其國者乎豈遂甘心為梁氏子臣屬乎

又奏乞那差將兵云

紹聖二年呂大忠乞赴闕顧早降指揮始朝廷劄下
熙河范純粹預行措置建汝遮堡有如脩建定遠城
之類機便行以乘伺間隙脩建之時即赴時併功興
役伏奉指揮昨脩定遠城下除本路將兵盡數調發
照應防托外更蒙朝廷指揮下秦鳳路那將兵三二
萬於通渭喦側近擇利駐劄照應萬一西賊犯境於
本路將兵共力枝梧及下涇原環慶路各於本差定
兵將領及萬人已上沿邊擇利駐劄大張聲勢使賊
疑懼不敢併於一路作過將來萬一遂舉汝遮之役
除本路兵馬斟量調發防托外乞朝廷預降指揮下
秦鳳涇原環慶路經略司各令密切依昨來脩定遠
城例差那將兵預作准備候見本司關報即於逐處

沿邊駐劄照應

貼黄稱仍乞下逐路帥臣别以他事為名密切為備雖弟子官屬並不得預聞庶無漏落

又奏蕃官李忠傑等事云

准樞密院劄子蕃官包順包誠李忠傑趙懷義趙永壽許時暫赴闕臣赴任之初准朝旨体探招納邈川河南人户等盖自范育在本路日曾有遣納趙嗣忠之議又种誼還自京師昌言被旨招納緣日有阿里骨般次買賣向者謀議不容不知今醇忠之子被召恐多猜疑於臣所放機事有害兼懷義永壽資才無可取未敢遣赴闕并免与切多蕃官别有形迹及李忠傑見体量將入界捉来首領却送過天都等事臣輙從宜將行出文字節去

李忠傑趙懷義趙永壽姓名止將包順包誠差使臣押伴赴闕其包順包誠令来朝見如欲示旌勸只乞賜與金帛願留官爵差遣以責来效及乞不以邈川河南情僞詢訪邈人恐有漏泄詔阿里骨見差般次赴闕進貢所有前後經營青唐指揮更不施行李忠傑三人別聽朝旨其体量李忠傑事狀如無顯迹即不得少有枝蔓漏落致使危疑不安

又奏牽制西夏事云

牽制之要當於平日先探知彼界人户團聚虛實之所遇事決策前去指其巢穴攻其必救則解圍制寇不致虜發緣諸路帥司所出牽制之兵止於一路而賊之大衆勢必十倍既衆寡不敵則牽制兵馬所行分須與賊兵聲勢相遠彼犯我

東我出彼西進退之際不相逢迎庶無取困之慮今熙河秦鳳路地如犬牙兼秦鳳一路止有雞川兩寨之地係有邊面受敵之處若西賊舉衆欲秦鳳兩寨須經由肴都川淺井川羅和市一帶山谷分頭南來此外更無他路如此則賊兵未至秦鳳已先逼近本路通遠軍通渭砦一帶邊面地形道路披圖可見除通遠軍蕃漢兩將人馬自須戒嚴以防侵軼不惟難以内自空虛引兵它出外所有熙河蘭岷等處漢兵蕃馬雖是可用緣本路對境惟東扯天都山南牟會打繩川對子一帶方是西界人户團聚住坐之所指此而進即行兵之路卻須自肴都川淺井川羅和市或石硖子等處結陣前去乃在賊兵歸路之外聲勢

甚遠彼雖已犯秦鳳若探知本路兵行不遠必是引衆而還遂出我師之後即見我之歸路立見梗絶甚非安全之計蓋本路在夏國西南極盡之處除天都等處路與賊迫近不可經畫外捨天都而西即全無人户住坐如蘭州正北屢經漢兵討蕩具見的實決難無利可乘恐徒有塞命之名枉致勞弊以此推較盖諸路地形遠近不同而夏人團聚居止踈密有異故攻取便利理難一体本司今相度除賊寇河東鄜延環慶如探得天都一帶别無大段人馬會聚本路可以出兵牽制外如西賊併兵寇犯秦鳳路即本路兵馬止可於白城谷災竿堡左右照應相度賊勢覔便攻擊或會合秦鳳之兵共力掩殺如此則兩路兵

勢相合賊必不敢為深入持久之計所貴不失機便
伏緣今降朝旨定本路不許策應只令牽制有此利
害深慮緩急申請不及伏乞朝廷更賜詳酌指撝
貼黄熙秦路兩既相隣接則形勢一同今秦鳳之
於熙河既不可牽制只可策應即熙河之於秦鳳
利害不殊並乞驗會本路前後所供對境圖籍即
見逐地名道路形勢利害牽制策應之法中間久
廢因臣在環慶累曾論列方蒙朝旨下諸路須行
臣等曾預先探知西界人户團聚之所後因賊犯
鎮戎係在涇原西北與環慶相去三百餘里臣曾
擣虚破賊於曲六律掌俘馘甚多遂解鎮戎之圍
比其歸護巢穴則我師還塞方纔一日僅免阻扼

轉戰之患是時若賊勢稍相附近即歸師難保伏乞朝廷更賜照察

又奏分兵守汝遮云

樞密院撿會已降朝旨下熙河蘭岷路乘機會脩築汝遮去訖近節次據本司奏乞脩展蘭州西城及定西定遠城雖已各降指揮依奏三處所用功役萬數不少慮本路於脩建汝遮有所窺避將来以此為名致失機會昨者本以三處城壘全闕增展或見今人馬暴露或緩急矢石交通無計保民日憂招寇念汝遮大役既須候可乘之機則廂兵數千不當廢他壘之用兼汝遮役所地里非遥候其進築有期立可移兵前去愚慮偶尒及此於理合具奏心實無他事屬兩便臣所以且以脩築蘭州定

西邊遠為名令擘役兵前去使衆人明見逐處興作庶觧夏人之疑比至汝遮有機可乘則役兵皆在隣近委實安便

又奏蕃官改姓云

契勘本路蕃官自来有因歸順或立戰功朝廷特賜姓名以示旌寵如嵬名山為趙懷順朱令唆為朱保忠是也後有蕃官無故自陳乞改姓名經畧司不止遏據狀申觧省部亦無問難遂改作漢姓如乙格為白守忠兀乞為羅信是也亦有不曾陳乞衷私擅自改作漢姓如盧咬之子為周俊明是也見今更有蕃官扳援陳乞無故自便衷私撰改漢姓竊詳古者賜姓氏者皆朝廷所以酬功德别忠勤也今反使夷狄醜類無故自易姓名混襍華人若

年歲稍遠則本源汩亂無由考究漢蕃弗辨非所以
尊中國而别異類也欲乞諸路蕃族除係朝廷特旌
寵賜与姓名外即不許陳乞改作漢姓有今日不因
朝廷賜姓之人並行追改各依舊如允所奏只乞作
朝廷訪聞立法行下

又論交换生口事云

樞密院言環慶路將兵與夏人戰俘馘老幼婦女
范純粹選留仍揭榜喻其親族以舊掠漢人對易
其引導者人賞以絹三匹十歲已下二匹
交撥生口若施之於講和罷兵之時則名体俱順無
所不可緣夏國方肆悖慢興師盗邊在朝廷宜明示
棄絶戒諸路邊臣整兵聽命或間出奇兵使其應敵

不暇或擾彼農事使其地不得耕或反間用權或旁行招納必使彼衆勞厭人意動摇則其酋首必使攺轍然後邊釁可期於止息也若於此時便議将生口與之交換即恐体勢不重有害事機廉訪聞得西界凡是捉虜到漢界人口並一一赴衙頭呈納多是於近裏去處監防覊管今来本路所獲老小人口止是横山一帶人户縱有逐家骨肉丁壯顧遵朝命亦何緣於近裏取得覊管之人前来交易以此推之恐徒有輕動必無實利

又論治平兵馬与今不同

元祐三年癸亥詔以治平臣僚所上互進方略授逐路帥臣講求困賊之策

切詳治平年兵馬數目以至將佐頭項遣應次第即與目今全然不同臣仰悉朝旨大意而已使曲賊於逐路山界各有所畏分兵待敵不敢併兵一路則我計方行邊機難以預定貴在臨時處決即先事無可預陳所有准備西賊互有酬賽防庇邊民一節即不異見今備寇之策

又奏乞訪聞州縣闕食去處云　臣訪聞得本路州縣民間甚有闕食去處及逃過主客人户數目不少蓋緣累年不熟又自軍興以後調發顧卒凋弊為甚而保結團教之法方此推行兼民間以邊事未平妄意私憂加之向春闕食遂此流散深慮闕陝根本益致殘弊所繫不輕如蒙施行只乞作朝廷訪聞内賜

指揮

又奏乞勞賞曲珎

昔年雖有隣路牽制應援之法多是兵将官不務公心不以隣路被寇為已職或量以少少軍馬或故為迂遠備禮塞命遂致永樂之禍臣自領漕關中至忝今任累累論列三年間方蒙朝廷定議再立牽援之制昨来九月初五日晚得涇原路報賊公牒臣於是特遣委曲珎已下點兵束裝翌日長驅出境外三百餘里大破賊巢賊衆到漢界三數日觧而去者珎之功也今来受指揮臣並未敢輙以語人欲望聖慈只遣近下使臣依涇原例就慶州勞問出界将官曲珎已下支押賜合得銀合茶藥見朝廷勸賞不忘功之意在朝廷無所增費而於本路士

氣足以激勵稍厭人情不為小補